工程经济学

GONGCHENG JINGJIXUE

孟新田 任晓宇 ◎ 主编

天津大学出版社
TIANJIN UNIVERSITY PRESS

图书在版编目（CIP）数据

工程经济学 / 孟新田，任晓宇主编. -- 天津 : 天津大学出版社，2025. 2. -- ISBN 978-7-5618-7947-4

Ⅰ. F062.4

中国国家版本馆CIP数据核字第20255NR753号

出版发行	天津大学出版社
地　　址	天津市卫津路 92 号天津大学内（邮编：300072）
电　　话	发行部：022-27403647
网　　址	www.tjupress.com.cn
印　　刷	河北鑫彩博图印刷有限公司
经　　销	全国各地新华书店
开　　本	787 mm×1092 mm　1/16
印　　张	23.5
字　　数	663 千
版　　次	2025 年 2 月第 1 版
印　　次	2025 年 2 月第 1 次
定　　价	89.00 元

本书编委会

主　编　孟新田　任晓宇
副主编　郝　丽　唐艳娟　张　艳
　　　　吴卫祥　祁神军

出版说明

新工科建设是当前我国为了应对新经济、新业态挑战，服务中华民族伟大复兴的国家发展战略，适应产业发展及需求提出的一项深化工程教育改革的重大行动计划。新工科建设也对高校工科人才培养提出了更高的要求，土建类专业需要在新工科建设背景下，基于土建类行业需求进行专业建设，以新技术、新工艺、新业态、新模式为特点的土建类行业发展，促使土建类领域向新型工业化、信息化、环保化转变。

高等教育承担着培养高级专门人才、发展科学技术文化、促进现代化建设的重大任务，在建筑业人才培养工作中占据重要的位置。为了更好地贯彻落实《中共中央关于进一步全面深化改革 推进中国式现代化的决定》及建筑业发展规划，进一步深化高等教育教学改革，提高土木与建筑专业人才培养质量，满足建筑业对人才的需求，我们在充分调研的基础上，联合高校及企业，共同策划了高等院校土木与建筑专业精品教材。

本系列教材的编写原则及特点如下。

一、融入课程思政元素，发挥课程育人功能。教材把马克思主义立场观点方法的教育与科学精神的培养结合起来，提高学生正确认识问题、分析问题和解决问题的能力。注重强化学生工程伦理教育，培养学生精益求精的大国工匠精神，激发学生科技报国的家国情怀和使命担当。

二、坚持质量为先。教材质量直接影响教学质量和教学秩序，最终影响学校人才培养的质量。教材准确阐述土建类学科专业的基本概念、基础知识、基本方法，且结构设计合理，选材恰当准确，融思想性、科学性、创新性、启发性、先进性于一体，反映了土建类学科专业发展的新成就。

三、遵循产教融合、科教融汇原则。教材从学生学习思维模式的实际出发，主动对接行业产业发展、技术进步，将新技术、新工艺、新规范和典型案例及时纳入教学内容；有机衔接岗位要求，推动人才培养同市场需求相适应，破解人才培养供给侧与产业需求侧匹配度不高等问题，为发展新质生产力蓄势赋能。

四、打造新形态立体化数字资源。教材配备微课、课件、教学大纲、教案、课后习题及答案等多种形式的数字资源，实现纸质教材与数字媒体资源立体化设计，发挥数字资源在教学中的优势，提高教学质量与效率。

希望本系列教材的出版，能适应高等学校多样化人才培养需求，能促进土木与建筑专业的发展，能为建筑业的人才培养作出贡献。

高等院校土建类应用型新形态教材

编委会

前　言

党的二十大关于着力推动高质量发展、增强投资对优化供给结构关键作用的精神和要求，进一步推动了我国工程建设的发展，工程建设项目管理朝着集成化、信息化、数字化和智能化的方向发展，工程经济学的研究与实践进入了一个新的时期。

工程经济学是管理科学与工程类专业的一门主干课，也是土建类专业的重要专业基础课。本书紧密结合高校应用型人才培养的需要，注重提高学生的实践能力，使学生掌握工程经济学的基本原理和常用分析方法，初步具备从事工程项目建设各阶段的经济分析与评价的技能，培养学生独立分析和解决问题的能力。

基于上述需求，本书具有以下特点。

（1）内容上坚持与时俱进，以“春风化雨，润物无声”的形式融入党和国家的方针政策，充分吸纳我国工程经济分析方面的新法规、新思想与新要求。

（2）在章节结构体系上，以建设项目为研究主线，将工程经济学与工程管理有机结合。本书涉及工程经济相关的现金流量、资金的时间价值、经济效果评价方法；包含自建设项目建议至项目后评价的基本建设各阶段的技术经济分析与评价，使学生充分理解并掌握建设项目管理与经济决策方法。

（3）注重引入国内外优秀成果和先进经验，并使之与工程实际紧密结合。通过相关案例的学习，增强团队协作精神与工程实践能力，使学生知工程经济之道、探方案优选之理、明建设项目管理之法。

（4）各章节附有相应的数字资源，有助于教师教学和学生自学。

本书组织了六所院校既有丰富教学经验又有理论研究和工程实践经验的教

师共同编写，由湖南城市学院孟新田和山东理工大学任晓宇担任主编。全书共分13章，第1章、第2章、第11章由孟新田编写，第3章、第12章由山东潍坊学院张艳编写，第4章、第7章由新疆石河子大学唐艳娟编写，第5章由湖南城市学院吴卫祥编写，第6章、第9章由任晓宇编写，第8章、第10章由大连大学郝丽编写，第13章由华侨大学祁神军编写，任晓宇组织数字资源建设。湖南新星项目管理有限公司罗国基、湖南省湘咨工程咨询有限责任公司游恒林参与本书的案例编写。本书是山东省本科教学改革研究重点项目“数智化环境下土建类专业改造升级：目标设定、场景设计、人才培养探索与实践”的阶段性成果。

限于编者的水平，不妥之处在所难免，诚请读者批评指正。

编　者

2025年1月

目 录

第1章

绪　论

学习重点

工程经济分析的基本原则和学习要求。

第1章　课件

学习目标

通过本章的学习，了解工程经济学的产生与发展、工程经济学的研究对象和特点、工程经济学的研究内容；掌握工程经济分析的基本原则；熟悉工程经济学的课程特点和学习要求。

知识结构图

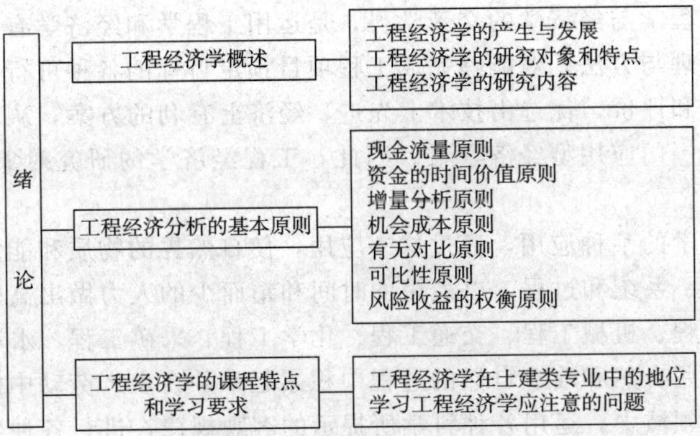

1.1　工程经济学概述

工程经济学概述

1.1.1　工程经济学的产生与发展

工程经济学起源于英国、美国、法国等西方工业发达国家。1887年，美国铁路工程师惠林顿(A. M. Wellington)在其所著《铁路位置经济评价》一书中第一次把项目投资同经济分析结合起来。1930年，格兰特(E. L. Grant)教授在《工程经济原理》一书中，以复利计算为基础对固定资产投资经济评估的原理作了阐述，同时指出人的经验判断在投资决策中具有重要作用，因格兰特对投资经济分析理论的发展作出了贡献，后人称其为“投资经济分析之父”。

第二次世界大战结束后，随着西方经济的复兴，如何使有限的资金得到最有效的利用，便成为投资者与经营者普遍重视的问题，从而进一步推动了工程经济分析理论与实践的发展。1951 年，迪安(J. Dean)在《投资预算》一书中具体阐述了贴现法。在随后的 20 年里，学术界对贴现法与非贴现法及贴现法的多种形式的应用进行了比较深入的探讨。从 20 世纪 60 年代末期开始，贴现法已成为工程经济分析所采用的主要方法。与此同时，风险与不确定投资决策、公用事业投资决策、固定资产更新决策、多阶段投资决策及多目标决策等不同类型的项目投资经济评价与决策方法也相继建立起来，计算机技术和信息技术的迅速普及，使工程经济学理论和方法的研究进入了一个崭新的时期。

在我国，把技术与经济结合起来对工程项目进行经济分析，始于 20 世纪 50 年代中期，当时称为“技术经济论证”。其分析方法虽略显粗糙、简单，但在“一五”时期，对我国经济建设曾起到一定的推动与促进作用，形成了工程经济学的雏形。直到 1978 年，特别是党的十一届三中全会召开后，才奠定了我国恢复和发展工程经济分析和评价的基础。1978 年成立了中国工程经济研究会，1981 年成立了国务院技术经济研究中心。同时，一些高校开办了工程经济专业或开设工程经济学课程，培养了一批从事工程经济分析的专门人才，加上政府的宏观指导与政策规定，使工程经济学的原理与方法不仅系统地在宏观经济建设与微观的相应项目评价中得到了广泛的应用，而且对工程经济学学科的体系、理论与方法、性质与对象的研究也活跃起来，逐步形成了具有完整体系、符合我国国情的工程经济学。

1.1.2 工程经济学的研究对象和特点

1. 工程经济学的研究对象

工程经济学是工程学与经济学的交叉学科，是运用工程学和经济学有关知识相互交融而形成的工程经济分析原理与方法，对能够完成工程项目预定目标的各种可行技术方案进行技术经济论证、比较、计算和评价，优选出技术上先进、经济上有利的方案，从而为实现正确的投资决策提供科学依据的一门应用型经济学科。因此，工程经济学的研究对象是具体的工程项目、技术方案和技术政策。

工程是科学和数学的某种应用，通过这一应用，使自然界的物质和能源的特性能够通过各种结构、机器、产品、系统和过程，以最短的时间和精而少的人力做出高效、可靠且对人类有用的东西，如土木工程、机械工程、交通工程、化学工程、采矿工程、水利工程等。

技术是人类在利用自然和改造自然的过程中积累起来并在生产劳动中体现出来的经验和知识，是在生产和生活领域中，运用各种科学所提示的客观规律，进行各种生产和非生产活动的技能，以及根据科学原理改造自然的一切方法。

经济一词是指社会的经济活动或社会的生产和再生产过程；也指一个国家的国民经济总体或其中的一个部门，如工业经济、农业经济等；还有节约或节省的意思，即以最少的投入取得最大的效益。

经济学是研究各种经济关系和经济活动规律的科学。根据经济学理论研究的领域不同，可分为宏观经济学和微观经济学。其中，微观经济学是经济学其他研究领域的基础。工程经济学是应用学科，将微观经济学作为重要的理论基础之一。

2. 工程经济学的特点

(1)综合性。工程经济的研究内容是在技术上可行的条件确定后，即在技术可行性研究的基础上，进行经济合理性的研究与论证工作，是为技术可行性提供经济依据，并为改进技术方案提供符合社会采纳条件的改进方案的途径。各种工程项目的可行方案都是包含多种因素和多个目标的综合体，对可行方案的评价不仅要进行技术和经济评价，还要进行社会、政治、环境效益等方面的评价；不仅有静态评价，还要有动态评价；不仅要进行企业经济评价，还要进行国民经济评价等。这些形成了工程经济分析的综合性特点。

(2)系统性。所谓系统，是由相互作用又相互依赖的若干组成部分结合而成的具有特定功能，处于一定环境之中的有机集合体。技术方案的择优过程必然受到包括自然环境和社会环境的客观条件制约；不同主体的利益目标也存在差异，对于同一技术实践活动进行技术经济分析的立场不同、角度不同、评价指标不同，评价的结论也可能不同。因此，技术经济分析中就必须体现统筹兼顾的思想和系统分析的方法，即以项目的整体优化为目标，在一个系统范围内进行综合平衡。

(3)预测性。工程经济所讨论的经济效果问题几乎都和"未来"有关。着眼于"未来"，也就是技术政策、技术措施制定后，或技术方案被采纳后，对将要带来的经济效果进行计算、分析与比较。例如，根据生产发展规划需要新建一个企业。为此，在该工程项目建设之前，要进行可行性研究，即从经济上、技术上、财务上及社会因素和政治因素等方面研究这个项目的建设是否可行。在此过程中，要预测各种因素的变化及其影响并采取相应的风险防范措施，这样才能得到有科学依据的分析结论。因此，工程经济学是建立在预测基础上的科学。

(4)定量性。工程经济学是一门以定量分析为主的学科，它与微观经济学和计量经济学有着密切的联系。为了科学和准确地评价技术方案、技术政策、技术措施的经济效果，工程经济学采用了许多定量分析的方法。由于计算科学的迅速发展和计算机技术的广泛应用，定量分析的范围日益扩大。对于一项技术实践的综合评价，还要采用定性分析与定量分析相结合的方法。但工程经济学主要研究的是定量分析法，并且逐步把定性分析定量化。所以说，定量性是工程经济学的特点。

(5)选优性。工程经济学是对新技术可行性方案的未来"差异"进行经济效果分析比较的科学。工程经济分析的重点除研究各方案的必要性、可行性与合理性之外，还要针对项目建设的基本目标，同时拟订多种可供选择的实施方案，逐个加以分析比较，从中选择出最适当或最满意的方案，供管理层决策使用。因此，工程经济分析的过程就是方案的比较和选优的过程。

1.1.3　工程经济学的研究内容

工程经济学的研究内容主要有以下三个方面。

(1)研究提高经济效果的途径与方法。工程技术作为人类进行生产实践的手段，它的经济目的十分明显。因此，对于任何一种技术，在一般的情况下，都不得不考虑经济效果的问题，脱离了经济效果的标准，技术的好与坏、先进与落后，都无从判断。

技术经济分析能帮助人们在一个投资项目实施之前估算出它的经济效果，并通过对不同方案的比较，选出最有效利用现有资源的方案，从而使投资决策建立在科学分析的基础之上。技术经济分析还能帮助人们在日常的工业生产活动中选择合理的技术方案，改进各种具体产品的设计与生产工艺，用最低的成本生产出符合要求的产品，提高工业生产的经济效益与社会效益。总之，技术经济分析是技术服务于生产建设的一项重要的中间环节，在经济、技术决策中占有重要地位。

(2)研究技术与经济相互促进、协调发展的途径。技术和经济是人类社会发展不可缺少的两个方面，其关系极为密切。

一方面，发展经济必须依靠一定的技术手段，技术的进步永远是推动经济发展的强大动力。英国开始的以蒸汽机的广泛应用为标志的工业革命，使生产效率提高到手工劳动的 4 倍。到 19 世纪中叶，科学技术的进步已使生产效率提高到手工劳动的 108 倍。

另一方面，技术总是在一定的经济条件下产生和发展的。经济上的需求是技术发展的直接动力，技术的进步要受到经济条件的制约。众所周知，任何技术的应用，都伴随着人力资源和各种物力资源的投入，依赖于一定的相关经济技术系统的支持。只有经济发展到一定的水平，相应的技术才有条件被广泛应用和进一步发展，例如，蒸汽机从发明到广泛应用就经历了80年之久。

技术和经济之间这种相互渗透、相互促进又相互制约的紧密联系，使任何技术的发展和应用都不仅是一个技术问题，还是一个经济问题。研究技术和经济的关系，探讨如何通过技术进步促进经济发展，同时在经济发展中推动技术进步，是技术经济学责无旁贷的任务，也是技术经济学进一步丰富和发展的一个新领域。

(3)研究如何通过技术创新推动技术进步，促进经济增长。所谓经济增长是指在一国范围内，年生产的商品和劳务总量的增长，通常用国民收入或国民生产总值的增长来表示。经济增长的速度与科学技术的发展也有着密切的关系。人们发现，在工业发达的国家中，后期与前期相比，产出量增长的差额往往大于投入要素增长量的差额。显然，这是技术进步的结果。这里所说的技术进步并不仅指人们通常理解的技术的发展和进步，而且是指在经济增长过程中，除资金和劳动力两个投入要素增加以外，所有使产出增长的因素，即经济增长因素中去掉资金和劳动力增长外的"余值"。

1.2 工程经济分析的基本原则

1.2.1 现金流量原则

现金流量是指企业在一定会计期间按照现金收付实现制，通过一定经济活动而产生的现金流入、现金流出及其总量情况的总称，即企业一定时期的现金和现金等价物的流入和流出的数量。衡量投资收益用的是现金流量，而不是会计利润。现金流量反映工程项目实际发生的现金流入与流出，而不反映应收、应付款项及折旧、摊销等非现金性质的款项；会计利润则是会计账面上的数字，并非手头可用的现金。

1.2.2 资金的时间价值原则

工程经济学中一个最基本的概念是资金具有时间价值。由于资金时间价值的存在，今天的1元钱比未来的1元钱更值钱。投资项目的目标是为了增加财富，财富是在未来的一段时间获得的，能不能将不同时期获得的财富价值直接加总，来表示方案的经济效果呢？显然不能。由于资金时间价值的存在，未来获得的财富价值在现在看来没有那么高，需要打一个折扣，以反映其现在时刻的价值。如果不考虑资金的时间价值，就无法合理地评价项目的未来收益和成本。

1.2.3 增量分析原则

增量分析符合人们对不同事物进行选择的思维逻辑。对不同方案进行选择和比较时，应从增量角度进行分析，即考察增加投资的方案是否值得，将两个方案的比较转化为单个方案的评价问题，使问题得到简化，从而容易求解。

1.2.4　机会成本原则

机会成本是指当把一定的经济资源用于生产某种产品时放弃的另一些产品生产上最大的收益。企业投资进行项目的建设，只要是投入了这个项目，就算是投入，不管是借来的资金还是自有的资金，或者是企业自有的机械、设备、厂房等资源，都要计入成本，这个成本投入其他途径所能获得的最大收益即机会成本。

1.2.5　有无对比原则

准确识别和估算项目的效益和费用是正确评价项目的前提。在识别和估算项目的效益和费用时，应遵循“有无对比”原则，分别对“有项目”和“无项目”两种状态下项目未来的运行情况进行预测分析，而后通过对比分析确定项目的效益和费用，保证估算的准确性和可靠度。避免因为忽略“无项目”时状态自身的优化作业，而导致对项目效益估算的“虚增”或费用估算的“虚减”，夸大项目自身的经济效益水平；也要克服因为忽略“无项目”时状态自身的劣化作业，而导致对项目效益估算的“虚减”或费用估算的“虚增”，缩减项目自身的经济效益水平。

工程经济学的研究内容、基本原则

1.2.6　可比性原则

工程经济分析是一个优选过程，在多方案的评价中必须建立共同的比较基础，保证计算口径的一致。进行比较的方案在时间上、金额上必须具有可比性。因此，项目的效益和费用必须有相同货币单位，并在时间上匹配。

1.2.7　风险收益的权衡原则

工程经济分析主要是针对拟建项目，即未来项目进行的。因此，评价必须建立在科学统计预测的基础上，恰当地选择预测方法，以提高评价信息的质量。尽管在预测和统计的方法选择上力求完善和科学，但由于事物发展的不确定性的存在，评价本身就隐含着风险，从而影响了决策的有效性。所以在进行工程经济分析时，不仅要通过确定性评价揭示项目收益，关注项目收益，还要通过不确定性分析和风险分析，揭示风险，关注风险，使投资人在权衡了项目收益和风险后再进行决策。

1.3　工程经济学的课程特点和学习要求

1.3.1　工程经济学在土建类专业中的地位

根据住房和城乡建设部发布的《高等学校土建学科教学指导委员会工作章程》及相关文件，土建类专业主要包括建筑学、城乡规划、土木工程、给排水科学与工程、建筑环境与能源应用工程、工程管理等。

在土木工程与项目管理中，工程经济学可分成两个层次：一是根据经济学、管理学的基本理论与方法，结合土木工程的特点，以工程项目的实施过程为主，运用相应的技术经济手段，选择技术上先进、经济上合理的建设方案；二是根据国家和建设部门制定的各项政策、法律法规，处理好工程项目中人与人的相互关系，进行工程项目的有效管理，保证项目最佳效益目标的实现。因此，工程经济学不仅涉及技术、经济方法等问题，同时也涉及与工程相关的合同方式、法律法规、工程索赔等问题。工程经济学已成为现代土建类工程技术与管理人员必备的基础知识。在我国现行的土建类专业技术、经济、管理的各类执业资格考试中(如建筑师、结构工程师、造价工程师、建造师、监理工程师、公用设备工程师、房地产估价师等)，工程经济学是一门必考的专业基础课程。

1.3.2 学习工程经济学应注意的问题

1. 调查研究

调查研究是进行技术经济计算、分析、比较、评价的基础和前提。通过调查研究，收集各种有关的资料和数据，并通过分析和整理，弄清每个技术方案的有关技术因素及各有关因素之间的关系。在调查研究的过程中应密切注意以下几点。

(1)坚持理论联系实际。实践是检验真理的唯一标准。本课程的产生和发展来自实践，是一门实践性很强的学科，要求做到课本理论知识与工程实际紧密结合。既注意到理论应用于工程项目的共性，又注意到某个特定工程项目所具有的个性，灵活运用所学知识。

(2)坚持系统的观点。一个或几个工程项目往往不是孤立地存在的，而是有机联系的，它们都是某个部门或某个行业的组成部分。例如，道路与交通工程项目是公路运输业的组成部分，公路运输业又是交通运输业的组成部分，交通运输与国民经济又是息息相关的。交通运输业就总体上说是一个包含铁路、公路、水运、航空、管道五种运输方式的大系统，每一种运输方式都是这个大系统中的一个子系统。社会物质生产和劳动分工不断发展，使生产在各级水平上的空间—时间联系复杂化，所以各种运输方式要密切配合，相互促进。对于土木工程项目同样应从全局考虑，明确本项目在全局中所处的地位和作用。

(3)善于灵活应用。本课程的理论和方法具有普遍意义，但不可能完全反映各行各业的特征，这就要求读者做到吃透理论，灵活应用。

(4)善于运用相邻学科知识，学习国外先进经验，结合国情，洋为中用。为了更好地学习本课程，应具有一定深度和广度的基础和专业知识，如数学、统计学、法学、运筹学、系统工程及电子计算机技术等。此外，应经常注意国外的科技和经济信息，更要关心我国的各项方针政策，特别是经济政策、建设法规等。

2. 计算分析

计算分析是在调查研究的基础上，对调查研究阶段所获得的资料、数据进行计算分析，找出各相关因素之间的变量关系，并建立数学模型，进行定量计算和定性分析。在计算分析过程中，鉴别和揭示各种矛盾，使问题的研究进一步深化。

3. 综合评价和系统选优

根据前阶段的计算和分析，将各种效果因素及决策评价综合起来进行权衡，再根据系统选优的要求，组合、调整各因素与各局部的技术决定，并结合定性和定量分析，对各种方案作出综合评价，最后选择理想方案。

4. 结合有关专业课学习

作为一门交叉学科，工程经济学与多学科联系紧密，如工程管理、工程索赔、工程监理、工程概预算、建设法规等，学习中不能失于偏颇。

5. 结合案例学习

建设项目技术经济分析方法、价值工程、建设项目的经济评价、经营预测与决策技术、设备更新的工程经济分析等应结合有关案例学习，以加深理解。

本章小结

1. 工程经济学是工程学与经济学的交叉学科，是运用工程经济分析原理与方法，对工程项目进行技术经济论证、比较、计算和评价，优选出方案，为实现正确的投资决策提供科学依据的一门应用性经济学科。工程经济学的研究对象是具体的工程项目、技术方案和技术政策。

2. 工程经济学的研究内容相当广泛，概括起来主要包括研究提高经济效果的途径与方法，研究技术与经济相互促进与协调发展途径，研究如何通过技术创新推动技术进步并促进经济增长。

3. 工程经济分析的基本原则主要包括现金流量原则、资金的时间价值原则、增量分析原则、机会成本原则、有无对比原则、可比性原则和风险收益的权衡原则。

第2章

建筑业与建筑市场

学习重点

国民经济的发展速度与国家基本建设项目完成的质量密切相关，而这些基本建设项目是通过建筑市场由建筑业具体组织建造而实现的。本章主要讲述了建筑业、建筑市场、基本建设与基本建设程序。建筑业、建筑市场、基本建设的基本概念，建筑产品的技术经济特点、建筑市场的运行机制和我国的基本建设程序是本章学习的重点。

学习目标

通过本章的学习，掌握建筑业、建筑市场、基本建设的基本概念；熟悉建筑产品的技术经济特点、建筑市场的运行机制和我国的基本建设程序；了解建筑业在国民经济中的地位和作用，基本建设与建筑业的区别和联系，世界银行贷款项目的建设程序。

第2章　课件

知识结构图

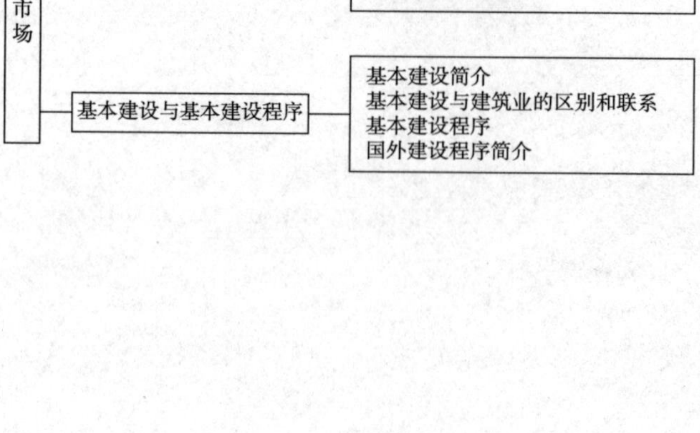

2.1 建筑业

2.1.1 建筑业的含义

建筑业(Construction Industry)是以建筑产品生产为对象的物质生产部门，是从事建筑生产经营活动的行业。从狭义的角度来说，建筑业仅包括建筑产品整个过程的施工建造环节，不包括规划和勘察设计企业[如国家标准《国民经济行业分类》(GB/T 4754—2017)中的分类]。从广义的角度来说，建筑业是国民经济中将各种不同类型的资源转换成经济与社会基础设施和其他设施的一个部门，包括规划、设计、筹资、采购、施工、维护，也就是说，只要生产方式相似而最终形成建(构)筑物，或对原有工程修缮维护的企业均可认为是建筑业的组成部分。

建筑业向社会提供的产品和服务既有消费品资料(如住宅)，又有生产资料(如工业厂房、商场)；既有私人产品(如住宅、民营企业厂房)，又有公共产品(如公路、铁路)，还有准公共产品(如供水、供电设施)。

1. 建筑业的经营活动范围

《中华人民共和国建筑法》将建筑活动分为五类，并规定了其法律适用范围。

(1)各类房屋建筑及其附属设施的建造和与其配套的线路、管道、设备的安装活动。

(2)作为文物保护的纪念建筑物和古建筑等的修缮。

(3)抢险救灾及其他临时性房屋建筑和农民自建低层住宅的建筑活动(不适用建筑法)。

(4)军用房屋建筑工程建筑活动(具体管理办法由国务院、中央军事委员会依据建筑法制定)。

(5)其他专业建筑工程的建筑活动(包括铁路、水利水电、港口、码头、机场等，具体管理办法由国务院规定)。

2. 建筑业在我国国民经济行业中的分类

《国民经济行业分类》(GB/T 4754—2017)将构成我国国民经济的行业分为门类、大类、中类、小类四级。其中，建筑业为 E 门类，包括第 47～50 共四大类。

(1)房屋建筑业。房屋建筑业是指房屋主体工程的施工活动；不包括主体工程施工前的工程准备活动。其包括，住宅房屋建筑、体育场馆建筑和其他房屋建筑业。

(2)土木工程建筑业。土木工程建筑业是指土木工程主体的施工活动；不包括施工前的工程准备活动。其包括，铁路、道路、隧道和桥梁工程建筑；水利和水运工程建筑；海洋工程建筑；工矿工程建筑；架线和管道工程建筑；节能环保工程施工；电力工程施工；其他土木工程建筑。

(3)建筑安装业。建筑安装业是指建筑物主体工程竣工后，建筑物内各种设备的安装活动，以及施工中的线路敷设和管道安装活动；不包括工程收尾的装饰，如对墙面、地板、天花板、门窗等处理活动。其包括，电气安装；管道和设备安装；其他建筑安装业。

(4)建筑装饰、装修和其他建筑业。建筑装饰、装修和其他建筑业包括建筑装饰和装修业；建筑物拆除和场地准备活动；提供施工设备服务；其他未列明建筑业。

国民经济行业分类

2.1.2 建筑产品的概念和特性

1. 建筑产品的概念

建筑业生产的产品叫作建筑产品，分为物质产品和精神产品两大类。物质产品可分为实物产品[如建(构)筑物、建筑构件、建筑配件、建筑制品]和非实物产品(如建筑设计、建筑技术)。精神产品主要是指独立存在的建筑艺术成果，如建筑绘画、建筑模型等。

2. 建筑产品的特性

(1)建筑产品的固定性和生产的流动性。建筑产品通常固定在土地上，不能移动。在施工中，生产工人和生产设备必须随着建筑产品所在的现场不同而转移。

(2)建筑产品的多样性和生产的单件性。由于建筑产品具有需求的一次性特点，每件建筑产品有不同的地理位置并具有专门的功能，专业性强，是不可替代的产品，这就需要采用不同的体量、结构、设备、造型和装饰。也就是说，在众多建筑产品中，找不到完全相同的两个建筑产品。

(3)建筑产品体形庞大、价值高、生产周期长。大多数建筑产品具有庞大的体量，难以像制造业产品那样实现完全的工业化生产。建筑产品所消耗的资源多，造价少则几万元，多则上亿元甚至几十亿元，需要大量的建设投资。同时，建筑产品的生产周期也是比较长的。

(4)建筑产品的社会性和文化性。有些建筑产品涉及公众利益因而具有社会性，如交通、水利、公共设施等。同时，建筑产品与一个国家或地区的历史、民族、文化、艺术、观赏有着密切的联系，这些因素左右着建筑产品的建筑规划、建筑设计风格、结构形式、功能与性能需求，以适应不同的风俗习惯和人文环境，有着浓厚的人文色彩，建筑产品因而被誉为凝固的音符，因此，建筑产品又具有文化性。

2.1.3 建筑业在国民经济中的地位和作用

建筑业是国民经济中一个重要的独立产业部门，许多国家都视其为支柱产业。对于还是发展中国家的中国，建筑业的支柱地位更加显著。建筑业是我国国民经济五大物资生产部门(工业、农业、建筑业、交通运输业、商贸饮食业)之一。中华人民共和国成立以来，我国建筑业在国民经济收入中的地位和作用日益重要，对我国国民经济的支持和促进作用也越来越被人们所承认。

1. 建筑业是固定资产形成的主要动力之一

建筑业为社会提供和维护发展环境，是固定资产形成的主要动力之一。只要旧建筑物或其他建成物的拆除速度不超过建成速度，建筑业的产出就会逐年积累，这个积累过程称为“固定资产形成”，建筑业所形成的固定资产要占到国民经济总固定资产的70%左右。国民经济的生产能力在很大程度上取决于其现有固定资产的规模。建筑业是实施固定资产投资计划的主要工具。投资效率的高低取决于建筑业的生产能力和效率。

2. 建筑业是就业机会的重要来源

无论是发达国家还是发展中国家，建筑业都是就业机会的重要提供者。建筑业是劳动密集型产业，许多国家建筑业就业人数占全社会就业人数的5%以上。更重要的是，与建筑业前后关联而在其他部门创造的直接和间接就业人数更是远远超过了在建筑业就业的人数。中国统计出版社出版的《2022 国际统计年鉴》和《2023 中国统计年鉴》所列出的主要国家建筑业就业人数占本国就业总人数的比例就能说明，建筑业具有容纳大量就业人员的特征。通过表 2-1 可知，各国建筑业从业人员均在百万人以上，占各国国民经济总就业人数的5%～10%。

表 2-1　主要国家建筑业就业人数及占本国就业总人数的比例

国别	统计年份	建筑业就业人数/万人	建筑业就业人数占本国就业总人数的比例/%
美国	2020	1 126.9	7.62
日本	2020	492.0	7.37
英国	2020	235.6	7.21
德国	2020	233.7	5.63
法国	2020	179.7	6.66
意大利	2020	135.8	5.93
中国	2022	5 141.6	7.01

3. 建筑业是工业、交通运输业等部门的重要市场

建筑产品体积庞大，消耗的各种物质数量巨大，种类繁多，这就使建筑业不但成为建筑材料工业的独家市场，而且成为重工业产品的重要市场。建筑业越发达，工业化程度越高，对工业产品的耗用量也越大。建筑产品成本中，物质消耗占 60%～70%，它与 50 个以上的工业部门发生关系，特别是与建材工业、冶金工业、木材及木材加工业、金属结构及制品生产工业、化学工业之间关系特别密切。这些部门提供建设所需 3/4 以上的材料消耗。

4. 建筑业是国际贸易的重要组成部分

国际承包是一项综合性输出，不仅可以带动资本、技术、劳务、设备及商品输出，还可以扩大国际影响力，赚取外汇。因此，世界各国都非常重视推动本国建筑业走向国际承包市场，发展外向创汇型建筑业。例如，欧美在 20 世纪五六十年代即打入国际承包市场；日本在 20 世纪六七十年代、韩国在 20 世纪七八十年代都加大力度发展国际承包事业，占领国际市场；我国建筑业自 1979 年才开始进入国际市场。根据美国《工程新闻记录》(*Engineering News-Record*，*ENR*)的统计资料，中国入围“全球最大 250 家国际承包商”数量从 2000 年的 35 家增至 2023 年的 81 家，已占据近 1/3 的席位。进入前 100 强公司数量从 2000 年的 9 家增长至 2023 年的 27 家。同时，最佳排名也从 2000 年的第 19 位(中国建筑工程总公司)上升至 2023 年的第 3 位(中国交通建设集团有限公司)，排名稳步提升。中国国际承包商海外营业额总体增长趋势迅猛，营业额数量巨大，近 5 年进入全球最大 250 家国际承包商的中国内地企业情况见表 2-2。

表 2-2　近 5 年进入全球最大 250 家国际承包商的中国内地企业情况

年份	进入 250 强企业数/个	进入前 100 强企业数/个	海外营业额/亿美元	占比/%
2022	81	27	1 179.3	27.5
2021	79	26	1 129.5	28.4
2020	78	27	1 074.6	25.6
2019	74	25	1 200.1	25.4
2018	76	27	1 189.7	24.4

5. 建筑业向高空和地下施工技术的发展，为人类扩展了活动场所

随着世界人口的增长，科学技术的发展，对有限的土地要充分利用，建筑技术逐步向高空和地下发展，20 世纪 70 年代的建筑就是以修建大量超高层建筑和大规模地下建筑物为特征的。现在，修建高层建筑、地下铁道等在世界已平常化，如英吉利海峡隧道，是一条连接英国和法国的铁路隧道，于 1994 年 5 月 6 日开通。它由三条长 51 km 的平行隧洞组成，总长度 153 km，其中海底段的隧洞长度为 114 km，是目前世界上最长的海底隧道。我国土木工程的建造能力已跨入世界先进行列，如世界上第一座最长的双洞高速公路隧道——秦岭终南山公路隧道(单洞长 18.02 km、双洞共长 36.04 km)的施工技术和效率；我国已建桥梁、拱桥、斜拉桥和悬索

桥的跨越能力均领先世界水平，在世界桥梁跨径前十大工程中，我国已建桥梁占一半以上。其中2019年竣工的武汉杨泗港长江大桥主跨达1 700 m；2018年竣工的港珠澳大桥全长55 km，主体工程实行桥、岛、隧组合。

2.1.4 我国建筑业发展概况

从古至今，我国的建筑工程技术和建筑艺术都有高度成就。

1. 灿烂的古代建筑史

远在奴隶社会的商朝，我国就出现了城市、宫殿、陵墓、防御工程等建筑。战国时就开始修筑的万里长城，秦昭襄王时期李冰父子设计和主持建造的都江堰水利工程，秦朝的阿房宫和秦始皇陵，隋朝开凿的大运河及河北赵县的石拱安济桥，唐朝的寺庙宝塔和都城长安，宋朝的江浙海塘和西湖名胜，明清的皇家建筑群及苏州园林等，都达到了很高的水平。我国古代建筑的独特风格和体系，在汉朝已经基本形成，后经逐步完善，在功能、构造和艺术上达到了高度的统一。在设计、施工、组织和管理方面，也都有过举世闻名的创造。如宋朝李诫编修的《营造法式》就是中古时期最完善的专著之一。它们不仅是我们祖先建筑艺术的杰作，也是世界古代文明的宝贵遗产。

2. 半殖民地半封建社会时期的建筑业

随着商业、工厂和铁路的兴起和发展，对建筑样式、规模及施工方式等，都提出了更高的要求。原来的工匠、行会性质的作坊已经不适应社会发展的需要。于是资本主义营造商取代了行会式的作坊，现代建筑业逐渐形成。

3. 中华人民共和国成立以来建筑业的发展

中华人民共和国成立后，党和政府领导国营企业，迅速修复了被战争破坏的厂房、住宅和铁路。只用了三年时间，就修复了鞍山钢铁公司。从1953年到1957年，建筑业围绕156项重点工程的建设，进入了一个大发展的新时期。

为了迎接大规模建设，我国从1951年开始，组建了一批国营建筑公司和设计公司。1952年，国家成立了建筑工程部，同时在各大区建立了建筑工程管理局，领导、管理中央直属企业和地方企业。有些产业部门也相继组织了自己的专业建筑队伍。在转入第一个五年计划的前夕，中央提出了“把基本建设放在首要地位”的方针。国家从各方面抽调了大批领导骨干，购置了大批机械设备，并从中国人民解放军中抽调了8个师集体转业，充实建筑行业。到1957年年底，我国建工系统的国营企业达到307个，职工69.5万人，加上铁道、交通、冶金、煤炭、电力等部门的专业施工力量，全国国有建筑企业达649个，职工总数244万人，比中华人民共和国成立初期增加了11.2倍。城镇集体所有制建筑职工也达20万人，成为国营建筑企业的有力助手。这一时期，建成了一大批工厂、矿山、学校、医院、车站、码头和城市基础设施，不但改造、扩建了一批工程，而且新建成了一批大型现代化工厂。例如，长春第一汽车制造厂在苏联专家帮助下，仅用了三年时间，就完成了37.8万m^2的土建工程，安装了上万台设备，可以年产3万辆载重汽车，结束了我国不能大批生产载重汽车的历史。

党的十一届三中全会以后，党中央、国务院对发展和搞活建筑行业非常重视，作出了一系列重要指示和决策。建筑业恢复了行之有效的固定工、合同工和临时工等多种用工形式，壮大了以国营经济为主导、多种经济形式共同发展的建筑业队伍。1984年，全国城镇建筑业职工共达845万人，比1978年的619.6万人增加36.4%。其中全民所有制职工518万人，占总数的61.3%，城镇集体所有制职工327万人，占总数的38.7%。随着农村经济的发展，农村建筑队伍也迅速建立和发展起来，到1983年农村建筑队共5.7万个，从业人员达483万人，已成为我国城乡建设中一支不可忽视的力量。与此同时，建筑设计和建筑科研力量得到恢复和发展，取得了许多重要成果。

这一期间，我国建设了上海宝山钢铁总厂和上海金山石油化工基地等具有20世纪70年代先进水平的大型现代化企业，还建设了上海游泳馆、南京金陵饭店(37层)、广州白天鹅宾馆(20层)、北京西苑饭店(27层)、深圳国际贸易中心大厦(53层)等一批高层建筑。这些建筑既体现了中国建筑的民族传统特色，又吸收了国外先进的建筑设计技术，赢得了国内外的好评。

特别值得注意的是，建筑业在管理体制的改革方面步子走得比较快、比较好。宝钢等重要工程实行了概算包干制度，为国家节省了投资；不少建筑安装企业扩大了自主权，推行了承包经济责任制；从1984年起，又开展了招标、投标承包工程等管理新形式。这一切，进一步调动了广大职工的积极性，建筑业的生产经营活动得到了改进，建筑质量有所提高，造价有所降低，工期大为缩短，劳动生产率不断上升。1984年，全民所有制施工单位竣工工程的优良率由1978年的50%左右提高到71.3%；全员劳动生产率全国平均为6 243元，比1978年提高39%；工程成本降低率，1979—1983年，每年都达到5%～7%，绝大多数亏损企业已扭亏为盈。1983年，城镇建筑业职工已达799万人，全民所有制施工企业实现利润34.6亿元。

截至2022年年底，全国共有建筑业企业143 446个，其中国有及国有控股建筑业企业4 439个；从业人数5 141.6万人，占全社会就业人员总数的7.01%。2022年完成建筑业总产值307 935.38亿元，房屋竣工面积达到40.34亿m^2，按建筑业总产值计算的劳动生产率为49.077 4万元/人，实现利润15 387.08亿元。

2.2　建筑市场

2.2.1　建筑市场的概念

1. 市场与市场要素、市场结构

按照保罗·萨缪尔森(Paul·A. Samuelson)的定义，市场是买方和卖方相互作用并共同决定商品或劳务价格和交易数量的机制。市场有广义与狭义之分。狭义的市场是指有形市场，具体表现为商品交易的固定场所，是买卖双方交易非常频繁的一个区域，特别是公开标明价格，并在区域内趋于一致，如百货公司、集贸市场等。广义的市场包括有形市场和无形市场。无形市场是指没有固定的交易场所，商品一般不在交易场所出现，主要通过广告、通信、中介机构、经纪人或其他交易方式，寻找货源或买主，沟通买卖双方，促进成交，如某些技术市场、建筑市场、房地产市场。广义的市场具体表现为在国家宏观调控下对资源配置起基础作用的商品流通，是生产者、消费者和中间经济关系的反映，是他们交易关系的总和。

从一般意义来看，市场的主要构成要素包括市场主体、市场客体和市场媒介。

(1)市场主体。在市场上允许交换客体进入市场，并从事交换活动的组织和个人，称为市场主体。市场主体既包括自然人，也包括以一定组织形式出现的法人；既包括为了营利而进行交易的商品生产者，也包括提供非营利性产品和劳务的机构，还包括为了生活需要而交易的消费者。市场主体的内在属性可概括为以下几个特点。

①市场主体的平等性。市场交换双方都是独立的经济利益主体，并且都以交换者的身份出现，在这一点上，没有任何差别。

②市场主体的所有权。自由和平等的规定的前提，是市场主体对自己的商品拥有所有权。

③市场主体的自利性。虽然交换对双方都有利，但是，交换的动因不是这种共同利益本身，而是自身利益。

(2)市场客体。市场上交易的对象称为市场的客体。产品之所以进入市场成为交易对象，一是因为被交换的商品的使用价值不同，二是因为市场主体有特殊的需要。由于市场种类不同，交易对象也多种多样。消费品市场的交易对象是各种各样的消费品；生产资料市场的交易对象是机械、设备、原材料、燃料等；金融市场的交易对象是资金、股票、债券、期票及其他各种有价证券；劳动力市场的交易对象是具有各种技能、熟练程度不同、不同年龄层次的劳动力；技术市场的交易对象是载于各种不同载体的知识产品；信息市场交换的是各种各样的信息等。

(3)市场媒介。市场交易中起媒介作用的工具和机构称为市场交换媒介，也称市场中介组织(机构)。交换媒介是作为解决交换中的矛盾的手段而出现的。随着商品交换和市场经济的发展，市场交换必须通过一定的中介来进行，从而使交换专业化和简单化，并最终提高市场交换的效率，节省交易费用。市场媒介既包含市场交易的工具，如货币、信用等，也包括各种各样的市场中介组织(如招标代理公司、会计师事务所、律师事务所等)及市场服务机构，如货币、信用的发行和运转机构等。

在市场经济的运行中，竞争和垄断作为两种基本的力量，推动着市场经济的运行。依据市场经济运行中竞争和垄断的力量对比，基本的市场经济结构分为完全竞争、不完全竞争、寡头垄断和完全垄断四种市场经济结构。

(1)完全竞争市场。完全竞争市场是指一种竞争不受任何阻碍和干扰的市场结构，这种市场又称纯粹竞争的市场经济。在完全竞争市场中只有竞争因素发挥作用，没有垄断。完全竞争市场具备四个特点：一是生产者和消费者众多，有大量的买者与卖者；二是自由进出，在竞争因素的作用下，资源完全自由流动，可以自由进入或退出；三是产品同质，产品的质量相同，没有差别；四是经济运行主体具有完全的信息，企业和消费者具有完全的知识，不存在欺骗行为。在完全竞争的市场结构中，价格是通过市场竞争形成的，任何一个生产者和消费者都是价格的被动接受者。厂商只能通过扩大生产规模来提高利润。

(2)不完全竞争市场。不完全竞争市场，也称垄断竞争市场，是一种既有垄断又有竞争，既不是完全竞争又不是完全垄断的市场结构。不完全竞争市场结构具备以下三个特点：一是厂商的数量比较多，以致每个厂商都认为自己行为的影响很小，不会引起竞争对手的注意和反应，因而自己也不会受到竞争对手任何报复措施的影响；二是大量厂商生产有差别的同类产品，这些产品彼此之间都是非常接近的替代品；三是由于厂商规模比较小，厂商进入或退出市场比较容易。

(3)寡头垄断市场。寡头垄断市场是指在某一行业中只存在少数几家厂商，它们垄断了这一行业的市场，控制着这一行业的供给。寡头垄断的各个厂商的产品可以是同质的，也可以是有差别的。生产同质产品的寡头称为纯寡头，生产有差别产品的寡头称为差别寡头。为数不多的几个寡头在市场中占有很大的份额，这一点决定了寡头垄断市场中有别于其他类型市场的一个独特特点：垄断者之间的相互依存性。即每个厂商在决策时不仅要考虑自己的成本和收益，而且要考虑这一决策对市场的影响和其他厂商可能作出的反应。

(4)完全垄断市场。完全垄断市场是不完全竞争的一种极端形式，是指在一个行业中只有一个生产厂商完全控制着这一产业，同时没有任何一个产业能生产出接近的替代品。完全垄断市场具备三个特点：一是市场上只有唯一的一个厂商生产和销售商品；二是该厂商生产和销售的商品没有任何相近的替代品；三是其他任何厂商进入该行业都极为困难或不可能。在这样的市场中，排除了任何的竞争因素，独家垄断厂商控制了整个行业的生产和销售，所以垄断厂商可以控制和操纵市场价格。

在市场活动过程中，交换或买卖双方之间存在着实物和价值的经济联系，这种经济联系体现着它们各自的经济利益，因而决定着市场具有平等性、自主性、完整性、开放性和竞争性五个方面的特征。

2. 建筑市场

建筑市场是建筑产品需求者和供给者或服务者相互作用并共同决定建筑产品或服务的价格和交易数量的机制。这是一种广义的市场，即既包括有形市场，如建设工程交易中心，又包括无形市场，如在交易中心之外的各种交易活动及各种关系的处理。建筑市场作为市场经济的重要组成部分，既有一般市场的普遍性，又有其特殊性。建筑市场构成如图 2-1 所示。

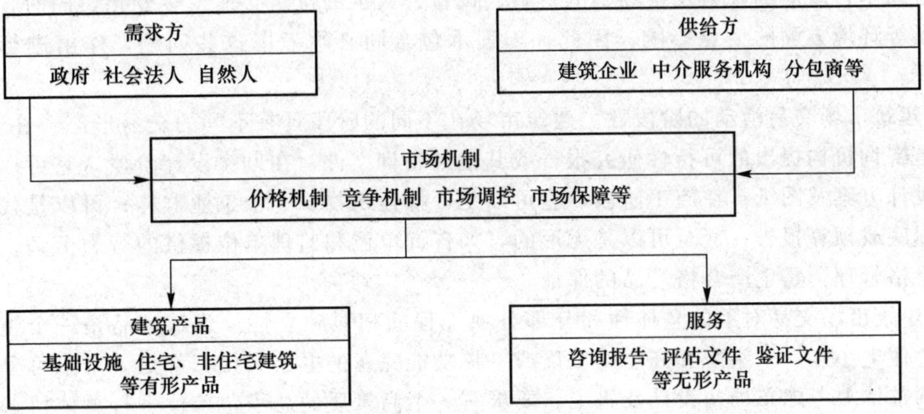

图 2-1　建筑市场构成

3. 建筑市场的特点

建筑市场的主要客体——建筑工程是一种特殊的商品，具有固定性、多样性和庞大性的特点；其生产具有流动性、单件性(一次性)和露天性的特点。这些特点与一般产业市场的交易对象及其生产的特点是相对立的。因此，建筑市场具有许多与其他产业市场不同的特点。

(1)建筑市场交易对象的社会性。建筑市场的交易对象主要是建筑产品，所有的建筑产品都具有社会性，涉及公众利益。例如，建筑产品的位置、施工和使用，影响到城市的规划及环境、人身安全。政府作为公众利益的代表，必须加强对建筑产品的规划、设计、施工、交易和竣工等验收管理。

(2)生产与交易活动的统一性。建筑市场的生产活动和交易活动交织在一起，从工程建设的咨询、设计、施工发包与承包，到工程竣工、交付使用和保修，发包方与承包方进行的各种交易(包括生产)，都是在建筑市场中进行的，都自始至终共同参与。即使不在施工现场进行的商品混凝土供应、构配件生产、建筑机械租赁等活动，也都是在建筑市场中进行的，往往是发包方、承包方、中介组织都参与活动。交易的统一性使得交易过程长，各方之间的关系极为复杂。因此，合同的签订、执行和管理就显得非常重要。

(3)建筑市场主要交易对象的单件性。建筑产品具有单件性或一次性，不可能批量生产，建筑市场的买方只能通过选择建筑产品的生产单位来完成交易。建筑产品都是各不相同的，都需要单独设计，单独施工。因此，无论是咨询、设计还是施工，发包方都只能在建筑产品生产之前，以招标要约等方式向一个或一个以上的承包商提出自己对建筑产品的要求，承包方则以投标的方式提出各自产品的价格，通过承包方之间在价格和其他条件上的竞争，决定建筑产品的生产单位，由双方签订合同确定承发包关系。建筑市场的交易方式的特殊性就在于，交易过程在产品生产之前开始，因此，业主选择的不是产品，而是产品的生产单位。

(4)建筑市场交易价格的特殊性。建筑产品的价值量很大，少则几十万元，多则数十亿元乃至数百亿元。因此，交易中价值量的确定与企业节约资金、降低成本、获取利润等关系很大。可以采用的计价形式也很多，如单价形式、总价形式、成本加酬金等形式均可选用；可以根据合同的约定作调整，也可以按照工程合同约定不作调整；可以采用预付款按月结算的办法，也可以在竣工后一次结算或分阶段结算。每件产品，都要根据特定的情况，由交易双方协商确定价格和调整方法。

(5)建筑市场交易活动的长期性。一般建筑产品的生产周期需要几个月到几十个月，在这样长的时间里，政府的政策及市场中的材料、设备、人工的价格必然发生变化，同时，还有地质、气候等环境方面的变化影响，因此，工程承包合同必须考虑这些问题，作出进行调整的规定。

(6)建筑市场交易活动的阶段性。建筑市场在不同的阶段具有不同的交易形态。在实施前，它可以是咨询机构提出的可行性研究报告或其他的咨询文件；在勘察设计阶段，它可以是勘察报告或设计方案及图纸；在施工阶段，它可以是一幢建筑物、一个工业群体；可以是代理机构编制的标底或预算报告；甚至可以是无形的，如咨询单位和监理单位提供的智力劳动。对各个阶段的严格管理，是生产合格产品的保证。

(7)建筑市场交易对象的整体性和分部分项工程的相对独立性。建筑产品是一个整体，无论是一个住宅小区、一座配套齐全的工厂或一栋功能完备的办公大楼，都是一个不可分割的整体，要从整体上考虑布局、设计及施工，要求有一个高素质的总承包单位进行总体协调。各专业施工队伍分别承担土建、安装、装饰的分包施工与交工。因此，建筑产品交易是整体的。但在施工中需要按分部分项工程逐个进行验收，评定质量，分期结算，所以交易中分部分项工程有相对独立性。

(8)建筑市场交易活动的不可逆转性。建筑市场交易一旦达成协议，设计、施工等承包单位就必须按照双方约定进行设计和施工，一旦竣工，则不可能退换，不能再加工，所以对工程质量有着严格的要求。设计、施工和建材必须符合国家的规范、标准和规定，特别是隐蔽工程，必须严格检查合格后，方可进入下一道工序施工。

2.2.2 建筑市场的运行机制

建筑市场的运行机制包括价格机制、竞争机制和供求机制。

1. 建筑市场的价格机制

建筑产品的价格是建筑产品价值的货币表现，是物化在建筑产品中社会必要劳动时间的货币数量。在建筑市场中，建筑产品价格表现为建筑工程的承包价和结算价。它是建筑市场商品交换中现实存在的客观经济范畴。

(1)建筑产品价格的特点。建筑产品价格除具有一般商品价格的共性外，还具有其自身的特点。这些特点是由建筑产品、建筑生产和建筑产品交换方式的特点引发的。建筑产品价格的特点主要表现在以下几方面。

①计价方法特殊。建筑产品具有单件性，不能成批生产，故也不可能成批计价，只能对每件产品(工程)单独计价。在市场经济下，业主招标时计算标底(或招标控制价)，投标单位计算投标报价，中标价就是承包商的投标报价，在此价格的基础上签订合同价，合同价即成交价。

在工程进展中由于工程变更引起价格的变化，在竣工后进行竣工结算，竣工结算价是建筑产品的实际买卖价格。

②结算方式特殊。一般来说，建筑产品的交易结算是分期进行的。在工程开工前，由业主支付一定数量的预付备料款。在工程开工后，按月结算(或分阶段结算)工程进度款。竣工后根据合同价、工程变更和预付款回收情况进行竣工结算，并预留保证金。保证金在缺陷责任期满后才支付。

③价格管理难度大。政府在管理价格时，一般要制定定额，规定计价方法，掌握价格水平，决定相关取费标准，还要提供相关资源调价信息等。建筑产品价格涉及较多的宏观问题，又与国民经济各部门产品的计价方法和计价水平相关，所以由政府进行建筑产品价格管理是必要的，但其管理难度是相当大的。

④地域性强。由于建筑产品的不可移动性及地区资源价格、土地价格、计价方法的差异，使建筑产品计价必须因地制宜。

(2)建筑市场价格机制。建筑市场的价格机制是指建筑产品价格所具有的传导信息、配置资源、促进技术进步、降低社会必要劳动量的功能作用。由于建筑产品在计划经济下不被认为是商品，建筑产品价格背离价值规律，只能起到核算作用。所以，建立社会主义市场经济体制后，建筑产品价格的改革任务艰巨。

①完善价格形成机制。按照我国现行的建筑工程管理体制和建筑业改革发展方向，工程造价的形成机制应是：国家统一工程量计算规则，企业自己定价，中央和地方政府制定工程税费政策。

②加强价格运行机制。创造公平的招投标竞争环境，要求维持正常建筑市场价格秩序，从根本上制止工程建设中的腐败行为。

③建立宏观价格调控体系。建筑市场中的价格机制要求宏观调控，调控的主要途径是以经济利益为引导，有效地利用经济手段，鼓励采用先进的施工技术、管理手段和施工机械设备，以降低成本提高效益。

2. 建筑市场的竞争机制

市场竞争是市场主体为取得有利的市场条件而进行的角逐。这种角逐不断向市场主体施加外在的压力，迫使市场主体为了取得和保护自己的经济利益而积极参与市场活动，以推动市场的发展和社会的进步。因此，竞争机制是市场机制中的压力机制。

建筑市场的竞争机制主要是指承包者之间的竞争，承包方为了取得施工任务，与竞争对手之间进行的价格、质量、进度、节约、信誉、服务等多方面的竞争，通过竞争使承包者承担压力，增强活力，提高经营和管理水平，降低价格，提高质量，加快进度，减少消耗，讲究竞争策略和艺术，以在竞争中取胜。所以，建筑市场的竞争机制是使生产企业乃至整个行业的素质得到提高的动力。竞争机制主要通过工程招投标实现。

3. 建筑市场的供求机制

(1)建筑市场供求关系的种类。建筑市场供求关系，根据建筑市场的构成体系可以划分为以下几种类型。

①建筑产品供求关系。建筑产品供求关系体现在业主与承包商之间的关系上。承包商为供方，业主为需方。承包商是商品的生产者，也是供应者；业主是商品的购买者，一般来说也是使用者或经营者。购买者和供应者是先成交(签订工程承包合同)后生产商品，因此，这是一种特殊的交易关系。

②生产要素供求关系。生产要素供求关系包括劳动力供求关系、建筑物资供求关系、建筑

机械设备租赁关系、建筑资金供求关系和建筑技术供求关系。

③中介服务供求关系。中介服务供求的需方主要是业主，少数是承包商。供方有工程监理公司、工程咨询公司、招投标服务公司、工程造价咨询公司、法律服务事务所等。供求的对象是"服务"，它是一种无形产品。

④建筑设计供求关系。建筑设计供求关系的需方是业主，供方是设计单位。

(2)建筑市场供求机制的特点。建筑产品和建筑生产的特性决定了建筑市场供求机制的以下特点。

①市场的供应和需求关系是通过招标、投标和签订合同确立的。

②市场的需求量不是由需求者自己的购买力和购买欲望决定的，而是由固定资产投资量决定的。

③市场的供求关系在产品生产之前就确立了。

④在建筑市场交换过程中，需方及中介组织的参与，对供方的生产和供需交换过程均产生影响，这种影响是积极的，既可以提供一定的服务，又起到监督作用。

⑤建筑市场供求在时间上的矛盾，不表现在需求上，主要体现在生产上，如有雨期施工和冬期施工的问题。因此，解决这一矛盾需要制订合理的施工计划，采取必要的措施，以满足需方对交工期的要求。

⑥由于建筑市场的需求量不取决于供应量，而生产能力却受需求量的影响，因此建筑市场一般总是处于买方市场的状况。

2.2.3 我国建筑市场的发展

1. 我国建筑市场的初步建立

自1978年实行改革开放政策以来，我国建筑市场开始萌芽和发展。1984年以后，建筑业作为城市改革的突破口，率先进行管理体制的改革，推行了大量的以市场为取向的改革措施。这些措施包括：全面推行工程招标承包制；使建筑企业成为自主经营、自负盈亏的生产经营单位；改革固定工用工制度，积极推行劳动合同制；改革材料供应方式，由原来的物资部门将材料直接供应给工程承包单位，逐步改革为包工包料；推行住宅商品化；建立城市综合开发公司，对城市土地、房屋实行综合开发；改革建设资金管理办法和结算办法，实行资金多渠道供应和有偿使用等。其中，尤以推行工程招标承包制度为关键措施。这项制度的推广，改变了国家与企业的关系，改变了发包者和承包者的关系，真正建立了发包者和承包者的买卖关系和承包者之间的竞争关系，实际上促使了供求、价格、竞争三大市场机制的形成。1993年11月，党的十四届三中全会通过了《关于建立社会主义市场经济体制若干问题的决定》。党的十五大提出在2010年初步建立、在建党100周年基本完善市场经济体制。党的十七大又进一步提出"完善基本经济制度，健全现代市场体系"。这些为中国发展社会主义市场经济指明了方向。

2. 我国建筑市场的完善与发展

党的十八大以来，各级建设主管部门按照"市场能办的，多放给市场，政府管住、管好它应该管的事"的原则，深化"放管服"改革，加快了建造方式、组织方式、监管方式转型，加快完善了建筑业科技创新体系，提高了建筑业发展质量和效益，提升工程质量安全水平和建筑品质，更好地保障和改善了民生。

(1)取消不合法的地方准入门槛。不断完善建筑市场监管体制，建立健全统一开放的建筑市场体系，营造公平竞争的建筑市场环境。建立健全统一开放、竞争有序的建筑市场体系，促进建筑企业公平竞争，加强对建筑企业跨省承揽业务活动的监督管理。《关于推动建筑市场统一开放的若干规定》(建市〔2015〕140 号)明确规定地方各级住房和城乡建设主管部门不得违反法律法规规定，直接或变相要求外地企业在本地区注册设立独立子公司或分公司等行为。

(2)企业资质管理向个人执业资格制度管理转变。《国务院办公厅关于促进建筑业持续健康发展的意见》(国办发〔2017〕19 号)明确指出，“进一步简化工程建设企业资质类别和等级设置，减少不必要的资质认定”“加快完善信用体系、工程担保及个人执业资格等相关配套制度，加强事中事后监管。强化个人执业资格管理，明晰注册执业人员的权利、义务和责任，加大执业责任追究力度”。这完善了建设工程企业资质改革，规范了建筑市场秩序，落实了执业人员责任。

关于促进建筑业持续健康发展的意见

(3)打破行业壁垒及专业技术人员数量限制。建设主管部门进一步简化建筑业企业资质标准指标，除各类别特级资质和最低等级资质外，取消关于注册建造师、中级以上职称人员、持有岗位证书的现场管理人员、技术工人的指标要求。住房和城乡建设部先后出台《关于建筑业企业资质管理有关问题的通知》(建市〔2015〕154 号)、《关于简化建筑业企业资质标准部分指标的通知》(建市〔2016〕226 号)。

(4)淡化资质优化服务流程。进一步减少建设工程企业资质类别和等级设置，逐步淡化企业资质作用，为民营企业提供发展空间。为进一步推进简政放权、放管结合、优化服务的改革要求，《关于实行建筑业企业资质审批告知承诺制的通知》(建办市〔2019〕20 号)规定：在全国范围对建筑工程、市政公用工程施工总承包一级资质审批实行告知承诺制，不再要求企业提交证明材料，提高审批效率，提升服务效能，切实减轻企业负担，维护社会公平公正，提高政务服务质量与实效。

(5)完善对外承包工程管理。在规范行业竞争秩序、督促企业境外依法合规经营、加强企业海外形象建设、引导企业转变经营方式等方面综合施策，推动企业加快转型升级，提高国际化经营层次和水平，相继出台了《对外承包工程项目投标(议标)管理办法》《中国对外承包工程行业社会责任指引》《关于推动中央企业大力开展境外建设项目“建营一体化”工作的指导意见》(商合发〔2016〕66 号)等一系列文件。

2.2.4　国际建筑市场概述

1. 国际建筑市场分类

国际建筑市场又称国际工程市场或国际承发包市场，是世界市场体系的一个分支体系。它是各国建筑市场在范围上的延伸，把各国的建筑市场联系起来，形成世界范围的工程建设领域。国际建筑市场的买卖双方不属于同一国家，市场客体分布在世界各地。我国的建筑市场是世界建筑市场的一部分；世界建筑市场是执行开放方针的我国建筑市场向国外延伸的领域。我国建筑业有进行对外综合输出的作用和能力，因此研究国际建筑市场具有重大经济和政治意义。

(1)按地区分类。按美国《工程新闻记录》的惯例，国际建筑市场可分为中东、亚洲/大洋洲、欧洲、非洲、北美、拉美/加勒比六大市场，由于这些市场的政治、经济环境各不相同，导致形成各具特色的国际建筑市场形势。

(2)按建设服务的内容分类。国际建筑市场可分为国际工程劳务市场、国际工程承发包市场和国际工程咨询市场等。

2. 国际建筑市场的形成与发展

国际建筑市场形成于 19 世纪中叶，发达国家的承包商在那时便开始跨国经营，至今，国际建筑市场已有了一百多年的历史。发达国家为了在不发达国家及殖民地掠夺原材料、倾销剩余产品，也向这些国家投资建设，以谋取更多利益，由此而带动了国际建筑市场的发展。

国际承包市场大发展是在20世纪60年代中期以后。此时正是第二次世界大战后，资本主义国家经济得到恢复，有了对外投资的资金，加之一些国家为了加速经济发展，需要大规模建设，迎合了发达国家寻求国际市场和在不发达国家寻求原料及资源的需要，于是双重力量促成了国际建筑市场的飞速发展。

(1)中东市场。20世纪七八十年代是国际工程承包商云集中东，分享石油美元带来繁荣的一段好时光。它为欧美等发达国家的承包商们带来巨大利润，同时也为包括我国在内的发展中国家的承包商开拓市场和积累资本提供了机会。但是其后的战争、石油滞销和价格回落造成中东各国石油危机，建设项目投资大幅度削减。随着1999年石油价格的回升，中东仍被视为具有巨大潜力的国际建筑市场，特别是在交通、基础设施、石化和供水项目上大有可为。2022年国际市场最大250家承包商在中东市场的营业额为499亿美元，其中我国企业的营业额为75.3亿美元，占15.1%。

(2)亚洲/大洋洲市场。从20世纪80年代末开始，国际工程承包市场的重心就逐渐向亚洲转移。这一变化一方面是因为中东的战乱、石油危机；另一方面是亚洲经济的突飞猛进，特别是东南亚地区的经济增长率曾经一度保持在7%～8%，投资增长率则更高达两位数。亚洲的发展中国家的高速经济增长，强烈要求对本国的基础设施进行建设或改造，使这一地区的能源、电力、水利、交通、通信等基础设施建设蓬勃发展。2022年国际市场最大250家承包商在亚洲/大洋洲市场的营业额为1 092.4亿美元，其中我国企业的营业额为467.5亿美元，占42.8%。

(3)欧洲市场。在欧洲市场，东、西欧的差距较大，这主要也与社会经济发展等因素有关。20世纪80年代末90年代初东欧社会主义国家的剧变，对其国内的经济影响十分强烈，使之出现倒退。近年来，东欧、俄罗斯及独联体国家的经济情况逐步好转，大多数国家的经济已经停止了下滑而有所回升，但因欧债危机愈演愈烈，又给欧洲市场蒙上了一层阴影。2022年国际市场最大250家承包商在欧洲市场的营业额为1 127.6亿美元，其中我国企业的营业额为102.6亿美元，占9.1%。

(4)非洲市场。非洲很多国家经济困难，政局不稳定，战乱和自然灾害使非洲成为地球上最为贫困的地区。近几年来非洲的平均经济增长率为2.5%～3.5%，其中南部非洲的情况更好一些，特别是南非新政府成立后将经济的重建和发展作为首要任务，大力开发基础设施和住房、市政工程建设，投资金额逐年增大。北部非洲尽管经济增长比较缓慢，但是石油资源丰富，特别是埃及，饭店、石化及一些城市建设工程等，使埃及的建筑工程承包市场显示出良好前景。2022年国际市场最大250家承包商在非洲市场的营业额为480.9亿美元，其中我国企业的营业额为123.6亿美元，占25.7%。

(5)北美市场。美国国内每年工程承包金额都超过千亿美元，基本上是由欧美承包商均分，英国和德国的承包商们就几乎占据了1/2的份额，亚洲的承包商所占份额相对较少，日本一般还能占到10%以上，中、韩两国的份额就微乎其微了。在加拿大市场上也存在着同样的现象，几乎由欧洲、美国承包商均分。2022年国际市场最大250家承包商在美国市场的营业额为559.1亿美元、在加拿大市场的营业额为239.1亿美元。其中我国企业在美国市场的营业额为33.5亿美元，占0.6%；在加拿大市场的营业额仅为16.7亿美元，占0.7%。

(6)拉美/加勒比市场。拉丁美洲长期以来受到外债的沉重压力，经济一直萧条不振。拉美市场基本是美国和欧洲承包商的天下，亚洲国家承包商的力量较弱，尤其是中国的承包商。随着我国与拉丁美洲的政治、经济友好往来和贸易活动的增加，在拉美建筑市场的影响力也将越来越大。2022 年国际市场最大 250 家承包商在拉美/加勒比市场的营业额为 287.0 亿美元，其中我国企业的营业额为 17.2 亿美元，占 6%。

3. 国际建筑市场的发展特点

(1)市场竞争将更为激烈。市场竞争加剧，一方面是因为发展中国家的承包商崛起，参与竞争者越来越多，并以其低廉的劳动力优势有效地降低了成本；另一方面，更主要的是全球经济一体化使承包商对国际市场的争夺更为激烈。

(2)要求承包商提供更全面的服务。由于有些工程所在国资金短缺，包括中国在内的许多国家和地区不仅不支付承包商预付款，反而要求外国承包商带资承揽项目或者接受以实物作为支付手段，特别是大型的、技术复杂的工程项目，这使那些融资能力强和拥有专门技术的发达国家的承包商占有绝对优势。

性的土木工程(例如住房、办公建筑、商服建筑)都可以由本国的建筑公司承担，无须面向国际招标。随着科学技术的进步和发展，这种趋势将更加明显。

(4)规模效益明显，联合和兼并盛行。国际工程承包市场中承包商的规模效益越来越明显。公司规模越大，越有竞争力，获得项目的机会也就越大，相应的营业额、营业利润就越高，利润越高反过来又促进了公司规模的扩大。为了扩大经营规模和发挥综合优势，许多公司寻求联合和合作的出路，特别是对于大型工程项目，过去处于竞争对手地位的公司现在反过来携手合作，组成联合集团或进行单一项目合作夺标。比较著名的有欧洲的 ABB 公司兼并美国有名的鲁玛斯化学工程公司，英国特法佳集团收购著名的约翰布朗公司和戴维公司等。这种联合和兼并大大地增强了公司的资金实力，扩大了公司的经营范围和规模，降低了公司的开支，有利于跨国和跨行业发展国际化经营，同时也加深了行业的垄断程度。

(5)对劳务的技术要求提高。在劳务合作方面，技术劳务需求增长，而普通劳务需求相对下降。除中东市场仍需要普通劳务外，其他地区对普通劳务入境限制越来越严。即使在中东，由于普通劳务云集，劳务价格下降，普通劳务市场也面临激烈的价格竞争。尽管技术劳务的需求有所上升，但要求也在提高。

2.3　基本建设与基本建设程序

2.3.1　基本建设简介

1. 基本建设的概念

基本建设是指固定资产的建造、添置和安装，是国民经济各部门为了扩大再生产而进行的增加固定资产的建设工作。具体来说，基本建设就是人们利用各种施工机具，把一定的土木工程材料、设备等，通过购置、建造和安装等活动，使其成为固定资产的过程。诸如工厂、矿山、公路、铁路、港口、学校、医院等工程的建设，以及机具、车辆、各种设备的添置与安装，与建设对象有关的工程地质勘探、设计等。基本建设的目的就是发展国民经济，提高社会生产力水平和人民的物质文化生活水平。

基本建设简介

2. 固定资产的概念

固定资产是固定资金的实物形态，主要是指使用期限较长、单位价值较高，并在使用过程中基本保持原有实物形态的资产，包括房屋建筑物、机器设备、运输设备、工具器具等。我国《企业会计准则第 4 号——固定资产》(财会〔2006〕3 号)规定，固定资产是指同时具有"为生产商品、提供劳务、出租或经营管理而持有的"和"使用寿命超过一个会计年度"两个特征的有形资产，并且同时满足"与该固定资产有关的经济利益很可能流入企业"和"该固定资产的成本能够可靠地计量"两个条件的，才能予以确认。企业以经营租赁方式出租的建筑物，属于企业的投资性房地产，不属于固定资产。对于工业企业持有的工具、维修设备等资产，施工企业持有的模板、架料等周转材料，以及地质勘探企业持有的管材等资产，尽管具有固定资产的某些特征，但由于数量多、单价低，在实务中通常确认为存货。在非物质生产领域中，凡能供长期使用，在使用过程中保持原有实物形态的物质资料，习惯上也称为固定资产，如机关或事业单位的房屋、建筑物和各项设施等。

企业会计准则第 4 号-固定资产

通过建造、安装和购置这样的手段，将一定的人、财、物投入转化为固定资产的过程叫作固定资产投资，最终形成的成果叫作固定资产。按照管理渠道，全社会固定资产投资总额分为基本建设、更新改造、房地产开发投资和其他固定资产投资四个部分。

3. 基本建设的内容

基本建设的内容主要有三部分。

(1)建筑安装工程，包括建筑工程和安装工程。

①建筑工程，如房屋建筑、公路、桥梁、隧道等。

②安装工程，如工业厂房、高速公路、大型桥梁等所需各种机械、设备、仪器的安装、调试等。

(2)设备、工具、器具的购置。

(3)其他基本建设工作，如征用土地、房屋拆迁、青苗补偿和安置补助工作，地质勘察、设计及与之有关的调查和技术研究工作等。

4. 基本建设的分类

(1)按基本建设的性质分类。

①新建项目。新建项目是指从无到有完全新开始建设的项目。有的建设项目原有基础很小，需重新进行总体设计，经扩大建设规模后，其新增加的固定资产价值超过原有固定资产价值三倍以上，也属于新建项目。

②扩建项目。扩建项目是指企业为扩大原有产品生产能力或增加新的生产能力，事业单位为增加或扩大原有固定资产的使用效益，在原有基本建设的基础上再扩大建设一些项目。

③改建项目。改建项目是指企业为提高生产效率，改进产品质量，或改变产品的方向，对原有的设备、工艺流程进行技术改造的项目。企业为了提高综合生产能力，增加的一些附属和辅助车间或非生产性工程，也属于改建项目。

④恢复项目。恢复项目是指企业和事业单位的固定资产因自然灾害、战争或人为灾害等原因已全部或部分报废，而后又投资恢复建设的项目，无论是按原来规模恢复建设，还是在恢复同时进行扩建的都属于恢复项目。

(2)按基本建设投资用途分类。

①生产性建设。生产性建设是指直接用于物质生产或为满足物质生产需要的建设，如工业建设、农林水利气象建设、交通运输建设、商业和物资供应建设、地质资源勘探建设等。

②非生产性建设。非生产性建设是指用于满足人民物质和文化生活需要的建设，如住宅建设、文教卫生建设、公用事业建设等。

(3)按基本建设规模分类。按照项目规模大小，将基本建设项目划分为大型项目、中型项目和小型项目。大、中、小型项目是按项目的建设总规模或总投资来确定的。对于建设项目的规模划分标准，国家发展改革委、住房和城乡建设部、财政部都有明确的规定。

5. 基本建设项目的组成

每项基本建设工程，就其实物形态来说，都由许多部分组成。为了便于编制各种基本建设的施工组织设计和概、预算文件，必须对每项基本建设工程进行项目划分。基本建设工程可依次划分为建设项目、单项工程、单位工程、分部工程和分项工程。

(1)建设项目。建设项目是指有设计任务书，按照一个总体设计进行施工的各个工程项目的总体。建设项目可由一个工程项目或几个工程项目所构成。建设项目在经济上实行独立核算，在行政上具有独立的组织形式。在我国，建设项目的实施单位一般称为建设单位，实行建设项目法人负责制。如新建一个工厂、矿山、学校、农场，新建一个独立的水利工程、一条公路或一条铁路等，都由项目法人单位实行统一管理。

(2)单项工程。单项工程是建设项目的组成部分。单项工程又称工程项目，是指具有独立的设计文件、独立施工、竣工后可以独立发挥生产能力并能产生经济效益或效能的工程，如工业建设项目中的生产车间、办公室和职工住宅；某公路建设项目中的某独立大、中桥梁或某隧道工程等。

(3)单位工程。单位工程是单项工程的组成部分。单位工程是指不能独立发挥生产能力，但具有独立设计的施工图纸，并能独立组织施工的工程。如某生产车间可分为土建工程(包括建筑物、构筑物)、电气安装工程(包括动力、照明等)、工业管道工程(包括蒸汽、压缩空气、煤气等)、暖卫工程(包括采暖、上下水等)、通风工程和电梯工程等单位工程；某隧道单项工程可分为土建工程、照明和通风工程等单位工程。

(4)分部工程。分部工程是单位工程的组成部分。它是按照单位工程的各个部位由不同工种的工人利用不同的工具和材料完成的工程。例如，土方工程、桩基础工程、脚手架及垂直运输工程、砌筑工程、混凝土及钢筋混凝土工程、构件运输安装工程、木结构工程、屋面及防水工程、金属结构制作工程、门窗工程、楼地面工程、顶棚装饰工程等。

(5)分项工程。分项工程是分部工程的组成部分。它是将分部工程进一步划分为若干更细的部分，如土方工程可划分为基槽挖土、土方运输、回填土等分项工程。分项工程是建筑安装工程的基本构成因素，是工程预算分项中最基本的分项单元。

2.3.2　基本建设与建筑业的区别和联系

1. 基本建设与建筑业的区别

(1)两者活动的性质各不相同。建筑业从事建筑产品的建造活动，其性质是物质生产活动；而基本建设活动的主要内容是筹集资金、征购土地、设备购置、人员培训、发包工程等一系列与固定资产形成相关的活动，其性质属于投资活动。

(2)两者承担的工作任务不一样。建筑业的主要任务在于从事建筑产品的生产，为国民经济各部门形成固定资产提供所需的建筑产品；基本建设的主要任务是，在一定的投资限额内，合理分配和使用投资，及时订购质量优良、价格合理的设备与器具，节约建设用地，检查与监督发包工程的质量与施工进度，以保证固定资产按时保质完成。

2. 基本建设与建筑业的联系

(1)按照需要形成固定资产，是两者共同追求的目的。这一共同点，使建筑业与基本建设有着不可分割的联系。建筑业生产的建筑产品是基本建设投资活动的主要对象之一，建筑产品的价值是固定资产价值的重要组成部分。除单纯购置不需要安装的机器设备以外，大部分基本建设活动都离不开建筑业，同样，绝大部分的建筑生产活动，也是为了完成固定资产的建设任务。而基本建设的规模，对建筑业的发展又有着重大影响。但是，不能由此认为固定资产投资的经济活动包括建筑产品的生产活动，也不能由此认为建筑业是附属于基本建设的一个物质生产环节。

(2)两者的经济关系本质是商品交换关系。在市场经济条件下，两者之间关系的经济本质，是建设项目业主与建筑业(直接体现为承包商)之间的商品交换关系，即建筑产品的买与卖的关系。可见，基本建设是投资者(建设项目法人)运用投资形成固定资产的经济行为，属于买方的购买活动；建筑业建造产品并最终使其转化为固定资产，其活动属于卖方的生产经营活动。它们之间通过经济合同形式相互联系，在平等的基础上实现公平交易。只有正确认识并处理好两者之间的这种经济关系，才有利于基本建设任务的完成和建筑业的健康发展。

2.3.3 基本建设程序

1. 基本建设程序的概念

基本建设程序是指基本建设项目从决策、设计、施工到竣工验收的整个工作过程中各个阶段的工作顺序。简而言之，即基本建设的全过程必须遵循的先后顺序。

基本建设涉及面广，内外协作配合的环节多，其中有些是前后衔接的，有些是左右配合的，有些是相互交叉的。这些工作必须按照一定的程序依次进行，才能达到预期的效果。现行的基本建设程序，客观地总结了基本建设的实践经验，正确地反映了基本建设全过程所固有的先后顺序及其规律性。对生产性工程建设项目来说，基本建设程序是形成对综合性生产能力过程规律的描述。对非生产性工程建设项目而言，基本建设程序是该项目顺利完成工程建设全过程，满足人民物质生活和文化生活需要，获得最大社会经济效益的工程建设的科学方法的描述。

2. 基本建设程序的作用

基本建设程序是建设过程客观规律的反映，是我国几十年来建设实践的总结。其目的是加快建设速度，缩短工期，降低工程造价，防止“长官意志”，主观臆断，随意定项目。基本建设程序反映了进行项目建设中各有关经济组织之间密切的、一环扣一环的经济联系，这种联系从客观上要求项目建设过程中必须采用经济的、法律的办法来管理工程。如果不按建设程序办事，就可能造成项目决策的失误，造成人力、物力、财力的浪费。因此，要尊重建设全过程的客观规律，切不能认为基本建设程序可有可无，可执行可不执行，因而掉以轻心。

3. 基本建设程序的内容

我国的基本建设程序早在1978年的《关于基本建设程序的若干规定》(计计〔1978〕234号)作了明确规定，并在《关于重申严格执行基本建设程序和审批规定的通知》(计投资〔1999〕693号)又作了进一步要求。我国现行的基本建设程序的具体内容包括以下各项。

(1)项目建议书阶段。投资者根据国民经济的发展、工农业生产和人民物质生活与文化生活的需要，拟投资兴建某项工程，开发某项系列产品，并论证兴建该项目的必要性、可能性，拟订兴建的目的、要求、计划等内容，写成书面报告，建议有关上级部门同意批准兴建该项目。其内容包括以下各项。

①建设项目提出的必要性和依据。

②产品方案、拟建规模和建设地点的初步设想。

③资源情况、建设条件、协作关系。

④投资估算和资金筹措设想。

⑤项目进度设想。

⑥经济效益、社会效益和环境效益的初步估计。

(2)可行性研究阶段。建设项目的可行性研究，是在投资决策前，对与拟建项目有关的社会、经济、技术等各方面进行深入细致的调查研究，对各种可能采用的技术方案和建设方案进行认真的技术经济分析和比较论证，对项目建成后的经济效益进行科学的预测和评价。在此基础上，对拟建项目的技术先进性和适用性、经济合理性和有效性，以及建设必要性和可行性进行全面分析、系统论证、多方案比较和综合评价，由此得出该项目是否应该投资和如何投资等结论性意见，为项目投资决策提供可靠的科学依据。由于基础资料的占有程度、研究深度与可靠程度要求不同，可行性研究的各个工作阶段的研究性质、工作目标、工作要求各不相同(表 2-3)。

表 2-3 可行性研究各工作阶段的要求

工作阶段	机会研究	初步可行性研究	详细可行性研究	评价与决策阶段
研究性质	项目设想	项目初选	项目准备	项目评估
研究要求	编制项目建议书	编制初步可行性研究报告	编制可行性研究报告	提出项目评估报告
投资估算精度	±30%	±20%	±10%	±10%

(3)编制设计任务书。设计任务书是确定基本建设项目、编制设计文件的主要依据。它在基本建设程序中起主导作用，一方面把国民经济计划落实到建设项目上，另一方面使建设项目及建成投产后所需的人力、财力、物力有可靠保证。一切新建、扩建、改建项目，都要按国家发展国民经济的计划和要求，按照项日的隶属关系，由主管部门组织有关计划、设计等单位，编制设计任务书。

(4)选择建设地点。建设地点的选择主要解决以下几个问题：一是工程地质、水文地质等自然条件是否可靠；二是建设时所需的水、电、运输条件是否落实；三是建设项目投产后的原材料、燃料等是否满足要求。当然，对生产人员的生活条件、生产环境也要全面考虑。建设地点的选择，必须在综合调查研究、多个方案比较的基础上，提出选址报告。

(5)编制设计文件。拟建项目的设计任务书和选址报告经批准后，主管部门就应委托设计单位，按照设计任务书的要求，编制设计文件。设计文件是安排建设项目、控制投资、编制招标文件、组织施工和竣工验收的重要依据。设计文件的编制必须精心设计，认真贯彻国家有关方针政策，严格执行基本建设程序的规定。

初步设计应根据批准的可行性研究的要求和相关技术资料(包括自然条件、基础设施、业主的要求等)，拟定设计原则，选定设计方案，计算主要工程数量，提出施工方案的意见，编制设计概算，提供文字说明及图表资料。初步设计文件经审查批准后，是国家控制建设项目投资及编制施工图设计文件或技术设计文件(采用三阶段设计时)的依据，并且为订购和调拨主要材料、机具、设备、安排重大科研试验项目，征用土地等的筹划提供资料。

技术设计是初步设计的具体化，也是各种技术问题的定案阶段。技术设计所研究和决定的问题，与初步设计大致相同。对重大、复杂的技术问题进行科学试验、专题研究，加深勘探调查及分析比较，解决初步设计中未能解决的问题，落实技术方案，计算工程数量，提出修正的施工方案，编制修正设计概算，经批准后作为编制施工图设计的依据。

施工图设计主要是通过图纸，把设计者的意图和全部设计结果表达出来，作为工人施工制作的依据。它是设计工作和施工工作的桥梁。其具体包括建设项目各部分工程的详图和零部件、结构件明细表，以及验收标准、方法等。施工图设计的深度应能满足设备材料的选择和确定、非标准设备的设计与加工制作、施工图预算的编制、工程施工和安装的要求。

(6)列入年度建设计划。建设项目必须有经过批准的初步设计和总概算，进行综合平衡后，才能列入年度建设计划。批准的年度建设计划是进行基本建设拨款或贷款的主要依据。所有建设项目都必须纳入国家计划。大、中型项目由国务院或国家发展改革委批准，小型项目按隶属关系，在国家批准的投资总额内由各部门和各省、自治区、直辖市自行安排。自筹资金安排的项目，要在国家确定的控制指标内编制计划。

(7)施工准备。为了保证施工顺利进行，在施工准备阶段，建设主管部门应根据计划要求的建设进度，指定一个企业或事业单位组织项目管理机构(或采用“代建制”，即通过招标等方式，选择专业化的项目管理单位)。办理登记及拆迁手续，做好施工沿线有关单位和部门的协调工作，抓紧配套工程项目的落实，组织分工范围内的技术资料、材料、设备的供应。勘测设计单位应按照技术资料供应协议，按时提供各种图纸资料，做好施工图纸的会审及移交工作。业主通过工程招投标确定承包商，承包商接到中标通知后，应尽早组织劳动力、材料、施工机具进场，进行施工测量、搭设临时设施，熟悉图纸的要求，编制实施性施工组织设计和施工预算，提交开工报告，按投资隶属关系报请有关部门核准。银行应会同建设、设计、施工单位做好图纸的会审，严格按计划要求进行财政拨款或贷款。

(8)建设实施。承包商要遵照施工程序合理组织施工，施工过程中应严格按照设计要求和施工规范，确保工程质量，安全施工，推广应用新工艺、新技术，努力缩短工期，降低造价，同时应注意做好施工记录，建立技术档案。

(9)生产准备。基本建设的最终目的是要形成新的生产能力或效益，为了保证项目建成后能及时投产，业主要根据建设项目的生产技术特点，组织专门的生产班子，抓好各项生产准备工作，如建立各级生产指挥系统和相应机构；制定颁发各种管理制度和安全生产操作规程；培训生产骨干和技术工人；组织工具、用具、备品、配件的采购与加工；签订原材料、燃料、动力、运输及生产协作的协议等。

(10)竣工验收、交付使用。工程验收是一项十分细致而又严肃的工作，必须从国家和人民的利益出发，按照《关于基本建设项目竣工验收暂行规定》和《公路工程竣工验收办法》的要求，认真负责地对全部基本建设工程进行总验收。竣工验收包括对工程质量、数量、期限、生产能力、建设规模、使用条件的审查，对建设单位和施工企业编报的固定资产移交清单、隐蔽工程说明和竣工结算等进行细致检查。

(11)建设项目后评价。建设项目后评价是工程项目竣工投产、生产运营一段时间后，再对项目的立项决策、设计施工、竣工投产、生产运营等全过程进行系统评价的一种技术经济活动，是固定资产投资管理的一项重要的内容，也是固定资产投资管理的最后环节。通过建设项目后评价以达到肯定成绩，总结经验，研究问题，吸取教训，提出建议，改进工作，不断提高项目决策水平和投资效益的目的。

2.3.4 国外建设程序简介

1. 西方国家的建设程序

西方国家在建设程序上并不完全一致，但其主要阶段基本相同。西方国家把项目提出和终结的全过程称为项目的发展周期。整个周期划分为三个阶段，即投资前期、投资时期和投资回收时期。投资前期包括：投资机会研究；初步可行性研究；可行性研究；项目评估；对项目作出最终决策。投资时期主要包括：项目的基础设计和工程设计，在进行工程设计时要选定设备和材料；完成施工详图设计；通过招标确定承包商，进行施工；同时进行生产准备、竣工投产等工作。投资回收时期即项目生产、使用时期，直至项目寿命终了为止，这时主要是维修养护工作。

2. 世界银行贷款项目的建设程序

世界银行自 1945 年成立以来，为了实现向借贷国贷款的目的，对每个贷款的工程建设项目都要仔细选择，充分准备，周密评估，严格管理和监督，逐渐形成了一套完整而严密的建设程序。世界银行将对建设项目实施过程的程序称为项目周期，由六个阶段组成，即项目的选定、项目的准备、项目的评估、项目的谈判、项目的执行和监督、项目的总结和评价。

(1)项目的选定。项目的选定是在广泛收集资料和原始数据的基础上，进行技术、经济的综合分析，选择既有助于该国或该地区的发展，又符合世界银行贷款原则的项目。在项目选定阶段要注意广泛、完整、准确地收集原始资料和数据，如工业项目通常包括资源条件、原材料、产品市场情况、公用系统和交通运输条件、厂区水文地质条件、环境保护等资料。项目选定后应提交“项目选定简报”，明确规定项目目标，列出项目概要，说明完成项目的关键问题，并安排好项目的执行时间表。“项目选定简报”送交世界银行进行筛选。

(2)项目的准备。借款国在选定项目并取得世界银行初步同意之后，便进入项目准备阶段，这一阶段的关键是做好项目的可行性研究。在可行性研究中，应提出几个可供选择的方案进行比较和分析，推荐最佳方案，最后，编制一份详细的项目报告，即可行性研究报告。世界银行对可行性研究报告的要求十分严格，其投资费用的估算精度要达到±10%(与理想的平均值比较)。

(3)项目的评估。这一阶段工作完全由世界银行自己进行，其将对“项目报告”进行仔细审查，组织有关专家工作组到借款国进行为期 3～4 周的实地考察，并对项目在如下四个方面作出评价。

①技术方向。技术评价关心的是项目的规模、布局和位置、生产工艺和设备选型、所用的技术是否适合当地的条件、计划进度是否可行、能否达到预期的生产水平等问题。要求项目合理，工程技术处理适当，且符合一般公认的相关标准。

②管理体制。评价的目的是在当地建立一套有关贷款项目的健全而富有活力的管理体制。其不仅包括借款项目本身的组织机构、经营管理方式、人员配备、经营策略、业务流程等，还包括国家政策的总体安排。

③经济与财务。对项目设计的各种推荐方案进行“成本效益分析”，选出对开发目标最适宜的设计方案。这项工作虽已由借款国在项目准备阶段开展，但在此阶段进行经济评估时要作出最终审查评定。财务评估的主要目的是评价项目投资的准确性和合理性，了解贷款单位的偿付能力，以及如何从项目收益人回收投资及经营费用。

④社会方面。主要分析项目所处的政策环境和对人类的影响。项目评估后，由有关专家先提交一份“绿皮报告书”给主管地区项目的副行长审批，在与借款国进行协调，对相关内容进行补充修改后，由世界银行主管局提出一份“灰皮报告书”，作为同意贷款的通知，呈报高级副行长或行长正式批准。对可行性研究报告质量较好的小项目，可不经过评估，直接进入谈判阶段。

(4)项目的谈判。项目评估通过后，世界银行与借款国代表就贷款协议进行谈判。谈判内容不仅包括借款金额、期限、偿还方式，还包括为保证项目的顺利执行所应采取的措施。谈判达成协议后，双方共同签署谈判协议，用法律的形式把双方意见肯定下来。还要由申请国的财政部部长代表借贷国政府签署一份担保协议。这两个文本经世界银行执行董事会批准后，项目就进入执行阶段。

(5)项目的执行和监督。项目执行阶段，借款国负责项目的执行经营，世界银行负责对项目的监督。借款国要按时向世界银行提交“项目进度报告”。世界银行监督的范围包括：聘用世界银行同意的咨询人员；采用竞争性招标方式选定承包商；借款国在要求付款时，需按贷款协议规定提出正式申请；经营阶段的监督所用资料来自经营单位发表的统计年报。

(6)项目的总结与评价。项目完成后要进行总结与评价，作为以后工作的借鉴。参加可行性研究的人员也应当参加项目的总结与评价，最后提出“项目完成报告”。

本章小结

1. 建筑业是国民经济中一个重要的独立产业部门，许多国家都视其为支柱产业，是以建筑产品生产为对象的物质生产部门，是从事建筑生产经营活动的行业。建筑业生产的产品叫作建筑产品。建筑产品可分为物质产品和精神产品两大类。物质产品可分为实物产品和非实物产品；精神产品主要是指独立存在的建筑艺术成果，如建筑绘画、建筑模型等。

2. 建筑市场是建筑产品需求者和供给者或服务者相互作用并共同决定建筑产品或服务的价格和交易数量的机制。这是一种广义市场的概念，既包括有形市场，又包括无形市场。建筑市场作为市场经济的重要组成部分，既有一般市场的普遍性，又有其特殊性。

3. 基本建设是国民经济各部门为了扩大再生产而进行的增加固定资产的建设工作。基本建设与建筑业既有区别又有联系，区别是：两者活动的性质各不相同，两者承担的工作任务不一样；两者的联系是：按照需要形成固定资产是两者共同追求的目的，两者的经济关系本质是商品交换关系。

4. 基本建设程序是指基本建设项目从决策、设计、施工到竣工验收的整个工作过程中各个阶段的工作顺序。我国现行基本建设程序的具体内容包括项目建议书阶段、可行性研究阶段、编制设计任务书、选择建设地点、编制设计文件、列入年度计划、施工准备、建设实施、生产准备、竣工验收交付使用、建设项目后评价。

思考与练习

1. 什么是建筑业？
2. 建筑业分为哪几类？
3. 建筑产品生产的技术经济特点有哪些？
4. 建筑业在国民经济中的地位与作用是什么？
5. 什么是市场？什么是建筑市场？
6. 简述建筑市场的特点。
7. 简述建筑市场的运行机制。
8. 什么是基本建设？
9. 什么是新建、扩建、改建和恢复项目？
10. 我国基本建设程序的内容有哪些？
11. 简述世界银行贷款项目的建设程序。

习题答案

第3章

工程经济分析的基本要素与资金的时间价值

学习重点

资金等值、实际利率和名义利率、固定成本、经营成本、机会成本、沉没成本、边际成本等概念，折旧的计算、现金流量图的绘制、资金等值计算、建设期贷款利息的计算等方法。

学习目标

通过本章的学习，了解工程经济分析的基本要素：投资、折旧、成本、销售收入、税金、利润等，熟悉现金流量的构成，熟练掌握现金流量图、实际利率和名义利率、资金等值计算、建设期贷款利息的计算等。

第3章　课件

知识结构图

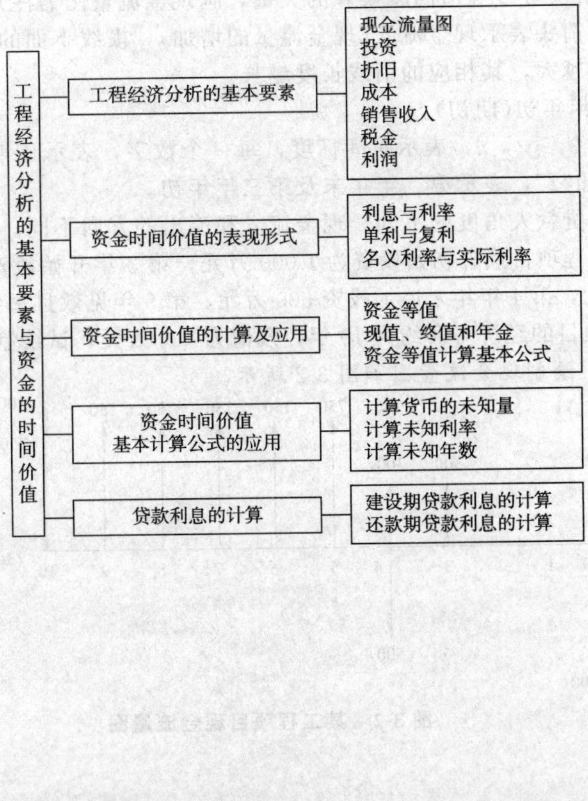

3.1 工程经济分析的基本要素

3.1.1 现金流量图

1. 现金流量

在进行工程经济分析时，可把所考察的对象视为一个系统，这个系统可以是一个建设项目、一个企业，也可以是一个地区、国家。而投入的资金、花费的成本、获得的收益，均可看成以资金形式体现的该系统的资金流出或资金流入。

在考察对象整个会计期间各时点上实际发生的资金流出或资金流入称为现金流量，包括现金流入[Cash Input，$(CI)_t$]和现金流出[Cash Output，$(CO)_t$]，现金流入与现金流出之差称为净现金流量[$(CI-CO)_t$]。

2. 现金流量图

为了直观地表现现金的流入和流出情况，以及现金发生的确切时间，通常采用"现金流量图"(图 3-1)来描述现金流入或流出发生的时间和数值。

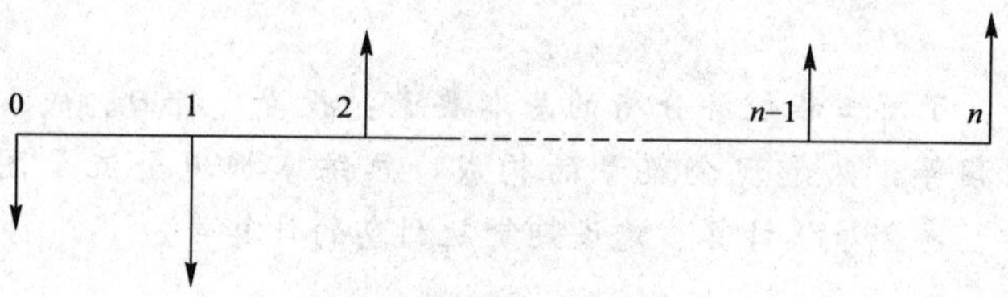

图 3-1　现金流量图

现金流量图是解决资金等值问题换算的关键，画现金流量图需注意以下几点。

(1)横线上面的箭头表示现金流入(现金流量的增加)，横线下面的箭头表示现金流出(现金流量的减少)，金额越大，其相应的箭线长度越长。

(2)0 表示第一年年初(期初)。

(3)数字 1，2，3，…，n，表示时间标度，每一个数字，表示该期的期末数，同时表示后面数字的期初数，如"2"，表示第二年年末及第三年年初。

(4)因借款人和贷款人角度的不同，现金流入和流出的方向不同。

【例 3-1】 某工程项目预计初始投资为 1 000 万元，第 3 年开始投产后每年销售收入抵消经营成本后为 300 万元，第 4 年年末追加投资 500 万元，第 5 年见效且每年销售收入抵消经营成本后为 750 万元，该项目的经济寿命约为 10 年，残值为 100 万元，试绘制该项目的现金流量图。

解： 根据题意，绘制现金流量图如图 3-2 所示。

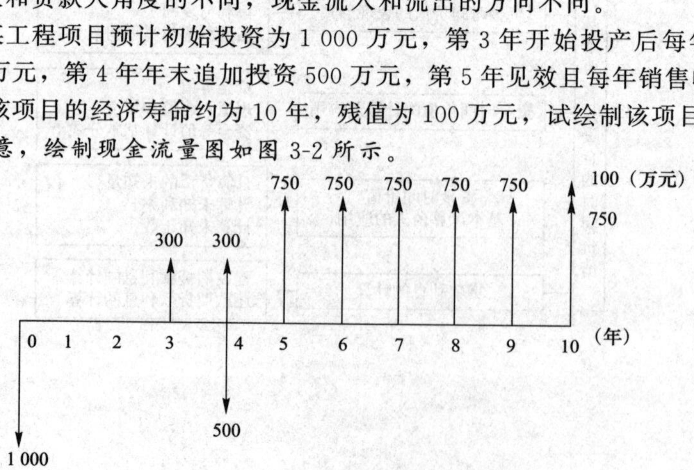

图 3-2　某工程项目现金流量图

3.1.2 投资

投资是人们一种有目的的经济行为，是指投资主体为了实现营利或规避风险，通过各种途径投放资金的活动。

建设项目总投资是指在工程项目建设阶段所需要的全部费用的总和。根据住房和城乡建设部颁发的《建设项目总投资费用项目组成》规定，建设项目总投资由工程造价、增值税、资金筹措费和流动资金四部分构成。建设项目总投资费用项目组成如图 3-3 所示。

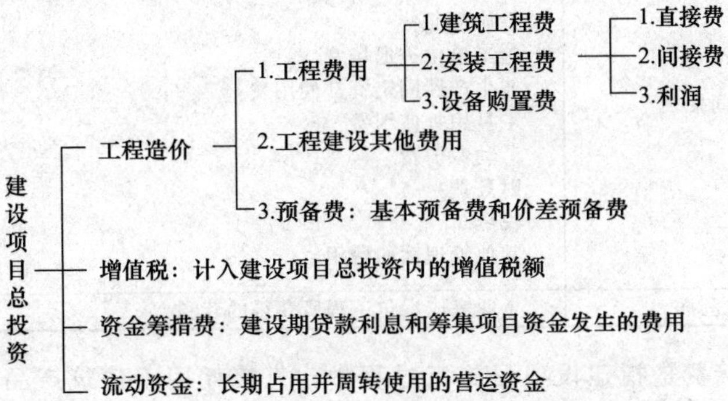

图 3-3　建设项目总投资费用项目组成

1. 工程造价

工程造价是指工程项目在建设期预计或实际支出的建设费用，包括工程费用、工程建设其他费用和预备费。

(1)工程费用是指建设期内直接用于工程建造、设备购置及其安装的费用，包括建筑工程费、设备购置费和安装工程费。

(2)工程建设其他费用是指建设期发生的与土地使用权取得、整个工程项目建设及未来生产经营有关的，除工程费用、预备费、增值税、资金筹措费、流动资金以外的费用。

(3)预备费是指在建设期内因各种不可预见因素的变化而预留的可能增加的费用，包括基本预备费和价差预备费。

2. 增值税

增值税是指应计入建设项目总投资内的增值税额。增值税应按工程费、工程建设其他费、预备费和资金筹措费分别计取。

3. 资金筹措费

资金筹措费是指在建设期内应计的利息和在建设期内为筹集项目资金发生的费用，包括各类借款利息、债券利息、贷款评估费、国外借款手续费及承诺费、汇兑损益、债券发行费用及其他债务利息支出或融资费用。

4. 流动资金

流动资金是指运营期内长期占用并周转使用的营运资金，不包括运营中需要的临时性营运资金。

5. 建筑安装工程费用

建筑安装工程费用是建筑工程费与安装工程费的总称，是工程造价的重要组成部分，其构成见表 3-1。

表 3-1　建筑安装工程费用构成

费用名称		内容
建筑安装工程费用	直接费	人工费 材料费 施工机具使用费 其他直接费
	间接费	管理人员薪酬 办公费 差旅交通费 施工单位进退场费 非生产性固定资产使用费 工具用具使用费 劳动保护费 财务费 税金 其他管理性的费用
	利润	企业完成承包工程所获得的营利

(1)直接费。直接费是指建设项目施工过程中，直接耗用于建筑产品的各项费用的总和，包括人工费、材料费、施工机具使用费和其他直接费。

①人工费。人工费是指直接从事建筑安装工程施工作业的生产工人的薪酬。人工费包括工资性收入、社会保险费、住房公积金、职工福利费、工会经费、职工教育经费及特殊情况下发生的工资等。

②材料费。材料费是指工程施工过程中耗费的各种原材料、半成品、构配件的费用，以及周转材料等的摊销、租赁费用。

③施工机具使用费。施工机具使用费是指施工作业所发生的施工机械、仪器仪表使用费或其租赁费，包括施工机械使用费和施工仪器仪表使用费。

施工机械使用费以施工机械台班耗用量与施工机械台班单价的乘积表示，施工机械台班单价由折旧费、检修费、维护费、安拆费及场外运费、人工费、燃料动力费及其他费组成。

施工仪器仪表使用费以施工仪器仪表台班耗用量与施工仪器仪表台班单价的乘积表示，施工仪器仪表台班单价由折旧费、维护费、校验费和动力费组成。

④其他直接费。其他直接费是指为完成建设工程施工，发生于该工程施工前和施工过程中的按综合计费形式表现的措施费用。其内容包括冬雨期施工增加费、夜间施工增加费、二次搬运费、检验试验费、工程定位复测费、工程点交费、场地清理费、特殊地区施工增加费、文明(绿色)施工费、施工现场环境保护费、临时设施费、工地转移费、已完工程及设备保护费、安全生产费等。

(2)间接费。间接费是指施工企业为完成承包工程而组织施工生产和经营管理所发生的费用。其内容包括管理人员薪酬、办公费、差旅交通费、施工单位进退场费、非生产性固定资产使用费、工具用具使用费、劳动保护费、财务费、税金及其他管理性的费用。

(3)利润。利润是指企业完成承包工程所获得的盈利。

6. 设备购置费

(1)设备购置费。设备购置费是指购置或自制的达到固定资产标准的设备、工器具及生产家具等所需的费用。设备购置费分为外购设备费和自制设备费。外购设备是指设备生产厂制造，符合规定标准的设备；自制设备是指按订货要求，并根据具体的设计图纸自行制造的设备。设备购置费的计算公式为

设备购置费＝设备原价＋设备运杂费

①国产设备原价。国产设备原价是指设备制造厂的交货价，即出厂价，或设备成套供应公司的订货合同价。它一般根据生产厂商或供应商的询价、报价或合同价确定，或采用一定的方法计算确定。

②进口设备原价。进口设备有内陆交货、目的地交货和装运港交货三种交货方式。其中，装运港交货方式是我国进口设备采用较多的一种方式，它有三种交货价：装运港船上交货价(FOB)，习惯称为离岸价；运费在内价(C&F)；运费、保险费在内价(CIP)，习惯称为到岸价。

进口设备原价＝货价(FOB)＋国际运费＋运输保险费＋银行财务费＋外贸手续费＋关税＋增值税＋消费税＋海关监管手续费＋车辆购置附加费

③设备运杂费。设备运杂费由运费和装卸费、包装费、设备供销部门的手续费、采购与仓库保管费构成。设备运杂费的计算公式为

设备运杂费＝设备原价×设备运杂费费率

式中，设备运杂费费率按有关规定计取。

(2)自制设备购置费。自制设备购置费的计算公式为

$$\text{自制设备购置费} = \sum(\text{设备数量} \times \text{设备单价})$$

设备单价＝(材料费＋加工费＋检测费＋专用工具费＋外购配套件费＋包装费＋利润＋非标准设备设计费＋运杂费)

(3)工器具及生产家具购置费。工器具及生产家具购置费是指新建项目初步设计规定所必须购置的不构成固定资产的设备、仪器、工夹模具、器具、生产家具和备品备件等的费用。工器具及生产家具购置费的计算公式为：

工器具及生产家具购置费＝设备购置费×定额费率

7. 工程建设其他费用

工程建设其他费用是指建设期发生的与土地使用权取得、整个工程项目建设及未来生产经营有关的，除工程费用、预备费、增值税、资金筹措费、流动资金以外的费用。其主要包括土地使用费和其他补偿费、建设管理费、可行性研究费、专项评价费、研究试验费、勘察设计费、场地准备费和临时设施费、引进技术和进口设备材料其他费、工程保险费、联合试运转费、特殊设备安全监督检验费、市政公用配套设施费、专利及专有技术使用费、生产准备费等。

(1)土地使用费和其他补偿费。

①土地使用费。土地使用费是指建设项目使用土地应支付的费用，包括建设用地费和临时土地使用费，以及由于使用土地发生的其他有关费用，如水土保持补偿费等。

建设用地费是指为获得工程项目建设用地的使用权而在建设期内发生的费用。取得土地使用权的方式有出让、划拨和转让三种方式。

临时土地使用费是指临时使用土地发生的相关费用，包括地上附着物和青苗补偿费、土地恢复费及其他税费等。

②其他补偿费是指项目涉及的对房屋、市政、铁路、公路、管道、通信、电力、河道、水利、厂区、林区、保护区、矿区等不附属于建设用地的相关建构筑物或设施的补偿费用。

(2)建设管理费。建设管理费是指为组织完成工程项目建设在建设期内发生的各类管理性质费用。其包括建设单位管理费、代建管理费、工程监理费、监造费、招标投标费、设计评审费、特殊项目定额研究及测定费、其他咨询费、印花税等。

(3)可行性研究费。可行性研究费是指在工程项目投资决策阶段，对有关建设方案、技术

方案或生产经营方案进行的技术经济论证，以及编制、评审可行性研究报告等所需的费用。

(4)专项评价费。专项评价费是指建设单位按照国家规定委托有资质的单位开展专项评价及有关验收工作发生的费用。其包括环境影响评价及验收费、安全预评价及验收费、职业病危害预评价及控制效果评价费、地震安全性评价费、地质灾害危险性评价费、水土保持评价及验收费、压覆矿产资源评价费、节能评估费、危险与可操作性分析及安全完整性评价费以及其他专项评价及验收费。

(5)研究试验费。研究试验费是指为建设项目提供和验证设计参数、数据、资料等进行必要的研究和试验，以及设计规定在施工中必须进行试验、验证所需要费用。其包括自行或委托其他部门的专题研究、试验所需人工费、材料费、试验设备及仪器使用费等。

(6)勘察设计费。

①勘察费是指勘察人根据发包人的委托，收集已有资料、现场踏勘、制定勘察纲要，进行勘察作业，以及编制工程勘察文件和岩土工程设计文件等收取的费用。

②设计费是指设计人根据发包人的委托，提供编制建设项目初步设计文件、施工图设计文件、非标准设备设计文件、竣工图文件等服务所收取的费用。

(7)场地准备费和临时设施费。

①场地准备费是指为使工程项目的建设场地达到开工条件，由建设单位组织进行的场地平整等准备工作而发生的费用。

②临时设施费是指建设单位为满足施工建设需要而提供的未列入工程费用的临时水利、电力、公路、通信等工程和临时仓库等建(构)筑物的建设、维修、拆除、摊销费用或租赁费用，以及铁路、码头租赁等费用。

(8)引进技术和进口设备材料其他费用。引进技术和进口设备材料其他费是指引进技术和设备发生的但未计入引进技术费和设备材料购置费的费用。其包括图纸资料翻译复制费、备品备件测绘费、出国人员费用、来华人员费用、银行担保及承诺费、进口设备材料国内检验费等。

(9)特殊设备安全监督检验费。特殊设备安全监督检验费是指对在施工现场安装的列入国家特种设备范围内的设备(设施)检验检测和监督检查所发生的应列入项目开支的费用。

(10)市政公用配套设施费。市政公用配套设施费是指使用市政公用设施的工程项目，按照项目所在地政府有关规定建设或缴纳的市政公用设施建设配套费用。

(11)联合试运转费。联合试运转费是指新建或新增生产能力的工程项目，在交付生产前按照批准的设计文件规定的工程质量标准和技术要求，对整个生产线或装置进行负荷联合试运转所发生的费用净支出。其包括试运转所需材料、燃料及动力消耗、低值易耗品、其他物料消耗、机械使用费、联合试运转人员工资、施工单位参加试运转人工费、专家指导费，以及必要的工业炉烘炉费。

(12)工程保险费。工程保险费是指在建设期内对建筑工程、安装工程、机械设备和人身安全进行投保而发生的费用。其包括建筑安装工程一切险、工程质量保险、进口设备财产保险和人身意外伤害险等。

(13)专利及专有技术使用费。专利及专有技术使用费是指在建设期内取得专利、专有技术、商标、商誉和特许经营的所有权或使用权发生的费用。其包括工艺包费，设计及技术资料费，有效专利、专有技术使用费，技术保密费和技术服务费，商标权、商誉和特许经营权费，软件费等。

(14)生产准备费。生产准备费是指在建设期内，建设单位为保证项目正常生产而发生的人员培训费、提前进厂费，以及投产使用必备的办公、生活家具用具及工器具等的购置费用。

(15)其他费用。其他费用是指以上费用之外，根据工程建设需要必须发生的其他费用。

8. 预备费

按我国现行规定，预备费包括基本预备费和价差预备费。

(1)基本预备费。

基本预备费=(工程费用+工程建设其他费用)×基本预备费费率

基本预备费费率由工程造价管理机构根据项目特点综合分析后确定。

(2)价差预备费。价差预备费一般按式(3-1)计算：

$$P=\sum_{t=1}^{n}[(1+f)^{m}(1+f)^{0.5}(1+f)^{t-1}-1] \tag{3-1}$$

式中 P——价差预备费；

n——建设期年份数；

I_t——建设期第 t 年的投资计划额，包括工程费用、工程建设其他费用及基本预备费，即第 t 年的静态投资计划额；

f——投资价格指数；

t——建设期第 t 年；

m——建设前期年限(从编制概算到开工建设年数)。

价差预备费中的投资价格指数按国家颁布的计取，当前暂时为零，计算式中$(1+f)^{0.5}$表示建设期第 t 年当年投资分期均匀投入考虑涨价的幅度，对于设计建设周期较短的项目，价差预备费计算公式可简化处理。特殊项目或必要时可进行项目未来价差分析预测，确定各时期投资价格指数。

3.1.3 折旧

1. 折旧的概念

固定资产在整个使用期限内，会不断发生有形的和无形的损耗，这种损耗的价值随着生产过程而逐渐转移到产品的成本中去，并通过产品销售的实现，以货币资金的形式加以回收和积累，从而达到对固定资产损耗的补偿和更新的目的，这部分转移的价值称为折旧费。折旧是对固定资产磨损和价值损耗的补偿。

2. 折旧的计算方法

固定资产折旧的计算方法基本分为两类：一类是平均折旧法；另一类是加速折旧法。

(1)平均折旧法。平均折旧法是按照某种标准均衡提取折旧的方法。具体又分为平均年限法和工作量法。

①平均年限法。平均年限法是按照固定资产使用年限平均计算折旧的方法，又称为直线法。其优点是计算简单，易于理解。这种方法比较适合各个时期使用强度大致相同的固定资产项目，如房屋、建筑物等。此方法只着眼于资金使用时间的长短，不考虑资产的使用强度，因此，每期的折旧费是相等的。

固定资产年折旧率的计算公式为

$$\text{年折旧率}=\frac{1-\text{预计净残值率}}{\text{固定资产预计使用年限}}\times 100\% \tag{3-2}$$

固定资产年折旧额的计算公式为

$$\text{年折旧额}=\frac{\text{固定资产原值}-\text{预计净残值}}{\text{固定资产预计使用年限}} \tag{3-3}$$

或者

$$\text{年折旧额}=\text{固定资产原值}\times\text{年折旧率} \tag{3-4}$$

【例 3-2】 某企业购入固定资产原值 24 000 元，预计残值 4 000 元，估计耐用年限为 5 年，试计算每年的折旧金额。

解： 年折旧额$=\frac{24\ 000-4\ 000}{5}=4\ 000$(元)

按平均年限法，该项固定资产各年的折旧情况见表 3-2。

表 3-2 折旧计算表(平均年限法) 元

使用年限	年折旧费用	累计折旧费用	账面价值
1	4 000	4 000	20 000
2	4 000	8 000	16 000
3	4 000	12 000	12 000
4	4 000	16 000	8 000
5	4 000	20 000	4 000

②工作量法。工作量法就是按照固定资产所完成的工作量计算折旧的方法。工作量法主要是为弥补平均年限法只重视使用时间，不考虑使用强度的缺点，对某些生产设备或运输设备采用的一种折旧方法。其特点是将折旧视为随固定资产使用程度而成正比增减的变动费用。

按照行驶里程计算折旧的公式为

$$单位里程折旧额=\frac{固定资产原值-预计净残值}{总行驶里程} \tag{3-5}$$

$$年折旧额=单位里程折旧额\times年行驶里程 \tag{3-6}$$

按照工作小时计算折旧的公式为

$$每工作小时折旧额=\frac{固定资产原值-预计净残值}{总工作小时数} \tag{3-7}$$

同理：

$$年折旧额=每工作小时折旧额\times年工作小时 \tag{3-8}$$

按照台班计算折旧的公式为

$$每台班折旧额=\frac{固定资产原值-预计净残值}{工作总台班数} \tag{3-9}$$

同理：

$$年折旧额=每台班折旧额\times年工作台班 \tag{3-10}$$

【例 3-3】 根据例 3-2，此固定资产估计耐用总时数为 10 000 h，第 1 年至第 5 年分别使用 2 500 h、2 500 h、2 000 h、2 000 h、1 000 h，试计算每年折旧额。

解： 每使用 1 h 的折旧费为$\frac{24\ 000-4\ 000}{10\ 000}=2$(元)

按工作量法，该项固定资产各年的折旧情况见表 3-3。

表 3-3 折旧计算表(平均工作量法) 元

使用年限	折旧费用(2×年工作小时数)	累计折旧费用	账面价值
1	5 000	5 000	19 000
2	5 000	10 000	14 000
3	4 000	14 000	10 000
4	4 000	18 000	6 000
5	2 000	20 000	4 000

(2)加速折旧法。加速折旧法又称递减折旧法，是指固定资产各期计提的折旧费用，在使用早期提得多，在后期则提得少，从而相对加快折旧的速度，使固定资产的成本在有效使用年

限内快速得到补偿的一种折旧计算方法。

加速折旧法在国民经济中具有重要地位、技术进步快的电子生产企业、船舶生产企业、生产“母机”的机械企业、飞机制造企业、化工生产企业及其他经财政部门批准的特殊行业的企业，其机器、设备可以采用加速折旧法计算折旧额。加速折旧方法主要有两种，即双倍余额递减法和年数总和法。

①双倍余额递减法。双倍余额递减法是按双倍直线折旧率计算固定资产折旧的方法。它是在不考虑固定资产残值的情况下，用固定资产账面上每期期初的折余价值乘以双倍直线折旧率计算确定各期折旧额的。由于固定资产的账面折余价值逐年减少，用双倍的直线折旧率乘以递减的账面价值，其折旧额也必定逐年递减。需要注意的是，不能使固定资产的账面折余价值降低到它的预计残值收入以下，因此，在折旧的最后两年内，要改用直线折旧法，把剩余的残值用直线法全部折旧。

双倍余额递减法计算固定资产折旧的特点是前期多折旧，后期逐年减少。

双倍余额递减法计算折旧额的公式为

$$年折旧率=\frac{2}{使用年限}\times 100\% \tag{3-11}$$

$$年折旧额=年初固定资产账面净值\times年折旧率 \tag{3-12}$$

【例 3-4】 将例 3-2 按双倍余额递减法计算折旧。

解： 年折旧率$=\frac{2}{5}\times 100\%=40\%$

按双倍余额递减法，该项固定资产各年的折旧情况见表 3-4。

表 3-4　折旧计算表(双倍余额递减法)　　元

使用年限	折旧费用(40%×年初固定资产账面净值)	累计折旧费用	账面价值
1	9 600	9 600	14 400
2	5 760	15 360	8 640
3	3 456	18 816	5 184
4	592	19 408	4 592
5	592	20 000	4 000

注意：最后两年折旧额$=\frac{5\ 184-4\ 000}{2}=592$(元)。

②年数总和法。年数总和法是指将固定资产原值减去残值后的净额乘以一个逐年递减的分数计算固定资产折旧额的一种方法。逐年递减分数的分子代表固定资产尚可使用的年数；分母表示使用年数的逐年数值总和，假定使用年限为 n 年，分母即为 $1+2+3+\cdots+n=n(n+1)/2$，由于这个分数逐年递减，所以折旧金额也逐年递减。其折旧计算公式为

$$年折旧率=\frac{尚可使用年限}{预计使用年限的年数总和}\times 100\% \tag{3-13}$$

或

$$年折旧率=\frac{预计使用年限-已使用年限}{预计使用年限\times(预计使用年限+1)\div 2}\times 100\% \tag{3-14}$$

$$年折旧额=(固定资产原值-预计净残值)\times年折旧率 \tag{3-15}$$

【例 3-5】 某企业的一台设备原值是 50 000 元，预计净残值 2 000 元，预计使用年限为 5 年，按年数总和法计算其折旧。

解： 用年数总和法计算年折旧率及年折旧额见表 3-5。

表 3-5 折旧计算表(年数总和法)

年份	原值－净残值/元	尚可使用年限/年	年折旧率	折旧额/元	累计折旧/元
1	48 000	5	5/15	16 000	16 000
2	48 000	4	4/15	12 800	28 800
3	48 000	3	3/15	9 600	38 400
4	48 000	2	2/15	6 400	44 800
5	48 000	1	1/15	3 200	48 000

3.1.4 成本

1. 经营成本

经营成本是工程经济学中经济评价的专用术语，是工程经济学特有的概念，在财务会计中没有经营成本的概念。在工程项目的经济分析中，经营成本被应用于现金流量的分析。

经营成本具体是指项目总成本费用扣除固定资产折旧费、维简费、无形资产及长期待摊费用摊销费和利息支出以后的成本费用。

总成本费用可以表达成以下各式：

$$总成本费用＝经营成本＋折旧费＋维简费＋摊销费＋利息支出 \tag{3-16}$$

或

$$总成本费用＝生产成本＋期间费用(管理费用＋财务费用＋销售费用) \tag{3-17}$$

$$总成本费用＝外购原材料＋外购燃料动力＋工资及福利费＋修理费＋折旧费＋维简费＋摊销费＋利息支出 \tag{3-18}$$

式(3-17)、式(3-18)是财务会计中总成本费用的表达形式。

计算经营成本之所以要从总成本费用中剔除折旧费、维简费、摊销费和利息支出，主要原因如下。

(1)经营成本的确认与财务会计中成本的确认原则不同。会计是按照权责发生制原则来确认其费用的，按照是否应属于本期归属；经营成本是以现金流量为基础计算的，采用的是收付实现制，即本期的费用必须以款项的实际支出为标准。

(2)折旧费是固定资产的转化形式，在投资时已按其发生的时间作为一次性支出计入现金流出，如果再将折旧费随成本计入现金流出，会造成现金流出的重复计算。同样，维简费、无形资产及长期待摊费用也是项目内部的现金转移，而非真正的现金支出，为避免重复计算，也不予考虑。贷款利息是使用借贷资金所要付出的代价，对于项目来说是实际的现金流出，但在评价项目全部投资的经济效果时，不考虑资金的来源，以项目为一独立系统，全部投资作为计算基础，利息支出不作为现金流出。在评价项目自有资金的经济效果时，将利息支出单列，因此，经营成本中也不包括利息支出。

2. 固定成本和变动成本

(1)固定成本(Fixed Cost，*FC*)。固定成本是指在一定的业务量范围内部随产量的变化而变化的成本，如固定资产折旧费、固定管理人员工资、财产保险等。

(2)变动成本(Variable Cost，*VC*)。变动成本是指随着产量的变化而成正比例变化的成本。

在这里，固定成本和变动成本与产量的关系是相对于固定总成本和变动总成本而言的。

单位固定成本和单位变动成本与产量的关系恰恰相反，即单位固定成本随产量的变化而变化，与业务量成反比例变化；单位变动成本不随产量变化而变化(图 3-4)。

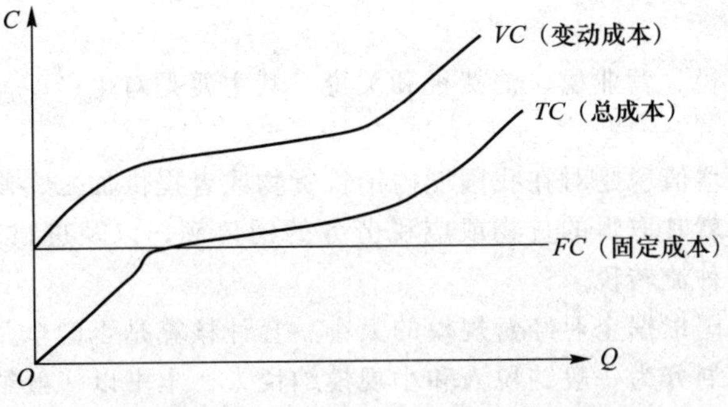

图 3-4　固定成本、变动成本、总成本费用和产量的关系图

(3)混合成本(Mixed Cost)。在实际工作中，往往有许多成本明细项目同时兼有固定成本和变动成本两种不同性质，称为混合成本。

在工程经济学中，为进行经济分析的需要，可采用一定的方法将混合成本分解成固定成本和变动成本两部分，再分别计入固定成本和变动成本总额中。

3. 机会成本

机会成本(Opportunity Cost)是指将有限资源使用于某种特定的用途而放弃的其他各种用途的最高收益。机会成本是经济学的一个概念，不是实际发生的成本，但对企业决策非常重要，当有限的资源同时用于两个或两个以上的备选方案时，同时考虑机会成本，使收益大于机会成本，才能实现资源的最佳配置和利用。

4. 沉没成本

沉没成本(Sunk Cost)是指已经付出、不可收回的成本。大多数经济学家认为，如果你是理性的，在决策时就不应该考虑沉没成本，也就是说，沉没成本与当前决策无关。例如，某企业一年前购入一台设备，当时花费 5 万元，现在要对该设备进行处理，该设备当前市场价是 2 万元，3 万元已经沉没，决策者只能考虑当前价格 2 万元。

5. 边际成本

边际成本(Marginal Cost，MC)是指厂商每增加一单位产量所增加的成本，也就是 $MC=\Delta TC/\Delta Q$。边际成本先是随产量增加而减少，当产量增加到一定程度时，就随产量增加而增加，因此，边际成本曲线也是一条先下降而后上升的 U 形曲线。

3.1.5　销售收入

销售收入是企业主要的财务指标，它在企业资金运动过程中处于起点和终点的地位。它的取得和分配，既是一次资金循环的终点，也是下一次资金循环的起点。企业销售收入的取得，表明商品价值得以实现，为成本费用补偿和利润的取得提供了前提，是企业再生产不断进行和经济效益得以实现的根本保证。

$$销售收入=产品销售数量\times单位销售价格 \tag{3-19}$$

3.1.6　税金

税金是国家依据法律对有纳税义务的单位和个人征收的财政资金，它具有强制性、无偿性和固定性三个特征。我国现行税制是在原有税制的基础上，经过 1994 年工商税制改革逐渐完善形成的，按其性质和作用大致分为以下几类。

1. 流转税类

流转税类包括增值税、营业税、消费税和关税。其主要是对生产、流通或服务行业征收。

(1)增值税。

①增值税的概念。增值税是对在我国境内销售货物或者提供加工、修理修配劳务，以及进口货物的单位和个人，就其取得的货物或应税劳务的销售额，以及进口货物的金额计算税款，并实行税款抵扣制的一种流转税。

参照国际惯例，我国根据企业经营规模的大小、会计核算是否健全及能否提供准确的税务资料，将增值税纳税人划分为一般纳税人和小规模纳税人。本书以一般纳税人为例来说明增值税应纳税额的计算。

②增值税应纳税额的计算。

a. 销项税额的计算。销项税额是指纳税人销售货物或者提供应税劳务，按照销售额或应税劳务收入和规定的税率计算，并向购买方收取的增值税税额。销项税额的计算公式为

$$销项税额=销售额\times税率 \tag{3-20}$$

在这里需要强调的是，增值税是价外税，公式中的“销售额”必须是不包括收取的销项税额的销售额。

b. 进项税额的计算。纳税人购进货物或者接受应税劳务所支付或者负担的增值税额为进项税额。根据税法的规定，准予从销项税额中抵扣的进项税额，限于下列增值税扣税凭证上注明的增值税税额和按规定的扣除率计算的进项税额。

其一，从销售方取得的增值税专用发票上注明的增值税税额。

其二，从海关取得的完税凭证上注明的增值税税额。

其三，增值税一般纳税人购进农业生产者销售的农业产品，或者向小规模纳税人购买的农产品，从 2002 年 1 月 1 日起，准予按照买价和 13％的扣除率计算进项税额，从当期销项税额中扣除。其进项税额的计算公式为

$$准予抵扣的进项税额=买价\times扣除率$$

其四，增值税一般纳税人外购货物(固定资产除外)所支付的运输费用，根据运费结算单据(普通发票)所列运费金额依 7％的扣除率计算进项税额准予扣除，但随同运费支付的装卸费、保险费等其他杂费不得计算扣除进项税额。

$$准予抵扣的进项税额=运费\times扣除率 \tag{3-21}$$

其五，生产企业一般纳税人购入废旧物资回收经营单位销售的免税废旧物资，可按照废旧物资回收经营单位开具的由税务机关监制的普通发票上注明的金额按 10％计算抵扣进项税额。

c. 一般纳税人应纳税额的计算。

$$应纳税额=当期销项税额-当期进项税额 \tag{3-22}$$

在工程经济分析中，增值税作为价外税可以包含在主营业务税金及附加中，也可以不包含于其中。如果增值税包含在销售税金及附加中，那么产出物的价格包含增值税中的销项税金，投入物的价格包含增值税中的进项税金；如果增值税不包含在销售税金及附加中，则相反。但在销售税金及附加的估算中，为了计算城乡维护建设税和教育费附加，有时还需要单独计算增值税税额，作为城乡维护建设税和教育费附加的计算基数。

【例 3-6】 某生产企业为一般纳税人，适用增值税税率为 13％，2023 年 11 月销售甲产品，开具增值税专用发票，取得不含税销售额 70 万元；另外，开具普通发票，取得销售甲产品含税收入 6 万元。当月，购进货物取得增值税专用发票，注明支付的货款 50 万元，进项税额 6.5 万元，货物验收入库；另外，支付购货的运输费 6 万元(依 9％计算进项税额)，取得运输公司

开具的普通发票。试计算该企业 2023 年 11 月应缴纳的增值税税额。

解：11 月份销项税额＝700 000×13％＋60 000÷(1＋13％)×13％

＝91 000＋6 902.65＝97 902.65(元)

11 月份进项税额＝65 000＋60 000×9％＝70 400(元)

11 月份应缴纳的增值税税额＝当期销项税额－当期进项税额

＝97 902.65－70 400＝27 502.65(元)

小规模纳税人销售货物或者应税劳务，按《关于增值税小规模纳税人减免增值税政策的公告》(财政部 税务总局公告 2023 年第 19 号)执行，其应纳税额不得抵扣进项税额。应纳税额的计算公式为

应纳税额＝销售额×征收率

(2)营业税。营业税是对在中国境内提供应税劳务、转让无形资产或销售不动产的单位和个人，就其所取得的营业额征收的一种税，属于流转税制中的一个主要税种。2011 年 11 月，财政部、国家税务总局正式公布营业税改征增值税试点方案。2016 年将全面推开"营改增"改革，中国已全面告别营业税。

(3)消费税。

①消费税的概念。消费税是以特定消费品为课税对象所征收的一种税。按照《中华人民共和国消费税暂行条例》规定，确定征收消费税的有 11 个税目，分别是烟、酒及酒精、化妆品、护肤护发品、贵重首饰及珠宝玉石、鞭炮及焰火、汽油、柴油、汽车轮胎、摩托车、小汽车。有的税目还进一步划分为若干子目。2006 年 3 月，财政部、国家税务总局发出通知，从 4 月 1 日起对消费税税目、税率及相关政策进行调整，新增高尔夫球及球具、高档手表、游艇、木质一次性筷子、实木地板税目；取消护肤护发品税目，将原属于护肤护发品征税范围的高档护肤类化妆品列入化妆品税目。消费税属于价内税，并实行单一环节征收，一般在应税消费品的生产、委托加工和进口环节缴纳，在以后的批发、零售等环节中，不必再缴纳消费税。

②应纳税额的计算。消费税应纳税额的计算分为从价定率和从量定额两类计算办法。

a. 从价定率计算方法。在从价定率计算方法中，应纳税额的计算取决于应税消费品的销售额和适用税率两个因素。在计算消费税时，应将含增值税销售额换算为不含增值税销售额。其计算公式为

应纳税额＝应税消费品的销售额×适用税率　　(3-23)

式中，应税消费品的销售额＝含增值税销售额÷(1＋增值税税率)

＝不含增值税销售额。

【例 3-7】 某化妆品企业为增值税一般纳税人，2020 年 5 月 5 日向某商场销售化妆品一批，开具增值税专用发票，取得不含税销售额 50 万元，增值税额 6.5 万元；同年 10 月 20 日向某单位销售化妆品一批，开具普通发票，取得含增值税销售额 33.9 万元。根据《财政部 国家税务总局关于调整化妆品消费税政策的通知》(财税〔2016〕103 号)规定，该化妆品适用的消费税税率是 15％。计算该企业应缴纳的消费税税额。

解：应税销售额＝50＋33.9÷(1＋13％)＝80(万元)

应缴纳的消费税税额＝80×15％＝12(万元)

b. 从量定额计算方法。在从量定额计算方法下，应纳税额的计算取决于消费品的应税数量和单位税额两个因素。其计算公式为

应纳税额＝应税消费品的销售数量×单位税额　　(3-24)

【例 3-8】 某柴油企业 2021 年 3 月销售柴油 500 000 L，柴油适用的单位税额是 0.8 元/L，计算该企业应缴纳的消费税。

解： 应纳税额＝500 000×0.8＝400 000(元)

(4)关税。关税主要是对进、出口我国国境的货物、物品征收的一种税。关税由海关负责征收管理。

2. 资源税类

资源税类包括资源税、城镇土地使用税。主要是对因开发和利用自然资源差异而形成的级差收入发挥调节作用。

(1)资源税的概念。资源税是国家对在我国境内开采矿产品或者生产盐的单位和个人征收的税种。

资源税采取从量定额的办法征收，实行“普遍征收，级差调节”的原则。普遍征收是指对在我国境内开发的一切应税资源产品征收资源税；级差调节是指运用资源税来调节因资源储存状况、开采条件、资源优劣、地理位置等客观存在的差别而产生的资源级差收入，对资源条件好的，征收税额高一些；资源条件差的，征收税额低一些。

目前我国的资源税目共包括七大类，分别是原油、天然气、煤炭、其他非金属矿原矿、黑色金属矿原矿、有色金属矿原矿、盐。

(2)资源税应纳税额的计算公式为

$$\text{应纳税额}=\text{应税销售额}\times\text{适用税率} \tag{3-25}$$

【例 3-9】 某油田 2019 年 6 月原油应税销售额 3 000 万元，其适用的资源税率为 6%，计算该油田应缴纳的资源税额。

解： 应纳税额＝应税销售额×适用税率

＝3 000×6%＝180(万元)

3. 特定目的税类

特定目的税类包括固定资产投资方向调节税(现已暂停征收)、筵席税、城市维护建设税、土地增值税、车辆购置税、耕地占用税，主要是为了达到特定目的，对特定对象和特定行为发挥调节作用。本书主要介绍城市维护建设税和土地增值税。

(1)城市维护建设税。

①城市维护建设税的概念。城市维护建设税简称城建税，是国家为了加强城市的维护和建设，扩大和稳定城市维护建设资金的来源而征收的一种税。城市维护建设税税率分别为 7%、5%和 1%。纳税人所在地为市区的，税率为 7%；所在地为县城、镇的，税率则为 5%；所在地不在市区、县城或者镇的，税率为 1%。

②城市维护建设税应纳税额的计算。城建税纳税人的应纳税额大小是由纳税人实际缴纳的增值税、营业税和消费税税额决定的，其计算公式为

$$\text{应纳税额}=(\text{实缴增值税税额}+\text{实缴消费税税额}+\text{实缴营业税税额})\times\text{适用税率} \tag{3-26}$$

【例 3-10】 某企业 2022 年 3 月实际缴纳的增值税税额为 500 000 元，消费税税额为 200 000 元。纳税人所在地为市区，计算该企业 2022 年 3 月应缴纳的城市维护建设税。

解： 应纳税额＝(实缴增值税税额＋实缴消费税税额)×适用税率

＝(500 000＋200 000)×7%

＝700 000×7%＝49 000(元)

(2)土地增值税。

①土地增值税的概念。国家从 1994 年起开征了土地增值税。土地增值税是对转让国有土地使用权、地上建筑物及其附着物并取得收入的单位和个人，就其转让房地产所取得的增值额征收的一种税。

土地增值税实行四级超率累进税率：增值额未超过扣除项目金额 50%的部分，税率为 30%；增值额超过扣除项目金额 50%、未超过扣除项目金额 100%的部分，税率为 40%；增值额超过扣除项目金额 100%、未超过扣除项目金额 200%的部分，税率为 50%；增值额超过扣除项目金额 200%的部分，税率为 60%。

上述所列四级超率累进税率，每级"增值额未超过扣除项目金额"的比例，均包括本比例数。超率累进税率见表 3-6。

表 3-6　土地增值税四级超率累进税率表

级数	增值额与扣除项目金额的比率	税率/%	速算扣除系数/%
1	不超过 50%的部分	30	0
2	超过 50%～100%的部分	40	5
3	超过 100%～200%的部分	50	15
4	超过 200%的部分	60	35

②土地增值税应纳税额的计算。

a. 应税收入的确定。根据《中华人民共和国土地增值税暂行条例》及其实施细则的规定，纳税人转让房地产取得的应税收入，应包括转让房地产的全部价款及其有关的经济利益。从收入的形式来看，包括货币收入、实物收入和其他收入。

b. 扣除项目的确定。根据《中华人民共和国土地增值税暂行条例》及其实施细则的规定，准予纳税人从转让收入额减除的扣除项目有：取得土地使用权所支付的金额，包括纳税人为取得土地使用权所支付的地价款，以及纳税人在取得土地使用权时按国家统一规定缴纳的有关税费；房地产开发成本，包括土地征用及拆迁补偿费、前期工程费、建筑安装工程费、基础设施费、公共配套设施费、开发间接费用等；房地产开发费用，包括与房地产开发项目有关的销售费用、管理费用和财务费用。

c. 土地增值额的确定。土地增值税纳税人转让房地产取得的收入减除规定的扣除项目金额后的余额，为土地增值额。其计算公式为

$$土地增值额=应税收入-扣除项目 \tag{3-27}$$

d. 土地增值税应纳税额的计算。土地增值税应纳税额按照纳税人转让房地产所取得的增值额和规定的适用税率计算征收。其计算公式为

$$应纳税额=\sum(每级距的土地增值额\times适用税率) \tag{3-28}$$

在实际工作中，分步计算比较烦琐，一般采用速算扣除法计算，即：计算土地增值税税额，可按增值额乘以适用的税率减去扣除项目金额乘以速算扣除系数的简便方法计算，具体公式如下：

a. 增值额未超过扣除项目金额 50%。

$$土地增值税应纳税额=增值额\times30\% \tag{3-29}$$

b. 增值额超过扣除项目金额 50%，未超过扣除项目金额 100%。

$$土地增值税应纳税额=增值额\times40\%-扣除项目金额\times5\% \tag{3-30}$$

c. 增值额超过扣除项目金额 100%，未超过扣除项目金额 200%。

$$土地增值税应纳税额=增值额\times50\%-扣除项目金额\times15\% \tag{3-31}$$

d. 增值额超过扣除项目金额 200%。

$$土地增值税应纳税额=增值额\times60\%-扣除项目金额\times35\% \tag{3-32}$$

式中，5%、15%、35%分别为二、三、四级的速算扣除系数。

【例 3-11】 某企业转让房地产所取得的收入为 600 万元，其扣除项目金额为 200 万元，计算该企业应纳土地增值税税额。

解：①计算增值额。

增值额＝600－200＝400(万元)

②计算增值额与扣除项目金额之比。

增值额与扣除项目金额之比＝(400÷200)×100％＝200％

由此可见，增值额超过扣除项目金额 200％，其适用的简便计算公式为

土地增值税应纳税额＝增值额×60％－扣除项目金额×35％

＝400×60％－200×35％＝170(万元)

4. 所得税类

所得税类包括企业所得税、外商投资企业和外国企业所得税、个人所得税。本节主要介绍企业所得税。

(1)企业所得税的概念。企业所得税是指对我国境内的企业和其他取得收入的组织以其生产经营所得为课税对象所征收的一种所得税。企业所得税实行 25％的比例税率。同时，国家考虑到许多利润水平较低的小型企业，又规定了两档照顾性税率，企业中符合条件的小型微利企业减按 20％税率征税；国家重点扶持的高新技术企业减按 15％税率征税。

如果企业上一年度发生亏损，可用当年应纳税所得额予以弥补(下一纳税年度的所得不足弥补的，可以逐年延续弥补，但是延续弥补期最长不得超过 5 年)，按弥补亏损后的应纳税所得额来确定使用的税率。

(2)应纳税所得额的计算。要计算应纳税所得额必须先确定收入总额和准予扣除的项目。

应纳税所得额＝收入总额－准予扣除项目金额　(3-33)

应纳税所得额与会计利润是两个不同的概念，两者既有联系又有区别。应纳税所得额是对会计利润调整后得到的。在工程项目的经济分析中，一般认为准予扣除项目金额等于总成本费用，利润总额作为企业应纳税所得额。利润的计算公式为

利润总额＝营业利润＋投资净收益＋营业外收支净额

营业利润＝主营业务利润＋其他业务利润－营业费用－管理费用－财务费用

主营业务利润＝主营业务收入－主营业务成本－主营业务税金及附加

其他业务利润＝其他业务收入－其他业务支出

(3)所得税应纳税额计算。所得税应纳税额是根据纳税人应纳税所得额和适用的税率经计算得到的。其计算公式为

应纳税额＝应纳税所得额×适用税率　(3-34)

【例 3-12】 某国有工业企业，2021 年生产经营情况如下。

(1)销售收入 5 000 万元，销售成本 3 600 万元，主营业务税金及附加 140 万元。

(2)其他业务收入 70 万元，其他业务支出 50 万元。

(3)发生管理费用 500 万元，财务费用 200 万元，营业费用 300 万元。

(4)发生营业外支出 160 万元。

(5)投资收益 9 万元。

请计算该企业 2021 年应缴纳的所得税。

解：主营业务利润＝5 000＋70＋9－3 600－140－50－500－200－300＝289(万元)

利润总额(税前利润)＝289－160＝129(万元)

企业所得税税额＝应纳税所得额×适用税率

＝129×25％＝32.25(万元)

5. 财产和行为税类

财产和行为税类包括房产税、车船税、印花税、契税，主要是对某些财产和行为发挥调节作用。本书主要介绍房产税。

(1)房产税的概念。房产税是以房产为征收对象，根据房产价格或房产租金收入向房产所有人或经营人征收的一种税。

(2)房产税应纳税额的计算。房产税的计税依据有两种，与之相适应的应纳税额的计算方法也分为两种：一是从价计征的计算；二是从租计征的计算。

①从价计征的计算。从价计征是按房产的原值一次减除 10%～30%后的余额乘以适用的税率(1.2%)计算缴纳。其计算公式为

$$应纳税额=应税房产原值\times(1-扣除比例)\times1.2\% \tag{3-35}$$

【例 3-13】 某公司经营用房产原值为 6 000 万元，按照规定允许减除 30%后的余值计税，适用税率为 1.2%，计算该公司应缴纳的房产税税额。

解： 应纳税额=应税房产原值×(1－扣除比例)×1.2%

=6 000×(1－30%)×1.2%=50.4(万元)

②从租计征的计算。从租计征是按房产的租金收入与适用税率计算征收。其计算公式为

$$应纳税额=租金收入\times12\% \tag{3-36}$$

【例 3-14】 某公司出租房屋，年租金收入为 40 000 元，适用税率为 12%，计算该公司应缴纳的房产税税额。

解： 应纳税额=租金收入×12%

=40 000×12%=4 800(元)

另外，国家为了加快地方教育事业的发展，扩大地方教育事业经费的资金来源，允许地方征收教育费附加。根据有关规定，凡缴纳增值税、消费税的单位和个人，都是教育费附加的纳税义务人。教育费附加的依据是各纳税人实际缴纳的增值税、消费税，征收率为 3%。其计算公式为

$$教育费附加额=(增值税税额+消费税税额)\times适用税率 \tag{3-37}$$

【例 3-15】 某县城化妆品厂本月缴纳增值税税额为 10 万元，消费税税额为 30 万元，计算该县城化妆品厂本月应缴纳的城市维护建设税和教育费附加。

解： 城市维护建设税=(10+30)×5%=2(万元)

教育费附加=(10+30)×3%=1.2(万元)

3.1.7　利润

利润是一个综合指标，它综合了企业在经营过程中的费用和盈余，因而对于利润的确认和计量，以企业生产经营活动过程中所实现的收入和发生的费用为计算基础，同时还包括通过投资活动获得的投资收益，以及与生产经营活动没有直接关系的营业外收支等。

1. 利润的计算

(1)销售利润。

销售利润(利润总额、税前利润)=销售收入－总成本费用－销售税金及附加

其中：

总成本费用=经营成本+折旧+摊销费+维简费+利息支出

经营成本=外购原材料、燃料及动力费+工资及福利费+修理费+其他费用

销售税金及附加消费税+资源税+城市维护建设税+教育费附加+土地增值税

(2)税后利润。

税后利润(净利润)=销售利润－所得税

2. 利润的分配顺序

企业实现的净利润，应按照国家的规定和投资者的决议进行合理的分配。企业净利润的分配涉及各个方面的利益关系，包括投资人、企业及企业内部职工的经济利益，所以必须遵循兼顾投资人利益、企业利益及企业职工利益的原则对净利润进行分配。其分配的去向主要有：以利润的形式分配给投资者，作为投资人对企业投资的回报；以公积金的形式流归企业，用于企业扩大生产经营；以未分配利润的形式留存于企业。

根据《中华人民共和国公司法》等有关法律法规的规定，企业当年实现的净利润，首先连续5年用税前利润弥补以前年度尚未弥补的亏损，5年后仍有亏损，必须先缴纳所得税，然后按照以下顺序进行分配。

(1)支付被没收财物的损失和违反税法规定应支付的滞纳金和罚款。

(2)弥补以前年度亏损。

(3)提取法定盈余公积金。按净利润的10％提取公积金，主要用于弥补企业亏损，补充投资者分利的不足，以及按规定转增资本金。企业留存的法定公积金占注册资金的25％～50％，超过注册资金的50％不再提取。

(4)向投资者支付优先股股利。

(5)提取任意盈余公积金。由股东大会决定是否提取任意盈余公积金和提取比例。

(6)向投资者支付普通股现金股利和转作资本(或股本)的普通股股利。

3.2 资金时间价值的表现形式

资金具有时间价值，是指资金在周转过程中，随着时间的推移而产生的增值。增值的原因是由于资金的投入和再投入，它是社会劳动创造价值能力的一种表现形式。也就是说，一般的货币并不会自己增值，只有同劳动结合的资金才有时间价值，因为这种物化为劳动及其相应的生产资料的货币，已转化为生产要素，经过生产和流通领域，得到的货币量比原来支付的货币量更大，这种增值是时间效应的产物，即资金的时间价值。

资金的时间价值可以体现为没有风险和通货膨胀条件下的社会平均利润率，其重要意义在于，明确资金存在时间价值，树立使用资金有偿的概念，有助于资源的合理配置。对于企业来说，在投资某项目时应该至少能获得社会平均利润率，否则不如投资于其他项目。

在评价工程项目的投资效果时，其技术和经济的发展过程，包括建设时期、使用时期直至经济寿命终止。在这一过程中，存在着投入的费用及其产生的收益发生在不同时期的问题。有的项目建设时间长，有的项目建设时间短；有的项目见效快，有的项目见效慢。为了使项目方案发生在不同时间的费用和收益具有可比性，必须把发生在不同时期的资金都折算成相同时刻的资金，在等值基础上进行项目方案的经济评价。因此，有必要研究资金的时间价值与时间的关系。

3.2.1 利息与利率

资金的时间价值一般用利息和利率来度量。

利息是借款者支付给贷款者超出本金的那部分金额，是资金时间价值的绝对指标。利息实际上是利润的一部分，是利润的特殊转化形式。在我国，利息是对储蓄的一种物质奖励和对借款的经济监督手段。

利率是一定时期内所付利息额和所借资金金额之比，即利息与本金之比，是资金时间价值的相对指标。用于表示计算利息的时间单位称为计息周期(或称为利息周期)。以年为计息周期的利率称为年利率，以月为计息周期称为月利率。通常年利率用百分率(%)表示；月利率用千分率(‰)表示，月利率＝年利率/12；日利率用万分率(‱)表示，日利率＝年利率/360。

3.2.2　单利与复利

1. 单利

只计算本金的利息称为单利。在单利计息的情况下，只有本金计息，利息不计算利息。

如果用 P 表示本金，F 表示期末的本利和，i 代表利率，I 代表利息，则单利计算公式推导过程见表 3-7。

表 3-7　单利计算公式推导过程

年份	年初本金(P)	年末利息(i)	年末本利和(F)
1	P	Pi	$P+Pi=P(1+i)$
2	$P(1+i)$	Pi	$P(1+i)+Pi=P(1+2i)$
3	$P(1+2i)$	Pi	$P(1+2i)+Pi=P(1+3i)$
⋮	⋮	⋮	⋮
n	$P[1+(n-1)i]$	Pi	$P[1+(n-1)i]+Pi=P(1+ni)$

由表 3-7 可得，单利法下 n 年年末本利和计算公式为

$$F=P(1+ni) \tag{3-38}$$

n 年年末总利息：

$$I=Pni \tag{3-39}$$

单利没有考虑以前利息产生的利息，因此，在进行资金等值计算时一般使用复利。

利润

2. 复利

复利就是借款人在每期期末不支付利息，而将该利息转为下期的本金，下期再按本利和的总额计息，即“利滚利”。复利计算公式推导过程见表 3-8。

表 3-8　复利计算公式推导过程

年份	年初本金(P)	年末利息(i)	年末本利和(F)
1	P	Pi	$P+Pi=P(1+i)$
2	$P(1+i)$	$P(1+i)i$	$P(1+i)+P(1+i)i=P(1+i)^2$
3	$P(1+i)^2$	$P(1+i)^2i$	$P(1+i)^2+P(1+i)^2i=P(1+i)^3$
⋮	⋮	⋮	⋮
n	$P(1+i)^{n-1}$	$P(1+i)^{n-1}i$	$P(1+i)^{n-1}+P(1+i)^{n-1}i=P(1+i)^n$

由表 3-8 可得，复利法下 n 年年末本利和计算公式为

$$F=P(1+i)^n \tag{3-40}$$

n 年年末总利息：

$$I=P(1+i)^n-P \tag{3-41}$$

3.2.3 名义利率与实际利率

通常情况下，复利计算中的利率指年利率，计息期也以年为单位。但在实际工作中，计息周期并不一定总以年为计息周期，可能规定为半年、每季、每月、每周为一个计息周期。由于计息的周期长度不同，同一笔资金在占用的总时间相等的情况下，所付利息有较大差别。

名义利率与实际利率

当年利率相同，而计息期不同时，其利息是不同的，因而存在名义利率和实际利率的不同。实际利率即有效利率；名义利率是指非有效利率。名义利率与实际利率之间存在着下述关系。

(1)当计息周期为一年时，名义利率与实际利率相等，计息周期短于一年时，实际利率大于名义利率。

(2)名义利率不能完全反映资金的时间价值，实际利率能真实反映资金的时间价值。

(3)令 i 为实际利率，r 为名义利率，m 为复利的周期数，则实际利率与名义利率之间存在着下述关系：

$$i=\left(1+\frac{r}{m}\right)^m-1 \tag{3-42}$$

(4)每年计息周期 m 越小，也就是复利次数越多，实际利率越高于名义利率，两者差额越大。

表 3-9 列出了当名义利率为 10%，分别按年、半年、季、月、周、日计算复利的相应年有效利率，从该表可以比较各种计息期年有效利率的变化情况。

表 3-9 各种计息期年有效利率(r=10%)

计息期	每年计息次数 n	计息期有效利率 r/n	年有效利率
一年	1	10%	10%
半年	2	5%	10.25%
一季度	4	2.5%	10.38%
一月	12	0.833 3%	10.46%
一周	52	0.192 3%	10.506%
一日	365	0.027 4%	10.517%

【例 3-16】 某企业向国外银行贷款 200 万元，借款期 5 年，年利率为 15%，但每周复利计算一次。在进行资金运用效果评价时，该企业把年利率(名义利率)误认为有效利率。问该企业少算多少利息？

解： 该企业原计算的本利和为

$$F_1=200\times(1+0.15)^5=402.27(\text{万元})$$

而有效利率应为

$$i=\left(1+\frac{0.15}{52}\right)^{52}-1=16.16\%$$

这样，实际的本利和应为

$$F_2=200\times(1+0.161\,6)^5=422.97(\text{万元})$$

少算的利息为

$$F_2-F_1=422.97-402.27=20.70(\text{万元})$$

3.3　资金时间价值的计算及应用

3.3.1　资金等值

资金具有时间价值，意味着一定数量的资金在不同时间具有不同的价值，资金必须和时间相联系，才能显示其真正的意义；同时，不同时点、不同数量的资金可以具有相同的价值，这就是资金的等值。比如，按照年利率 10% 计算，现在的 1 元、10 年后的 2.59 元、20 年后的 6.73 元都是等值的，如图 3-5 所示。

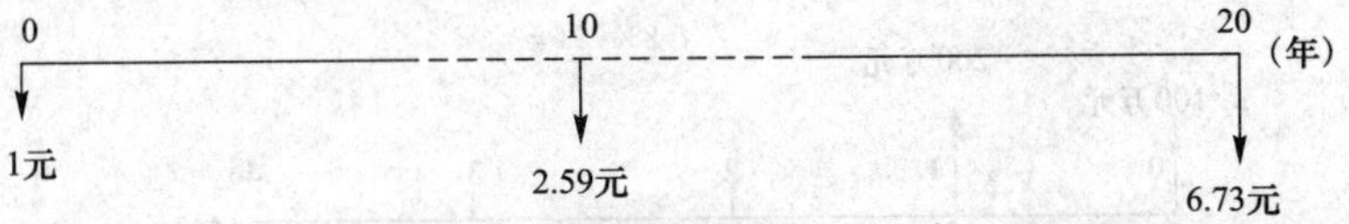

图 3-5　资金的等值($i=10\%$)

资金等值包括三个因素，即资金额的大小、资金发生的时间和衡量标准(利率)的大小。

3.3.2　现值、终值和年金

1. 现值

现值(present value，P)又叫作期初值，是计息周期开始时点的金额。把未来时间收入或支出的货币换算成初始时点的金额，这种计算过程称为“折现”或“贴现”。实际上，折现是求资金等值的一种方法。

2. 终值

终值(future value，F)又叫作未来值、期终值、期末值。计算终值就是计算资金的复利本利和，注意，在这里是以复利法计算本利和，而不是单利法。

3. 年金

分期等额收付的资金值，因为各期间通常为 1 年，且各年金额相等，故又称年金(average value，A)。

3.3.3　资金等值计算基本公式

不同时间发生的等额资金在价值上是不等的，把一个时点上发生的资金金额折算成另一个时点上的等值金额，称为资金的等值计算。

复利等值计算公式可分为一次支付系列、等额支付系列和等差支付系列三大系列。

1. 一次支付系列本利和公式

所谓一次支付，简单地说就是借款在贷款期终时本利一次还清。其现金流量如图 3-6 所示。图 3-6(a)所示为借方现金流量图；图 3-6(b)所示为贷方现金流量图。

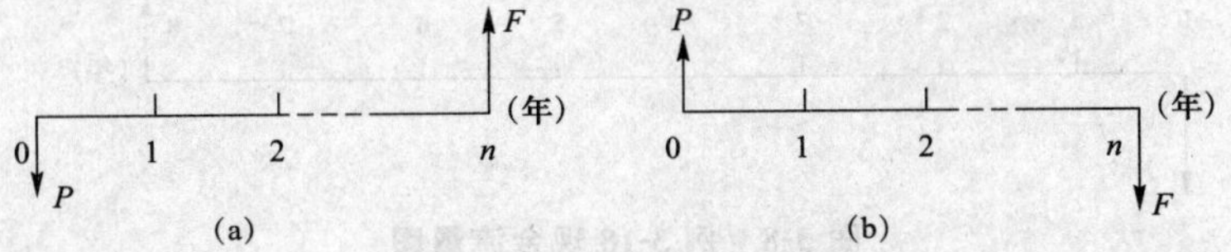

图 3-6　借贷方现金流量图

一次支付本利和公式，即前面所介绍的复利计算的求本利和公式。

当投资一笔资金 P，或借入一笔资金 P，即已知本金为 P，利率为 i，以复利计息，则 n 期期末的可回收或该偿还的金额，即为复利计算的本利和。

$$F=P(1+i)^n \tag{3-43}$$

式中，$(1+i)^n$ 称为一次支付终值系数，通常用符号 $(F/P, i, n)$ 来表示。这样式(3-43)可以写成

$$F=P(F/P, i, n) \tag{3-44}$$

公式中的系数 $(F/P, i, n)$ 可以在复利系数表(见附录)中查出。

【例 3-17】 某建筑公司进行技术改造，2019 年年初贷款 100 万元，2020 年年初贷款 200 万元，年利率为 8%，2022 年年末一次偿还，问共需还款多少元？

解： 先画现金流量图，如图 3-7 所示。

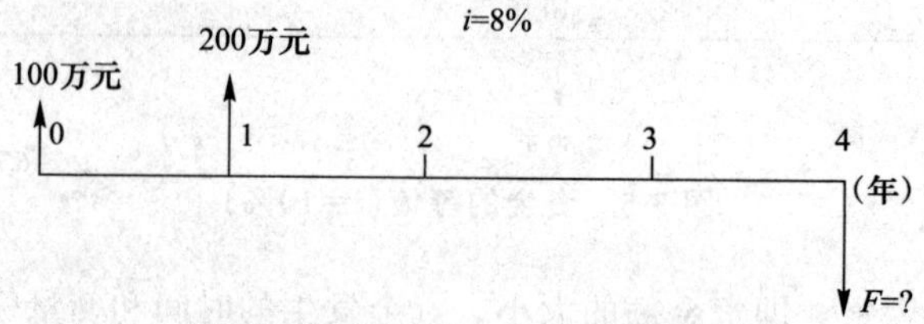

图 3-7 例 3-17 现金流量图

已知 $P_1=100$，$P_2=200$，$i=8\%$，$n_1=4$，$n_2=3$，根据式(3-44)，求 F 得

$$\begin{aligned}F &= F_1+F_2\\ &= P_1\times(F/P, i, n_1)+P_2\times(F/P, i, n_2)\\ &= 100\times(F/P, 8\%, 4)+200\times(F/P, 8\%, 3)\\ &= 100\times1.360\,5+200\times1.259\,7\\ &= 387.99(\text{万元})\end{aligned}$$

所以，4 年后应还款 387.99 万元。

2. 一次支付系列现值公式

如果计划 n 年后积累一笔资金 F，利率为 i，问现在一次投资 P 应为多少？这个问题相当于已知终值 F、利率 i 和计算期数，求现值 P。

通过对式(3-43)进行变换，得

$$P=F\frac{1}{(1+i)^n} \tag{3-45}$$

式中，$1/(1+i)^n$ 称为一次支付现值系数，并用符号 $(P/F, i, n)$ 表示。这样，式(3-45)可写成：

$$P=F(P/F, i, n) \tag{3-46}$$

同理，公式中的系数 $(P/F, i, n)$ 可以在复利系数表(见附录)中查出。

【例 3-18】 某公司对收益率为 15% 的项目投资，希望 8 年后能得到 1 000 万元，计算现在需投资多少？

解： 先画现金流量图，如图 3-8 所示。

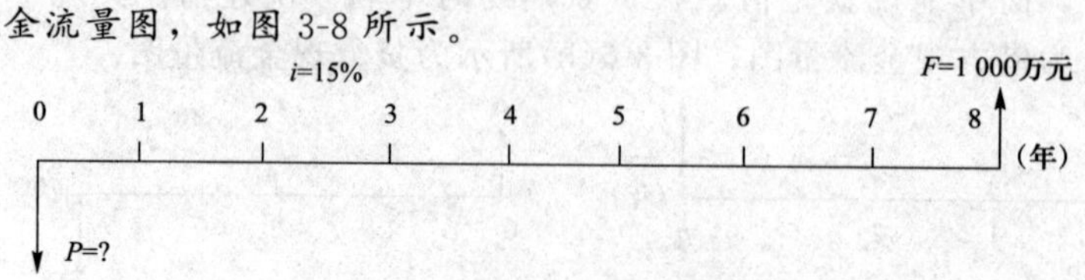

图 3-8 例 3-18 现金流量图

已知 $F=1\ 000$，$i=15\%$，$n=8$，根据式(3-42)，求 P 得：

$$P=F\times(P/F,\ i,\ n)=1\ 000\times(P/F,\ i,\ n)=327(\text{万元})$$

或

$$P=F\frac{1}{(1+i)^n}=1\ 000\times\frac{1}{(1+15\%)^8}=327(\text{万元})$$

所以，现在需投资 327 万元。

3. 等额支付系列年金终值公式

等额支付系列年金终值涉及的问题是：以利率 i，每年年末等额存款 A，n 年后累计一次提取期终值 F，问 F 为多少？另一种情况是，以利率 i，每年年末等额借款 A，n 年后累计一次还本付息，问本利和 F 为多少？这两种情况可归结为，已知逐年等额支付资金 A(A 称为年金)、利率 i 和计息期数 n，求终值 F。

第一种情况的现金流量如图 3-9 所示。

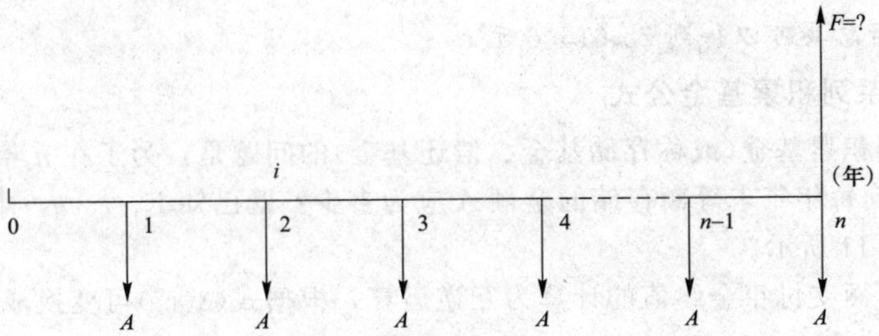

图 3-9　等额支付系列年金终值现金流量图

第 n 年年末累积的终值 F 等于各年存款本利和之总和。现在倒过来从第 n 年往回推算，第 n 年年末的存款 A 的本利和为 $A(1+i)^0$，第 $n-1$ 年年末本利和为 $A(1+i)^1$，第 $n-2$ 年年末本利和为 $A(1+i)^2$，……，第 2 年年末本利和为 $A(1+i)^{n-2}$，第 1 年年末本利和为 $A(1+i)^{n-1}$。于是各年本利和之总和 F 为

$$\begin{aligned}F&=A+A(1+i)+A(1+i)^2+\cdots+A(1+i)^{n-2}+A(1+i)^{n-1}\\&=A[1+(1+i)+(1+i)^2+\cdots+(1+i)^{n-2}+(1+i)^{n-1}]\end{aligned}$$

式中，$[1+(1+i)+(1+i)^2+\cdots+(1+i)^{n-2}+(1+i)^{n-1}]$为一等比级数，其公比为$(1+i)$。根据等比级数求和的公式，化简为$\frac{(1+i)^n-1}{i}$，所以

$$F=A\frac{(1+i)^n-1}{i} \tag{3-47}$$

式中，$\frac{(1+i)^n-1}{i}$称为等额支付系列年金终值系数，可用符号$(F/A,\ i,\ n)$表示。这样，式(4-47)可写成：

$$F=A(F/A,\ i,\ n) \tag{3-48}$$

公式中的系数$(F/A,\ i,\ n)$可从书后附录中的复利系数表查得。

【例 3-19】 某建筑企业每年利润 15 万元，利率 15%，问 20 年后该企业总共有多少资金？

解： 已知 $A=15$ 万元，$i=15\%$，$n=20$ 年，求 F。

$$\begin{aligned}F&=15\times(F/A,\ i,\ n)=15\times(F/A,\ 15\%,\ 20)\\&=15\times102.443\ 6=1\ 536.654(\text{万元})\end{aligned}$$

可知，该企业 20 年后总共有 1 536.654 万元。

【例 3-20】 某人连续 11 年每年年末在银行存款 2 000 元，利率为 3%，问第 11 年年末总共可以得到多少钱？

解： 先画现金流量图，如图 3-10 所示。

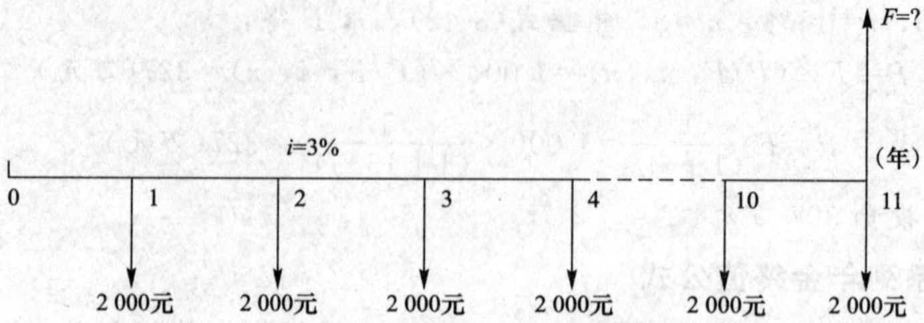

图 3-10　例 3-20 现金流量图

已知 $A=2\ 000$，$i=3\%$，$n=11$，求 F。

$F=2\ 000\times(F/A,\ i,\ n)=2\ 000\times(F/A,\ 3\%,\ 11)$

$=2\ 000\times12.807\ 8=25\ 615.6$(元)

所以，11 年后总共可以得到 25 615.6 元。

4. 等额支付系列积累基金公式

等额支付系列积累基金(或称存储基金、偿还基金)的问题是：为了在 n 年年末筹措一笔基金 F，利率为 i，问每年年末等额存储的金额 A 应为多少？既已知 F、i、n，求 A。这种情况的现金流量图如图 3-11 所示。

这种情况与等额支付年金终值的计算为互逆运算，根据式(3-47)可变换成：

$$A=F\frac{i}{(1+i)^n-1} \tag{3-49}$$

式中，$\frac{i}{(1+i)^n-1}$称为等额支付系列积累基金系数，用符号$(A/F,\ i,\ n)$表示，从而式(3-49)可表示为：

$$A=F(A/F,\ i,\ n) \tag{3-50}$$

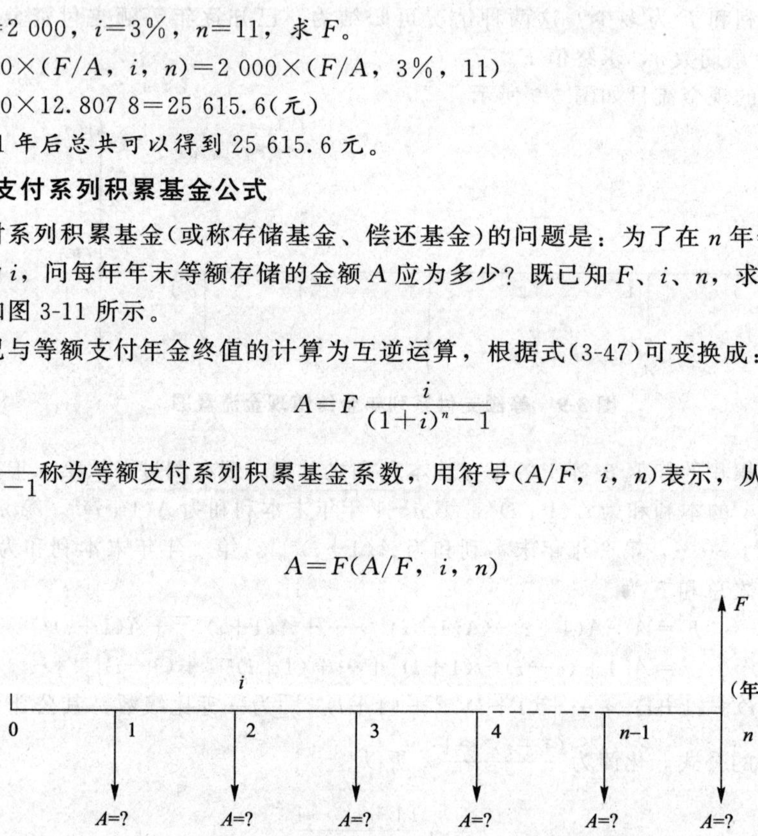

图 3-11　等额支付系列积累基金现金流量图

【例 3-21】　某企业打算 5 年后兴建一幢面积为 5 000 m² 的住宅楼以改善职工居住条件，按测算造价为 3 800 元/m²。若银行利率为 8%，问现在起每年年末应存入多少金额，才能满足需要？

解：已知 $F=5\ 000\times3\ 800=1\ 900$ 万元，$i=8\%$，$n=5$，求 A。

$A=1\ 900\times(A/F,\ i,\ n)=1\ 900\times(A/F,\ 8\%,\ 5)$

$=1\ 900\times0.170\ 5=323.95$(万元)

5. 等额支付系列年金现值公式

如果逐年等额收入(或支出)一笔年金 A，求 n 年年末此收入(或支出)年金的现值总和时，这种情况就属于等额支付系列年金现值问题，相当于已知 A、i 和 n，求 P。

根据式(3-45)、式(3-47)，有

$$F=A\frac{(1+i)^n-1}{i},\ P=\frac{F}{(1+i)^n}=A\frac{(1+i)^n-1}{i(1+i)^n}$$，即有

$$P=A\frac{(1+i)^n-1}{i(1+i)^n} \tag{3-51}$$

式中，$\frac{(1+i)^n-1}{i(1+i)^n}$称为等额支付系列年金现值系数，用符号$(P/A, i, n)$表示。因此，式(3-51)又可表示为

$$P=A(P/A, i, n) \tag{3-52}$$

【例 3-22】 某建筑公司打算贷款购买一部 10 万元的建筑机械，利率为 10%。据预测，此机械使用年限为 10 年，每年可平均获净利润 2 万元。问所得净利润是否足以偿还银行贷款？

解： 已知 $A=2$ 万元，$i=10\%$，$n=10$ 年，求 P 是否不小于 10 万元。

$P=2\times(P/A, 10\%, 10)=2\times6.1446=12.2892$(万元)$>10$ 万元

因此，所得净利润足以偿还银行贷款。

6. 等额支付系列资金回收公式

这一问题涉及两种情况：一种情况是，以利率 i 投资一笔资金，分 n 年等额回收，求每年年末可收入多少？另一种情况是，以利率 i 借入一笔资金，计划分 n 年等额偿还，求每年年末应偿还多少？这相当于已知现值 P、利率 i 和计息期数 n，求年金 A。第一种情况的现金流量如图 3-12 所示。

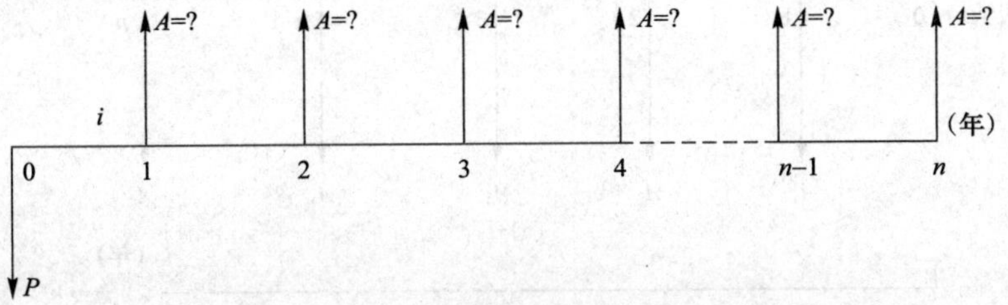

图 3-12　等额支付系列资金回收现金流量图

通过对式(3-51)的变换，得到等额支付资金回收公式：

$$A=P\frac{i(1+i)^n}{(1+i)^n-1} \tag{3-53}$$

式中，$\frac{i(1+i)^n}{(1+i)^n-1}$称为等额支付系列资金回收系数，用符号$(A/P, i, n)$表示，因此式(3-53)可以表示为

$$A=P(A/P, i, n) \tag{3-54}$$

【例 3-23】 某建设项目的投资准备用国外贷款，贷款方式为商业信贷，年利率为 20%。据测算投资额为 1 000 万元，项目服务年限为 20 年，期末净残值为零。问该项目年平均收益为多少时不至于亏本？

解： 已知 $P=1\,000$ 万元，$i=20\%$，$n=20$ 年，求 A。

$A=1\,000\times(A/P, 20\%, 20)=1\,000\times0.2054=205.4$(万元)

所以，该项目年平均收益至少应为 205.4 万元才不至于亏本。

7. 均匀梯度支付系列公式

均匀梯度支付系列，即每年以一固定的数值(等差)递增(或递减)的现金支付情况，如由于机械设备老化，每年的维修费以固定的增量支付等。这种情况的现金流量图如图 3-13 所示。

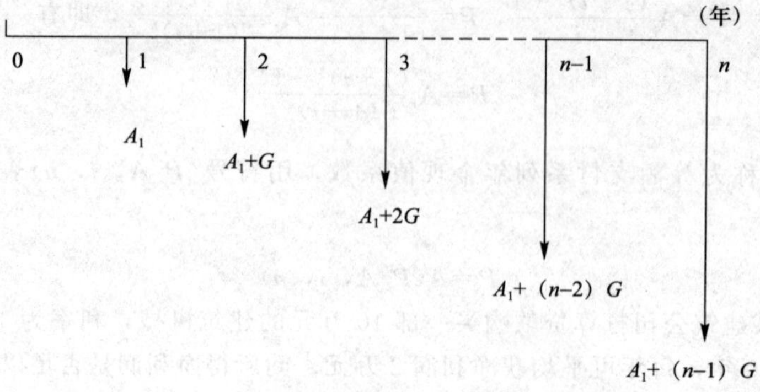

图 3-13　均匀梯度支付系列现金流量图

第一年年末的现金支付是 A_1，第二年年末的现金支付是 A_1+G(G 为等差值)，第三年年末的现金支付是 A_1+2G，……，第 n 年年末的现金支付是 $A_1+(n-1)G$。如果把图 3-13 所示的均匀梯度支付系列现金流量图分解成由两个系列组成的现金流量图，一个是等额支付系列，年金为 A_1[图 3-14(a)]，另一个是 0，G，$2G$，…，$(n-1)G$ 组成的梯度系列[图 3-14(b)]。其中第一种情况是我们熟悉的，于是，剩下的就是寻求图 3-14 所示梯度系列的解决途径了。

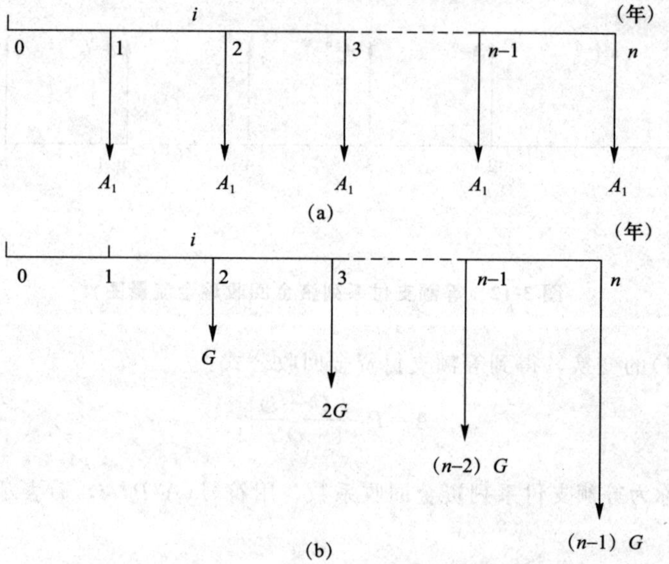

图 3-14　梯度系列现金流量图分解

设等额支付系列的终值为 F_1，梯度系列的终值为 F_2。如图 3-14 所示，梯度系列终值 F_2 为

$$F_2=G(F/A,\ i,\ n-1)+G(F/A,\ i,\ n-2)+G(F/A,\ i,\ n-3)+\cdots+G(F/A,\ i,\ 2)+G(F/A,\ i,\ 1)$$

$$=G\frac{(1+i)^{n-1}-1}{i}+G\frac{(1+i)^{n-2}-1}{i}+G\frac{(1+i)^{n-3}-1}{i}+\cdots+G\frac{(1+i)^{2}-1}{i}+G\frac{(1+i)-1}{i}$$

$$=\frac{G}{i}[(1+i)^{n-1}+(1+i)^{n-2}+(1+i)^{n-3}+\cdots+(1+i)^{2}+(1+i)-(n-1)\times 1]$$

$$=\frac{G}{i}[(1+i)^{n-1}+(1+i)^{n-2}+(1+i)^{n-3}+\cdots+(1+i)^2+(1+i)+1]-\frac{nG}{i}$$

$$=\frac{G}{i}[\frac{(1+i)^n-1}{i}]-\frac{nG}{i}$$

$$F=F_1+F_2$$

从而
$$F=A_1\frac{(1+i)^n-1}{i}+\frac{G}{i}\left[\frac{(1+i)^n-1}{i}\right]-\frac{nG}{i} \tag{3-55}$$

$$=\left(A_1+\frac{G}{i}\right)\times\frac{(1+i)^n-1}{i}-\frac{nG}{i}$$

用符号表示，式(3-55)还可以写成：

$$F=\left(A_1+\frac{G}{i}\right)(F/A,\ i,\ n)-\frac{nG}{i}=A_1(F/A,\ i,\ n)+G(F/G,\ i,\ n) \tag{3-56}$$

式中，$(F/G,\ i,\ n)$为定差(等差)终值系数。

均匀梯度支付系列现值和等值年金的计算公式，可以在式(3-55)的基础上，再按一次支付和等额支付系列的公式进一步求解。

比如，均匀梯度支付现值的计算公式为

$$P=F(P/F,\ i,\ n)=\left(A_1+\frac{G}{i}\right)\frac{(1+i)^n-1}{i}\times\frac{1}{(1+i)^n}-\frac{nG}{i}\times\frac{1}{(1+i)^n}$$

$$=\left(A_1+\frac{G}{i}\right)(P/A,\ i,\ n)-\frac{nG}{i}(P/F,\ i,\ n) \tag{3-57}$$

均匀梯度支付等值年金公式为

$$A=A_1+F_2(A/F,\ i,\ n)$$

$$=A_1+\left[\frac{G}{i}\times\frac{(1+i)^n-1}{i}-\frac{nG}{i}\right](A/F,\ i,\ n)$$

$$=A_1+\frac{G}{i}-\frac{nG}{i}(A/F,\ i,\ n) \tag{3-58}$$

对于递减支付系列(即第 1 年年末支付 A_1，第 2 年年末支付 A_1-G，……)的情况，只需改变相应项的计算符号，即将其视为每年增加一个负的数额，仍可应用式(3-55)～式(3-58)进行计算。

【例 3-24】 某建筑机械的维修费用，第 1 年为 200 元，以后每年递增 50 元，该机械服务年限为 10 年。问服务期内全部维修费用的现值为多少？($i=10\%$)

解： 已知 $A_1=200$ 元，$G=50$ 元，$i=10\%$，$n=10$ 年，求均匀梯度支付现值 P。

由式(3-57)可知：

$$P=\left(A_1+\frac{G}{i}\right)(P/A,\ i,\ n)-\frac{nG}{i}(P/F,\ i,\ n)$$

$$=\left(200+\frac{50}{0.1}\right)(P/A,\ 10\%,\ 10)-\frac{10\times50}{0.1}(P/F,\ 10\%,\ 10)$$

$$=700\times6.144\ 6-5\ 000\times0.385\ 5$$

$$=2\ 373.72(元)$$

所以，均匀梯度支付现值为 2 373.72 元。

【例 3-25】 设某技术方案服务年限为 8 年，第一年净利润为 10 万元，以后每年递减 0.5 万元。若年利率为 10%，问相当于每年等额盈利多少万元？

解： 已知 $A_1=10$ 万元，递减梯度量 0.5 万元，$n=8$ 年，$i=10\%$，求均匀梯度支付(递减支付系列)的等值年金 A。

$$A=A_1-\frac{G}{i}+\frac{nG}{i}(A/F, i, n)$$

$$=10-5+40\times 0.0874$$

$$=8.5(\text{万元})$$

所以，相当于每年等额盈利 8.5 万元。

8. 基本公式小结及注意事项

(1)复利计算的一次支付系列、等额支付系列和均匀梯度支付系列基本公式小结见表 3-10。

表 3-10 复利法计算资金时间价值基本公式汇总表

收付类别	公式名称	已知	求	普通复利公式
一次支付系列	终值公式	P	F	$F=P(1+i)^n$，$F=P\left(\frac{F}{P}, i, n\right)$
	现值公式	F	P	$P=F\frac{1}{(1+i)^n}$，$P=F\left(\frac{P}{F}, i, n\right)$
等额支付系列	年金终值公式	A	F	$F=A\frac{(1+i)^n-1}{i}$，$F=A\left(\frac{F}{A}, i, n\right)$
	积累基金公式	F	A	$A=F\frac{i}{(1+i)^n-1}$，$A=F\left(\frac{A}{F}, i, n\right)$
	年金现值公式	P	A	$A=P\frac{i(1+i)^n}{(1+i)^n-1}$，$A=P\left(\frac{A}{P}, i, n\right)$
	资金回收公式	A	P	$P=A\frac{(1+i)^n-1}{i(1+i)^n}$，$P=A\left(\frac{P}{A}, i, n\right)$
均匀梯度支付系列	终值公式	G	F	$F=\left(A_1+\frac{G}{i}\right)\times\frac{(1+i)^n-1}{i}-\frac{nG}{i}$ $=\left(A_1+\frac{G}{i}\right)\left(\frac{F}{A}, i, n\right)-\frac{nG}{i}$
	现值公式	G	P	$P=\left(A_1+\frac{G}{i}\right)\frac{(1+i)^n-1}{i}\times\frac{1}{(1+i)^n}-\frac{nG}{i}\times\frac{1}{(1+i)^n}$ $=\left(A_1+\frac{G}{i}\right)\left(\frac{P}{A}, i, n\right)-\frac{nG}{i}\left(\frac{P}{F}, i, n\right)$
	等值年金公式	G	A	$A=A_1+\frac{G}{i}-\frac{nG}{i}\left[\frac{i}{(1+i)^n-1}\right]$ $=A_1+\frac{G}{i}-\frac{nG}{i}\left(\frac{A}{F}, i, n\right)$

(2)注意事项。

①在现金流量图上，本年年末即等于下年年初。如 0 点(0 年年末)就是第 1 年年初，第 1 年年末(1 点)为第 2 年年初(图 3-1)等。

②当求 F 与 A 之间等值换算时，现金流量图上最后一个 A 与 F 同时发生；当求 P 与 A 之间等值换算时，第一个 A 与 P 隔 1 期，即 P 在第一个 A 前期发生(图 3-11、图 3-12)。

③均匀梯度系列中，第 1 个 G 发生在梯度系列的第 2 年年末(图 3-13)。

3.4 资金时间价值基本计算公式的应用

3.4.1 计算货币的未知量

【例 3-26】 某企业现在贷款 10 000 元，年利率为 6%，10 年内偿还完毕，试确定下列四种偿还方案的偿还数额。

方案Ⅰ 每年年底偿还利息 600 元，最后一次偿还本利 10 600 元。

方案Ⅱ　每年除偿还利息外，还归还本金 1 000 元，10 年到期全部归还。

方案Ⅲ　将本金加 10 年利息总和均匀分摊于各期中。

方案Ⅳ　第 10 年年末本利一次偿还。

解：计算结果见表 3-11。

表 3-11　四种等值偿还贷款方案的偿还数额　元

年数	贷款额	四种等值的偿还方案			
		Ⅰ	Ⅱ	Ⅲ	Ⅳ
0	10 000	—	—	—	—
1		600	1 600	1 359	—
2		600	1 540	1 359	—
3		600	1 480	1 359	—
4		600	1 420	1 359	—
5		600	1 360	1 359	—
6		600	1 300	1 359	—
7		600	1 240	1 359	—
8		600	1 180	1 359	—
9		600	1 120	1 359	—
10		10 600	1 060	1 359	17 910
合计		16 000	13 300	13 590	17 910

由计算结果可看出，四个方案偿还的总值是不相同的，这四个不同偿还方案与 10 000 元本金是等价的。

从投资者立场来看，四种方案中任何一种都可以偿付其现在的投资。从贷款者的立场来看，只要其同意在今后以四种方式中的任何一种来偿还，现在都可得到 10 000 元的使用权。

【例 3-27】 某工程项目建设采用银行贷款，贷款数额为每年年初贷款 100 万元，连续 5 年向银行贷款，年利率 10%，求 5 年贷款总额的现值及第 5 年年末的未来值各为多少？

解：画出现金流量图，如图 3-15 所示。

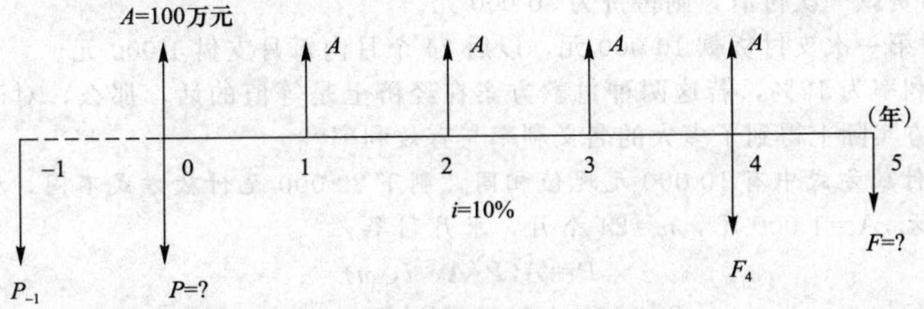

图 3-15　例 3-27 现金流量图

已知 $A=100$ 万元，$i=10\%$，求 P，F。

解法 1：先求 P_{-1}，再求 P，F：

$P_{-1}=A(P/A，10\%，5)=100\times 3.790\ 8=379.08$(万元)

$P=P_{-1}(F/P，10\%，1)=379.08\times 1.100\ 0=416.99$(万元)

$F=P_{-1}(F/P, 10\%, 6)=379.08\times1.771\,6=671.58$(万元)

解法 2：先求 F_4，再求 P，F：

$F_4=A(F/A, 10\%, 5)=100\times6.105\,1=610.51$(万元)

$P=F_4(P/F, 10\%, 4)=610.51\times0.683\,0=416.98$(万元)

$F=F_4(F/P, 10\%, 1)=610.51\times1.100\,0=671.56$(万元)

3.4.2 计算未知利率

在计算技术方案的等值时，有时会遇到这样一种情况，即现金流量 P、F、A 及计算期 n 均为已知量，而利率 i 为待求的未知量。比如，求方案的收益率、国民经济的增长率等就属于这种情况。这时，可以借助查复利表利用线性内插法近似地求出 i 来。

【例 3-28】 已知现在投资 300 元，9 年后可一次获得 525 元。求利率 i 为多少？

解： 利用 $F=P(F/P, i, n)$ 可知：

$$525=300\times(F/P, i, 9)$$

$$(F/P, i, 9)=\frac{525}{300}=1.750$$

从复利表中查到，当 $n=9$ 时，1.750 落在利率 6% 和 7% 之间。从 6% 的位置查到 1.689 5，从 7% 的位置上查到 1.838 5。用直线内插法可得：

$$i=6\%+\frac{(1.750-1.689\,5)\times(7\%-6\%)}{1.838\,5-1.689\,5}\approx6.41\%$$

计算表明，利率 i 约为 6.41%。

把上述例子推广到一般情况，可以设两个已知的现金流量之比(F/P，F/A 或 P/A 等)对应的系数为 f_0，与此最接近的两个利率为 i_1 和 i_2，i_1 对应的系数为 f_1，i_2 对应的系数为 f_2(图 3-16)。

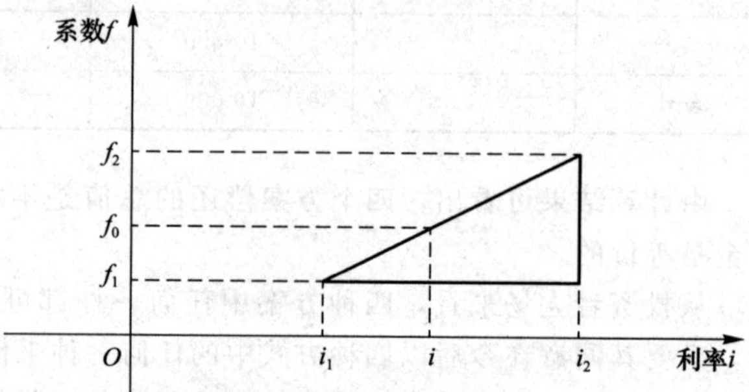

图 3-16 系数 f_0 与利率 i 的对应图

根据图 3-16，求利率 i 的算式为

$$i=i_1+\frac{(f_0-f_1)\times(i_2-i_1)}{f_2-f_1} \tag{3-59}$$

【例 3-29】 某公司欲买一台机床，卖方提出两种付款方式。

(1)若买时货款一次付清，则售价为 30 000 元。

(2)若买时第一次支付货款 10 000 元，以后 24 个月内每月支付 1 000 元。

当时银行利率为 12%，若这两种付款方案在经济上是等值的话，那么，对于等值的两种付款方式，卖方实际上得到了多大的名义利率与有效利率？

解： 两种付款方式中有 10 000 元现值相同，剩下 20 000 元付款方式不同，根据题意，已知 $P=20\,000$ 元，$A=1\,000$ 元，$n=24$ 个月，求月利率 i。

$$P=A(P/A, i, n)$$

$$20\,000=1\,000\times(P/A, i, 24)$$

$$(P/A, i, 24)=\frac{20\,000}{1\,000}=20=f_0$$

查复利表(见附录)可知：

$i_1=1\%$ 时，$(P/A, 1\%, 24)=21.243\,4=f_1$

$i_2=2\%$ 时，$(P/A, 2\%, 24)=18.913\,9=f_2$

这说明，所求月利率 i 介于 i_1 与 i_2 之间，利用式(3-59)，得

$$i=i_1+\frac{(f_0-f_1)\times(i_2-i_1)}{f_2-f_1}$$

$$=1\%+\frac{(20-21.2434)\times(2\%-1\%)}{18.9139-21.2434}=1\%+0.534\%=1.534\%$$

那么，卖方得到年名义利率 $r=12\times1.534\%=18.408\%$。

卖方得到年有效利率：

$$i=\left(1+\frac{r}{n}\right)^n-1=\left(1+\frac{18.408\%}{12}\right)^{12}-1=(1+0.01534)^{12}-1=20.04\%$$

上述的名义利率 18.408%和有效利率 20.04%都高于银行利率 12%，因此，第一种付款方式对买方有利，作为卖方提出的两种付款方式，则买方应选择第一种。而第二种付款方式对卖方有利，按银行利率，卖方所得的现值为

$$P=P_1+A(P/A,\ i,\ n)$$
$$=10\,000+1\,000\times(P/A,\ 1\%,\ 24)$$
$$=10\,000+1\,000\times21.2434$$
$$=31\,243.4(\text{元})$$

【例 3-30】 假设一个 25 岁的人投资人身保险，保险期 50 年，在这期间，每年年末缴纳 150 元保险费。在保险期间内，若发生人身死亡或期末死亡，保险人可获得 10 000 元保险金。问投资人保险期的有效利率是多少？若此人活到 52 岁去世，银行年利率为 6%，问保险公司是否吃亏？

解：画出现金流量图，如图 3-17 所示。

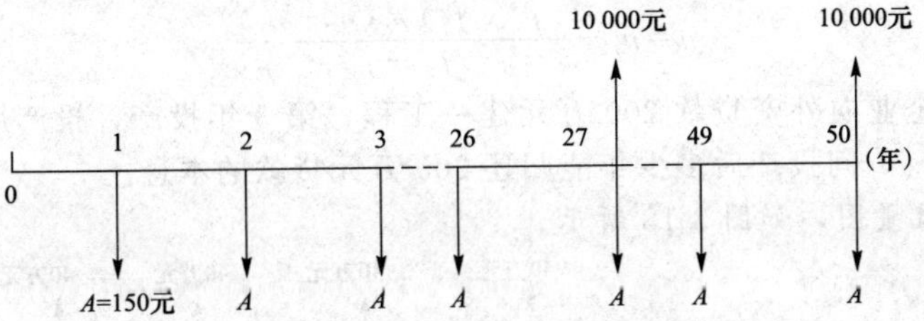

图 3-17　例 3-30 现金流量图

已知 $A=150$ 元，$F=10\,000$ 元，$n=50$ 年，求 i。

根据 $F=A(F/A,\ i,\ n)$ 可知

$$10\,000=150\times(F/A,\ i,\ 50)$$

$$(F/A,\ i,\ 50)=66.6670=f_0$$

查复利表可知：

$$i_1=1\%\text{时},\ (F/A,\ 1\%,\ 50)=64.4630=f_1$$

$$i_2=2\%\text{时},\ (F/A,\ 2\%,\ 50)=84.5790=f_2$$

这说明，所求 i 介于 i_1 与 i_2 之间，利用式(3-59)，得

$$i=i_1+\frac{(f_0-f_1)\times(i_2-i_1)}{f_2-f_1}$$

$$=1\%+\frac{66.667-64.463}{84.5790-64.4630}\times(2\%-1\%)=1\%+0.11\%=1.11\%$$

所以，50 年保险期的有效利率为 1.11%。

若此人活到 52 岁就去世了，则在保险期内的第 27 年保险公司要赔偿 10 000 元，若要计算此人是否吃亏，就与存款在银行所得本利和作比较：

$$F=A(F/A,\ i,\ n)=150\times(F/A,\ 6\%,\ 27)=150\times63.7060=9\,555.9(\text{元})$$

保险公司亏损=10 000−9 555.9=444.1(元)

可见，此人投保期间的有效利率只有1.11%。若此人52岁时去世了，则保险公司亏损444.1元。

3.4.3 计算未知年数

在计算技术方案等值的过程中，另一种可能的情况是：已知方案现金流量P、F或A，以及方案的利率i，而方案的计算期n为待求的未知量。例如，要求计算方案的投资回收期、借款清偿期就属于这种情况。这时仍可借助复利表(见附录)，利用线性内插法近似地求出来。其求解基本思路与计算未知利率大体相同。

【例3-31】 假定国民经济收入的年增长率为10%，如果使国民经济收入翻两番，问从现在起需多少年？

解：设现在的国民经济收入为P，若干年后翻两番则为$4P$，得

$$F=P(F/P,\ 10\%,\ n)$$

$$4P=P(F/P,\ 10\%,\ n)$$

$$(F/P,\ 10\%,\ n)=4$$

查附录可知，当$i=10\%$时，4落在年数14年和15年之间。当$n=14$年时，$(F/P,\ 10\%,\ 14)=3.797\,5$，当$n=15$年时，$(F/P,\ 10\%,\ 15)=4.177\,2$。用直线内插法得到：

$$n=14+\frac{(4-3.797\,5)\times(15-14)}{4.177\,2-3.797\,5}=14.53(年)$$

上述的例子推广到一般情况，仿照式(3-59)，可得出：

$$n=n_1+\frac{(f_0-f_1)\times(n_2-n_1)}{f_2-f_1} \tag{3-60}$$

【例3-32】 某企业向外资贷款200万元建一工程，第3年投产，投产后每年净收益40万元，若年利率为10%，问投产后多少年能归还200万元贷款的本息。

解：画出现金流量图，如图3-18所示。

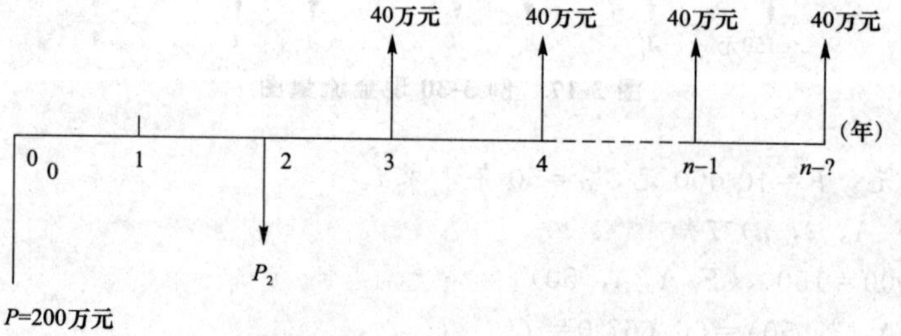

图3-18 例3-32现金流量图

为使计算方案能利用公式，将第2年年末(第3年年初)作为基期，计算P_2：

$$P_2=200(F/P,\ 10\%,\ 2)=200\times1.210\,0=242(万元)$$

然后，计算从投产后算起的偿还期n：

$$P=A(P/A,\ 10\%,\ n)$$

$$242=40(P/A,\ 10\%,\ n)$$

$$(P/A,\ 10\%,\ n)=\frac{242}{40}=6.05$$

在$i=10\%$的复利表(见附录)上，6.05落在第9年和第10年之间。当$n_1=9$时，$(P/A,\ 10\%,\ 9)=5.759\,0$；当$n_2=10$时，$(P/A,\ 10\%,\ 10)=6.144\,6$。

根据式(3-60)，有

$$n=n_1+\frac{(f_0-f_1)\times(n_2-n_1)}{f_2-f_1}=9+\frac{(6.05-5.759)\times(10-9)}{6.1446-5.759}=9.7547(\text{年})$$

即投产 9.754 7 年后能全部还清贷款的本息。

3.5　贷款利息的计算

3.5.1　建设期贷款利息的计算

建设期贷款利息包括在建设期间应向国内银行和其他非银行金融机构、出口信贷、外国政府贷款、国际商业银行贷款及在境外发行的债券等偿还的贷款利息。建设期贷款利息实行复利计算。

建设期贷款利息的计算方法分为以下两种情况。

(1)贷款总额一次性贷出，利率固定且本息在贷款期末一次付清的贷款，可按下式计算：

$$I=F-P$$

其中：

$$F=P(1+i)^n$$

式中　I——利息；

F——n 期后的本利和；

P——本金；

i——有效利率；

n——计息期数。

(2)当总贷款在贷款期内是分期均衡发放，且本息在还款期内是分期均衡偿还时，建设期贷款利息按下式计算：

$$I_j=\left(P_{j-1}+\frac{A_j}{2}\right)\times i \tag{3-61}$$

式中　I_j——贷款期第 j 期应计贷款利息；

P_{j-1}——贷款期第 $j-1$ 期期末贷款本息累计额；

A_j——贷款期第 j 期贷款额；

i——贷款利率。

建设期贷款利息予以资本化处理，计入建设期工程成本中。

国外贷款利息的计算，还应包括国外贷款银行根据贷款协议向贷款方以年利率的方式收取的手续费、管理费、承诺费，以及国内代理机构经国家主管部门批准的以年利率的方式向贷款单位收取的转贷费、担保费和管理费等。

【例 3-33】 某新建项目，建设期为 3 年，分年进行贷款，第一年贷款 300 万元，第二年 600 万元，第三年 400 万元，年利率为 12%，建设期内利息只计息不支付，计算建设期贷款利息。

解：(1)各年年初贷出，则建设期各年利息计算如下：

第一年利息：300×12%=36(万元)；

第二年利息：(300+36+600)×12%=112.32(万元)；

第三年利息：(300+36+600+112.32+400)×12%=173.8(万元)；

所以，建设期利息共计 36+112.32+173.8=322.12(万元)

或$[400\times(1+12\%)-400]+[600\times(1+12\%)^2-600]+[300\times(1+12\%)^3-300]=48+152.64+121.48=322.12$(万元)。

(2)各年均衡贷出，则建设期各年利息计算如下：

第一年利息：(300÷2)×12%=18(万元)；

第二年利息：[300＋18＋(600÷2)]×12％＝74.16(万元)；

第三年利息：[300＋18＋600＋74.16＋(400÷2)]×12％＝143(万元)；

所以，建设期利息共计 18＋74.16＋143＝235.16(万元)。

3.5.2 还款期贷款利息的计算

(1)贷款总额一次性贷出，利率固定且本息在贷款期末一次付清的贷款，还款期贷款利息计算仍旧按下式计算：

$$I=F-P$$

其中：

$$F=P\ (1+i)^{n}$$

(2)当总贷款在贷款期内是分期均衡发放，且本息在还款期内是分期均衡偿还时，还款期贷款利息按下式计算：

①当年年初(上年年末贷款余额)大于当年还款能力时：

$$I_j=\left(P_{j-1}-\frac{A_j}{2}\right)\times i \tag{3-62}$$

式中 I_j——还款期第 j 期应计贷款利息；

P_{j-1}——还款期第 $j-1$ 期期末未还贷款本息余额；

A_j——还款期第 j 期还款额；

i——贷款利率。

②当年年初(上年年末贷款余额)小于当年还款能力时：

$$I_j=\frac{P_{j-1}}{2}\times i \tag{3-63}$$

还款期贷款利息，予以费用化，计入当期财务费用。

本章小结

1. 现金流量是在考察对象整个会计期间各时点上实际发生的资金流出或资金流入，包括现金流入$(CI)_t$、现金流出$(CO)_t$、净现金流量$(CI-CO)_t$。

2. 建设项目投资(工程造价)是指在工程项目建设阶段所需要的全部费用的总和。生产性建设项目总投资包括建设投资、建设期利息和流动资金。建设投资包括工程费用、工程建设其他费用和预备费用。

3. 固定资产折旧及其计算。

4. 经营成本、变动成本、固定成本、机会成本、沉没成本、边际成本、总成本费用构成、收入、税金、利润构成和计算。

5. 资金时间价值是资金在周转使用过程中产生的增值。单利和复利、实际利率和名义利率、资金的等值计算。

6. 建设期贷款利息计算和还款期贷款利息计算。

思考与练习

1. 试述现金流量概念。工程项目投资分析时，哪些现金流量发生在年末或年初？

2. 建设项目总投资构成为何？

3. 投资项目生产经营期内的净现金流量中包括折旧费吗？为什么？

习题答案

4. 什么是经营成本？为什么折旧费、摊销费和借款利息不属于经营成本？

5. 简述销售收入、总成本、税金和利润的关系。

6. 某公司设备初值为 35 000 元，使用年限为 5 年，残值为 1 750 元。每年销售收入扣除销售税金及附加、年经营成本后是 14 000 元。设所得税税率为 25%，计算每年的税后现金流量。

(1)按平均年限法计提折旧。

(2)按双倍余额递减法计提折旧。

(3)按年数总和法计提折旧。

7. 某工程项目期初投资 130 万元，年销售收入为 100 万元，年折旧费为 20 万元，销售税金为2 万元，年经营成本为 50 万元，所得税税率为 33%，不考虑固定资产残值。试计算该工程项目的年净现金流量。

8. 图 3-19 中各分图的现金流入与现金流出等值，求未知数的值。

9. 某工程项目预计需投资人民币 35 亿元(其中：60%自筹、40%贷款，贷款利率为 10%)，假设在项目建设时期的 18 年内一直不偿还贷款及利息。试计算以下内容。

(1)建设期期末时，所欠贷款的利息是多少？

(2)所欠贷款利息是贷款本金的几倍？

(3)建设期期末共欠贷款本金及利息是多少？

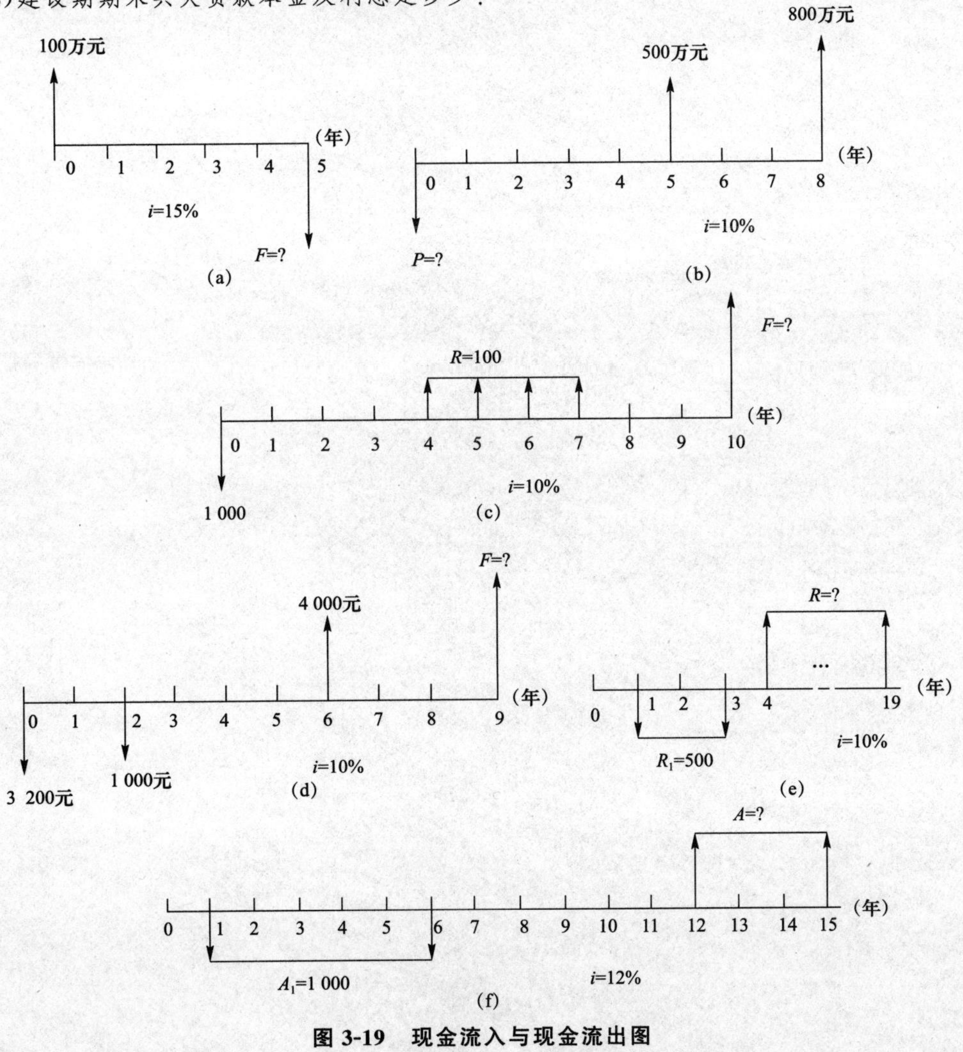

图 3-19　现金流入与现金流出图

10. 某投资工程，第 4 年投产，生产期 20 年，预测投产后年均净收益 180 万元，若期望投资收益率为 15%，如果第 1 年投资 400 万元，第 2 年投资 300 万元，试求第 3 年尚需投资多少万元？（注：投资均发生在年初。以下均同）

11. 某项投资在第 1 年投入 1 500 万元，第 3 年投入 1 500 万元，第 6 年投入 3 000 万元，在第 15 年收回残值 2 000 万元。问在报酬率 10%的条件下寿命期内每年的报酬至少是多少？

12. 某企业新购买一大型设备，成交价为 20 万元。卖方允许两种付款方式：一是付现金；二是首付 7 万元，然后连续三年每年的年末等额支付 5 万元。若企业使用设备的报酬率至少是 15%，则应该如何选择？

13. 某企业以自有资金 200 万元和银行贷款 300 万元投资建设一项目，银行贷款利率为 12%，第 3 年年末一次性还本付息，则此项目的年投资收益率至少为多少才不至于因拖欠银行贷款而使信誉受损？

第 4 章

建设项目技术经济分析

学习重点

静态及动态投资回收期、总投资收益率、偿债备付率、利息备付率、借款偿还期的概念和计算；净现值指标的概念和计算及在多方案评价中的应用；内部收益率指标的经济含义、优缺点和相应计算及在多方案评价中的应用；费用现值和费用年值的经济含义及在多方案评价中的应用；盈亏平衡分析法的假设条件、原理和应用；敏感性分析法的计算步骤和应用。

学习目标

通过本章的学习，熟悉静态及动态投资回收期、总投资收益率、偿债备付率、利息备付率、借款偿还期的概念和计算；熟练掌握现值分析法、收益率分析法、最小费用比较法、盈亏平衡分析法和敏感性分析法在方案评价中的应用。

第 4 章　课件

知识结构图

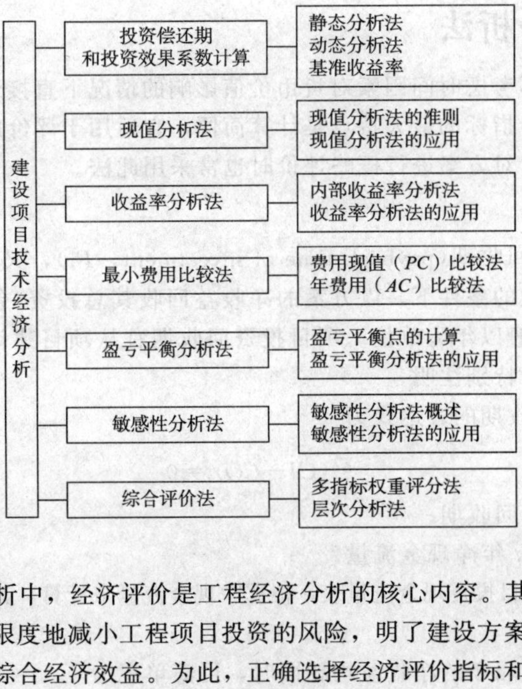

建设项目技术经济分析中，经济评价是工程经济分析的核心内容。其目的在于增强决策的正确性和科学性，避免或最大限度地减小工程项目投资的风险，明了建设方案投资的盈利水平，最大限度地提高工程项目投资的综合经济效益。为此，正确选择经济评价指标和方法是十分重要的。

评价工程项目方案经济效果的好坏，一方面取决于基础数据的完整性和可靠性，另一方面则取决于选取的评价指标体系的合理性，只有选取正确的评价指标体系，经济评价的结果与客观实际情况相吻合，才具有实际意义。在工程项目评价中，按是否考虑资金的时间价值，将评价指标分为静态评价指标和动态评价指标，如图 4-1 所示。进行工程项目方案经济评价时，应根据评价深度要求、可获得资料的多少及工程项目方案本身所具备的条件，选用多个指标，从不同侧面反映工程项目的经济效果。

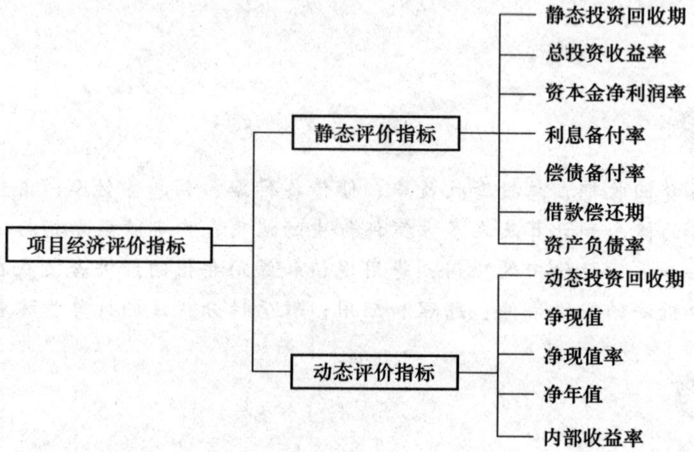

图 4-1　项目经济评价指标

4.1　投资偿还期和投资效果系数计算

4.1.1　静态分析法

静态评价指标是在不考虑时间因素对货币价值影响的情况下直接通过现金流量计算出来的经济评价指标。静态评价指标的最大特点是计算简便，它适用于评价短期投资项目和逐年收益大致相等的项目，另外，对方案进行概略评价时也常采用此法。

1. 投资回收期

(1)经济含义。投资回收期(payback time of investment，P_t)，又可称为静态投资回收期，是在不考虑资金时间价值的条件下，以方案的净收益回收其总投资(包括固定资产投资和流动资金)所需要的时间，一般以年为单位。项目投资回收期宜从项目建设开始年算起，若从项目投产开始年算起，应予以特别注明。

(2)表达式。投资回收期的表达式为

$$\sum_{t=0}^{P_t}(CI-CO)_t=0 \tag{4-1}$$

式中　P_t——(静态)投资回收期；

$(CI-CO)_t$——第 t 年净现金流量。

(3)计算方法。借助项目投资现金流量表，根据净现金流量来计算，其具体计算又分为以下两种情况。

①当项目建成投产后隔年的净收益均相同时，可简单视为

$$P_t=\frac{TI}{EBIT} \tag{4-2}$$

式中　TI——项目总投资；

$EBIT$——年平均息税前利润。

显然，此时静态投资回收期就是总投资收益率的倒数。

②当项目建成投产后各年的净现金流量不相同(甚至变化较大)时，静态投资回收期可根据累计净现金流量求得(图 4-2)，也就是在现金流量表中累计净现金流量由负值转为零的时点。其计算公式为

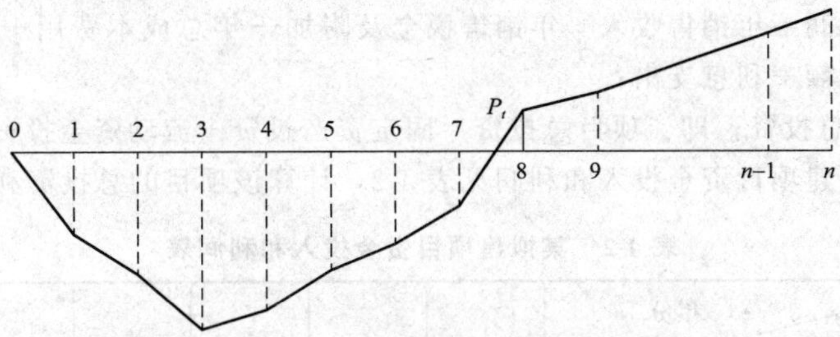

图 4-2　投资回收期演示图

$$P_t=(T-1)+\frac{\text{第}(T-1)\text{年的累计净现金流量的绝对值}}{\text{第 }T\text{ 年的净现金流量}} \tag{4-3}$$

式中　T——项目各年累计净现金流量首次为正值或零的年份。

(4)评价标准。评价标准通常以投资人的可接受年份为准，且越短越好，越早回收前期投资，则项目的增值能力越强，抗风险能力越强。当 $P_t \leqslant T_c$(T_c 为基准投资回收期)时，项目可行，反之项目不可行。不同地区、行业、时期，T_c 都有所区别，T_c 一般为 10 年左右。

【例 4-1】 某项目财务现金流量见表 4-1，计算该项目的静态投资回收期。已知基准投资回收期为 6 年。

表 4-1　某项目财务现金流量表　　万元

计算期	0	1	2	3	4	5	6	7	8
现金流入	—	—	—	800	1 200	1 200	1 200	1 200	1 200
现金流出	—	600	900	500	700	700	700	700	700
净现金流量	—	−600	−900	300	500	500	500	500	500
累计净现金流量	—	−600	−1 500	−1 200	−700	−200	300	800	1 300

解：根据式(4-3)，可得 $P_t=(6-1)+\frac{|-200|}{500}=5.4$ 年

因为 $P_t<6$ 年，所以项目可行。

(5)适用范围。静态投资回收期的经济意义明确、直观，计算简便，在一定程度上反映了方案经济效果的优劣，而且它选择方案的标准是回收资金的速度越快越好，迎合了一部分怕担风险的投资者的心理，是人们乐于接受和使用的方法。但是，一般认为静态投资回收期只能作为一种辅助指标，而不能单独使用，其原因是：第一，没有考虑资金的时间价值；第二，仅以投资的回收快慢作为决策的依据，没有考虑投资回收以后的情况，无法全面地反映项目在整个计算期内的盈利水平。

2. 总投资收益率

(1)经济含义。总投资收益率(Return on Investment，ROI)表示总投资的盈利水平，是指

项目达到设计能力后正常生产年份的年息税前利润或运营期内年平均息税前利润($EBIT$)与项目总投资(TI)的比率。它表明投资项目的正常生产年份中，单位投资每年所创造的息税前利润额。它常用于财务评价的静态盈利能力分析中。

(2)计算方法。总投资收益率的计算公式为

$$ROI=\frac{EBIT}{TI}\times 100\% \tag{4-4}$$

式中 ROI——总投资收益率；

$EBIT$——项目正常年份的年息税前利润或运营期内年平均息税前利润，即：年息税前利润＝年销售收入－年销售税金及附加－年总成本费用＋利息支出＝年利润总额＋利息支出；

TI——项目总投资，即：项目总投资＝固定资产投资＋流动资金投资。

【例 4-2】 某拟建项目资金投入和利润见表 4-2，计算该项目的总投资利润率。

表 4-2 某拟建项目资金投入和利润表 万元

序号	项目＼年份	1	2	3	4	5	6	7～10
1	建设投资							
1.1	自有资金部分	1 200	340					
1.2	贷款本金		2 000					
1.3	贷款利息		60	123.6	92.7	61.8	30.9	
2	流动资金							
2.1	自有资金部分			300				
2.2	贷款			100	400			
2.3	贷款利息(年利率为 4%)			4	20	20	20	20
3	所得税前利润			－50	550	590	620	650
4	所得税后利润(所得税税率为 25%)			－50	412.5	442.5	465	487.5

解：(1)项目总投资：

TI＝建设投资＋建设期贷款利息＋全部流动资金＝1 200＋340＋2 000＋60＋300＋100＋400

＝4 400(万元)

(2)年平均息税前利润：

$EBIT$＝[(123.6＋92.7＋61.8＋30.9＋4＋20×7)＋(－50＋550＋590＋620＋650×4)]÷8

＝(453＋4 310)÷8＝595.4(万元)

(3)根据式(4-4)可计算总投资收益率：

$$ROI=\frac{EBIT}{TI}\times 100\%=\frac{595.4}{4\ 400}\times 100\%=13.53\%$$

(3)评价标准。将计算出的总投资收益率与同行业的收益率参考值进行比较，若总投资收益率高于同行业的收益率参考值，表明用总投资收益率表示的盈利能力满足要求；反之，则表明此指标被认为不能满足要求。

(4)适用范围。总投资收益率的经济意义明确、直观，计算简便，但没有考虑投资收益的时间因素。因此，此指标主要用于计算期较短，不具备综合分析所需详细资料的项目盈利能力，尤其适用于工程项目方案制订的早期阶段或工艺简单而生产变化不大的建设方案的投资经

济效果评价，而不能作为主要决策依据对长期建设方案进行评价。

3. 资本金净利润率

(1)经济含义。资本金净利润率(Return on Equity，*ROE*)表示项目资本金的盈利水平，是指项目达到设计生产能力后正常年份的年净利润或运营期内年平均净利润(*NP*)与项目资本金(*EC*)的比率。

(2)计算方法。资本金净利润率的计算公式为

$$ROE=\frac{NP}{EC}\times 100\% \tag{4-5}$$

式中　*ROE*——项目资本金净利润率；

NP——项目正常年份的年净利润或运营期内年平均净利润，即：

年净利润＝年销售收入－年销售税金及附加－年经营成本－年折旧摊销费－利息支出－所得税＝年息税前利润－利息支出－所得税；

EC——项目资本金(项目公司股东投入的资金)。

【例 4-3】　已知某拟建项目资金投入和利润见表 4-2，计算该项目的资本金净利润率。

解：(1)项目资本金：

$$EC=1\ 200+340+300=1\ 840(万元)$$

(2)年平均净利润：

$$NP=(-50+412.5+442.5+465+487.5\times 4)\div 8=3\ 220\div 8=402.5(万元)$$

(3)根据式(4-5)可计算资本金净利润率：

$$ROE=\frac{NP}{EC}\times 100\%=\frac{402.5}{1\ 840}\times 100\%=21.88\%$$

(3)评价标准。若 *ROE* 高于同行业的收益率参考值，表明用项目资本金净利润率表示的盈利能力满足要求；反之，则一般认为不能满足要求。

(4)适用范围。项目资本金净利润率是政府和银行特别关心的一项盈利指标，被财政部和多家银行视为重要指标，同时项日财务评价的静态盈利能力分析中也列为主要评价指标之一。但 *ROE* 作为静态评价指标，还应与动态评价指标联合起来进行分析，为决策提供参考。

4. 利息备付率

(1)经济含义。利息备付率(Interest Coverage Ratio，*ICR*)也称已获利息倍数、利息保障倍数，是指项目金借款偿还期内各年可用于支付利息的税息前利润(*EBIT*)与当期应付利息(*PI*)的比值。它从付息资金来源的充裕性角度反映项目偿付债务利息的能力，表示使用项目税息前利润偿付利息的保证倍率。

(2)计算方法。利息备付率的计算公式为

$$ICR=\frac{EBIT}{PI} \tag{4-6}$$

式中　*ICR*——利息备付率；

EBIT——税息前利润；

PI——计入总成本费用的应付利息。

(3)评价标准。作为政府、银行和投资者都十分关心的一个重要指标，利息备付率在项目正常经营情况下应当大于 2，并结合债权人的要求确定。尤其是当利息备付率低于 1 时，表示项目没有足够资金支付利息，偿债风险很大。需要指出的是，这个最低可接受值“2”并不是项目必须要达到的基准值，不同行业不同项目，其最低值也可能不同，因此这个最低可接受值是行业正常运营情况下的行业平均值。

5. 偿债备付率

(1)经济含义。偿债备付率(Debt Service Coverage Ratio，*DSCR*)又称偿债覆盖率，是指项目在借款偿还期内，各年可用于还本付息的资金($EBITDA-T_{AX}$)与当期应还本付息金额(*PD*)的比值。它从还本付息资金来源的充裕性角度反映项目偿付债务本息的保障程度和支付能力。

(2)计算方法。偿债备付率的计算公式为

$$DSCR=\frac{EBITDA-T_{AX}}{PD} \tag{4-7}$$

式中 *DSCR*——偿债备付率；

EBITDA——息税前利润加折旧和摊销；

T_{AX}——企业所得税；

PD——应还本付息金额，包括还本金额和计入总成本费用的全部利息。融资租赁费用可视同借款偿还。运营期内的短期借款本息也应纳入计算。

国际上偿债备付率的计算公式各有不同，式(4-7)是基于我国所得税后还款的要求，并根据债权人要求的还款条件(期限和利率)按最大还款资金能力计算的。它可以分年计算，也可以按项目的整个借款期计算，分年计算的偿债备付率更能反映偿债能力。

(3)评价标准。偿债备付率作为政府、银行和投资者都很关心的偿债指标，在正常情况下它应大于1.3，且越大越好。当指标小于1时，表示当年资金来源不足以偿付当期债务，需要通过短期借款偿付已到期债务。同样，数值“1.3”也是通过最新调查得出的各行业最低可接受值，对具体项目的计算判断仅供参考。

6. 借款偿还期

(1)经济含义。若能得知或根据经验设定所要求的借款偿还期，可直接计算利息备付率和偿债备付率，但若难以设定借款偿还期，需先大致估算出借款偿还期后，再采用适宜的方法计算出每年的还本和付息的金额，最后代入公式计算这两个指标。因此，在这里还需介绍借款偿还期的概念和计算方法。比如世界银行国际开发中心的财务评价指标中，就有一项“最短还本期”指标，以表明项目最大偿还能力。

借款偿还期(P_d)是指根据国家财税规定及投资项目的具体财务条件，以可作为偿还贷款的项目收益(利润、折旧、摊销费及其他收益)来偿还项目投资借款本金和利息所需要的时间。它是反映项目借款偿债能力的重要指标。

(2)计算方法。

$$I_d=\sum_{t=0}^{P_d}(B+D+R_0-B_r) \tag{4-8}$$

式中 I_d——固定资产投资借款本金和建设期利息之和；

P_d——借款偿还期(从借款开始年计算，若从投产年算起时应予注明)；

B——第 *t* 年可用于还款的利润；

D——第 *t* 年可用于还款的折旧和摊销费；

R_0——第 *t* 年可用于还款的其他收益；

B_r——第 *t* 年企业留利。

在实际工作中，借款偿还期可通过借款还本利息计算表推算，以年表示。其具体推算公式如下：

$$P_d=(\text{借款偿还开始出现盈余年份}-1)+\frac{\text{盈余当年应偿还借款额}}{\text{盈余当年可用于还款的余额}} \tag{4-9}$$

7. 资产负债率

(1)经济含义。资产负债率(Liability on Asset Ratio，*LOAR*)是指各期末负债总额(*TL*)同资产

总额(TA)的比率，表示总资产中有多少是通过负债得来的。它是评价项目负债水平的综合指标，反映项目利用债权人提供资金后的经营活动能力，同时又能体现债权人发放贷款的安全度。

(2)计算方法。资产负债率的计算公式为

$$LOAR=\frac{TL}{TA}\times 100\% \tag{4-10}$$

式中　$LOAR$——资产负债率；

TL——期末负债总额；

TA——期末资产总额。

(3)评价标准。对于资产负债率，应根据国家宏观经济状况、行业发展趋势、企业所处竞争环境等具体条件来分析，目前通常认为 $LOAR$ 在 40%～60%为宜。适度的资产负债率，表明企业经营安全、稳健，具有较强的筹资能力，企业和债权人的风险小，而过高的 $LOAR$($LOAR>1$)，表明项目将资不抵债，其财务风险大，$LOAR$ 过低则表明项目对财务杠杆利用不够。

一般来说，经营风险较高的企业，为减少财务风险应选择较低的 $LOAR$；反之，则可选择偏高些。我国交通、运输、电力等基础行业，其资产负债率一般为 50%，加工业为 65%，商业为 80%左右。

(4)适用范围。项目财务分析中往往在资产负债表中要计算 $LOAR$ 这个既简便又明确的指标，但在长期债务还清后，就不用再计算资产负债率了。

4.1.2　动态分析法

动态评价指标是分析项目或技术的经济效益时，要对发生在不同时间的效益、费用计算资金的时间价值，将现金流量进行等值化后计算评价指标。动态评价指标能较全面地反映投资方案整个计算期的经济效果，适用于对项目整体效益评价的融资前分析，或对计算期较长及在中评阶段的技术方案进行评价。

为了克服静态投资回收期未考虑资金时间价值的缺点，在投资项目评价中有时采用动态投资回收期。动态投资回收期是能使式(4-11)成立的 T_p' 值(单位：年)。

$$\sum_{t=0}^{T_p'}(CI-CO)_t\,(1+i_c)^{-t}=0 \tag{4-11}$$

用动态投资回收期 T_p' 评价投资项目的可行性，需要与基准投资回收期 T_c 相比较。判别准则为：若 $T_p'\leqslant T_c$，则项目可以被接受，否则应予以拒绝。

【例 4-4】　某项目有关数据见表 4-3。基准折现率 i_c 为 10%，基准投资回收期 T_c 为 8 年，试计算动态投资回收期，并判断该项目的可行性。

表 4-3　动态投资回收期计算表($i_c=10\%$)　　万元

年份 t	0	1	2	3	4	5	6	7	8	9	10
1. 投资支出	20	500	100								
2. 净收入				150	250	250	250	250	250	250	250
3. 净现金流量 $(CI-CO)_t$	−20	−500	−100	150	250	250	250	250	250	250	250
4. 现值系数 $(1+10\%)^{-t}$	1	0.909	0.826	0.751	0.683	0.621	0.565	0.513	0.467	0.424	0.389
5. 折现值	−20	−454.6	−82.6	112.7	170.8	155.2	141.3	128.3	116.8	106.0	97.25
6. 累计折现值 $\sum(CI-CO)_t(1+10\%)^{-t}$	−20	−474.6	−557.2	−444.5	−273.7	−118.3	23*	151.3	268.1	374.1	471.35

解：根据式(4-11)，计算各年净现金流量的累计折现值。明显，投资回收期应在第5年和第6年之间。可以采用插值法计算如下：

$$T_p'=(\text{累计折现值出现正值年份}-1)+\frac{\text{上年累计折现值的绝对值}}{\text{当年净现金流量的现值}} \tag{4-12}$$

本例中，在第6年出现正值，所以：

$$T_p'=6-1+\frac{|-118.3|}{141.3}=5.84(\text{年}),\ T_p'<T_c$$

项目可以被接受。

与静态投资回收期指标相比较，动态投资回收期考虑了资金的时间价值，但计算较为复杂。通常只用于辅助性评价。

4.1.3 基准收益率

1. 基准收益率的含义

基准收益率(i_c)也称基准贴现率、基准投资收益率，也可以是最低可接受收益率，是企业、行业或投资者以动态的观点所确定的可接受的投资方案最低标准的收益水平。

2. 确定基准收益率应考虑的因素

(1)资金成本和机会成本。资金成本(Capital Cost)是为取得资金使用权所支付的费用，主要包括筹资费和资金使用费。比如委托金融机构代理发行股票、债券而支付的注册费和代理费，向银行贷款而支付的手续费等是筹资费，而要向股东支付的红利、向债权人支付的利息等是资金使用费。

机会成本(Opportunity Cost)是指投资者将有限的资金用于拟建项目而放弃的其他投资机会所能获得的最好收益。凡是技术经济活动都含有机会成本，如建厂占用耕地的代价是减少农业收入。机会成本不是实际支出，不能反映在该方案财务上，必须通过工程经济分析人员的分析和比较才能确定。

显然，基准投资收益率应不低于单位资金成本和单位投资的机会成本之和。这样才能使资金得到最有效的利用。

(2)投资风险。投资者在作出是否投资这一决策时，必然会承担相应的各种风险，因此，须以一个较高的收益水平补偿投资者所承担的风险，这种风险称为投资风险(Investment Risk)，一般用风险贴补率来提高 i_c 值，风险越大，风险贴补率越高。

(3)通货膨胀。通货膨胀(Inflation)是指由于货币(这里指纸币)的发行量超过商品流通所需要的货币量而引起的货币贬值和物价上涨现象。常用通货膨胀率来表示通货膨胀的程度。在通货膨胀影响下，各种材料、设备、房屋、土地的价值及人工费都会上升。在确定基准收益率时，应考虑这种影响，结合投入产出价格的选用决定对通货膨胀因素的处理。

3. 基准收益率的确定方法

2004年发布的《国务院关于投资体制改革的决定》推行"谁投资、谁决策、谁收益、谁承担风险"的投资方式，促使企业根据自身情况自主进行投资决策。因此，对于产出物或服务由政府定价的项目(指《政府核准的投资项目目录》中界定的项目)，其基准收益率应根据政府政策导向确定；对于《政府核准的投资项目目录》中界定以外的由市场定价的项目，可根据资金成本和风险收益由投资者自行确定，确定时应与财务评价采用的价格一致，若财务评价采用变动价格，则还应考虑通货膨胀因素。根据投资者意图和项目的具体情况，项目最低可接受收益率的取值可高于、等于或低于行业基准收益率(用于项目核准或备案)，但若考虑到项目的盈利水平，一般不宜低于行业基准收益率。

4. 不同行业的基准投资收益率和基准投资回收期

不同行业的基准投资收益率和基准投资回收期见表 4-4。

表 4-4　不同行业的基准投资收益率和基准投资回收期(部分)

行业	财务基准收益率 i_c/%(融资前税前指标)	财务基准收益率 i_c/%(项目资本金税后指标)
农业	6～8	6～9
林业	8～12	9～13
建材	11～13	12～14
石化	12～14	13～16
水库发电工程	7	10
调水、供水工程	4	6
市政	4～8	4～10
公路与水运交通	4～8	6～8
房地产开发项目	12	13
商业性卫生项目	10	12
商业性教育项目	10	12
商业性文化娱乐设施	12	13

4.2 现值分析法

4.2.1 现值分析法的准则

1. 净现值

(1)经济含义。净现值(Net Present Value，*NPV*)是将项目在整个计算期内各年的净现金流量，按某个给定的折现率(如基准收益率)折算到经济活动起始点(第 0 年即第 1 年年初)的现值的代数和。

(2)表达式。净现值的表达式为

$$NPV=\sum_{t=0}^{n}(CI-CO)_t\,(1+i_c)^{-t} \tag{4-13}$$

式中 NPV——净现值；

$(CI-CO)_t$——第 t 年的净现金流量；

n——项目(或方案)的计算期；

i_c——设定的折现率(同基准收益率)。

(3)计算方法。

①公式法。

【例 4-5】 某项目的各年净现金流量见表 4-5，试用净现值指标判断项目的经济性($i_c=10\%$)。

解： 首先计算各年净现金流量(见表 4-5 最后一行)，并绘制现金流量图(图 4-3)。

表 4-5　各年净现金流量　　万元

年份(时点)	0	1	2	3	4～10
投资/万元	20	500	100	—	—
年经营费	—	—	—	300	450
年收入	—	—	—	450	700
净现金流量(3－1－2)NCF_t	－20	－500	－100	150	250

根据表 4-5 中各年净现金流量和式(4-13)，$i_c=10\%$时：

$$NPV=-20-500(1+10\%)^{-1}-100(1+10\%)^{-2}+150(1+10\%)^{-3}+250(1+10\%)^{-4}+\cdots+250(1+10\%)^{-10}=469.94(\text{万元})$$

或者

$$NPV=-20-500(P/F,10\%,1)-100(P/F,10\%,2)+150(P/F,10\%,3)+250(P/A,10\%,7)(P/F,10\%,3)=469.94(\text{万元})$$

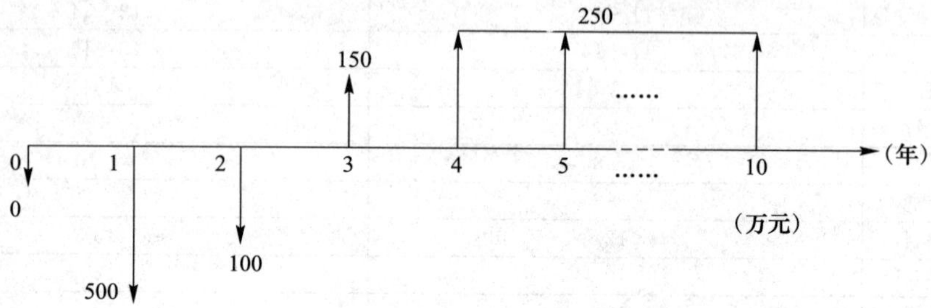

图 4-3　例 4-5 现金流量图

②表格法。以例 4-5 为例采用表格法计算。计算过程见表 4-6。

表 4-6　计算过程

万元

时点 t	0	1	2	3	4	5	6	7	8	9	10
$(CI-CO)_t$	−20	−500	−100	150	250	250	250	250	250	250	250
$\sum(CI-CO)_t$	−20	−520	−620	−470	−220	30	280	530	780	1 030	1 280
$\sum(CI-CO)_t(1+i_c)^{-t}$	−20	−475	−557	−444	−274	−119	22.3	150.6	267.1	373.1	469.4

(4)评价标准。若 $NPV=0$，$i=i_c$，说明该方案的投资收益率水平恰好达到了行业或部门的基准收益率水平；若 $NPV>0$，$i>i_c$，表明除基准收益率水平外，方案还有超值收益。因此，$NPV>0$ 时，项目(方案)在财务上可考虑接受，反之，则一般认为不可行。

(5)适用范围。净现值是反映项目投资盈利能力的一个十分可靠的重要动态指标，广泛应用于方案的经济评价中。其优点是考虑到了资金时间价值和方案在整个计算期内的费用和收益情况，表明项目(方案)投资的盈利能力达标与否，它以金额表示投资收益的绝对效果，比较直观，同时还可以反映股东财富的增加额。但净现值指标存在以下不足。

①需首先确定一个符合经济现实的基准收益率，而基准收益率的确定有时是比较困难的。

②不能说明在项目运营期间各年经营成果。

③不能直接反映项目投资中单位投资的使用效率。

(6)净现值函数。当方案的各年净现金流量和计算期 n 确定时，净现值是折现率 i 的函数，称为净现值函数。对于常规投资方案，即方案从第 0 年开始净现金流量值有一项或几项是负的，接下去是一系列正的，则净现值函线是一条以 I_0 为渐近线的单调递减曲线，曲线与横轴有唯一的交点，并在(0，∞)范围内，I_0 是方案开始时的投资额。净现值函数曲线如图 4-4 所示。可见，净现值函数一般具有如下特点。

①同一净现金流量的净现值随折现率 i_c 的增大而减小。故基准折现率 i_c 定得越高，方案能被接受的可能性越小。

②在某一个 i^* 值上(图 4-4 中点 B)，曲线与横坐标相交，表示该折现率下的 $NPV=0$，且当

$i_c < i^*$ 时，$NPV > 0$；$i_c > i^*$ 时，$NPV < 0$。i^* 是一个具有重要经济意义的折现率临界值(内部收益率指标)，后面还要对它进行详细分析。

③净现值对折现率 i_c 的敏感性。对于不同的方案，由于其现金流量的结构不同，当 i_c 的取值从某一值变为另一值时，NPV 的变动幅度(斜率)是不同的。可以发现，当技术方案的后期净现金流量较大时，其 NPV 曲线较陡峭、斜率较大，敏感性就大；反之则小。

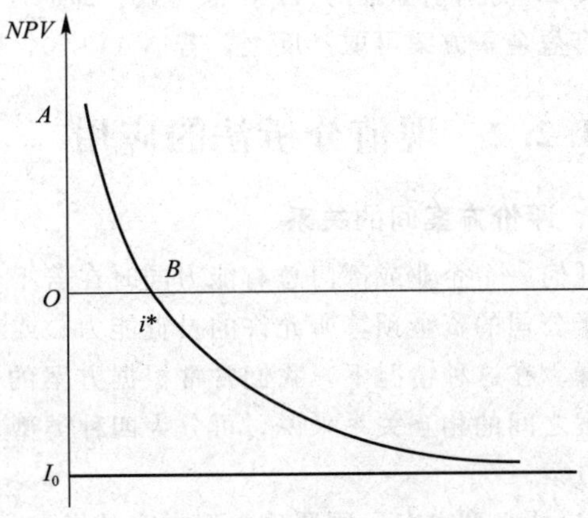

图 4-4　净现值函数曲线图

(7)净现值率。净现值率(Net Present Value Ratio，$NPVR$)是指单位投资现值所能带来的净现值，此效率指标通常用于考察项目单位投资的盈利水平。对于已经获得相同的财务净现值而投资额又不等的多方案投资项目，常用净现值率作为补充辅助评价指标进行排序选择。其计算公式为

$$NPVR = \frac{NPV}{I_P} \tag{4-14}$$

式中　$NPVR$——净现值率；

NPV——项目的净现值；

I_P——项目总投资(包括固定资产投资和流动资产投资)现值。

对于单个投资方案而言，一般 $NPVR$ 应与 NPV 的判别标准一致，即 $NPVR \geqslant 0$；而进行多方案的选择，就必须将 $NPVR$ 进行排序，以单位净现值最大为准则，倾向于选择投资规模偏小，资金利用率较高的项目，与获取净现值最大、达到最佳经济规模的目标有时是不一致的。

2. 净年值

净年值(Net Annual Value，NAV)是与净现值等价的较常见的指标，对于单方案而言，用净现值足以说明方案的可行与否，但对多方案而言，有时用净年值进行多方案的比选来得更加简便和准确。因此，有必要在此介绍这个指标。

净年值又称为年度等值，是以一定的基准收益率将项目计算期内净现金流量等值换算而成的等额年值。其计算公式为

$$NAV = \left[\sum_{t=0}^{n}(R - I - C' + S^v + W)_t (P/F, i, t)\right](A/P, i, n) \tag{4-15}$$

式中　NAV——净年值；

R——年销售收入；

I——年全部投资；

C'——年经营成本；

S^v——计算期末回收的固定资产余值；

W——计算期末回收的流动资金价值；

i——设定的折现率；

t——第 t 期时间；

n——计算期。

$$NAV = NPV(A/P, i, n) \tag{4-16}$$

NAV的判别标准与NPV也一致，即$NAV>0$，说明项目在方案计算期内每年的平均等额收益有盈余，方案可取；反之，若$NAV<0$，则方案不可取。

4.2.2 现值分析法的应用

1. 评价方案间的关系

任何一个企业或部门总有能力同时在若干个项目上平行地投资，但可供选择的投资机会往往多于公司的资金预算所允许的投资能力。或者，为达到某一经济目标，有众多的投资方案可供选择。在这种情况下，我们常常根据方案的性质及其相互间的关系，选用不同的评价方法。从方案之间的相互关系来说，可分为四种类型，即独立型方案、互斥型方案、从属型方案和混合型方案。

(1)独立型方案。所谓独立型方案是指在一系列方案中，各方案相互独立存在，互不排斥，当接受其中某一方案时，并不影响对其他方案的接受，这种方案叫作独立型方案。由此可见，独立型方案之间的效果具有可加性。例如，某建筑企业因生产发展所需，欲购置建筑设备、采购运输车辆、登广告、建立安全系统等，这些方案具有不同的作用，它们之间不存在着替代关系，可以看作独立型方案。

独立型方案决策的特点如下。

①独立型方案只需与零方案进行比较即可决定方案的取舍，各方案之间不需要进行横向比较。

②在一组独立型方案中，各方案的寿命期可以相同，也可以不同，并不影响决策的结果。

③多个独立型方案可供选择时，可以接受其中一个或几个方案，也可以一个也不接受，这取决于与零方案比较的结果。

(2)互斥型方案。为了解决某一问题，有多个方案可供选择，但各方案之间是相互排斥的，当接受其中一个方案时就会排除其他方案，这类方案就叫作互斥型方案。由此可见，互斥型方案之间的效果不具有可加性。互斥型方案又称为替代型方案或对立型方案。例如，某企业欲购置一台换热器，有多个厂商可以提供货源，究竟应选择哪一家？又如，对某一已探明储量的油气田进行开发，有多个可行的开发方案，究竟采取哪一种方案？这都属于互斥型方案的选择问题。

互斥型方案决策的特点如下。

①互斥型方案一般在满足需要上是相同的，可以互相替代。各方案比较时应有相同的经济寿命期，若不相等，应按一定方法进行调整后再比较。

②应有一个企业能接受的基准收益率(i_c)作为方案取舍的标准。

③为选出最优方案，各方案除与零方案进行比较外，还应进行横向两两比较以决定取舍。

(3)从属型方案。在众多方案中，某一方案的采纳是以另一方案的采纳为前提的，此时作为前提的那个方案称为前提方案，另一个称为从属方案或辅助方案。例如，采购计算机磁带传动装置的方案从属于采购计算机中央处理装置的方案，局部方案从属于全局方案等，这种从属的关系是单向的。

从属型方案决策的特点是：对于从属方案，必须以接受前提方案为条件，如果前提方案被否决，则从属方案也就不能考虑采纳了。

(4)混合型方案。所谓混合型方案，就是有几个相互独立的项目，而各个项目又有若干个互斥方案。例如，某企业下属三个工厂，每个工厂推出两个独立项目，而每个项目又有两个甚至多个互斥方案可供选择。这是实际工作中经常遇到的问题。

混合型方案决策的特点如下。

①按照投资方案内部收益率或其他评价指标淘汰不合格方案。

②计算各方案的差额投资内部收益率，根据其大小作出混合方案的选择图。

③根据选择图及资金限额选择最佳方案组合。

下面讨论现值法在互斥型方案中的比选应用。独立型方案、从属型方案和混合型方案的讨论从略。

2. 净现值在互斥型方案中的应用

(1)寿命期相同的方案比选。

①净现值法。对于寿命期相同的互斥型方案，一般采用净现值法选择最佳方案。下面通过实例来介绍。

寿命期相同互斥方案比选

【例 4-6】 有三个相互排斥的投资方案，寿命期均为 10 年，各方案的初始投资和年净收益见表 4-7。试在基准收益率 i_c 为 12%的条件下选择最佳方案。

表 4-7　基础数据表

方案	初始投资/万元	年净收益/万元
A	450	100
B	550	140
C	700	170

解：由净现值计算公式，得

$NPV_A=-450+100(P/A，12\%，10)=115.02$(万元)

$NPV_B=-550+140(P/A，12\%，10)=241.03$(万元)

$NPV_C=-700+170(P/A，12\%，10)=260.53$(万元)

因为 NPV_C 最大，故应选方案 C。

【例 4-7】 某工厂拟扩建一条新产品生产线，有三个不同的设计方案，其计算期均为 6 年，i_c 为 10%，有关数据见表 4-8，试采用净年值法和差额净现值法比较哪个方案最优。

解：①净年值法。

$NAV_A=-180(A/P，10\%，6)+54=12.67$(万元)

$NAV_B=-220(A/P，10\%，6)+120=69.49$(万元)

$NAV_C=-300(A/P，10\%，6)+122=53.12$(万元)

$NAV_B>NAV_C>NAV_A>0$

所以，方案 B 最优。

表 4-8　各方案相关数据　　万元

方案	投资	年成本	产品年收入	年净收益
A	180	96	150	54
B	220	100	220	120
C	300	88	210	122

方案的净年值与净现值之间的关系为 $NAV=NPV\cdot(A/P，i_c，n)$，对于计算期相同的互斥型方案，$(A/P，i_c，n)$是个常数，则 NPV 最大的方案必然 NAV 最大，因此用 NPV 法和用 NAV 法比较互斥方案结论应是相同的，可根据具体情况选择使用。

②差额净现值法。在实际工作中，经常会遇到难以确定每个具体方案的现金流量的情况，但方案之间的差异却是易于了解的，这就形成差额方案。其方案之间现金流量的增量称为差额现金流量。例如，在例 4-7 中，方案 A 和方案 B 之间的差额现金流量如图 4-5 所示。我们可以将方案 A 和方案 B 之间的差额现金流量作为一个新的方案，称为差额方案(B－A)，这一新方案的含义是方案 B 比方案 A 多投资 40 万元，而方案 B 每年净收益比方案 A 多 66 万元。

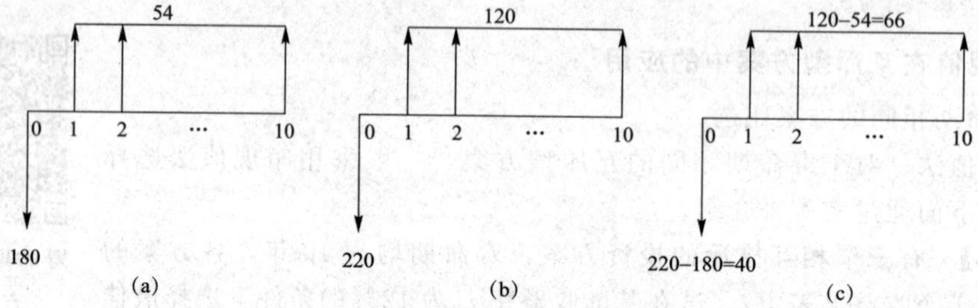

图 4-5　增额现金流量和增额方案

(a)方案 A；(b)方案 B；(c)差额方案(B－A)

差额净现值就是指两互斥方案构成的差额部分的现金流量的净现值，用符号 ΔNPV 表示，其表达式为

$$\Delta NPV=\sum_{t=0}^{n}\frac{(CI-CO)_{大}-(CI-CO)_{小}}{(1+i_c)^t} \tag{4-17}$$

式中　$(CI-CO)_{大}$——投资大的方案的净现金流量；

$(CI-CO)_{小}$——投资小的方案的净现金流量；

i_c——基准收益率。

当 $\Delta NPV\geqslant 0$ 时，表明投资大的方案比投资小的方案多投资的资金可以通过前者比后者多的净收益回收并取得或超过基准收益率的收益，其差额收益的现值即为 ΔNPV，因此投资大的方案优于投资小的方案；反之，则选择投资小的方案为优。

【例 4-8】　以例 4-7 的数据为例，用 ΔNPV 作为标准来选择最优方案的步骤。

解：①先把方案按照初始投资从大到小排列，添加方案 0 为全不投资方案(把资金不投到上述所考虑的那些方案上)，见表 4-9。

表 4-9　各方案相关数据　　万元

年末	方案			
	0	A	B	C
初始投资年	0	180	220	300
净现金量 1～6 年	0	54	120	122

②选择初始投资量少的方案作为临时的最优方案。这里选定全不投资方案作为临时最优方案。

③选择初始投资较高的方案 A 作为竞赛方案。计算这两个方案的现金流量之差，并按基准贴现率 $i_c=10\%$ 计算差额净现值，则

$\Delta NPV_{A-0}=-(180-0)+(54-0)(P/A,\ 10\%,\ 6)=55.186$(万元)

若差额净现值大于或等于零，说明竞赛方案优于临时最优方案；若小于零，则临时最优方案不变，竞赛方案可以删掉。现在 $55.186>0$，故选择竞赛方案 A 作为临时最优方案。

④把上述步骤重复下去，直到所有方案都比较完毕，最后可以得到一个最优方案。

$\Delta NPV_{B-A}=-(220-180)+(120-54)(P/A,\ 10\%,\ 6)=247.45$(万元)$>0$

$\Delta NPV_{C-B}=-(300-220)+(122-120)(P/A,\ 10\%,\ 6)=-71.289$(万元)$<0$

故选方案 B 为优。

如果用净现值法选择最优方案也可得到相同结论。这里需指出的是，两互斥方案的净现值之差即为其差额净现值。

寿命期不同互斥方案比选

(2)寿命期不同的方案比选。多数情况下，相互比较的投资方案的寿命期是不同的。这时要评价方案，首先必须满足时间上可比的要求。为此，可取各方案经济寿命的最小公倍数。人们常假设在方案的最小公倍数时间内，各方案在原来的水平上进行若干次重复。即各方案的现金流量在最小公倍数的时间内，以其经济寿命为周期而重复出现。对经济寿命不等的互斥型方案经过这样调整后，就变成经济寿命相等的方案了，完全可以按前面介绍的方法加以比选，还可以采用更简便的方法即年等值法进行方案比选。

【例 4-9】 设有两个互斥型方案，见表 4-10。若基准收益率为 15%，试选择较优方案。

表 4-10　基础数据表

方案	初始投资/万元	年净收益/万元	寿命期/年
A	850	600	3
B	1 000	680	4

解： 因为两个方案寿命期不同，不满足时间上可比的要求，故取其寿命期的最小公倍数 12 年作为统一的计算期。即方案 A 在 12 年内需重复投资三次，方案 B 需重复投资两次。经过这样的处理后，两方案就具有了可比性，B 方案优。

现以净现值法为例，介绍寿命期不等的互斥型方案的比较方法。

①净现值法。方案 A、B 在 12 年内的现金流量如图 4-6 所示。

两方案净现值计算如下：

$NPV_A=-850[1+(1+15\%)^{-3}+(1+15\%)^{-6}+(1+15\%)^{-9}]+600(P/A,\ 15\%,\ 12)=1\ 234.375$(万元)

$NPV_B=-1\ 000[1+(1+15\%)^{-4}+(1+15\%)^{-8}]+680(P/A,\ 15\%,\ 12)=1\ 787.308$(万元)

因为 $NPV_A<NPV_B$，所以方案 B 优于方案 A。

从上面计算可以看出，若多个寿命期不同的互斥型方案相互比较，其最小公倍数可能很大，有时甚至达几十年。因此，利用此方法进行比较，各方案的寿命期一般少于 10 年。当各方案的寿命期大于 10 年时，最简便有效的方法是净年值法。

②净年值法。净年值法是年等值法的一种，其基本思想是：不论方案在寿命期最小公倍数的时间内重复多少次，其年值均是相等的。所以，只要计算各方案在各自寿命期内的净年值就可以进行方案的比选。

结合例 4-9，可以计算两方案的净年值，然后比较选优。

$NAV_A=600-850(A/P,\ 15\%,\ 3)=227.7$(万元)

$NAV_B=680-1\ 000(A/P,\ 15\%,\ 4)=329.7$(万元)

因为 $NAV_B>NAV_A$，故方案 B 优于方案 A。

由例 4-9 可知，计算两方案 12 年内的净年值与一个寿命周期内的净年值是相同的。此结论成立的先决条件是各方案必须满足重复投资的假设。在此条件下，用净年值法比用净现值法或其他方法要简单得多。

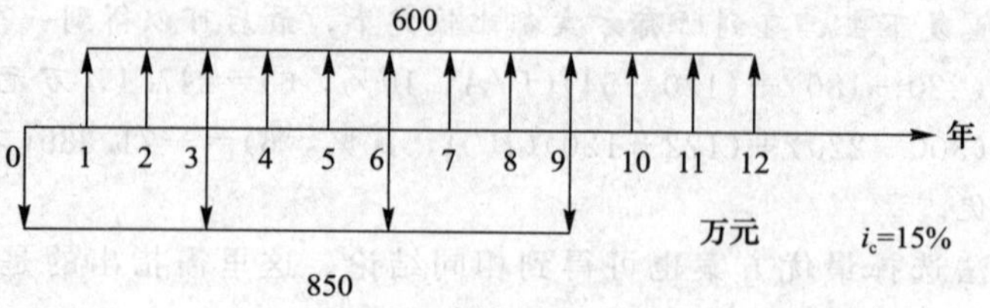

(a)

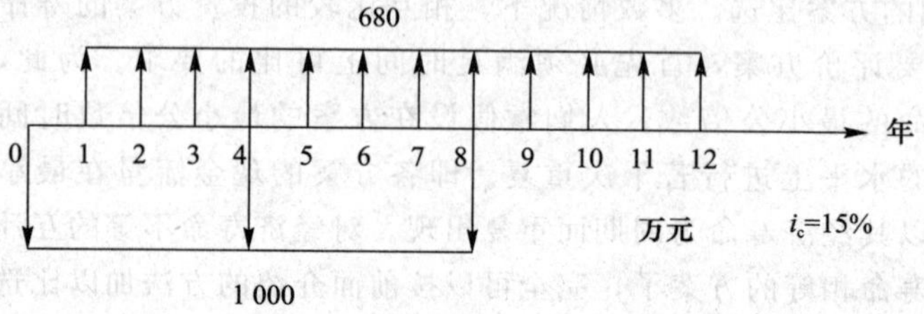

(b)

图 4-6 方案 A、B 的现金流量图

(a)方案 A；(b)方案 B

4.3 收益率分析法

4.3.1 内部收益率分析法

1. 经济含义

内部收益率(Internal Rate of Return，*IRR*)也是一项被广泛使用的动态效率型评价指标。内部收益率是当方案净现值为零时的折现率，通常可理解为项目以每年净收益归还投资(或贷款)后所能获得的最大投资利润率(或利息率)，是项目整个计算期的内部潜在的最大盈利能力。

2. 表达式

内部收益率的表达式为

$$\sum_{t=0}^{n}(CI-CO)_t(1+IRR)^{-t}=0 \tag{4-18}$$

式中 *IRR*——内部收益率，其值域是(−1，∞)。

对于多数方案来说，*IRR* 应属于值域(0，∞)。

3. 评价标准

当 *IRR* 指标被用于单方案经济评价时，如果 $IRR>i_c$ 则认为该方案是可考虑接受的，当然此时 *IRR* 不应低于贷款利率，否则应放弃该方案。如果折现率(或投资贷款利率)取其内部收益率时，则该方案在计算期内的投资恰好可以回收，净现值等于零。

内部收益率越高，则该方案的效益越好。

4. 计算方法

由式(4-18)可知，当各年的净现金流量不等，且计算期较长时，内部收益率需解以折现率为未知数的多项高次方程，求解过程比较烦琐。一般来说，对于计算期不太长，生产期年净效益变化不大的方案，计算不十分困难时求 *IRR* 采用人工试算法。试算法分为线性插值法和图解法两种，人们习惯于使用直线内插法来近似求解内部收益率。直线内插法原理如图 4-7 所示。

首先试算该方案净现值分别为正值和负值时的两个折现率 i_1 和 i_2，为保证近似值有足够的精度，要求 $|i_2-i_1|$ 不超过 5%，一般在 2%左右为宜。然后通过几何中相似三角形原理进行直线内插法求解，其计算公式为

$$IRR=i_1+\frac{NPV_1}{NPV_1+|NPV_2|}\times(i_2-i_1) \tag{4-19}$$

用式(4-19)计算的近似解 IRR 会略大于精确值 IRR。

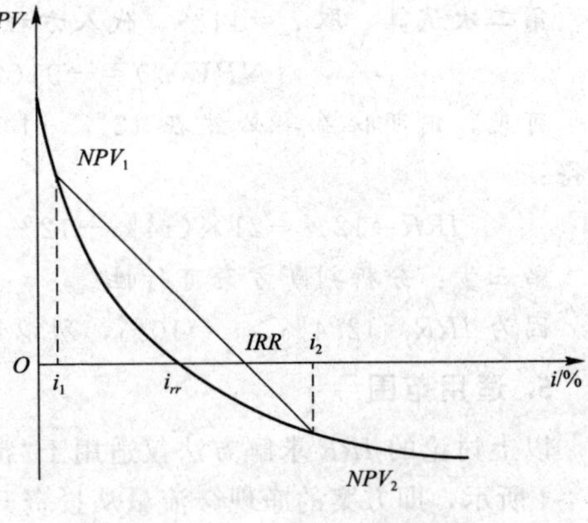

图 4-7　直线内插法原理图

IRR 的计算步骤如下。

(1)选定 i_1。i_1 可根据经验选定，实际工作中往往根据给出的 i_c 作为第一步试算依据。

(2)根据选定的 i_1，求出该方案此时的净现值 NPV_1，若 $NPV_1>0$，即为所求值。

(3)再适当增加 i_1 值，使之成为 i_2，求此时的净现值 NPV_2，若 $NPV_2<0$，即为所求值；若 $NPV_2>0$，则继续适当增加 i_1 值，直到 $NPV_2<0$。

(4)注意此时的 i_1 和 i_2 值，$|i_2-i_1|$ 不超过 5%，则代入式(4-19)求内部收益率的近似解 IRR。

【例 4-10】　某项目净现金流量见表 4-11。当基准折现率 $i_c=10\%$时，试用内部收益率指标判断该项目在经济效果上是否可以接受。

表 4-11　某项目的净现金流量表　　万元

时点	0	1	2	3	4	5
净现金流量	−2 000	300	500	500	500	1 200

解：第一步：绘制现金流量图，如图 4-8 所示。

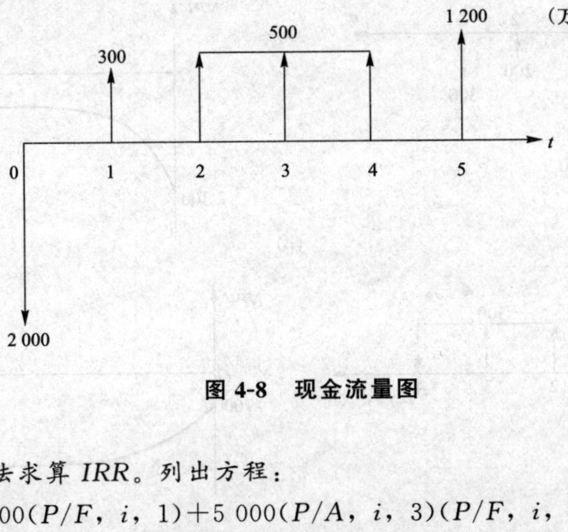

图 4-8　现金流量图

第二步：用内插法求算 IRR。列出方程：

$$NPV(i)=-2\,000+300(P/F,i,1)+5\,000(P/A,i,3)(P/F,i,1)+1\,200(P/F,i,5)=0$$

第一次试算，依经验先取一个收益率，取 $i_1=12\%$，代入方程，求得

$$NPV(i_1)=-2\,000+300\times0.892\,9+500\times2.401\,8\times0.892\,9+1\,200\times0.567\,4=21(\text{万元})$$

>0，由净现值函数曲线的特性可知，收益率的取值偏小，应再取大些。

第二次试算，取 $i_2=14\%$，代入方程求得

$$NPV(i_2)=-91(\text{万元})<0$$

可见，内部收益率必然在 12%～14%之间，代入内插法计算式可求得：

$$IRR=12\%+21\times(14\%-12\%)\div(21+91)=12.4\%$$

评价指标的比较分析

第三步：分析判断方案可行性。

因为 $IRR=12.4\%>i_c=10\%$，所以该方案是可行的。

5. 适用范围

以上讨论的 *IRR* 求解方法仅适用于"常规"方案的经济评价。这类方案的净现值函数曲线如图 4-4 所示，即方案的净现金流量从投资开始时刻起至少有一项或几项是负值，接下去是一系列正值，此时计算期内净现金流量的符号变化只有一次。可以证明，此时方案有唯一的 *IRR* 解。

内部收益率的优点：一是能直观反映方案投资的最大可能盈利能力或最大的利息偿还能力；二是由于它是项目内生的折现率，当基准收益率不能确定为一个定值，而只能确定为某个小区间的情况下，只要 *IRR* 落在该小区间之外，就可判断项目的可行性。

但由于 *IRR* 计算公式所给的仅是必要条件，*IRR* 指标在使用上存在以下几个方面的局限性。

(1)以下三种情况不能使用 *IRR* 指标。

①只有现金流入或现金流出的方案，此时不存在具有明确经济意义的 *IRR*，如图 4-9 所示。

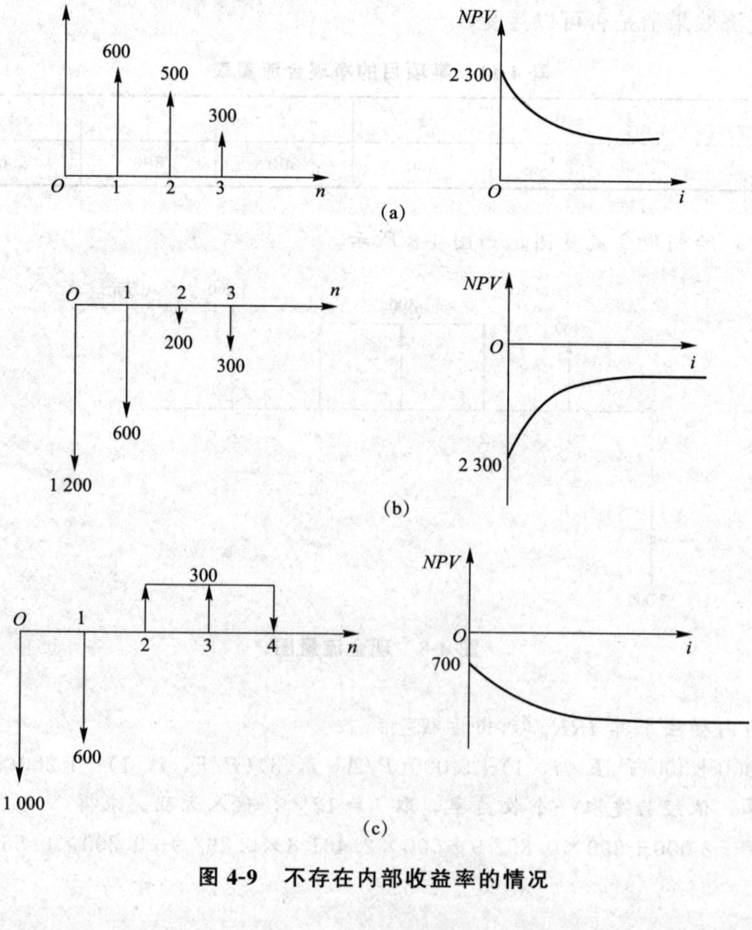

图 4-9　不存在内部收益率的情况

②非投资情况(见图 4-10)，即方案先取得收益，然后用收益偿付有关费用、设备租赁费。在这种情况下只有 $IRR<i_c$ 的方案才可接受。

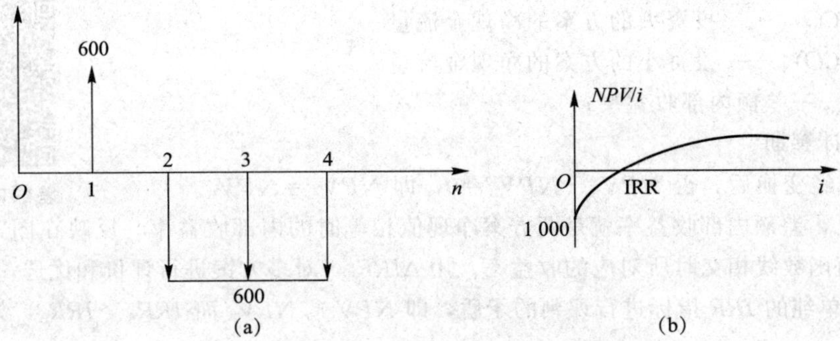

图 4-10　非投资情况的内部收益率

(a)现金流量图；(b)*NPV* 与 *IRR* 的关系图

③当方案的净现金流量的正负号改变不止一次时，就会出现多个内部收益率。

若将$(1+i)^{-1}$用 X 表示，则 $NPV=F_0+F_1X+F_2X+\cdots+F_nX^n$。根据狄斯卡尔符号规则，系数为实数的 n 次多项式，其正实数根的数目不会超过其系数中(F_0，F_1，F_2，…，F_n)符号变更的数目(此时，0 可看作无符号)。因此，X 的正实数根的数目就是有意义的内部收益率的数目。如图 4-11 所示，净现金流量符号变化共 3 次，此时内部收益率最多有 3 个。因此，这种情况下的 *IRR* 有多个，不能按照常规计算 *IRR* 指标和进行相应的判别，必要时需计算修正内部收益率和外部收益率。

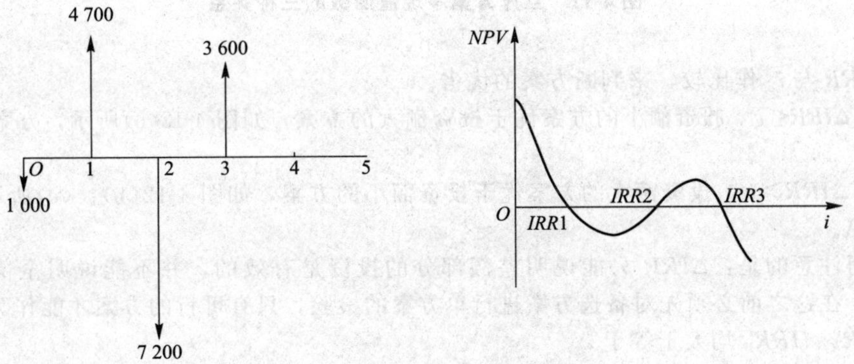

图 4-11　多个内部收益率的情况

(2)因为 *IRR* 指标是根据方案本身数据计算得出而不是专门给定，所以 *IRR* 不能直接反映资金价值的绝对大小。

(3)用 *IRR* 这个效率指标进行方案的比选时，不能保证与用 *NPV* 比选得出的结论总是一致。换句话说，效率最高的方案，不一定是净收益最大的方案。鉴于 *NPV* 最大准则的正确性(因为净现值所依据的基准收益率能反映行业或投资主体的期望)，*IRR* 作为反映项目内生的特性指标，不应直接用于项目或方案的比选。

4.3.2　收益率分析法的应用

差额内部收益率是指使两个互斥方案形成的差额净现值为零时的折现率，又称差额投资内

部收益率，用符号 ΔIRR 表示，其表达式为

$$\Delta NPV=\sum_{t=0}^{n}\frac{(CI-CO)_{大}-(CI-CO)_{小}}{(1+\Delta IRR)^{t}}=0 \tag{4-20}$$

式中　$(CI-CO)_{大}$——投资大的方案的净现金流量；

$(CI-CO)_{小}$——投资小的方案的净现金流量；

ΔIRR——差额内部收益率；

n——计算期。

差额内部收益率

式(4-20)经变换后，得 $NPV_A-NPV_B=0$，即 $NPV_A=NPV_B$。

由此可见，差额内部收益率就是两方案净现值相等时的内部收益率，反映在图 4-12(a)中就是两条净现值函数线相交时所对应的收益率。用 ΔIRR_{B-A} 对多方案进行评价和优选，就能解决采用 NPV 法和单纯的 IRR 指标进行评判的矛盾，即 $NPV_A<NPV_B$ 而 $IRR_A>IRR_B$，如图 4-12(b)所示。

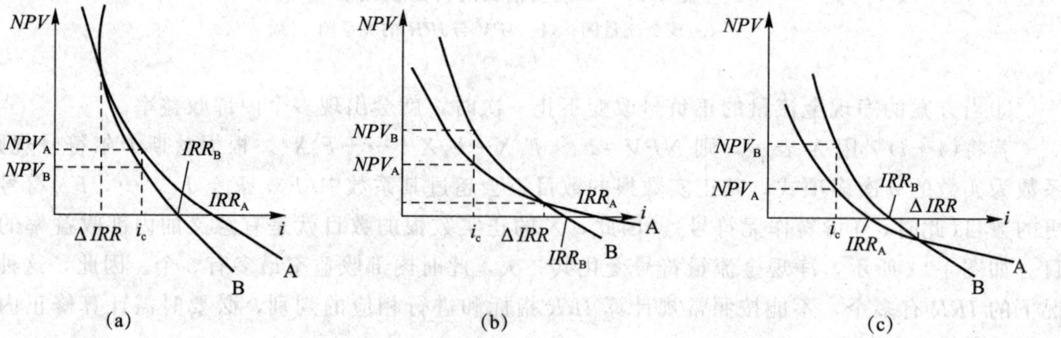

图 4-12　互斥方案净现值函数的三种关系

将 ΔIRR 与 i_c 作比较，来判断方案的优劣。

(1)当 $\Delta IRR<i_c$，投资额小的方案优于投资额大的方案，如图 4-12(a)所示，方案 A 优于方案 B。

(2)当 $\Delta IRR>i_c$，投资额大的方案优于投资额小的方案，如图 4-12(b)、(c)所示，方案 B 优于方案 A。

但值得注意的是：ΔIRR 只能说明差额部分的投资是有效的，并不能说明全部投资的效果。因此，在这之前必须先对备选方案进行单方案的检验，只有可行的方案才能作为必选的对象，即 IRR_A、IRR_B 均大于等于 i_c。

运用差额内部收益率来判断多方案的优劣，其基本步骤与差额净现值的比选步骤大致相同。

【例 4-11】 某厂房设计有三个备选方案，各方案的期初投资和 10 年间的年净收益见表 4-12，若基准收益率 $i_c=16\%$，选择最佳方案。

表 4-12　各方案的相关数据　　万元

年末	方案 A	方案 B	方案 C
0	−3 000	−4 000	−5 000
1～10	1 000	1 200	1 500

解：(1)检验各方案的可行性。

方案 A：$(P/A,\ i,\ 10)=\dfrac{3\ 000}{1\ 000}=3$，故 $IRR_A=30\%>16\%$；

方案 B：$(P/A,\ i,\ 10)=\frac{4\ 000}{1\ 200}=3.333$，故 $IRR_B=27.47\%>16\%$；

方案 C：$(P/A,\ i,\ 10)=\frac{5\ 000}{1\ 500}=3.333$，故 $IRR_C=27.47\%>16\%$。

所以三个方案均为可行方案。

(2)增设一个方案 0，重新排序，见表 4-13。

表 4-13　重新排序后各方案的相关数据　　万元

年末	方案 0	方案 A	方案 B	方案 C
0	0	−3 000	−4 000	−5 000
1～10	0	1 000	1 200	1 500

方案 A 与方案 0 比较，得

$$-(3\ 000-0)+(1\ 000-0)(P/A,\ i,\ 10)=0$$

$$(P/A,\ i,\ 10)=\frac{3\ 000}{1\ 000}=3$$

查表，得 $\Delta IRR_{A-0}=30\%>16\%$，所以选方案 A。

将方案 B 与方案 A 比较，得

$$-(4\ 000-3\ 000)+(1\ 200-1\ 000)(P/A,\ i,\ 10)=0$$

$$(P/A,\ i,\ 10)=\frac{1\ 000}{200}=5$$

查表，得 $\Delta IRR_{B-A}=15\%<16\%$，所以选方案 A。

方案 C 与方案 A 比较，得

$$-(5\ 000-3\ 000)+(1\ 500-1\ 000)(P/A,\ i,\ 10)=0$$

$$(P/A,\ i,\ 10)=\frac{2\ 000}{500}=4$$

查表，已知

$$(P/A,\ 20\%,\ 10)=4.192\ 5,\ (P/A,\ 25\%,\ 10)=3.570\ 5$$

得

$$\Delta IRR_{C-A}=25\%-\frac{4.192\ 5-4}{4.192\ 5-3.570\ 5}\times 5\%=21.51\%>16\%$$

所以方案 C 为最佳方案。

4.4　最小费用比较法

当各技术方案或项目(如环保、教育和国防项目)均能满足某一需要，但其逐年收益无法或没有必要具体估算时，往往根据各技术方案或项目满足同样需要并假设不同方案(项目)的收益相同，只需要计算各方案(项目)所耗费用，并以费用最小作为方案(项目)选优的标准。

4.4.1　费用现值(*PC*)比较法

(1)费用现值 *PC* 的定义式为

$$PC=[\sum_{t=0}^{n}CO_t(1+i_c)^{-t}]-S(1+i_c)^{-t} \tag{4-21}$$

式中　PC——费用现值；

S——残值。

(2)说明：

①费用现值方法，是建立在假设基础上的。

假定：参与评价的各个方案是可行的；适用于方案的产出价值相同，或者诸方案能够满足同样需要但其产出效益难以用价值形态(货币)计量。

②残值作为收益减去。

③费用现值指标只能用于多个方案的比选，不能用于单个方案评价。

④其判别准则是：费用现值最小的方案为优。

【例 4-12】 某项目有三个采暖方案 A、B、C，均能满足同样的取暖需要。其费用数据见表 4-14。在基准折现率 $i_c=10\%$ 的情况下，试用费用现值确定最优方案。

表 4-14 三个采暖方案的费用数据表 万元

方案	总投资(0 时点)	年运营费用(1～10 年)	*PC*
A	200	60	568
B	240	50	547
C	300	35	515

解：各方案的费用现值计算如下：

$PC_A=200+60(P/A，10\%，10)=568.64$(万元)

$PC_B=240+50(P/A，10\%，10)=547.20$(万元)

$PC_C=300+35(P/A，10\%，10)=515.04$(万元)

因为 $PC_C<PC_B<PC_A$，所以 C 方案最优。

4.4.2 年费用(AC)比较法

(1)费用年值 *AC* 的定义式为：

$$AC=\{[\sum_{t=0}^{n}CO_t(1+i_c)^{-t}]-S(1+i_c)^{-t}\}\times(A/P,i_c,n) \tag{4-22}$$

式中 *AC*——费用年值。

(2)说明如下。

①费用年值方法，是建立在假设基础上的。

假定：参与评价的各个方案是可行的；适用于方案的产出价值相同，或者诸方案能够满足同样需要但其产出效益难以用价值形态(货币)计量。

②费用年值指标只能用于多个方案的比选，不能用于单个方案评价。

③判别准则是费用年值最小的方案为优。

【例 4-13】 以例 4-12 为例说明，某项目有三个采暖方案 A、B、C，均能满足同样的取暖需要。其费用数据见表 4-15。在基准折现率 $i_c=10\%$ 的情况下，试用费用年值确定最优方案。

表 4-15 三个采暖方案的费用数据表 万元

方案	总投资(0 时点)	年运营费用(1～10 年)	*AC*
A	200	60	92
B	240	50	89
C	300	35	83

解：各方案的费用年值计算如下：

$AC_A=200(A/P，10\%，10)+60=92.55$(万元)

$AC_B=240(A/P, 10\%, 10)+50=89.06$（万元）

$AC_C=300(A/P, 10\%, 10)+35=83.82$（万元）

根据费用最小的选优准则，费用现值和费用年值的计算结果都表明，方案C最优，方案B次之，方案A最差。

费用现值与费用年值的关系，恰如前述净现值和净年值的关系一样，所以就评价结论而言，二者是等效评价指标。

4.5　盈亏平衡分析法

工程项目的评价和决策人员要对工程项目进行经济评价或投资决策，就必须采用大量的数据，而被采用的数据，大部分来自对工程项目未来情况的估计和预测，如投资额利率，建设年限，建设项目的经济寿命、产量、价格、成本、收益等，这些数据在很大程度上是不确定的，原因是我们对工程项目估计和预测的结果可能与未来的实际情况有较大的出入，甚至一时难以估计和预测出工程项目中各种变量未来的变化情况，这就产生了工程项目未来情况的不确定性问题。

产生不确定性问题的因素很多，这些因素发生变化，就会对建设项目方案的未来经济效果产生影响，因此，我们在对工程项目进行经济评价或投资决策时，应对工程项目投资方案中各个不确定因素进行分析，对工程项目的未来情况做到心中有数，并采取相应的措施。

1. 不确定性分析的含义

对工程项目投资方案进行不确定性分析，就是对工程项目未来将要发生的情况加以掌握，分析这些不确定因素在什么范围内变化，以及这些不确定因素的变化对方案的技术经济效果的影响程度如何。即计算和分析工程项目不确定因素的假想变动对方案技术经济效果评价的影响程度。

通过对工程项目不确定因素变化的综合分析，就可以对工程项目的技术经济效果是否可接受作出评价，提出具体的论证结果或修改方案的建议和意见，从而作出比较切合实际的方案评价或投资决策。同时，通过不确定性分析还可以预测工程项目投资方案对某些不可预见的政治与经济风险的抗冲击能力，从而说明建设项目的可靠性和稳定性，尽量弄清和减少不确定性因素对建设项目的经济效益和影响，避免投产后不能获得预期利润和收益，避免企业出现亏损状态。因此，为了有效地减少不确定性因素对项目经济效果的影响，提高项目的风险防范能力，进而提高项目投资决策的科学性和可靠性，除对项目进行确定性分析外，还有必要对建设项目进行不确定分析。

2. 不确定性分析的方法和内容

不确定性分析包括盈亏分析、敏感性分析和概率分析三种方法，其内容各有不同。

对工程项目进行不确定性分析的方法和内容要在综合考虑了工程项目的类型、特点、决策者的要求、相应的人力财力及项目对国民经济的影响程度等情况后来选择。一般来说，盈亏平衡分析只适用于工程项目的财务评价，而敏感性分析和概率分析可以同时用于财务评价和国民经济评价。本章重点讲述盈亏平衡分析法和敏感性分析法。

4.5.1　盈亏平衡点的计算

1. 盈亏平衡分析

工程项目的盈亏平衡分析又称为损益平衡分析，它是根据项目正常生产年份的产品产量（或销售量）、可变成本、固定成本、产品价格和销售税金等数据，确定项目的盈亏平衡点

(Break Even Point，*BEP*)，即盈利为零时的临界值，并通过其分析项目的成本与收益的平衡关系的一种方法，它也是在工程项目不确定性分析中常用的一种方法。

通过考察项目的盈亏平衡点，可以确定项目适应产品变化的能力，判断建设项目在各种不确定性因素作用下的抗风险能力。

2. 盈亏平衡分析假设

进行盈亏平衡分析应基于以下几点假设。

(1)一个项目只生产单一产品，若有几个产品，应选其主要产品进行分析。

(2)产品的销售价(P)、单位产品可变成本(C_V)、固定成本(C_F)在项目寿命周期内不变。

(3)生产量等于销售量，无产品积压。

(4)采用的分析数据是正常生产时的数据。

销售收入与产品的销售量之间存在着线性和非线性两种关系，因而盈亏平衡分析也分为线性盈亏平衡分析和非线性盈亏平衡分析。

3. 线性盈亏平衡分析

项目或企业的利润一般由销售收入(R)和总成本(C)决定，而收入和成本都与项目正常生产年份的产品产销量有关。总的销售收入在单位产品价格(P)一定的情况下与产品的产销量(Q)成正比，成本的总额与产销量之间也有着相互依存关系。

产品的成本总额由固定成本(C_F)和变动成本($C_V\times Q$，其中 C_V 为单位产品变动成本)构成。固定成本总额在一定时间和生产规模内不随产销量变化，保持相对稳定；随产销量的增加，单位产品所负担的固定成本逐渐下降。变动成本的总额随产销量的变化而呈比例增减，但单位产品的变动成本保持不变。在计算项目的利润时，还要考虑其产品应缴纳的税金总额($r\times Q$，r 为单位产品的销售税金及附加、增值税等)。项目的利润(E)可由下式表示：

$$E=R-C=PQ-(C_F+C_VQ+rQ) \tag{4-23}$$

①用产量表示的盈亏平衡点。当盈亏平衡时，企业利润为零，则可得出以下计算公式及盈亏平衡图(图 4-13)。

$$BEP_Q=\frac{C_F}{P-C_V-r} \tag{4-24}$$

式中　BEP_Q——盈亏平衡点产量，又称保本点产量。

BEP_Q 越小，项目适应市场变化的能力及抗风险能力越强。

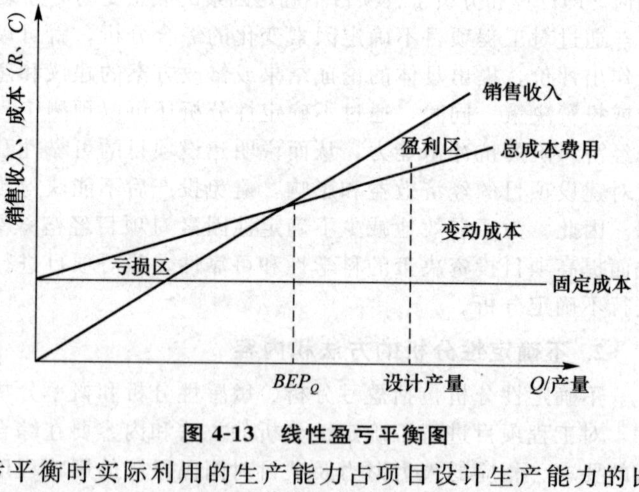

图 4-13　线性盈亏平衡图

②用生产能力利用率表示的盈亏平衡点(BEP_y)。当已知保本时的产销量，可计算保本时的生产能力利用率 BEP_y。这个指标表示达到盈亏平衡时实际利用的生产能力占项目设计生产能力的比率。这个比率越小，说明项目适应市场变化和抵御风险的能力越强；反之，企业要利用较多的生产能力才能保本，项目承受风险能力较弱。

用生产能力利用率表示的盈亏平衡点的计算公式为

$$BEP_y=\frac{BEP_Q}{Q_S}\times 100\%=\frac{C_F}{PQ_S-C_VQ_S-rQ_S}\times 100\% \tag{4-25}$$

式中　Q_S——设计生产能力。

运用盈亏平衡分析进行建设项目选择时，若得出生产能力利用率低的结论，意味着项目的抗风险能力较强。

【例 4-14】 某市拟建一个商品混凝土搅拌站，年设计产量 $10\times10^4\ m^3$，混凝土平均售价 105 元/m^3，平均可变成本为 76.25 元/m^3，平均销售税金为 5.25 元/m^3，该搅拌站的年固定总成本为 194.39 万元，试计算该项目用产量和生产能力利用率表示的盈亏平衡点。

解： 盈亏平衡点产量为

$$BEP_Q=\frac{1\ 943\ 900}{105-76.25-5.25}=82\ 719(m^3)$$

最低生产能力利用率为

$$BEP_y=\frac{82\ 719}{100\ 000}\times100\%=82.7\%$$

结论是本项目的抗风险能力较弱。

③保本最高单位产品成本的确定。在已知项目产品的产销量(Q)、单位销售价格(P)和固定成本(C_F)的情况下，可预测保本要求的单位变动成本，将其与项目产品实际可能发生的单位变动成本相比较，从而判断拟建项目有无成本过高的风险。应优先选择盈亏平衡点较低者。

$$BEP_C=P-r-\frac{C_F}{Q} \tag{4-26}$$

式中 BEP_C——与产销量 Q 对应的单位变动成本，也称保本最高单位产品成本。

④保本最低销售价格的确定。当已知项目产品的产销量(Q)、单位产品变动成本(C_V)及固定成本(C_F)时，可测算保本的产品销售价格，将此最低售价与市场预测价格相比较，可判断拟建项目在产品价格方面能承受的风险。

$$BEP_P=C_V+r+\frac{C_F}{Q} \tag{4-27}$$

式中 BEP_P——与产销量 Q 对应的保本单位产品售价，也称保本最低销售价格。

【例 4-15】 某项目年设计生产能力 15 万件，每件产品价格为 600 元，单位变动成本为 200 元，单位产品税金为 150 元，年固定成本为 1 800 万元。求：

(1)达到设计生产能力时的盈利(即最大利润)是多少？

(2)以产量表示的盈亏平衡点和用生产能力利用率表示的盈亏平衡点为多少？

(3)年利润为 1 500 万元时要求的年产量是多少？

(4)当市场需求为 8 万件时，企业可接受的最低销售单价为多少？如保持销售单价不变，则此时可接受的最高单位变动成本为多少？

解： (1)最大利润：

$E=PQ-C_VQ-rQ-C_F=600\times15-200\times15-150\times15-1\ 800=1\ 950$(万元)

(2)产量表示的盈亏平衡点：

$$BEP_Q=\frac{C_F}{P-C_V-r}=\frac{1\ 800}{600-200-150}=7.2(\text{万件})$$

生产能力利用率表示的盈亏平衡点：

$$BEP_y=\frac{BEP_Q}{Q_S}\times100\%=\frac{7.2}{15}\times100\%=48\%$$

(3)年利润为 1 500 万元时的年产量：

$$Q=\frac{E+C_F}{P-C_V-r}=\frac{1\ 500+1\ 800}{600-200-150}=13.2(\text{万件})$$

(4)企业可接受的最低销售单价：

$$BEP_P=200+150+\frac{18\ 000\ 000}{80\ 000}=575(\text{元})$$

企业可接受的最高单位变动成本：

$$BEP_C=600-150-\frac{18\ 000\ 000}{80\ 000}=225(\text{元})$$

4. 非线性盈亏平衡分析

在竞争状态下，随着项目产销量的增加，市场上产品的销售价就要下降，使销售收入与产销量之间呈非线性关系；同时材料价格、人工费等各种因素的影响，也可以使产品的总成本与产销量之间呈非线性关系，使产品的盈亏平衡点有一个以上。

【例 4-16】 某项目的年固定成本为 80 000 元，单位变动成本为 40 元(已含税金)，多生产一件产品，单位变动成本可降低 0.01 元；单位销售价格为 100 元，销量每增加一件产品，销售价格下降 0.02 元。试求盈亏平衡点。

解：根据题意，有：

单位产品的售价 $P=100-0.02Q$

单位产品的变动成本 $C_V=40-0.01Q$

盈亏平衡点时，$R(Q)=C(Q)$

即

$$100Q-0.02Q^2=80\ 000+(40-0.01Q)Q$$

$$0.01Q^2-60Q+80\ 000=0$$

解得

$$Q_1=\frac{60-\sqrt{60^2-4\times0.01\times80\ 000}}{2\times0.01}=2\ 000(件)$$

$$Q_2=\frac{60+\sqrt{60^2-4\times0.01\times80\ 000}}{2\times0.01}=4\ 000(件)$$

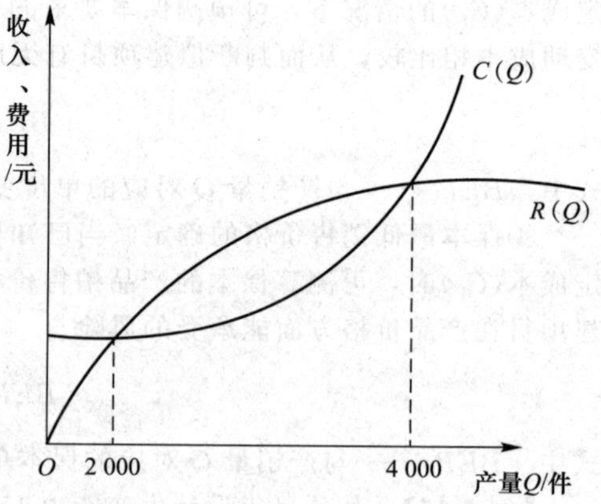

图 4-14　非线性盈亏平衡图

由图 4-14 可以看出，当产量小于盈亏平衡点 Q_1(2 000 件)和大于盈亏平衡点 Q_2(4 000 件)时，销售收入均小于成本，即项目亏损。所以，项目的产量应安排在 Q_1 和 Q_2 之间。

4.5.2　盈亏平衡分析法的应用

盈亏平衡分析法的应用

在前面的线性盈亏平衡分析中，首先分析了成本、收益和产量之间的关系；其次令成本与收益相等，求出盈亏平衡点的产量；最后分析盈亏平衡点的左右所对应成本与收益的大小。在多方案比较中也可以运用这种思路，选择最优方案。

当有两个或两个以上的方案可供选择时，首先确定某一分析指标(如有收入时，可以是利润；当各方案收入相等时，可以是成本)，然后将这一分析指标用同一变量表示，即确定分析指标的函数式。令方案的分析指标函数式相等，便可以求出该变量的某一特定值，此特定值叫作方案的优劣平衡点(或盈亏平衡点)，最后分析优劣平衡点的左右方案的优劣。

1. 两个互斥方案的比选

设有两个互斥方案，假设用成本(或收益)作为分析指标，它们的成本函数(或收益函数)取决于一个共同的变量 X 时：

$$C_1=f_1(X),\ C_2=f_2(X) \tag{4-28}$$

令 $C_1=C_2$，即

$$f_1(X)=f_2(X) \tag{4-29}$$

由此，可求出优劣平衡点 X 值，据此再分析方案的优劣。

【例 4-17】 有一挖土方工程，有两个挖土方案：一是人工挖土，单价为 4 元/m³；另一个是机械挖土，单价为 2 元/m^3，但需机械租赁费 1 万元，试问该土方工程应采用人工挖土还是机械挖土？

解： 设土方量为 Q，则

人工挖土费用：$C_1=4Q$；

机械挖土费用：$C_2=2Q+10\ 000$；

令 $C_1=C_2$，则有 $4Q=2Q+10\ 000$，解得：$Q_0=5\ 000(m^3)$。

如图 4-15 所示，当土方量小于 5 000 m^3 时，应采用人工挖土，当土方量大于 5 000 m^3 时，应采用机械挖土。

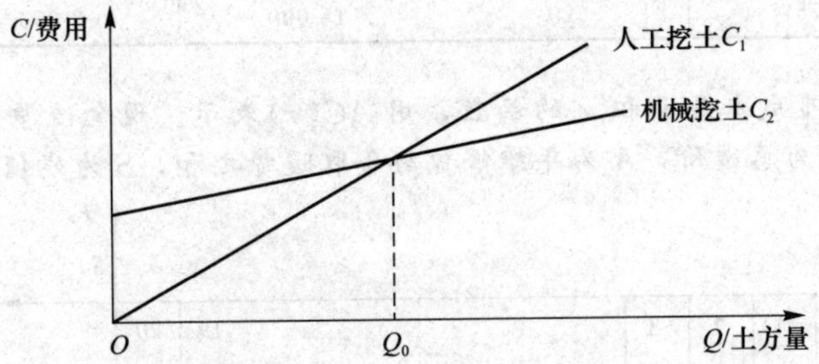

图 4-15　挖土方优劣平衡图

【例 4-18】 拟用建筑设备有两套方案备选，方案甲的设备购置费为 1 400 元，使用 4 年后的残值为 200 元，每年设备维护费为 120 元，设备运转每小时的动力费为 0.84 元；方案乙的设备购置费为 550 元，使用 4 年后无残值，设备运转每小时的动力费为 0.8 元，每小时的维护费 0.57 元。若寿命都为 4 年，设基准收益率为 10%，试确定甲、乙方案的优劣范围。

解： 若设备每年运转小时数为 t，并建立甲、乙方案的年度总费用函数。

方案甲的设备年费用为：

$$AC_{甲}=1\ 400(A/P,10\%,4)-200(A/F,10\%,4)+120+0.84t=518.56+0.84t$$

方案乙的设备年费用为：

$$AC_{乙}=550(A/P,10\%,4)+(0.57+0.8)t=173.51+1.37t$$

令 $AC_{甲}=AC_{乙}$，则有 $518.56+0.84t=173.51+1.37t$

解得优劣平衡点为：$t=651$(h)

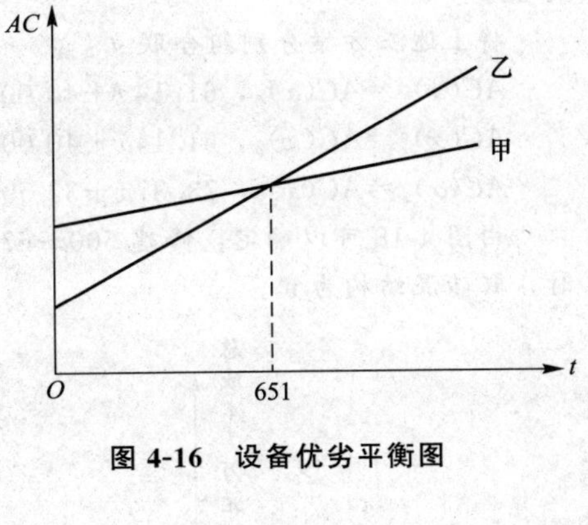

图 4-16　设备优劣平衡图

通过设备优劣平衡图(图 4-16)可知，若年运转小时数大于 651 h，选甲方案有利；若年运转小时数小于651 h，选乙方案有利；若年运转小时数等于 651 h，选甲或乙方案优劣相同。

2. 多个互斥方案的比选

若有多个方案，可以参照两方案的优劣分析方法，先列出各方案经济分析指标的函数式，然后进行两方案比较，找出优劣平衡点，之后再综合找出各方案的优劣范围。

设多方案的总成本(或收益)受同一个共同变量的影响，每个方案的成本(或收益)都可以表示为该共同变量的函数，如：

$$C_1=f\cdot(X),\ C_2=f\cdot(X),\ C_3=f\cdot(X),\ \cdots \tag{4-30}$$

分别令 $C_1=C_2$，$C_2=C_3$，$C_3=C_1$，…

两两比较，求出两个方案的优劣平衡点，分析比较，从中选择最优方案。

【例 4-19】 某单位修建面积为 500～1 000 m^2 的住宅，初步拟订可采用砖混结构、钢砖结构和砖木结构三种方案，其费用见表 4-16。规定利率为 8%，试确定各方案的优劣范围。

表 4-16　三种方案费用表

方案	造价/(元·m^{-2})	寿命/年	维修/(元·$年^{-1}$)	取暖费/(元·$年^{-1}$)	残值
砖混结构	600	20	28 000	12 000	0
钢砖结构	725	20	25 000	7 500	3.2%造价
砖木结构	875	20	15 000	6 250	1%造价

解：设住宅总年度成本是面积 x 的函数，用 $AC(x)$ 表示。现金流量应由四部分组成，如图 4-17所示，其中 P 为总造价，A 为年维修费与年取暖费之和，S 为残值。

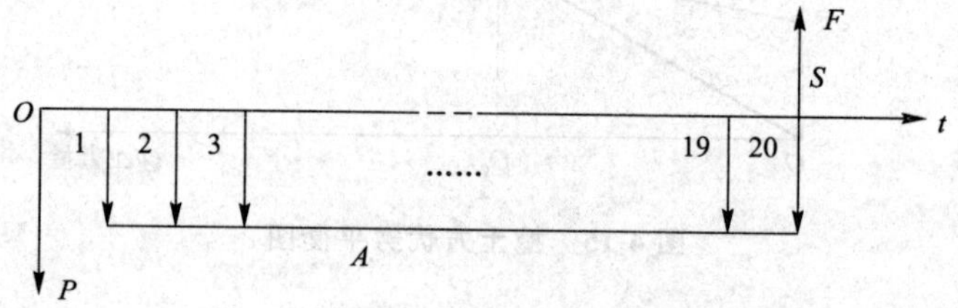

图 4-17　各方案现金流量图

各方案的总年度成本如下：

$AC(x)_1=600x(A/P,8\%,20)+28\,000+12\,000=61.14x+40\,000$

$AC(x)_2=725x(A/P,8\%,20)+25\,000+7\,500-725x\times3.2\%(A/F,8\%,20)=73.37x+32\,500$

$AC(x)_3=875x(A/P,8\%,20)+15\,000+6\,250-875x\times1\%(A/F,8\%,20)=88.97x+21\,250$

将上述三方案分别组合联立：

$AC(x)_1=AC(x)_2$，$61.14x+40\,000=73.37x+32\,500$，$x_1=613(m^2)$

$AC(x)_1=AC(x)_3$，$61.14x+40\,000=88.97x+21\,250$，$x_2=674(m^2)$

$AC(x)_2=AC(x)_3$，$73.37x+32\,500=88.97x+21\,250$，$x_3=721(m^2)$

由图 4-18 可以确定：修建 500～674 m^2 住宅时以砖木结构为宜；修建 674～1 000 m^2 住宅时，取砖混结构为宜。

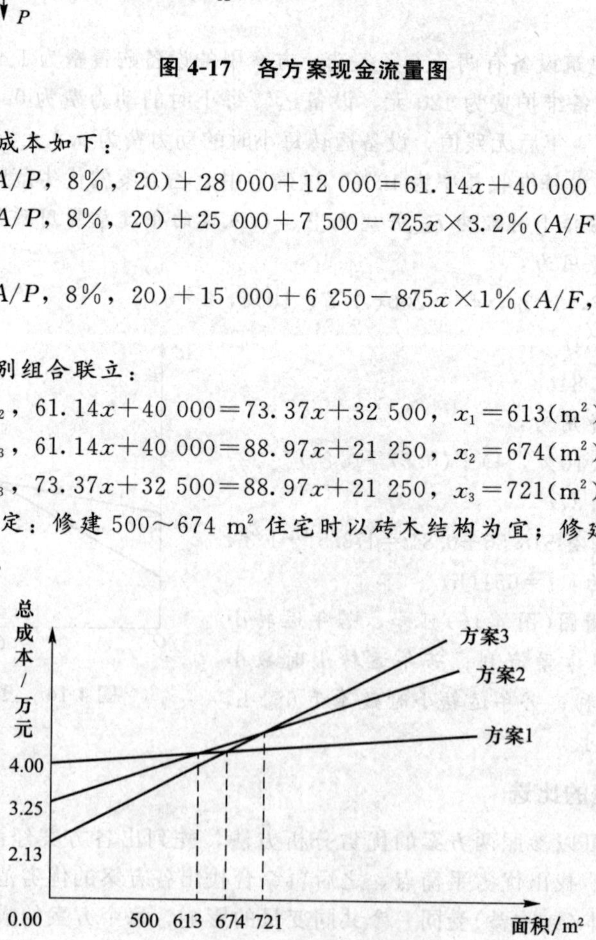

图 4-18　多方案盈亏平衡图

4.6　敏感性分析法

4.6.1　敏感性分析法概述

1. 敏感性分析的概念与作用

敏感性是不确定性因素的变动对项目经济评价指标(如内部收益率、净现值、投资回收期等)的影响程度。

敏感性分析通过分析、预测各种不确定性因素发生变化时对建设项目经济指标的影响，从中找出对经济指标影响程度较大的因素(敏感因素)。进行敏感性分析可提高对建设项目经济效果评价的准确性和可靠性。通过敏感性分析，可研究相关因素的变动引起经济效果评价指标的变动幅度，区别不同项目方案的敏感性大小，以便选取敏感性小的方案，减小项目的风险性。

2. 敏感性分析的一般程序

(1)确定敏感性分析指标。敏感性分析指标，是指敏感性分析的具体对象。常用的敏感性分析指标有内部收益率、净现值、投资回收期、投资利润率等。

(2)选取不确定因素，设定其变化幅度和范围。所谓不确定因素，是指在预计的可能变化范围内将较强影响经济效益指标值，或在确定性经济评价中所用数据的准确性把握不大的因素，如产品销量、售价、经营成本、项目建设年限、折现率、投资额等。例如，对于产品主要供应国际市场的项目，产品销售受国际市场供求的影响大，且难以控制，因此产品销售量需将构成项目的不确定因素，重点加以分析。

(3)计算不确定因素的变动对分析指标的影响程度。计算方法是在固定其他变量因素的条件下，按预定的变化幅度来变动某些不确定因素，计算其变动对经济评价指标的影响程度(变化率)，并按对应关系，绘成图或列成表。

(4)找出敏感因素。根据不确定因素的变动幅度与经济评价指标变动率的一一对应关系，可比较出对经济评价指标影响最强的因素，即建设项目的敏感因素。在实际工作中，可运用敏感性分析图来显示敏感因素。

(5)综合分析，选择敏感程度小的方案。

敏感性分析可分为单因素敏感性分析和多因素敏感性分析。

4.6.2　敏感性分析法的应用

1. 单因素敏感性分析

单因素敏感性分析是假设各个不确定性因素之间相互独立，每次只考察一个因素，其他因素保持不变，以分析这个可变因素对经济评价指标的影响程度和敏感程度。不确定因素对经济评价指标影响程度的大小用敏感度系数 S_{AF} 表示，其计算公式为

$$S_{AF}=\frac{\Delta A/A}{\Delta F/F} \tag{4-31}$$

式中　S_{AF}——敏感度系数；

$\Delta F/F$——不确定性因素 F 的变化率(%)；

$\Delta A/A$——不确定性因素 F 发生 ΔF 变化时，评价指标 A 的相应变化率(%)。

【例 4-20】 某投资方案设计年生产能力为 10 万台，计划项目投产时总投资为 1 200 万元，其中建设投资为 1 150 万元，流动资金为 50 万元；预计产品价格为 39 元/台；营业税金及附加为销售收入的 10%；年成本费用为 140 万元；方案寿命期为 10 年，基准折现率为 10%。试就

投资额、单位产品价格、成本等影响因素对该投资方案进行敏感性分析。

解：(1)绘制现金流量图，如图4-19所示。

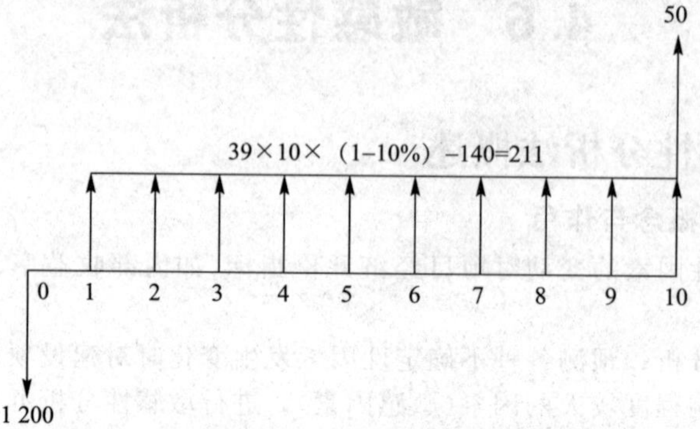

图4-19　现金流量图

(2)以净现值作为项目评价指标，可计算出项目在确定性条件下的净现值。

$$NPV_0=-1\,200+211(P/A,10\%,10)+50(P/F,10\%,10)$$
$$=-1\,200+211\times6.144\,6+50\times0.385\,5=115.79(\text{万元})$$

由于该项目确定性分析的结果$NPV_0>0$，初步评价该项目在经济效果上可以接受。

(3)项目敏感性分析。首先取定三个因素：投资额、产品价格和经营成本。然后令其逐一在初始值的基础上按±10%、±20%的变化幅度变动。分别计算相对应的财务净现值的变化情况，所得结果见表4-17及图4-20。

表4-17　单因素变化对财务净现值(*NPV*)的影响　　万元

变化幅度 项目	−20%	−10%	0	10%	20%	平均+1%	平均−1%
投资额	355.79	235.79	115.79	−4.21	−124.21	−10.36%	10.36%
产品价格	−315.57	−99.89	115.79	331.46	547.14	18.63%	−18.63%
经营成本	287.83	201.81	115.79	29.76	−56.26	−7.43%	7.43%

以投资额为不确定因素为例，计算过程示意如下。

①计算不确定因素变动后，净现值投资额增加10%，则项目的财务净现值为

$$NPV=-1\,200(1+10\%)+211(P/A,10\%,10)+50(P/F,10\%,10)=-4.21(\text{万元})$$

同理，可计算项目投资额增加20%及投资额减少10%和20%的净现值。

②财务净现值对投资额的敏感度系数为

$$S_{AF}(\text{投资增加}10\%)=\frac{\Delta A/A}{\Delta F/F}=\frac{(-4.21-115.79)/115.79}{10\%}=\frac{-103.6\%}{10\%}=-10.36$$

同理，可计算项目财务净现值对经营成本、产品价格变动的敏感度系数。

③投资变动的临界点。由敏感型分析图(计算示意如图4-21所示)直接求得临界点百分比X的近似值。

$$X=\frac{115.79}{115.79+4.21}\times10\%=9.65\%$$

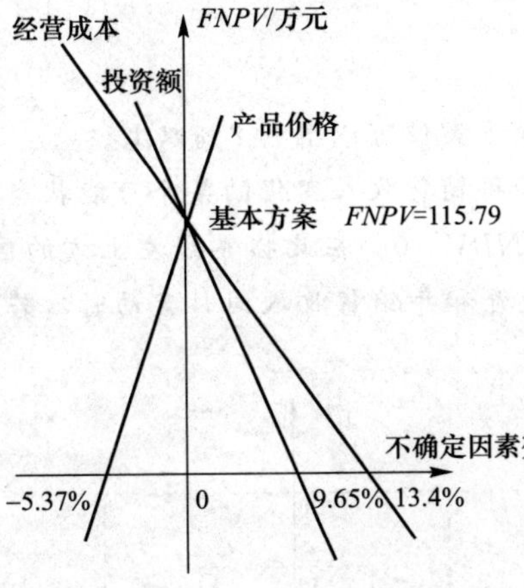

图 4-20　单因素敏感性分析图

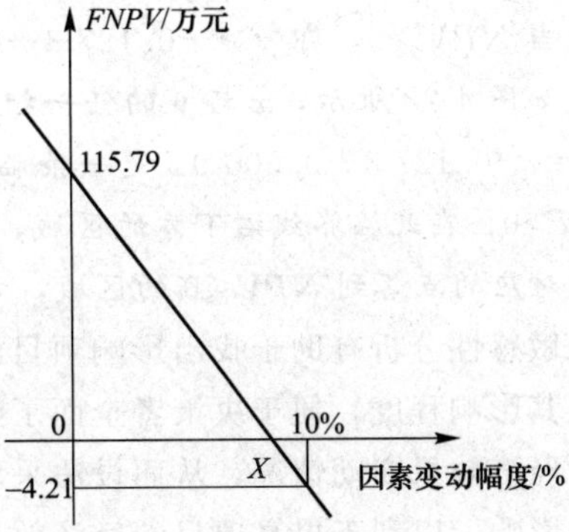

图 4-21　临界点近似计算示意

同理，也可计算项目财务净现值对经营成本、产品价格变动的临界点百分比分别为 13.46%、5.37%。

由表 4-17 和图 4-20 可以看出，在各个变量因素变化率相同的情况下，产品价格每下降 1%，净现值下降 18.63%，且产品价格下降幅度超过 5.37% 时，净现值将由正变负，也即项目由可行变为不可行；投资额每增加 1%，净现值将下降 10.36%，当投资额增加的幅度超过 9.65% 时，净现值由正变负，项目变为不可行；经营成本每上升 1%，净现值下降 7.43%，当经营成本上升幅度超过 13.46% 时，净现值由正变负，项目变为不可行。由此可见，按财务净现值对各个因素的敏感程度来排序，依次是产品价格、投资额、经营成本，最敏感的因素是产品价格。因此，从方案决策的角度来说，应该对产品价格进行进一步、更准确地测算，因为从项目风险的角度来说，如果未来产品价格发生变化的可能性较大，则意味着这一项目的风险性也较大。

2. 多因素敏感性分析

单因素的敏感性分析是仅就一个因素发生变动时对项目经济评价指标的影响进行分析，只适用于分析最敏感的因素，它忽略了各不确定因素之间相互作用的可能性。实际上，不确定因素往往是同时变化的，因此，在这种情况下有必要进行多因素敏感性分析。多因素敏感性分析计算比单因素敏感性分析要复杂得多。单因素敏感性分析得到的是一条敏感性曲线，若分析两个不确定因素同时变化的敏感性，则可以得到敏感性分析曲面。如果需要分析的不确定因素超过三个，则是三维敏感性分析体。下面结合实例仅进行双因素敏感性分析。

【例 4-21】 某企业为研究一项投资方案，提供了以下参数，其数据资料见表 4-18。假定最关键的不确定因素是投资和年收入，试用净现值指标进行双因素的敏感性分析。

表 4-18　方案的现金流量表　　元

项目	投资	寿命	残值	年收入	年支出	基准收益率
参数值	10 000	5 年	2 000	5 000	2 200	8%

解：设 x 表示初始投资变化的百分数，y 表示年收入变化的百分数，则净现值 NPV 与投资变化 x、年收入变化 y 的函数关系式为

$$NPV=-10\,000(1+x)+[5\,000(1+y)-2\,200](P/A,\ 8\%,\ 5)+2\,000(P/F,\ 8\%,\ 5)$$

令 $NPV=0$，则有

$$y=-0.1273+0.5009x$$

当 $NPV>0$，即 $y>-0.1273+0.5009x$ 时，该投资方案便可以盈利8%以上。

如图4-22所示，x 与 y 的任一组合均代表初始投资和年销售收入变化的某个可能状态。直线 $y=-0.1273+0.5009x$ 是一条临界线，在临界线上 $NPV=0$。在此临界线左上方的区域，$NPV>0$；在此临界线右下方的区域，$NPV<0$。当初始投资和年销售收入同时变动时，若变动量所对应的点落到 $NPV<0$ 的区域，方案则变为不可行。

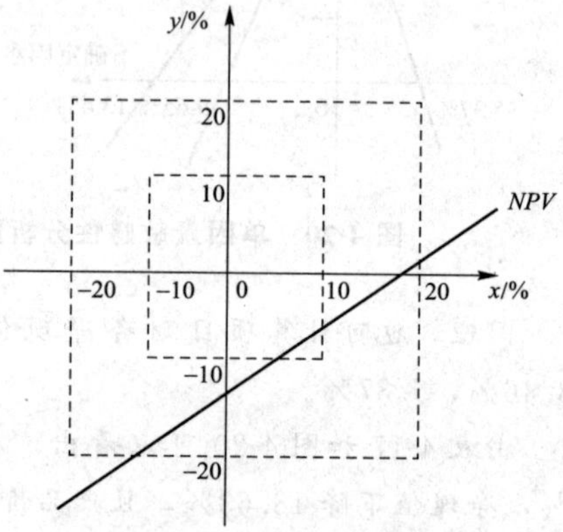

图 4-22　双因素敏感分析图

敏感性分析有助于找出影响项目经济效果的敏感因素及其影响程度，便于决策者全面了解投资方案可能出现的经济效果变动情况，从而设法采取措施减少不利因素的影响，以利于提高项目的经济效果。然而，敏感性分析是建立在各个不确定因素发生变动可能性相同的前提下进行的，它忽略了这种变动是否发生和可能发生的程度有多大，如两个同样敏感的因素向不同方向变动的概率，若一个可能性很大，而另一个很小。显然，前一个因素会给项目带来很大的影响，而后一个虽也很敏感，但它变化的可能性很小，对项目的影响自然也很小。敏感性分析无法区别这两个因素对项目带来的风险程度，这就要靠概率分析来完成。

4.7　综合评价法

4.7.1　多指标权重评分法

1. 多指标法

多指标法就是使用多个指标构成的指标体系，对拟评技术方案按指标体系逐项进行分析，评出各个方案在各项指标上的得分，并综合比较、判断。这种方法简单、易于操作，关键是要有一个可用作评判的结构合理的指标体系，以及各具体指标优劣的量化界限。通常评判指标体系由功能实用性指标(功能)、造价指标(财力)、物化劳动消耗指标(物力)、活劳动消耗指标(人力)、工期指标(时间)等组成。对于不同类型的具体技术方案等的评价，都是在这几方面再建立不同的评价指标。为了使指标体系构造合理，系统分明，可以分为一级指标和二级指标。一级指标为技术经济效果的控制性指标，二级指标为特征表述性指标，是根据一级指标的技术经济内容产生的。表4-19列出了某市住宅建筑工程评价指标体系。

在表4-19中，建筑功能效果的一级指标由平面及空间布置、平面指标、物理性能、厨卫、安全性和建筑艺术六大项组成；社会劳动消耗的一级指标由主要指标和辅助指标两大项组成。在对建筑设计方案进行评价时，可只取主要指标中的造价一项参与评价，即仅对设计方案评价时，取序号1～25项二级指标；对建筑工程(包括设计与施工)进行评价时，取全部34项二级指标。

表 4-19　某市住宅建筑工程评价指标体系

序号	指标类型	一级指标	二级指标	二级标准分	一级权重
1	建筑功能效果指标	平面及空间布置	平均每套卧室、起居室数	21	0.3
2			平均每套良好朝向卧室起居室面积	17	
3			平面、空间布置合理程度	21	
4			家居布置适宜程度	11	
5			储藏设施	8	
6			楼梯走道	7	
7			阳台布置	8	
8			公共设施	7	
9		平面指标	平均每套建筑面积与标准面积之差	42	0.2
10			使用面积系数 K	36	
11			平均每套面积	22	
12		物理性能	采光	29	0.15
13			通风	31	
14			隔热(保温)	22	
15			隔声	18	
16		厨卫	厨房	56	0.15
17			卫生间	44	
18		安全性	安全措施	22	0.10
19			结构安全	34	
20			耐用年限	26	
21			防水措施	18	
22		建筑艺术	室内效果	36	0.10
23			外观效果	30	
24			环境效果	34	
25	社会劳动消耗指标	主要指标	造价	53	0.70
26			工期	26	
27			房屋经常使用费	21	
28		辅助指标	木材	15	0.30
29			水泥	18	
30			钢材	20	
31			黏土砖	17	
32			生产能耗	12	
33			一次投资	10	
34			劳动力能耗	8	

多指标评价中，由于指标众多，各指标的量化过程较为烦琐，而将各方案的众多指标逐一比较则更不易。如果一个方案的全部指标都优于其他方案，则评价结果显而易见。但实际往往是各方案的指标各有优劣，对应的经济效果和影响不等，想从中选取满意的方案就比较困难，这在很大程度上取决于决策者的偏好和意愿，也就是说很容易带有主观随意性。这时往往需要根据各方案各项指标的优劣进行综合，得到单一量化指标值并进行比较择优，这就是下面要介绍的综合单指标评分法。

2. 综合单指标评分法

在上述多指标体系中可以看出，不同指标的性质不相同，其计量单位缺乏公度性，如采光与造价、钢材与木材等，不好相互衡量和比较。为了使不同度量单位的指标统一定量化，最基本的方法是综合单指标评分法。

综合单指标评分法的步骤如下。

(1)评分人员先对二级指标打分(一般为百分制)。

(2)赋予一级指标相应的权重。

(3)采用某种计算方法得出每个方案的综合单指标评分值进行评优。

计算综合单指标评分值的方法有以下几种。

(1)加法综合法。加法综合法的计算公式为

$$P_{\mathrm{I}} = \sum_{i=1}^{n} \omega_i P_i \tag{4-32}$$

式中 P_{I}——加法综合单指标评分值，大者为优；

ω_i——第 i 项指标的权重值；

P_i——第 i 项指标的得分；

n——评价指标数目。

例如，在表 4-19 中先对社会劳动消耗指标中的主要指标打分，即造价、工期、房屋经常使用费分别为 53、26、21，再赋予其权重 0.7，可用加法综合法得到其评分值：

$$P_{\mathrm{I}} = (53+26+21)\times 0.7 = 70$$

其余以此类推。

(2)乘法综合法。乘法综合法计算公式为

$$P_{\mathrm{II}} = \prod_{i=1}^{n} \omega_i P_i \tag{4-33}$$

式中 P_{II}——乘法综合单指标评分值。

与加法综合法相比，乘法综合法对指标得分及权重的差异反应敏感。一般情况下，乘法综合法对于各项指标得分较均衡的方案易于得优，对于各项指标有的得分很高，有的得分很低的方案则难以择优。

(3)除法综合法。在多指标中，有些指标要求越大越好，如反映使用价值的指标；有些指标则要求越小越好，如反映劳动消耗、材料消耗的指标。采用除法综合法可直接进行计算评价。其计算公式为

$$P_{\mathrm{III}} = \frac{\sum_{i=1}^{m} \omega_i P_i}{\sum_{i=1}^{n} \omega_j P_j} \tag{4-34}$$

式中 P_{III}——除法综合法单指标评分值，大者为优；

ω_i，P_i——分别表示要求越大越好的指标权重和得分；

ω_j，P_j——分别表示要求越小越好的指标权重和得分；

m，n——分别表示要求越大越好和要求越小越好的指标的数目。

(4)最小二乘法。这种方法是先对每个指标设定一个理想值，然后按下式计算综合指标评分值：

$$P_{\mathrm{IV}} = \sqrt{\sum_{i=1}^{n} \omega_i \left(\frac{A_i - A_{io}}{A_{io}}\right)} \tag{4-35}$$

式中　P_{IV}——最小二乘法综合单指标评分值，小者为优；

A_{io}——第 i 项指标的理想值；

A_i——第 i 项指标的实际值。

最小二乘法既反映了指标的重要程度，又反映了实际值与理想值之间的差距，用来进行方案的综合评价是比较精确的，但此法要求各自的目标需预先确定理想值。

3. 权重值的确定

每个指标在具体评价中的权重值对评价结果影响很大，因此，必须正确选择衡量系统中各项指标相对重要性的方法，以便确定它们的相对权重。权重值确定的方法有许多，下面介绍简便易行、适应性广且比较合理的 04 评分法。

04 评分法，即将所有指标一对一地进行比较，非常重要的一方给 4 分，另一方给 0 分；比较重要的给 3 分，另一方给 1 分；双方同样重要，各给 2 分。以上每种情况都是双方共得 4 分，然后以每一指标的评分值占所有指标评分值总和的百分比确定其权重。

如系统中有 A、B、C、D、E 五个指标，用 04 评分法确定相对权重，结果见表 4-20。

表 4-20　04 评分法确定相对权重

指标	一对一比较结果					评分值	权重值
	A	B	C	D	E		
A	—	1	2	2	3	8	0.200
B	3	—	3	3	4	13	0.325
C	2	1	—	2	3	8	0.200
D	2	1	2	—	3	8	0.200
E	1	0	1	1	—	3	0.015
合计						40	1

4.7.2　层次分析法

1. 层次分析法简介

层次分析(Analytic Hierarchy Process，AHP)法，又称多层次权重解析方法，是美国运筹学家萨蒂(T. L. Saaty)教授于 20 世纪 70 年代初期提出的一种简便、灵活而又实用的定性与定量分析相结合的多准则决策方法，把数学处理与人的经验和主观判断相结合，能够有效地分析目标准则体系层次间的非序列关系，有效综合测度评价决策者的判断和比较。由于它具有系统、简洁、实用等特点，在城市规划、招标评标、经济管理等许多领域得到广泛的应用。

2. 层次分析法的分析思路

采用层次分析法对系统进行分析的思路如下。

(1)首先把问题层次化，即根据问题的性质和要达到的总目标，将问题分解为不同的基本组成因素，并按照因素之间的关联性及隶属关系将因素按不同层次聚集组合，形成一个多层次的分析结构模型，由高层次到低层次分别包括目标层、准则层、指标层、方案层、措施层等。这样，将系统分析归结为最低层(供决策的方案、措施等)相对于最高层(总目标)的综合相对重要性系数的确定，即相对优劣次序的排序问题。

如某资源开发利用方案的优选评价问题的层次结构如图 4-23 所示。模型分为四层，第一层为目标层 A，即选择最优的方案；第二层为准则层，以经济性 B_1、技术性 B_2、可持续性 B_3、

风险性 B_4 四个准则作为决策准则；第三层为指标层，有工程总投资 C_{11}、产品总成本 C_{12}、产品总利税 C_{13}、投入产出比 C_{14}、工程难易程度 C_{21}、生产协调性 C_{22}、环境影响程度 C_{31}、资源有效利用程度 C_{32}、资源量可靠性 C_{41}、生产安全性 C_{42}、资源质量可靠性 C_{43} 共 11 项指标；第四层为方案层，有 4 个方案：A_1、A_2、A_3、A_4。

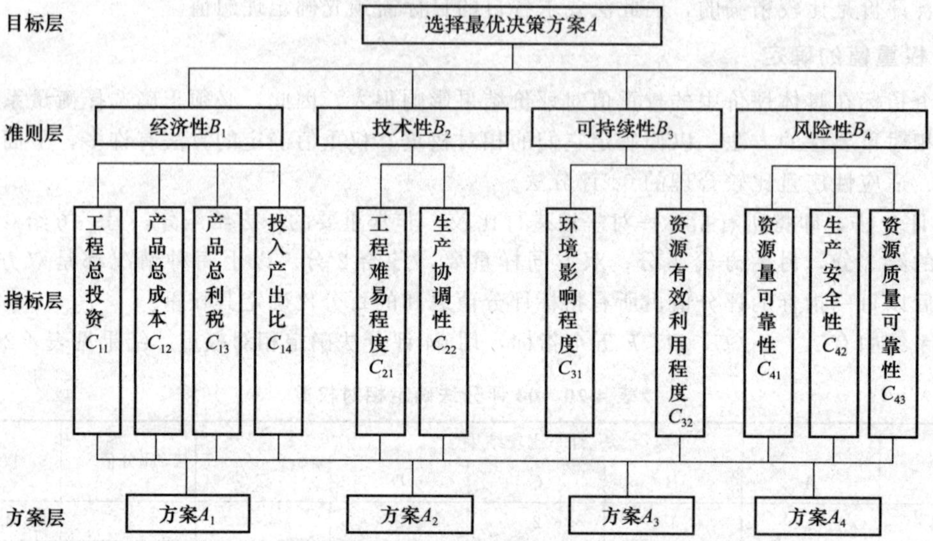

图 4-23　方案优选层次结构图

(2)分析每一层次的因素相对于上一层次某因素的单排序情况。通过对一系列成对因素的量化判断比较，并写成矩阵形式，即构成判断矩阵。通过计算判断矩阵的最大特征根及其对应的特征向量，得到每一层的各个因素相对于上一层某因素的相对重要性系数。

(3)计算层次总排序系数。依次由上而下计算方案层相对于目标层的重要性系数或相对优劣次序的排序值，其方法是用下一层各个因素的相对重要性系数与上一层次因素本身的重要性系数进行加权综合。实际计算中可以用表格形式分步计算，即首先计算指标层相对总目标层的相对重要性系数(权重系数)，其次计算方案层相对指标层的相对重要性系数，最后综合计算方案层相对于最高层的相对重要性系数(相对优劣次序的排序值)。

(4)根据各个方案、措施相对于总目标的优劣排序，可以进行问题分析、方案选择、资源分配等评价决策工作。

3. 层次分析法的特点

人们在进行社会的、经济的及科学管理领域问题的系统分析时，面临的常常是一个由相互关联、相互制约的众多因素构成的复杂系统。层次分析法为分析这类复杂的社会、经济及科学管理领域中的问题提供了一种新的、简洁的、实用的决策方法。层次分析法具有如下特点。

(1)*AHP* 法从本质上说是一种思维方式。它是一个将思维数学化的过程，把复杂问题分解成各个组成因素，又将这些因素按支配关系分组形成递阶层次结构，通过两两比较的方式确定层次中诸因素的相对重要性，然后综合决策者的判断，确定决策方案相对重要性的总排序。整个过程体现了人的决策思维的基本特征，即分解、判断与综合。

(2)决策者利用判断矩阵，能较好地衡量相互关联的事物之间的优劣关系，可以简化系统分析和计算，也有助于决策者保持其思维过程的一致性。直接使用 *AHP* 法进行决策，方法简便，易于接受。

(3)判断矩阵所需的尺度设定便于决策者使用，它改变了评价决策者与决策分析者之间难于沟通的状态，极大地提高了决策的有效性、可靠性和可行性。应用 *AHP* 法所需信息量较少，但要求分析者对问题的本质、结构，包含的因素及内在的关系分析清楚。

4. 层次分析法计算的原理及过程

(1)层次分析法的结构模型。应用层次分析法分析社会的、经济的及科学管理领域的问题，首先要把问题条理化、层次化，构造出一个层次分析结构的模型。这个模型就是层次分析法的分析模型。

(2)判断矩阵。任何系统分析都以一定的信息为基础，层次分析法的信息基础主要是人们对于每一层次中各因素相对重要性给出定性的判断。通过引入合适的标度用数值将这些定性判断定量描述，得到的判断矩阵是进一步分析的基础。

①判断矩阵的形式和含义。判断矩阵表示针对上一层次的某因素，本层次与之有关的因素之间相对重要性的比较。假定 A 层因素中 A_k 与下一层次 B 中的 B_1，B_2，…，B_n 有联系，则将构造的判断矩阵一表格形式表示为：

A_k	B_1	B_2	…	B_n
B_1	δ_{11}	δ_{12}	…	δ_{1n}
B_2	δ_{21}	δ_{22}	…	δ_{2n}
⋮	⋮	⋮	…	⋮
B_n	δ_{n1}	δ_{n2}	…	δ_{nn}

判断矩阵也可以表示为：

$$\mathbf{A}=(\delta_{ij})_{m\times n}=\begin{bmatrix}\delta_{11} & \delta_{12} & \cdots & \delta_{1n}\\ \delta_{21} & \delta_{22} & \cdots & \delta_{2n}\\ \vdots & \vdots & & \vdots\\ \delta_{n1} & \delta_{n2} & \cdots & \delta_{nn}\end{bmatrix} \tag{4-36}$$

其中，$\delta_{ij}(i=1, 2, 3, \cdots, n; j=1, 2, 3, \cdots, n)$表示因素 B_i 与 B_j 相对 A_k 的重要性度值。

在判断矩阵 **A** 中，其元素满足以下关系：

$$\delta_{ij}>0(i=1, 2, 3, \cdots, n; j=1, 2, 3, \cdots, n) \tag{4-37}$$

$$\delta_{ij}=1(i=1, 2, 3; j=1, 2, 3, \cdots, n) \tag{4-38}$$

$$\delta_{ij}=1/\delta_{ji} \tag{4-39}$$

②判断矩阵的标度及其含义。在层次分析法中，一系列成对因素的相对重要性的比较是定性的，为了使决策判断定量化。形成上述数值判断矩阵，必须引入合适的标度值对各种相对重要性的关系进行度量。萨蒂引用了1～9标度方法(表4-21)，使定性评价转化为定量的评价。

表4-21 判断矩阵标度及其含义

标度	含义
1	表示两个因素相比，具有同等重要性
3	表示两个因素相比，一个因素比另一个因素稍微重要
5	表示两个因素相比，一个因素比另一个因素明显重要
7	表示两个因素相比，一个因素比另一个因素强烈重要
9	表示两个因素相比，一个因素比另一个因素极端重要
2，4，6，8	介于上述相邻评价准则的中间状态
倒数	指标 B_i 与 B_j 相比得判断 λ_{ij}，则 B_j 与 B_i 比较得判断 $\lambda_{ji}=1/\lambda_{ij}$

选择1～9标度方法是基于下述的一些事实和科学依据确定的。

a. 实际中，当被比较的事物在被考虑的属性方面具有同一个数量级或很接近时，定性的区别才有意义，也才有一定的精度。

b. 在估计事物的区别性时，可以用五种判断很好地表示：相等、较强、强、很强、绝对强。当需要更高精度时，还可以在相邻判断之间作出比较。这样，总共有9个数值，其有连贯性，即其具有较强的应用可操作性。

c. 在同时比较中，7±2个项目为心理学极限。如果取7±2个元素进行逐对比较，它们之间的差别可以用9个数字表示出来。

d. 社会调查也说明，在一般情况下，人们至多需要7个标度点来区分事物之间质的差别或重要性程度的不同。

e. 如果需要用比标度1～9更大的数，可以用层次分析法将因素进一步分解聚类，在比较这些因素之前，先比较这些类，这样就可使所比较的因素间质的差别落在1～9标度范围内。

③判断矩阵的一致性条件。判断矩阵使决策者判断思维数学化。但是，人类的思维具有一致性的特点，即认为因素之间的关系应该具有传递性：若已知因素 X_2 与因素 X_1 的相对重要关系系数 δ_{21}，因素 X_3 与因素 X_2 的相对重要关系系数 δ_{32}，则可以根据 δ_{21} 和 δ_{32} 得到 X_3 与 X_1 的相对重要关系系数 $\delta_{31}=\delta_{21}\delta_{32}$。推广到一般的情况，即为判断矩阵 $\boldsymbol{A}=(\delta_{ij})_{n\times n}$ 一致性条件。

$$\delta_{ij}=\delta_{ik}/\delta_{jk} \text{ 或 } \delta_{ij}\delta_{jk}=\delta_{ik} \tag{4-40}$$

定义 4-1 若判断矩阵 $\boldsymbol{A}=(\delta_{ij})_{n\times n}$ 满足一致性条件 $\delta_{ij}=\delta_{ik}/\delta_{jk}$，或 $\delta_{ij}\delta_{jk}=\delta_{ik}$，则称 $\boldsymbol{A}$ 为一致性矩阵。

设 $\boldsymbol{A}$ 为一致性矩阵，则 $\boldsymbol{A}$ 具有下列性质。

a. 一致性正矩阵是正互反矩阵。

b. $\boldsymbol{A}$ 的转置矩阵 $\boldsymbol{A}^{\mathrm{T}}$ 也是一致性矩阵。

c. $\boldsymbol{A}$ 的每一行均为任意指定一行的正数倍数，并且秩$(\boldsymbol{A})=1$。

d. $\boldsymbol{A}$ 的最大特征值 $\lambda_{\max}=n$；其余特征值均为0。

e. 若 $\boldsymbol{A}$ 的属于 $\lambda_{\max}$ 的特征向量为 $\boldsymbol{W}=(\omega_1, \omega_2, \cdots, \omega_n)^{\mathrm{T}}$，则 $\delta_{ij}=\dfrac{\omega_i}{\omega_j}$，$(i, j=1, 2, \cdots, n)$。

由一致性正矩阵的性质可知，一致性矩阵是正互反矩阵。反之，正互反矩阵不一定是一致性正矩阵。根据主观判断所构造的判断矩阵具有互反性，但由于判断矩阵的确定受到专家知识水平和个人偏好的影响，构造的判断矩阵一般很难满足一致性条件。因此，为保证可信度和准确性，必须进行一致性检验。

④判断矩阵的一致性检验方法。根据矩阵理论，判断矩阵是正反矩阵，有以下定理。

定理 4-1 设正反矩阵 $\boldsymbol{A}=(\delta_{ij})_{n\times n}$，$\lambda_{\max}$ 是 $\boldsymbol{A}$ 的最大特征值，则：

$$\lambda_{\max}\geqslant n$$

定理 4-2 设正反矩阵 $\boldsymbol{A}=(\delta_{ij})_{n\times n}$，$\lambda_1, \lambda_2, \cdots, \lambda_n$ 是 $\boldsymbol{A}$ 的特征值，则：

$$\sum_{\substack{i,j\\ i\neq j}}\lambda_i\lambda_j=0$$

定理 4-3 设正反矩阵 $\boldsymbol{A}=(\delta_{ij})_{n\times n}$，$\boldsymbol{A}$ 是一致性矩阵的充分必要条件是：

$$\lambda_{\max}=n$$

对于判断矩阵而言，理想的判断矩阵应该满足一致性条件式[式(4-40)]，然而由于判断矩阵的元素 δ_{ij} 是成对的因素关于某评价目标的相对重要性程度之比的赋值，这些赋值是由决策者直接提供，或由决策者同分析者对话来确定，或由分析者通过各种技术咨询而获得。由于专家的知识水平和个人偏好的影响，现实的判断矩阵往往很难满足一致性条件，特别是当 n 较大时，更是如此。

由矩阵理论可知，特征值是连续地依赖于 δ_{ij}，根据判断矩阵与其特征值的变化特点，若 n 阶判断矩阵 $\mathbf{A}$ 的最大特征值 $\lambda_{\max}$ 比 n 大得多，矩阵 $\mathbf{A}$ 的不一致性就越严重；若 n 阶判断矩阵 $\mathbf{A}$ 的最大特征值 $\lambda_{\max}$ 和 n 接近，则矩阵 $\mathbf{A}$ 的一致性就越好。当判断矩阵不具有一致性时，相应的判断矩阵的特征值也将发生变化。因此，可以用判断矩阵的特征值的变化来检查判断矩阵的一致性程度。

定义 4-2　衡量矩阵 $\mathbf{A}$ 的不一致程度的数量指标为一致性 $C.I.$ (consistency index)满足：

$$C.I.=\frac{\lambda_{\max}-n}{n-1} \tag{4-41}$$

为了得到一个对不同阶数的判断矩阵均适用的一致性检验的临界值，还必须考虑一致性与矩阵阶数之间的关系。一般地说，判断矩阵的阶数越大，元素之间的关系就越难达到一致性。例如，二阶互反矩阵总是一致性矩阵，构造三阶判断矩阵也容易达到，而对于九阶矩阵需独立给出的两两比较判断的数据为 36 个，这就很难使这 36 个判断达到一致性。因此，需要根据判断矩阵的阶数对一致性指标 $C.I.$ 进行修正。T. L. Saaty 提出用平均随机一致性指标 $R.I.$ (Random Index)修正 $C.I.$ 的方法。

平均一致性指标 $R.I.$ 的计算过程如下。

(1)对于固定的 n 阶矩阵，从 1，2，…，9，1/2，…，1/9 中独立地随机抽取 $n(n-1)/2$ 个值，作为矩阵上三角元素，主对角线元素取为 1，下三角元素取三角对称元素的倒数，得到随机正反矩阵 $\mathbf{A}'$。

(2)计算 $\mathbf{A}'$ 的一致性指标 $R.I.$，$R.I.=\dfrac{\lambda'_{\max}-n}{n-1}$。

(3)重复上述步骤得到足够数量的样本，计算 $R.I.$ 的样本均值，表 4-22 给出了样本容量为 1 000的 $R.I.$ 均值。

表 4-22　平均随机一致性指标 *R.I.*

n	2	3	4	5	6	7	8
$R.I.$	0	0.514 9	0.893 1	1.118 5	1.249 4	1.345 0	1.420 0
n	9	10	11	12	13	14	15
$R.I.$	1.461 6	1.487 4	1.515 6	1.540 5	1.558 3	1.577 9	1.589 4

这里，对于二阶判断矩阵，$R.I.$ 只是形式上的，因为二阶判断矩阵总是具有一致性。当阶数大于 2 时，将判断矩阵的一致性指标 $C.I.$ 与同阶平均随机一致性指标 $R.I.$ 的比值称为随机一致性比率并记为 $C.R.$ (consistency ratio)，即

$$C.R.=\frac{C.I.}{R.I.} \tag{4-42}$$

则判断矩阵的一致性准则为

$$C.R.=\frac{C.I.}{R.I.}<0.10 \tag{4-43}$$

即当 $C.R.<0.10$ 时，则判断矩阵有可接受的不一致性；否则，就认为初步建立的判断矩阵是不能令人满意的，需要重新赋值，仔细修正，直至一致性检验通过为止。

本章小结

1. 投资项目方案经济评价中的评价指标分为静态指标和动态指标。评价方案时以动态评

价指标为主，静态评价指标为辅。

2. 投资项目方案经济分析中，用得较多的是互斥型方案的比较和选择问题。比选方案时应注意首先检验方案的绝对经济效果，在各个别选方案都可行的基础上，进行方案相对效果的检验。

3. 互斥型方案的比选分为寿命期相同和寿命期不同的互斥方案比选，寿命期相同首选净现值(费用现值)方法比选，寿命期不相同首选净年值(费用年值)方法比选。

4. 盈亏平衡分析是研究项目投产后正常生产年份的产量、成本、利润三者之间的平衡关系。通过考察项目的盈亏平衡点，判断建设项目在各种不确定性因素作用下的抗风险能力。

5. 敏感性分析是通过分析、预测各种不确定性因素发生变化时对建设项目经济指标的影响，从中找出对经济指标影响程度较大的因素(敏感因素)。并对其采取相应措施以减小项目的风险性。

思考与练习

1. 某项目净现金流量见表4-23。

表4-23 净现金流量

年份	0	1	2	3	4	5	6
净现金流量/万元	−50	−80	40	60	60	60	60

试计算静态投资回收期、净现值、净年值、内部收益率、净现值率和动态投资回收期($i_c=10\%$)。

2. 某电厂估计年热损失费为520万元，现制订了两种可以减少热损失的方案，方案A可以减少60%热损失，其投资为300万元；方案B可以减少55%的热损失，其投资为250万元。假定基准折现率为8%，热损失的减少为工厂的收益。方案的寿命期均为10年，试分别用净现值法和差额净现值法比较优选方案。

3. 有A、B两个投资方案，其净现金流量见表4-24，试用差额内部收益率法对两个方案进行优选($i_0=10\%$)。

表4-24 净现金流量

万元

方案	0年	1年	2年	3年
A	−10	4	4	5
B	−12	5	5	6

4. 两个互斥的投资方案A、B，净现金流量见表4-25。

表4-25 净现金流量

方案	年末净现金流量/元					*IRR*
	0	1	2	3	4	
A	−1 000	100	350	600	850	23.4%
B	−1 000	1 000	200	200	200	34.5%

已知：$\Delta IRR_{A-B}=13\%$，试问：

(1)基准折现率在什么范围内应选择方案A，在什么范围内应选择方案B?

(2)若B方案寿命期为6年，第五、第六年的净现金流量均为200元，当基准折现率为12%时，进行方案选择。

5. 互斥方案A、B寿命不等，净现金流量见表4-26，试评价优选方案(i_0=10%)。

表 4-26　净现金流量　　万元

方案	0年	1年	2年	3年	4年	5年	6年
A	−100	40	40	40	40	—	—
B	−250	60	60	60	60	60	60

6. 某建设项目中有两个可供选择的节能设备方案Ⅰ和方案Ⅱ，均能满足相同的工作要求，两种方案的寿命期均为6年，其不同点见表4-27。假定基准收益率为15%，试用费用现值法比较两方案的经济效益。

表 4-27　两方案的相关数据　　元

项目	方案Ⅰ	方案Ⅱ
购置费	3 000	4 000
净残值	500	0
年运行费	2 000	1 600

7. 某企业欲购买设备，有两种方案可供选择。甲方案：设备买价为10 000元，寿命期6年，前三年的年运行费用为5 000元，后三年为6 000元，第六年年末的残值为4 000元。乙方案买价为8 000元，寿命期也是6年，前三年的年运行费用为5 500元，后三年的年运行费用为6 500元，第六年年末的残值为3 000元。基准收益率为15%，试分别用费用现值法和费用年值法选择设备。

8. 某企业现有四个互斥投资方案，有关数据见表4-28。

表 4-28　方案数据　　万元

方案	初始投资	年净收益
A	2 000	500
B	3 000	900
C	4 000	1 100
D	5 000	1 380

以上各方案的寿命期均为7年，试讨论以下问题。

(1)当折现率为10%时，资金无限制时，试选择最佳方案。

(2)折现率在什么范围时，B方案在经济上最佳?

(3)假设资金限制在9 000万元，试选择最佳组合方案。

9. 某混凝土预制构件厂生产某种构件，设计年产销量为3万件，每件的售价为300元，单位产品的可变成本120元，单位产品营业税金及附加40元，年固定成本280万元。问：

(1)该厂不亏不盈时的最低年产销量是多少?

(2)达到设计能力时盈利是多少?

(3)年利润为100万元时的年产销量是多少?

10. 某工厂生产一种化工原料，设计生产能力为月产量6 000 t，产品售价为1 300元/吨，每月的固定成本为145万元，单位产品变动成本为930元/吨，试求出：

(1)以月产量、生产能力利用率、销售价格、单位产品变动成本表示的盈亏平衡点。

(2)若产品税率为5%，重复上述计算。

11. 某厂生产一种配件，有两种加工方法可供选择，一种为手工安装，每件成本为1.2元，还需要分摊年设备费用300元；另一种为机械生产，需要投资4 500元购置机械，使用寿命为9年，预计残值为150元，每个配件需要人工费0.5元，维护设备年成本为180元。如果其他费用相同，利率为10%，试进行加工方法决策。

12. 某投资方案的初始投资为1 000万元，寿命期10年中每年销售收入500万元，年经营成本为220万元，固定资产残值率为20%，基准收益率12%。试分析销售收入、投资及经营成本对内部收益率的敏感性。

13. 某工厂计划安装一种设备，据估计每台设备的初始投资为1 000元，该装置安装后可使用10年，每年可节省生产费用300元，设基准折现率为10%，试作如下分析：分别就初始投资和生产费用节省额变动±5%、±10%、±20%及使用年限变动±10%、±20%对该方案的净现值作单因素敏感性分析，画出敏感性分析图，指出敏感因素。

14. 某一新油田开发方案的固定资产投资为25 000万元，平均年销售收入为9 500万元，年经营成本为4 600万元，计算期为10年，固定资产残值回收为1 600万元，财务基准收益率为12%。若同时变动投资和年平均销售收入，那么对项目的经济指标财务净现值的影响程度如何？试进行敏感性分析。

习题答案

第 5 章

价值工程

学习重点

价值工程的概念，对象选择、功能分析与评价、方案创造及方案评价的常用方法。

学习目标

通过本章的学习，使学生了解价值工程信息资料收集的内容、原则，了解方案检查、评价与验收的内容；熟悉价值工程的特点、价值工程工作程序、提高价值的途径、方案评价的评价指标；掌握价值工程概念、功能分析的内容，掌握对象选择、功能评价、方案创造及方案评价的常用方法。

第 5 章　课件

知识结构图

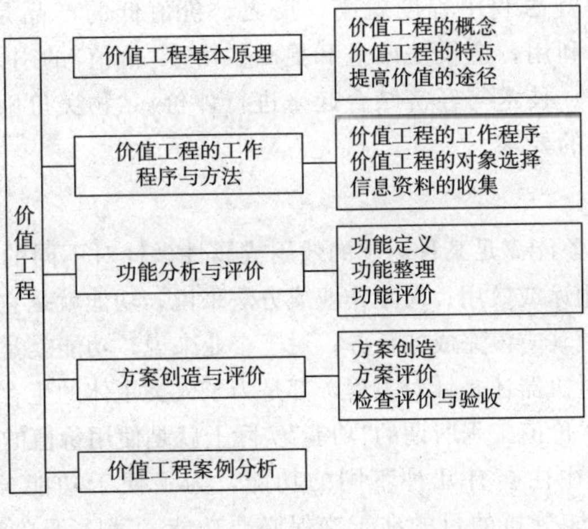

5.1 价值工程基本原理

5.1.1 价值工程的概念

价值工程的概念

价值工程(Value Engineering，VE)又称价值分析(Value Analysis，VA)或价值管理(Value Management，VM)，是指通过各相关领域的协作，对研究对象的功能和费用进行系统分析，持续创新，旨在提高研究对象价值的一种管理思想和管理技术。它起源于20世纪40年代的美国，由美国通用电气公司的设计工程师迈尔斯(L. D. Miles)在1947年首先提出。迈尔斯在实践工作中发现，用一些不太短缺的材料替代短缺材料同样可以获得相同的功能，他由此总结出一套解决采购问题的行之有效的方法。当时称为价值分析。后来，价值分析这种方法推广应用到其他领域(如生产和管理领域)，并逐渐丰富和发展完善，成为目前所称的价值工程。

价值工程开始于材料的采购和代用品的研究，继而扩展到产品的研究和设计、零部件的生产和改进、工具与装备的改进等方面，后来又发展到改进工作方法、作业程序、管理体系等方面。至今，价值工程在经济建设中已发挥了重要的作用。

我国从1978年起开始学习和运用价值工程，已在机械、电子、纺织、冶金、石油、化工等部门取得了明显成效。

价值工程的基本原理涉及三个重要的基本概念，即价值、功能和成本。

1. 价值

价值(Value)是指对象所具有的功能与获得该功能所发生的费用之比。它不是对象的使用价值，也不是对象的交换价值，而是对象的比较价值，即性能价格比。这里的“对象”可以是产品、过程、服务等或它们的组成部分。对产品来说，价值公式可表示为

$$V=\frac{F}{C} \tag{5-1}$$

式中 V——价值；

F——功能；

C——费用或成本。

价值的大小取决于功能和成本。产品的价值高低表明产品合理有效地利用资源的程度。价值高的产品是好产品，其资源利用程度就高；反之，价值低的产品是需要改进或被淘汰的产品，其资源未得到有效的利用，应设法改进和提高。由于“价值”的引入，产生了对产品新的评价形式，即把功能与成本、技术与经济结合起来进行评价。“物美价廉”既是广大消费者的价值观，也是企业和国家利益的要求。

2. 功能

功能(Function)是指对象能满足某种需求的效用或属性。针对不同的对象有不同的含义：对于产品来说，功能就是它的用途或效用；对于作业或方法来说，功能就是它所起的作用或要达到的目的；对于人来说，功能就是其应该完成的任务；对于企业来说，功能就是它应为社会提供的产品和效用。任何功能无论是针对机器还是针对工程，都是为了人类主体的生存和发展服务，最终将体现为相应的使用价值。因此，价值工程所谓的“功能”实际上就是使用价值的产出量。

价值工程的研究对象往往会有几种不同的功能，为了便于功能分析，需要对功能进行分类。但无论怎样分类，功能分析的目的在于确保必要功能，消除不必要的功能。一般有以下几种不同的分类方法。

(1)必要功能和不必要功能。必要功能是为满足使用者的需求而必须具备的功能；不必要功能是对象所具有的与使用者的需求无关的功能。

(2)不足功能与过剩功能。不足功能是指对象尚未满足使用者的需求的必要功能；过剩功能是指对象所具有的超过使用者的需求功能。不足功能和过剩功能具有相对性，同样一件产品对甲消费者而言，可能功能不足，而对乙消费者而言，功能可能过剩了。

(3)基本功能与辅助功能。基本功能是指与对象的主要目的直接有关的功能，是对象存在的主要理由；辅助功能是指为了更好实现基本功能而附加的功能。一般来说，基本功能是必要

的功能，辅助功能有些是必要功能，有些可能是多余的功能。例如，手表的基本功能是显示时间，而防水、防磁、防震是为了更准确地显示时间而附加的辅助功能。

(4)使用功能和美观功能。使用功能是指对象所具有的与技术经济用途直接有关的功能；美观功能是指与使用者的精神感觉、主观意识有关的功能，如对产品的外观美化、装饰、增强质感与品位等。产品的使用功能和美观功能往往兼而合之，但根据用途和消费者的要求不同而有所侧重。例如，地下管廊、建筑基础等主要是使用功能，工艺美术品、装饰品等主要是美观功能。

价值工程是一种定量化分析技术，需要对功能进行定量衡量。衡量功能大小有两种方法：一是用功能指标衡量功能，如产品的规格标准，达到的质量和性能指标等。二是用货币单价衡量功能，若用货币单位衡量便可实现不同产品之间的功能比较和不同零部件功能值的汇总计算，通过功能实现必须支付的最低费用来衡量功能大小。

在实际生活中，产品的功能存在着两种情况：一是具有相同功能的不同产品存在着功能水平的差异。功能水平是指产品功能的实现程度，它由一系列指标表示，如产品规格、性能指标、质量指标、安全指标、能耗指标、寿命指标、外观包装等。二是产品的功能中，存在着功能过剩或功能不足现象。

3. 成本

价值工程中产品成本(Cost)是指产品寿命周期的总成本。任何事物都有其产生、发展和消亡的过程。事物从产生到其结束为止，即为事物的寿命周期。就建筑产品而言，其寿命周期是指从规划、勘察、设计、施工建设、使用、维修，直到报废为止的整个时期。

价值工程中的寿命周期的总成本(或总费用)是从产品(或劳务等)的研究、形成到退出使用这一过程所需的全部成本，一般包括生产费用和使用费用两部分。对于建筑产品而言，其由建设费用和使用费用两部分构成。建设费用是指建筑产品从筹建直到竣工验收为止的全部费用，包括勘察设计费、施工建造费等。使用费用是指用户在使用过程中发生的各种费用，包括维修费用、能源消耗费用、管理费用等。产品寿命周期成本 C 为生产费用 C_1 与使用费用 C_2 之和，即

$$C=C_1+C_2 \tag{5-2}$$

一般情况下，生产费用随产品功能水平的提高而上升，使用费用随产品功能水平的提高而下降，如图 5-1 所示，产品寿命周期费用随产品功能水平变化呈开口向上的抛物线变化。显然，寿命周期费用曲线上存在一个最低点 C_{min}。在这点上，产品达到恰当的功能水平 F_0，而使寿命周期费用最小，是理想状态。一般来说，无论是现实的产品或新设计方案都没有完全达到这种状态。若在 C' 与 C_{min} 之间存在一个成本可以降低的幅度 $A=C'-C_{min}$，而在 F' 与 F_0 之间存在一个功能可以提高或改善的幅度 $B=F_0-F'$，则价值工程的目的就是在于通过价值工程活动，使产品的 C' 趋向于 C_{min}，而且 F' 趋向于 F_0。

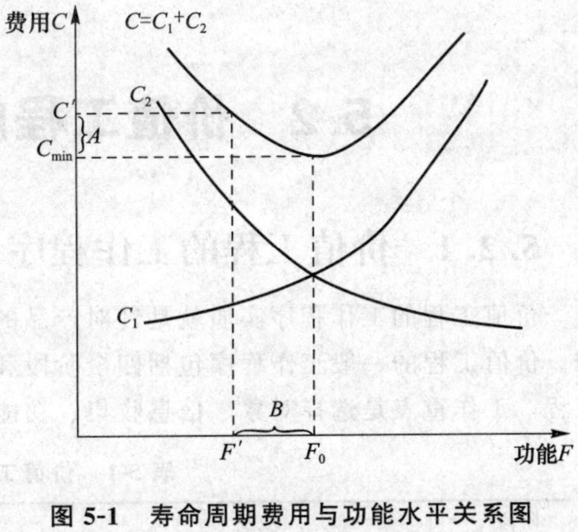

图 5-1　寿命周期费用与功能水平关系图

5.1.2　价值工程的特点

(1)价值工程的目的是以对象的最低寿命周期费用可靠地实现使用者所需功能，以获取最

佳的综合效益。价值工程不是单纯强调提高功能，也不是片面追求降低成本，而是致力于功能与成本的合理结合。

(2)价值工程的核心是功能分析，产品的价值在于满足用户需求的特有功能。价值工程的一个突出观点是“用户需要的是产品的功能，而不是物”。对产品进行分析时，首先要进行功能分析，通过功能分析，明确哪些是必要功能和不足功能，哪些是不必要功能和过剩功能，然后通过改进方案，去掉不必要的功能，削减过剩功能，补充不足功能，实现必要功能，实现产品功能结构合理化，从而降低产品的费用(成本)。

(3)价值工程是一种有组织的创造性活动，具有群众性和广泛性。价值工程是贯穿于产品整个寿命周期的系统方法，从产品研究、设计到原材料的采购、生产制造及销售和维修，都有价值工程的工作可做，而且涉及面广，需要许多部门和各种专业人员相互配合。因此，必须依靠有组织的、集体的努力来完成，必须密切配合、协同努力，发挥集体智慧和创造力，打破原有产品结构的框架，提出更多的改进方案，并按一定的工作程序有组织、有计划地进行活动。开展价值工程活动，要组织设计、工艺、供应、加工、管理、财务、销售以至用户等各方面的人员参加，运用各方面的知识，发挥集体智慧，博采众家之长，从产品生产的全过程来确保功能，降低成本。

(4)价值工程是致力于提高价值的创造性活动。

5.1.3 提高价值的途径

由式 5-1 可知，价值的提高取决于功能和成本(费用)两个因素，因此，提高价值 V 有以下五种途径。

(1)功能 F 提高的同时成本 C 降低。这是提高价值的最理想途径。

(2)在成本 C 不变的前提下，提高功能 F。

(3)在功能 F 不变的前提下，降低成本 C。

(4)成本 C 增加一些，功能 F 有很大的提高。

(5)成本 C 大幅度下降，功能 F 略有降低。

5.2 价值工程的工作程序与方法

5.2.1 价值工程的工作程序

价值工程的工作程序实质就是针对产品的功能和成本提出问题、分析问题和解决问题的过程。价值工程的一般工作程序包括四个阶段和 12 个工作步骤，见表 5-1。价值工程是一项系统工程，工作重点是选择对象、信息收集、功能分析、方案创新和方案评价。

表 5-1 价值工程的一般工作程序

阶段	步骤	工作说明
准备阶段	1. 选择对象	根据客观需要，选择价值工程的对象并明确目标、限制条件和分析范围
	2. 组成价值工程工作小组	根据不同的价值工程对象，确定工作人数，组成工作小组
	3. 制订工作计划	包括具体执行人、执行日期、工作目标

续表

阶段	步骤	工作说明
分析阶段	4. 收集整理信息资料	由工作小组负责收集整理与对象有关的信息资料
	5. 功能系统分析	通过分析信息资料，正确地表述各对象的功能，明确功能特性要求，并绘制功能系统图
	6. 功能评价	求出原有对象的目前成本和目标成本，创造新对象，作为创新、设计的评价依据
创新阶段	7. 方案创新	针对改进的具体目标提出各种不同的新方案
	8. 方案评价	评价所提出的各种方案并从中选择最佳方案
	9. 提案编写	将选出的方案及有关的技术经济资料和预测的效益编写成正式的提案
实施阶段	10. 审批	对提案组织审查，并根据审查结果签署是否实施的意见
	11. 实施与检查	制订实施计划，组织实施，记录全过程的有关数据资料
	12. 成果鉴定	根据提案实施后的技术经济效果，进行成果鉴定

价值工程的应用范围是比较广泛的，可分为两方面：一方面用于改进具体的物品，如改进某种产品、零部件、材料等，包括设计工作；另一方面用于改进工作方法，如改进一个工程、作业、工序、管理方法、工作程序，即属于软科学一类的对象。

价值工程活动形式不尽相同，在实际应用中，可以参照上述工作程序，根据对象的具体情况，应用价值工程的基本原理和方法确定具体的实施措施和方法步骤，但功能分析与评价、方案创造是不可缺少的。

5.2.2　价值工程的对象选择

价值工程的对象选择过程就是收缩研究范围、明确分析研究目标、确定主攻方向的过程。

1. 价值工程对象选择的一般原则

选择价值工程的对象是关系到价值工程总活动量大小的关键步骤，也是决定价值工程活动效率大小的第一步，因此必须慎重对待。根据企业、市场的需要，凡是生产经营上有改进的迫切性和必要性，在提高功能和降低成本方面有较大潜力的产品或部件，都可作为选择的对象。具体选择的一般原则见表 5-2。

表 5-2　价值工程对象选择的原则

角度	选择进行改进的产品	优化的结果
设计方面	产品结构复杂、性能和技术指标差距大、体积大、质量大的产品	产品结构、性能、技术水平得到优化
生产方面	量多面广、关键部件、工艺复杂、原材料消耗高和废品率高的产品或零部件，特别是数量多、产值比重大的产品	成本下降
市场营销方面	用户意见多、系统配套差、维修能力低、竞争力差、利润率低、生命周期较长、市场上畅销但竞争激烈的新产品、新工艺	赢得消费者的认同、占领更大的市场份额
成本方面	成本高于同类产品、成本比重大的产品	以最低的寿命周期成本可靠地实现必要功能

就建筑产品而言，种类繁多、质量、成本、施工工艺和方法各不相同，建设过程中要经历评估立项、设计、招标、竣工验收等各个阶段，涉及勘察设计、施工建造、物资供应等多方面，受到人、财、物、施工技术水平和管理水平等系列因素的综合影响。因此，不可能把构成产品或服务的所有零部件和环节作为价值工程的改善对象，为了节省资金，提高效率，只能精选其中一部分来实施价值工程。一般情况下，对于结构复杂、体积大、用料多、施工重复劳动量较大的分部、分项工程；需由多个组成部分共同实现的功能领域；设计上容易出现问题或估计施工、运行管理中易出问题的项目；施工工艺复杂，结合面复杂的工序等都可以作为价值工程的对象。

2. 价值工程对象选择的一般方法

选择价值工程对象的方法很多，包括定性分析和定量分析两类。下面着重介绍几种常用的方法。

价值工程对象选择

(1)经验分析法。经验分析法也称因素分析法。该方法作为一种简单易行的定性方法，目前使用较为普遍。经验分析法是价值工程人员依据经验对各种影响因素进行综合分析，区分主次轻重，充分考虑事物的必要性和可能性，从而尽可能准确地选择出价值工程改善对象的方法。经验分析法的优点是简便易行，考虑问题比较全面，并且不需要对有关人员进行特殊培训。其缺点是缺乏定量依据，不够精确可靠，并且对价值工程人员的业务能力、经验等有较高要求。因此，只有在目标单一、产品不多或问题比较简单的情况下使用该方法，其在准确性和节约时间方面才具有显著优越性，实际应用中也常将该方法与其他方法结合起来使用。

(2)ABC分析法。ABC分析法也称成本比重分析法、重点法或帕累托(Pareto)分配律法，是根据“关键的少数，次要的多数”的思想，对复杂事物的分析提供一种抓主要矛盾的简明有效的定量方法。该方法是意大利经济学家帕累托通过对经济社会财富分布情况的分析总结出来的，后来被扩展运用到其他领域。

ABC分析法属于主次分类法。它根据研究对象对某项技术经济指标的影响程度和研究对象数量的比例大小两个因素，把所有的研究对象划分成A、B、C三类，通过这种划分，明确关键的少数，准确地选择价值工程改善对象。这是在建筑业中进行对象选择时经常采用的方法。用这种方法进行对象选择是将产品成本构成进行逐项统计，即将每一种建筑构配件占产品成本的多少从高到低地排列出来，分成A、B、C三类，找出少数构配件占多数成本的构配件项目，作为价值工程的重点分析对象。

建筑工程ABC分析法的主要步骤如下。

第一步：收集相关数据，绘制ABC分析表。

①将全部产品或一种产品的零部件按其成本由大到小依次排序。

②按排序的累计件数计算占总产品或零部件总数的百分比。

③按排序的累计成本计算所占总成本的百分比。

④按ABC分析法将全部产品或零部件分为A、B、C三类。首选A类作为价值工程分析对象。

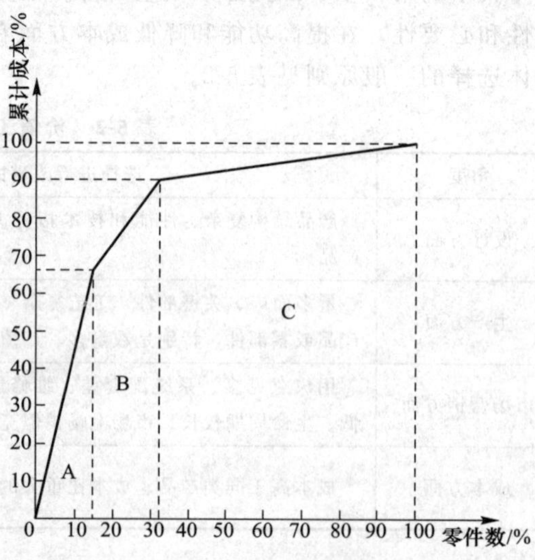

图 5-2　ABC 分析图

第二步：绘制ABC分析图(图5-2)。采用直角坐标系，纵轴为成本累计比率(%)，横轴为观测对象累计比率(%)，根据以下分类方法定出 A、B、C 三类的范围。

一般来说，构配件数量占总数的 10%左右，而成本却占总成本 70%的构配件为 A 类；构配件数量占总数的 20%左右，而成本占总成本 20%左右的构配件为 B 类；构配件数量占总数的 70%左右，而成本只占总成本 10%左右的构配件为 C 类。应选择 A 类构配件作为价值工程活动的重点分析对象，B 类只作一般分析，C 类可以不加分析。

【例 5-1】 某建筑产品由 10 种构配件组成，各种构配件的个数和每个构配件的成本见表 5-3，试用 ABC 分析法选择价值工程对象。

表 5-3　构配件成本统计表

构配件名称	a	b	c	d	e	f	g	h	i	j
构配件个数	1	1	2	2	2	1	1	3	3	9
成本/(万元/个)	3.61	0.43	1.03	0.90	0.80	4.42	0.37	0.05	0.12	0.01

解： 绘制 ABC 分析表，见表 5-4。

表 5-4　ABC 分析表

构配件名称	件数	累计		成本/万元	累计		分类
		件数	占零件总数/%		金额/万元	占总成本/%	
f	1	1	4	4.42	4.42	29.68	A
a	1	2	8	3.61	8.03	53.93	A
c	2	4	16	2.06	10.09	67.76	A
d	2	6	24	1.80	11.89	79.85	B
e	2	8	32	1.60	13.49	90.60	B
b	1	9	36	0.43	13.92	93.49	C
g	1	10	40	0.37	14.29	95.97	C
i	3	13	52	0.36	14.65	98.39	C
h	3	16	64	0.15	14.80	99.40	C
j	9	25	100	0.09	14.89	100	C
合　计	25			14.89			

绘制 ABC 分析图，如图 5-2 所示。

(3)百分比分析法。百分比分析法是通过分析各产品的两个或两个以上技术经济指标所占的百分比，来发现问题选择对象。例如，某企业生产四种产品，它们的成本和利润的百分比及相应的综合比率(利润百分比与成本百分比的比值)见表 5-5。

表 5-5　成本和利润的百分比及综合比率表

产品名称	成本/万元	占全部成本/%	利润	占全部利润/%	利润/成本/%	综合比率排序
A	330	0.680 4	60	0.740 7	1.088 6	3
B	45	0.092 8	9	0.111 1	1.197 2	2
C	20	0.041 2	5	0.061 7	1.497 6	1

续表

产品名称	成本/万元	占全部成本/%	利润	占全部利润/%	利润/成本/%	综合比率排序
D	90	0.185 6	7	0.086 4	0.465 5	4
$\sum$	485	1.0	81	1.0	—	—

由表 5-5 可知，产品 D 的成本占全部成本的 18.56%，而利润占全部利润的 8.64%，综合比率排序最低，故可以选择产品 D 作为价值工程的重点对象。

5.2.3 信息资料的收集

当价值工程活动的对象选定以后，就要进一步开展信息资料收集工作，这是价值工程不可缺少的重要环节。通过信息资料收集，可以得到价值工程活动的依据、标准和对比的对象；通过对比又可以受到启发，打开思路，发现问题，找到差距，以明确解决问题的方向、方针和方法。

1. 信息资料收集的内容

不同价值工程对象所需收集的信息资料内容不尽相同。价值工程所需的信息资料，视具体情况而定，一般包含以下几个方面的内容。

(1)用户及市场信息。收集用户及市场方面的信息资料是为了充分理解用户对对象产品的期待、要求。例如，用户对产品规格、使用环境、使用条件、耐用寿命、价格、可靠性、服务、操作及美观等方面的要求，以及产品市场行情、市场占有率等。

(2)技术信息。收集技术信息方面的信息资料是为了明白如何进行产品的设计改进才能更好地满足用户的要求，如何根据用户的要求进行设计和改进。例如，科技进步方面的有关科研成果、技术发明、专利，新材料、新结构、新工艺、新技术，国内外同类产品的发展趋势和技术资料，标准化要求及发展动态等。

(3)经济信息。经济信息中，成本是计算价值所必需的依据，是功能成本分析的主要内容。实际产品中，往往由于设计、施工、运营等方面的原因，其成本存在着较大的改善潜力。在广泛占有经济资料(主要是成本资料)的基础上，通过实际成本与标准成本的比较及不同企业间的比较，可以揭露矛盾，分析差距，降低成本，提高产品价值，这方面的信息资料是必不可少的。

(4)本企业资料。掌握本企业资料是为了明白价值工程活动的客观制约条件，使创造出的方案既先进又切实可行。这方面资料包括企业设计研究能力，施工生产能力，质量保证能力，采购、供应、运输能力，筹措资金的能力等。

(5)相关政策、法律信息。了解相关政策、法律方面的信息是为了使企业的生产经营活动，包括开展价值工程活动与国民经济的发展方向协调一致。这方面资料包括政府和社会有关部门颁布的相关法律、法规、条例，尤其是经济类的法律、法规及政策。

2. 信息资料收集的原则

(1)目的性。目的性就是以实现价值工程为特定目标，将与其有关的信息资料尽量收集齐全。

(2)计划性。计划性就是在收集信息资料前预先编制计划，使工作具有明确的范围和内容，以便提高工作效率。

(3)可靠性。可靠性就是对信息资料的真伪加以判断，做到去伪存真。

(4)适时性。适时性就是收集资料时要收集近期的、较新的信息，保证所需的信息资料有价值，适应决策的需要。

此外，对取得的情报资料进行加工、分类，最后使其成为系统信息，通过加工剔除无效的资料，使用有效的资料，以利于价值工程活动的分析研究。

3. 信息资料收集的方法

收集信息资料主要有询问法、查阅法、观察法、购买法、试销试用法等。

5.3　功能分析与评价

功能分析是价值工程活动的核心和基本内容。它通过分析信息资料，正确地表达各对象的功能，明确功能特性要求，并绘制功能系统图，从而辨别产品各功能之间的关系，以便于去掉不合理的功能，调整功能间的比重，使产品的功能结构更合理。在此基础上，再依据掌握的用户的功能要求，对功能进行定量评价，以确定提高价值的重点改进对象。功能分析包括功能定义、功能整理和功能评价等内容。

功能分析

5.3.1　功能定义

功能定义就是用简明准确的语言来表达功能的本质内容。功能定义在实践中常用一个动词和名词宾语把功能简明扼要地定义出来，主语是被定义的对象。例如，基础的功能定义是“承受荷载”，内墙的功能定义为“分隔空间”等。

5.3.2　功能整理

一件产品通常由许多零部件组成，各个零部件各有其功能，这些功能组成一个体系。功能整理就是对定义出的功能进行系统的分析、整理，分清功能类别，建立功能之间的联系并绘出反映功能关系的系统图。

1. 功能分类

为了按类型进行功能分析，需要对功能进行分类(表 5-6)。

表 5-6　功能分类表

序号	分类角度	分类	含义
1	功能的重要程度	基本功能	要达到这种产品的目的所必不可少的功能，是产品的主要功能
		辅助功能	为了更有效地实现基本功能而添加的功能，是次要功能
2	功能的性质	使用功能	从功能的内涵上反映其使用属性
		美学功能	从产品外观反映功能的艺术属性
3	用户的需求	必要功能	用户所要求的功能及与实现用户所需求功能有关的功能，使用功能、美学功能、基本功能、辅助功能等均为必要功能
		不必要功能	不符合用户要求的功能，包括多余功能、重复功能和过剩功能三类

续表

序号	分类角度	分类	含义
4	功能的量化标准	过剩功能	某些功能虽属必要，但满足需要有余，在数量上超过了用户要求或标准功能水平
		不足功能	不足功能是相对过剩功能而言的，表现为产品整体功能或零部件功能水平在数量上低于标准功能水平，不能完全满足用户需要

2. 功能整理的方法

功能整理的方法一般采用由美国兰德公司的查尔斯·拜泽威(Charles Bytheway)提出的功能分析系统技术(Function Analysis System Technique，FAST)，其主要步骤如下。

(1)明确产品的基本功能和辅助功能。依据用户对产品的功能需求，找出基本功能，并把其中最基本的排出来，即最上位功能。基本功能一般总是上位功能，它通常可以通过回答如下几个问题来判别。

①取消了这个功能，产品本身是不是就没有存在的必要了？

②对于功能的主要目的而言，它的作用是否必不可少？

③这个功能改变之后，是否要引起其他一连串的工艺和构配件的改变？

如果回答是肯定的，这个功能就是基本功能。基本功能之外的为辅助功能。

(2)明确功能之间的关系(上下位或并列关系)。在一个系统中，功能的上下位关系，就是指功能之间的从属关系，上位功能是目的，下位功能是手段。例如，平屋顶功能中的“遮盖室内空间”和“防水”的关系就是上下位功能的关系。“遮盖室内空间”是上位功能，是目的，而“防水”是为了能够“遮盖室内空间”，所以“防水”是手段，是下位功能。需要指出的是，目的和手段是相对的，一个功能，对它的上位功能来说是手段，对它的下位功能来说又是目的。

功能的并列关系是指两个功能互不从属，但却同属于一个上位功能的关系。例如，平屋顶为了遮盖室内空间，有三条遮盖途径，即遮蔽顶部、防水和保温隔热。很显然，这三个功能相对于“遮盖室内空间”来讲属于下位功能，而这三个功能之间属于并列关系。

(3)绘制功能系统图。所谓功能系统图，就是产品应有的功能结构图。在图中，上位功能在左，下位功能在右，并列关系功能并排、依次排列，通过“目的-手段”关系把功能之间的关系系统化，整个图形呈树形由左向右扩展、延伸。功能系统图的一般形式如图 5-3 所示。

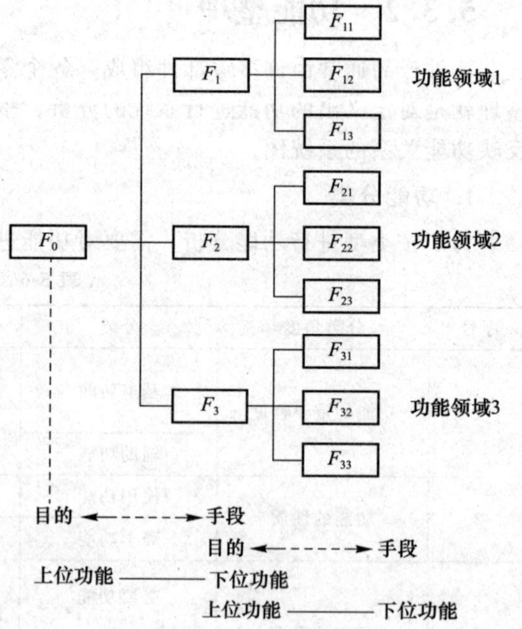

图 5-3　功能系统图

在功能系统图中，各功能从左向右排列形成功能等级层次。F_0 为对象的一级功能；处于并列关系的 F_1、F_2、F_3 是对象二级功能；处于并列关系的 F_{11}、F_{12}、F_{13}、F_{21}、…、F_{33} 则是对象三级功能。F_1、F_2、F_3 称为 F_0 的下级(手段)功能，F_0 是 F_1、F_2、F_3 上级(目的)功能；同理，F_{11}、F_{12}、F_{13} 称为 F_1 的下级(手段)功能，而 F_1 则称为 F_{11}、F_{12}、F_{13} 的上级(目的)功

能。这意味实现 F_1 这项功能是以实现 F_{11}、F_{12}、F_{13} 为先决条件的；同理，只有实现了 F_1、F_2、F_3 这些下级(手段)功能，才能实现 F_0 这个上级(目的)功能。

以平屋顶为例，在功能定义的基础上，通过功能分类和功能整理，得到其功能系统图如图 5-4 所示。

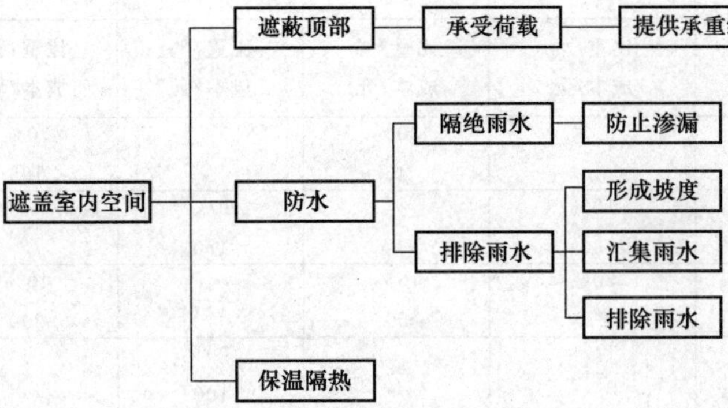

图 5-4　平屋顶功能系统图

5.3.3　功能评价

功能成本法

1. 功能评价的概念

功能评价是在功能分析的基础上，应用一定的科学方法，进一步求出实现某种功能的最低成本(或称目标成本)，并以此作为功能评价的基准(也称功能评价值)，通过与实现该功能的现实成本(或称目前成本)相比较，求得两者的比值即功能价值；两者差值为成本改善期望值，也就是成本降低幅度。其计算公式为

$$V_i = \frac{FC_i}{C_{0i}} \tag{5-3}$$

式中　V_i——评价对象 i 的功能价值；

FC_i——评价对象 i 实现功能的最低成本，也称为目标成本或功能评价值；

C_{0i}——评价对象 i 的现状成本，也称为实际成本或目前成本。

2. 功能评价的方法

功能评价的主要步骤为：确定功能的现状成本或成本系数；确定功能评价值或功能重要性系数；确定功能价值或功能价值系数；计算成本改善期望值；根据对象价值的高低及成本降低幅度的大小，确定改进的重点或优先次序。

(1)计算功能现状成本(C_0)。当一个构配件只实现一项功能，且这项功能只由这个构配件实现时，构配件的成本就是功能的现状成本。

当一项功能由多个构配件实现，且这些构配件只为实现这项功能服务时，这些构配件的成本之和就是该功能的现状成本；当一个构配件实现多项功能，且这些功能只由这个构配件实现时，则按该构配件实现各功能所起作用的比重将该构配件的成本分配到各项功能上去，即为各功能的现状成本；当多个构配件交叉实现多项功能，且这些功能只由这些构配件交叉地实现，计算各功能的现状成本时应根据收集的产品各构配件的成本数据，将构配件的成本按一定的比例关系分摊到各项功能上去，再按实现同一功能的构配件所分摊的成本累加，即得到功能的现状成本。

如某产品共有 $F_1 \sim F_5$ 五项功能，由四种构配件实现，功能现状成本计算见表 5-7。

表 5-7　功能现状成本计算表

构配件			功能或功能区域				
序号	名称	成本/元	F_1	F_2	F_3	F_4	F_5
			比重/% 成本/元	比重/% 成本/元	比重/% 成本/元	比重/% 成本/元	比重/% 成本/元
1	A	150	—	30% 45	—	70% 105	—
2	B	300	10% 30	—	60% 180	—	30% 90
3	C	500	50% 250	10% 50	—	40% 200	—
4	D	100	—	—	100% 100	—	—
		C_0	C_{01}	C_{02}	C_{03}	C_{04}	C_{05}
合计		1 050	280	95	280	305	90

A 构配件对实现 F_2、F_4 两项功能所起的作用分别为 30%和 70%，故功能 F_2 分配成本为 30%×150=45(元)，F_4 分配成本为 70%×150=105(元)。按此方法将所有构配件成本分配到有关功能中去，再按功能进行相加，即可得出 $F_1 \sim F_5$ 五种功能的现状成本 $C_{01} \sim C_{05}$。

(2)确定功能的评价值或目标成本(FC)。功能评价值，是依据功能系统图上的功能概念，预测出对应于功能的成本。它不是一般概念的成本计算，而是把用户需求的功能换算为金额，其中成本最低的即功能评价值。功能评价值的确定，常有以下几种方法。

①理论计算法。理论计算法是根据工程上的一些计算方法和某些费用标准(如材料价格等)，找出功能与成本之间的关系，从而确定功能评价值。如对于某个施工方案，根据工时定额和人工费用资料，可以计算出某些加工功能的最低费用。

②经验估算法。经验估算法是邀请一些有经验的专家，由他们根据收集到的有关信息资料，构思几个实现各功能或功能区域的方案，对各种可能方案进行成本估计，各方案的估算成本取专家估计成本的平均值，再从中取最低的估算成本作为功能评价值。

③实际调查法。实际调查法是将企业内、外能达到相同功能的现有产品进行详细比较，从中选取能够实现产品功能的最低成本作为功能评价值。此方法的主要步骤如下。

a. 广泛收集企业内外完成同样功能的产品资料，包括反映功能水平的各项性能指标和可靠性、安全性、操作性、维修性、外观等。

b. 对收集到的产品资料进行分析整理。按各自功能要求的程度排出顺序。

c. 以功能水平为横坐标、成本为纵坐标绘制坐标图，并绘出实际最低成本线。按功能水平等级分类，把各产品功能水平等级和成本标在坐标图上，这样在每个等级的功能水平上总有一个产品的成本是最低的。将各功能水平等级的最低成本点连接起来，所形成的线即为最低成本线，如图 5-5 所示。因而可以把这条线上的各点作

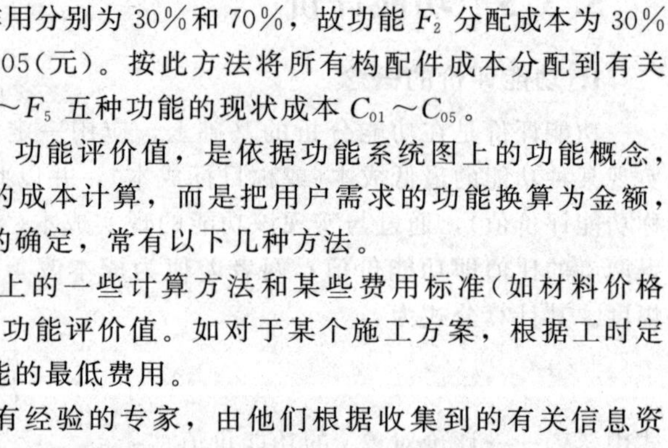

图 5-5　实际价值标准分析图

为对应功能的评价值。

d. 确定功能评价值。在图 5-5 中，C_{0i} 是与功能 F_i 对应的本企业的现状成本点，在确保功能的条件下，可以实现成本降低幅度的大小为 $C_{0i}-FC_0$

④功能重要程度评价法。功能重要程度评价法是根据功能重要性程度确定功能评价值。首先将产品功能划分为几个功能区域，并根据功能区的重要程度和复杂程度，确定各个功能区的功能重要性系数，然后将产品的目标成本按功能重要性系数分配给各功能区作为该功能区的目标成本，即功能评价值。

确定功能重要性系数 FI_i 的实质是如何确定功能评分值，其计算的方法很多，这里介绍"01"评分法、"04"评分法和环比评分法三种常用的方法。

a."01"评分法。"01"评分法又称为 FD 法，选择对象、功能评价和方案评价均可采用此法。"01"评分法的基本原理是组织熟悉业务的 5～15 名专业技术人员，对组成产品的构配件按其功能的重要性一对一地进行比较，重要程度高的得 1 分，重要程度低的得 0 分，不允许一对一地比较时，对两者都打 1 分或都打 0 分。自身比较可以记为 0 分或 1 分，按 0 分记是考虑这个构配件能否取消或同其他部分合并，若该构配件不可以取消或合并，则记 1 分。逐次比较后，把各构配件的得分累计起来，再被全部构配件的功能重要性得分总数除，得到的值叫作该构配件的功能重要性系数，其计算公式为

$$\text{功能重要性系数}=\frac{\text{某构配件的功能重要性得分}}{\text{全部构配件功能重要性得分总数}} \tag{5-4}$$

例如，某个产品有五个配件，相互之间进行功能重要性对比。以某一评价人员为例，其评价结果见表 5-8。

表 5-8　某配件功能重要性评价对比表(FD 法)

零件名称	A	B	C	D	E	得分
A	0	1	1	0	1	3
B	0	0	1	0	1	2
C	0	0	0	1	0	1
D	1	1	0	0	1	3
E	0	0	1	0	0	1
总分						10

若有 10 名评价人员进行评定，把 10 个人的评价得分汇总，求出平均得分值和功能评价系数，见表 5-9。

表 5-9　某配件的功能重要性平均得分和功能评价系数

评价人员 / 零件名称	一	二	三	四	五	六	七	八	九	十	得分总数	平均得分	功能评价系数
A	3	4	4	4	4	4	4	3	4	4	38	3.8	0.38
B	2	3	3	2	3	3	1	2	3	2	24	2.4	0.24
C	1	1	0	1	2	0	1	1	0	2	9	0.9	0.09
D	3	2	3	3	1	3	4	3	2	2	26	2.6	0.26
E	1	0	0	0	0	0	0	1	1	0	3	0.3	0.03
总计	10	10	10	10	10	10	10	10	10	10	100	10	1.00

平均得分值由得分总数除以评价人数求得，如 A 配件的平均得分是 38÷10＝3.8。功能评价系数是将配件所得的平均得分值除以平均得分值总和，如 B 配件的功能评价系数是 2.4÷10＝0.24。

b."04"评分法。"04"评分法的基本原理与"01"评分法相同，是"01"评分法的改进方法，克服了"01"评分法不能准确反映评价对象之间相对重要性的差异程度这一缺陷。其评分标准为：相对非常重要或实现难度非常大的功能得 4 分，另一个很不重要或实现难度很小的功能得 0 分；相对比较重要或实现难度比较大的功能得 3 分，另一个不太重要或实现难度不太大的功能得 1 分；两个功能相对同等重要或实现难度相同时，则各得 2 分；自身相比可得 1 分或不得分，以不得分为常见，见表 5-10。

表 5-10　功能重要性系数计算表

评价对象	一对一比较结果				得分	功能重要性系数
	F_1	F_2	F_3	F_4		
F_1	×	3	4	2	9	0.375
F_2	1	×	3	1	5	0.208
F_3	0	1	×	0	1	0.042
F_4	2	3	4	×	9	0.375
	合　计				24	1

c. 环比评分法。环比评分法也称 DARE 法，这种方法利用评价因素之间的相关性进行比较而定出重要性系数，用以选择方案。其具体步骤如下：首先，根据各评价对象的功能重要程度(或实现难度)排序，按上高下低原则排列；其次，由上至下把相邻的两个评价对象，根据功能重要程度(或实现难度)进行比较，如 F_1 是 F_2 的 3 倍，F_3 是 F_4 的 1.5 倍等。功能重要性系数的计算见表 5-11；再次，令最后一个评价对象得分为 1，由下至上按上述各对象之间的相对比值计算其他对象的得分，如 F_3 的得分为 $1\times1.5=1.5$，F_2 的得分为 $2\times1.5=3.0$；最后，计算各评价对象的功能重要性系数，如 F_1 的功能重要性系数为 9/14.5＝0.62。这是一种适用范围较大的打分方法，但要求构成评价对象的各因素之间必须具有相关性，否则不宜采用。

表 5-11　环比评分法功能重要性系数计算表

评价对象	相对比重	得分	功能重要性系数
F_1	$F_1/F_2=3$	9	0.62
F_2	$F_2/F_3=2$	3	0.21
F_3	$F_3/F_4=1.5$	1.5	0.10
F_4		1	0.07
合计		14.5	1

求出功能重要性系数之后，可根据新产品和老产品的不同情况，求出相应的功能评价值。

新产品设计。先通过市场预测、技术预测等方法确定新产品的目标成本，然后将产品的目标成本按功能重要性系数分摊到各个功能上去。如果产品目标成本为 1 000 元，根据环比评分法得出的功能重要性系数，可以求出各功能的评价值，见表 5-12。

表 5-12　新产品功能评价计算表

评价对象	功能重要性系数	功能评价计算值
F_1	0.62	0.62×1 000＝620
F_2	0.21	0.21×1 000＝210
F_3	0.10	0.10×1 000＝100
F_4	0.07	0.07×1 000＝70
合计	1	1 000

老产品改进设计。将已知现状成本分摊到各功能上去，再根据功能评价值，求得价值系数及成本降低值。例如某已有产品现状成本为 1 277 元，具体计算方法见表 5-13。

表 5-13　老产品功能评价计算表

功能(1)	现实成本(2)	功能重要性系数(3)	功能评价值(4)	价值系数 (4)/(2)	成本改善期望值 (2)－(4)	改善优先顺序
F_1	759	0.62	620	0.817	139	2
F_2	268	0.21	210	0.784	58	3
F_3	100	0.10	100	1.00	0	×
F_4	150	0.07	70	0.467	80	1
合计	1 277	1.00			277	

(3)计算功能价值系数。

$$\text{功能价值系数}(Vi)=\frac{\text{功能评价值}(FC)}{\text{功能的现状成本}(C)} \tag{5-5}$$

表 5-13 中，功能 F_1 的现状成本为 759 元，则由式(5-5)得 F_1 的价值系数为 620/759＝0.817。

(4)计算成本改善期望值。

$$\text{成本改善期望值}(\Delta C)=\text{功能现状成本}(C)-\text{功能评价值}(FC) \tag{5-6}$$

例如，表 5-13 中 F_1 功能成本改善期望值为 759－620＝139 元。

(5)选择改进对象。选择改进对象时，需考虑的因素主要是价值系数的大小和成本改善期望值的大小。

$V<1$，说明功能的现状成本比实现该功能的最低成本高出很多，这项功能应当成为改进对象，如 F_1，F_2，F_4。

$V\approx1$，说明功能的现状成本与实现该功能的最低成本基本一致，是比较理想的，无须改进，如 F_3。

$V>1$，说明功能的现状成本小于实现该功能的最低成本，其原因可能是功能不足，满足不了用户要求，这种情况需要增加成本使之达到用户所要求的功能水平。

在选择改进对象时，要将价值系数和成本改善期望值两个因素综合起来考虑，即选择价值系数低、成本改善期望值大的功能或功能区域作为重点改进对象。例如 F_1 和 F_2 比较，尽管 F_2 的价值系数比 F_1 低，但 F_1 的成本改善期望值明显要大得多，因此，在进行改进对象排序时，F_1 排在 F_2 前面。

5.4　方案创造与评价

5.4.1　方案创造

经过功能评价，确定了目标成本之后就进入改进方案的创造和评价阶段。创造可以理解为"组织人们通过对过去经验和知识的分析与综合以实现新的功能"。方案创造是利用掌握的知识和经验，通过分析和综合，构思出新的功能方式，以更好地实现功能要求的过程。

价值工程活动能否取得成功，关键是功能分析评价之后能否构思出可行的方案。这是一个创造、突破、精制的过程。

据相关资料统计，目前世界上已有 300 多种方案创造的方法应用于各国，常用的有以下几种。

1. 头脑风暴法

头脑风暴法(Brain storming，BS)由美国BBDO广告公司奥斯本(A. F. Osborn)于1941年首创。BS法也称非交锋式会议法，一般由5～10人参加，会议不带任何限制条件，事先通知议题，开会时鼓励与会专家自由奔放地思考；提出的方案多多益善，不评价他人的方案，鼓励结合他人意见提出设想。利用这种方法，与会者瞬间的见解往往会诱导出创造性的思想火花，因此可能收到极好的效果。

2. 专家函询法

专家函询法也称德尔菲法(Delphi Technique)，不采用开会的形式，而是由主管人员或部门把已构思的方案以信函的方式分发给有关的专业人员，征询他们的意见，然后将意见汇总，统计和整理之后再分发下去，请专家们再次补充修改，如此反复若干次，即经过几上几下，使原来比较分散的意见在一定程度上集中一致，形成统一的集体结论，作为新的代替方案。

3. 模糊目标法

模糊目标法由美国人哥顿(William J. J. Gordon)于1964年提出，所以也称哥顿法。其特点是将要研究的问题适当抽象化，摆脱现有事物对思维的束缚，便于开拓思路，从而得到一些常规方法难以得到的方案。其要点是：与会人员会前不知道议题，会议开始时，主持人只向专家提出一个抽象的问题，要求大家针对此问题自由地提出解决方案，当讨论到适当的程度后，才把研究对象提出来，与会者再具体思考，舍弃不可行方案，对可行方案作进一步研究。

4. 问题列举法

问题列举法是通过列举问题来提示、诱发人们创新构思的一种方法，一般以会议形式进行。此方法根据列举的问题可以分为下列几种。

(1)缺点列举法。用调查产品缺点的方法，请各方面专家提出产品的缺点，并针对这些缺点提出改进方案，所以又称为“专挑毛病法”。

(2)特性列举法。特性列举法是美国内布拉斯加大学的克劳福德(Robert Crawford)教授于1954年提倡的一种著名的创意思维策略。这种方法是将产品的特性，如结构、功能、质量等，逐项列举出来，然后根据这些特性提出改进方案。

(3)希望列举法。希望列举法是将对产品功能的要求和希望都提出来作为价值工程的目标，启发人们更好地构思，进而由构思勾画出方案。

方案创造的方法很多，各方法的宗旨是充分发挥各有关人员的智慧，集思广益，多提方案，从而为评价方案创造条件。

5.4.2 方案评价

方案评价是在方案创造的基础上对新构思的各种方案在技术、经济和社会效果等方面进行评估，然后从中选择最佳方案的过程。方案评价包括概略评价和详细评价两个层次，其评价内容基本相同，只是深浅程度有别。方案评价的内容如图5-6所示。

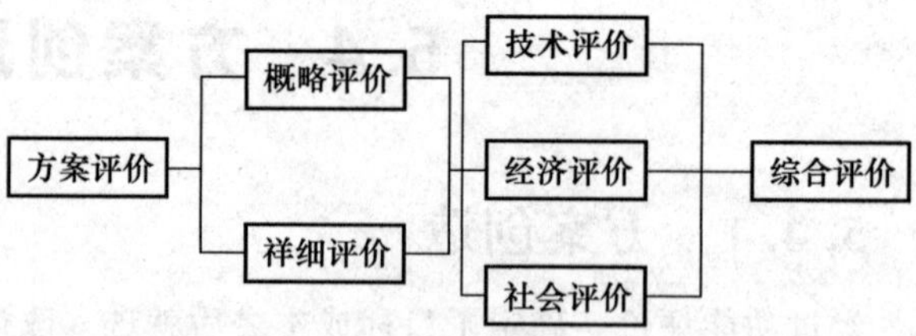

图5-6 方案评价的内容

1. 概略评价

概略评价的目的是对方案进行初步筛选，将一些价值明显不高的方案先行排除，保留价值较高的少数方案，以减少详细评价的工作量。概略评价的主要内容有以下几个方面。

(1)技术评价。围绕“功能”所进行的评价，主要是评价方案能否满足指定功能的要求，以及技术上的完善性和可能性。

(2)经济评价。围绕经济效果所进行的评价，主要是评价方案有无降低成本的可能和能否实现预定的目标成本。

(3)社会评价。围绕社会效益进行评价，主要是评价方案是否符合国家规定的各项政策、法令、标准及是否有助于环境生态保护等。

(4)综合评价。将上述三方面结果加以综合，比较优劣，得出结论。

2. 详细评价

方案的详细评价，就是对概略评价所得的比较抽象的方案进行调查和收集信息资料，使其在材料、结构、功能等方面进一步具体化，然后对它们作最后的审查和评价。

详细评价的内容同样包括技术评价、经济评价、社会评价和综合评价，只是内容和方法上都较为复杂。综合评价有定性评价和定量评价两类方法，由于定性评价方法缺乏足够的说服力，实践中较多采用的是定量评价方法，下面介绍几种常用的定量评价方法。

(1)加权评分法。加权评分法用权数大小表示各评价指标的相对重要程度，用满意程度评分表示某方案的某项指标水平的高低，通过满意程度评分与相应的权数相乘后累计求和的方法得到各方案的加权评分和，以加权评分和大的方案为相对优方案。例如，表 5-14 所示为某一建筑设计的方案优选问题，根据加权评分法确定的最优方案为 C 方案。

表 5-14　加权评分计算表

评价指标	适用	美观	安全可靠	维修性	造价	方案的加权评分和
权重系数	0.4	0.1	0.2	0.1	0.2	
方案	满意程度评分(10 分制)					
A	7	9	6	7	8	7.2
B	8	9	7	7	7	7.6
C	7	8	9	8	9	8.0
D	6	9	8	9	8	7.4

(2)加法评分法与连乘评分法。加法评分法与连乘评分法首先拟定评价指标，然后将每一评价指标分成若干等级，对每一等级规定一个评分标准(重要项目的评分标准要高些)，对编制的各种方案均按照同样的评分标准打分，最后将所得分数相加或连乘，得出总分，总分最高者为最优方案。加法评分法与连乘评分法所得结果相同，但连乘评分法能把各方案之间的分差拉开，对比明显，便于选择。表 5-15 为两种评价方法的示例，四个方案中确定 A 方案为最优方案。

表 5-15　加法评分与连乘评分计算表

评价项目			评价方案			
评价指标	评价等级	评分标准	A	B	C	D
产品功能	①满足用户要求	5	5	4	3	4
	②基本满足用户要求	4				
	③仅能满足用户最低要求	3				
成本	①低于外企业同类产品的成本	3	2	3	2	2
	②低于本企业原有产品的成本	2				
	③与本企业原有产品的成本相同	1				

续表

评价项目			评价方案			
产品方向	①符合国家及企业目标	3	3	2	3	3
	②符合当前要求	2				
	③不符合国家长远规划	1				
产品销路	①产品销路大	3	3	2	2	3
	②销路中等	2				
	③销路小	1				
加法合计			13	11	10	12
连乘合计			90	48	36	72

(3)技术经济价值法。一般而言，技术性指标和经济性指标在方案评价中相对于其他指标而言更为重要，技术经济价值法是用技术价值和经济价值对方案进行评价的方法，该方法的步骤如下。

①确定技术评价值系数 X：

$$X=\frac{\sum_{j=1}^{n}P_j}{nP_{\max}} \tag{5-7}$$

式中 P_j——方案的第 j 项技术评价指标的实际得分值；

$P_{\max}$——理想方案的技术评价指标得分值；

n——技术评价指标的个数。

②确定经济评价系数 Y：

$$Y=\frac{H_{理}-H}{H_{理}} \tag{5-8}$$

式中 $H_{理}$——理想成本；

H——新方案的预计成本。

③确定综合评价系数 K：

$$K=\sqrt{XY} \tag{5-9}$$

④确定最优方案：以 K 值最高的方案为最优方案。

例如，某手表方案评价给分表、方案评分表及成本与经济价值系数表分别见表 5-16～表 5-18。

表 5-16　手表方案评价给分表

方案接近理想完成的程度	给分值
很好很理想的方案	4
好的方案	3
过得去的方案	2
勉强过得去的方案	1
不能满足要求的方案	0

表 5-17　手表方案的评分表及技术价值系数

技术功能目标	A 方案	B 方案	C 方案	理想方案
走时准确	3	3	2	4
防震性能	3	2	1	4

续表

技术功能目标	A 方案	B 方案	C 方案	理想方案
防水性能	3	2	1	4
防磁性能	4	2	1	4
夜光性能	0	3	0	4
式样新颖	3	2	3	4
$\sum P$	16	14	8	24
$X=\dfrac{\sum P}{nP_{\max}}$	$X_A=0.66$	$X_B=0.58$	$X_C=0.33$	$X_{理}=1.00$

表 5-18　手表方案的成本及经济价值系数

方案名称	新方案的预计成本 H/元	理想成本 $H_{理}$/元	经济价值系数
A	9	10	$Y_A=0.1$
B	8	10	$Y_B=0.2$
C	7	10	$Y_C=0.3$

各方案的 X，Y，K 数值如表 5-19 所示。

表 5-19　手表方案的综合评价表

方案名称	技术价值系数 X	经济价值系数 Y	综合评价系数 K
A	0.66	0.1	0.256 9
B	0.58	0.2	0.340 6
C	0.33	0.3	0.314 6

从表 5-19 中可以得知，B 方案的综合评价系数最高，为最佳方案。

5.4.3　检查评价与验收

1. 方案实施与检查

经过评价后选定的最佳方案，在尚未实施前须进行必要的试验验证，以确保选用方案实际可行并为审批提供依据。试验的目的是验证方案的规格和条件是否合理、恰当，方案的优缺点是否确切，存在的问题有无进一步解决的措施。

当实施结果证实方案的确能满足预期的技术及经济指标，则需要将方案实施等问题写成提案形式，报送上级主管部门审批。在提案中需要将原方案的成本、功能、质量及销量和新方案的实验数据、技术经济指标、拟达到的目标、存在的问题实事求是地予以阐述。

提案上报主管部门审批之后，就应着手制订实施计划。一般来说，组织方案实施时首先指派一名实施价值工程项目的负责人，由负责人与价值工程小组成员制订一个具体的实施计划，在方案实施过程中，价值工程小组成员要深入实际，对整个过程进行跟踪检查，及时发现问题，查明原因，并采取切实可行的解决措施。

2. 方案评价与验收

方案实施后，要全面总结、评价价值工程活动的成果，并对预期效果进行验收。方案的评价与验收主要从经济和技术及社会的角度，对提高产品价值所开展的活动进行客观中肯评价，并总结经验教训，以利于提高价值工程活动的效益。

(1)经济效果的评价与验收。评价与验收的经济技术指标主要有以下几项。

全年净节约额＝(改进前成本－改进后成本)×年产量－价值工程活动经费　　(5-10)

$$成本降低率=\frac{改进前单位成本-改进后单位成本}{改进前单位成本}\times 100\% \quad (5\text{-}11)$$

$$\underset{(投资效率)}{节约倍数}=\frac{全年净节额}{价值工程活动经费} \quad (5\text{-}12)$$

$$达到目标比率=\frac{改进后成本}{节约目标额}\times 100\% \quad (5\text{-}13)$$

(2)社会效果的评价与验收。方案实施的社会效果包括填补国内外科学技术或品种发展的空白，满足国民经济或国防建设重点需要，节约贵重稀缺物资，节约能源消耗，降低用户购买成本或其他使用成本，防止或减少污染公害等。

5.5 价值工程案例分析

【例 5-2】 某承包商在某高层住宅楼的现浇楼板施工中，拟采用钢木组合模板体系或小钢模体系施工。经有关专家讨论，决定从模板总摊销费用(F_1)、楼板浇筑质量(F_2)、模板人工费(F_3)、模板周转时间(F_4)、模板装拆便利性(F_5)五大技术经济指标出发对两个方案进行评价，并采用“04”评分法对各技术经济指标的重要程度进行评分，有关专家对各功能的重要性达成以下共识：F_2 和 F_3 同样重要，F_4 和 F_5 同样重要，F_1 相对于 F_4 很重要，F_1 相对于 F_2 较重要。此后，专家对这两个方案的功能满足程度分别打分，其结果见表 5-20。

表 5-20 功能满足程度打分表

指标 \ 方案	钢木组合模板	小钢模
总摊销费用(F_1)	10	8
楼板浇筑质量(F_2)	8	10
模板人工费(F_3)	8	10
模板周转时间(F_4)	10	7
模板装拆便利性(F_5)	10	9

经造价工程师估算，钢木组合模板体系在该工程的总摊销费用为 40 万元，每平方米楼板的模板人工费为 10 元；小钢模体系在该工程的总摊销费用为 50 万元，每平方米楼板的模板人工费为7 元。该住宅楼的楼板工程量为 $2.5\times10^4\ m^2$。

问题：(1)试确定各技术经济指标的权重(计算结果保留三位小数)。

(2)若以楼板工程的单方模板费用作为成本比较对象，试用价值指数法选择较经济的模板体系(功能指数、成本指数、价值指数的计算结果均保留两位小数)。

(3)若该承包商准备参加另一幢高层办公楼的投标，为提高竞争能力，公司决定模板总摊销费用仍按本住宅楼考虑，其他有关条件均不变。该办公楼的现浇楼板工程量至少要达到多少平方米才应采用小钢模体系(计算结果保留两位小数)?

解：(1)由 F_2 和 F_3 同样重要，F_4 和 F_5 同样重要，F_1 相对于 F_4 很重要，F_1 相对于 F_2 较重要可以推出，F_1 相对于 F_3 较重要，F_1 相对于 F_5 很重要，F_2 相对于 F_4 较重要，F_3 相对于 F_4 较重要，F_2 相对于 F_5 较重要，F_3 相对于 F_5 较重要。由此以“04”评分法计算各功能的得分并求各功能的权重(表 5-21)。

表 5-21 “04”评分法计算各功能指数

功能	F_1	F_2	F_3	F_4	F_5	得分	功能权重
F_1	×	3	3	4	4	14	0.35

续表

功能	F_1	F_2	F_3	F_4	F_5	得分	功能权重
F_2	1	×	2	3	3	9	0.225
F_3	1	2	×	3	3	9	0.225
F_4	0	1	1	×	2	4	0.1
F_5	0	1	1	2	×	4	0.1
合计						40	1.0

(2)选择较经济的模板体系。

①两方案的功能指数计算结果见表 5-22。

表 5-22　功能指数计算表

技术经济指标	权重	钢木组合模板	小钢模
总摊销费用	0.35	10×0.35=3.50	8×0.35=2.80
楼板浇筑质量	0.225	8×0.225=1.80	10×0.225=2.25
模板人工费	0.225	8×0.225=1.80	10×0.225=2.25
模板周转时间	0.1	10×0.1=1.00	7×0.1=0.70
模板装拆便利性	0.1	10×0.1=1.00	9×0.1=0.90
合计	1.000	9.10	8.90
功能指数		9.10/(9.10+8.90)=0.51	8.90×/(9.10+8.90)=0.49

②计算两方案的成本指数。

钢木组合模板的单方模板费用为：40/2.5+10=26(元/m^2)；

小钢模的单方模板费用为：50/2.5+7=27(元/m^2)；

钢木组合模板的成本指数为：26/(26+27)=0.49；

小钢模的成本指数为：27/(26+27)=0.51。

③计算两方案的价值指数。

钢木组合模板的价值指数为：0.51/0.49=1.04；

小钢模的价值指数为：0.49/0.51=0.96；

因为钢木组合模板的价值指数高于小钢模价值指数，故应选用钢木组合模板体系。

(3)单方模板费用函数为：$C=C_1/Q+C_2$。

式中　C——单方模板费用(元/m^2)；

C_1——模板总摊销费用(万元)；

C_2——每平方米楼板的模板人工费(元/m^2)；

Q——现浇楼板工程量(万 m^2)。

则钢木组合模板的单方模板费用为：$C_z=40/Q+10$。

小钢模的单方模板费用为：$C_x=50/Q+7$。

令两模板体系的单方模板费用之比(成本指数之比)等于其功能指数之比，有

$$(40\div Q+10)\div(50\div Q+7)=0.51/0.49$$

即

$$51\times(50+7)-49\times(40+10)=0$$

$$Q=4.44\times10^4(m^2)$$

因此，该办公楼的现浇楼板工程量至少达到 4.44×10^4 m^2，才应采用小钢模体系。

本章小结

1. 价值工程是以对象的最低寿命周期成本，可靠地实现研究对象必要功能的一种有组织

的创造性活动，其核心是功能分析，其目的是提高研究对象的价值。

2. 价值工程工作程序实质就是针对研究对象的功能和成本提出问题、分析问题、发现问题和解决问题的过程，根据研究对象的具体情况，确定实施步骤和方法，但功能分析与评价、方案创造必不可少。

3. 价值工程过程中可以使用多种技术方法。在选择对象时，可以使用经验分析法、ABC分析法、百分比分析法、强制确定法及价值指数法等。功能评价的方法主要有理论计算法、经验估算法、实际调查法、功能重要程度评价方法等。方案创造时常采用头脑风暴法、专家函询法、模糊目标法、问题列举法等。

4. 方案评价是对新构思的各种方案从技术、经济、社会效果等方面进行评估，选出最佳方案的过程，评价方法可采用加权评分法、加法或连乘评分法、技术经济价值法等。

思考与练习

1. 什么是价值工程？价值工程中“价值”的含义是什么？提高价值的途径有哪些？
2. 简述价值工程工作程序。
3. 价值工程对象选择的常用方法有哪些？试述ABC分析法的主要步骤。
4. 简述功能分析的含义，功能分析包括哪些内容？
5. 简述方案评价的基本内容。
6. 某产品由5个零件构成，各零件资料见表5-23。产品当前成本为150元，要想通过价值工程技术使成本降至100元，试求该零件的功能重要性系数，功能评价值、价值系数，成本改善期望值，并确定价值工程的重点改善对象。

表5-23 相关数据

零件名称	A	B	C	D	E
目前成本/元	30	20	40	10	50
得分	20	20	10	20	30

7. 某产品由13种零件组成，各种零件个数和每个零件成本见表5-24，试用ABC分析法选择价值工程目标，并画出ABC分析图。

表5-24 相关资料

零件名称	a	b	c	d	e	f	g	h	i	j	k	l	m
零件个数	1	1	2	2	18	1	1	1	1	1	1	2	1
每个零件成本/元	3.42	2.61	1.03	0.80	0.10	0.73	0.67	0.33	0.32	0.19	0.11	0.05	0.08

习题答案

第6章 建设项目经济评价

学习重点

财务评价的内容与程序；融资前和融资后财务评价的主要报表及其编制方法；资金成本的概念；财务基准收益率的确定方法；财务评价指标如投资回收期、财务净现值、财务内部收益率、资产负债率、利息备付率的含义、计算方法及判别准则；影子价格的概念；国民经济评价报表的编制方法；经济净现值、经济内部收益率、经济效益费用比的含义、计算方法和判别准则。

学习目标

通过本章的学习，掌握财务评价的主要报表及编制方法，主要财务评价指标的含义、计算方法及判别准则；熟悉财务评价的内容与程序，资金成本的概念，财务基准收益率的确定方法，国民经济评价报表的编制方法，国民经济评价指标的含义、计算方法和判别准则，影子价格的概念；了解经济评价的概念，效益与费用的识别，社会折现率、影子汇率、影子工资的概念。

第6章　课件

知识结构图

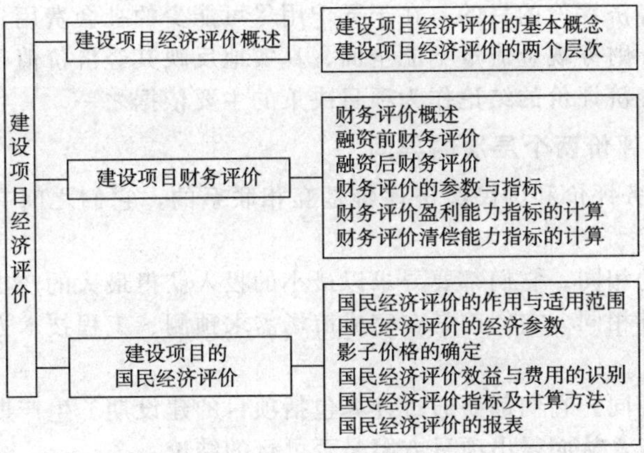

6.1　建设项目经济评价概述

6.1.1　建设项目经济评价的基本概念

建设项目的经济评价是指在项目可行性研究中，对拟建项目方案计算期内有关技术经济因素和项目投入与产出的有关财务、经济资料进行调查、分析、预测，对项目的财务、经济、社会效益进行计算、评价，分析比较各个项目建设方案的优劣，从而确定和推荐最佳项目方案。经济评价是项目可行性研究的核心内容，其目的在于避免或最大限度地降低项目投资的风险，明了项目投资的财务效益水平和项目对国民经济发展及对社会福利的贡献大小，最大限度地提高项目投资的综合经济效益，为项目的投资决策提供科学依据。

建设项目经济评价的任务是在完成项目相关的市场需求预测、拟建规模、技术设计方案、环境保护、投资估算与资金筹措等基础上，在遵循动态分析与静态分析相结合、定量分析与定性分析相结合、宏观效益分析与微观效益分析相结合、价值量分析与实物量分析相结合、预测分析与统计分析相结合的原则下，计算项目建设所需投入的费用，对项目建成投产后的经济效益进行分析，对项目在经济上的可行性、合理性进行分析论证，选出经济效益最优的投资方案，并提出结论性意见或建议，为决策者提供投资决策的依据。

6.1.2 建设项目经济评价的两个层次

1. 建设项目经济评价两个层次的含义

建设项目的经济评价，分为财务评价和国民经济评价两个层次。

财务评价是从企业角度，根据国家现行财政、税收制度和现行市场价格，计算项目的投资、费用、产品成本与产品营业收入、税金等财务数据，进而据此计算、分析项目的盈利状况、收益水平及清偿能力、贷款偿还能力等财务状况，据此分析建设项目的财务可行性，并得出财务评价的结论。财务评价是建设项目经济评价中的微观层次，它主要从微观投资主体的角度分析项目可以给投资主体带来的效益及投资风险。作为市场经济微观主体的企业进行投资时，一般都进行项目财务评价。

国民经济评价是从国家和社会的角度，采用影子价格、影子工资、影子汇率、社会折现率等经济参数，计算项目需要国家付出的代价和项目对促进和实现国家经济发展的战略目标和对社会效益的贡献大小，对增加国民收入、增强国民经济实力、创收外汇、充分合理利用国家资源、提供就业机会、促进科学技术进步等方面的贡献程度。即从国民经济的角度来判别建设项目的经济效果。国民经济评价的目的，在于寻求用尽可能少的社会费用，取得尽可能大的社会效益的最佳方案。对于财务现金流量不能全面、真实地反映其经济价值，需要进行费用效益分析的项目，应将国民经济评价的结论作为项目决策的主要依据之一。

2. 建设项目经济评价两个层次的异同

(1)建设项目的财务评价和国民经济评价是互相联系的，它们之间有若干相同之处，表现在以下几个方面。

①两者的评价目的相同。它们都要寻求以最小的投入获得最大的产出。

②两者的评价基础相同。它们都是在完成市场需求预测、工程技术方案、资金筹措等的基础上进行评价。

③两者的计算期相同。它们都要通过计算包括项目的建设期、生产期全过程的费用和效益来评价项目方案的优劣，从而得出项目方案是否可行的结论。

(2)财务评价与国民经济评价虽然联系密切，但两者也有不同。

①评价的角度不同。财务评价是站在项目自身立场上，从财务角度考察项目的货币收支和财务盈利水平，以及借款偿还能力，以确定投资行为的财务可行性。它是以企业净收入最大化为目标的盈利性评价，属于微观经济评价。国民经济评价是站在国民经济综合平衡的立场上，考察项目需要国家付出的代价和对实现国家经济发展的战略目标及对社会福利的贡献大小，即考察项目方案的国民经济效益，以确定投资行为的宏观可行性。它是以全社会的资源获得最优配置，从而使国民收入最大化为目标的盈利性评价，属于宏观经济评价。

②费用和收益的范围不同。财务评价中的费用和收益，由财务评价的目标所决定，是根据企业直接发生的财务收支，计算项目的费用和收益，即只考虑项目的直接货币效益。凡是增加企业收入的就是财务收益，凡是减少企业收入的就是财务费用。国民经济评价中的费用和收益，是由国民经济评价的目标所决定的，凡是增加国民收入的就是国民经济收益，凡是减少国民收入的就是国民经济费用。它根据项目所消耗的全社会有用资源和对社会提供的有用产品(包括劳务)来考察项目的费用和收益，即除考虑项目的直接经济效果之外，还要考虑项目的间接效果(包括定量效果和定性效果)，考虑项目对全社会的全面的费用与收益状况。

③费用和收益的划分不同。财务评价根据项目的实际收支确定项目的费用和收益，项目的收益仅包括净利润和折旧，而利息、税金作为项目的费用支出。国民经济评价时，税金、国内借款利息视为国民经济内部转移支付，不列入项目的费用或收益。

④采用的价格不同。财务评价对投入物和产出物采用现行的市场实际价格。国民经济评价则采用根据机会成本和供求关系确定的影子价格。

⑤采用的折现率不同。财务评价采用因行业而异的基准收益率作为折现率。国民经济评价采用国家统一测定的社会折现率。

⑥采用的汇率不同。财务评价采用官方汇率。国民经济评价采用国家统一测定的影子汇率。

⑦采用的工资不同。财务评价采用当地通常的工资水平。国民经济评价采用影子工资。

6.2　建设项目财务评价

6.2.1　财务评价概述

1. 财务评价的内容

财务评价

项目决策可分为投资决策和融资决策两个层次，投资决策重在考察项目净现金流是否大于其投资成本；融资决策重在考察资金筹措方案能否满足要求。从严格意义上说，投资决策在先，融资决策在后。根据不同决策的需要，财务评价可分为融资前财务评价和融资后财务评价。一般宜先进行融资前分析，在融资前分析结论满足要求的情况下，初步设定融资方案，再进行融资后分析。财务评价的内容主要包括财务盈利能力分析、清偿能力分析、外汇效果分析、风险分析和财务状况分析。

财务评价应该按《建设项目经济评价方法与参数》执行，基本程序如下。

(1)收集、整理和计算有关基础财务数据资料。根据项目市场研究和技术研究的结果，根据现行价格体系及现行财税制度进行财务预测，获得项目投资支出、投资进度、营业收入、生产成本、利润、税金及项目计算期等一系列财务基础数据，并将所得数据编制成辅助财务报表。

(2)编制基本财务报表。编制基本财务报表一般包括现金流量表、损益表、资金来源与运用表、资产负债表及外汇平衡表。

(3)进行财务评价指标的计算与分析。根据基本财务报表进行项目盈利能力指标、清偿能力指标分析，并与其对应的评价标准或基准值进行对比分析，从而对项目的财务状况作出评价，得出结论。

(4)进行不确定性分析。通过盈亏平衡分析、敏感性分析、概率分析等，预测项目可能遇到的风险及项目的抗风险能力。

(5)结论。作出项目财务评价的最终结论，对该项目在财务上是否可行作出判断。

财务评价的程序如图 6-1 所示。

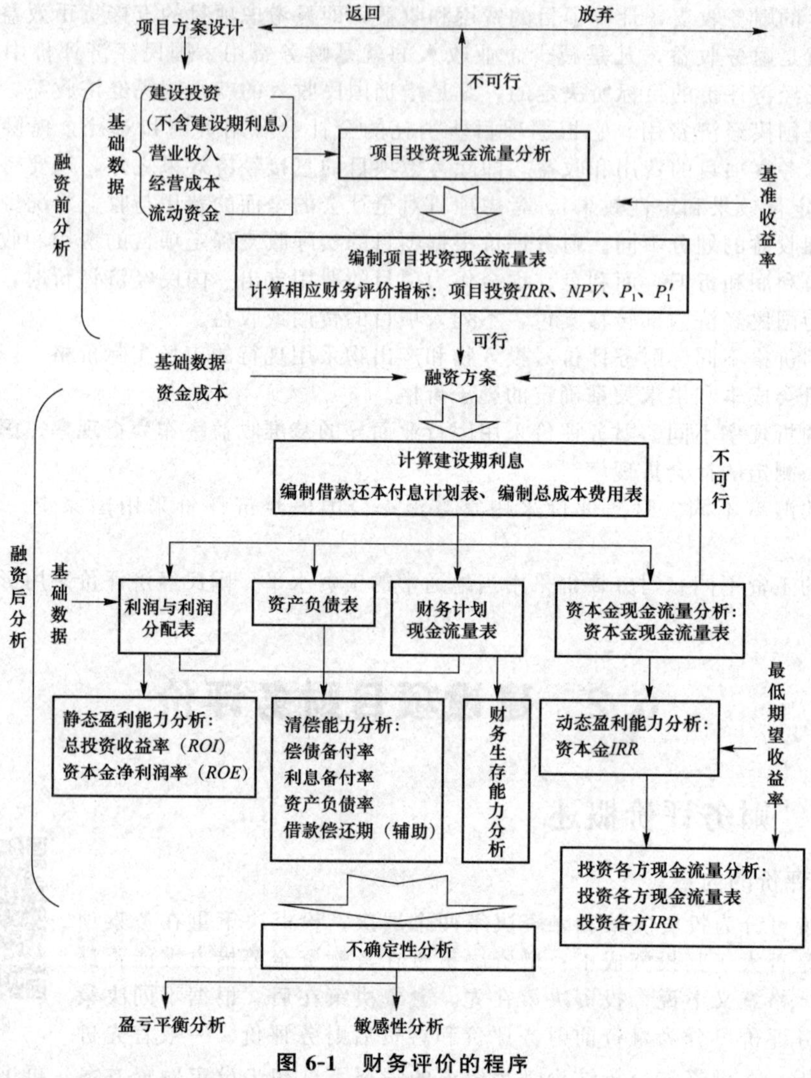

图 6-1　财务评价的程序

2. 财务评价的作用

建设项目的财务评价无论是对投资主体，还是对为项目建设和生产经营提供资金的其他机构或个人，均具有十分重要的作用，主要表现如下。

(1)财务评价是建设项目可行性研究报告和经济评价的重要组成部分，是投资者进行投资决策的主要依据。比如，通过比较项目的财务盈利能力能否达到国家规定的基准收益率，可以分析预测项目投资主体能否取得预期的投资效益。因此，财务评价是项目投资主体、债权人、决策部门共同关心的问题。判断一个项目是否值得建设，首先要进行财务评价。特别是在市场经济条件下，财务状况不佳或财务评价不可行的项目，除非国民经济特殊需要，否则不可能进行投资建设。

(2)财务评价是制订适宜的资金规划，进行项目筹资决策的直接依据。通过对建设项目的投资估算，可以确定项目实施所需资金数额，进而根据资金的可能来源及资金的使用效益，安排恰当的用款计划及选择适宜的筹资方案。

(3)财务评价能为协调国家利益和企业利益提供依据。对某些国民经济评价结论好，财务评价不可行，但又为国计民生所急需的项目，必要时可向国家提出采用经济优惠措施的建议，使项目具有财务上的生存能力。

(4)财务评价是配合投资各方签订协议、合同，制定章程和进行谈判的基础，也是促进各方在平等互利基础上进行经济合作的基础。

(5)财务评价是项目开展国民经济评估的重要基础，也是进行项目后评价的主要参照。

6.2.2　融资前财务评价

融资前财务评价是指在制订项目融资方案前进行的财务分析，即在不考虑债务融资条件下进行的财务分析。一个建设项目只有在融资前分析结论满足要求的情况下，才能初步设定融资方案，再进行融资后分析。融资前分析只进行盈利能力分析，并以投资现金流量分析为主要手段。融资前分析与融资条件无关，其依赖的数据较少，报表编制简单。其结论可满足方案比选和初步投资决策的需求。如果分析结果表明项目符合要求，再考虑融资方案，继续进行融资后分析；如果分析结果表明项目不能满足要求，可以通过修改设计方案完善项目方案，必要时甚至可据此提出放弃项目的建议。在项目建议书阶段，可只进行融资前分析。

融资前财务分析以动态分析为主，静态分析为辅。融资前项目投资现金流量分析是从项目投资总获利能力角度，考察项目方案的合理性。融资前财务评价的指标包括项目财务净现值、投资内部收益率等动态评价指标；项目静态投资回收期等静态指标。根据需要，可从所得税前和(或)所得税后两个角度进行考察，选择计算所得税前和(或)所得税后指标。计算所得税前指标的融资前分析是从息前、税前角度进行的分析。计算所得税后指标的融资前分析是从息前、税后角度进行的分析。

因为融资前财务评价的现金流量与融资方案无关，所以，融资前项目投资现金流量分析的现金流量主要包括建设投资、营业收入、经营成本、流动资金、增值税及附加和所得税。

融资前财务分析只进行盈利能力分析，并以项目投资现金流量分析为主要手段。为了体现固定资产进项税抵扣导致企业应纳增值税的降低进而使净现金流量增加，应在现金流入中增加销项税额，同时在现金流出中增加进项税额(指营运投入的进项税额)及应纳增值税。

为了体现与融资方案无关的要求，各项现金流量的估算中都需要剔除利息的影响。例如，采用不含利息的经营成本作为现金流出，而不是总成本费用。在流动资金估算、经营成本中的修理费和其他费用估算过程中，应注意避免利息的影响。所得税前和所得税后分析的现金流入完全相同，但现金流出略有不同，所得税前分析不将所得税作为现金流出，所得税后分析视所得税为现金流出。

项目投资现金流量见表 6-1。

表 6-1　项目投资现金流量表

序号	项目	合计	计算期							
			1	2	3	4	5	6	…	*n*
1	现金流入									
1.1	营业收入									
1.2	补贴收入									
1.3	回收固定资产余值									
1.4	回收流动资金									
2	现金流出									

续表

序号	项目	合计	计算期							
			1	2	3	4	5	6	…	n
2.1	建设投资									
2.2	流动资金									
2.3	经营成本									
2.4	营业税金及附加									
2.5	维持运营投资									
3	所得税前净现金流量(1－2)									
4	累计所得税前净现金流量									
5	调整所得税									
6	所得税后净现金流量(3－5)									
7	累计所得税后净现金流量									

计算指标：所得税前　　　　所得税后

项目投资财务内部收益率(*FIRR*)：　　%　　项目投资财务内部收益率(*FIRR*)：　　%

项目投资财务净现值(*FNPV*)(i_c＝)：万元　　项目投资财务净现值(*FNPV*)(i_c＝)：万元

项目投资回收期(P_t)：　　年　　项目投资回收期(P_t)：　　年

填表说明如下。

(1)关于年序。表中计算期的年序为1，2，…，n，建设开始年作为计算期的第一年，年序为1。当项目建设期以前所发生的费用占总费用的比例不大时，为简化计算，这部分费用可列入年序1。若需单独列出，可在年序1以前另加一栏“建设起点”，年序填零，将建设期以前发生的现金流出填入该栏。

(2)关于增值税。当前，我国已经全面推行“营改增”。增值税是以商品(含应税劳务)在流转过程中产生的增值额作为计税依据而征收的一种流转税，实行价外税。增值税应纳税额按照如下公式计算：

$$增值税应纳税额＝当期销项税额－当期进项税额$$

$$当期销项税额＝销售额×税率$$

当期进项税额为纳税人当期购进货物或者接受应税劳务支付或者负担的增值税额。

根据增值税的相关政策，对符合要求的固定资产增值税进项税额，可以凭增值税扣税凭证从销项税额中抵扣。对于新建项目，建设期内并无销项税额可供抵扣，因此延迟到项目投产后，由销项税额逐年抵扣。

当期销项税额小于当期进项税额不足抵扣时，其不足部分可以结转下期继续抵扣。

另外，工程项目投资构成中的建筑安装工程费、设备及工器具购置费、工程建设其他费用中所含增值税进项税额，可以根据国家增值税相关规定实施抵扣，该可抵扣固定资产进项税额不得计入固定资产原值。

客观地说，无论是建设期发生的建筑安装工程费、设备及工器具购置费、工程建设其他费用中所含的可抵扣增值税进项税额，还是生产经营期发生的各项成本开支中的可抵扣增值税进项税额都无法在建设项目的前期经济评价阶段准确估计。就建设期投资估算而言，为了满足筹资的需要，应该足额估算，即按照含增值税进项税额的价格估算建设投资，因此，需要将可抵扣固定资产进项税额单独列示，以便财务分析中正确计算固定资产原值和应纳增值税。就运营期而言，增值税由最终消费者负担，没有建设期建设投资进项税额抵扣时，现金流入中的当期销项税额，等于现金流出中的当期进项税额和当期增值税应纳税额之和，因此仅就此而言，可以在现金流入、流出中同时不考虑增值税，并不会影响各年的净现金流量。但是由于增值税应纳税额的大小会影响城市维护建设税、教育费附加等附加税费，进而也会影响项目现金流量，故建设项目经济评价时应对运营期各年的销项税额和进项税额进行科学测算，以使评价更准确、更符合实际。

当然，鉴于在项目投资决策阶段准确测算增值税的困难，且增值税由最终消费者负担，受增值税影响的城市维护建设税、教育费附加等附加税费占投资、收入的比例很小，对经济评价的影响不大，故对拟建项目开展初步评价或者评价精度要求不高时，也可不考虑增值税的影响。

(3)关于固定资产余值回收。固定资产余值回收额为固定资产折旧费估算表中固定资产期末净值合计。项目投资现金流量表中，固定资产原值应扣除可抵扣固定资产进项税额。固定资产余值在计算期最后一年回收，可能出现以下两种情况。

①若固定资产使用年限＝项目计算期，此时折旧已经提完，则：固定资产余值回收＝原值×净残值率；

②若固定资产使用年限＞项目计算期，此时折旧尚未提完，则：固定资产余值回收＝(使用年限－运营期)×年折旧费＋残值。

流动资金回收额为项目全部流动资金，流动资金也在计算期最后一年回收。

(4)关于所得税。所得税是现金流量表的主要现金流出项目，编制现金流量表，计算净现值、内部收益率等财务评价指标均需要正确计算项目各年的所得税。笼统而言，所得税的计税基础(应纳所得税额)是按规定弥补以前年度亏损后的税前利润，其中：

税前利润＝营业收入－总成本费用

由于总成本费用中包含有因融资产生的利息支出，同一个建设项目不同的融资方案会有不同的利息支出，进而有不同的总成本费用、税前利润和所得税。

融资前分析要求与融资条件无关，因此对项目投资现金流量表中的“所得税”应进行调整，引入“调整所得税”的概念，调整的目的就是不受融资方案的影响。调整所得税以息税前利润(EBIT)为基础，按以下公式计算：

调整所得税＝息税前利润($EBIT$)×所得税率

式中　息税前利润＝利润总额＋利息支出

或　息税前利润＝营业收入－总成本费用＋利息支出＋补贴收入

因为　总成本费用＝经营成本＋折旧费＋摊销费＋利息支出

所以　息税前利润＝营业收入－经营成本－折旧费－摊销费＋补贴收入

此外，计算息税前利润时，除剔除总成本费用中的利息支出的影响外，建设期利息对折旧的影响(因为折旧的变化会对利润总额产生影响，进而影响息税前利润)也应被排除，即在融资前分析中，固定资产总额中不应包括建设期利息，而在融资后分析中，建设期贷款利息则需要计入固定资产投资。

调整所得税应根据息税前利润乘以所得税率计算。原则上，息税前利润的计算应完全不受融资方案变动的影响，即不受利息多少的影响，包括建设期利息对折旧的影响。但如此将会出现两个折旧和两个息税前利润(用于计算融资前所得税的息税前利润和利润表中的息税前利润)。为简化起见，根据《建设项目经济评价方法与参数(第三版)》，当建设期利息占总投资比例不是很大时，也可按利润表中的息税前利润计算调整所得税。

(5)一些项目在运营期需要投入一定的固定资产投资才能得以维持正常运营，这类投资称为维持运营投资。对维持运营投资，根据实际情况有两种处理方式：一种是予以资本化，即计入固定资产原值；另一种是费用化，列入年度总成本。维持运营投资是否能予以资本化，取决于其是否能够使可能流入企业的经济利益增加，且该固定资产的成本是否能够可靠地计量。如果该投资投入后延长了固定资产的使用寿命，或者使产品质量实质性提高，或者成本实质性降低等，那么应予以资本化，并计提折旧。否则该投资职能费用化，列入年度总成本。

(6)按所得税前的净现金流量计算的相关指标即所得税前指标，是投资盈利能力的体现，用以考察项目方案设计本身所决定的财务盈利能力。它不受融资方案和所得税政策变化的影响，仅仅体现项目方案本身的合理性。所得税前指标可以作为初步投资决策的主要指标，用于考察项目是否基本可行，并值得去为之融资。

【例 6-1】 某建设项目建设期 1 年，运营期 6 年，项目建成当年投产，当地政府给予启动经费100 万元(免税)。其他基本数据如下。

(1)建设投资估算 1 000 万元，预计全部形成固定资产(包括可抵扣固定资产进项税额 100 万)，固定资产使用年限 10 年，按直线法折旧，期末残值率 4%，固定资产余值在项目运营期末收回。投产当年又投入资本金 200 万元作为运营期的流动资金。

(2)正常年份年营业收入为 800 万元(其中销项税额为 100 万元)，经营成本 400 万元(其中进项税额 50 万元)，税金附加按应纳增值税的 10%计算，所得税率为 25%，行业基准收益率 10%，基准投资回收期 6 年，投资者可接受的最低所得税后收益率为 15%。

(3)投产第 1 年仅达到设计生产能力的 80%，这一年的营业收入及其所含销项税额、经营成本及其所含进项税额均按正常年份的 80%计算，以后各年均达到设计生产能力。

(4)运营 3 年后，预计需更新新型自动控制设备配件购置费 20 万元(无可抵扣进项税额)才能维持以后的正常运营需要，该维持运营投资按当期费用计入年度总成本。

试编制项目投资现金流量表。

解：(1)固定资产折旧费(融资前，固定资产原值不含建设期利息)：

$$\text{固定资产原值}=\text{形成固定资产的费用}-\text{可抵扣固定资产进项税额}$$
$$=1\,000-100=900(\text{万元})$$

$$\text{固定资产折旧}=\frac{(1\,000-100)\times(1-4\%)}{10}=86.4(\text{万元})$$

(2)固定资产余值：固定资产使用年限 10 年，运营期末只用了 6 年，还有 4 年未折旧，所以，运营期末固定资产余值为：

$$\text{固定资产余值}=\text{年固定资产折旧费}\times 4+\text{残值}$$
$$=86.40\times 4+(1\,000-100)\times 4\%=381.60(\text{万元})$$

(3)调整所得税：增值税应纳税额＝当期销项税额－当期进项税额－可抵扣固定资产进项税额，所以：

第 2 年的当期销项税额－当期进项税额－可抵扣固定资产进项税额＝100×0.8－50×0.8－100＝－60(万元)<0，所以第 2 年应纳增值税额为 0。

第 3 年的当期销项税额－当期进项税额－可抵扣固定资产进项税额＝100－50－60＝－10(万元)<0，所以第 3 年应纳增值税额为 0。

第 4 年的应纳增值税＝100－50－10＝40(万元)。

第 5、6、7 年应纳增值税额＝100－50＝50(万元)。

调整所得税＝[(营业收入－当期销项税额)－(经营成本－当期进项税额)－折旧费－维持运营投资＋补贴收入－增值税附加]×25%

第 2 年调整所得税＝[(800－100)×0.8－(400－50)×0.8－86.4－0＋100－0]×25%＝73.4(万元)

第 3 年调整所得税＝[(800－100)－(400－50)－86.4－0＋0－0]×25%＝65.9(万元)

第 4 年调整所得税＝[(800－100)－(400－50)－86.4－0＋0－40×10%]×25%＝64.90(万元)

第 5 年调整所得税＝[(800－100)－(400－50)－86.4－20＋0－50×10%]×25%＝59.65(万元)

第 6、7 年调整所得税＝[(800－100)－(400－50)－86.4－0＋0－50×10%]×25%＝64.65(万元)

项目投资现金流量见表 6-2。

表 6-2　项目投资现金流量表　　万元

序号	项目	计算期						
		1	2	3	4	5	6	7
1	现金流入		740.00	800.00	800.00	800.00	800.00	1 381.60
1.1	营业收入(不含销项税额)		560.00	700.00	700.00	700.00	700.00	700.00
1.2	销项税额		80.00	100.00	100.00	100.00	100.00	100.00
1.3	补贴收入		100.00					
1.4	回收固定资产余值							381.60
1.5	回收流动资金							200.00
2	现金流出	1 000.00	520.00	400.00	444.00	475.00	455.00	455.00
2.1	建设投资	1 000.00						
2.2	流动资金		200.00					
2.3	经营成本(不含进项税额)		280.00	350.00	350.00	350.00	350.00	350.00
2.4	进项税额		40.00	50.00	50.00	50.00	50.00	50.00
2.5	应纳增值税				40.00	50.00	50.00	50.00
2.6	增值税附加(10%)				4.00	5.00	5.00	5.00
2.7	维持运营投资					20.00		
3	所得税前净现金流量(1－2)	－1 000.00	220.00	400.00	356.00	325.00	345.00	926.60
4	累计所得税前净现金流量	－1 000.00	－780.00	－380.00	－24.00	301.00	646.00	1 572.60
5	调整所得税		73.40	65.90	64.90	59.65	64.65	64.65
6	所得税后净现金流量(3－5)	－1 000.00	146.60	334.10	291.10	265.35	280.35	861.95
7	累计所得税后净现金流量	－1 000.00	－853.40	－519.30	－228.20	37.15	317.50	1 179.45

6.2.3　融资后财务评价

融资后财务评价包括项目的盈利能力分析、偿债能力分析及财务生存能力分析，据以判断项目方案在融资条件下的合理性。融资后评价是比选融资方案，进行融资决策和最终决定是否投资的依据。融资后财务评价的报表包括项目资本金现金流量表、投资各方现金流量表、利润与利润分配表、财务计划现金流量表、资产负债表。辅助报表有借款还本付息估算表、总成本费用估算表。

盈利能力分析包括动态分析和静态分析两种方法。动态分析是通过编制财务现金流量表，根据资金时间价值原理，计算财务内部收益率、财务净现值等指标，分析项目的获利能力。融资后的动态分析可分为项目资本金现金流量分析和投资各方现金流量分析。静态分析则是通过编制利润与利润分配表，选择一些静态指标，分析非折现盈利能力。

偿债能力则是考察项目按期偿还借款的能力。根据借款还本付息计划表、利润和利润分配表及总成本费用表的有关数据，通过计算利息备付率、偿债备付率指标，判断项目的偿债能力。如果能够得知或根据经验设定所要求的借款偿还期，可以直接计算利息备付率、偿债备付率指标。如果借款偿还期难以设定，也可以先将其大致估算出，再采用适宜的方法计算出每年需要还本和付息的金额，计算利息备付率、偿债备付率指标。

财务生存能力是根据财务计划现金流量表，分析考察项目在整个计算期内的资金充裕程度，分析财务可持续性，判断项目在财务上的生存能力。

1. 借款还本付息计划表的编制

建设投资借款一般是长期借款。建设投资借款利息是指建设投资借款在还款起始年年初(通常也是运营期初)的余额(含未支付的建设利息)应在运营期支付的利息。借款还本付息计划表反映了项目计算期内各年借款本金偿还和利息支付情况，用于计算偿债备付率和利息备付率指标。根据与贷款银行商定的条件，建设期贷款的本息将在生产期内分年偿还。偿还的方式有多种，一般采用生产期在规定年限内等额偿还方式，如等额本金偿还和等额本息偿还，在财务评价中常采用还本付息表的形式来计算。在计算中要注意，生产期初应偿还贷款本息总额等于建设期内贷款本金与贷款利息的总和；在生产期内当到某年仍不能还清全部贷款时，还应计算利息；另外，每年贷款的偿还均发生在年末(表 6-3)。

表 6-3　借款还本付息计划表

序号	项目	合计	计算期					
			1	2	3	4	…	*n*
1	借款 1							
1.1	期初累计借款							
1.2	当期应还本息							
	其中：本金							
	付息							
1.3	期末借款余款							
2	借款 2							
	…							
3	债券							
	…							
4	借款和债券合计							
	…							
计算指标	利息备付率(%)							
	偿债备付率(%)							

根据国家现行财税制度的规定，贷款还本的资金来源主要包括可用于归还借款的利润、固定资产折旧、无形资产和其他资产摊销费和其他还款资金。

(1)利润。用于归还贷款的利润，一般应是经过利润分配程序后的未分配利润。如果是股份制企业，需要向股东支付股利，应先从未分配利润中扣除分配给投资者的利润，然后用来归还贷款。项目投产初期，如果用规定的资金来源归还贷款的缺口较大，也可暂不提取公积金。

(2)固定资产折旧。鉴于项目投产初期尚未面临固定资产更新的问题，作为固定资产重置准备金性质的折旧，在被提取以后暂时处于闲置状态。因此，为了有效地利用一切可能的资金来源以缩短还贷期限，加强项目的偿债能力，可以使用部分新增折旧基金作为偿还贷款的来源之一。

(3)摊销费。摊销费是指按现行的财务制度计入项目的总成本费用，但是项目在提取摊销费后，这笔资金并没有具体的用途规定，具有沉淀性质，因此可以用来归还贷款。

(4)其他还款资金。其他还款资金是指按有关规定可以用减免的增值税、营业税金来作为偿还借款的资金来源。

在生产期内，建设投资和流动资金的借款利息按现行的财务制度，均应计入项目总生产成本费用中的财务费用。

建设投资借款可分别采用等额还本付息法或等额还本利息照付法两种还款方法来计算。

(1)等额还本付息法。等额还本付息法是指在还款期内每年偿付的本息之和是相等的，但每年支付的本金数和利息数不相等。随着本金的偿还，每年支付的利息逐年减少，同时每年偿还的本金逐年增多。还本付息的计算公式如下。

①计算建设期末的累计借款本金与利息之和 I_c。

②根据等额支付系列资金恢复公式，计算每年等值的还本付息额度 A：

$$A=I_c\frac{i(1+i)^n}{(1+i)^n-1} \tag{6-1}$$

两种还款方式对比

式中　A——每年还本付息额(等额年金)；

I_c——还款起始年年初的借款余额(含未支付的建设期利息)；

i——年利率；

n——预定的还款期。

③每年应还利息＝年初借款余额×年利率。

其中：年初借款余额＝I_c　本年前各年偿还的本金累计。

④每年应还本金＝A－每年应还利息。

【例 6-2】 某建设项目建设期为 2 年，向银行贷款总额为 1 250 万元。贷款比例为：第一年 55％，第二年 45％。银行贷款利率为 8％(按季结息)。建设期贷款按照每年等额还本付息法，在生产期的前 5 年内偿还。试计算每年应还本金、利息和本息各为多少？

解：各年银行贷款额：

第一年银行贷款＝1 250×55％＝687.5(万元)

第二年银行贷款＝1 250×45％＝562.5(万元)

$$银行贷款实际利率=\left(1+\frac{名义利率}{年计息次数}\right)^{年计息次数}-1=\left(1+\frac{8\%}{4}\right)^4-1=8.24\%$$

建设期 2 年内各年的银行贷款利息：

第一年银行贷款利息＝687.5×8.24％÷2＝28.33(万元)

第二年银行贷款利息＝(687.5＋28.33＋562.5÷2)×8.24％＝82.16(万元)

生产期初应还银行本息＝1 250＋28.33＋82.16＝1 360.49(万元)

$$还款期内每年应还银行本息=1\ 360.49\times\frac{8.24\%\times(1+8.24\%)^5}{(1+8.24\%)^5-1}=342.90(万元)$$

其他数据见表 6-4。

表 6-4　借款还本付息表(一)　　　　万元

序号	年序	1	2	3	4	5	6	7
1	年初累计借款		715.83	1 360.49	1 129.69	879.87	609.48	316.80
2	本年新增借款	687.5	562.5	0	0	0	0	0
3	本年应计利息	28.33	82.16	112.10	93.09	72.50	50.22	26.10
4	本年应还本息	0	0	342.90	342.90	342.90	342.90	342.90
4.1	其中：还本金	0	0	230.80	249.81	270.40	292.68	316.80
4.2	还利息	0	0	112.10	93.09	72.50	50.22	26.10
5	年末借款余额			1 129.69	879.87	609.48	316.80	0

(2)等额还本利息照付法。等额还本利息照付法是指在还款期内每年等额偿还本金，而利息按年初借款余额和利率的乘积计算，每年偿还的利息及本利和均不等。

①计算建设期末累计借款本金与利息之和 I_c。

②在指定偿还期内，每年应偿还的本金 A：

$$A=\frac{I_c}{n} \tag{6-2}$$

式中　n——贷款偿还期。

③每年应还利息＝年初借款余额×年利率：

$$\text{第}\,t\,\text{年还的利息}=I_c\times\left(1-\frac{t-1}{n}\right)\times i \tag{6-3}$$

④每年应还本息总额＝每年应还的本金 A＋每年应还利息：

$$\text{第}\,t\,\text{年还的本息额}\,A_t=\frac{I_c}{n}+I_c\times\left(1-\frac{t-1}{n}\right)\times i \tag{6-4}$$

【例 6-3】 根据例 6-2 的数据，建设期贷款采用等额还本利息照付法，在生产期的前 5 年内偿还。试计算每年应还本金、利息和本息各为多少？

解： 每年应还本金＝1 360.49÷5＝272.10(万元)。其他数据见表 6-5。

表 6-5　借款还本付息表(二)　　　　万元

序号	年序	1	2	3	4	5	6	7
1	年初累计借款		715.83	1 360.49	1 088.39	816.29	544.19	272.09
2	本年新增借款	687.5	562.5					
3	本年应计利息	28.33	82.16	112.10	89.68	67.26	44.84	22.42
4	本年应还本息			384.20	361.78	339.36	316.94	294.52
4.1	其中：还本金			272.1	272.1	272.1	272.1	272.1
4.2	还利息			112.10	89.68	67.26	44.84	22.42
5	年末借款余额			1 088.39	816.29	544.19	272.09	0

2. 总成本费用表的编制

总成本费用表是在还本付息计划表、固定资产折旧费用估算表、流动资产及其他资产摊销估算表、营业收入和营业税金及附加和增值税加估算表编制完成后，并通过对项目经营成本的计算，汇总编制而成的报表。用生产要素法估算的总成本费用表的格式见表 6-6。另外，总成本费用也可以采用生产成本加期间费用的方式估算。

表 6-6　总成本费用估算表(生产要素法)

序号	年份 项目	计算期					
		1	2	3	4	…	n
1	外购原材料费						
2	外购燃料及动力费						
3	工资及福利费						
4	修理费						
5	其他费用						
6	经营成本(1＋2＋3＋4＋5)						
7	折旧费						
8	摊销费						
9	利息支出						
10	总成本费用合计(6＋7＋8＋9)						
	其中：可变成本						
	固定成本						

3. 利润与利润分配表的编制

利润与利润分配表反映出项目计算期内各年营业收入、总成本费用、利润总额等情况，以及缴纳所得税后利润的分配，用于计算总投资收益率、项目资本金净利润率等指标。其报表格式见表 6-7。

表 6-7　利润与利润分配表

序号	项目	合计	计算期						
			1	2	3	4	5	…	n
1	营业收入(不含销项税)								
2	增值税附加税								
3	总成本费用(不含进项税)								
4	补贴收入								
5	利润总额(1－2－3＋4)								
6	弥补前年度亏损								
7	应纳税所得额(5－6)								
8	所得税(7×所得税率)								
9	净利润(5－8)								
10	期初未分配利润								
11	可供分配利润(9＋10－6)								
12	提取法定盈余公积金								
13	可供投资者分配的利润(11－12)								
14	应付优先股利								
15	提取任意盈余公积金								

续表

序号	项目	合计	计算期						
			1	2	3	4	5	…	n
16	应付普通股利(13－14－15)								
17	各投资方利润分配								
	其中：××方								
	××方								
18	未分配利润(13－14－15－17)								
19	息税前利润(利润总额＋利息支出)								
20	息税折旧摊销前利润 (息税前利润＋折旧＋摊销)								

表 6-7 中：

(1)营业收入、增值税附加税的各年度数据取自营业收入、营业税金及附加和增值税估算表，总成本费用取自总成本费用估算表。

(2)利润总额＝营业收入－增值税附加税－总成本费用＋补贴收入。

(3)所得税＝应纳税所得额×所得税率，应纳税所得额＝利润总额－上年度亏损。

应纳税所得额为利润总额根据国家有关规定进行调整后的数额。在建设项目财务评价中，主要是按减免所得税及用税前利润弥补上年度亏损的有关规定进行的调整。根据财政部颁发的《工业企业财务制度》规定，企业发生的年度亏损，可以用下一年度的税前利润等弥补，下一年利润不足以弥补的可以在 5 年内延续弥补，5 年内不足以弥补的，用税后利润等弥补。

(4)净利润＝利润总额－所得税。

(5)可供分配利润＝净利润＋期初未分配利润－上年度亏损。

(6)法定盈余公积金＝净利润×10%。

(7)可供投资者分配的利润＝可供分配利润－法定盈余公积金。可供投资者分配可能出现两种情况：

①可供投资者分配利润＋折旧费＋摊销费≤该年应还本金，则该年的可供投资者分配利润全部转为未分配利润用于还款，不足部分为该年资金亏损，不提取应付投资者各方的股利，并需要临时借款弥补还本资金的不足。

②可供投资者分配利润＋折旧费＋摊销费＞该年应还本金，则该年为盈余年份，还款未分配利润按以下公式计算：

该年还款未分配利润＝(该年应还本金＋上年度亏损)－折旧费－摊销费

(8)应付各投资方股利＝可供投资者分配利润×约定的分配利率

4. 项目资本金现金流量表的编制

在对项目整体获利能力有所判断的基础上，项目资本金盈利能力指标是投资者最终决定是否投资的最重要的指标，也是比较和取舍融资方案的重要依据。项目资本金现金流量分析，应在拟订的融资方案下，从项目资本金出资者的角度，确定其现金流入和现金流出，编制项目资本金现金流量表。

项目资本金现金流量表以投资者的出资额作为计算基础，将借款本金的偿还及利息支付计入现金流出，用以计算项目的资本金内部收益率、财务净现值等评价指标，考察项目的盈利能力。其报表格式见表 6-8。

表 6-8　项目资本金现金流量表

序号	项目	合计	计算期							
			1	2	3	4	5	6	…	n
1	现金流入									
1.1	营业收入(不含销项税额)									
1.2	销项税额									
1.3	回收固定资产余值									
1.4	回收流动资金									
2	现金流出									
2.1	项目资本金									
2.2	借款本金偿还									
2.3	借款利息支付									
2.4	经营成本(不含进项税额)									
2.5	进项税额									
2.6	应纳增值税									
2.7	增值税附加									
3	净现金流量(1－2)									
计算指标： 资本金财务内部收益率(*FIRR*)＝　　%										

表 6-8 中：

(1)现金流入：各项数据来源与全部投资现金流量表相同。

(2)现金流出。

①项目资本金取自项目总投资计划与资金筹措表中资金筹措项下的自有资金分项。

②借款本金偿还包括借款还本付息计划表中的本年还本金额与流动资金借款本金偿还之和，其中流动资金借款本金偿还一般发生在计算期最后一年。

③借款利息支付数额来自总成本费用估算表中的利息支出项。

④现金流出中其他各项与全部投资现金表相同。

5. 投资各方现金流量表的编制

为了考察投资各方的具体收益，还应从投资各方实际收入和支出的角度，确定其现金流入和现金流出，分别编制投资各方现金流量表，计算投资各方的内部收益率。其报表格式见表 6-9。

表 6-9　投资各方现金流量表

序号	项目	合计	计算期							
			1	2	3	4	5	6	…	n
1	现金流入									
1.1	实分利润									
1.2	资产处置收益分配									
1.3	租赁费收入									
1.4	技术转让或使用收入									

续表

序号	项目	合计	计算期							
			1	2	3	4	5	6	…	n
1.5	其他现金流入									
2	现金流出									
2.1	实缴资本									
2.2	租赁资产支出									
2.3	其他现金流出									
3	净现金流量(1−2)									

计算指标：

投资各方财务内部收益率(*FIRR*)=　　%

投资各方现金流量表中现金流入是指出资方因该项目的实施将实际获得的各种收入。现金流出是指出资方因该项目的实施将实际投入的各种支出。

(1)实分利润是指投资者由项目获取的利润。

(2)资产处置收益分配是指对有明确的合营期限或合资期限的项目，在期满时对资产余值按股比或约定比例的分配。

(3)租赁费收入是指出资方将自己的资产租赁给项目使用所获得的收入，此时应将资产价值作为现金流出，列为租赁资产支出科目。

(4)技术转让或使用收入是指出资方将专利或专有技术转让或允许该项目使用所获得的收入。

6. 项目财务计划现金流量表的编制

财务计划现金流量表，反映项目计算期各年的投资、融资及经营活动的现金流入和流出，计算累计盈余资金，分析项目的财务生存能力。用于选择资金筹措方案、制订适宜的借款及偿还计划，并为编制资产负债表提供依据。其报表格式见表6-10。

表6-10　项目财务计划现金流量表

序号	项目	合计	计算期							
			1	2	3	4	5	6	…	n
1	经营活动净现金流量(1.1−1.2)									
1.1	现金流入									
1.1.1	营业收入									
1.1.2	增值税销项税额									
1.1.3	补贴收入									
1.1.4	其他流入									
1.2	现金流出									
1.2.1	经营成本									
1.2.2	增值税进项税额									
1.2.3	营业税金及附加									
1.2.4	增值税									
1.2.5	所得税									

续表

序号	项目	合计	计算期							
			1	2	3	4	5	6	…	n
1.2.6	其他流出									
2	投资活动净现金流量(2.1－2.2)									
2.1	现金流入									
2.2	现金流出									
2.2.1	建设投资									
2.2.2	维持运营投资									
2.2.3	流动资金									
2.2.4	其他流出									
3	筹资活动净现金流量(3.1－3.2)									
3.1	现金流入									
3.1.1	项目资本金投入									
3.1.2	建设投资借款									
3.1.3	流动资金借款									
3.1.4	债券									
3.1.5	短期借款									
3.1.6	其他流入									
3.2	现金流出									
3.2.1	各种利息支出									
3.2.2	偿还债务本金									
3.2.3	应付利润(股利分配)									
3.2.4	其他流出									
4	净现金流量(1＋2＋3)									
5	累积盈余资金									

7. 资产负债表的编制

资产负债表综合反映项目计算期内各年年末资产、负债和所有者权益的增减变化及对应关系，用以考察项目资产、负债、所有者权益的结构是否合理，进行清偿能力分析。其报表格式见表 6-11。

表 6-11　资产负债表

序号	项目	合计	计算期						
			1	2	3	4	5	…	n
1	资产								
1.1	流动资产总额								
1.1.1	货币资金								
1.1.2	应收账款								
1.1.3	预付账款								
1.1.4	存货								

序号	项目	合计	计算期						
			1	2	3	4	5	…	n
1.1.5	其他								
1.2	在建工程								
1.3	固定资产净值								
1.4	无形及其他资产净值								
2	负债及所有者权益(2.4+2.5)								
2.1	流动负债总额								
2.1.1	短期借款								
2.1.2	应付账款								
2.1.3	预收账款								
2.1.4	其他								
2.2	建设投资借款								
2.3	流动资金借款								
2.4	负债小计(2.1+2.2+2.3)								
2.5	所有者权益								
2.5.1	资本金								
2.5.2	资本公积金								
2.5.3	累计盈余公积金								
2.5.4	累计未分配利润								

计算指标：

资产负债率(%)

资产负债表记录的是现金存量，是某一时刻的累计值。这与现金流量表、利润与利润分配表、项目财务计划现金流量表不同，这些报表记录的是现金流量。资产负债表中的基本恒等关系是：资产=负债+所有者权益。

(1)资产由流动资产、在建工程、固定资产净值、无形及其他资产净值四项组成。其中：

①流动资产包括生产经营中所必需的最低要求的流动资产，为应收账款、预付账款、存货、货币资金和其他之和。前三项数据来于流动资产估算表，货币资金取自财务计划现金流量表中的累计盈余资金与流动资金估算表中的现金之和。但在计算期的最后一年应扣除回收固定资产余值及自有流动资金。

②在建工程记录的是包括施工前期准备、正在施工中和虽已完工但尚未交付使用的建筑工程和安装工程所花的投资费用，包括建设投资和建设期利息的年累计额。

③固定资产净值和无形及其他资产净值分别从固定资产折旧费估算表和无形及其他资产摊销估算表中取得。

(2)负债包括流动负债和建设投资借款和流动资金借款。流动负债中的应付账款、预收账款数据取自流动资金估算表。建设投资借款和流动资金借款根据财务计划与现金流量表中的对应项及相应的本金偿还项进行计算。

(3)所有者权益包括资本金、资本公积金、累计盈余公积金及累计未分配利润。其中，累计未分配利润来自利润与利润分配表。累计盈余公积金来自利润与利润分配表中盈余公积金各年份的累计值，但应据有无用盈余公积金弥补或转增资本金的情况进行相应调整。资本金为项目投资中累计自有资金(扣除资本溢价)，当存在资本公积金或盈余公积金转增资本金的情况时应进行相应调整。

【例 6-4】 拟建某工业生产项目，其基础数据如下。

(1)固定资产投资估算总额为 5 263.90 万元(其中包括无形资产 600 万元)，建设期 2 年，运营期 8 年。建设投资中无可抵扣固定资产进项税额。

(2)本项目固定资产投资来源为自有资金和贷款。自有资金在建设期内均衡投入；贷款总额为 2 000 万元，在建设期内每年贷款 1 000 万元。贷款年利率 10%(按年计息)。贷款合同规定的还款方式为：在生产期的前 4 年内用等额还本付息方式。无形资产在运营期 8 年中均匀摊入成本。固定资产残值 300 万元，按直线法折旧，折旧年限 12 年。流动资金全部为自有资金。

(3)企业适用的增值税税率为 17%，增值税附加税率为 12%，企业所得税税率 25%。

(4)本项目第 3 年投产，当年生产负荷达到设计生产能力 70%，第 4 年达到设计生产能力 90%，以后各年均达到设计生产能力。

(5)股东会约定正常年份按可供投资者分配利润 50% 比例，提取应付投资者各方的股利。运营期的头两年，根据达产比例按正常年份 70% 和 90% 比例提取。

(6)项目的资金投入、收益、成本，见表 6-12。

表 6-12　项目资金投入、收益、成本费用表　　万元

序号	项目	计算期							
		1	2	3	4	5	6	7	8～10
1	建设投资	2 529.45	2 529.45						
1.1	资本金	1 529.45	1 529.45						
1.2	贷款(不含利息)	1 000.00	1 000.00						
2	营业收入(不含销项税)			3 300.00	4 250.00	4 700.00	4 700.00	4 700.00	4 700.00
3	经营成本(不含进项税)			2 490.84	3 202.51	3 558.34	3 558.34	3 558.34	3 558.34
4	经营成本中的进项税			350.00	430.00	500.00	500.00	500.00	500.00
5	流动资产(应收账款＋现金＋存货＋预付账款)			532.00	684.00	760.00	760.00	760.00	760.00
6	流动负债(应付账款＋预收账款)			89.83	115.50	128.33	128.33	128.33	128.33
7	流动资金(5－6)			442.17	568.50	631.67	631.67	631.67	631.67
8	年新增流动资金			442.17	126.33	63.17	0.00	0.00	0.00

问题：

(1)计算建设期贷款利息和运营期固定资产折旧费、无形资产摊销费。

(2)编制项目的借款还本付息计划表、总成本费用表和利润与利润分配表。

(3)编制项目资本金现金流量表。

(4)编制项目的财务计划现金流量表。

(5)编制项目的资产负债表。

解：(1)建设期贷款利息和运营期固定资产折旧费、无形资产摊销费。

①建设期各年贷款利息计算，采用分年均衡发放方式。

第 1 年银行贷款利息＝1 000×10%÷2＝50(万元)

第 2 年银行贷款利息＝(1 000＋50＋1 000÷2)×10％＝155(万元)

建设期贷款利息总计＝50＋155＝205(万元)

②固定资产折旧费＝(5 263.9－600－300)÷12＝363.66(万元)

③无形资产摊销费＝600÷8＝75(万元)

(2)项目的借款还本付息计划表、总成本费用表和利润与利润分配表的编制。

①借款还本付息计划表(表 6-13)。建设期末，生产期初(第 3 年初)累计借款 2 205 万元，按贷款合同规定，生产期的前 4 年等额本息偿还。

$$\therefore 每年应还本息＝2\ 205\times\frac{10\%\times(1+10\%)^4}{(1+10\%)^4-1}＝2\ 205\times0.315\ 47＝695.61(万元)$$

表 6-13　项目借款还本付息表

万元

序号	项目	1	2	3	4	5	6
1	年初累计借款	0	1 050.00	2 205.00	1 729.89	1 207.27	632.39
2	本年新增借款	1 000.00	1 000.00	0	0	0	0
3	本年应计利息	50.00	155.00	220.50	172.99	120.73	63.24
4	本年应还本息			695.61	695.61	695.61	695.61
4.1	其中：还本金			475.11	522.62	574.88	632.39
4.2	还利息			220.50	172.99	120.73	63.24
5	年末余额	1 050.00	2 205.00	1 729.89	1 207.27	632.39	0.00

②总成本费用表(见表 6-14)。总成本费用包括年经营成本、折旧费、摊销费和贷款利息。其中经营成本来自表 6-12，年折旧费用为 361.66 万元，年摊销费用为 75 万元，建设期贷款利息取自表 6-13。

表 6-14　总成本费用表

万元

序号	项目	3	4	5	6	7	8	9	10
1	年经营成本(不含进项税)	2 490.84	3 202.51	3 558.34	3 558.34	3 558.34	3 558.34	3 558.34	3 558.34
2	年折旧费用	363.66	363.66	363.66	363.66	363.66	363.66	363.66	363.66
3	年摊销费用	75	75	75	75	75	75	75	75
4	建设期贷款利息	220.50	172.99	120.73	63.24				
5	总成本费用(不含进项税)	3 150.00	3 814.16	4 117.73	4 060.24	3 997.00	3 997.00	3 997.00	3 997.00

③增值税附加税(表 6-15)。增值税应纳税额等于当期销项税额减去当期进项税额，当期销项税额等于不含销项税额的营业收入乘以增值税率，故：

项目第 3 年的增值税应纳税额＝3 300×17％－350＝211(万元)

项目第 3 年的增值税附加税＝211×12％＝25.32(万元)

项目其他各年的增值税应纳税额、增值税附加税计算结果见表 6-15。

表 6-15　增值税及附加税计算表

万元

序号	项目	3	4	5	6	7	8	9	10
1	营业收入(不含进项税)	3 300.00	4 250.00	4 700.00	4 700.00	4 700.00	4 700.00	4 700.00	4 700.00
2	销项税额(1×17％)	561.00	722.50	799.00	799.00	799.00	799.00	799.00	799.00
3	进项税额	350.00	430.00	500.00	500.00	500.00	500.00	500.00	500.00

续表

序号	项目	3	4	5	6	7	8	9	10
4	增值税应纳税额(2－3)	211.00	292.50	299.00	299.00	299.00	299.00	299.00	299.00
5	增值税附加税(4×12%)	25.32	35.10	35.88	35.88	35.88	35.88	35.88	35.88

④利润与利润分配表(表 6-16)。将各年的营业收入、增值税及附加和总成本费用填入利润与利润分配表，计算出各年利润总额、所得税及净利润，各年数据计算如下。

a. 第 3 年：

利润总额＝3 300－3 150－25.32＝124.68(万元)

应纳所得税＝124.68×25%＝31.17(万元)

净利润＝124.68－31.17＝93.51(万元)

因为期初无未分配利润和弥补亏损，故可供分配利润＝本年净利润；

盈余公积金＝93.51×10%＝9.35(万元)

可供投资者分配利润＝93.15－9.35＝84.16(万元)

应付投资者各方股利＝84.16×50%×70%＝29.46(万元)

未分配利润＝84.16－29.46＝54.70(万元)

还款未分配利润＝475.11－363.66－75＝36.45(万元)

剩余未分配利润＝54.70－36.45＝18.25(万元)，转为下年度期初未分配利润。

b. 第 4 年～第 6 年，其计算方式与第 3 年类同。

c. 第 7～10 年已还清贷款。所以，总成本费用表中不再有固定资产贷款利息，总成本均为 3 997 万元。利润与利润分配表中用于还款的未分配利润也均为 0，净利润只用于提取 10% 的盈余公积金和应付投资者各方股利 50%，剩余的未分配利润转为下年期初未分配利润。

表 6-16　利润与利润分配表　　万元

序号	项目	3	4	5	6	7	8	9	10
1	营业收入(不含销项税)	3 300.00	4 250.00	4 700.00	4 700.00	4 700.00	4 700.00	4 700.00	4 700.00
2	增值税附加税	25.32	35.10	35.88	35.88	35.88	35.88	35.88	35.88
3	总成本费用(不含进项税)	3 150.00	3 814.16	4 117.73	4 060.24	3 997.00	3 997.00	3 997.00	3 997.00
4	补贴收入								
5	利润总额(1－2－3＋4)	124.68	400.74	546.39	603.88	667.12	667.12	667.12	667.12
6	弥补前年度亏损								
7	应纳税所得额(5－6)	124.68	400.74	546.39	603.88	667.12	667.12	667.12	667.12
8	所得税(7×25%)	31.17	100.19	136.60	150.97	166.78	166.78	166.78	166.78
9	净利润(5－8)	93.51	300.56	409.79	452.91	500.34	500.34	500.34	500.34
10	期初未分配利润		18.25	74.85	85.61	52.89	251.60	350.95	400.63
11	可供分配利润(9＋10－6)	93.51	318.81	484.65	538.52	553.23	751.94	851.29	900.97
12	提取法定盈余公积金(9×10%)	9.35	30.06	40.98	45.29	50.03	50.03	50.03	50.03
13	可供投资者分配的利润(11－12)	84.16	288.75	443.67	493.23	503.19	701.90	801.26	850.93
14	应付投资方股利(13×约定利率)	29.46	129.94	221.83	246.62	251.60	350.95	400.63	425.47
15	未分配利润(13－14)	54.70	158.81	221.83	246.62	251.60	350.95	400.63	425.47
15.1	用于还款未分配利润	36.45	83.96	136.22	193.73				

续表

序号	项目	3	4	5	6	7	8	9	10
15.2	剩余利润转下年期初未分配利润	18.25	74.85	85.61	52.89	251.60	350.95	400.63	425.47
16	息税前利润(5+利息支出)	345.18	573.73	667.12	667.12	667.12	667.12	667.12	667.12

(3)项目资本金现金流量表(表6-17)。表中数据取自表6-12～表6-16，其中：回收固定资产余值＝363.66×(10－6)＋300＝1 754.64(万元)，回收流动资金＝投入的全部流动资金之和＝631.67万元。

表6-17　项目资本金现金流量表　　万元

序号	项目	1	2	3	4	5	6	7	8	9	10
1	现金流入			3 861.00	4 972.50	5 499.00	5 499.00	5 499.00	5 499.00	5 499.00	7 885.31
1.1	营业收入(不含销项税额)			3 300.00	4 250.00	4 700.00	4 700.00	4 700.00	4 700.00	4 700.00	4 700.00
1.2	销项税额			561.00	722.50	799.00	799.00	799.00	799.00	799.00	799.00
1.3	补贴收入										
1.4	回收固定资产余值										1 754.64
1.5	回收流动资金										631.67
2	现金流出	1 529.45	1 529.45	4 246.11	4 882.23	5 288.59	5 239.82	4 560.00	4 560.00	4 560.00	4 560.00
2.1	项目资本金	1 529.45	1 529.45	442.17	126.33	63.17					
2.2	借款本金偿还			475.11	522.62	574.88	632.39				
2.3	借款利息支付			220.50	172.99	120.73	63.24				
2.4	经营成本(不含进项税额)			2 490.84	3 202.51	3 558.34	3 558.34	3 558.34	3 558.34	3 558.34	3 558.34
2.5	进项税额			350.00	430.00	500.00	500.00	500.00	500.00	500.00	500.00
2.6	应纳增值税			211.00	292.5.00	299.00	299.00	299.00	299.00	299.00	299.00
2.7	增值税附加			25.32	35.1	35.88	35.88	35.88	35.88	35.88	35.88
2.8	所得税			31.17	100.19	136.6	150.97	166.78	166.78	166.78	166.78
3	净现金流量(1－2)	－1 529.45	－1 529.45	－385.11	90.26	210.41	259.18	939.00	939.00	939.00	3 325.31

(4)项目财务计划现金流量表(表6-18)。表中数据取自表6-12～表6-16。

表6-18　项目财务计划现金流量表　　万元

序号	项目	1	2	3	4	5	6	7	8	9	10
1	经营活动净现金流量(1.1－1.2)			752.67	912.20	969.18	954.81	939.00	939.00	939.00	939.00
1.1	现金流入			3 861.00	4 972.50	5 499.00	5 499.00	5 499.00	5 499.00	5 499.00	5 499.00
1.1.1	营业收入			3 300.00	4 250.00	4 700.00	4 700.00	4 700.00	4 700.00	4 700.00	4 700.00
1.1.2	增值税销项税额			561.00	722.50	799.00	799.00	799.00	799.00	799.00	799.00
1.2	现金流出			3 108.33	4 060.30	4 529.82	4 544.19	4 560.00	4 560.00	4 560.00	4 560.00
1.2.1	经营成本			2 490.84	3 202.51	3 558.34	3 558.34	3 558.34	3 558.34	3 558.34	3 558.34
1.2.2	增值税进项税额			350.00	430.00	500.00	500.00	500.00	500.00	500.00	500.00
1.2.3	增值税			211.00	292.50	299.00	299.00	299.00	299.00	299.00	299.00
1.2.4	增值税附加税			25.32	35.10	35.88	35.88	35.88	35.88	35.88	35.88

续表

序号	项目	1	2	3	4	5	6	7	8	9	10
1.2.5	所得税			31.17	100.19	136.60	150.97	166.78	166.78	166.78	166.78
2	投资活动净现金流量(2.1—2.2)	−2 579.45	−2 684.45	−442.17	−126.33	−63.17					
2.1	现金流入										
2.2	现金流出	2 579.45	2 684.45	442.17	126.33	63.17					
2.2.1	建设投资	2 579.45	2 684.45								
2.2.2	流动资金			442.17	126.33	63.17					
3	筹资活动净现金流量(3.1—3.2)	2 579.45	2 684.45	−282.90	−699.22	−854.27	−942.25	−251.62	−350.95	−400.63	−425.47
3.1	现金流入	2 579.45	2 684.45	442.17	126.33	63.17					
3.1.1	项目资本金投入	1 529.45	1 529.45	442.17	126.33	63.17					
3.1.2	建设投资借款	1 050.00	1 155.00								
3.1.3	流动资金借款										
3.2	现金流出			725.07	825.55	917.44	942.25	251.62	350.95	400.63	425.47
3.2.1	各种利息支出			220.50	172.99	120.73	63.24				
3.2.2	偿还债务本金			475.11	522.62	574.88	632.39				
3.2.3	应付利润(股利分配)			29.46	129.94	221.83	246.62	251.62	350.95	400.63	425.47
4	净现金流量(1+2+3)			27.60	86.65	51.74	12.56	687.38	588.05	538.37	513.53
5	累积盈余资金(∑4)			27.60	114.25	165.99	178.55	865.93	1 453.98	1 992.35	2 505.88

(5)资产负债表(表 6-19)。

①流动资产总额：是指流动资产、累计盈余资金额及期初未分配利润之和。流动资产取自表 6-12；累计盈余资金取自表 6-18；期初未分配利润取自表 6-16。

②在建工程投资额：是指建设期各年的固定资产投资额，取自表 6-12。

③固定资产净值：是指生产期内逐年从固定资产投资中扣除折旧费后的固定资产余值。

④无形资产净值：是指生产期内逐年从无形资产中扣除摊销费后的无形资产余值。

⑤流动负债：取自表 6-12。

⑥贷款负债：取自表 6-13。

⑦资本金：取自表 6-12，其中流动资金全部为自有资金。

⑧累计盈余公积金：根据利润与利润分配表 6-16 中的盈余公积金累计计算。

⑨累计未分配利润：根据利润与利润分配表 6-16 中未分配利润累计计算。

各年的资产与各年的负债和所有者权益之间应满足以下条件：资产＝负债＋所有者权益。

表 6-19　资产负债表　万元

序号	项目	1	2	3	4	5	6	7	8	9	10
1	资产	2 579.45	5 263.90	5 384.84	5 203.09	4 967.02	4 626.54	4 928.17	5 329.16	5 779.82	6 255.32
1.1	流动资产总额			559.60	816.50	1 019.09	1 117.26	1 857.53	2 697.18	3 586.50	4 500.66
1.1.1	流动资产			532.00	684.00	760.00	760.00	760.00	760.00	760.00	760.00
1.1.2	累计盈余资金			27.60	114.25	165.99	178.55	865.93	1 453.98	1 992.35	2 505.88
1.1.3	累计期初未分配利润				18.25	93.10	178.71	231.60	483.20	834.15	1 234.78
1.2	在建工程	2 579.45	5 263.90								
1.3	固定资产净值			4 300.24	3 936.58	3 572.92	3 209.26	2 845.60	2 481.94	2 118.28	1 754.62

续表

序号	项目	1	2	3	4	5	6	7	8	9	10
1.4	无形及其他资产净值			525.00	450.00	375.00	300.00	225.00	150.00	75.00	0.00
2	负债及所有者权益(2.1+2.2)	2 579.45	5 263.90	5 384.84	5 203.09	4 967.02	4 626.54	4 928.17	5 329.16	5 779.82	6 255.32
2.1	负债	1 050.00	2 205.00	1 819.72	1 322.77	760.72	128.33	128.33	128.33	128.33	128.33
2.1.1	流动负债			89.83	115.50	128.33	128.33	128.33	128.33	128.33	128.33
2.1.2	贷款负债	1 050.00	2 205.00	1 729.89	1 207.27	632.39					
2.2	所有者权益	1 529.45	3 058.90	3 565.12	3 880.32	4 206.30	4 498.21	4 799.84	5 200.82	5 651.48	6 126.98
2.2.1	资本金	1 529.45	3 058.90	3 501.07	3 627.40	3 690.57	3 690.57	3 690.57	3 690.57	3 690.57	3 690.57
2.2.2	累计盈余公积金			9.35	39.41	80.39	125.68	175.71	225.74	275.77	325.80
2.2.3	累计未分配利润			54.70	213.51	435.34	681.96	933.56	1 284.51	1 685.14	2 110.61

6.2.4 财务评价的参数与指标

1. 资金成本

资金成本是指项目为筹集和使用资金而支付的费用，包括资金占用费(如付给投资人的投资报酬、支付给债权人的利息)和资金筹集费(如筹资手续费)。一般来说，资金成本是评价投资方案所用的折现率，也是选择资金来源的依据。资金成本通常用资金成本率表示。资金成本率是指使用资金所负担的费用与筹集资金净额之比，其公式为

$$K_c=\frac{D}{P-F} \tag{6-5}$$

式中 K_c——资金成本率；

P——筹集资金总额；

D——资金使用费；

F——筹资费。

由于筹资费一般与筹集资金总额呈正比，所以一般用筹资费用率表示筹资费，因此资金成本率公式也可以表示为

$$K_c=\frac{D}{P(1-\rho)} \tag{6-6}$$

式中 ρ——筹资费占筹集资金总额的比例。

一般而言，投资项目只有在内部收益率高于资金成本时才具有可行性。一个投资项目中存在多种筹资渠道，因此，在项目经济评价中通常将加权平均资金成本作为基准折现率，计算各投资方案的净现值，比较和选择项目方案。

(1)债务资金成本。债务资金成本由债务资金筹集费和债务资金占用费组成。债务资金筹集费是指债务资金筹集过程中支付的费用，如承诺费、发行手续费、担保费、代理费、债券兑付手续费等；债务资金占用费是指使用债务资金过程中发生的经常性费用，如贷款利息和债券利息。由于债务利息计入税前成本费用，可以起到抵税的作用。含筹资费用的税后债务资金成本的表达式为

$$P_0(1-\rho_d)=\sum_{t=1}^{m}\frac{I_t}{(1+K_d)^t}+\sum_{t=m+1}^{n}\frac{P_t+I_t(1-T)}{(1+K_d)^t} \tag{6-7}$$

式中 P_0——债券发行额或长期借款金额，即债务现值；

ρ_d——债务资金筹资费用率；

I_t——债务约定年付息额(面值×票面利率)；

P_t——约定的第 t 期期末偿还债务本金；

K_d——所得税后债务资金成本；

T——所得税率；

m——建设期；

n——计算期。

式(6-7)中，等号左边是债务人的实际现金流入；等号右边为债务引起的未来现金流出的现值总额。公式中未计入债券兑付手续费(可忽略不计)。项目建设期不可能使用利息避税，而运营期的利息可以避税，所以在公式中利息分两段计算。

若不考虑建设期，则式(6-7)可以表示为

$$P_0(1-\rho_d)=\sum_{t=1}^{n}\frac{P_t+I_t(1-T)}{(1+K_d)^t} \tag{6-8}$$

对于债券筹资而言，若发行面值为 P，发行期限为 n，债券票面利率为 R_d，债券利息每年支付一次，最后一期还本，则式(6-8)可改写为

$$P_0(1-\rho_d)=\sum_{t=1}^{n}\frac{P\times R_d\times(1-T)}{(1+K_d)^t}+\frac{P}{(1+K_d)^n} \tag{6-9}$$

由式(6-9)可知

$$K_d\approx\frac{R_d\times(1-T)}{1-\rho_d} \tag{6-10}$$

若不考虑筹资费，还可以将式(6-10)简化为

$$K_d=R_d\times(1-T) \tag{6-11}$$

【例 6-5】 某公司发行面值为 500 万元的 10 年期长期债券，票面利率为 12%，每年支付一次利息，发行费占发行价的 5%，若所得税率为 25%。试计算该债券的资金成本。

解：根据式(6-9)，有

$$500\times(1-5\%)=\sum_{t=1}^{10}\frac{500\times5\%\times(1-25\%)}{(1+K_d)^t}+\frac{500}{(1+K_d)^{10}}$$

该债券的资金成本 $K_d=9.81\%$。

(2)权益资金成本。权益资金成本是对股东的最低收益率。由于对项目未来风险和收益很难作出测定，权益资金成本的确定一般用内部收益率法和资本资产定价模型法。其中，用内部收益率法确定的权益资金成本的表达式为

$$V_0(1-\rho_e)=\sum_{t=1}^{n}\frac{D_t}{(1+K_e)^t}+\frac{V_n}{(1+K_e)^n} \tag{6-12}$$

式中　V_0——权益资金；

ρ_e——权益资金筹资费用率；

D_t——第 t 年要求的股利；

V_n——第 n 年末项目价值；

K_e——权益资金成本。

若每年要求股利不变，且项目永续进行，则

$$K_e=\frac{D}{V_0\times(1-\rho_e)} \tag{6-13}$$

若第一年股利为 D_1，以后股利每年增长 g，则

$$K_e=\frac{D_1}{V_0\times(1-\rho_e)}+g \tag{6-14}$$

【例 6-6】 某公司拟增发 1 000 万元普通股，发行费率 5%，预计当年股利率 10%，未来每年股利递增 4%，计算权益资金成本。

解： 权益资金成本 $K_e=\dfrac{D_1}{V_0\times(1+\rho_e)}+g=\dfrac{1\ 000\times10\%\times(1+4\%)}{1\ 000\times(1-5\%)}+4\%=14.94\%$

2. 财务评价参数及其确定方法

财务评价中采用的参数是否合理、准确，决定了评价结论的正确与否，因此必须重视项目评价采用的参数及其质量。

财务评价中的计算参数主要用于计算项目财务费用和效益，具体包括建设期价格上涨指数、各种取费系数或比率、税率、利率等。财务评价判据参数主要包括判断项目盈利能力的参数和判断项目偿债能力的参数。判断项目盈利能力的参数主要包括财务内部收益率、总投资收益率、项目资本金净利润率等指标的基准值或参考值。判断项目偿债能力的参数主要包括利息备付率、偿债备付率、资产负债率、流动比率、速动比率等指标的基准值或参考值。

在国家发展改革委和原建设部于 2006 年印发的《建设项目经济评价方法与参数》中，项目盈利能力判据中的财务内部收益率是动态指标，给出的是基准值。而总投资收益率、资本金净利润率是静态指标，给出的是参考值。项目偿债能力判据参数中，因为各类项目的情况不同，项目实施的法人情况不同，各金融机构对贷款人的要求不同，各行业的行业特点不同，因此利息备付率、偿债备付率、资产负债率等指标的取值在一般情况下是不一致的，给出的均为参考值。

财务基准收益率是项目评价财务内部收益率指标的基准判据，也是计算财务净现值指标的折现率。行业财务基准收益率代表行业内投资资金应当获得的最低财务盈利水平，代表行业内投资资金的边际收益率。财务基准收益率的测定方法如下。

(1)资本资产定价模型法。在投资决策中的一项基本原则是投资收益应大于投资成本，因此，确定投资收益水平的下限就转化为确定投资的资金成本。资本资产定价模型法是在市场经济环境下普遍采用的资金成本分析方法之一。它的基本思路是：权益资本的收益由无风险投资收益和风险投资收益(又称风险溢价)两部分构成，资金投入不同的行业具有不同的风险，因而风险溢价也不相同。

资本资产定价模型的假设前提是资本可以充分自由流动，所有资产均可以交易，投资者充分了解有关信息，投资与资产价值均由市场价格(一般通过股市)反映等。在正常情况下，股票市场各类代表性股票的价格及其变动反映了各类实业投资收益和市场价值及其变动。通过测算行业投资收益变动与市场总的投资收益变动的关系，可以分析判断行业投资风险的相对大小。通过测定行业风险系数可以计算权益资本成本，得出权益投资应达到的最低收益率。

采用资本资产定价模型法测算行业财务基准收益率，应在确定行业分类的基础上，在行业内抽取有代表性企业样本，以若干年企业财务报表数据为基础数据，进行行业风险系数、权益资金成本的测算，得出用资本资产定价模型法测算的行业最低可用折现率(权益资金)，作为确定权益资金行业财务基准收益率的下限，再综合考虑采用其他方法测算得出的行业财务基准收益率并进行协调后，确定权益资金行业财务基准收益率的取值。

采用资本资产定价模型法测算权益资金行业财务基准收益率，按下式计算：

$$K=K_f+\beta\times(K_m-K_f) \tag{6-15}$$

式中 K——权益资金成本；

K_f——市场无风险收益率；

β——风险系数；

K_m——市场平均风险投资收益率。

【例 6-7】 社会无风险投资收益率为 2.5%，社会平均风险投资收益率为 10%，公司投资风险系数为 1.3，计算权益资金成本 K。

解： $K=K_f+\beta\times(K_m-K_f)=2.5\%+1.3\times(10\%-2.5\%)=12.25\%$

(2)加权平均资金成本法。企业的资本通常由权益资金和债务资金两个部分构成，二者应具有合理的比例。其中，权益资金成本取决于项目所在行业的特点与风险；债务资金成本则取决于资本市场利率水平、企业违约风险、所得税率等因素。

通过测定行业的加权平均资金成本，可以近似得出行业内全部投资的最低可用折现率，为确定融资前税前行业财务基准收益率提供参考下限。在综合考虑其他方法得出的行业收益率并进行协调后，确定全部投资行业基准收益率的取值。

采用加权平均资金成本法测算行业财务基准收益率(全部资本)，按下式计算：

$$WACC=K_e\frac{E}{E+D}+K_d\frac{D}{E+D} \tag{6-16}$$

式中 $WACC$——加权平均资金成本；

K_e——权益资金成本；

K_d——债务资金成本；

E——股东权益；

D——企业负债。

权益资金与负债的比例可采用行业统计平均值，或者由投资者进行合理设定。债务资金成本为所得税后债务资金成本。权益资金成本可根据式(6-15)采用资本资产定价模型确定。其中，无风险投资收益率 K_f 一般采用政府发行的相应期限的国债利率；市场平均风险投资收益率 K_m 可依据国家有关统计数据测定。

【例 6-8】 某企业投资一项目，测算的收益率为 11%。其资金来源是内部筹资 800 万元，成本 12.25%，另向银行贷款 500 万元，成本 8%。计算项目筹资的加权资金成本，评价项目的可行性。

解： 加权资金成本：$WACC=K_e\frac{E}{E+D}+K_d\frac{D}{E+D}=12.25\%\times\frac{800}{800+500}+8\%\times\frac{500}{800+500}=10.62\%$

∵项目收益率 $=11\%>WACC$

∴项目投资具有可行性。

(3)典型项目模拟法。典型项目模拟法是通过选取行业内一定数量有代表性的、已进入正常生产运营状态的建设项目，进行实际情况调查，对实际实施的项目进行数据搜集分析，做必要的价格调整，按项目评价方法计算项目的财务内部收益率。这种分析的前提是项目具有典型性、代表性。在一定数量典型项目财务内部收益率测算的基础上，确定行业财务收益率的基准值。

(4)专家调查法。专家调查法充分利用专家熟悉行业特点、行业发展变化规律、项目收益水平和具有丰富经验的优势，由若干名专家对项目收益率取值进行分析判断，经过几轮调查逐步集中专家的意见，形成结论性取值结果。在调查过程中，如果在基本没有人为因素干扰的情况下能形成收敛性的结论，则这一结论能对基准收益率的取值提供重要参考。

一般情况下，项目最低可接受财务收益率由投资者自行确定。投资者可以在应用前述方法确定财务基准收益率的基础上，根据自身发展战略、经营策略、项目目标、投资收益的期望、机会成本等因素确定具体项目的最低可接受财务收益率，作为项目的基准收益率。

3. 财务评价指标

财务评价主要包括盈利能力评价和清偿能力评价。财务评价的方法有以现金流量表和利润表为基础的动态盈利能力评价和静态盈利能力评价，以资产负债表为基础的财务比率分析，以借款还本付息计划表和财务计划现金流量表为基础的偿债能力分析和财务生存能力分析等。根据计算评价指标时是否考虑资金的时间价值，又将财务评价指标分为静态指标和动态指标。静态指标主要用于数据不完备和不精确的方案初选；动态指标则用于方案的详细可行性研究阶段的评价。建设项目财务评价指标体系是按照财务评价的内容建立起来的，同时也与编制的财务评价报表密切相关。

为了评价建设项目财务经济效果，必须建立一套合理的指标体系。当然，任何一项评价指标都是从一定的角度来反映项目的经济效果，总会有其局限性。进行财务评价时只有选取正确的评价指标体系，其评价结果才能与客观情况相吻合。建设项目财务评价内容、评价报表、评价指标之间的关系见表 6-20。

表 6-20　财务评价指标体系

评价内容	基本报表		评价指标	
			静态指标	动态指标
盈利能力分析	融资前分析	项目投资现金流量表	项目投资回收期（静态、动态）	项目投资内部收益率
				项目投资财务净现值
	融资后分析	项目资本金现金流量表		项目资本金内部收益率
		投资各方现金流量表		投资各方内部收益率
		利润与利润分配表	总投资收益率	
			项目资本金净利润率	
偿债能力分析	借款还本付息计划表		偿债备付率	
			利息备付率	
偿债能力分析			资产负债率	
			流动比率	
			速动比率	
财务生存能力分析	财务计划现金流量表		累计盈余资金	
外汇平衡分析	财务外汇平衡表			
不确定性分析	盈亏平衡分析		盈亏平衡产量	
			生产能力利用率	
	敏感性分析		灵敏度	
			临界值	
风险分析	概率分析		累计概率	

在财务评价中几个重点的指标是：财务净现值（*FNPV*）、财务内部收益率（*FIRR*）、静态投资回收期（P_t）和动态投资回收期（P_t'）。对这些评价指标的经济含义、计算方法、判别方法的掌握会有助于得出正确的评价结论。

6.2.5　财务评价盈利能力指标的计算

项目财务盈利能力分析主要是考察项目的盈利水平。为此目的，根据编制的全部投资现金流量表、自有资金流量表和利润与利润分配表，计算财务净现值、财务内部收益率、投资回收期等主要评价指标。根据项目的特点及实际需要，也可计算总投资收益率、项目资本金净利润率等指标。

1. 投资回收期

(1)静态投资回收期 P_t。静态投资回收期是指以项目的净收益抵偿全部投资(包括建设投资和流动资金投资)所需要的时间。也就是在现金流量表上累计净现金流量等于 0 时所对应的时间。它是考察项目在财务上的投资回收能力的主要静态评价指标，是一种不考虑资金的时间价值的计算指标，也是一种粗略分析项目可行性的方法。其特点是直观、计算简单、经济含义清楚。但由于不考虑资金的时间价值，实际上是夸大了收益的价值，有一定的失真。另外，它也不能反映回收之后的项目情况及项目的总体水平(盈利水平)，因此有很大的局限性。其计算公式为

$$\sum_{t=1}^{P_t}(CI-CO)_t=0 \tag{6-17}$$

式中　$(CI-CO)_t$——第 t 年的净现金流量；

P_t——静态投资回收期。

在计算静态投资回收期时，一般是根据现金流量表计算出净现金流量，然后将净现金流量累加，计算方法如下：

$$P_t=(\text{累计净现金流量开始出现正值年份}-1)+\frac{\text{上年累计现金流量的绝对值}}{\text{当年净现金流量}} \tag{6-18}$$

求出的静态投资回收期 P_t，将其与行业的基准投资回收期 P_c 比较，当 $P_t \leqslant P_c$ 时，表明项目投资能在规定的时间内回收，则项目可行。

投资回收期以年表示，一般从建设开始年算起，若从投产年算起则应注明。

【例 6-9】 根据例 6-1 的结果，计算该项目的静态投资回收期。

解： 根据表 6-21 中累计净现金流量，计算所得税前静态投资回收期和所得税后静态投资回收期。

表 6-21　投资回收期计算

序号	项目	计算期						
		1	2	3	4	5	6	7
1	所得税前净现金流量(1－2)	－1 000.00	220.00	400.00	356.00	325.00	345.00	926.60
2	累计所得税前净现金流量	－1 000.00	－780.00	－380.00	－24.00	301.00	646.00	1 572.60
3	所得税后净现金流量(3－5)	－1 000.00	146.60	334.10	291.10	265.35	280.35	861.95
4	累计所得税后净现金流量	－1 000.00	－853.40	－519.30	－228.20	37.15	317.50	1 179.45

所得税前静态投资回收期 $P_t=(5-1)+\frac{24.00}{325.00}=4+0.07=4.07$(年)

所得税后静态投资回收期 $P_t=(5-1)+\frac{228.20}{265.35}=4+0.86=4.86$(年)

(2)动态投资回收期 P_t'。动态投资回收期是指以项目的折现净收益抵偿全部投资(包括建设投资和流动资金投资)所需要的时间。也就是在现金流量表上累计折现净现金流量等于 0 时所对应的时间。其计算公式为

$$\sum_{t=1}^{P_t'}(CI-CO)_t\times(1+i_c)^{-t}=0 \tag{6-19}$$

式中　$(CI-CO)_t\times(1+i_c)^{-t}$——第 t 年的折现净现金流量；

P_t'——动态投资回收期。

在计算动态投资回收期时，可以根据现金流量表计算出折现净现金流量，然后将折现净现金流量累加，计算方法如下：

$$P_t' = (\text{累计折现净现金流量开始出现正值年份} - 1) + \frac{\text{上年累计折现现金流量的绝对值}}{\text{当年折现净现金流量}} \tag{6-20}$$

求出的动态投资回收期 P_t' 与项目寿命期 n 比较，当 $P_t' \leqslant n$ 时，表明项目寿命期结束前能回收投资，项目可行。

2. 财务净现值

财务净现值（$FNPV$）是指按行业的基数收益率或设定的折现率 i_c，将项目计算期内各年净现金流量折现到建设初的现值之和。它是考察项目在计算期内盈利能力的动态评价指标，其计算公式为

$$FNPV = \sum_{t=1}^{n} (CI - CO)_t (1 + i_c)^{-t} \tag{6-21}$$

式中　n——计算期；

i_c——基准收益率或设定的折现率。

净现值一般采用在现金流量表基础上延长表的方式进行计算。首先计算每年的净现金流量 $(CI-CO)_t$，根据基准收益率 i_c 计算出折现系数 $(1+i_c)^{-t}$，其次将净现金流量折现后计算出折现值，最后将年净现金流量折现值累加即为净现值。

当 $FNPV \geqslant 0$ 时，表明项目在计算期内可获得大于或等于基准收益水平的收益额。则项目在财务上可以考虑被接受。

【例 6-10】 根据例 6-1 的结果，计算该项目的所得税后净现值，并评价该项目的可行性。

解： 计算期结果见表 6-22，$FNPV$ = 累计净现金流量折现值 = 712.78（万元）。因为 $FNPV > 0$，所以该项目财务效果上是可行的。

表 6-22　财务净现值计算

序号	项目	计算期						
		1	2	3	4	5	6	7
1	所得税后净现金流量	−1 000.00	146.60	334.10	291.10	265.35	280.35	861.95
2	折现系数（i_c=10%）	0.909 1	0.826 4	0.751 3	0.683 0	0.620 9	0.564 4	0.513 1
3	净现金流量折现值	−909.10	121.15	251.01	198.82	164.76	158.23	442.27
4	累计净现金流量折现值	−909.10	−787.95	−536.94	−338.12	−173.36	−15.13	427.13

3. 财务内部收益率

财务内部收益率（$FIRR$）是指使项目整个计算期内各年净现金流量现值累计等于零时的折现率。它反映项目所占用资金的盈利率，是考察项目盈利能力的主要动态评价指标，其计算公式为

$$\sum_{t=1}^{n} (CI - CO)_t (1 + FIRR)^{-t} = 0 \tag{6-22}$$

财务内部收益率的计算一般通过计算机软件完成，当采用手工计算时，可根据现金流量表中的净现金流量用“试差法”进行。其计算公式为

$$FIRR = i_1 + \frac{FNPV_1}{FNPV_1 + |FNPV_2|}(i_2 - i_1) \tag{6-23}$$

式中　i_1——较低的试算折现率，据此计算出 $FNPV_1=\sum_{t=1}^{n}(CI-CO)_t(1+i_1)^{-t}\geqslant 0$；

i_2——较高的试算折现率，据此计算出 $FNPV_2=\sum_{t=1}^{n}(CI-CO)_t(1+i_2)^{-t}\leqslant 0$。

将求出的财务内部收益率与行业的基准收益率或设定的折现率 i_c 比较，当 $FIRR\geqslant i_c$ 时，则认为项目盈利能力满足最低要求，项目在财务上可以考虑被接受。

【例 6-11】 根据例 6-1 的结果，计算该项目的所得税后财务内部收益率。行业基准收益率为 $i_c=10\%$，评价该项目的可行性。

解： 编制项目投资现金流量表的延长表，见表 6-23。

假定 $i_1=21\%$，以此为折现率计算各年折现系数，利用现金流量延长表，计算出各年的折现净现金流量和累计折现净现金流量，得到财务净现值 $FNPV_1=16.68$ 万元；

假定 $i_2=22\%$，以此为折现率计算各年折现系数，利用现金流量延长表，计算出各年的折现净现金流量和累计折现净现金流量，得到财务净现值 $FNPV_2=-8.31$ 万元；

用插入法计算的财务内部收益率 $FIRR=21\%+\dfrac{16.68}{16.68+8.31}\times(22\%-21\%)=21.67\%$

项目财务内部收益率 $FIRR=21.67\%>i_c$，所以项目在财务效果上是可行的。

表 6-23　财务内部收益率计算

序号	项目	计算期						
		1	2	3	4	5	6	7
1	所得税后净现金流量	−1 000.00	146.60	334.10	291.10	265.35	280.35	861.95
2	折现系数($i_c=21\%$)	0.83	0.68	0.56	0.47	0.39	0.32	0.26
3	净现金流量折现值	−826.45	100.13	188.59	135.80	102.30	89.33	226.98
4	累计净现金流量折现值	−826.45	−726.32	−537.73	−401.93	−299.62	−210.30	16.68
5	折现系数($i_c=22\%$)	0.82	0.67	0.55	0.45	0.37	0.30	0.25
6	净现金流量折现值	−819.67	98.50	183.99	131.40	98.18	85.02	214.27
7	累计净现金流量折现值	−819.67	−721.18	−537.19	−405.78	−307.60	−222.58	−8.31

4. 总投资收益率

总投资收益率(ROI)表示总投资的盈利水平，是指项目达到设计能力后正常年份的年息税前利润或运营期内年平均息税前利润($EBIT$)与项目总投资(TI)的比率。其计算公式为：

$$ROI=\frac{EBIT}{TI}\times 100\% \tag{6-24}$$

式中　$EBIT$——项目正常年份的年息税前利润或运营期内年平均息税前利润；

TI——项目总投资。

当总投资收益率高于同行业的收益率参考值时，用总投资收益率表示的盈利能力满足要求。

【例 6-12】 根据例 6-4 的结果，计算该项目的总投资收益率。

解： 运营期内正常年份年息税前利润 $EBIT=667.12$(万元)

项目总投资 $TI=1\ 529.45\times2+1\ 000\times2+50+155+631.67=5\ 895.57$(万元)

$$ROI=\frac{EBIT}{TI}\times100\%=\frac{667.12}{1\,529.45\times2+1\,000\times2+50+155+631.67}\times100\%=11.31\%$$

5. 项目资本金净利润率

项目资本金净利润率(*ROE*)表示项目资本金的盈利水平，是指项目达到设计能力后正常年份的年净利润或运营期内年平均净利润(*NP*)与项目资本金(*EC*)的比率。其计算公式为：

$$ROE=\frac{NP}{EC}\times100\% \tag{6-25}$$

式中 *NP*——项目正常年份的年净利润或运营期内年平均净利润；

EC——项目资本金。

当项目资本金净利润率高于同行业的净利润率参考值时，表明用项目资本金净利润率表示的盈利能力满足要求。

【例 6-13】 根据例 6-4 的结果，计算该项目的资本金净利润率。

解：运营期内年平均净利润 $NP=(93.51+300.56+409.91+452.91+500.34\times4)\div8=407.24$(万元)

项目资本金 $EC=1\,529.45+1\,529.45+631.67=3\,690.57$(万元)

$$ROE=\frac{NP}{EC}\times100\%=\frac{407.24}{3\,690.57}\times100\%=11.03\%$$

6.2.6 财务评价清偿能力指标的计算

项目清偿能力分析主要是考察项目计算期内各年的财务状况及偿债能力。根据编制的项目财务计划现金流量表和资产负债表，计算利息备付率、偿债备付率、资产负债率、流动比率、速动比率等评价指标。

1. 利息备付率

利息备付率(*ICR*)是指在借款偿还期内的息税前利润(*EBIT*)与应付利息(*PI*)的比值，它从付息资金来源的充裕性角度反映项目偿付债务利息的保障程度。其计算公式为

$$ICR=\frac{EBIT}{PI} \tag{6-26}$$

式中 *EBIT*——息税前利润；

PI——计入总成本费用的应付利息。

利息备付率应分年计算。利息备付率高，表明利息偿付的保障程度高。

【例 6-14】 根据例 6-4 的结果，计算该项目的利息备付率。

解：计算结果见表 6-24。

表 6-24 利息备付率计算

项目	3	4	5	6
息税前利润 EBIT	345.18	573.73	667.12	667.12
应付利息 PI	220.50	172.99	120.73	63.24
利息备付率 ICR	1.57	3.32	5.53	10.55

2. 偿债备付率

偿债备付率(*DSCR*)是指在借款偿还期内，用于计算还本付息的资金($EBITDA-T_{AX}$)与应还本付息金额(*PD*)的比值，它表示可用于还本付息的资金偿还借款本息的保障程度。

其计算公式为

$$DSCR=\frac{EBITAD-T_{AX}}{PD} \tag{6-27}$$

式中　*EBITAD*——息税前利润加折旧和摊销；

T_{AX}——企业所得税；

PD——应还本付息金额，包括还本金额和计入总成本费用的全部利息。融资租赁费用可视同借款偿还。运营期内的短期借款本息也应纳入计算。

如果项目在运行期内有维持运营的投资，可用于还本付息的资金应扣除维持运营的投资。

偿债备付率应分年计算，偿债备付率高，表明可用于还本付息的资金保障程度高。偿债备付率应大于 1，并结合债权人的要求确定。

3. 资产负债率

资产负债率(*LOAR*)是指各期末负债总额(*TL*)同资产总额(*TR*)的比率。其计算公式为

$$LOAR=\frac{TL}{TR}\times 100\% \tag{6-28}$$

式中　*TL*——期末负债总额；

TR——期末资产总额。

过高的资产负债率表明企业财务风险太大，过低的资产负债率则表明企业对财务杠杆利用不够。适度的资产负债率，表明企业经营安全、稳健，具有较强的筹资能力，也表明企业和债权人的风险较小。对该指标的分析，应结合国家宏观经济状况、行业发展趋势、企业所处竞争环境等具体条件判定。项目财务分析中，在长期债务还清后，可不再计算资产负债率。

一般认为资产负债率为 50%～80%是合适的。从投资者的角度来看，希望保持较高的负债率，以能用较少的资本来控制整个项目。但是，另一方面，资产负债比高，项目的风险也就大。因为自有资金投资的大部分形成了土地使用权、房屋和机械设备，变现较为困难，除非企业宣告破产。因此，银行和债权人一般不愿意贷款给自有资金出资额低于总投资 50%的项目。当资产负债率太高时，可以通过增加自有资金出资和减少利润分配等方式来调节。

【例 6-15】 根据例 6-4 的结果，计算该项目的资产负债率。

解： 计算结果见表 6-25。

表 6-25　资产负债率计算

项目	1	2	3	4	5	6	7	8	9	10
资产	2 579.45	5 263.90	5 384.84	5 203.09	4 967.02	4 626.54	4 928.17	5 329.16	5 779.82	6 255.32
负债	1 050.00	2 205.00	1 819.72	1 322.77	760.72	128.33	128.33	128.33	128.33	128.33
资产负债率	40.71	41.89	33.79	25.42	15.32	2.77	2.60	2.41	2.22	2.05

4. 流动比率

流动比率是指流动资产总额与流动负债之比，是反映项目各年偿付流动负债能力的能力，其计算公式为

$$流动比率=\frac{流动资产总额}{流动负债总额}\times 100\% \tag{6-29}$$

流动比率衡量企业资金流动性的大小，考虑流动资产规模与负债规模之间的关系，判断企业短期债务到期前，可以转化为现金用于偿还流动负债的能力。该指标越高，说明企业偿还流动负债的能力越强。但若该指标过高，说明企业资金利用效率低，对企业的运营也不利。一般

而言，流动比率以不小于12%～20%为宜。若行业生产周期较长，流动比率就应该相应提高；反之，就可以相对降低。但是，流动资产总额中包括存货，这些存货在通常情况下也不易立即变现，所以该指标不能准确反映瞬时的偿债能力。

5. 速动比率

速动比率是指流动资产减存货后的差额(速动资产)与流动负债总额之比，是反映项目各年用可以立即变现的货币资金偿付流动负债能力的指标。其计算公式为

$$速动比率=\frac{流动资产-存货}{流动负债总额}\times 100\% \tag{6-30}$$

速动比率指标是对流动比率指标的补充，是将流动比率指标计算公式的分子剔除了流动资产中的变现力最差的存货后，计算企业实际的短期债务偿还能力，较流动比率更为准确。该指标越高，说明企业偿还流动负债的能力越强。与流动比率一样，若该指标过高，说明企业资金利用效率低，对企业的运营也不利。一般而言，速动比率以不小于10%～12%为宜。当流动比率和速动比率过小时，应设法减少流动负债，通过减少利润分配，减少库存等办法增加盈余资金。

6.3 建设项目的国民经济评价

6.3.1 国民经济评价的作用与适用范围

国民经济评价

国民经济评价是按合理配置资源的原则，采用社会折现率、影子汇率、影子工资和货物影子价格等经济参数，从项目对社会经济所做贡献及社会为项目付出代价的角度，考察项目的经济合理性。国民经济评价的理论基础是有关资源优化配置的理论。从经济学角度看，经济活动的目的是配置稀缺经济资源用于生产产品和提供服务，满足社会需要。

1. 国民经济评价的作用

(1)正确反映项目对社会经济的净贡献。在财务评价中，主要是从企业(投资主体)的角度考察项目的效益。由于企业的利益并不总是与国家和社会的利益完全一致，项目的财务盈利性可能难以全面正确地反映项目的经济合理性，如国家给予项目补贴、企业向国家缴税、某些货物市场价格可能扭曲及项目的外部效果。因而需要从项目对社会资源增加所做贡献和项目引起社会资源耗费增加的角度等方面进行项目的经济分析，以便正确反映项目的经济效率和对社会福利的净贡献。

(2)为合理配置资源提供依据。合理配置有限的资源(如劳动力、土地、各种自然资源、资金等)是经济社会发展所面临的命题。在完全的市场经济状态下，可通过市场机制调节资源的流向，实现资源的优化配置。在非完全的市场经济中，需要政府在资源配置中发挥调节作用。但是由于市场本身的原因及政府不恰当的干预，可能导致市场配置资源的失灵。国民经济评价对项目的资源配置效率，即项目的经济效益(或效果)进行分析评价，可为政府的资源配置决策提供依据，提高资源配置的有效性。政府在审批或核准项目的过程中，对那些本身财务效益好，但经济效益差的项目可以限制，使有限的社会资源得到更有效的利用；对那些本身财务效益差，而经济效益好的项目予以鼓励，以促进对社会资源的有效利用。

(3)为市场化运作的基础设施等项目提供财务方案的制订依据。对部分或完全市场化运作的基础设施等项目，可通过国民经济评价论证项目的经济价值，为制订财务方案提供依据。

(4)有助于实现企业利益与全社会利益有机结合和平衡。国家实行审批和核准的项目，应当特别强调要从社会经济的角度评价和考察，支持和发展对社会经济贡献大的产业项目，并特别注意限制和制止对社会经济贡献小甚至有负面影响的项目。以有效地剔除盲目建设、重复建设项目，有效地将企业利益与全社会利益有机地结合。

2. 国民经济评价的适用范围

在理想的市场经济条件下，依赖市场调节的项目投资通常由投资者自行决策。对这类项目，政府调节作用的发挥在于广泛构建合理有效的市场机制，而不在于具体的项目投资决策。因此，这类项目一般不必进行国民经济评价，而是通过市场竞争优胜劣汰机制促进生产力的不断发展和进步。国民经济评价主要适用于市场本身的原因及政府不恰当的干预可能导致市场配置资源失灵及市场价格难以反映其真实经济价值的项目。主要有以下几类项目。

(1)政府预算内投资用于关系国家安全、国土开发和市场不能有效配置资源的公益性项目和公共基础设施项目、保护和改善生态环境项目、重大战略性资源开发项目。

(2)政府各类专项建设基金投资用于交通运输、农林水利等基础设施、基础产业建设项目。

(3)利用国际金融组织和外国政府贷款，需要政府主权信用担保的建设项目。

(4)法律、法规规定的其他政府性资金投资的建设项目。

(5)企业投资建设的涉及国家经济安全、影响环境资源、公共利益、可能出现垄断、涉及整体布局等公共性问题，需要政府核准的建设项目。

6.3.2　国民经济评价的经济参数

经济参数是进行国民经济评价的重要工具。正确理解和使用这些参数，对正确估算经济效益和费用，计算评价指标并进行经济合理性的判断，以及方案的比选和优化都是十分重要的。经济参数分为两类：一类是通用参数，包括社会折现率、影子汇率、影子工资等，由专门机构组织测算和发布；另一类是各种货物、服务、土地、自然资源等影子价格，需由项目评价人员根据项目具体情况自行测算。

1. 社会折现率

社会折现率反映社会成员对于社会费用效益价值的时间偏好，代表着社会投资所要求的最低动态收益率。作为项目经济效益要求的最低经济收益率，社会折现率代表着社会投资所要求的最低收益率水平。项目投资产生的社会收益率如果达不到这一最低水平，项目不应当被接受。社会投资所要求的最低收益率，理论上认为应当由社会投资的机会成本决定，也就是由社会投资的边际收益率决定。

社会折现率是国民经济评价的重要通用参数，既用作经济内部收益率的判别基准，也用作计算经济净现值的折现率。社会折现率根据社会经济发展多种因素综合测定，由专门机构统一测算发布，根据社会经济发展目标、发展战略、发展优先顺序、发展水平、宏观调控意图、社会投资收益水平、资金供求状况、资金机会成本等因素综合测定。我国目前的社会折现率一般取值为 8%。对于永久性工程或者受益期超长的项目，如水利工程等大型基础设施和具有长远环境保护效益的建设项目，社会折现率可适当降低，但不应低于 6%。

发达国家近年来有将社会折现率取值降低的趋势。较早年份制定的社会折现率较高，近年修订的折现率较低。世界银行、亚洲开发银行等国际组织为发展中国家制定的社会折现率较高，发展中国家制定的社会折现率也较高(表 6-26)。

表 6-26 部分国家和组织的社会折现率

国家或组织	社会折现率	国家或组织	社会折现率
美国	1.6%～3.2%	新西兰	10%
英国	6%(2003 年前)，3.5%(现在)	亚洲开发银行	10%～12%
德国	3%	日本	4%
比利时	4%	欧盟	5%
法国	8%	西班牙	交通 6%，水利 4%
瑞典	4%	意大利	5%

作为基准收益率，社会折现率取值的高低直接影响项目经济可行性的判断结果。社会折现率如果取值过低，将会使一些经济效益不好的项目投资得以通过，经济评价不能起到应有的作用。社会折现率取值提高，会使一些本来可以通过的投资项目因达不到判别标准而被舍弃，从而使可以获得通过的项目总数减少，使投资总规模下降。因此，社会折现率可以作为国家建设投资总规模的间接调控参数。需要缩小投资规模时，就提高社会折现率；需要扩大投资规模时，可降低社会折现率。社会折现率的取值高低还会影响项目的选优和方案的比选。社会折现率较高，则不利于初始投资大而后期费用节省或收益增大的方案或项目，因为后期的效益折算为现值时的折减率较高；而社会折现率较低时，情况正好相反。

2. 影子汇率

影子汇率是指能正确反映外汇真实价值的汇率，即外汇的影子价格。在国民经济评价中，影子汇率通过影子汇率换算系数计算。影子汇率换算系数是影子汇率与国家外汇牌价的比值，由国家统一测定和发布。根据我国外汇收支情况、进出口结构、进出口环节税费及出口退税补贴等情况，目前我国的影子汇率换算系数取值为 1.08，如美元兑人民币的外汇牌价为 6.3 元/美元时，美元的影子汇率为 6.80 元/美元。

影子汇率的取值对于项目决策也有着重要的影响。对于那些主要产出物是可外贸货物的建设项目，由于产品的影子价格要以产品的口岸价为基础计算，外汇的影子价格高低直接影响项目收益价值的高低，影响对项目效益的判断。影子汇率换算系数越高，外汇的影子价格越高，产品是可外贸货物的项目效益较高，评价结论会有利于出口方案。相反，对引进投入物的项目而言其费用会较高，评价结论会不利于引进方案。

3. 影子工资

在国民经济评价中，影子工资是项目使用劳动力的费用。影子工资一般通过影子工资换算系数计算。影子工资换算系数是影子工资与财务分析中劳动力的工资之比。技术性工作的劳动力的工资报酬一般由市场供求状况决定，影子工资换算系数一般取值为 1，即影子工资可等同于财务分析中使用的工资。根据我国非技术劳动力就业状况，非技术劳动力的影子工资换算系数在 0.25～0.8 之间。具体可根据当地的非技术劳动力供求状况确定。非技术劳动力较为富余的地区可取较低值，不太富余的地区可取较高值，中间状况可取 0.5。

4. 影子价格

影子价格是国民经济评价时专用的计算价格，进行项目经济分析时，项目的主要投入物和产出物原则上应采用影子价格。影子价格反映项目的投入物和产出物的真实经济价值、市场供求关系、资源稀缺程度和资源合理配置的要求。影子价格理论最初来自求解数学规划，在求解一个“目标”最大化数学规划的过程中，发现每种“资源”对于“目标”都有着不同的边际贡献。这种

"资源"对于目标的边际贡献被定义为"资源"的影子价格。影子价格从理论上说就是在资源最优配置的生产组织条件下，市场供给和需求达到均衡时产品和投入资源的价格，它只有在完全竞争的市场中才能实现。

6.3.3 影子价格的确定

1. 具有市场价格的货物(或服务)的影子价格计算

(1)可外贸货物影子价格。项目使用或生产可外贸货物，将直接或间接影响国家对这种货物的进口或出口。原则上，对于那些对进出口有不同影响的货物，应当分不同情况，采取不同的影子价格定价。为了简化工作，可以只对项目投入物中直接进口和产出物中直接出口的部分，采用进出口价格测定影子价格。对于其他几种情况仍按国内市场价格定价。

$$\text{进口投入物的影子价格(到厂价)} = \text{到岸价}(CIF) \times \text{影子汇率} + \text{进口费用} \tag{6-31}$$

$$\text{出口产出物的影子价格(出厂价)} = \text{离岸价}(FOB) \times \text{影子汇率} - \text{出口费用} \tag{6-32}$$

进口费用和出口费用是指货物进出口环节在国内所发生的各种相关费用，包括货物的交易、储运、再包装、短距离倒运、装卸、保险、检验等环节上的费用支出，也包括物流环节中的损失、损耗及资金占用的机会成本，还包括工厂与口岸之间的长途运输费用。进口费用和出口费用应采用影子价格估值，用人民币计价。

(2)非外贸货物影子价格。对价格完全取决于市场且不直接进出口的项目投入物和产出物，按照非外贸货物定价，以其国内市场价格作为确定影子价格的基础，并按下式换算为到厂价和出厂价：

$$\text{投入物影子价格(到厂价)} = \text{市场价格} + \text{国内运杂费} \tag{6-33}$$

$$\text{产出物影子价格(出厂价)} = \text{市场价格} - \text{国内运杂费} \tag{6-34}$$

如果项目产出物或投入物数量规模很大，项目实施足以影响其市场价格，导致"有项目"和"无项目"两种情况下市场价格不一致时，可取两者的平均值作为确定影子价格的基础。

【例 6-16】 某聚丙烯产品，预测的目标市场价格为 9 000 元/吨(含销项税)，项目到目标市场运杂费为 100 元/吨，在进行经济分析时，聚丙烯的影子价格是多少？

解： 经预测，在相当长的时期内，聚丙烯市场需求空间较大，项目的产出对市场价格影响不大，其影子价格采用含增值税销项税额的市场价格为基础确定其出厂影子价格。

聚丙烯出厂影子价格为：9 000－100＝8 900(元/吨)。

2. 不具有市场价格的货物(或服务)的影子价格计算

某些项目的产出效果没有市场价格，或市场价格不能反映其经济价值，特别是对于项目的外部效果往往很难有实际价格计量。对于这种情况，应遵循消费者支付意愿和(或)接受补偿意愿的原则，采取以下两种方法测算影子价格。

(1)根据消费者支付意愿的原则，通过其他相关市场信号，按照"显示偏好"的方法，寻找揭示这些影响的隐含价值，间接估算产出效果的影子价格。如项目的外部效果导致关联对象产出水平或成本费用的变动，通过对这些变动进行客观量化分析，作为对项目外部效果进行量化的依据。

(2)按照"陈述偏好"的意愿调查方法，分析调查对象的支付意愿或接受补偿意愿，通过推断，间接估算产出效果的影子价格。

3. 由政府调控价格的货物(或服务)的影子价格计算

我国尚有少部分产品(或服务)，如电、水和铁路运输等，不完全由市场机制决定价格，而是由政府调控价格。政府调控价格包括政府定价、指导价、最高限价、最低限价等。这些产品或者服务的价格不能完全反映其真实的经济价值。在国民经济评价中，往往需要采取特殊的方法测定这些产品(或服务)的影子价格，包括成本分解法、支付意愿法和机会成本法。

(1)成本分解法。成本分解法是确定非外贸货物影子价格的一种重要方法，通过对某种货物的边际成本(实践中往往采取平均成本)进行分解并用影子价格进行调整换算，得到该货物的分解成本。具体步骤如下。

①列出该非外贸货物按生产费用要素计算的单位财务成本，主要有原材料、燃料和动力、工资、折旧费、修理费、流动资金利息支出及其他支出，对其中重要的原材料、燃料和动力，要详细列出价格、耗用量和耗用金额；列出单位货物所占用的固定资产原值，以及占用的流动资金数额；调查确定或设定该货物生产厂的建设期、建设期各年投资比例、经济寿命期限及寿命期终了时的固定资产余值。

②确定重要原材料、燃料、动力、工资等投入物的影子价格，计算单位经济费用。

③对建设投资进行调整和等值计算。按照建设期各年投资比例，计算出建设期各年建设投资额，把分年建设投资额换算到生产期初，其换算公式为

$$I_F=\sum_{t=1}^{n_1} I_t(1+i_S)^{n_1-t} \tag{6-35}$$

式中 I_F——等值计算到生产期初的单位建设投资；

I_t——建设期各年调整后的单位建设投资；

n_1——建设期；

i_S——社会折现率。

④用固定资金回收费用取代财务成本中的折旧费，设每单位该货物的固定资金回收费用为M_F，则

$$M_F=(I_F-S_V)\times(A/P,\ i_S,\ n_2)+S_V\times i_S \tag{6-36}$$

式中 S_V——计算期末回收的固定资产余值；

n_2——生产期。

⑤用流动资金回收费用取代财务成本中的流动资金利息，设每单位该货物的流动资金回收费用为M_W，则

$$M_W=W\times i_S \tag{6-37}$$

式中 W——单位货物占用的流动资金。

⑥财务成本中的其他科目可不调整。

⑦计算各项经济费用总额即该货物的分解成本，可作为其出厂影子价格。

【例 6-17】 某机组为 300 MW 的火电厂，单位千瓦需要的建设投资为 4 500 元，建设期 2 年，分年投资比例各 50%，不考虑固定资产余值回收；单位千瓦占用的流动资金为 198 元；生产期按 20 年计，年运行6 600 h。发电煤耗按 330 克标准煤/千瓦时，换算为标准煤的到厂价格为 127 元/吨，火电厂自身用电率 6%，社会折现率 8%。典型的 300 MW 火电机组单位发电成本见表 6-27。

表 6-27 单位发电成本表

要素成本费用	成本费用金额/(元·kW^{-1})
燃煤成本	0.042
运营及维护费用	0.050
折旧费用	0.041
财务费用	0.033
发电成本	0.166

当地无大型煤矿，靠小煤矿供煤，而小煤矿安全性差，开采燃煤对于自然资源损害严重，应当按照大型煤矿的分解成本测定。经测算，每吨煤 140 元，另加运杂费 60 元，到厂价格为 200 元/吨，换算为标准煤的到厂价格为 255 元/吨。燃煤成本调整为 0.084 元/千瓦时[0.042×255÷127=0.084(元/千瓦时)]。用成本分解法计算电力影子价格。

解：将各年建设投资换算到生产期初：

$$I_F=\sum_{t=1}^{n_1}I_t(1+i_S)^{n_1-t}=4\,500\times50\%\times(1+8\%)^{2-1}+4\,500\times50\%\times(1+8\%)^{2-2}=4\,680\text{（元）}$$

计算各单位千瓦固定资金回收费用：

固定资金回收费用=4 680÷6 600×(A/P，8%，20)=0.709×0.101 85=0.072(元/千瓦时)

计算流动资金回收费用：

流动资金回收费用=198÷6 600×8%=0.002 4(元/千瓦时)

将折旧费及财务费从成本中扣除，改为按社会折现率计算的固定资金回收费用和流动资金回收费用：

0.072+0.002 4=0.074(元/千瓦时)

运营及维护费用不做调整，仍为 0.05 元/千瓦时。

发电分解成本=0.084+0.074+0.05=0.208(元/千瓦时)

$$\text{扣除厂用电后，上网电分解成本}=\frac{0.208}{1-6\%}=0.22\text{(元/千瓦时)}$$

所以，电力影子价格为 0.22(元/$kW\cdot h^{-1}$)。

(2)支付意愿法。支付意愿是指消费者为获得某种商品(或服务)所愿意付出的价格。在国民经济评价中，常常采用消费者支付意愿法测定影子价格，在完善的市场中，市场价格可以正确地反映消费者的支付意愿。但在不完善的市场中，消费者的行为有可能被错误地引导，因此，市场价格也可能不能正确地反映消费者支付意愿。

(3)机会成本法。机会成本是指用于拟建项目的某种资源若改用于其他替代机会，在所有其他替代机会中所能获得的最大经济效益．例如，资金是一种资源，在各种投资机会中都可使用，一个项目使用了一定量的资金，这些资金就不能再在别的项目中使用，它的机会成本就是所放弃的所有投资机会中可获得的最大的净效益。

4. 特殊投入物影子价格计算

项目的特殊投入物主要包括劳动力、土地、自然资源及时间，其影子价格需要采取特定的方法确定。

(1)劳动力的影子价格——影子工资。劳动力是一种资源，项目使用了劳动力，社会要为此付出代价，经济分析中用“影子工资”来表示这种代价。其包括劳动力的机会成本和劳动力转移而引起的新增资源消耗。

劳动力机会成本是拟建项目占用的劳动力由于在本项目使用而不能再用于其他地方或享受闲暇时间而被迫放弃的价值，应根据项目所在地的人力资源市场及就业状况、劳动力来源及技术熟练程度等方面分析确定。技术熟练程度要求高的、稀缺的劳动力，其机会成本高，反之机会成本低。劳动力的机会成本是影子工资的主要组成部分。

新增资源消耗是指劳动力在本项目新就业或由原来的岗位转移到本项目而发生的经济资源消耗，包括迁移费及新增的城市交通、城市基础设施配套等相关投资和费用。

(2)土地影子价格。土地是一种稀缺资源，项目使用的土地无论实际是否需要支付费用，都应根据机会成本或消费者支付意愿计算土地影子价格。土地的地理位置对土地的机会成本或消费者支付意愿影响很大，是影响土地影子价格的关键因素。

项目占用住宅区、休闲区等非生产性用地，市场完善的，应根据市场交易价格作为土地影子价格；市场不完善或无市场交易价格的，应按消费者支付意愿确定土地影子价格。

项目占用生产性用地，主要是指农业、林业、牧业、渔业及其他生产性用地，按照这些生产用地的机会成本及因改变土地用途而发生的新增资源消耗进行计算。土地影子价格由土地机会成本和新增资源消耗构成。

土地机会成本按照项目占用土地而使社会成员由此损失的该土地“最佳可行替代用途”的净效益计算。通常该净效益应按影子价格重新计算，并用项目计算期各年净效益的现值表示。土地机会成本的计算过程中应适当考虑净效益的递增速度及净效益计算基年距项目开工年的年数。土地机会成本计算公式为

$$OC=NB_0\ (1+g)^{T+1}\times[1-(1+g)^n\ (1+i_S)^{-n}/(i_S-g)] \tag{6-38}$$

式中 OC——土地机会成本；

n——项目计算期；

NB_0——基年土地的最佳可行替代用途的净效益(用影子价格计算)；

T——净效益计算基年距项目开工年的年数；

g——土地的最佳可行替代用途的年平均净效益增长率；

i_S——社会折现率($i_S\neq g$)。

【例 6-18】 某项目拟占用农业用地 1 000 亩，该地现行用途为种植水稻。经调查，该地的各种可行的替代用途中最大净效益为 6 000 元(采用影子价格计算的加 2019 年每亩土地年净效益)。在项目计算期 20 年内，估计该最佳可行替代用途的年净效益按平均递增 2%的速度上升($g=2\%$)。项目预计 2020 年开始建设。社会折现率 $i_S=8\%$。试计算土地机会成本。

解： 根据每亩年净效益数据计算每亩土地的机会成本：

$$OC=6\ 000\times(1+2\%)^{1+1}\times[1-(1+2\%)^{20}(1+8\%)^{-20}/(8\%-2\%)]=70\ 871(\text{元})$$

新增资源消耗应按照在“有项目”情况下土地的占用造成原有地上附属物财产的损失及其他资源耗费来计算。土地平整等开发成本通常应计入工程建设投资中，在土地影子费用估算中不再重复计算。

在实际的项目评价中，土地的影子价格可以从财务分析中土地的征地费用出发，进行调整计算。由于各地土地征收的费用标准不完全相同，在国民经济评价中须注意项目所在地区征地费用的标准和范围。

一般情况下，项目的实际征地费用可以划分为三个部分，分别按照不同的方法调整。

①属于机会成本性质的费用，如土地补偿费、青苗补偿费等，按照机会成本计算方法调整计算。

②属于新增资源消耗的费用，如征地动迁费、安置补助费和地上附着物补偿费等，按影子价格计算。

③属于转移支付的费用主要是政府征收的税费，如耕地占用税、土地复耕费、新菜地开发建设基金等，不应列入土地经济费用。

(3)自然资源影子价格。各种有限的自然资源也被归类为特殊投入物。该资源的市场价格不能反映其经济价值，或者项目并未支付费用，该代价应用表示该资源经济价值的影子价格表示，而不是市场价格。不可再生资源的影子价格应当按该资源用于其他用途的机会成本计算，可再生资源的影子价格可以按资源再生费用计算。为方便测算，自然资源影子价格也可以通过投入物替代方案的费用确定。

(4)时间节约价值的估算。交通运输等项目，其效果可以表现为时间的节约，需要计算时间节约的经济价值。应按照有无对比的原则分析“有项目”和“无项目”情况下的时间耗费情况，

区分不同人群、货物，根据项目具体特点分别测算人们出行时间节约和货物运送时间节约的经济价值。

6.3.4　国民经济评价效益与费用的识别

1. 经济效益与费用识别的基本要求

在经济费用效益分析中，应尽可能全面地识别建设项目的经济效益和费用，并需要注意以下几点。

(1)对项目涉及的所有社会成员的有关费用和效益进行识别和计算，全面分析项目投资及运营活动耗用资源的真实价值，以及项目为社会成员福利的实际增加所作出的贡献。

①分析体现在项目实体本身的直接费用和效益，以及项目引起的其他组织、机构或个人发生的各种外部费用和效益。

②分析项目的近期影响，以及项目可能带来的中期、远期影响。

③分析与项目主要目标直接联系的直接费用和效益，以及各种间接费用和效益。

④分析具有物资载体的有形费用和效益，以及各种无形费用和效益。

(2)效益和费用的识别遵循以下原则：

①增量分析的原则。项目经济费用效益分析应建立在增量效益和增量费用识别和计算的基础之上，不应考虑沉没成本和已实现的效益。应按照“有无对比”增量分析的原则，通过项目的实施效果与无项目情况下可能发生的情况进行对比分析，作为计算机会成本或增量效益的依据。

②考虑关联效果原则。应考虑项目投资可能产生的其他关联效应。

③以本国居民作为分析对象的原则。对于跨越国界、对本国之外的其他社会成员产生影响的项目，应重点分析对本国公民新增的效益和费用。项目对本国以外的社会群体所产生的效果，应进行单独陈述。

④剔除转移支付的原则。转移支付代表购买力的转移行为，接受转移支付的 方所获得的效益与付出方所产生的费用相等，转移支付行为本身没有导致新增资源的发生。在经济费用效益分析中，税赋、补贴、借款和利息属于转移支付。一般在进行经济费用效益分析时，不得再计算转移支付的影响。

(3)一些税收和补贴可能会影响市场价格水平，导致包括税收和补贴的财务价格可能并不反映真实的经济成本和效益。在进行经济费用效益分析中，转移支付的处理应区别对待。

①剔除企业所得税或补贴对财务价格的影响。

②一些税收、补贴或罚款往往是用于校正项目“外部效果”的一种重要手段，这类转移支付不可剔除，可以用于计算外部效果。

③项目投入与产出中流转税应具体问题具体处理。

(4)项目费用与效益识别的时间范围应足以包含项目所产生的全部重要费用和效益，而不应仅根据有关财务核算规定确定。如财务分析的计算期可根据投资各方的合作期进行计算，而经济费用效益分析不受此限制。

(5)应对项目外部效果的识别是否适当进行评估，防止漏算或重复计算。对于项目的投入或产出可能产生的第二级乘数波及效应，在经济费用效益分析中一般不予考虑。

2. 直接效益、直接费用与转移支付

(1)直接效益。直接效益是指由项目产出物产生的并在项目范围内计算的经济效益，一般表现为项目为社会生产提供的物质产品、科技文化成果和各种各样的服务所产生的效益。例如，工业项目生产的产品、矿产开采项目开采的矿产品、邮电通信项目提供的邮电通信服务等满足社会需求的效益；运输项目提供运输服务满足人流、物流需要，节约时间的效益。项目直接效益有多种表现，如项目产出物用于满足国内新增加的需求时，项目直接效益表现为国内新增需求的支付意愿；项目的产出物用于替代其他厂商的产品或服务，使被替代厂商减产或停产，从而使其他厂商耗用的社会资源得到节省，项目直接效益表现为这些资源的节省；项目的产出物直接出口或者可替代进口商品导致进口减少，项目直接效益表现为国家外汇收入的增加或支出的减少。

(2)直接费用。直接费用是指项目使用投入物所产生并在项目范围内计算的经济费用，一般表现为投入项目的各种物料、人工、资金、技术及自然资源而带来的社会资源的消耗。项目直接费用也有多种表现，如社会扩大生产规模用以满足项目对投入物的需求时，项目直接费用表现为社会扩大生产规模所增加耗用的社会资源价值；社会不能增加供给时，导致其他人被迫放弃使用这些资源来满足项目的需要，项目直接费用表现为社会因其他人被迫放弃使用这些资源而损失的效益；项目的投入物导致进口增加或减少出口时，项目直接费用表现为国家外汇支出的增加或外汇收入的减少。

(3)转移支付。项目的有些财务收入和支出，是社会经济内部成员之间的“转移支付”，即接受方所获得的效益和付出方所发生的费用相等。从社会经济角度看，并没有造成资源的实际增加或减少，不应计作经济效益或费用。经济分析中，项目的转移支付主要包括项目(企业)向政府缴纳的大部分税费(除体现资源补偿和环境补偿的税费外)、政府给予项目(企业)的各种补贴、项目向国内银行等金融机构支付的贷款利息和获得的存款利息。

3. 间接效益与间接费用

在经济分析中应关注项目的外部性，对项目产生的外部效果进行识别，习惯上把外部效果称为间接效益和间接费用。间接效益和间接费用是由于项目的外部性所导致的项目对外部的影响，而项目本身并未因此实际获得收入或支付费用。

间接效益是指由项目引起，在直接效益中没有得到反映的效益。例如，项目使用的非技术劳动力经训练转变为技术劳动力，再如技术扩散的效益等。

间接费用是指由项目引起而在项目的直接费用中没有得到反映的费用。例如，项目对自然环境造成的损害，项目产品大量出口从而引起该种产品出口价格下降等。

项目的间接效益和间接费用的识别通常可以考察以下几个方面。

(1)环境及生态影响效果。有些项目会对自然环境产生污染，对生态环境造成破坏。项目造成的环境污染和生态破坏，是项目的一种间接费用。这种间接费用一般较难定量计算，可按同类企业所造成的损失估计，或按恢复环境质量所需的费用估计。环境治理项目，会对环境产生好的影响，评价中应考虑相应的效益。环境和生态影响不能定量计算的，应作定性描述。

(2)技术扩散效果。一个技术先进项目的实施，由于技术人员的流动，技术在社会上扩散和推广，会使整个社会受益。但这类外部效果通常难以定量计算，一般只作定性说明。

(3)“上、下游”企业相邻效果。项目的“上游”企业是指为该项目提供原材料或半成品的企业，项目的实施可能会刺激这些上游企业得到发展，增加新的生产能力或是使原有生产能力得到更充分的利用。例如，兴建汽车厂，会对为汽车厂生产零部件的企业及钢铁生产企业产生刺激。项目的“下游”企业是指使用项目的产出物作为原材料或半成品的企业，项目的产出物可能会对下游企业的经济效益产生影响，使其闲置的生产能力得到充分利用，或使其节约生产成本。例如，兴建大型乙烯联合企业，可满足对石化原料日益增长的需求，刺激乙烯下游加工行业的发展。

(4)乘数效果。乘数效果是指项目的实施使原来闲置的资源得到利用，从而产生一系列的连锁反应，刺激某一地区或全国的经济发展。例如，兴建汽车厂会带动零部件厂发展，带动各种金属材料和非金属材料生产的发展，进而带动机床生产、能源生产的发展等。在对经济落后地区的项目进行经济分析时可能会需要考虑这种乘数效果，特别应注意选择乘数效果大的项目作为扶贫项目，但须注意不宜连续扩展计算乘数效果。如果拟同时对该项目进行经济影响分析，该乘数效果可以在经济影响分析中体现。

识别计算项目的外部效果不能重复计算。已经在直接效益和直接费用中计算的不应再在外部效果中计算。还要注意所考虑的外部效果是否确应归于所评价的项目。考虑外部效果时要避免发生重复计算和虚假扩大项目间接效益。如果项目产出物以影子价格计算的效益已经将部分外部效果考虑在内了，就不应再计算该部分外部效果；项目的投入物影子价格大多数已合理考虑了投入物的社会成本，不应再重复计算间接的上游效益。有些间接效益能否完全归属所评价的项目，往往也是需要仔细论证的。比如，一个地区的经济发展制约因素往往不止一个，可能有能源、交通运输、通信等，有多个瓶颈环节，不能简单地将问题归于某一个项目。在评价交通运输项目时，要考虑到其他瓶颈制约因素对当地经济发展的影响，不能把当地经济增长都归因于项目带来的运力增加。

6.3.5　国民经济评价指标及计算方法

国民经济评价指标的选择应符合项目的特点和实际需要。对于由国外政府或国际金融组织贷款兴建的项目，还应注意国际金融机构通常采用的评价指标，如美国与英国的国际开发机构比较注重净现值法；世界银行偏重于内部收益率；亚洲开发银行则采取内部收益率与净现值指标并用。我国建设项目国民经济评价的指标有经济净现值($ENPV$)、经济内部收益率($EIRR$)和经济效益费用比(R_{BC})。

1. 经济净现值

经济净现值($ENPV$)是用社会折现率将项目计算期内各年的经济净效益折算到建设期初的现值之和，其经济含义是在整个计算期内项目对国民经济的净贡献。其计算公式为

$$ENPV=\sum_{t=1}^{n}(B-C)_t(1+i_S)^{-t} \tag{6-39}$$

式中　$ENPV$——项目经济净现值；

B——经济效益流量；

C——经济费用流量；

$(B-C)_t$——第 t 期的经济净效益流量；

i_S——社会折现率；

n——项目计算期。

当 $ENPV\geqslant 0$ 时，项目可以接受；当 $ENPV=0$ 时，表明项目投资的净贡献刚好满足社会折现率的要求；当 $ENPV>0$ 时，表明项目评价期内总效益大于总费用，可以得到以现值计算的社会盈余，项目可行；当 $ENPV<0$ 时，说明项目投资的净贡献达不到社会折现率的要求，故项目是不能被接受的。

2. 经济内部收益率

经济内部收益率($EIRR$)是经济净现值等于零时的折现率。它是反映项目占用的投资对国民经济的净贡献能力的相对指标。其计算公式为

$$\sum_{t=1}^{n}(B-C)_t(1+EIRR)^{-t}=0 \tag{6-40}$$

当经济内部收益率大于或等于社会折现率时，说明项目所占用投资对国民经济净贡献能力可达到要求，即从国民经济的角度来看是可以接受的，反之，应予拒绝。

3. 经济效益费用比

项目投资的经济效益费用比(R_{BC})是指计算期内各年的经济效益现值总额与各年的经济费用现值总额的比值。其计算公式为

$$R_{BC}=\frac{\sum_{t=1}^{n}B_t\ (1+i_S)^{-t}}{\sum_{t=1}^{n}C_t\ (1+i_S)^{-t}} \tag{6-41}$$

式中 B_t——第 t 期的经济效益；

C_t——第 t 期的经济费用。

当 $R_{BC}>1$ 时，说明项目的经济效益现值大于经济费用现值，具有获利能力，项目可行；当$R_{BC}<1$时，说明项目具有的获利能力不能抵偿项目的投入，项目不可接受；当 $R_{BC}=1$ 时，说明项目的经济效益现值与经济费用现值相等，应根据其他指标情况判定项目方案优劣。

【例 6-19】 某城市为改善交通状况，拟投资建设一高架道路项目。项目使用寿命按 50 年计算，需要 20 年大修一次。社会折现率 $i_S=8\%$，建设投资按期初一次性投入，有关数据见表 6-28。试计算其经济效益费用比，并评价其经济可行性。

表 6-28 项目参数

项目	参数	项目	参数
建设投资/万元	300 000	人均节约时间/(小时·人$^{-1}$)	0.4
年维修和运行费用/(万元·年$^{-1}$)	3 000	运行收入/(元·人$^{-1}$)	1
每次大修费/(万元·次$^{-1}$)	20 000	土地升值/(万元·年$^{-1}$)	30 000
日均客流量/(万人·天$^{-1}$)	20	单位时间价值/(元·小时$^{-1}$)	10

解：经济费用现值总额：

$$\sum_{t=1}^{n}C_t\ (1+i_S)^{-t}=300\ 000+3\ 000\times(P/A,8\%,50)+20\ 000\times[(P/F,8\%,20)+(P/F,8\%,40)]$$

$$=300\ 000+3\ 000\times12.233+20\ 000\times(0.215+0.046)=341\ 919(\text{万元})$$

经济效益现值总额：

$$\sum_{t=1}^{n}B_t\ (1+i_S)^{-t}=[20\times(0.4\times10+1)\times360+30\ 000]\times(P/A,8\%,50)$$

$$=66\ 000\times12.233=807\ 378(\text{万元})$$

经济效益费用比：

$$R_{BC}=\frac{\sum_{t=1}^{n}B_t\ (1+i_S)^{-t}}{\sum_{t=1}^{n}C_t\ (1+i_S)^{-t}}=\frac{807\ 378}{541\ 919}=2.36>1$$

可见，项目的经济效益现值大于经济费用现值，具有获利能力，项目可行。

6.3.6 国民经济评价的报表

国民经济评价的报表主要包括项目投资经济费用效益流量表、经济费用效益分析投资费用

估算调整表、经济费用效益分析经营费用估算调整表、项目直接效益估算调整表、项目间接费用估算表、项目间接效益估算表。

项目投资经济费用效益流量表(表 6-29)用以综合反映项目计算期内各年的按项目投资口径计算的各项经济效益与费用流量及净效益流量，还可用来计算项目投资经济净现值和经济内部收益率指标。

表 6-29　项目投资经济费用效益流量表

序号	项目	合计	计算期							
			1	2	3	4	5	6	…	*n*
1	效益流量									
1.1	项目直接效益									
1.2	资产余值回收									
1.3	项目间接效益									
2	费用流量									
2.1	建设投资									
2.2	维持运营投资									
2.3	流动资金									
2.4	经营费用									
2.5	项目间接费用									
3	净效益流量(1－2)									

计算指标：

经济内部收益率($EIRR$)=　　%

经济净现值($ENPV$)(i_S=　　)=

经济费用效益分析报表可以按照前述效益和费用识别和计算的原则和方法直接进行编制，也可以在财务现金流量的基础上进行调整编制。

1. 直接进行效益和费用流量的识别和计算，并编制经济费用效益分析报表

(1)分析确定经济效益、费用的计算范围，包括直接效益、直接费用和间接效益、间接费用。

(2)测算各项投入物和产出物的影子价格，对各项产出效益和投入费用进行估算。

(3)根据估算的效益和费用流量，编制项目投资经济费用效益流量表。

(4)对能够货币量化的外部效果，尽可能货币量化，并纳入经济效益费用流量表的间接费用和间接效益；对难以进行货币量化的产出效果，应尽可能地采用其他量纲进行量化，难以量化的，进行定性描述。

2. 在财务分析基础上调整编制经济分析报表

(1)调整内容。在财务分析基础上编制经济分析报表，主要包括效益和费用范围调整及效益和费用数值调整两个方面内容。

①效益和费用范围调整。识别财务现金流量中属于转移支付的内容，并逐项从财务效益和费用流量中剔除。作为财务现金流入的国家对项目的各种补贴，应看作转移支付，不计为经济效益流量；作为财务现金流出的，项目向国家支付的大部分税金也应看作转移支付，不计为经济费用流量；国内借款利息(包括建设期利息和生产期利息)及流动资金中的部分构成，在经济分析中都应当作为转移支付，不再作为项目的费用流量。因为经济分析效益与费用的估算，遵

循实际价值原则，不考虑通货膨胀因素，因此建设投资中包含的涨价预备费通常要从财务费用流量中剔除。财务分析中的流动资产和流动负债包括现金、应收账款和应付账款等，但这些并不实际消耗资源，因此，经济分析中调整估算流动资金时应将其剔除。识别项目的外部效果，分别纳入效益和费用流量。根据项目具体情况估算项目的间接效益和间接费用，纳入经济效益费用流量表。

②效益和费用数值调整。鉴别投入物和产出物的财务价格是否能正确反映其经济价值。如果项目的全部或部分投入和产出没有正常的市场交易价格，那么应该采用适当的方法测算其影子价格，并重新计算相应的费用或效益流量。投入物和产出物中涉及外汇的，需要用影子汇率代替财务分析中采用的国家外汇牌价。对项目的外部效果尽可能货币量化计算。

(2)调整方法。

①调整直接效益流量。一般而言，项目的直接效益大多为营业收入，这时需要采用适当的影子价格计算产出物的营业收入。而对于出口产品来说，则用影子汇率计算其外汇价值。某些类型项目的直接效益比较复杂，而且在财务效益中可能未得到反映，可视具体情况采用不同方式分别估算。如交通运输项目的直接效益体现为时间节约的效果，可按时间节约价值的估算方法估算。交通运输项目还可能有运输成本节约的效益、运输质量提高的效益(包括旅客舒适度提高，交通事故减少，安全性提高)等，需结合项目的具体情况计算。水利枢纽项目的直接效益体现为防洪效益、减淤效益和发电效益等，可按照行业规定和项目具体情况分别估算。

②调整建设投资。将建设投资中涨价预备费从费用流量中剔除，建设投资中的劳动力按影子工资计算费用，土地费用按土地的影子价格调整，其他投入可根据情况决定是否调整。有进口用汇的应按影子汇率换算并剔除作为转移支付的进口关税和进口环节增值税。

③调整建设期利息。国内借款的建设期利息不作为费用流量，来自国外的外汇贷款利息需按影子汇率换算，用于计算国外资金流量。

④调整经营费用。经营费用可采取以下方式调整计算：对需要采用影子价格的投入物，用影子价格重新计算；对一般投资项目，人工工资可不予调整，即取影子工资换算系数为1；人工工资用外币计算的，应按影子汇率调整；对经营费用中的除原材料和燃料动力费用之外的其余费用，通常可不予直接调整，但有时由于取费基数的变化引起其经济数值也会与财务数值略有不同。

⑤调整流动资金。如果财务分析中流动资金是采用扩大指标法估算的，经济分析中可仍按扩大指标法估算，但需要将计算基数调整为以影子价格计算的营业收入或经营费用，再乘以相应的系数估算。如果财务分析中流动资金是按分项详细估算法估算的，在剔除了现金、应收账款和应付账款后，剩余的存货部分要用影子价格重新分项估算。

⑥成本费用中的其他科目一般可不予调整。

⑦在以上各项的基础上编制项目经济费用效益流量表(表6-30)。

表6-30 经济效益费用分析投资费用估算调整表

序号	项目	财务分析			经济效益费用分析			经济效益费用分析比财务分析增减
		外币	人民币	合计	外币	人民币	合计	
1	建设投资							
1.1	建设工程费							
1.2	设备购置费							
1.3	安装工程费							
1.4	其他费用							
1.4.1	其中：土地费用							
1.4.2	专利及专有技术费							

续表

序号	项目	财务分析			经济效益费用分析			经济效益费用分析比财务分析增减
		外币	人民币	合计	外币	人民币	合计	
1.5	基本预备费							
1.6	涨价预备费							
1.7	建设期利息							
2	流动资金							
3	合计(1+2)							

【例 6-20】 某大型投资项目有多种产品，大部分产品的市场价格可以反映其经济价值。其中的主要产品年产量为 15 万吨，产量大，但市场空间不够大。该项目市场销售收入总计估算为 589 000 万元(含销项税额)，适用的增值税税率为 17%。当前产品的市场价格为 18 500 元/吨(含销项税额)。据预测，项目投产后，将导致市场价格下降 20%，且很可能挤占国内原有厂家的部分市场份额。由于该项目是大型资源加工利用项目，主要产品涉嫌垄断，要求进行经济费用效益分析，判定项目经济合理性。项目的有关财务评价数据见表 6-31～表 6-33。假定投产当年即达产，各年建设投资比例为第 1 年 15%、第 2 年 25%、第 3 年 35%、第 4 年 25%，社会折现率 $i_S=8\%$。

表 6-31 项目财务评价的建设投资估算

序号	项目	财务分析		
		外币	人民币	合计
1	建设投资	54 164	504 223	845 455
1.1	建设工程费	0	124 564	124 564
1.2	设备购置费	35 380	145 623	368 517
1.3	安装工程费	11 480	122 437	194 761
1.4	其他费用	1 248	47 456	55 318
1.4.1	其中：土地费用	0	47 456	47 456
1.4.2	专利及专有技术费	1 248	0	7 862
1.5	基本预备费	4 811	44 008	74 316
1.6	涨价预备费	1 245	20 135	27 979
1.7	建设期利息	0	6 579	6 579

表 6-32 项目财务经营费用

序号	项目	财务数值
1	外购原材料	254 668
2	外购燃料及动力	43 345
3	工资	13 230
4	修理费	23 543
5	其他费用	39 324
6	经营费用合计	374 110

表 6-33 项目流动资金估算

序号	项目	财务数值
1	流动资产	121 486

续表

序号	项目	财务数值
1.1	应收账款	69 166
1.2	存货	48 230
1.3	现金	4 090
2	流动负债	30 234
2.1	应付账款	30 234
3	流动资金	91 252

问题：

(1)确定产品的影子价格，估算按影子价格计算调整后的项目营业收入(其他产品价格不做调整)。

(2)试调整项目经济费用效益流量表。

(3)编制项目投资经济费用效益流量表并计算效益指标，作出经济费用效益分析结论。

解：(1)按照产出物影子价格的确定原则和方法，该产品的影子价格应按社会成本确定，可按不含税的市场价格作为其社会成本。

按照市场定价的非外贸货物影子价格确定方法，采用“有项目”和“无项目”价格的平均值确定影子价格：

$$\frac{18\ 500+18\ 500\times(1-20\%)}{2\times(1+17\%)}=14\ 231(\text{元/吨})$$

调整后的年营业收入＝589 000－15×(18 500－14 231)＝524 965(万元)

所以该项目的直接经济效益为524 965万元。

(2)调整并编制项目经济费用效益流量表。

①经济效益费用分析投资费用估算调整见表6-34。

表6-34　经济效益费用分析投资费用估算调整表

序号	项目	财务分析			经济效益费用分析		
		外币	人民币	合计	外币	人民币	合计
1	建设投资	54 164	504 223	845 455	52 919	471 968	805 357
1.1	建设工程费	0	124 564	124 564	0	113 546	113 546
1.2	设备购置费	35 380	145 623	368 517	35 380	145 623	368 517
1.3	安装工程费	11 480	122 437	194 761	11 480	122 437	194 761
1.4	其他费用	1 248	47 456	55 318	1 248	47 456	55 318
1.4.1	其中：土地费用	0	47 456	47 456	0	47 456	47 456
1.4.2	专利及专有技术费	1 248	0	7 862	1 248	0	7 862
1.5	基本预备费	4 811	44 008	74 316	4 811	42 906	73 214
1.6	涨价预备费	1 245	20 135	27 979	0	0	0
1.7	建设期利息	0	6 579	6 579	0	0	0

调整说明如下。

a. 外币部分按影子汇率6.3元/美元换算为人民币。

b. 建设工程费中，因建筑材料影子价格按市场价格确定，故对其财务数值不予调整。对其中的非技术劳动力费用采用影子工资换算系数进行调整。

c. 因国内设备费影子价格按市场价格，故对其财务数值不予调整，只是将外币部分采用影子汇率进行换算后合计。

d. 安装工程费的调整方法同设备费。

e. 工程建设其他费用中，由于土地使用权按市场价格购买，因此土地的经济数值等同于财务数值；专利与专有技术费采用影子汇率换算为人民币。

f. 基本预备费费率 10%，按调整后的数值重新计算。

g. 剔除涨价预备费。

②项目经营费用调整见表 6-35，其中对外购原材料和外购燃料及动力的财务数值进行了调整。

表 6-35　项目经营费用调整表

序号	项目	财务数值	经济数值
1	外购原材料	254 668	252 435
2	外购燃料及动力	43 345	40 135
3	工资	13 230	13 230
4	修理费	23 543	23 543
5	其他费用	39 324	39 324
6	经营费用合计	374 110	368 667

③项目流动资金调整见表 6-36，其中剔除了现金、应收账款和应付账款，并对存货部分用影子价格重新进行了估算。

表 6-36　项目流动资金估算

序号	项目	财务数值	经济数值
1	流动资产	121 486	47 450
1.1	应收账款	69 166	0
1.2	存货	48 230	47 450
1.3	现金	4 090	0
2	流动负债	30 234	0
2.1	应付账款	30 234	0
3	流动资金	91 252	47 450

(3)编制的项目投资经济费用效益流量表见表 6-37。依据该表数据计算的经济内部收益率为 $EIRR=13.662\%>i_S(i_S=8\%)$，经济净现值为 $ENPV=333\ 666$(万元)>0，所以从资源配置效率角度看，该项目具有经济合理性。

表 6-37　项目投资经济费用效益流量表

序号	项目	计算期						
		1	2	3	4	5	6～18	19
1	效益流量	0	0	0	0	524 962	524 962	692 655
1.1	项目直接效益					524 962	524 962	524 962
1.2	回收固定资产余值							120 243
1.3	回收流动资金							47 450
1.4	项目间接效益							
2	费用流量	120 803	201 339	281 875	201 339	416 117	368 667	368 667
2.1	建设投资	120 803	201 339	281 875	201 339			
2.2	维持运营投资							
2.3	流动资金					47 450		

续表

序号	项目	计算期						
		1	2	3	4	5	6～18	19
2.4	经营费用					368 667	368 667	368 667
2.5	项目间接费用							
3	净效益流量(1－2)	－120 803	－201 339	－281 875	－201 339	108 845	156 295	323 988

本章小结

1. 财务评价从企业角度，按现行规定和价格计算财务数据，分析项目的盈利状况、清偿能力和财务可行性。融资前评价与融资方案无关。融资后评价是融资决策的依据。融资后财务评价的报表包括项目资本金现金流量表、利润与利润分配表、资产负债表、借款还本付息计划表、总成本费用估算表等报表。

2. 财务盈利能力分析包括动态分析和静态分析，有财务内部收益率、财务净现值、投资回收期等指标。清偿能力分析考察项目的财务状况及偿债能力，有利息备付率、偿债备付率、资产负债率等指标。

3. 国民经济评价从国家和社会的角度，采用影子价格、社会折现率等经济参数，计算项目需要国家付出的代价和项目对国家经济的贡献程度。主要报表有项目投资经济费用效益流量表、经济费用效益分析投资费用估算调整表、经济费用效益分析经营费用估算调整表等。

4. 经济参数有社会折现率、各种货物和资源的影子价格。经济评价的效益包括直接效益和间接效益，费用包括直接费用与间接费用。经济评价的指标有经济净现值、经济内部收益率和经济效益费用比。

思考与练习

1. 何为项目财务评价与国民经济评价？两者有何异同？

2. 财务评价的主要指标有哪些？各指标如何进行计算与分析评价？

3. 社会无风险投资收益率为3%(长期国债利率)，市场投资组合预期收益率为12%，某项目的投资风险系数为1.2，采用资本资产定价模型计算普通股资金成本。

4. 期初向银行借款100万元，年利率为6%，按年付息，期限3年，到期一次还清借款，资金筹集费为借款额的5%。计算该借款资金成本。

5. 某废旧资源利用项目，建设期为1年，投产当年即可盈利，按有关规定可免征所得税1年，投产第2年起，所得税率为33%。该项目在建设期初向银行借款1 000万元，筹资费用率0.5%，年利率6%，按年付息，期限3年，到期一次还清借款，计算该借款的所得税后资金成本。

6. 若还款年年初的借款余额为1 000万元，年利率为5%，预定的还款期为5年，若按等额还本付息方式计算，每年还本付息额以及所付利息和偿还本金为多少？

7. 按照习题6中的条件，采用等额还本、利息照付方式计算各年还本和付息额。

8. 某建设项目建设期1年，运营期6年，项目建成当年投产，当地政府给予启动经费100万元(免税)。其他基本数据如下。

(1)建设投资估算1 000万元。预计全部形成固定资产(包括可抵扣固定资产进项税额100万元)，固定资产使用年限10年，按直线法折旧，期末残值率4%，固定资产余值在项目运营期末收回。投产当年又投入资本金200万元作为运营期的流动资金。

(2)正常年份年营业收入为 702 万元(其中销项税额为 102 万元)，经营成本 380 万元(其中进项税额 50 万元)，税金附加按应纳增值税的 10%计算，所得税率为 25%，行业基准收益率 10%，基准投资回收期 6 年，投资者可接受的最低所得税后收益率为 15%。

(3)投产第 1 年仅达到设计生产能力的 80%，这一年的营业收入及其所含销项税额、经营成本及其所含进项税额均按正常年份的 80%计算，以后各年均达到设计生产能力。

(4)运营 3 年后，预计需更新新型自动控制设备配件购置费 50 万元(无可抵扣进项税额)才能维持以后的正常运营需要，该维持运营投资按当期费用计入年度总成本。

问题：试编制项目投资现金流量表。

9. 某新建建设项目的基础数据如下。

(1)项目建设期 2 年，运营期 10 年，建设投资 3 600 万元，预计全部形成固定资产。

(2)项目建设投资来源为自有资金和贷款，贷款总额为 2 000 万元，贷款年利率 6%(按年计息)，贷款合同约定运营期第 1 年按照项目的最大偿还能力还款，运营期第 2～5 年将未偿还款项等额本息偿还。自有资金和贷款在建设期内均衡投入。

(3)项目固定资产使用年限 10 年，残值率 5%，直线法折旧。

(4)项目生产经营所必需的流动资金 250 万元由项目自有资金在运营期第 1 年投入。

(5)运营期间正常年份的营业收入为 850 万元，经营成本为 280 万元，增值税附加税率按照营业收入的 0.8%估算，所得税率为 25%。

(6)运营期第 1 年达到设计产能的 80%，该年的营业收入、经营成本均为正常年份的 80%，以后各年均达到设计产能。

(7)在建设期贷款偿还完成之前，不计提盈余公积金，不分配投资者股利。

(8)假定建设投资中无可抵扣固定资产进项税额，上述其他各项费用及收入均为不含增值税价格。

问题：

(1)列式计算项目建设期的贷款利息。

(2)列式计算项目运营期第 1 年偿还的贷款本金和利息。

(3)列式计算项目运营期第 2 年应偿还的贷款本息额，并通过计算说明项目能否满足还款要求。

(4)项目资本金现金流量表运营期第 1 年、第 2 年和最后 1 年的净现金流量分别是多少?

10. 一条原长 26 km 的普通公路的改建有两个方案。

方案 A：保持原有线路不变，只是对路基局部加固并重铺路面，一次性投资为 2 200 万元。

方案 B：按直线取直，线路缩短为 20 km 并提高等级，安装隔离栅，需要一次性投资 17 500 万元。此时，平均车速可以从 40 km/h 提高到 50 km/h，交通事故可从 100 次/年降低到 45 次/年。据统计，每次交通事故的平均费用为 8 400 元。

经测算，这段公路每天平均双向交通流量为 5 500 辆，其中小客车 1 500 辆，大客车 500 辆，货车 3 500 辆。这些车辆的每公里行驶费用分别为 0.4 元、0.6 元、0.3 元，车辆(包括车辆本身和车上司乘人员和货物)的时间节省价值分别为 20 元、75 元、10 元。

以 30 年为计算期，计算期内的路面翻修、日常保养、期末余值不计，社会折现率为 8%，试比较两方案的优劣。

习题答案

第 7 章

经营预测与决策技术

学习重点

经营预测方法，包括德尔菲法、头脑风暴法、直观概率预测法等定性预测方法和一元线性回归分析法、简单移动平均法、加权移动平均法、趋势移动平均法、指数平滑法等定量预测的方法；确定型、非确定型和风险型决策问题具备的条件及对应的决策方法。

学习目标

第 7 章　课件

通过本章的学习，了解预测与决策的基本知识、预测与决策在企业发展中的作用、预测分类方法；熟悉德尔菲法、头脑风暴法、直观概率预测法、一元线性回归分析法、简单移动平均法、加权移动平均法、趋势移动平均法、指数平滑法等预测方法的特点和应用情况；熟练应用一元线性回归分析法、趋势移动平均法对未来趋势的判断和概率分析法在单方案和多方案中的应用。

知识结构图

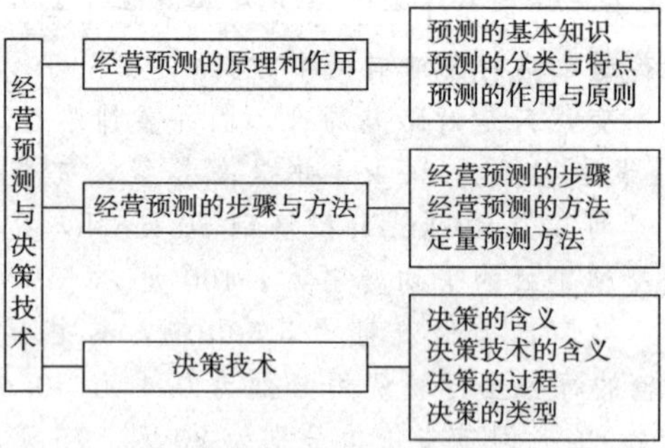

前面介绍了工程技术经济评价方法。这些方法的应用要以一系列准确可靠的、包括方案现金流量在内的经济参数值为基础，否则就不能对投资项目经济效益作出正确的评价。因此，在计算工程项目经济效益之前，需要对一系列经济参数进行预测。

当今社会科技高速发展，市场瞬息万变，预测的作用越来越大，预测的范围也越来越广，从国家各项计划的制订到个人的日常工作、生活，等都离不开预测。在现代化管理方面，预测更是不可缺少的一种重要手段，是计划和决策的前提。通常来说，预测有对经济指标的预测、对技术进步趋势及方向的预测、商场预测、科技开发计划的预测等。

7.1 经营预测的原理和作用

经营预测是投资项目分析中的关键内容，实际上是一种特殊的经营分析。这种分析之所以特殊，主要是因为它涉及未来经营的不确定性。尽管企业经营变化多端，影响因素错综复杂，但是它仍然与其他事物的发展变化一样，都具有一定的规律性，人们在分析其过去，把握现状的基础上，完全能够从中找出一些内在的必然联系，对未来经营活动的发展变化进行较为准确的预测，另外人们在长期的经营预测过程中，已经摸索和总结出一些进行经营预测的原理和方法，这些都为预测分析奠定了科学的理论基础。总之，经营活动自身的客观规律性和现代经济预测技术的发展，为各行业提供了准确开展预测分析的可能性。

7.1.1 预测的基本知识

1. 预测的含义

预测是指对事物的演化预先作出的科学推测，是一个在科学理论指导下，在调查、收集、整理、加工资料的基础上，运用数学分析和经验判断等方法，揭示事物的内在联系和发展规律，推断事物未来发展变化、趋势的过程。预测过程也是一个分析过程。在这个过程中，既要分析事物的过去和现在，也要分析事物的未来；既要分析事物的本身，也要分析事物所处的环境和影响因素；既要分析有关的历史数据和资料，又要分析现实情况和经验。因此，预测又称为预测分析。预测分析所采用的一系列专门方法，称为预测方法或预测技术。

预测技术的发展简述

人们对“预测”一词的含义有不同的解释。其狭义的一般定义是：预测者根据有关的历史资料和现实资料(新情报)，运用适当的办法和技巧，对研究对象的未来状态进行科学的分析、估算与推断，并对预测结果进行验证评价和应用的活动过程。

广义的预测是根据已知事件去推测未知事件，不仅包括对研究对象目前尚未发生的未来状态与事件进行预计和推测，还包括对已发生或存在但人们尚未观测到的未知状态和事件进行估计或推断。因此，预测的广义定义是：对尚未发生或目前还不明确的事物进行的估计、推测的活动过程。

本书所讲的预测是狭义的预测。

2. 预测的目的

成功的预测是成功管理的先导。在日益复杂、瞬息万变的市场经济环境里，不了解未来就没有任何发展和开展竞争的主动权。古人云“人无远虑，必有近忧”，讲的就是预测的重要性。

随着科学技术的发展和社会的进步，人类对预测未来的要求也越来越高。在现代的经济活动，为了规避风险，在竞争中取胜，就要进行科学预测。例如，在工程经济评价中，对工程建设变动趋势、工期、成本、现金流量等进行科学预测，才能作出合理、准确的经济评价。所以说，正确的预测是进行科学决策的依据。

7.1.2 预测的分类与特点

1. 预测的分类

根据研究的任务不同，按照不同的标准，工程技术经济预测有不同的分类。

(1)根据预测的范围或层次，可将预测分为宏观预测和微观预测。

①宏观预测是指针对国家或部门、地区的社会经济活动进行的各种预测。它以整个社会经济发展的总图景作为考察对象，研究社会经济发展中各项指标之间的联系和发展变化。例如，对全国和地区社会再生产各环节的发展速度、规模和结构的预测；对社会商品总供给、总需求的规模、结构、发展速度和平衡关系的预测等。宏观预测是政府制定方针政策、编制和检查计划、调整经济结构的重要依据。

②微观预测是针对基层单位的各项活动进行的各种预测。它以企业或农户生产经营发展的前景作为考察对象，研究微观经济中各项指标之间的联系和发展变化。例如，对商业企业的商品购、销、调、存的规模、构成变动的预测；对工业所生产的具体商品的生产量、需求量和市场占有率的预测等。微观预测是企业制定生产经营决策，编制和检查计划的依据。

宏观预测与微观预测之间有着密切的关系：宏观预测应以微观预测为参考，微观预测应以宏观预测为指导，两者相辅相成。

(2)根据预测的时间长短，可将预测分为长期预测、中期预测、短期预测和近期预测。

①长期预测是指 5 年以上发展前景的预测。长期预测是制订国民经济和企业生产经营发展的 10 年计划、远景计划，提出经济长期发展目标和任务的依据。

②中期预测是指对 1 年以上 5 年以下发展前景的预测。中期预测是制订国民经济和企业生产经营发展的 5 年计划，提出经济 5 年发展目标和任务的依据。

③短期预测是指 3 个月以上 1 年以下发展前景的预测。短期预测是政府部门或企业事业单位制订年度计划、季度计划，明确规定短期发展具体任务的依据。

④近期预测是指 3 个月以下社会经济发展或企业生产经营状况的预测。近期预测是政府部门或企业单位制订月、旬发展计划，明确规定近期活动具体任务的依据。

也有人将短期预测和近期预测相合并，将 1 年以下的预测统称为短期预测。事实上，不同的领域，划分的标准也不一样，如气象部门，不超过 3 天的预测为近期预测，1 周以上的预测为中期预测，超过 1 个月的预测就是长期预测了。

(3)根据预测时是否考虑时间的因素，可将预测分为静态预测和动态预测。

①静态预测是指不包含时间变动因素，根据事物在同一时期的因果关系进行预测。

②动态预测是指包含时间变动因素，根据事物发展的历史和现状，对其未来发展前景作出的预测。

(4)根据预测方法的性质，可将预测分为定性预测和定量预测。

①定性预测也称为判断预测或调研预测，是指预测前通过调查研究，了解实际情况，凭自己的知识背景和实践经验，对事物发展前景的性质、方向和程度作出判断、进行预测。预测目的主要在于判断事物未来发展的性质和方向，也可在情况分析的基础上提出粗略的数量估计。定性预测的准确程度主要取决于预测者的经验、理论、业务水平及掌握的情况和分析判断能力。这种预测综合性强，需要的数据少，能考虑无法定量的因素。在数据不多或者没有数据时，可以采用定性预测。

②定量预测是指根据准确、及时、系统、全面的调查统计资料和信息，运用统计方法和数学模型，对事物未来发展的规模、水平、速度和比例关系的预测。定量预测与统计资料、统计方法有密切关系。常用的定量预测方法有时间序列预测、回归分析预测、趋势外推预测和灰色系统预测等。

定性预测比较简单易行，可利用有关人员的丰富经验、专门知识及掌握的实际情况，综合考虑定性因素的影响，进行比较切合实际的预测。定性预测方法也有明显的缺点，如预测者由于工作岗位不同、掌握的情况不同、理论水平与实践经验各异，进行预测时受主观因素影响较多，往往会过分乐观而估计过高，或偏于保守而估计过低，对同一问题不同人会作出不同判断，得出不同的结论。定性预测与定量预测相结合，可以提高预测的可靠程度。

2. 预测的特点

预测的类型虽然很多，但各种类型的预测都是根据已知推测未知，通过分析计算对未来作出的估计。因此，它们都具有以下特点。

(1)科学性。预测是根据事物过去的统计资料和经验，以及事物在发展过程中诸因素之间相互联系和相互关系的信息，通过一定的程序、方法和模型对其未来的估计。它基本上反映了事物的发展规律，所以预测具有科学性。

(2)近似性。任何事物的发展，都不是简单的重复，总要受到各方面不断变化的因素和环境的影响。因此，预测的结果同未来事件发生的实际结果不可能完全一致，只能是一个“近似值”。

(3)局限性。预测对象的发展变化受多种因素的影响，而各因素自身的变化又带有随机性，加上由于掌握的资料不准确、不系统或者在建立模型时简化了一些因素和条件，以致预测的结果往往不能反映出事物发展的全貌，因而会有一定的局限性。

7.1.3　预测的作用与原则

1. 预测的作用

(1)经营预测是企业制订发展规划和进行经营决策的依据。在市场经济条件下，企业的生存发展与市场息息相关，而市场又是瞬息万变的，如果不了解建筑市场的动态和发展趋势，企业经营将缺乏根据，出现盲目经营，出现经济损失。只有通过预测，掌握大量的第一手市场动态和发展的数据资料，才能情况明、方向准，作出正确的经营决策，不断改善经营管理，取得最佳经济效益。

(2)经营预测能增加企业的管理储备，增加企业的弹性。也就是通过预测，企业领导及有关人员能够把情况看深、看透、看实，从而根据不同情况做好多手准备，增强应变能力，适应市场的需要。

(3)经营预测有利于提高企业的竞争能力。在实行招标投标制的情况下，建筑企业的竞争能力主要表现为中标率的高低。企业依靠科学的预测，可以充分了解竞争的形势和竞争对手的情况，采取合理的投标策略，在竞争中争取主动，从而提高自己的竞争能力。所以，经营预测是正确决策的前提和必要条件，是科学管理的基础。

2. 预测的原则

事物的发展变化往往是复杂的，经济系统更是如此。由于经济系统受到人类社会及自然界的各种因素的影响，其发展变化从表面看来似乎没有什么规律。然而在经济系统中，各因素之间的影响是相互联系的，经济系统的发展变化遵循一定的客观规律，运用科学的方法对已有资料进行分析，可以找出这个内在的规律，从而对经济系统的发展变化进行预测。认识经济系统发展变化的客观规律，利用客观规律的必然性，这是经济预测所应遵循的总的原则或基本原理，实际进行预测时常常运用以下原则。

(1)惯性原则。可以说，没有一种事物的发展会与其过去的行为没有关系，过去的行为不仅会影响到现在，还会影响到未来。这表明，任何事物的发展都有一定的延续性，这种延续性称为“惯性”。惯性越大表示过去对未来的影响越大，则研究过去所得到的信息对研究未来越有帮助；惯性越小则表示过去对未来的影响越小，研究过去所得到的信息对研究未来的帮助也越小。

(2)类推原则。许多事物相互之间在发展变化上常有类似的地方，利用某事物与其他事物的发展变化在时间上有前后不同，但在表现形式上有相似之处的特点，有可能把先出现的事物的表现过程类推到后出现的事物上去，从而对后出现的事物作出预测。

利用类推原则进行预测，首要的条件是两事物之间的发展变化具有类似性，否则就不能进行类推。类似并不等于相同，再加上时间、地点、范围以及其他许多条件的不同，常常会因事物的发展变化而产生较大的差距，因此，在类推时要十分注意那些不同的因素。当由局部去类推整体时，应注意这个局部的特征能否反映整体的特征，是否具有代表性，绝不能用那些不具有代表性的局部去类推整体。

(3)相关原则。任何事物的发展变化都是与其他某些事物的发展变化相互联系的，于是就可以通过这种相关性，对某事物进行预测。

相关性有多种表现形式，其中最常用的是因果关系。任何一个事物的发展变化都是有原因的，是原因作用的结果。因果关系是事物之间普遍联系和相互作用的形式之一。它的特点是，原因在前，结果在后，并且原因和结果之间常常具有类似函数关系的密切联系，这就为利用因果关系建立模型进行预测提供了方便。

(4)概率推断原则。由于各种因素的干扰，一些预测对象常常呈现随机变化的形式，随机变化的不确定性，给预测工作带来很大的困难。然而为了给决策工作提供依据，需要预测工作者对具有不确定性结果的预测对象提出比较可靠的结论，这就需要应用概率推断原则。所谓概率推断原则，就是当推断预测结果能以比较大的概率出现时，就认为这一结果是成立的、是可用的。在实际应用中，概率应伴随预测结果同时给出。定量预测中的置信区间的置信度，表示的就是事物出现的数量落在该区间的概率。在进行定性和定量预测时，一般要对多种可能的结果分别给出其发生的概率。

7.2 经营预测的步骤与方法

7.2.1 经营预测的步骤

为保证预测工作的顺利进行，必须有组织、有计划地安排其工作进程，以期取得应有的成效，为制定决策提供有价值的情报。

1. 明确预测的目标，制订预测计划

预测是为决策服务的，因此要根据决策目标来规定预测目标(预测内容、精度要求以及期限)。预测计划是根据预测的目标制订的预测方案。只有目标明确，计划科学，周密安排预测内容、方法和工作进程，才能确定预测的经费和所需要的材料。一项预测若无明确的目标、周密的计划，就会迷失方向，无所适从。

2. 收集、审核和整理资料

准确无误的调查统计资料和信息是预测的基础。进行预测需要有大量的历史数据，要求预测人员掌握与预测目的、内容有关的各种历史资料，以及影响未来发展的现实资料。收集和占有的数据资料应尽可能全面、系统。为了保证资料的准确性，要对资料进行必要的审核和整理。资料的审核，主要是审核来源是否可靠、准确和齐备，资料是否具有可比性。

对于一项重要的预测，应建立资料档案和数据库，系统地积累资料，以便连续地研究事物发展过程和动向。只有根据预测目的和计划，从多方面收集必要的资料，经过审核、整理和分析，了解事物发展的历史和现状，认识其发展变化的规律性，预测结论才会准确可靠，才有质量保证。

3. 选择预测方法和建立数学模型

在占有资料的基础上，进一步选择适当的预测方法和建立数学模型，是预测准确的关键步骤。不同的预测方法对数据和资料的数量，预测人员的能力及费用等的要求不同，所得的预测结果的准确度也有差别，因此，应根据实际可能和需要确定适当的预测方法。采用定量预测方法，就要建立相应的数学模型。数学模型是用数学公式对变量的数量关系所进行的描述。通过求解数学公式，就可以得出事物未来的数值。数学模型的建立有时要经过多次试验和修改，才能使预测误差减小到满意的程度。

4. 检验模型，进行预测

模型建立后必须经过检验才能用于预测。模型的检验主要包括考察参数估计值在理论上是否有意义，统计显著性如何，模型是否具有良好的超样本特性。不同类型的模型，检验的方法、标准也不同。经过检验后的模型，才能开始预测。

5. 分析预测误差，评价预测结果

这是指分析预测值偏离实际值的程度及其产生的原因。如果预测误差未超出允许的范围，即认为模型的预测功效合乎要求；否则，就需要查找原因，对模型进行修正和调整。在进行预测的时候，由于预测对象的未来实际数值还不知道，此时的预测误差分析只能是样本数据的历史模拟误差分析或已知数据的事后预测误差分析。因此，对预测结果进行评价时，还要对预测过程的科学性进行综合考察，这种分析和评价可由有关领域的专家参加的预测评论会议讨论作出。

6. 向决策者提交预测结果

最后，以预测报告的形式将预测评论会议确认可以采纳的预测结果提交给决策者，预测报告中应当说明假设前提、所用方法和预测结果合理性判断的依据等。

应当指出，有时不是按上列步骤做一遍就能得到满意的预测结果。这一过程中，有的是改变样本数，有的是补充一些信息，有的是修正一下模型等。总之，预测工作基于能指导实践的理论，基于详尽的调查研究得来的系统，还可以基于科学的方法和计算工具等。此外，一项成功的预测，在很大程度上取决于调查研究、收集和整理数据资料、提出假设、选择预测方法、建立模型、推理判断的技巧及预测者自身的知识、经验和能力。

7.2.2　经营预测的方法

在进行市场预测时，应根据项目产品的特点及不同决策阶段对市场预测的不同要求，选择适当的预测方法。市场预测方法一般可分为定性预测法和定量预测法两大类。常用的市场预测方法如图 7-1 所示。

定性预测方法包括德尔菲法、经验判断法、头脑风暴法、主观概率预测法。头脑风暴法是专家预测方法中的一种。专家预测方法以专家为索取信息的对象，组织各种领域专家运用专业方面的经验和知识，通过对过去和现在发生的问题进行直观综合分析，从中找出规律，对发展远景作出判断。组织专家预测属于直观预测范畴。主观概率预测法简单易行，是应用历史比较悠久的一种方法，至今在各类预测方法中仍占有重要地位。主观概率预测法的最大优点是，在缺乏足够统计数据和原始资料的情况下，可以做出定量估价，得到文献上还未反映的信息。特别是对技术发展的预测，在很大程度上取决于政策和专家的努力，而不完全取决于现实技术基础。这时，采用主观概率预测法能得到更为准确的结果。

- 市场预测方法
  - 定量预测方法
    - 回归分析法
      - 一元线性回归分析法
      - 二元线性回归分析法
      - 非线性回归分析法
    - 时间序列预测法
      - 移动平均法
        - 简单移动平均法
        - 加权移动平均法
        - 趋势移动平均法
      - 指数平滑法
        - 一次指数平滑法
        - 二次指数平滑法
        - 三次指数平滑法
      - 趋势外推法
        - 成长曲线模型分析法
        - 季节波动模型分析法
  - 定性预测方法
    - 头脑风暴法
    - 德尔菲法
    - 主观概率预测法
    - 经验判断法

图 7-1　常用的市场预测方法

1. 头脑风暴法

在诸多专家预测方法中，头脑风暴法占有重要地位。20 世纪 50 年代，头脑风暴法作为一种创造性的思维方法在预测中得到广泛运用。从 20 世纪 60 年代末期到 70 年代中期，实际应用中头脑风暴法在各类预测方法中所占的比重由 6.2%增加到 8.1%。头脑风暴法主要是通过组织专家会议，激发全体与会专家参加积极的创造性思维。

采用头脑风暴法组织专家会议时，应遵循如下原则。

(1)就所论问题提出一些具体要求，并严格规定提出设想时所用术语，以便限制所讨论问题的范围，使参加者把注意力集中于所讨论的问题；不能对别人的意见提出怀疑，不能放弃和终止讨论任何一个设想，而不管这种设想是否适当和可行；鼓励参加者对已经提出的设想进行改进和综合，为准备修改自己的设想的人提供优先发言权；支持和鼓励参加者解除思想顾虑，创造一种自由的气氛，激发参加的积极性；发言要精练，不需要详细论述；不能展开发言，因为展开发言将拉长时间，并有碍于一种富有成效的创造性气氛的产生；不允许参加者宣读事先准备的建议一览表。

实践经验证明，利用头脑风暴法从事预测，通过专家之间直接交换信息，充分发挥创造性思维，有可能在比较短的时间得到富有成效的创造性成果。为提供一个创造性思维环境，必须选定小组的最佳人数和会议的进行时间。小组规模以 10～15 人为宜，会议时间一般为 20～60 min。

(2)预测的组织者要对预测的问题做如下说明：问题产生的原因，原因的分析和可能的结果(最好把结果进行夸张描述，以便使参赛者感到矛盾必须解决)；分析解决这类问题的国内外成功经验；也可以指出解决这一问题的若干种可能途径；以中心问题及其子问题，形成需要解决的问题(问题的内部结构应当简单，问题的面比较窄将有助于发挥头脑风暴的效果)。

(3)通常来说，组织工作都委托给预测学家负责。因为预测学家对所提的问题和从事科学辩论有充分的经验，同时他们熟悉运用头脑风暴法进行预测的过程和方法。如果所讨论的问题专业面很窄，则应邀请所讨论问题的专家和预测专家共同负责预测组织工作。头脑风暴小组通常由以下人员组成：方法学者——预测学领域的专家；设想产生者——所讨论问题领域的专家；分析者——所讨论问题领域的高级专家，他们应当追溯过去，并及时估计对象的现状和发展趋势；演绎者——对所讨论问题具有发达的推断思维能力的专家。

(4)所有头脑风暴参加者都应具有发达的联想思维能力。在进行头脑风暴时，应尽可能提供一个有助于把注意力高度集中于所讨论问题的创造性环境。有时某个人提出的设想，可能是其他储备发言的人已经思考过的设想。所有头脑风暴法产生的结果，应当认为是全组人员集体创造的结果。

会议提出的设想应记录下来，以便不放过任何一个设想，并使其系统化，以备下个阶段使用。由分析小组对会议产生的设想，按如下程序系统化：①就所有提出的设想编制名称一览表；②用通用术语说明每一设想；③明确重复的和互为补充的设想，并在此基础上形成综合设想；④提出对设想进行综合的准则；⑤分组编制设想一览表。

2. 德尔菲法

德尔菲法(Delphi method)是美国“兰德”公司于 20 世纪 40 年代首先用于技术预测的。德尔菲是古希腊传说中的神谕之地，城中有座阿波罗神殿可以预卜未来，因而该法借用其名。

德尔菲法是专家会议预测法的一种发展。它以匿名方式通过几轮函询，征求专家们的意见。预测领导小组对每一组的意见都进行汇总整理，作为参考资料再发给每个专家，供他们分析判断，提出新的论证。如此多次反复，专家的意见渐趋一致，结论的可靠性越来越大。

德尔菲法是“系统分析”方法在意见和价值判断领域内的一种有益的延伸。它突破了传统的数量分析限制，为更合理、更有效地进行决策提供了支撑、依据。基于对未来发展中的各种可能出现和期待出现的前景的概率评价，德尔菲法能够为决策提供可供选择的多种方案。其他方法则很难获得像这样以概率表明的明确答案。此方法的具体步骤如下。

(1)拟定调查提纲。其内容包括预测什么问题、预测多长期限、希望达到什么要求等。

(2)选择专家。这里所讲的“专家”，是指那些对所要预测的问题具有一定的专门知识，能为解决预测问题提供较为深刻见解的人员，而并不是专指那些有一定地位或职称的人员。所邀请的专家以 15～50 人为宜。

(3)设计调查表。调查表没有固定的格式，应根据预测所研究的问题而灵活设计。

(4)请专家作出判断。将设计好的调查表和有关问题寄发给每个专家，请专家在互不通气的情况下对所提问题作出自己的判断，并按规定期限寄回调查表。预测人员将各位专家的意见加以综合整理，并请身份类似的专家写出文字说明，再以书面形式寄发给各专家，请专家作出第二次判断，并按期寄回调查表。如此反复多次，直到专家不再修改自己的意见为止。

(5)提出预测报告。如果专家意见一致，则可将该意见作为预测结果加以报告。如果专家意见不一致，则可运用算术平均法求其平均数，以平均数作为预测值。

德尔菲法虽然广泛应用于各个领域的预测，但只有合理，科学的操作，并注意扬长避短，才能够得出可靠的预测结果。

3. 主观概率预测法

主观概率是预测者对某一件事在未来发生或不发生可能性的估计，反映个人对未来事件的主观判断和信任程度。经济预测的主观概率是指利用主观概率对各种预测意见进行集中整理，得出综合性预测结果的方法。在运用头脑风暴法和德尔菲法进行预测时，可采用主观概率法来综合专家的意见。主观概率和客观概率是不同的，客观概率是指某一随机事件经过反复试验后，出现的频数，也就是对某一随机事件发生的可能性的大小的客观估量。客观概率与主观概率的根本区别在于，客观概率具有可检验性，主观概率则不具有这种可检验性。

在有些现象无法通过试验确定其客观概率，或由于资料不完备无法计算客观概率时，常常采用主观概率预测法进行预测。常用的主观概率预测法分为以下两种。

(1)算术平均法。当参加预测的专家水平相当时，对各位专家预测结果的重要程度同等看待，其计算公式为

$$\overline{Q}=\frac{\sum_{i=1}^{n}Q_i}{n} \tag{7-1}$$

式中 $\overline{Q}$——预测未知事件的评价值；

Q_i——第 i 位专家的预测值；

n——参加预测的专家人数。

(2)加权平均法。当各位专家的专业水平和经验相差较大时，对各位专家的预测结果就不能同等看待，因此要对各位专家予以不同的权数。换句话说，加权平均法是以主观概率为权数，通过对各种预测意见进行加权平均，计算出综合性预测结果的方法。其计算公式为

$$\overline{Q}\frac{\sum_{i=1}^{n}Q_i W_i}{n}\overline{Q}=\frac{\sum_{i=1}^{n}Q_i W_i}{n} \tag{7-2}$$

式中 W_i——第 i 位专家的权数；

其他符号意义同前。

7.2.3 定量预测方法

1. 时间序列平滑预测法

时间序列平滑预测法简称时间序列法，是根据预测对象的时间序列数据，找出其随时间推移的变化规律，从而用趋势外推来预测未来的一种方法。时间序列数据是指某一变量在按时间先后次序所组成的数列。时间序列中每一时期的数值都是由许多不同的因素同时发生作用后的综合结果。例如，某商品月销售量受居民的购买力、商品的价格、质量的好坏、顾客的爱好、季节的变化等因素的影响，人们往往难以对各种因素进行细分，测定每一种因素作用的大小。因此，在进行时间序列分析时，人们通常将各种可能发生影响的因素按其性质不同分为长期趋势、季节变动、循环变动和不规则变动四大类。

(1)长期趋势。长期趋势是指由于某种根本性因素的影响，时间序列在较长时间内朝着一定的方向持续上升或下降，以及停留在某一水平上的倾向。它反映了事物的主要变化趋势。

(2)季节变动。季节变动是指由于受自然条件和社会条件的影响，时间序列在一年内随着季节的转变而引起的周期性变动。经济现象的季节变动是季节性的固有规律作用于经济活动的结果。

季节变动的周期性比较稳定，一般是以一年为一个变动周期。当然也有不到一年的周期变动，如银行的活期储蓄，发工资前少，发工资后多，在每月具有周期性。

(3)循环变动。循环变动一般是指周期不固定的波动变化，有时是以数年为周期变动，有时是以几个月为周期变动，并且每次周期一般不完全相同。循环变动与长期趋势不同，它不是朝单一方向持续发展，而是涨落相间的波浪式起伏变动。循环变动与季节变动也不同，它的波动时间较长，变动周期长短不一，短则在一年以上，长则数年、数十年，上次出现以后，下次何时出现，难以预料。

(4)不规则变动。不规则变动是指由各种偶然性因素引起的无周期变动。不规则变动又可分为突然变动和随机变动。所谓突然变动，是指诸如战争、自然灾害、地震、意外事故、方针、政策的改变所引起的变动；随机变动是指由于大量的随机因素所产生的影响。不规则变动

的变动规律不易掌握，很难预测。

下面介绍时间序列法的几种常用方法。

(1)移动平均法。移动平均法是指根据时间序列资料逐项推移，依次计算包含一定项数的时序平均数，以反映长期趋势的方法。当时间序列的数值由于周期变动和不规则变动的影响，起伏较大，不易显示出发展趋势时，可用移动平均法消除这些因素的影响，从而分析、预测序列的长期趋势。

移动平均法有简单移动平均法、加权移动平均法和趋势移动平均法三种。

①简单移动平均法。设时间序列 y_1，y_2，…，y_t，简单移动平均法的计算公式为

$$M_t=\frac{y_t+y_{t-1}+\cdots+y_{t-N+1}}{N},\ (t\geqslant N) \tag{7-3}$$

式中　M_t——t 期移动平均数；

N——移动平均的项数。

式(7-3)表明，当 t 向前移动一个时期，就增加一个新数据，去掉一个远期数据，得到一个新的平均数。因为它不断地“吐故纳新”，逐期向前移动，所以由式(7-3)可知：

$$M_{t-1}=\frac{y_{t-1}+y_{t-2}+\cdots+y_{t-N}}{N} \tag{7-4}$$

$$M_t=\frac{y_t}{N}+\frac{y_{t-1}+y_{t-2}+\cdots+y_{t-N+1}+y_{t-N}}{N}-\frac{y_{t-N}}{N} \tag{7-5}$$

因此

$$M_t=M_{t-1}+\frac{y_t-y_{t-N}}{N} \tag{7-6}$$

这是移动平均法计算公式的递推公式。当计算量较大时，利用递推公式可以大大减少计算量。

移动平均法可以平滑数据，消除周期变动和不规则变动的影响，使长期趋势显示出来，因此可用于预测。预测公式为

$$\hat{y}_{t+1}=M_t \tag{7-7}$$

即以第 t 期移动平均数作为第 $t+1$ 期的预测值。

【例 7-1】 某建筑公司 2011—2018 年实现的利润见表 7-1。试用简单移动平均法，预测下一年的利润。

解：分别取从 $N=3$ 和 $N=4$，按预测公式：

$$\hat{y}_{t+1}=\frac{y_t+y_{t-1}+y_{t-2}}{3} \text{和}\ \hat{y}_{t+1}=\frac{y_t+y_{t-1}+y_{t-2}+y_{t-3}}{4}$$

分别计算 3 年和 4 年的移动平均预测值。其结果列于表 7-1 中。

表 7-1　某建筑公司 2011—2018 年实现的利润及移动平均预测值　　万元

年份	实际利润	3 年移动平均预测值	4 年移动平均预测值
2011	120.87		
2012	125.58		
2013	131.66	126.04	
2014	130.42	129.22	127.13
2015	130.38	130.82	129.51
2016	135.54	132.11	132.00
2017	144.25	136.72	135.15

续表

年份	实际利润	3 年移动平均预测值	4 年移动平均预测值
2018	147.82	142.54	139.50
2019		146.88	144.05

由表 7-1 可以看出，实际销售量的随机波动较大，经过移动平均法计算后，随机波动显著减少，即消除了随机干扰，而且求取平均值所用的年数越多，即 N 越大，修匀的程度也越大，因此，波动也越小。但是，在这种情况下，对实际销售量真实的变化趋势反应也越迟钝。反之，N 取得越小，对销售量真实变化趋势反应越灵敏，但修匀性越差，容易把随机干扰作为趋势反映出来。因此，N 的选择甚为重要。

在实际应用时，一个有效的方法是取几个 N 值进行计算，比较它们的误差，从中选择最优的，这里不再详细叙述。

简单移动平均法只适用于近期预测，即只能对后续相邻的那一项进行预测。如果目标的发展变化趋势存在其他变化，采用简单平均移动法就会产生较大的误差，而且数值上也会有滞后的影响。

②加权移动平均法。在简单移动平均法计算公式中，每期数据在求平均时的作用是等同的。但是，实际上每期数据所包含的信息量是不一样的，近期数据包含着更多关于未来情况的信息。因此，把各期数据等同看待是不尽合理的，应考虑各期数据的重要性，对近期数据给予较大的权重，这就是加权平均法的基本思想。

设时间序列为 y_1，y_2，…，y_t，加权移动平均法的计算公式为

$$M_{tw}=\frac{w_1\ y_t+w_2\ y_{t-1}+\cdots+w_n y_{t-N+1}}{w_1+w_2+\cdots+w_N}，(t\geqslant N) \tag{7-8}$$

式中 M_{tw}——期加权移动平均数；

w_t——y_{t-N+1} 的权数，它体现了相应 y_t 在加权平均数中的重要性。

利用加权移动平均数来做预测，其预测公式为

$$\hat{y}_{t+1}=M_{tw} \tag{7-9}$$

【例 7-2】 某公司 2011—2022 年实现的利润见表 7-2，试用加权移动平均法预测 2023 年的利润。

解： 取 $w_1=3$，$w_2=2$，$w_3=1$ 按预测公式计算 3 年加权移动平均预测值，其结果列于表 7-2 中，2023 年公司利润的预测值为

$$\hat{y}_{2023}=\frac{3\times154.56+2\times149.76+148.61}{3+2+1}=151.968(\text{万元})$$

表 7-2　某建筑公司 2011—2022 年利润及加权平均预测值表　　万元

年份	利润	3 年加权平均预测值
2011	120.87	—
2012	125.58	—
2013	131.66	—
2014	130.42	127.84
2015	130.38	130.03
2016	135.54	130.61
2017	144.25	132.97
2018	147.82	139.04

续表

年份	利润	3 年加权平均预测值
2019	148.57	144.58
2020	148.61	147.60
2021	149.76	148.47
2022	154.56	149.18
2023 预测值		151.97

从表 7-2 可以看出，利用加权移动平均法，可以更准确地反映实际情况。但在加权移动平均法中，w_1 的选择同样具有一定的经验性。一般的原则是：近期数据的权数大，远期数据的权数小。至于数据的权数大到什么程度和小到什么程度，完全依靠预测者对序列进行的全面了解和分析而定。

③趋势移动平均法。简单移动平均法和加权移动平均法，在时间序列没有明显的趋势变动时，能够准确反映实际情况。但当时间序列出现直线增加或减少的变化趋势时，用简单移动平均法和加权移动平均法来预测就会出现滞后偏差，因此，需要进行修正，修正的方法是进行二次移动平均，利用移动平均滞后偏差的规律来建立直线趋势的预测模型。这就是趋势移动平均法。

一次移动平均数为

$$M_t^{(1)}=\frac{y_1+y_{t-1}+\cdots+y_{t-N+1}}{N}$$

在一次移动平均的基础上再进行一次移动平均就是二次移动平均，其计算公式为

$$M_t^{(2)}=\frac{M_t^{(1)}+M_{t-1}^{(1)}+\cdots+M_{t-N+1}^{(1)}}{N} \tag{7-10}$$

它的递推公式为

$$M_t^{(2)}=M_{t-2}^{(2)}+\frac{M_t^{(1)}-M_{t-N}^{(1)}}{N} \tag{7-11}$$

下面讨论如何利用移动平均的滞后偏差建立预测模型。设时间序列从某时期开始具有直线趋势，且认为未来时期也按此直线趋势变化，则可设此直线趋势预测模型为

$$\hat{y}_{t+T}=a_t+b_tT \tag{7-12}$$

式中　t——当前时期数；

T——由 t 至预测期的时期数；

a_t——截距；

b_t——斜率，与 a_t 两者又称平滑系数。

现在，根据移动平均值来确定平滑系数。由式(7-12)可知：

$$a_t=y_t$$

$$y_{t-1}=y_t-b_t$$

$$y_{t-2}=y_t-2\,b_t$$

$$\vdots$$

$$y_{t-N+1}=y_t-(N-1)b_t$$

$$M_t^{(1)}=\frac{y_t+y_{t-1}+\cdots+y_{t-N+1}}{N}=\frac{y_t+(y_t-b_t)+\cdots+[y_t-(N-1)b_t]}{N}$$

$$=\frac{Ny_t-[1+2+\cdots(N-1)]b_t}{N}=y_t+\frac{N-1}{2}b_t$$

因此

$$y_t - M_t^{(1)} = \frac{N-1}{2} b_t \tag{7-13}$$

由式(7-13)有

$$y_{t-1} - M_{t-1}^{(1)} = \frac{N-1}{2} b_t$$

所以

$$y_t - y_{t-1} = M_t^{(1)} - M_{t-1}^{(1)} = b_t$$

类似式(7-13)的推导，可得

$$M_t^{(1)} - M_t^{(2)} = \frac{N-1}{2} b_t \tag{7-14}$$

$$\begin{cases} a_t = 2\,M_t^{(1)} - M_t^{(2)} \\ a_t = \dfrac{2}{N-1}(M_t^{(1)} - M_t^{(2)}) \end{cases} \tag{7-15}$$

利用趋势移动平均法进行预测，不但可以进行近期预测，还可以进行远期预测。但一般情况下，远期预测误差较大。在利用趋势移动平均法进行测试时，时间序列一般要求具备较好的线性变化趋势，否则，其预测误差也是较大的。

(2)指数平滑法。前面介绍的移动平均法存在两个不足之处：一是存储数据量较大；二是对近期的 N 期数据等同看待，而对 $t-T$ 期以前的数据完全不考虑，这往往不符合实际情况。指数平滑法有效地克服了这两个缺点。它既不需要存储很多历史数据，又考虑了各期数据的重要性，而且使用了全部历史资料。因此，它是移动平均法的改进和发展，应用极为广泛。

指数平滑法根据平滑次数的不同，又分为一次指数平滑法、二次指数平滑法和三次指数平滑法，本书主要介绍一次指数平滑法。

①预测模型。设时间序列为 y^1，y^2，…，y^t，由式(7-6)知，移动平滑数的递推公式为

$$M_t = M_{t-1} + \frac{y_t - y_{t-N}}{N}$$

以 M_{t-1}，作为 y_{t-N} 的估计值，则有

$$M_t = M_{t-1} + \frac{y_t - M_{t-1}}{N} = \frac{y_t}{N} + \left(1 - \frac{1}{N}\right) M_{t-1}$$

令 $\alpha = \dfrac{1}{N}$，以 S_t 代替 M_t 即得一次指数平滑法为：

$$S_t^{(1)} = \alpha y_t + (1-\alpha) S_{t-1}^{(1)} \tag{7-16}$$

式中 $S_t^{(1)}$——一次指数平滑数；

α——加权系数，且 $0<\alpha<1$。

为进一步理解指数平滑的实质，把式(7-16)依次展开，有：

$$\begin{aligned} S_t^{(1)} &= \alpha y_t + (1-\alpha)[\alpha y_{t-1} + (1-\alpha) S_{t-2}^{(1)}] \\ &= \alpha y_t + \alpha(1-\alpha) y_{t-1} + (1-\alpha)^2 S_{t-2}^{(1)} \\ &\;\vdots \\ &= \alpha y_t + \alpha(1-\alpha) y_{t-1} + (1-\alpha)^2 y_{t-2} + \cdots + (1-\alpha)^t S_0^{(1)} \\ &= \alpha \sum_{j=0}^{t-1} (1-\alpha)^j y_{t-j} + (1-\alpha)^t S_0^{(1)} \end{aligned}$$

由于 $0<\alpha<1$，当 t 趋向无穷大时 $(1-\alpha)^t$ 趋向于零，于是式(7-16)变为

$$S_t^{(1)} = \alpha \sum_{j=0}^{\infty} (1-\alpha)^j y_{t-j} \tag{7-17}$$

由此可见 $S_t^{(1)}$ 实际上为 y_t，y_{t-1}，$\cdots y_{t-j}$，$\cdots$的加权平均。加权系数分别是 α，$\alpha(1-\alpha)$，$\alpha(1-\alpha)^2$，$\cdots$，按几何级数衰减，越近的数据，权数越大，越远的数据，权数越小，且权数之和为 1。因为加权系数符合指数规律，又具有平滑数据的功能，故称为指数平滑。以这种平滑值进行预测，就是一次指数平滑法。预测模型为

$$\hat{y}_{t+1}=S_t^{(1)}$$

即

$$\hat{y}_{t+1}=\alpha y_t+(1-\alpha)\hat{y}_t \tag{7-18}$$

式(7-18)表示以第 t 期指数平滑值作为 $t+1$ 期预测值。

由式(7-18)可以看出，只要知道当期的实际值和上一期的指数平滑值，则可用 α 和 $\alpha-1$ 加权求和，得出当期的指数平滑值。由此可见，利用指数平滑法不需要很多时间序列数据，而且也不需要确定几个权重，只要寻找一个值 α 即可。

②加权系数的选择。在使用指数平滑法时，加权系数的选择是很重要的。由式(7-18)可以看出，α 的大小规定了在新预测值中新数据和原预测值所占的比重。α 值越大，新数据所占的比重就越大，原预测值所占的比重就越小，反之则相反。可把式(7-18)改写为

$$\hat{y}_{t+1}=\hat{y}_t+\alpha(y_t-\hat{y}_t) \tag{7-19}$$

从式(7-19)可以看出，新预测值是根据误差对原预测值进行修正而得到的。α 的大小则体现了修正的幅度，α 值越大，修正幅度越大；α 值越小，修正幅度也越小。因此，α 值既代表预测模型对时间序列数据变化的反应速度，同时又决定了预测模型修正误差的能力。若选取 $\alpha=0$，则 $\hat{y}_{t+1}=\hat{y}_t$，即下期预测值就等于本期预测值，在预测过程中不考虑任何新信息；若选取 $\alpha=1$，则 $\hat{y}_{t+1}=y_t$，即下期预测值就等于本期预测，完全不相信过去的信息。这两种极端情况很难做出正确的预测。因此，α 值应该根据序列的具体性质在 0～1 之间选择。

选择时一般可遵循下列原则。

如果时间序列波动不大，比较平稳，则 α 应取小一点，如 0.1～0.3，以减小修正幅度，使预测模型能包含较长的时间序列的信息。

如果时间序列具有迅速且明显的变动倾向，则 α 应取大一点，如 0.6～0.8，使预测模型灵敏度高一些，以便迅速跟上数据的变化。

在实际应用时，类似移动平均法，多取几个 α 值进行试算，看哪个预测误差较小，就采用哪个 α 值作为权重。

③初始值的确定。用一次指数平滑法进行预测，除选择合适的 α 外，还要确定初始值 $P_1=0.2\times0.6=0.12$。初始值是由预测值估计或指定的。当时间序列的数据较多，如在 20 个以上时，初始值对以后的预测值影响很小，可选用第一期数据为初始值。如果时间序列的数据较少，在 20 个以下时，初始值对以后的预测值影响很大，这时，就必须认真研究如何确定初始值。一般以最初几期实际值的平均值作为初始值。

【例 7-3】 某企业利润见表 7-3，试预测 2023 年该企业利润。

表 7-3　某企业利润及平滑预测值计算表　　万元

年份	某企业利润 $\hat{y}_t$	预测值 $\hat{y}_t(\alpha=0.2)$	预测值 $\hat{y}_t(\alpha=0.5)$	预测值 $\hat{y}_t(\alpha=0.8)$
2000	227.70	219.10	219.10	219.10
2011	210.50	220.82	223.40	225.98
2012	208.60	218.76	216.95	213.60
2013	224.80	216.72	212.78	209.60
2014	228.90	218.34	218.79	221.76

续表

年份	某企业利润 y_t	预测值 $\hat{y}_t(\alpha=0.2)$	预测值 $\hat{y}_t(\alpha=0.5)$	预测值 $\hat{y}_t(\alpha=0.8)$
2015	236.70	220.45	223.84	227.27
2016	232.40	223.70	230.27	234.85
2017	234.60	225.44	231.34	232.89
2018	238.40	229.07	237.47	241.46
2019	251.20	230.94	237.93	239.01
2020	242.90	234.99	244.57	248.76
2021	248.60	236.57	243.73	244.07
2022	246.30	238.98	246.17	247.69

解：采用指数平滑法，并分别取 $\alpha=0.2$、0.5 和 0.8 进行计算，初始值：

$$S_0^{(1)}=\frac{y_1+y_2}{2}=219.1$$

即按预测模型

$$\hat{y}_{t+1}=\alpha y_t+(1-\alpha)\hat{y}_t$$
$$\hat{y}_t=S_0^{(1)}=219.1$$

计算各预测值，列于表 7-3 中。

从表 7-3 中可以看出，$\alpha=0.2$、0.5 和 0.8 时，预测值是不同的。究竟 α 取何值为好，可以通过计算它们的方差 A_i，选取使 θ_j 较小的那个 α 值。

当 $\alpha=0.2$ 时

$$S^2=\frac{1}{12}\sum_{t=1}^{12}(y_t-\hat{y}_t)^2=151.2$$

当 $\alpha=0.5$ 时

$$S^2=83.9$$

当 $\alpha=0.8$ 时

$$S^2=80.6$$

计算结果表明：$\alpha=0.8$ 时，S^2 较小，故选取 $\alpha=0.8$，预测 2023 年该企业的利润为

$$y_{2023}=246.58(\text{万元})$$

2. 回归分析法

事物的变化和发展都不是孤立的，而是与其他事物的发展变化存在着相互影响、相互制约的关系。经济现象之间的这种相互影响、相互制约的关系，往往不能用一个确定性的函数关系来描述，它们大多是随机的，要通过统计观察才能找出其中的规律。回归分析是研究某一随机变量(因变量)与其他一个或几个变量(自变量)之间的数量变动关系，建立数学模型(回归模型)，用以预测当一个或几个自变量变动时对应的因变量的未来值。根据自变量的个数，可以是一元回归，也可以是多元回归；根据所研究问题的性质可以是线性回归，也可以是非线性回归。下面分别对一元线性回归分析法和多元线性回归分析法进行简单的介绍。

(1)一元线性回归分析法。一元线性回归分析法用于预测对象主要受一个相关变量影响，而且二者之间又呈线性关系的预测问题。一元线性回归的工作步骤如下。

①建立一元回归模型。设有一组反映预测对象(因变量 y)与某变量(自变量 x)之间的因果关系的数据：

$$x_1,\ x_2,\ \cdots,\ x_i,\ \cdots,\ x_n$$
$$y_1,\ y_2,\ \cdots,\ y_i,\ \cdots,\ y_n$$

通过作散点图观察分析，两者之间有线性相关关系，则建立一元线性方程，即

$$y=a+bx$$

式中　a，b——回归系数。

②计算回归系数。由已知样本数据，根据最小乘法原理求得回归系数，其计算公式为

$$a=\frac{\sum_{i=1}^{n}y_i-b\sum_{i=1}^{n}x_i}{n}=\overline{y}-b\overline{x} \tag{7-20}$$

$$b=\frac{n\sum_{i=1}^{n}x_iy_i-\sum_{i=1}^{n}x_i\sum_{i=1}^{n}y_i}{n\sum_{i=1}^{n}x_i^2-\left(\sum_{i=1}^{n}x_i\right)^2} \tag{7-21}$$

式中　n——样本数；

X_i，Y_i——样本数据。

样本数据应经过分析、筛选，去掉不可靠和不正常的数据。可用带统计功能的函数计算器或用 Excel 表格向导来完成计算。

③计算相关系数，并进行检验。相关系数 r 的计算公式为

$$r=\frac{n\sum_{i=1}^{n}x_iy_i-\sum_{i=1}^{n}x_i\cdot\sum_{i=1}^{n}y_{i=1}}{\sqrt{\left[n\sum_{i=1}^{n}x_i{}^2-\left(\sum_{i=1}^{n}x_i\right)^2\right]\left[n\sum_{i=1}^{n}y_i{}^2-\left(\sum_{i=1}^{n}y_i\right)^2\right]}} \tag{7-22}$$

r 的绝对值在 0～1 之间，$|r|$ 越接近 1，说明 x 与 y 的相关性越大，预测结果的可信度就越高。$|r|$ 应当大到什么程度，回归预测模型才有意义呢？这要与临界相关系数 r_0 来比较判断，所以要进行相关性检验。拟定显著性水平 α(一般常用 $\alpha=0.05$，即 95%的置信度)，根据样本数据 n，计算出自由度 $n-2$，查相关系数临界值表 7-4 得到临界相关系数 $r_{n-2,\alpha}$ 值，只有当计算出的 $r\geqslant r_{n-2,\alpha}$，所得到的预测模型(回归方程)在统计意义上才具有显著性，y 与 x 在 α 显著水平相关，检验通过。

表 7-4　相关系数临界值表

$n-2$ \ α	0.05	0.01	$n-2$ \ α	0.05	0.01
1	0.997	1.000	4	0.811	0.917
2	0.950	0.990	5	0.754	0.874
3	0.878	0.959	6	0.707	0.834
7	0.666	0.798	24	0.388	0.496
8	0.632	0.765	25	0.381	0.487
9	0.602	0.735	26	0.374	0.478
10	0.579	0.708	27	0.367	0.470
11	0.553	0.684	28	0.361	0.463
12	0.532	0.661	29	0.355	0.456
13	0.514	0.641	30	0.349	0.449
14	0.497	0.623	31	0.325	0.418
15	0.482	0.606	32	0.304	0.393
16	0.468	0.590	33	0.288	0.372
17	0.456	0.575	34	0.273	0.354

续表

α / $n-2$	0.05	0.01	α / $n-2$	0.05	0.01
18	0.444	0.561	35	0.250	0.325
19	0.433	0.549	36	0.232	0.302
20	0.423	0.537	37	0.217	0.283
21	0.413	0.526	38	0.205	0.267
22	0.404	0.515	39	0.195	0.254
23	0.396	0.505	40	0.138	0.181

④求置信空间。在样本数为n，置信度为$1-\alpha$的条件下，y_0的置信区间为

$$\hat{y}_0 \pm t_{\frac{\alpha}{2}}(n-2) \times S_y \sqrt{1+\frac{(x_0-\overline{y})^2}{\sum_{i=1}^{n}(x_0-\overline{y})^2}+\frac{1}{n}} \tag{7-23}$$

式中　S_y——经过修正的因变量y的标准差；

$\hat{y}_0$——与x_0正对应的有回归方程计算得出的y_0的估计值。

在实际预测工作中，如果样本数据足够大，式(7-23)中的根式近似等于1。根据概率论中的3σ原则，可以采取简便的置信区间近似解法。当置信度取68.2%时，置信区间近似为$(\hat{y}-S_y，\hat{y}+S_y)$；当置信度取99.54%时，置信区间近似为$(\hat{y}-2S_y，\hat{y}+2S_y)$；当置信度取99.7%时，置信区间近似为$(\hat{y}-3S_y，\hat{y}+3S_y)$。

⑤分析并作出预测。回归方程是根据历史数据或截面数据建立的，它反映了预测对象与所选自变量的相关关系。这种关系未来有可能发生变化，同时其他环境因素也会对预测对象未来的变化有影响。所以，必须认真分析，必要时应对预测模型做适当修正，然后作出预测。

【例7-4】 2018年某地区镀锌钢板消费量为15.32 t，主要用于家电业、轻工业和汽车工业等行业，2009—2018年当地镀锌钢板消费及同期第二产业产值见表7-5。按照该地区规划，2019—2023年第二产业增长速度预计为12%。试用一元回归法预测2023年当地镀锌钢板需求量。

表7-5　2009—2018年当地镀锌钢板消费及同期第二产业产值

年份	镀锌钢板消费量y/万吨	第二产业产值x/亿元
2009	3.45	1 003
2010	3.50	1 119
2011	4.20	1 260
2012	5.40	1 450
2013	7.10	1 527
2014	7.50	1 681
2015	8.50	1 886
2016	11.00	1 990
2017	13.45	2 028
2018	15.32	2 274

解：(1)建立回归模型。经过分析发现，该地区镀锌钢板消费量与第二产业产值之间存在线性关系，将镀锌钢板设为因变量y，第二产业设为自变量x，建立一元回归模型为

$$y=a+bx$$

(2)参数估计。采用最小二乘法，计算出相关参数：

$$b=\frac{\sum_{i=1}^{n}x_iy_i-\sum_{i=1}^{n}x_i\sum_{i=1}^{n}y_i}{n\sum_{i=1}^{n}x_i^2-(\sum_{i=1}^{n}x_i)^2}=9.590$$

$$a=\overline{y}-b\overline{x}=-7.55$$

由此可得回归模型为

$$y=-7.55+9.590x$$

$$r=\frac{\sum_{i=1}^{n}x_iy_i-\sum_{i=1}^{n}x_i\sum_{i=1}^{n}y_i}{[n\sum_{i=1}^{n}x_i^2-(\sum_{i=1}^{n}x_i)^2][n\sum_{i=1}^{n}y_i^2-(\sum_{i=1}^{n}y_i)^2]}=0.961$$

在 $\alpha=0.05$ 时，自由度 $=n-2=8$，查相关检验表，得 $r_{0.05}=0.623$

因为

$$r=0.961>r_{0.05}=0.623$$

故在 $\alpha=0.05$ 的显著性检验水平上，检验通过，说明第二产业值与镀锌钢板需求量线性关系合理。

(3)需求预测。根据地方规划，2023 年地区第二产业产值将达到

$$x_{2023}=(1+r)^6x_{2018}=(1+12\%)^6\times2.274=4.01(\text{千亿元})$$

于是，2012 年当地镀锌钢板需求量的点预测为

$$\hat{y}_{2023}=a+bx_{2023}=-7.55+9.590\times4.01=30.88(\text{万吨})$$

2023 年当地镀锌钢板需求量的区间预测为

$$\hat{y}_{2023}\pm2\times1.219=30.88\pm2.438(\text{万吨})$$

这样即得到 2023 年，当地镀锌钢板需求量有 95% 的可能性在(28.44，33.32)区间内。

(2)多元线性回归分析法。在经济预测中，当预测对象 y 受到多个因素 x_1，x_2，x_3，…，x_m 影响时，如果各个影响因素 x_j 与 y 的关系可以同时近似地用线性表示，则可建立多远线性回归模型来进行分析预测。

多元线性回归方程的一般形式为

$$y=\beta_0+\beta_1x_1+\beta_2x_2+\cdots+\beta_mx_m$$

式中，y 是预测对象(因变量)；x_1，x_2，x_3，…，x_m 为互不相关的子变量；β_0，β_1，β_2，…，β_m 为回归系数，其中 $\beta_i(i=1,2,3,\cdots,m)$是 y 对 x_1，x_2，x_3，…，x_m 的偏回归系数，其含义是当其他自变量保持不变时，x_i 变化一个单位所引起的 y 的变化量。

设有一组因变量 y 与 x_1，x_2，x_3，…，x_m 相关关系数据组

$$\begin{matrix}y_1 & y_2 & y_3 & \cdots & y_m\\ x_{11} & x_{12} & x_{13} & \cdots & x_{1m}\\ \vdots & \vdots & \vdots & & \vdots\\ x_{m1} & x_{m2} & x_{m3} & \cdots & x_{mm}\end{matrix}$$

则可用矩阵形式写成

$$\boldsymbol{Y}=\boldsymbol{XB}+\boldsymbol{U}$$

$$\boldsymbol{Y}=\begin{bmatrix}y_1\\y_2\\\vdots\\y_n\end{bmatrix},\ \boldsymbol{X}=\begin{bmatrix}1 & x_{11} & x_{12} & \cdots & x_{1n}\\1 & x_{21} & x_{22} & \cdots & x_{2n}\\\vdots & \vdots & \vdots & & \vdots\\1 & x_{m1} & x_{m2} & \cdots & x_{mn}\end{bmatrix},\ \boldsymbol{B}=\begin{bmatrix}\beta_1\\\beta_2\\\vdots\\\beta_n\end{bmatrix},\ \boldsymbol{U}=\begin{bmatrix}\varepsilon_1\\\varepsilon_2\\\vdots\\\varepsilon_n\end{bmatrix}\tag{7-24}$$

式中，$\boldsymbol{U}$ 为随机误差向量。

取 $\boldsymbol{U}=\mathbf{0}$，则 $\boldsymbol{Y}=\boldsymbol{XB}$。

因为在 $\boldsymbol{X}$ 矩阵中，一般 $n \neq m$，故 $\boldsymbol{X}$ 无法求逆，为了求解 $\boldsymbol{B}$，两边同时左乘 $\boldsymbol{X}$ 的转置矩阵 X^{T} 得

$$\boldsymbol{X}^{\mathrm{T}}\boldsymbol{Y}=\boldsymbol{X}^{\mathrm{T}}\boldsymbol{XB}$$

这时 $\boldsymbol{X}^{\mathrm{T}}\boldsymbol{X}$ 为方阵，可求逆得

$$\boldsymbol{B}=(\boldsymbol{X}^{\mathrm{T}}\boldsymbol{X})^{-1}\boldsymbol{X}^{\mathrm{T}}\boldsymbol{y} \tag{7-25}$$

这样即可得多元线性回归模型的参数估计值。同样，也需要对多元线性回归模型进行检验，这里就不再做介绍，如有需要，可自行参阅有关回归分析的专著。

不同的经营预测方法具有不同的条件、应用范围和预测精度。可根据预测周期、产品生命周期、预测对象、数据资料、精度要求、时间与费用限制等因素，选择适当的方法，也可以采用几种方式，进行组合预测，相互验证或修正。实践中，多采用定性预测与定量预测方法进行组合。常用预测方法的特点见表 7-6。

表 7-6　常用预测方法的特点

预测方法 / 因素与条件	定性分析方法			定量分析方法			
				时间序列预测法			回归分析法
	头脑风暴法	德尔菲法	类推预测法	移动平均法	指数平滑法	趋势外推法	
方法简介	组织有关方面的专家，通过会议形式进行预测，综合专家意见，得出结论	专家会议法的发展，对专家匿名调查，多轮反馈整理，对结果进行统计分析	运用事物发展相似性原理，对相互类似产品的出现和发展过程进行对比性分析	为消除不规律性影响，取时间序列中连续几个数据值的平均值	与移动平均法相似，考虑历史数据远近期作用不同，给予不同权重，要求数据量少	运用数学模型，拟合一条趋势线，外推未来事物的发展	运用因果关系建立回归分析模型，包括一元线性回归、多元线性回归和非线性回归等
适用的时间范围及用途	长期预测	长期预测	长期预测	短期预测	短期预测	短、中期预测	短、中、长期预测
需要的数据资料	市场历史发展资料和信息	将专家意见综合分析与处理	多年历史资料	数据最低要求 5～10 个	数据最低要求 5～10 个	至少 5 年数据	需要几年数据
精确度	较好	较好	尚好	尚好	较好	短期好，中期较好	很好
预测所用时间	较长	长	一般	短	短	短	取决于分析能力

7.3　决策技术

决策技术的发展简述

7.3.1　决策的含义

决策是人们在生活、生产、工作中经常进行的活动。人们为了达到某一目的或预定的目标，可能有多种能供选择的方案、途径和策略。为了获得最满意的结果，就需要对多种方案、途径和策略进行比较、选择，而后作出行动的决定，这就是决策活动。简言之，决策就是为了

实现近期目标和长远目标，对重大方案的选择和决定。具体来说，就是为实现一定目标从两个以上的互斥方案中选择一个合理方案的过程。

在工程经济决策中，要强调科学的决策，杜绝非科学的决策，这样才能减少决策失误。决策失误所造成的浪费是我国当前工程建设领域最大的浪费，这种浪费称为决策性浪费。工程项目投资决策中所谓的“三拍”工程，即“一拍脑袋做决策，二拍胸脯打保证，三拍屁股开步走”，是典型的决策性浪费。

为做到科学决策，决策应遵循以下基本原则。

(1)最优化原则。决策总是在一定的环境条件下，寻求优化目标和优化地达到目标的手段的。不追求最优化，决策就会失去意义，为此提出了传统的最优化原则。但由于环境的不确定和动荡易变，在复杂的客观世界中，许多问题不存在最优解，或者无法求出最优解，因此，赫伯特·西蒙(H. A. Simon)提出了决策的“满意”哲学，决策者只要选择其所能接受的、相对满意的方案即可。

(2)系统原则。决策环境本身就是一个大系统，尤其是工程经济决策更是处于层层系统之中，因此，进行决策时要应用系统工程的理论与方法，以系统的总体目标为核心，以满足系统优化为准绳，强调系统配套、系统完整和系统平衡，从整个系统出发来权衡利弊。

(3)信息有用原则。信息是决策的物质基础，信息是否准确、全面，关系到决策是否成功。同时决策者又要认识到，面对纷繁复杂的信息，更重要的是筛选出对决策目标有用的、密切关系到决策问题的信息。不仅决策前要使用、筛选信息，决策后、执行过程中也离不开信息，因此要注意及时反馈信息，了解环境变化及实际输出结果与决策目标的远离情况等信息，以便适当修正决策，更好地实现决策目标。

(4)可行性原则。决策必须可行，不可行就不能实现决策目标，为此，决策前有必要进行可行性研究。可行性研究应从技术、经济及社会效益等方面全面考虑。不同的决策问题、决策目标，有着不同的可行性研究的具体内容。

(5)群体决策原则。随着科技的高速发展，决策问题的复杂程度与日俱增，越来越多的决策已不是一个或少数几个决策者所能作出的，群体决策是决策科学化的重要组织保证。群体决策要依靠和充分运用智囊团，对决策问题进行系统的调查研究，弄清历史和现状，掌握第一手信息，之后通过方案论证和综合评估，以及对比择优，提出切实可行的方案，进行集体决策或供决策者参考。

7.3.2　决策技术的含义

由于现代科学技术发展的特征是既高度专业化又高度综合化，学科彼此交叉、互相渗透，形成了科学知识的整体趋势，科学对技术的依赖性也增强了。现代工程技术、生产技术、经济建设的规模越来越大，结构关系越来越交叉，变化越来越多，因而决策问题越来越复杂，迫切需要综合利用人类已经掌握的各种科学知识和技术手段，研究并把握决策的活动规律，提高决策水平。

决策技术就是决策时所应用的一系列科学理论、方法和手段的总称。科学技术的发展为决策技术提供了理论基础，系统工程的发展为决策提供了科学的方法和计算技术，为决策提供了有效的手段。

7.3.3　决策的过程

一个科学的决策过程，一般应包括以下四个基本步骤。

(1)确定目标。决策就是要达到预定的目标，所以，确定目标是决策的前提。如果目标确定得不合适或不明确，决策就不可能正确。确定目标，在时间上可分为近期(1～5年)、中期(5～10年)、远期(10年以上)；在经济活动的内容上可分为产量、质量、成本、利润等。目标应分主次，有些目标是必须达到的，有些则是希望达到的。必须达到的目标是不能打折扣的。对希望达到的目标，就不必绝对限制，只要表示相对的需要即可。目标的确定同预测正确与否有直接的关系，而正确预测又是科学决策的基础。

(2)拟订多个可行方案。根据确定的目标，收集各种需要的信息，对其未来进行预测，拟订多个可行方案。只有提出的方案都是可行的，才能从中选出最优的。

(3)评价多个可行方案。在拟订多个可行方案后，经常多个方案又面对几种不同的自然状态(或称客观条件)，如产品的销路好、销路一般、销路差等，又如天气好、天气不好等。客观条件迫使人们要针对各种不同的自然状态，在不同方案中选定一个最优方案加以实施，这就构成了决策问题。为了正确评价多个可行方案，就要建立决策模型，通过科学的决策方法进行决策。

(4)选择最优方案或满意方案。在各种可行方案中，哪一个为最优方案，取决于前几步分析的结果，但决策者本人的素质、判断能力、工作魄力和经验等因素也不能忽视。

7.3.4 决策的类型

决策者在分析时可能会遇到两种不同的情况，即肯定型(确定型)决策和非肯定型(不确定型)决策。其中，非肯定型决策根据资料掌握的程度不同，又可分为风险型决策和完全非肯定型决策。

1. 确定型决策

(1)确定型决策的含义。确定型决策是在已知情况下作出的决策。它是一种比较简单的决策方法，即在多个可行方案中，在已知的自然状态下选择一个最优方案。

(2)确定型决策问题具备的条件。确定型决策问题具备如下四个条件。

①存在着决策者希望达到的一个目标。

②存在着两个或两个以上的可行方案。

③只存在一个确定的自然状态。

④不同方案在确定自然状态下的损益值可以计算出来。

【例7-5】 某建材企业根据市场需求增加产品的销售量，现有三个可行方案供选择，各方案的自然状态及收益值估算见表7-7，试用确定型决策方法选择一个利润值最大的方案。

表7-7 各方案自然状态及收益值估算

方案	状态			
	销路好	销路一般	销路差	销路极差
扩建/万元	50	25	−25	−45
新建/万元	70	30	−40	−80
合同转包/万元	30	15	−5	−10

解：经市场调查，确定产品的销路好，那么就可以从表内“销路好”一列选择收益值最大的新建方案，这样每年可获得70万元的利润。

确定型决策看起来似乎很简单，但在实际工作中往往是很复杂的，当决策模型变量很多，组合起来备选方案很多时，从中选择最优方案就不那么简单了。

2. 非确定型决策

(1)非确定型决策的含义。非确定型决策也称为不确定型决策。在需要决策的问题中，只能预测到可能出现的几种自然状态，但每种自然状态发生的概率由于缺乏经验或资料，全部未知，对这种情况进行的决策，称为非确定型决策。

(2)非确定型决策问题具备的条件。非确定型决策问题具备如下四个条件。

①存在着决策者希望达到的目标。

②存在着两个或两个以上的方案。

③存在着两个或两个以上的自然状态。

④不同方案在不同的自然状态下相应益损值可以计算出来。

(3)非确定型决策的方法。常用的非确定型决策方法有悲观准则、乐观准则、折中准则和后悔值准则。

①悲观准则。运用悲观准则进行决策分析时，决策者比较小心谨慎，总是从最坏的结果着想，从最坏的结果中选择“最好”的结果。其决策过程是：首先从每一个方案中选择一个最悲观的结果值，然后从这些最悲观的结果值所代表的不同方案中选择一个结果值最乐观的方案作为最优方案。这是一种比较保守的决策方法。

决策时要注意，悲观结果值要根据决策问题的具体情况灵活决定。例如，当决策目标是收益最大时，最悲观结果值即是最小收益值；当决策目标是费用或损失最小时，最悲观结果值即是最大费用值或最大损失值。

【例7-6】 某企业准备生产一种新产品，该产品市场需求情况估计有销路好、销路一般、销路较差、销路极差四种自然状态，面对每种状态出现的概率无法预测。为生产该产品，企业制订了三个改造方案，预计损益值见表7-8。试用悲观准则选择最优方案。

解：(1)找出每个行动在不同自然状态下的最悲观值，即最小损益值(表7-8)。

表7-8 悲观准则决策损益值 万元

方案	自然状态				
	销路好	销路一般	销路差	销路极差	最悲观值
新建自动线	850	420	−150	−400	−400
改建生产线	600	400	−100	−350	−350
原有车间生产	400	250	90	−50	−50

(2)从得到的各方案的最小损益值中找出一个最大值，即−50万元。因此，最优方案是保持原有车间生产。

②乐观准则。乐观准则的主要特点是对现实方案的选择持乐观原则，对选择的方案不放弃任何一个获得最好结果的机会，争取好中求好。其决策过程是：首先从每一个方案中选择一个最乐观值，然后从这些方案的最乐观值中选择一个最乐观值作为最优方案。

决策时同样要注意根据决策问题的具体情况灵活决定所谓乐观结果值。

【例7-7】 已知条件同例7-6，试用乐观准则选择最优方案。

解：(1)从每个方案中选择一个最乐观值，即最大收益值(表7-9)。

表7-9 乐观准则决策损益值 万元

方案	自然状态				
	销路好	销路一般	销路差	销路极差	最乐观值
新建自动线	850	420	−150	−400	850
改建生产线	600	400	−100	−350	600

续表

方案	自然状态				
	销路好	销路一般	销路差	销路极差	最乐观值
原有车间生产	400	250	90	−50	400

(2)再从得到的各方案的最大收益值中找出一个最大值，即850万元，表7-9中所示的第一个方案。因此，最优方案是新建自动线扩大生产。

③折中准则。折中准则是介于悲观准则和乐观准则之间的一个折中方法。这个方法的特点是对客观条件的估计既不那么乐观，也不那么悲观，主张从中平衡一下，用一个数字表示乐观程度，该数字称为乐观系数，记为α，故而此法也称为乐观系数法。决策时，首先对每一个备选方案计算折中结果值，其计算公式为

$$Z=\alpha\times R_{L}+(1-\alpha)\times R_{B} \tag{7-26}$$

式中 R_L——某一备选方案的最乐观结果值；

R_B——同一备选方案的最悲观结果值；

Z——折中结果值；

α——乐观系数。

乐观系数α的取值范围为$0\leqslant\alpha\leqslant1$，当$\alpha=0$时，折中准则即为悲观准则；当$\alpha=1$时，折中准则即为乐观准则。

按式(7-26)计算出不同方案的折中结果值，选择其中一个最乐观值作为最优方案。

【例7-8】 已知条件同例7-6，试用折中准则选择最优方案(取$\alpha=0.7$)。

解：(1)计算各方案的折中收益值，即

$Z_1=0.7\times850+(1-0.7)\times(-400)=475$(万元)

$Z_2=0.7\times600+(1-0.7)\times(-350)=315$(万元)

$Z_3=0.7\times400+(1-0.7)\times(-50)=265$(万元)

(2)各折中收益值中最大收益值为475万元，因此，最优方案是新建自动线扩大生产。

④后悔值准则。在决策过程中，决策者往往首先选择收益值最大的方案。如果决策者由于决策失误未选取这一方案，而是选了其他方案，往往会感到后悔。两个方案的收益值之差称为后悔值。后悔值准则是以后悔值为基础，由大中取小，确定最优方案。

其决策过程是：将每种自然状态下的最乐观结果值减去其他方案的结果值，找出每个方案在所有自然状态下的最大后悔值，然后从中选第一个最小后悔值的方案作为最优方案。

【例7-9】 已知条件同例7-6，试用后悔值准则选择最优方案。

解：(1)将每一种自然状态下最大的损益值用“*”标示，见表7-10。

表7-10 自然状态下的最大损益值 万元

方案	自然状态			
	销路好	销路一般	销路差	销路极差
新建自动线	850*	420*	−150	−400
改建生产线	600	400	−100	−350
原有车间生产	400	250	90*	−50*

(2)求出各方案在不同自然状态下的后悔值，即用每列有“*”号的值减去各方案的损益值(表7-11)。

表 7-11　自然状态下的后悔值　　万元

方案	自然状态				
	销路好	销路一般	销路差	销路极差	最大后悔值
新建自动线	0	0	240	350	350
改建生产线	250	20	190	300	300
原有车间生产	450	170	0	0	450

(3)对每个方案找出最大后悔值，从中选出最小后悔值的方案为最优方案(表 7-11)。

(4)最小后悔值为 300 万元，因此，最优方案是改建生产线。

对于以上列出非确定型决策的四种决策方法，决策者可根据具体情况，或单个使用或综合应用。综合应用时，可将计算结果进行综合评价，将优选次数最多的方案作为最优选择方案。表 7-12 中，新建自动线的方案被选中两次，故可将其列为最优方案。

表 7-12　对各种方案的比较

方法	方　案		
	新建自动线	改建生产线	原有车间生产
悲观准则		√	
乐观准则		√	
折中准则		√	
后悔值准则		√	

3. 风险型决策

(1)风险型决策的含义。风险型决策也称随机型决策。它的特点是，决定或影响未来事件是否发生存在着几种自然状态，哪一种可能发生是不确定的，但每种自然状态发生的可能性，可根据历年资料的统计分析或主观经验判断，并只能估计其发生的可能程度(概率值)，不能肯定其是否发生。也就是说，未来事件的发生是随机性的，因此，这种决策就带有一定的风险。

(2)风险型决策问题具备的条件。风险型决策问题具备如下五个条件。

①存在着决策者希望达到的目标。

②存在着两个或两个以上的可行方案。

③存在着两个或两个以上的自然状态。

④不同方案在不同自然状态下的相应损益值可以计算出来。

⑤几种不同自然状态出现的可能性(概率)，可以预先估算出来。

(3)风险型决策的方法。风险型决策的方法中最重要的方法是概率分析法。概率分析包括单方案、多方案概率分析。

概率是指事件的发生所产生某种后果的可能性的大小。概率分析(Probability Analysis)是利用概率来研究和预测不确定因素对项目经济评价指标的影响的一种定量分析方法。

①单方案概率分析。单方案概率分析中，一般是计算工程项目净现值的期望值和净现值大于或等于零时的累计概率。计算出的累计概率值越大，则说明工程项目承担的风险越小。

概率分析的主要步骤如下。

a. 列出要考虑的各种风险因素，如投资、经营成本、销售价格等。

b. 设想各种风险因素可能发生的状态，即确定其数值发生变化的个数。

c. 分别确定各种状态可能出现的概率，并使可能发生状态概率之和等于 1。

d. 分别求出各种风险因素发生变化时，方案净现金流量在各状态发生的概率和相应状态下的净现值 NPV。

e. 用式(7-27)求方案净现值的期望值(均值)$E(NPV)$。

$$E(NPV)=\sum_{j=1}^{k} NPV_j \times P_j \tag{7-27}$$

式中 P_j——第 j 种状态出现的概率；

k——可能出现的状态数；

NPV_j——第 j 种状态下的净现值。

f. 求出方案净现值非负的累计概率。

g. 对概率分析结果加以说明。

【例 7-10】 某项目建设期 2 年，生产运营期 10 年。建设投资、年销售收入和年经营成本的估计值分别为 90 000 万元、40 000 万元和 18 000 万元。经研究以上三项为项目的主要风险因素。每个风险因素有三种状态，其概率分布见表 7-13。若基准收益率 $i_c=8\%$，试确定该项目 $NPV\geqslant 0$ 的概率。

表 7-13 风险因素概率分布表

风险因素	变化率		
	+20%	0%	−20%
建设投资	0.5	0.4	0.1
年销售收入	0.4	0.5	0.1
年经营成本	0.4	0.5	0.1

解：(1)项目净现金流量未来可能发生的 27 种状态见表 7-14。

表 7-14 可能状态及结果

	建设投资状态概率	年销售收入状态概率	年经营成本状态概率	可能状态 j	状态概率 P_j	NPV_j	$P_j \cdot NPV_j$
估算状态	0.5	0.4	0.4	1	0.080	43 874	3 510
			0.5	2	0.100	64 584	6 458
			0.1	3	0.020	85 294	1 706
		0.5	0.4	4	0.100	−2 148	−215
			0.5	5	0.125	18 562	2 320
			0.1	6	0.025	39 272	982
		0.1	0.4	7	0.020	−48 171	−963
			0.5	8	0.025	−27 461	−687
			0.1	9	0.005	−6 751	−34
	0.4	0.4	0.4	10	0.064	61 874	3 960
			0.5	11	0.080	82 584	6 607
			0.1	12	0.016	103 294	1 653
		0.5	0.4	13	0.080	15 852	1 268
			0.5	14	0.100	36 562	3 656
			0.1	15	0.020	57 272	1 145
		0.1	0.4	16	0.016	−30 171	−483
			0.5	17	0.020	−9 461	−189
			0.1	18	0.004	11 249	45

续表

	建设投资状态概率	年销售收入状态概率	年经营成本状态概率	可能状态 j	状态概率 P_j	NPV_j	$P_j \cdot NPV_j$
估算状态	0.1	0.4	0.4	19	0.016	79 874	1 278
			0.5	20	0.020	100 584	2 012
			0.1	21	0.004	121 294	485
		0.5	0.4	22	0.020	33 852	677
			0.5	23	0.025	54 562	1 364
			0.1	24	0.005	75 272	376
		0.1	0.4	25	0.004	−12 171	−49
			0.5	26	0.005	8 539	43
			0.1	27	0.001	29 249	29
合计					1.000	—	36 954

(2)分别计算项目净现金流量各种状态的概率 P_j($j=1$，2，…，9)。

$P_1=0.5\times0.4\times0.4=0.08$(投资上涨 20%，年销售收入增加 20%，年经营成本上涨 20%)

$P_2=0.5\times0.4\times0.5=0.10$(投资上涨 20%，年销售收入增加 20%，年经营成本不变化)

$P_3=0.5\times0.4\times0.1=0.02$(投资上涨 20%，年销售收入增加 20%，年经营成本降低 20%)

其余类推，结果见表 7-14。

(3)分别计算项目各种状态下的净现值 NPV_j($j=1$，2，3，…，27)。

$$NPV_1=\sum_{i=1}^{10}(EI-CO)_i^t(1+8\%)^{-t}=43\ 874\ (\text{万元})$$

其余类推，结果见表 7-14。

(4)计算项目净现值的期望值。

净现值的期望值$=0.08\times43\ 874+0.1\times64\ 584+0.02\times85\ 294+0.1\times(-2\ 148)+0.125\times18\ 562+0.025\times39\ 272+\cdots+0.02\times33\ 852+0.025\times54\ 562+0.005\times75\ 272+0.004\times(-12\ 171)+0.005\times8\ 539+0.001\times29\ 249=36\ 954$(万元)

(5)计算 $NPV\geqslant0$ 的概率。

$P(NPV\geqslant0)=1-(0.1+0.02+0.025+0.005+0.016+0.02+0.004)=0.81$

(6)分析。由计算可知，该项目净现值的期望值为 36 954 万元。$P(NPV\geqslant0)$为 81%，因而该项目的风险不大。

②多方案概率分析。

a. 损益期望值法。损益期望值是几种状态损益值的加权之和，即

$$E(A_i)=\sum_{j=1}^{n}P(\theta_j)\cdot a_{ij} \tag{7-28}$$

式中　$E(A_i)$——A_i 方案的损益期望值；

$P(\theta_j)$——自然状态 θ_j 的发生概率；

a_{ij}——A_i 方案在自然状态 θ_j 下的损益值；

n——自然状态数。

对于多个投资方案运用概率分析进行决策，损益期望值法应用最为广泛。由于损益期望值体现了损益值的平均水平，对于互斥方案的比选，通常选择收益期望值较大的方案或是选择成

本期望值较低的方案。

【例 7-11】 某项目工程，施工管理人员要决定下个月是否开工。若开工后不下雨，则可按期完工，获利润 5 万元；若下雨，则要造成 1 万元的损失。假如不开工，无论下雨还是不下雨都要付窝工工资 1 000 元。据气象预测，下月天气不下雨的概率为 0.2，下雨概率为 0.8，试利用期望值的大小为施工管理人员作出决策。

解：开工方案的期望值为

$$E_1 = 50\ 000 \times 0.2 + (-10\ 000) \times 0.8 = 2\ 000(元)$$

不开工方案的期望值为

$$E_2 = (-1\ 000) \times 0.2 + (-1\ 000) \times 0.8 = -1\ 000(元)$$

由于 $E_1 > E_2$，应选择开工方案。

b. 决策树法。对于复杂项目，可以运用决策树来辅助进行分析。其中，决策树是指模拟树木的生长过程的树状图形(图 7-2)。其画法如下。

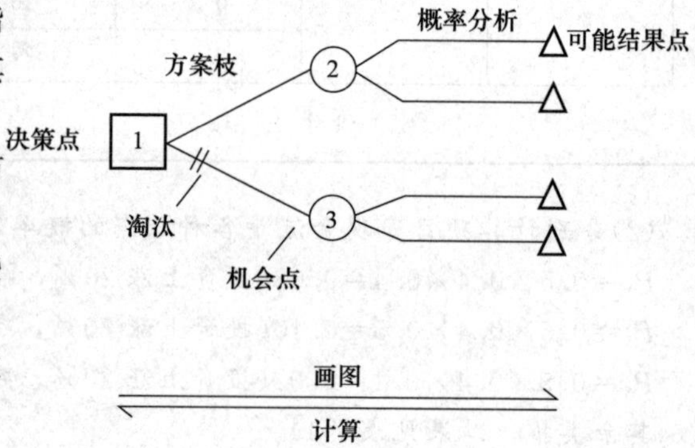

图 7-2 决策树

ⓐ先画一个方框作为出发点(又称决策节点)。

ⓑ从出发点向右引出若干条直线，这些直线称为方案枝。

ⓒ在每个方案枝的末端画一个圆圈，这个圆圈称为机会点。

ⓓ从自然状态点引出代表各自然状态的分枝，称为概率分枝。

ⓔ如果问题只需要一级决策，则概率分枝末端画三角形，表示终点。

决策树形象直观，思路清晰，层次分明、一目了然，程序上先回图，再计算；在计算之前，先对决策点"□"和机会点"○"进行编号，编号的原则是从左至右、从上至下。计算与编号的顺序相反，先计算编号大的机会点的损益期望值，再计算编号小的损益期望值。遇到决策点，再根据期望值结果作出选择(选择收益期望值较大的方案枝或是选择成本期望值较低的方案枝)，被否定的方案枝用"//"代表"剪枝"，接着把被选方案枝的期望值前移至决策点，一直计算到最初的决策原点。最后，决策点"□"上只留下"一枝"最佳方案。如例 7-11，其决策树如图 7-3 所示。

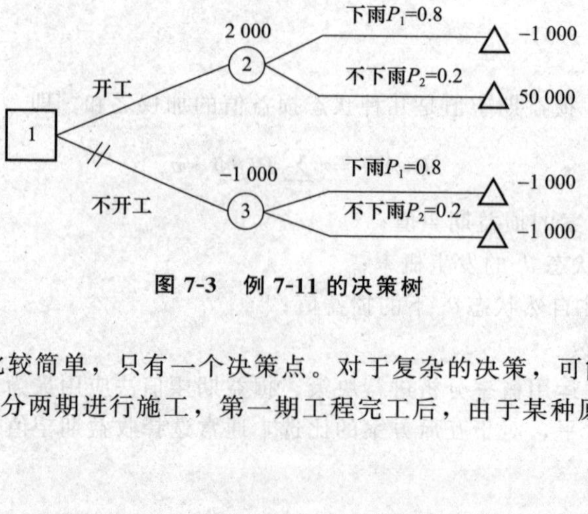

图 7-3 例 7-11 的决策树

例 7-11 中的决策比较简单，只有一个决策点。对于复杂的决策，可能会有多个决策点。

【例 7-12】 某工程分两期进行施工，第一期工程完工后，由于某种原因，第二期工程要半年后才能上马，这样工地上的施工机械设备就面临着是否要搬迁的问题。如果搬迁，半年后再搬回来，共需搬迁费8 000元；如果不搬迁，对工地上的设备必须采取保养性措施：当遇到天气好(概率为0.6)时，可采取一般性保养措施，所需费用3 000元；当遇到天气经常下雨(概率为0.4)时，仍采取一般性保养措施，所需费用3 000元，且肯定会造成10万元经济损失，若采取特殊保养措施，需费用10 000元，则有0.8的可能性造成1 000元损失，0.2的可能性造成4 000元损失。试用决策树选择方案。

解：(1)从左至右逐步绘制决策树(图7-4)。

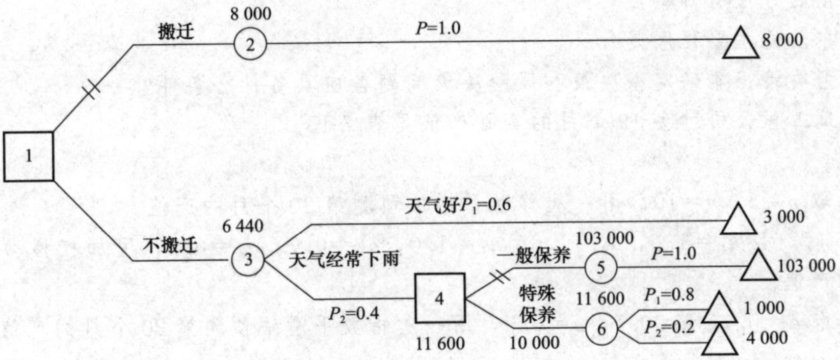

图7-4　例7-12的决策树

(2)逆顺序逐步计算各个机会点"○"的损益期望值。

节点⑤的损益期望值：103 000元。

节点⑥的损益期望值：1 000×0.8＋4 000×0.2＋10 000＝11 600(元)。

比较计算结果，应选择特殊保养措施，"剪掉"一般保养措施，因此，决策点节点④的损益期望值为11 600元。

节点③的损益期望值：11 600×0.4＋3 000×0.6＝6 440(元)。

节点②的损益期望值：8 000元。

比较计算结果，节点②的损益期望值大于节点③的损益期望值，故应选择不折迁，"剪掉"搬迁方案。

因此，最终的决策方案为：不搬迁，若天气差，则采取特殊保养措施，该方案的损失期望值为6 446元。

本章小结

1. 经营预测分为定性预测和定量预测两种。定量预测和定性预测都各有优点及适用范围，但也都有其不足及局限性。因此，在具体应用的实践中，经常将定性预测和定量预测结合起来，取长补短，互为补充地进行综合预测，以提高预测的可靠性、准确性和全面性。

2. 正确的经营决策是企业经营工作的核心与基础。决策按确定程度不同分为确定型决策、非确定型决策和风险型决策。

3. 确定型决策是研究环境条件为确定情况下的决策。

4. 非确定型决策方法有悲观准则、乐观准则、折中准则和后悔值准则。

5. 风险型决策的方法中最重要的方法是概率分析法，各种自然状态出现的概率是可以预先计算出来的。

思考与练习

1. 什么是预测？预测的目的是什么？
2. 为什么说预测是决策的依据？
3. 预测的分类有哪些？
4. 经营预测的步骤是什么？
5. 经营预测方法有哪些？
6. 德菲尔法的主要程序是什么？
7. 确定型决策、非确定型决策和风险决策问题各应具备什么条件？
8. 某建筑工程公司过去 19 个月的实际产值见表 7-15。

要求：

(1)分别取 $n=5$，$n=10$，用一次移动平均法预测第 20 个月的产值。

(2)$n=5$ 时，且 $a_1=1.6$，$a_2=1.3$，$a_3=1.0$，$a_4=0.7$，$a_5=0.4$，用加权移动平均法预测第 20 个月的产值。

(3)分别取 $a=0.1$，$a=0.5$，$a=0.9$，用一次指数平滑法预测第 20 个月的产值。

表 7-15　某建筑工程公司过去 19 个月的实际产值　　万元

月份	1	2	3	4	5	6	7	8	9	10
产值	20	15	30	22	15	21	30	13	27	10
月份	11	12	13	14	15	16	17	18	19	
产值	26	37	29	32	34	31	32	33	42	

9. 已知某地区 2016—2022 年住宅竣工面积，具体数据见表 7-16，试用一元线性回归分析法预测 2023 年的住宅竣工面积。

表 7-16　某地区在 2016—2022 年各年的住宅竣工面积情况　　万元

年份	竣工面积 y_i/万平方米	年份	竣工面积 y_i/万平方米
2016	280	2020	380
2017	260	2021	420
2018	300	2022	470
2019	320		

10. 某建筑公司拟建一预制厂，一个方案是建大厂，需投资 300 万元，建成后如销路好每年可获利 100 万元，如销路差，每年要亏损 20 万元；另一个方案是建设小厂，需投资 170 万元，建成后销路好每年可获利 40 万元，如销路差每年可获利 30 万元。两方案的使用期为 10 年，销路好的概率为 0.7，销路差的概率为 0.3，相关数据见表 7-17。要求：

(1)试用决策树选择方案。

(2)如果再考虑一个方案，即先建小车间，若销路好，则在 3 年后再扩建。扩建投资 130 万元，可使用 7 年，每年可获利 85 万元，试用决策树选择方案。

表 7-17　相关数据

市场情况	概率	方案金额/万元	
		建大厂	建小厂
销路好	0.7	100	40
销路差	0.3	—20	30

习题答案

第 8 章

设备更新的工程经济分析

学习重点

设备大修的经济界限的确定；设备原型更新方案的比较与选择；出现新设备时的更新方案的比较与选择；设备现代化改装的经济分析方法；设备租赁与购买的经济选择分析。

学习目标

通过本章的学习，了解设备的各种磨损和设备的各种寿命形态；熟悉设备磨损的度量和补偿方式；熟悉技术引进的经济分析方法；掌握设备修理、设备更新、设备现代化改装、设备租赁的经济分析方法。

第 8 章　课件

知识结构图

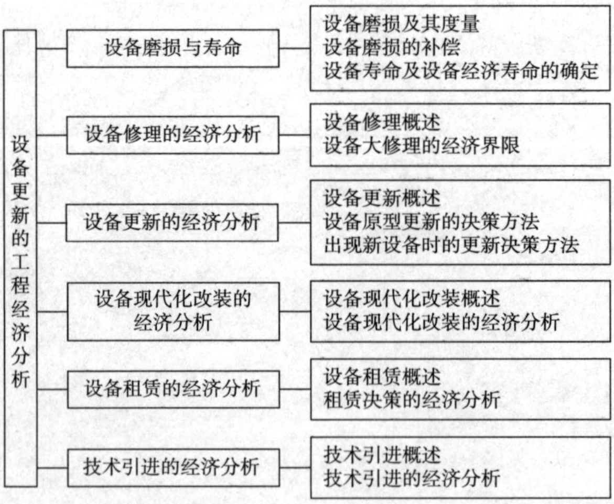

设备是现代企业生产的重要物质和技术基础，各种机器设备的质量和技术水平是衡量一个国家工业化水平的重要标志，也是判断一个企业技术能力的重要标准。因此，对于包括建筑施工企业在内的现代企业来说，都存在着如何使企业的技术结构合理化，如何使企业设备利用率、机械效率和设备运营成本等指标保持在良好状态的问题，这就必须对企业设备整个运行期间的技术经济状况进行科学分析和研究，以便作出设备管理和使用的正确决策。

设备磨损概述

8.1 设备磨损与寿命

企业购置设备之后，从投入使用到最后报废，通常要经历一段较长的时间，在这段时间里，设备会逐渐磨损。当设备因物理损坏或陈旧落后而不能或不宜继续使用时，就需要进行更新。

8.1.1 设备磨损及其度量

设备磨损是设备在使用或闲置过程中，由于物理作用(如冲击力、摩擦力、振动、扭转、弯曲等)、化学作用(如锈蚀、老化等)或技术进步等影响而遭受到的损耗。

设备磨损分为两大类四种形式，如图 8-1 所示。

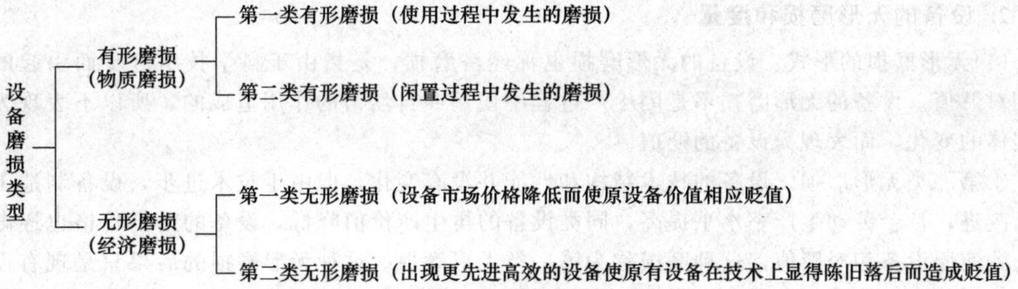

图 8-1　设备磨损分类

1. 设备的有形磨损和度量

(1)有形磨损的形式。机器设备在使用或闲置过程中发生的实体磨损或损失，称为有形磨损。设备的有形磨损可分为第一类有形磨损和第二类有形磨损两种形式。

①第一类有形磨损。设备在使用过程中，在外力的作用下实体产生的磨损、变形和损坏，称为第一类有形磨损。这种磨损的程度与使用强度和使用时间长短有关。

②第二类有形磨损。设备在闲置过程中受自然力的作用而产生的实体磨损，称为第二类有形磨损，如金属件生锈、腐蚀、橡胶件老化等。这种磨损与闲置的时间长短和所处环境有关。

上述两种有形磨损都造成设备的性能、精度、效率等的降低，使设备的运行费用和维修费用增加，反映了设备使用价值的降低。有形磨损严重时，将影响到设备的正常使用，必须进行修理或更新。

设备的有形磨损还可以按照磨损程度分为可消除的磨损与不可消除的磨损。可消除的磨损是指可以通过修理修复的磨损；不可消除的磨损是指磨损设备无法通过修理而达到可以继续使用的状态。

(2)有形磨损的阶段特征。设备的有形磨损从时间上大致分为三个阶段，如图 8-2 所示。

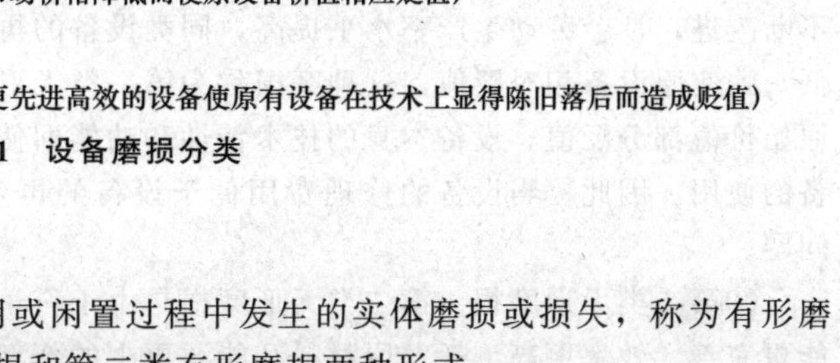

图 8-2　设备的有形磨损阶段

第一阶段：新设备磨损较强的“初期磨损”阶段。由于新设备的初始运转，零件互相摩擦作用，设备零件的表面形状和粗糙度都要发生变化。该阶段的特点是磨损很快，但时间较短。

第二阶段：磨损量较小的“正常磨损”阶段。正常磨损是机器在正常工作状态下发生的，零件的磨损基本上随时间均匀增加。该阶段的特点是磨损缓慢，但时间长。

第三阶段：磨损量增长较快的“剧烈磨损”阶段。剧烈磨损是机器正常工作条件被破坏或使用时间过长的结果，此时设备精度、性能和生产效率迅速下降，如果不停止使用，设备将会损坏或者报废。该阶段的特点是磨损剧烈增加，但时间较短。

(3)有形磨损的度量。度量设备的有形磨损程度，借用的是经济指标，可用式(8-1)表示：

$$\alpha_P = \frac{R}{K} \tag{8-1}$$

式中 α_P——设备有形磨损程度；

R——原样修复全部磨损零件所需的费用，也是有形磨损的价值数量；

K——该设备的再生产价值。

2. 设备的无形磨损和度量

(1)无形磨损的形式。设备的无形磨损也称经济磨损，是指由于科学技术进步而引起的设备相对贬值。设备的无形磨损不是因生产过程中使用或自然力的作用造成的，所以不表现为设备实体的变化，而表现为设备的贬值。

①第一类无形磨损。设备的技术结构和性能并没有变化，但由于技术进步，设备制造工艺不断改进，社会劳动生产率水平提高，同类设备的再生产价值降低，设备的市场价格也逐渐降低，致使原设备相对贬值，这种磨损称为第一类无形磨损。这种无形磨损的后果只是现有设备原始价值部分贬值，设备本身的技术特性和功能即使用价值并未发生变化，故不会影响现有设备的使用。因此，当设备的修理费用低于设备的再生产价值时，不产生提前更换现有设备的问题。

②第二类无形磨损。第二类无形磨损是由于科学技术的进步，不断创新出结构更先进、性能更完善、效率更高、耗费原材料和能源更少的新型设备，使原有设备相对陈旧落后，其经济效益相对降低而发生贬值。第二类无形磨损的后果不仅是使原有设备价值降低，而且技术上更先进的新设备的发明和应用，会使原有设备的使用价值局部或全部丧失，这就产生了是否用新设备代替现有陈旧落后设备的问题。

(2)无形磨损的度量。无形磨损的程度用设备的价值降低系数 α_I 来估计，其计算公式为

$$\alpha_I = \frac{K_0 - K}{K_0} = 1 - \frac{K}{K_0} \tag{8-2}$$

式中 α_I——设备无形磨损程度；

K_0——设备的原始价值(购置价格)；

K——该设备的再生产(再购)价值；

$K_0 - K$——设备无形磨损的价值数量。

在计算无形磨损时，K 必须在两个方面反映技术进步：一是相同设备再生产价值的降低；二是具有较高性能和更高效率的新设备的出现对原设备的影响。K 可用下式表示：

$$K = K_n (q_0 / q_n)^{\alpha} (c_n / c_0)^{\beta} \tag{8-3}$$

式中 K_n——新设备的价值；

q_0、q_n——使用相应的旧设备和新设备时的生产率(件/单位时间)；

c_0、c_n——使用相应的旧设备和新设备时的单位产品耗费(元/件)；

α、β——设备生产率提高指数和成本降低指数，其值可根据具体设备的实际数据确定。

在式(8-3)中，当 $q_0 = q_n$，$c_0 = c_n$，即新旧机器的劳动生产率与使用成本均相同时，$K=$

K_n，表示只发生了第一类无形磨损。

若式(8-3)中出现了下述三种情况之一，即表示同时发生了第一类无形磨损和第二类无形磨损：

①$q_0 < q_n$，$c_0 = c_n$，$K = K_n (q_0/q_n)^\alpha$；

②$q_0 = q_n$，$c_0 > c_n$，$K = K_n (c_n/c_0)^\beta$；

③$q_0 < q_n$，$c_0 > c_n$，$K = K_n (q_0/q_n)^\alpha (c_n/c_0)^\beta$。

有形和无形两种磨损都引起设备原始价值的贬值，这一点两者是相同的。不同的是遭受严重有形磨损的设备，在修理之前，常常不能工作；而遭受无形磨损的设备，并不表现为设备实体的变化和损坏，即使无形磨损很严重，其固定资产物质形态却可能没有磨损，仍然可以使用，只不过继续使用在经济上是否合算，需要进行分析研究才能确定。

3. 设备的综合磨损和度量

(1)设备的综合磨损。设备的综合磨损是指同时存在有形磨损和无形磨损的损坏和贬值的综合情况。对任何特定的设备来说，这两种磨损必然同时发生和同时互相影响。

(2)综合磨损的度量。综合磨损并非有形磨损和无形磨损的简单相加，若 α_P 为设备的有形磨损程度，α_I 为设备的无形磨损程度，则设备在某时刻的综合磨损程度为

$$\alpha = 1 - (1 - \alpha_P)(1 - \alpha_I) \tag{8-4}$$

设备的综合磨损程度也可以表示为设备综合磨损价值与设备原始价值之比，用下式表示：

$$\alpha = \frac{W}{K_0} = \frac{R + K_0 - K}{K_0} = 1 + \frac{R - K}{K_0} = 1 - \frac{K - R}{K_0} \tag{8-5}$$

式中，W 为设备综合磨损价值，是有形磨损价值数量与无形磨损价值数量之和，即

$$W = R + K_0 - K$$

设备经过综合磨损后的残值 L 是决定设备是否值得修理的重要依据，其值为：

$$L = K_0 - W = K_0 - (R + K_0 - K) = K - R \tag{8-6}$$

从式(8-6)可以看出，设备遭受综合磨损后的净值等于等效设备的再生产价值减去修理费用。若净值 $L \leqslant 0$，则表明该设备不值得修理，应该更新。

【例 8-1】 若某设备的原始价值为 20 000 元，现在已遭受到综合磨损。倘若通过大修理消除有形磨损，需花费 7 000 元，而该设备此时的再生产价值为 14 000 元，试求该设备有形磨损、无形磨损和综合磨损的价值数量。

解：设备有形磨损的价值数量 $R = 7\,000$(元)。

有形磨损程度 $\alpha_P = \dfrac{R}{K} = \dfrac{7\,000}{14\,000} = 0.5$。

无形磨损价值数量 $K_0 - K = 20\,000 - 14\,000 = 6\,000$(元)。

无形磨损程度 $\alpha_I = \dfrac{K_0 - K}{K_0} = \dfrac{6\,000}{20\,000} = 0.30$。

综合磨损价值量 $W = R + K_0 - K = 7\,000 + 6\,000 = 13\,000$(元)。

综合磨损程度 $\alpha = \dfrac{W}{K_0} = \dfrac{13\,000}{20\,000} = 0.65$。

或 $\alpha = 1 - (1 - 0.5) \times (1 - 0.3) = 0.65$。

综合磨损后的残值 $L = K - R = 14\,000 - 7\,000 = 7\,000$(元)。

8.1.2 设备磨损的补偿

设备发生磨损后，需要进行补偿，以恢复设备的生产能力。由于设备遭受磨损的形式不

同，补偿磨损的方式也不一样。补偿分为局部补偿和完全补偿。设备有形磨损的局部补偿是修理，设备无形磨损的局部补偿是现代化改装。设备有形磨损和无形磨损的完全补偿是更新。具体选用何种补偿方式，需要进行经济分析论证。设备磨损形式与补偿方式的关系如图 8-3 所示。

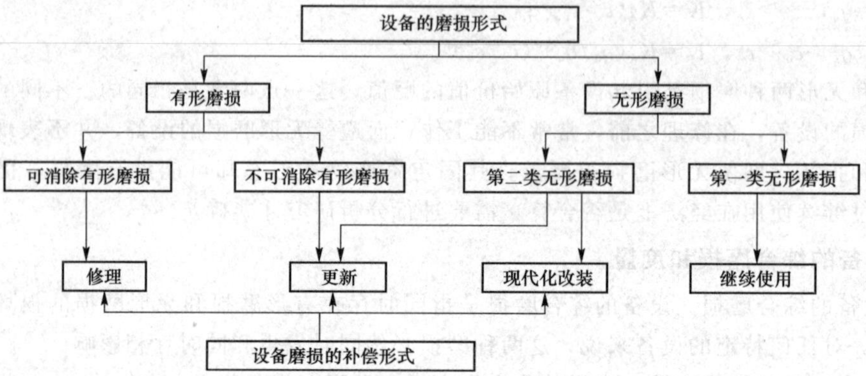

图 8-3　设备磨损形式与补偿方式的关系

1. 设备修理

设备修理是维护和更换部分已磨损的零部件和调整设备，以恢复设备的生产功能和效率。按照修理的程度和工作量的大小，修理分为大修、中修和小修。设备大修是通过调整、修复或更换磨损的零部件的办法，恢复设备的精度、生产效率，以达到出厂的标准精度。设备中修和小修是通过调整、修复和更换易损件的办法，以达到工艺的要求。大修费用由大修费用专项资金开支；中修和小修费用一般直接计入生产成本。

2. 设备现代化改装

设备现代化改装是利用现代的科技成果改装现有的旧设备，对旧设备的结构进行局部的改进和技术上的革新，如增添新的、必需的零部件，以增加设备的生产功能和效率。

3. 设备更新

设备更新是指以相同设备或技术上更先进、效率更高、原材料消耗更少的新设备去替换原有的旧设备。当以相同设备替换原有旧设备时，称为原型更新；当以新型设备替换原有旧设备时，称为技术更新。

8.1.3　设备寿命及设备经济寿命的确定

设备在使用过程中，由于有形磨损和无形磨损的共同作用，在设备使用到一定期限时，就需要利用新设备进行更新。设备更新的时机一般取决于设备的寿命。

1. 设备寿命的类型

根据对机器设备考察方面的不同，可将设备寿命划分为以下几种类型。

(1)自然寿命。设备的自然寿命又称物理寿命，是指设备从全新状态投入使用开始，直到报废为止所经历的全部时间。它主要是由设备的有形磨损所决定的。做好设备维修和保养可延长设备的物理寿命，但不能从根本上避免设备的磨损，任何一台设备磨损到一定程度时，都必须进行更新。因为随着设备使用时间的延长，设备不断老化，维修所需的费用也逐渐增加，从而出现恶性使用阶段，即经济上不合理的使用阶段。因此，设备的自然寿命不能成为设备更新的估算依据。

(2)技术寿命。技术寿命又称设备的技术老化周期，是指设备从全新状态投入使用开始，随着技术进步和性能更好的新型设备的出现，到其因技术落后而被淘汰为止所延续的时间。由此可见，技术寿命主要是由设备的无形磨损所决定的，它一般要比自然寿命短，而且科学技术进步越快，技术寿命越短。所以，在估算设备寿命时，必须考虑设备技术寿命期限的变化特点及其使用的制约或影响。

(3)经济寿命。经济寿命是指设备从全新状态投入使用开始，到继续使用在经济上不合理时为止所经历的时间，也是指从设备开始使用到其年平均总成本(包括购置成本和运行成本)最低时为止的时间。它是由设备维护费用的提高和使用价值的降低决定的，是设备的有形磨损和无形磨损共同作用的结果。正确使用设备，搞好维护保养，局部进行现代化改装，都可以延长设备的经济寿命。经济寿命是设备经济分析中最重要的概念，设备更新的依据往往就是经济寿命。

2. 设备经济寿命的确定

(1)设备的年费用分析。一台设备在其整个寿命期内发生的费用包括：①原始费用，是指采用新设备时一次性投入的费用，包括设备原价、运杂费和安装费等。设备使用年限越长，平均每年分摊的原始费用将越少。②使用费用，是指设备在使用过程中发生的费用，即年运行成本，包括运行费(人工、燃料、动力、机油等消耗)和维修费(保养费、修理费、停工损失费等)。设备使用年限越长，随着设备的老化，年使用费用越多(称为设备的劣化)。③设备残值，是指对旧设备进行更换时，旧设备处理的价值，可根据设备转让或处理的收入扣除拆卸费用和可能发生的修理费用计算。设备使用年限越长，平均每年分摊的残值将越少。

为了更好地分析设备在寿命期内的各种费用，可将以上三种费用利用静态或动态的方法化为设备年平均费用。年平均费用由两个部分组成：①设备年资金恢复费用，即设备原始费用扣除设备残值后，分摊到设备使用各年上的费用，或设备原始费用分摊到各年的费用减去设备残值分摊到各年的费用。设备年资金恢复费用随设备使用年限的延长而降低。②设备年平均使用费用，即设备使用各年的年运行成本的静态或动态平均值。设备年平均使用费用随设备使用年限的延长而提高。设备年平均费用计算公式为

设备年平均费用＝年资金恢复费用＋年平均使用费用　　(8-7)

设备年费用与设备使用年限的关系如图 8-4 所示。从中可以看出，设备年资金恢复费用的降低，会被年平均使用费用的增加所抵消，设备年平均费用曲线是一条 U 形曲线，在设备的使用年限中存在着某一年份，设备年平均费用最低，这就是要找的设备的经济寿命。因此，设备的经济寿命就是设备年平均费用最低的使用年限，也是从经济观点确定的设备更新的最佳时刻。

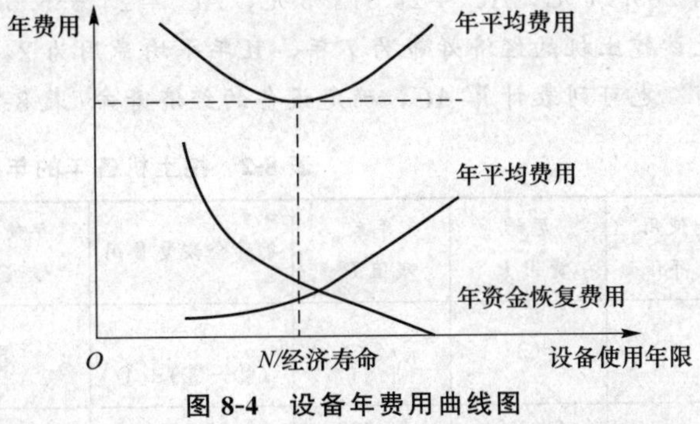

图 8-4　设备年费用曲线图

(2)设备经济寿命的计算。计算设备的经济寿命的过程，就是逐年寻找设备年平均费用最低的使用年限的过程。确定设备经济寿命的方法有静态模式和动态模式两种。

①静态模式——不考虑资金时间价值的模式。静态模式下设备经济寿命的确定方法，就是在不考虑资金时间价值的基础上计算设备年平均费用 AC_N，使 AC_N 为最小的 N 就是设备的经济寿命。

$$AC_N = \text{年平均资金恢复费用} + \text{年平均使用费用} = \frac{P_0 - P_N}{N} + \frac{\sum_{t=1}^{N} C_t}{N} \tag{8-8}$$

式中 AC_N——使用 N 年内设备年平均费用；

P_0——设备原始费用，如果是新设备，包括购置费和安装费，如果是旧设备，包括旧设备现在的市场价值和继续使用旧设备追加的投资；

P_N——第 N 年年末的设备净残值；

C_t——第 t 年的设备运行成本，包括运行费和维修费等；

N——设备使用年限。

用静态模式估算设备的经济寿命的过程是：在已知设备现金流量的情况下，逐年计算出从寿命 1 年到 N 年全部使用期的年平均使用费用 AC，从中找出年平均使用费用 AC 的最小值及其所对应的年限，从而确定设备的经济寿命。

【例 8-2】 有一台挖土机，原始价值为 60 000 元，每年的残值估计见表 8-1。该挖土机第一年的使用费为 10 000 元，以后每年以 2 000 元的数值递增。若不考虑资金的时间价值，请确定该挖土机的经济寿命。

表 8-1 挖土机每年的残值估计表 元

年份	1	2	3	4	5	6	7	8	9
年末估计残值	30 000	15 000	7 500	3 750	2 000	2 000	2 000	1 500	1 000

解：根据式(8-8)逐年计算设备的年平均费用如下：

设备使用 1 年时，$AC_1 = \frac{60\ 000 - 30\ 000}{1} + \frac{10\ 000}{1} = 40\ 000$(元)

设备使用 2 年时，$AC_2 = \frac{60\ 000 - 15\ 000}{2} + \frac{10\ 000 + 12\ 000}{2} = 33\ 500$(元)

设备使用 3 年时，$AC_3 = \frac{60\ 000 - 7\ 500}{3} + \frac{10\ 000 + 12\ 000 + 14\ 000}{3} = 29\ 500$(元)

以此类推，计算出 $AC_4 = 27\ 062.5$ 元，$AC_5 = 25\ 600$ 元，$AC_6 = 24\ 666.67$ 元，$AC_7 = 24\ 285.71$ 元，$AC_8 = 24\ 312.5$ 元，$AC_9 = 24\ 555.56$ 元，并比较得出 AC 最低的年份为 7 年，故该挖土机的经济寿命为 7 年，且年平均费用为 24 285.71 元。

也可列表计算 AC，确定设备的经济寿命(表 8-2)。

表 8-2 挖土机各年的年平均费用计算表 元

使用年限	原始费用 P_0	年末残值 P_N	年资金恢复费用	年使用费 C_t	年使用费累计 $\sum C_t$	年平均使用费	年平均费用 AC_N
①	②	③	④＝(②－③)÷①	⑤	⑥＝$\sum$(⑥)	⑦＝⑥÷①	⑧＝④＋⑦
1	60 000	30 000	30 000	10 000	10 000	10 000	40 000
2	60 000	15 000	22 500	12 000	22 000	11 000	33 500
3	60 000	7 500	17 500	14 000	36 000	12 000	29 500
4	60 000	3 750	14 062.5	16 000	52 000	13 000	27 062.5
5	60 000	2 000	11 600	18 000	70 000	14 000	25 600
6	60 000	2 000	9 666.67	20 000	90 000	15 000	24 666.67

续表

使用年限	原始费用 P_0	年末残值 P_N	年资金恢复费用	年使用费 C_t	年使用费累计 $\sum C_t$	年平均使用费	年平均费用 AC_N
7	60 000	2 000	8 285.71	22 000	112 000	16 000	24 285.71 *
8	60 000	1 500	7 312.5	24 000	136 000	17 000	24 312.5
9	60 000	1 000	6 555.56	26 000	162 000	18 000	24 555.56

由表 8-2 可以看出，AC 最低的年份为 7 年，故该挖土机的经济寿命为 7 年，且年平均费用为 24 285.71 元。

假设设备每年的残值都相等(设为 L)，且设备年使用费用逐年等差递增(公差为 λ)，设设备运行第一年的使用费为 c_1，则设备年平均费用为

$$\begin{aligned} AC_N &= \frac{P_0-L}{N}+\frac{1}{N}[c_1+c_1+\lambda+c_1+2\lambda+\cdots+c_1+(N-1)\lambda] \\ &= \frac{P_0-L}{N}+c_1+\frac{1}{N}[\lambda+2\lambda+\cdots+(N-1)\lambda] \\ &= \frac{P_0-L}{N}+c_1+\frac{1}{2N}[N(N-1)\lambda] \\ &= \frac{P_0-L}{N}+c_1+\frac{1}{2}[(N-1)\lambda] \end{aligned} \tag{8-9}$$

要使 AC_N 最小，对上式的 N 进行一阶求导，并令其导数为零，则得出此时设备的经济寿命为

$$N=\sqrt{\frac{2(P_0-L)}{\lambda}} \tag{8-10}$$

【例 8-3】 设有一台设备，购置费为 8 000 元，预计残值为 650 元，运营成本初始值为 600 元，年运营成本每年增加 300 元，求该设备的经济寿命，并求经济寿命时的设备年平均费用。

解：

$$N=\sqrt{\frac{2(P_0-L)}{\lambda}}=\sqrt{\frac{2\times(8\,000-650)}{300}}=7(\text{年})$$

设备使用 7 年的年平均费用为

$$AC_7=\frac{P_0-L}{N}+c_1+\frac{1}{2}[(N-1)\lambda]=\frac{8\,000-650}{7}+600+\frac{1}{2}\times[(7-1)\times 300]=2\,550(\text{元})$$

故该设备的经济寿命为 7 年。

②动态模式——考虑资金时间价值的模式。动态模式下设备经济寿命的确定方法，就是在考虑资金时间价值的基础上，逐年计算设备年费用 AC_N，使 AC_N 为最小的 N 就是设备的经济寿命。

设基准收益率为 i_c，设备使用到第 N 年年末时资金恢复费用为

$$\begin{aligned} P_0(A/P,\ i_c,\ N)-P_N(A/F,\ i_c,\ N) &= P_0(A/P,\ i_c,\ N)-P_N[(A/P,\ i_c,\ N)-i_c] \\ &= (P_0-P_N)(A/P,\ i_c,\ N)+P_N i_c \end{aligned}$$

设备使用到第 N 年年末时，年平均使用费(将各年的使用费先折现，再均摊求 A)为

$$\sum_{t=1}^{N} c_t(P/F,\ i_c,\ t)(A/P,\ i_c,\ N)$$

则设备使用到第 N 年年末时的年费用为

AC_N＝年资金恢复费用＋年平均使用费

$$=P_0(A/P,i_c,N)-P_N(A/F,i_c,N)+\sum_{t=1}^{N}c_t(P/F,i_c,t)(A/P,i_c,N) \quad (8\text{-}11)$$

$$=(P_0-P_N)(A/P,i_c,N)+P_Ni_c+\sum_{t=1}^{N}c_t(P/F,i_c,t)(A/P,i_c,N)$$

或者(先折现，再求 A)

$$AC_N=[P_0-P_N(P/F,\ i_c,\ N)+\sum_{t=1}^{N}c_t(P/F,\ i_c,\ t)](A/P,\ i_c,\ N) \quad (8\text{-}12)$$

【例 8-4】 若基准折现率为 6%，其余条件同例 8-2，请确定挖土机的经济寿命。

解：根据式(8-11)，逐年计算设备的年费用如下：

设备使用 1 年时，$AC_1=60\ 000(A/P,\ 6\%,\ 1)-30\ 000+10\ 000=43\ 600$(元)

设备使用 2 年时，$AC_2=(60\ 000-15\ 000)(A/P,\ 6\%,\ 2)+15\ 000\times6\%+[10\ 000(P/F,\ 6\%,\ 1)+12\ 000(P/F,\ 6\%,\ 2)](A/P,\ 6\%,\ 2)$

$=36\ 413.18$(元)

以此类推，计算出 $AC_3=32\ 012.22$ 元，$AC_4=29\ 313.57$ 元，$AC_5=27\ 656.83$ 元，$AC_6=26\ 581$ 元，$AC_7=26\ 040.36$ 元，$AC_8=25\ 895.6$ 元，$AC_9=25\ 957.37$ 元，并比较得出 AC 最低的年份为 8 年，故该挖土机的经济寿命为 8 年，且年平均费用为 25 895.6 元。

也可列表计算 AC，确定设备的经济寿命(表 8-3)。

表 8-3 挖土机各年的年费用计算表

元

使用年限	年末残值 P_N	$(A/P,$ $6\%,\ N)$	年资金恢复费用	年使用费 C_t	$(P/F,$ $6\%,\ t)$	年使用费现值	年使用费现值累计	年平均使用费	年费用 AC_N
(1)	(2)	(3)	(4)＝[60 000－(2)]×(3)＋(2)×6%	(5)	(6)	(7)＝(5)×(6)	(8)＝$\sum$(7)	(9)＝(8)×(3)	(10)＝(4)＋(9)
1	30 000	1.060 0	33 600	10 000	0.943 4	9 434	9 434	10 000	43 600
2	15 000	0.545 4	25 443	12 000	0.890 0	10 680	20 114	10 970.18	36 413.18
3	7 500	0.374 1	20 090.25	14 000	0.839 6	11 754.4	31 868.4	11 921.97	32 012.22
4	3 750	0.288 6	16 458.75	16 000	0.792 1	12 673.6	44 542	12 854.82	29 313.57
5	2 000	0.237 4	13 889.2	18 000	0.747 3	13 451.4	57 993.4	13 767.63	27 656.83
6	2 000	0.203 4	11 917.2	20 000	0.705 0	14 100	72 093.4	14 663.8	26 581
7	2 000	0.179 1	10 507.8	22 000	0.665 1	14 632.2	86 725.6	15 532.56	26 040.36
8*	1 500	0.161 0	9 508.5	24 000	0.627 4	15 057.6	101 783.2	16 387.1	25 895.6
9	1 000	0.147 0	8 733	26 000	0.591 9	15 389.4	117 172.6	17 224.37	25 957.37

由表 8-3 可以看出，AC 最低的年份为 8 年，故该挖土机的经济寿命为 8 年，且年平均费用为25 895.6 元。同静态模式下的经济寿命相比，动态模式下的经济寿命较长。

如果设备年平均使用费用逐年等差递增(公差为 G)，设设备运行第一年的使用费为 c_1，则设备年平均费用也可以根据等差序列公式计算：

$$AC_N=(P_0-P_N)(A/P,\ i_c,\ N)+P_Ni_c+c_1+G(A/G,\ i_c,\ N) \quad (8\text{-}13)$$

以例 8-4 数据为例，设备使用 2 年时 AC_2 为

$AC_2=(60\ 000-15\ 000)(A/P,\ 6\%,\ 2)+15\ 000\times6\%+10\ 000+2\ 000(A/G,\ 6\%,\ 2)$

$=36\ 413.8$(元)

8.2　设备修理的经济分析

设备修理的经济分析

8.2.1　设备修理概述

1. 设备修理的概念

众所周知，设备是由不同材质的众多零部件组成的，这些零部件在设备中各自承担着不同的功能，因工作条件各不相同，在设备使用过程中，它们遭受的有形磨损是非均匀性的。通常，在设备的实物构成中总有一部分是相对耐久的(如机座、床身等)，而另外的部分则易于损坏。

在实践中，通常把为保持设备在平均寿命期限内的完好状态而进行的局部更换或修复工作称为维修。维修的目的是消除设备经常性地有形磨损和排除机器中遇到的各种故障，以保证设备在其寿命期内保持必要的性能(如生产能力、效率、精度等)，发挥正常的效用。

按其经济内容来说，这种必要的维修工作可分为日常维护、小修理、中修理和大修理几种形式。

日常维护是指与拆除和更换设备中被磨损的零部件无关的一些维修内容，如设备的润滑与保洁，定期检验与调整，消除部分零部件的磨损等。

小修理是工作量最小的计划修理，是指设备使用过程中为保证设备工作能力而进行的调整、修复或更换个别零部件的修理工作。

中修理是进行设备部分解体的计划修理，其内容包括更换或修复部分不能用到下次计划修理时间的磨损零件，通过修理、调整，使规定修理部分基本恢复到出厂时的功能水平以满足工艺要求，修理后应保证设备在一个中修理间隔期内能正常使用。

大修理是在原有实物形态上的一种局部更新。它是通过对设备全部解体，修理耐久的部分，更换全部损坏的零部件，修复所有不符合要求的零部件，全面消除缺陷，以使设备在大修理之后，在生产率、精确度、速度等方面达到或基本达到原设备的出厂标准。

在上述几种修理形式中，大修理是维修工作中规模最大、费用最多的一种设备维修方式，因此对维修经济性的研究，主要是就大修理而言的。

2. 设备大修理的特点

(1)尽管要求大修理过的设备达到出厂水平，但实际上大修理过的设备不论从生产率、精确度、速度等方面，还是从使用中的技术故障频率、有效运行时间等方面，都比用同类型的新设备要逊色，其综合质量会有某种程度的降低，这是客观现实。图 8-5 中 A 点表示新设备的标准性能，事实上设备在使用过程中，其性能是沿 AB_1 线所示的趋势下降的，如不及时修理仍继续使用，寿命一定很短，如果在 B_1 点所对应的时刻上，进行第一次大修理，设备的性能可能恢复到 B 点上。自 B 点起进行第二个周期的使用，其性能又继续

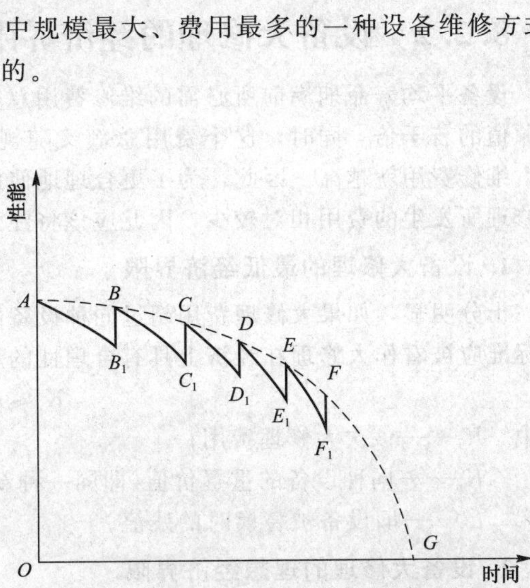

图 8-5　大修理后设备综合质量劣化图

劣化，当降至 C_1 点时，又进行第二次的大修理，其性能可能恢复至 C 点。这样再一次大修理后的性能又可能恢复到相当程度，一经使用又会下降，最终至 G 点，这时设备在技术上已不存在再进行修理的可能性了。将图 8-5 中 A、B、C、D、E、F 各点连接起来，就形成一条曲线，这条线反映了设备在使用过程中的综合质量劣化趋势，从这条曲线所呈现的现象可以看出，设备的大修理并非无止境。

(2)大修理的周期会随着设备使用时间的延长而越来越短(图 8-6)。假如新设备投入使用到第一次大修理的间隔期定为10～12 年，那么第二次大修理的间隔期就可能为 8～10 年，而第三次大修理的间隔期则可能降至 6～8 年，也就是说，大修理间隔期会随着修理次数的增加而缩短，从而也使大修理的经济性逐步降低。

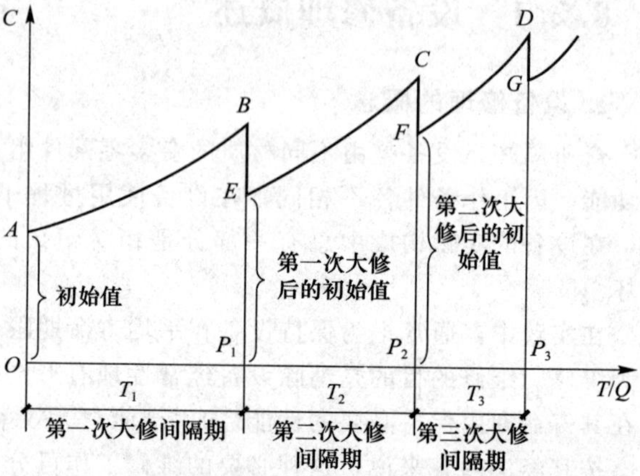

图 8-6　设备大修理间隔期与运行费用的关系

尽管如此，在设备平均寿命期限内，进行适度的维修工作(包括大修理在内)，往往在经济上是合理的。因为修理，包括大修理在内，能够利用原有设备中保留下来的零部件，这部分比重越大，修理工作就越具有合理性。这正是修理之所以能够存在的经济前提。

但是，这个前提是有条件的，如果设备长期重复修理，一方面维修中所能利用的被保留下来的零部件越来越少；另一方面大修理所需的费用越来越高，大修理经济上的优越性就可能不复存在了。从图 8-6 可以看出，随着设备使用年限的增加，设备运行费用越来越高，在大修理前达到极大值；大修理后，设备运行费用显著降低，进入下一个大修理间隔期；尽管每次大修理都使运行费用下降，但后一次大修理后与前一次大修理后相比，运行费用总要有所升高，且修理间隔期要缩短；如此循环，直至大修理变得不合理，这时，设备的整体更新将取而代之。因此，设备更新是大修理的替代方案，在进行设备大修理决策时，应同设备更新方案进行比较分析。

8.2.2　设备大修理的经济界限

设备平均寿命期满前所必需的维修费用总额可能是一个相当可观的数字，有时可能超过设备原值的若干倍。同时，这个费用总额又随规定的平均寿命期而变化，平均寿命期规定得越长，维修费用就越高。因此，为了更合理地使用设备，必须研究维修的经济性。日常维护和中小修理所发生的费用相对较少，因此应该将注意力放在大修理上。

1. 设备大修理的最低经济界限

十分明显，如果大修理费用超过同种设备的重置价值，则大修理在经济上是不合理的。这一标准应被看作大修理在经济上具有合理性的起码条件，或称最低经济界限。

$$K_r \leqslant K_n - L_0 \tag{8-14}$$

式中　K_r——该次大修理费用；

K_n——同种设备的重置价值(即同一种新设备在大修理时刻的市场价格)；

L_0——旧设备被替换时的残值。

2. 设备大修理的理想经济界限

事实上，即使满足大修理的最低经济界限，也并非所有大修理都是合理的。如果大修理后的设备综合质量下降较多，有可能致使生产单位产品的成本比用同种用途的新设备生产的成本高，则原有设备的大修理就未必是合理的，因此，在满足最低经济界限的基础上，还应补充另外一些条件，即

$$C_{z0} \leqslant C_{zn} \tag{8-15}$$

$$C_{z0} = AC_0 / Q_A$$

$$C_{zn} = AC_n / Q_{An}$$

式中　C_{z0}——用大修理后的设备生产单位产品的成本；

C_{zn}——用具有相同用途的新设备生产单位产品的成本；

AC_0——原设备大修理后的费用年值；

Q_A——原设备下一个大修理周期的年均产量；

AC_n——新设备第 1 个大修理周期内的费用年值；

Q_{An}——新设备第 1 个大修理周期的年均产量。

【例 8-5】 某工厂有一台设备已使用 5 年，拟进行一次大修理，预计费用为 10 000 元，大修前的价值为 5 000 元，大修后设备价值为 12 000 元。大修后年产 20 000 件产品，年运行成本为64 000 元，3 年后残值为 2 000 元。新设备价值 56 000 元，预计 6 年后进行一次大修，大修时的残值为 8 000 元，期间年产 25 000 件产品，年运行成本为 50 000 元。假设基准收益率为 12%，请问大修是否合理？

解：(1)大修理费用为 10 000 元，新设备价值 56 000－旧设备残值 5 000＝51 000(元)，$K_r \leqslant K_n - L_0$，满足大修理的最低经济界限。

(2)比较单位产品成本。

旧设备大修后的单位产品成本为

$$C_{z0} = AC_0/Q_A = \frac{[12\,000 - 2\,000(P/F, 12\%, 3)](A/P, 12\%, 3) + 64\,000}{20\,000}$$

$$= 3.42(\text{元/件})$$

新设备的单位产品成本为

$$C_{zn} = AC_n/Q_{An} = \frac{[56\,000 - 8\,000(P/F, 12\%, 6)](A/P, 12\%, 6) + 50\,000}{25\,000}$$

$$= 2.51(\text{元/件})$$

$C_{z0} > C_{zn}$，不符合设备大修的理想经济界限，故不应大修，应更新设备。

对于迅速发生无形磨损的设备来说，很可能是用现代化的新设备生产单位产品的计算费用更低，在这种情况下，即使满足大修理的最低经济界限，即大修理费用没有超过新设备的重置价值，这种大修理也是不合理的。

还应注意到，在不同的大修理周期，C_{z0} 的值可能是不等的。例如，在第一个大修理周期时的 C_{z0} 可能小于 C_{zn}，不等于各次的 C_{z0} 值均小于 C_{zn}。因此，进行大修理经济评价时，必须注意修理的周期数。

8.3　设备更新的经济分析

8.3.1　设备更新概述

1. 设备更新的概念

设备更新是对旧设备的整体更换，就其本质来说，可分为原型设备更新和新型设备更新。

原型设备更新是简单更新，就是用结构相同的新设备去更换有形磨损严重而不能继续使用的旧设备。这种更新主要是解决设备的损坏问题，不具有更新技术的性质。新型设备更新是以结构更先进、技术更完善、效率更高、性能更好、能源和原材料消耗更少的新型设备来替换那些技术上陈旧、在经济上不宜继续使用的旧设备。通常所说的设备更新主要是指后一种，它是技术发展的基础。

设备更新是消除设备有形磨损和无形磨损的重要手段，目的是提高企业生产的现代化水平，尽快形成新的生产能力。设备更新的经济分析就是确定一套正在使用的设备是否应该更新，以及什么时候应该用更经济的新设备来替代。

2. 设备更新的策略

设备更新分析是企业生产发展和技术进步的客观需要，对企业的经济效益有着重要的影响。过早地更新设备，无论是由于设备暂时出故障就报废的草率决定，还是片面追求现代化设备的决定，都将造成资金的浪费，失去其他的收益机会；企业也不能走向另一个极端，采取拖延设备的更新策略，将造成生产成本的迅速上升，失去竞争的优势。因此，设备是否更新、何时更新、选用何种设备更新，既要考虑技术发展的需要，又要考虑经济方面的效益。

3. 设备更新方案的比选原则

确定设备更新必须进行技术经济分析。设备更新方案比选的基本原理和评价方法与互斥性投资方案比选相同，但在实际设备更新方案比选时，应遵循如下原则。

(1)设备更新分析应站在客观的立场分析问题。设备更新问题的要点是站在客观的立场上，而不是站在旧设备的立场上考虑问题，如对新旧两台设备进行比较时，不能把旧设备的出售所得作为新设备的现金流入，而应把出售旧设备所得作为购买旧设备的费用。

【例 8-6】 某设备在 5 年前购买，估计还可以继续使用 5 年，年运行费用大约 3 000 元，预计 5 年后残值为 500 元，目前此设备的市场价值为 4 000 元。目前，此类设备的新型设备售价为 12 000 元，预计可以使用 12 年，12 年后残值为 600 元，年运行费用大约 1 500 元。现有两个方案：一是继续使用旧设备；二是将旧设备出售并购买新设备。设基准收益率为 15%，请问应选择哪个方案？

解： 旧设备的市场价值 4 000 元，是购买旧设备的费用，应看作继续使用旧设备的现金流出，而不能看作购买新设备的现金流入。两方案正确的现金流量图如图 8-7 所示。

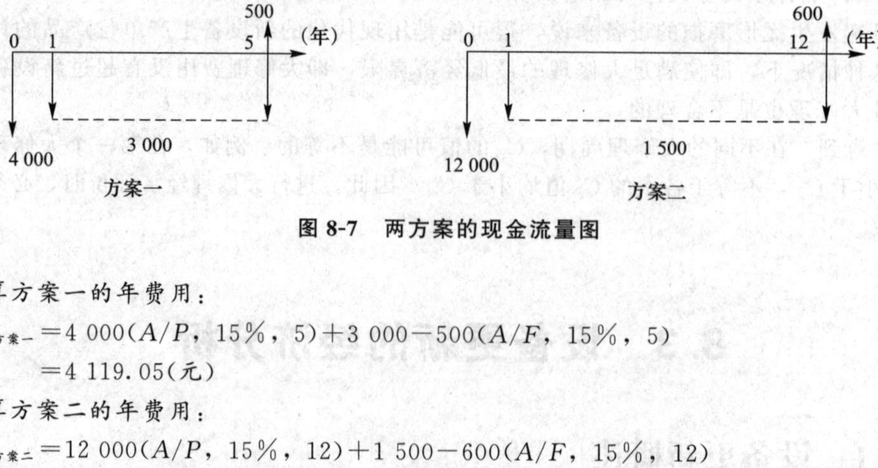

图 8-7　两方案的现金流量图

计算方案一的年费用：

$$AC_{方案一}=4\,000(A/P,15\%,5)+3\,000-500(A/F,15\%,5)$$
$$=4\,119.05(元)$$

计算方案二的年费用：

$$AC_{方案二}=12\,000(A/P,15\%,12)+1\,500-600(A/F,15\%,12)$$
$$=3\,693.31(元)$$

$AC_{方案一}>AC_{方案二}$，所以应该选择方案二，用新设备替代旧设备。

(2)不考虑沉没成本。沉没成本是既有企业过去投资决策发生的、非现在决策能改变(或不受现在决策影响)、已经计入过去投资费用回收计划的费用。沉没成本是已经发生的费用，不管企业生产什么和生产多少，这项费用都要不可避免地发生，因此现在决策对它不起作用。在进行设备更新方案比选时，原设备的价值应按目前实际价值计算，而不考虑其沉没成本。例如，某设备 4 年前的原始成本是 80 000 元，目前的账面价值是 30 000 元，现在的市场价值仅为 18 000 元。在进行设备更新分析时，旧设备产生的账面价值与市场价值的差额就是一笔沉没成本，与现在更新决策无关，目前该设备的价值等于市场价值 18 000 元。

(3)逐年滚动比较。逐年滚动比较原则是指在确定最佳更新时机时，应首先计算比较现有设备的剩余经济寿命和新设备的经济寿命，然后利用逐年滚动计算方法进行比较。

8.3.2　设备原型更新的决策方法

有些设备在其整个使用期内并不会过时，在这种情况下，设备在使用过程中避免不了有形磨损的作用，结果引起设备的维修费用，特别是大修理费用及其他运行费用的不断增加，这时立即进行原型设备的替换，在经济上是合理的，这就是设备的原型更新。

原型设备的更新，新旧设备的市场价格、运行费用均相同，因此，最佳更新时机通常由设备的经济寿命决定，即当设备运行到设备的经济寿命时，再进行更新即可。

8.3.3　出现新设备时的更新决策方法

在技术不断进步的条件下，由于无形磨损的作用，很可能在设备尚未使用到其经济寿命期时，就已经出现了市场价格很低的同型设备或工作效率更高的更新型同类设备，这时就要分析继续使用原设备和购置新设备的两种方案，确定设备是否需要更新，何时更新。

1. 设备更新方案比选的步骤

设备更新方案的比选就是决定马上购置新设备、淘汰旧设备；还是至少保留使用旧设备一段时间，再用新设备替换旧设备；还是不予更新而继续使用旧设备。新设备原始费用高，运营费和维修费低；旧设备净残值低，运营费和维修费高。必须进行权衡判断，才能作出正确的选择，一般要进行逐年比较。

进行设备更新方案比选时，可按如下步骤进行。

(1)计算新旧设备方案不同使用年限的年费用 AC，确定是否需要更新。

(2)如果需要，则进一步确定设备更新时机。设备更新即便在经济上是有利的，却也未必应该立即更新。换言之，设备更新分析还包括更新时机选择的问题。是否更新已用过一段时间的旧设备，须考虑以下两种情况。

①如果旧设备继续使用 1 年的年费用 $AC_{旧1}$ 低于新设备的年费用 $AC_{新}$，即 $AC_{旧1}<AC_{新}$ 时，不更新旧设备，继续使用旧设备 1 年。

②当新旧设备方案出现 $AC_{旧i}>AC_{新}$ 时，应更新现有设备，第 i 年即是设备更新的最佳时机。

总之，以经济寿命为依据的更新方案比较，使设备都使用到最有利的年限来进行分析。

2. 技术创新引起的设备更新

对现有设备来说，任何一项与该设备有关的技术创新与发展，都可能促进设备的提前更新。当性能更好的新设备出现时，会面临是否需要更新旧设备及何时需要更新的问题。

【例 8-7】 某企业 5 年前花 25 000 元购买了一台设备，目前重估价值为 5 000 元，还可使用3 年。如今，市场上出现一种改良的新型号，售价为 20 000 元，寿命为 8 年。新旧设备的年运行费用和残值见表 8-4，基准收益率为 15%。

表 8-4　新旧设备的年运行费用和残值　元

年份	旧设备		新设备	
	运行费用	残值	运行费用	残值
1	3 500	3 000	800	15 000
2	4 500	1 200	1 300	13 500
3	5 500	600	1 800	12 000
4			2 300	10 500
5			2 800	9 000
6			3 300	7 500
7			4 100	6 000
8			4 900	4 000

请问：(1)若企业只需要使用该设备 3 年，是否需要更新？何时更新？

(2)若企业必须在较长时间内使用该设备，是否需要更新？何时更新？

解：(1)因为设备需要使用 3 年，对新设备来说，只需要考虑前 3 年的情况。

计算新旧设备方案使用 3 年的年费用 AC：

$AC_{旧}=(5\ 000-600)(A/P,15\%,3)+600\times15\%+3\ 500+1\ 000(A/G,15\%,3)$

$=6\ 424.3$(元)

$AC_{新}=(20\ 000-12\ 000)(A/P,15\%,3)+12\ 000\times15\%+800+500(A/G,15\%,3)$

$=6\ 557.55$(元)

$AC_{旧}<AC_{新}$，所以当企业只需要使用该设备 3 年时，不需要更换新设备。

(2)若企业必须在较长时间内使用该设备，应首先计算新设备的经济寿命，得出新设备在经济寿命期内的年费用，然后与旧设备使用 3 年的年费用进行比较，确定是否需要更新。

此题假设已知新设备的经济寿命为 6 年，则计算新旧设备方案不同使用年限的年费用 AC：

$AC_{旧}=(5\ 000-600)(A/P,15\%,3)+600\times15\%+3\ 500+1\ 000(A/G,15\%,3)$

$=6\ 424.3$(元)

$AC_{新}=(20\ 000-7\ 500)(A/P,15\%,6)+7\ 500\times15\%+800+500(A/G,15\%,6)$

$=6\ 276.1$(元)

$AC_{旧}>AC_{新}$，需要更换新设备。

现在进行逐年比较：

如果旧设备再保留使用 1 年，则 1 年的年费用为

$AC_{旧1}=5\ 000(A/P,15\%,1)-3\ 000+3\ 500$

$=6\ 250$(元)$<AC_{新}=6\ 276.1$(元)，所以旧设备在第 1 年应该继续保留使用。

如果旧设备再保留使用到第 2 年，则第 2 年的年费用为

$AC_{旧2}=3\ 000(A/P,15\%,1)-1\ 200+4\ 500$

$=6\ 750$(元)$>AC_{新}=6\ 276.1$(元)，所以旧设备在第 2 年使用之前就应该更新。

因此，现有设备应该再保留使用 1 年，1 年后更新为新设备。

3. 生产能力不足引起的设备更新

有时旧设备的更新是因为市场需求发生变化，导致现有设备生产能力不足而引起的，这时面临两个方案的选择：一是更换现有设备，购置生产能力满足要求的新设备；二是继续使用现有设备，同时再购买一台附加的新设备，以满足生产能力的需要。

【例 8-8】 某厂 6 年前花 8 400 元购置了设备 A，当时估计它有 12 年的寿命，残值为 1 200元，年使用费基本保持在 2 100 元。现在由于市场需求量增加，A 设备的生产能力已不能满足要求，有两个方案。

(1)购买与设备 A 完全相同的 A 型设备，现购买价为 9 600 元，寿命期和年使用费与 A 相同，残值为 1 600 元。

(2)将设备 A 以 3 000 元价格转让，再购进生产能力是 A 两倍的 B 设备。购置费为 17 000 元，寿命期为 10 年，年使用费用基本稳定在 3 100 元，残值估计为 4 000 元。

设基准收益率为 10%，比较选择两个更新方案。

解： 根据设备更新方案必选的两个原则，绘制两个更新方案的现金流量图，如图 8-8 所示。

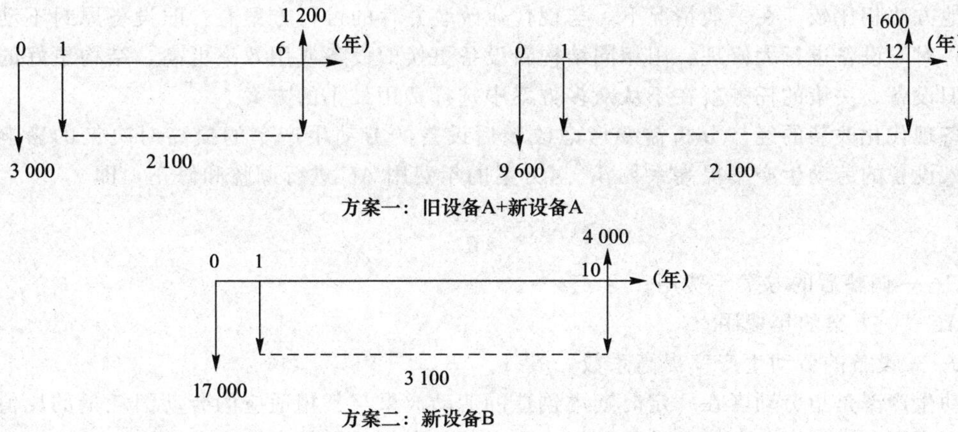

图 8-8　例 8-8 两方案的现金流量图

分别计算方案一和方案二的年费用：

$AC_1 = (3\ 000 - 1\ 200)(A/P, 10\%, 6) + 1\ 200 \times 10\% + 2\ 100 + (9\ 600 - 1\ 600)(A/P, 10\%, 12) + 1\ 600 \times 10\% + 2\ 100$

$= 6\ 067$(元)

$AC_2 = (17\ 000 - 4\ 000)(A/P, 10\%, 10) + 4\ 000 \times 10\% + 3\ 100$

$= 5\ 615$(元)

$AC_1 > AC_2$，因此应该选择方案二，即将旧设备 A 以 3 000 元价格转让，再购进 B 设备。

8.4　设备现代化改装的经济分析

8.4.1　设备现代化改装概述

设备超过最佳使用期限之后，就存在更换问题。但是，这里有两个问题尚需研究：①市场能否及时提供企业所需的新设备？②陈旧设备一律更换是否必要或是否是最佳的选择？

一种设备从构思、设计、研制到成批生产，一般要经历较长的时间。随着技术进步的加快，这个周期在不断缩短。目前已缩短到 10 年，最快的甚至 5 年，要按这个周期更换掉所有陈旧设备是不可能的。

解决这个矛盾的有效途径是对现有设备进行现代化改装。所谓设备的现代化改装，是指为适应生产的具体需要，应用现代的技术成就和先进经验，改变现有设备的结构(给旧设备换新部件、新装置、新附件)，改善现有设备的技术性能，使之全部达到或局部达到新设备的水平。设备现代化改装是克服现有设备的技术陈旧状态，消除第二种无形磨损，促进技术进步的方法之一，也是扩大设备的生产能力，提高设备质量的重要途径。

在多数情况下，通过设备现代化改装使陈旧设备达到需要的水平，所需的投资往往比用新设备更换要少。因此，有时设备现代化改装在经济上有很大的优越性。

8.4.2 设备现代化改装的经济分析

设备现代化改装是广义设备更新的一种方式，因此，研究现代化改装的经济性应与设备更新的其他方法相比较。在一般情况下，与现代化改装并存的可行方案有：旧设备原封不动地继续使用；对旧设备进行大修理；用相同结构新设备更换旧设备或用效率更高、结构更好的新设备更新旧设备。决策的任务就在于从众多方案中选择费用最小的方案。

设备现代化改装的经济分析需要考虑改装后设备的劳动生产率的提高对决策的影响，因此，引入设备的劳动生产率提高系数 β，对方案的年费用 AC 进行调整和修正，即

$$C=\frac{AC}{\beta} \tag{8-16}$$

式中 C——调整后的方案年费用；

AC——方案的年费用；

β——设备的劳动生产率提高系数，$\beta>1$。

劳动生产率是指劳动者在一定时期内创造的劳动成果与其相适应的劳动消耗量的比值。劳动生产率水平可以用同一劳动在单位时间内生产某种产品的数量来表示，单位时间内生产的产品数量越多，劳动生产率就越高；也可以用生产单位产品所耗费的劳动时间来表示，生产单位产品所需要的劳动时间越少，劳动生产率就越高。因此

$$\beta=\frac{\text{改装后或新设备的单位时间产量}}{\text{旧设备的单位时间产量}}$$

或

$$\beta=\frac{\text{旧设备的单位产品所需时间}}{\text{改装后或新设备的单位产品所需时间}}$$

1. 现代化改装与设备更新的比选

设备现代化改装是广义设备更新的一种方式，因此，设备的现代化改装与设备更新是可以相互替代的两个互斥方案，究竟现代化改装合理还是更新设备合理，需要进行进一步的经济分析。

【例 8-9】 某企业有一台设备已经使用了很多年，目前净值为 3 000 元，从技术上说已经陈旧落后了，要继续使用就必须进行现代化改装，估计改造需要费用 10 000 元，改造后生产效率可以提高 25%，可以继续使用 3 年，年经营成本为 2 000 元，第三年年末残值为零。现在有另一方案：重新购置一台功能相同的新设备，购置成本需 40 000 元，新设备的生产效率可以提高 30%，可使用 10 年，期末残值为零，年经营成本为 1 000 元。设基准收益率为 10%，问该企业是对旧设备进行改装好还是更新好？

解： 根据题意，$\beta_{改}=\frac{1+0.25}{1}=1.25$，$\beta_{更}=\frac{1+0.3}{1}=1.3$。

现代化改装的年费用 $C_{改}=\frac{(10\ 000+3\ 000)(A/P,\ 10\%,\ 3)+2\ 000}{1.25}=5\ 781.84$(元)。

更新设备的年费用 $C_{更}=\frac{40\ 000(A/P, 10\%, 10)+1\ 000}{1.3}=5\ 775.38$(元)。

$C_{改}>C_{更}$，因此应该选择更新方案。

2. 现代化改装的多方案比选

如果经过分析，设备进行现代化改装更合适，那么也面临对多个现代化改装方案的比较选择问题。

【例 8-10】 某企业原有一台普通车床，专门用于加工具有多台阶的轴，每次装夹、找正和加工过程不断停车测量，浪费许多机动时间，生产效率和加工精度都很难保证。为此，企业拟订了三种技术改造方案。

A 方案：加装靠模装置，预计一次性投资 2 500 元，靠模装置寿命周期 4 年，年均维持费用为 8 000 元，每天需工作 22.5 h 才能完成生产任务。

B 方案：加装数显装置，预计一次投资 15 000 元，数显装置的寿命周期为 9 年，年均维持费用为 14 000 元，每天工作 15.5 h 可以完成生产任务。

C 方案：加装微机装置，预计一次投资 40 000 元，微机寿命周期为 9 年，年均维持费用为 10 000 元，每天工作 12 h 就可完成生产任务。

已知目前旧设备的残值为 15 000 元，年利率为 12%，设备技术改造以后要求能持续用 8 年，残值为 0，试从 A、B、C 三个方案中选择一个最优方案。

解：根据已知条件，A、B、C 三个技术改造方案若完成相同生产任务，则工作时间分别为 22.5 h、15.5 h 和 12 h。

若设 A 方案的生产效率系数 $\beta_A=1$，则 B 方案的生产效率系数 $\beta_B=22.5/15.5=1.452$，C 方案的生产效率系数 $\beta_C=22.5/12=1.875$。

由式(8-16)，计算各方案的年费用 C。

研究期为 8 年，A 方案需要按最小公倍数法重复一次。

$$C_A=\frac{1}{1}\times[(15\ 000+2\ 500)(A/P, 12\%, 8)+2\ 500(P/F, 12\%, 4)(A/P, 12\%, 8)+8\ 000]$$
$$=11\ 842.57(\text{元})$$

$$C_B=\frac{1}{1.452}\times[(15\ 000+15\ 000)(A/P, 12\%, 8)+14\ 000]$$
$$=13\ 800.96(\text{元})$$

$$C_C=\frac{1}{1.875}\times[(15\ 000+40\ 000)(A/P, 12\%, 8)+10\ 000]$$
$$=11\ 238.13(\text{元})$$

通过计算结果，可以看出 $C_B>C_A>C_C$，故 C 方案为最佳技术改造方案。

3. 设备补偿方案的综合比选

综合来说，设备的补偿方案有很多种，如原型设备更换、新型设备更换、现代化改装、设备大修等方案，究竟何种方案在经济上合理，需要进行各方案的综合分析。

【例 8-11】 现有设备还有 3 年使用到其经济寿命期限，现对其更新进行经济分析。共有 5 个更新方案，各个更新方案的数据见表 8-5。其中继续使用旧设备的初始费用是指旧设备现在的处理价格。设备使用年限未定，试确定不同使用年限的设备更新方案的选择(基准收益率为 10%)。

表 8-5 例 8-11 的设备更新方案数据 元

方案	继续使用旧设备		原型设备替换		高效新设备替换		旧设备现代化改装		旧设备大修理	
初始费用	2 000		15 000		21 000		12 000		5 000	
年份	年运营费	年末残值	年运营费	年末残值	年运营费	年末残值	年运营费	年末残值	年运营费	年末残值
1	4 000	1 200	1 000	12 200	600	18 000	1 600	9 000	2 700	3 000
2	5 200	600	1 200	9 500	800	15 200	1 800	6 700	3 300	1 800
3	6 400	300	1 600	7 000	1 100	13 200	2 000	4 700	3 900	600
4			2 000	5 000	1 400	11 200	2 300	3 000	5 000	300
5			2 400	3 500	1 700	10 000	2 600	1 700	6 000	100
6			2 800	2 000	2 000	9 000	3 100	1 000	7 000	100
7			3 400	1 000	2 300	8 000	3 800	700		
8			4 600	500	2 600	7 000	4 700	200		
9			5 600	300	2 900	6 500	5 700	200		
10			6 800	100	3 300	6 000	6 800	200		

解： 利用式(8-11)计算每个方案各使用年限的年费用 AC_N，列于表 8-6 中。

表 8-6 例 8-11 的 AC_N 计算结果 元

使用年限	继续使用旧设备	原型设备替换	高效新设备替换	旧设备现代化改装	旧设备大修理
1	5 000	5 300	5 700	5 800	5 200
2	5 438	5 214	5 557	5 419	5 010
3	5 837	5 165	5 274	5 193	5 091
4		5 065	5 155	5 037	5 149
5		4 956	4 969	4 900	5 326
6		4 916	4 843	4 779	5 544
7		4 883	4 775	4 718	
8		4 910	4 743	4 767	
9		4 980	4 695	4 837	
10		5 108	4 680	4 961	

继续使用旧设备方案 3 年的 AC_3 计算示例：

$AC_3=(2\,000-300)(A/P,\ 10\%,\ 3)+300\times10\%+4\,000+1\,200(A/G,\ 10\%,\ 3)=5\,837$(元)

由表 8-6 可以看出，如果设备还需使用 1 年，显然继续使用旧设备有利，且无须对其改进或修理；如果设备尚要使用 2～3 年，则应对设备大修理后再使用；如果设备要使用 4～7 年，则应选择旧设备现代化改装后使用；如果设备要使用 8 年以上(含 8 年)，则应使用高效新设备替换旧设备。

8.5 设备租赁的经济分析

在企业生产经营管理中，设备租赁常见于企业设备投资决策。在什么情况下企业选择租赁设备或直接购买设备，作出何种抉择取决于投资决策者对二者的费用与风险的全面综合比较分析。

8.5.1　设备租赁概述

企业在生产经营中，有时由于资金紧张，可能采用租赁的方式取得设备。

设备租赁是设备使用者(承租人)按照合同规定，按期向设备所有者(出租人)支付一定费用而取得设备使用权的一种经济活动。设备租赁一般有经营租赁和融资租赁两种方式。

(1)经营租赁是指在设备租赁期间，租赁双方的任何一方可以随时以一定方式在通知对方后的规定期限内取消或中止租约。临时使用的设备(如车辆、仪器等)通常采用这种方式。这种方式带有临时性，出租者需要承担租赁设备的保养、维修、老化、贬值及不再续租的风险，因而租金较高。承租者往往用这种方式租赁技术更新较快、租期较短的设备。经营租赁设备的租赁费计入企业成本，可减少企业所得税。承租人可视自身情况需要决定是终止还是继续租赁设备。

(2)融资租赁是一种融资和融物相结合的租赁方式。融资租赁由租赁双方明确租让的期限和付费义务，而不得任意中止和取消租约，贵重的设备(如重型机械设备等)宜采用这种方式。这种租赁方式是以融资和对设备的长期使用为前提的，租赁期相当于设备的寿命期。融资租赁的承租人对设备的整体性能、维修保养、老化等不承担责任。对承租人来说，融资租入的设备属于企业的固定资产，可以计提折旧计入企业成本，而租赁费一般不直接列入企业成本，由企业税后支付，但租赁费中的利息和手续费可以在支付时计入企业成本。

8.5.2　租赁决策的经济分析

采用购置设备或采用租赁设备应取决于这两种方案在经济上的比较，比较的原则和方法与一般的互斥投资方案的比选相同。

进行设备经营租赁与购置方案的经济比选，必须详细地分析各方案寿命期内各年的现金流量情况，据此分析方案的经济效果，确定以何种方式投资才能获得最佳效果。

1. 购买设备方案的净现金流量

购买设备方案的现金流量情况见表 8-7。

表 8-7　购买设备方案现金流量表

序号	项目	计算期		
		期初 0	期中 1～n－1	期末 n
1	现金流入			
1.1	销售收入		√	√
1.2	设备残值			√
2	现金流出			
2.1	设备购置费	√		
2.2	税金及附加		√	√
2.3	经营成本		√	√
2.4	所得税		√	√
3	净现金流量＝1－2			

注：√表示有现金流量的发生。

表中所得税＝利润总额×所得税税率＝(销售收入－税金及附加－总成本)×所得税税率

＝[销售收入－税金及附加－(经营成本＋折旧＋利息)]×所得税税率

则计算期期中净现金流量(假设没有利息)如下：

净现金流量＝收入－税金及附加－经营成本－所得税

＝销售收入－税金及附加－经营成本－(销售收入－税金及附加－总成本)×所得税税率

＝销售收入－税金及附加－(总成本－折旧)－(销售收入－税金及附加－总成本)×所得税税率 (8-17)

＝(销售收入－税金及附加－总成本)×(1－所得税税率)＋折旧

＝利润总额－所得税＋折旧

＝税后净利润＋折旧

计算期期末净现金流量(假设没有利息)如下：

净现金流量＝税后净利润＋折旧＋残值 (8-18)

2. 设备经营租赁方案的净现金流量

如果采用设备经营租赁的方案，租赁费可以直接计入成本，但为与设备购置方案具有可比性，特将租赁费用从经营成本中分离出来。其现金流量见表8-8。

表8-8 设备经营租赁方案现金流量表

序号	项目	计算期		
		期初 0	期中 1～n－1	期末 n
1	现金流入			
1.1	销售收入		√	√
2	现金流出			
2.1	设备租赁费		√	√
2.2	税金及附加		√	√
2.3	经营成本		√	√
2.4	所得税		√	√
3	净现金流量＝1－2			

注：√表示有现金流量的发生

经营租赁方案的现金流每期都是一样的。

其计算期净现金流量(经营租赁没有折旧费，假设没有利息，总成本＝经营成本＋租赁费)如下：

净现金流量＝销售收入－税金及附加－经营成本－设备租赁费－所得税

＝销售收入－税金及附加－总成本－(销售收入－税金及附加－总成本)×所得税税率

＝(销售收入－税金及附加－总成本)×(1－所得税税率)

＝利润总额－所得税

＝税后净利润 (8-19)

3. 设备融资租赁方案的净现金流量

采用设备融资租赁的方案，租赁费不可以直接计入成本，但其中的利息和手续费可以计入成本，其余可以计提折旧计入成本。其现金流量见表8-9。

表 8-9　设备融资租赁方案现金流量表

序号	项目	计算期		
		期初 0	期中 $1\sim n-1$	期末 n
1	现金流入			
1.1	销售收入		√	√
2	现金流出			
2.1	设备租赁费(不含利息和手续费)		√	√
2.2	利息和手续费		√	√
2.3	税金及附加		√	√
2.4	经营成本		√	√
2.5	所得税		√	√
3	净现金流量＝1－2			

注：√表示有现金流量的发生

经营租赁方案的现金流每期都是一样的。

其计算期净现金流量(总成本＝经营成本＋利息和手续费＋折旧)如下：

净现金流量＝销售收入－税金及附加－经营成本－设备租赁费－利息和手续费－所得税
＝销售收入－税金及附加－(总成本－折旧)－(销售收入－税金及附加－总成本)×所得税税率－设备租赁费
＝(销售收入－税金及附加－总成本)×(1－所得税税率)＋折旧－设备租赁费
＝利润总额－所得税＋折旧－设备租赁费
＝税后净利润＋折旧－设备租赁费　　(8-20)

4. 设备租赁与购置方案的经济比选

对承租人来说，关键的问题是决定租赁设备还是购买设备。而设备租赁与购置的经济比选也是互斥方案选优问题，一般寿命相同时可以采用净现值(或费用现值)法，设备寿命不同时可以采用净年值(或年成本)法。无论用净现值法还是净年值法，均以收益较大(或成本较小)的方案为宜。

【例 8-12】 某企业需要某种设备，其购置费为 10 000 元，以自有资金购买，估计使用期为10 年，10 年后的残值为 0。如果采用融资租赁，同类设备年租赁费为 1 600 元(其中利息为 200 元)。当设备投入使用后，企业每年的销售收入为 6 000 元，税金及附加为销售收入的 10%，设备年经营成本为 1 200 元，所得税税率为 33%，折旧采用直线折旧法，该企业的基准收益率为 10%。请比较购置方案和融资租赁方案。

解：(1)购置方案：

年折旧费＝10 000/10＝1 000(元)

年利润总额＝6 000－6 000×10%－(1 200＋1 000)＝3 200(元)

年税后利润＝3 200×(1－33%)＝2 144(元)

投入使用后年净现金流量＝2 144＋1 000＝3 144(元)

净现值 NPV＝－10 000＋3 144(P/A，10%，10)＝9 329.88(元)

(2)融资租赁方案：

年折旧费＝10 000/10＝1 000(元)

年利润总额＝6 000－6 000×10%－(1 200＋1 000＋200)＝3 000(元)

$$年税后利润=3\ 000\times(1-33\%)=2\ 010(元)$$

$$投入使用后年净现金流量=2\ 010+1\ 000-(1\ 600-200)=1\ 610(元)$$

$$净现值\ NPV=1\ 610(P/A,\ 10\%,\ 10)=9\ 893.45(元)$$

比较得出，融资租赁方案的净现值>购置方案的净现值，因此融资租赁方案较优。

由于每个企业都要依利润缴纳所得税，按财务制度规定，租赁设备的租金允许计入成本；购买设备每期计提的折旧费也允许计入成本；若用借款购买设备，其每期支付的利息也可以计入成本。在其他费用保持不变的情况下，计入成本越多，则利润总额越少，企业缴纳的所得税也越少。因此，在充分考虑各种方式的税收优惠影响后，应该选择税后收益更大或税后成本更小的方案。

8.6 技术引进的经济分析

8.6.1 技术引进概述

1. 技术引进的含义

技术引进又称技术输入，是指一个国家通过各种途径，引进其他国家的先进科学技术成果(包括先进的机器设备、管理知识和经验)，来提高本国国民经济水平和科学技术水平。技术引进工作是指在技术转让活动中买进技术一方的工作。

实行改革开放，做好技术引进工作，是加快我国社会主义经济建设的一项长期方针。实践证明，做好引进先进技术的工作是加快我国技术进步，迅速赶上工业发达国家的重要途径，也是加快技术改造，增强自力更生能力，增强出口竞争能力，全面提高经济效益的重要途径。

2. 技术引进的方式

技术引进可分为有偿和无偿两种方式。

(1)有偿方式即通过国际技术贸易的方式，在平等互利的基础上，引进技术知识(包括产品设计、制造工艺、测试技术、材料配方、管理方法等，简称“软件”)、技术装备(包括单机、成套设备、成套工程等，简称“硬件”)和获得工业产权(如专利、商标)的使用权。当前国际上的技术转移，绝大多数采取这些方式。

(2)通过国际学术交流、情报交流，或政府间、民间的技术援助、合作等方式引进技术，这种方式一般是无偿的。

3. 技术引进的主要途径

(1)补偿贸易。补偿贸易是将技术引进和商品贸易相结合，并以商品支付货款的一种技术贸易方式。其基本做法是，买卖双方签订一个协议，规定由卖方提供技术和设备给买方，买方利用它们进行生产，而在双方商定的时期内(如5年、10～15年)，以其项目投产后的产品分期偿付一切费用或用双方商定的其他商品来偿付费用。

补偿贸易对买方来说，可以不花或少花外汇引进技术和设备；由于是用产品偿还费用，就会促使卖方关心输出技术和设备的使用情况，从而保证产品质量；还可以利用卖方的销售网络，组织出口，以平衡进出口贸易。对卖方来说，可以在较长时期内保证某些商品的来源，利用发展中国家工资水平低的情况，把一些半成品转移到发展中国家去生产，从而减少工资支付，降低成本。所以，补偿贸易对买卖双方都有利，是可以采用的有效方式。

（2）许可证贸易。许可证贸易是技术引进的基本形式，它是通过技术买卖双方签订许可证协议或合同，卖方给予买方在一定条件下使用其技术的权利，作为交换的代价，买方支付一定的使用费作为补偿。这里的许可证一般包括专利许可证、技术诀窍许可证和商标许可证三种。取得许可证只是得到使用某项技术的权利，并没有得到真正的技术，所以，购买许可证一般同购买技术结合在一起进行。

（3）合资经营。合资经营是指包括本国和外国的两个或两个以上的企业，利用彼此的长处，合资经营某个或某些企业，采取共同投资、共同经营、共担风险、共负盈亏的一种经营方式。合资经营对发展中国家来说，是引进技术与输入资金相结合的有效方式。其一般做法是，由对方提供机器设备、专利技术、技术诀窍、技术培训和外汇资金入股，本国则以厂房、土地、劳动力、现金等入股。

举办合资经营企业，对双方都有益处。技术引进方可以通过合资，提高产品在市场上的竞争能力，获得较高利润，还可以得到先进技术和学习到先进的经营管理经验。对技术输出方来说，可以开辟新的销售市场，利用对方低廉的原材料和劳动力降低成本，获得较高利润。

（4）技术咨询和技术服务。技术咨询是指为解决某个技术问题，请外方提出方案、设计和试验的方法等，或者就技术引进的项目建议书、可行性研究、技术方案的设计，以及招标任务书的制定等，向外国专门咨询公司咨询。而技术服务包括的范围很广，如请外方进行技术指导，请专家帮助进行设备和仪器的安装调试，以及人员培训等。

（5）学术活动和情报交流。通过广泛的技术交流、合作及学术交流活动、技术展览等，引进国外的新学术思想和科学技术知识。

技术引进的途径是多样的，其内容不外乎硬件与软件两类。采用何种途径引进技术，与一个国家的技术水平有关。一般工业基础薄弱、技术落后的国家，多采用补偿贸易或成套项目引进，而发达国家则主要引进单项技术，同时注意引进软件。因为这样做投资少、见效快，能迅速改变企业技术面貌，并增强企业自主开发技术的能力。

国际经验表明，技术引进可以使引进方迅速取得成熟的先进技术成果，不必重复别人已做过的科学研究和试制工作。它是世界各国互相促进经济技术发展必不可少的重要途径。

8.6.2 技术引进的经济分析

1. 技术引进项目总投资的计算

引进技术所需要的资金总额包括土地、技术、设备、土建工程、项目实施费用、项目投资前的费用、流动资金及利息等。这些费用可根据设备清单、工程量、国内及国际市场价格等逐项计算归总。货币单位分别以外汇及人民币表示，或按国家银行公布的汇率，统一折算为人民币。也可采用概算法，如生产规模指数法。

2. 资金筹措的分析

技术引进的资金来源可分为国内资金和国外资金两个渠道。国内资金来源主要有财政拨款、银行贷款、企业自筹等。国外资金来源主要有国际信贷、间接投资和直接投资等。对于资金来源的渠道，特别是利用外资筹集资金的渠道，必须从货币的类型、汇价、利率、期限和适用范围、优惠条件、承担风险等因素进行全面研究和比较，具体地说，要注意以下几个方面。

（1）关于利用外资的限度。国际上公认的限度是每年还本付息额不超过出口创汇额的 20%～25%，这个比率叫作债务偿还比率。其计算公式是贷款偿还额除以出口创汇额。由债务偿还比例可以看出，借贷外资规模取决于偿还能力，而偿还能力又取决于出口创汇能力。

（2）关于贷款条件的选择。贷款有长、中、短期和高、中、低利率之分。一般自由外汇贷款，没有国别和用途的限制，但利率较高，都在10%以上，而且期限短，所以只能供短期周转。出口信贷一般属于中期贷款，其利率居中，可以利用，但这些贷款受国别限制，而且只能买对方的设备。联合国各机构提供的资金，条件比较优惠，应尽量争取。政府间长期低息信贷对我国很有利，也应争取利用。贷款条件的选择应充分考虑各项因素，选择最有利的贷款条件，争取获得利率较低、期限较长的贷款。

(3)关于汇率与币别。汇率就是两种货币之间的比率，也称“汇价”。当前，西方货币基本上实行浮动汇率，汇价波动频繁，涨跌幅度很大。汇率比较坚实的货币，习惯上称为硬币；汇率比较疲软的货币，习惯上称为软币。

我国在进口成套设备和利用出口信贷时，原则上应争取用软币，或者采取软硬各半的方式，双方分担风险。如果同时有进有出，则应采取同类货币。

选择货币时，也应结合货价问题一并考虑。一般用硬币报价时，货价可能便宜一些，软币则相反。如果软币报价大于硬币报价，而两种报价差额大于硬币对软币的升值幅度，也可考虑采用硬币，这就需要对国际货币变化趋势有比较正确的判断。

(4)利率分析。利率的变化主要取决于资金供求的状况，即投资利润、消费、通货膨胀、失业及对外经济关系等状况和由此而产生的该国政府的经济政策和金融信贷政策。

在国际信贷中，使用货币贷款期限不同，利率也不同，硬币利率应低于软币(低1.25%～1.5%)，短期贷款利率应低于中长期信贷。如出口信贷是软、硬币搭配使用，应分别按软币和硬币的利率水平计算。

我国属于发展中国家，计算买方信贷的利率时应按“经济合作与发展组织”统一规定的发展中国家贷款利率计算。

3. 技术价格的确定

当采用有偿技术转让方式时，技术引进方必须向技术供给方支付一定的报酬，这个报酬即为出让方的技术价格。其由如下三个部分组成。

(1)对技术的研究、开发费用的补偿。这部分费用难以准确计算，由于技术能多次转让，而研究、开发费用是一次性的，究竟在某次转让时应分摊多少则很难规定，因此，该部分费用只能估算，其估算依据就是估计该项技术可能转让的次数，然后将研究、开发的总费用予以分摊。

(2)技术供给方因转让技术而蒙受的经济损失。如果不转让某技术，技术供给方向某个市场销售商品将获得多少利润，以此作为基础核算损失额，并转嫁到技术价格中，由引进方承担。这笔费用占技术价格的比重较大，而且计算弹性也很大。供给方要考虑运用该项技术生产出的产品的市场销路、产品的生命周期、产品的利润率等，以技术能产生利润的能力作为依据向引进方索取补偿。

(3)技术供给方因转让技术而发生的相关费用。技术供给方为转让技术会发生一定的考察费、接待费、资料费等，这部分费用尽管较少，但也是技术价格的组成部分之一。

总之，影响技术价格的因素很多，对引进方而言要注重调查研究，掌握行情，“货比三家”，权衡价格。

4. 技术引进的作价与支付

技术引进的作价与支付有两种基本方式，即一次买清和提成支付。

(1)一次买清。一次买清又称一次总算、分期付款。它是将技术转让的一切费用都在签订合同时一次算清，一般分年分期支付，即在合同签订不久后就开始支付，大体上在使用所引进的技术生产出合格样品后，完成最后一次支付。这种方式对引进方来说较为不利，因为支付费用基本上发生在技术产生效果之前，引进方还没有因引进技术而获得收益就要支付费用，这在资金安排上较困难，承担的风险也较大。而对转让方来说，该方式较为有利，因为转让方一次能拿到所有技术转让的费用，而对引进方是否真正能从技术引进中获得预期效果，并不关心。可见这种方式的风险都在引进方一边。因此，一次总算方式虽较简便，但一般只用于不要求转让方继续提供技术援助的项目或非尖端技术。

(2)提成支付。提成支付即在技术引进后，在一定的期限内，引进方按使用引进技术生产出产品的净销售额、产量或利润，每年提取一定的费用，作为购买技术的费用。

采用这种支付方式，在合同中只规定提成率和提成基数及提成年限，而不规定技术引进方应支付的技术费用总额，当引进方利用引进技术取得实际经济效果后，才按期向转让方支付技术使用费。这样引进方除不必在技术尚未取得效果前就支付大笔外汇外，还可获得“动态”进展中的技术，故此法为国际上所惯用。采用提成支付，要注意下述问题。

①提成基数的确定。分年提成的基本方法是按产品净销售额提取一定比例的费用。所谓净销售额，是指从总销售额中减去与转让方提供技术所创造价值无关的其他方面的成本、价值或费用。

一般应扣除的项目有包装费用、保险费用、运输费用、进口和出口税、海关税、普通商业回扣、退回的货物价款、在产品使用地的安装费用、产品中没有应用转让方提供的技术而另外购入设备的价值、合作生产或进口零件中进口部分的价格、产品价格中反映提成费用的部分等。

②提成基价的确定。提成基价是指计算销售价格时的标准。一般来说，若产品为内销，则由双方商定一个提成基价或直接商定提成单价；若产品为外销，则按出口价格提成。

提成基价如在整个合同期间固定不变，称为固定基价；如根据一定工资、物价指数变动，则称为滑动基价。计算滑动基价的公式如下：

$$S_n = S_0\left(0.2 + 0.45\frac{M_n}{M_0} + 0.35\frac{L_n}{L_0}\right) \tag{8-21}$$

$$S_n = S_0\left(0.5 + 0.5\frac{L_n}{L_0}\right) \tag{8-22}$$

$$S_n = S_0\left(0.5 + 0.2\frac{M_n}{M_0} + 0.3\frac{L_n}{L_0}\right) \tag{8-23}$$

式中　S_n——某一确定年份的提成基价；

S_0——签订协议时的提成基价；

M_n——某一确定年份某国发表的材料费用指数；

M_0——签订协议时某国发表的材料费用指数；

L_n——某一确定年份某国发表的最低工资指数；

L_0——签订协议时某国发表的最低工资指数。

以上三式中，式(8-22)、式(8-23)常数值较大，可变数值较小，以此计算提成基价，对引进方有利。在工资上升幅度大于材料费上升幅度时，采用式(8-23)更为有利。

③提成率的计算。提成率有固定提成率和滑动提成率之分。

固定提成率是在整个合同期间，按产量以一个固定提成百分数支付费用；滑动提成率(递减提成率)则是随产量的增长，逐步降低提成率。采用滑动提成率是较为公平合理的，在引进技术谈判时应尽量采用滑动提成率。

提成率的大小要考虑技术水平、产量大小、经济价值等因素。

④提成支付期限的确定。提成支付期限一般不宜过长，我国一般不超过 10 年。若提成支付期限较长，则提成率应低一些，提成递减率也应该大一些，当累计支付额达到双方确认的数

值后，即应停止提成。

⑤最低提成费与最高提成费的确定。最低提成费是对引进方不利的条件，即转让方不管引进方产量大小，每年至少要收取一定数额的提成费，引进方一般不应同意签订这样的条款。最高提成费是规定每年提成费达到一定数值时，产量再多，也不增加提成费。

⑥买卖双方利润分享率的分析。引进方引进技术应用投产后，可以得到的利润，即为买方利润或总利润；支付给转让方的技术转让费，即为输出方利润。输出方利润与总利润之比，就是输出方利润分享率，以百分数表示。

引进方引进一项技术，一定要估算引进后的经济效益，并且要合理确定输出方利润分享率，若无利可图，就不宜引进。一般来说，国际上输出方利润分享率最高不超过30%，以20%左右为宜。

【例 8-13】 某公司引进技术后，年销售额 S 为75万美元，假设利润率 i 按15%计算，如输出方要求提成率 i_t 为5%，试分析双方利润并进行调整。

解： 引进方总利润额(M)＝$S\times i$＝750 000×15%＝112 500(美元)

输出方的利润额(M_x)＝$S\times i_t$＝750 000×5%＝37 500(美元)

输出方利润占引进方利润比例为

$$R=i_t/i=5\%\div15\%=33.3\%$$

或

$$R=M_x/M=33.3\%$$

可见，按5%提成，输出方拿走的费用占引进方利润的33.3%，如果规定所占比例为 R＝20%，则提成率应降低为

$$i_t=i\times R=15\%\times20\%=3\%$$

若按3%提成，输出方的利润为

$$M_x=3\%\times750\ 000=22\ 500(\text{美元})$$

输出方利润分享率为

$$R=M_x/M=20\%$$

输出方利润分享率既可作为分析和核算技术价格的参考标准，也可作为衡量引进技术经济效果的指标。它对于一次总算支付费用也是适应的。

5. 技术引进综合经济效益评价

(1)采用不同支付方式的经济评价。引进技术所付费用可采用一次总算或提成的不同支付方式。考虑资金的时间价值，应把不同方式的支付费用先折算成现值，再进行分析对比。

【例 8-14】 引进某项技术，输出方提出两种支付方式：①一次总算售价20万美元；②入门费与提成结合支付为5.65万美元，项目三年建成投产后，按产品的年净销售额48万美元的5%提成，为期10年。问：采用何种支付方式最为有利(年利率为10%)？

解： 设 K 为入门费；n_1 为基建年限(3年)；n_2 为提成年限(10年)；S 为产品年净销售总额；i 为年利率；R 为提成率。按入门费与提成费支付的现金流量图如图8-9所示。

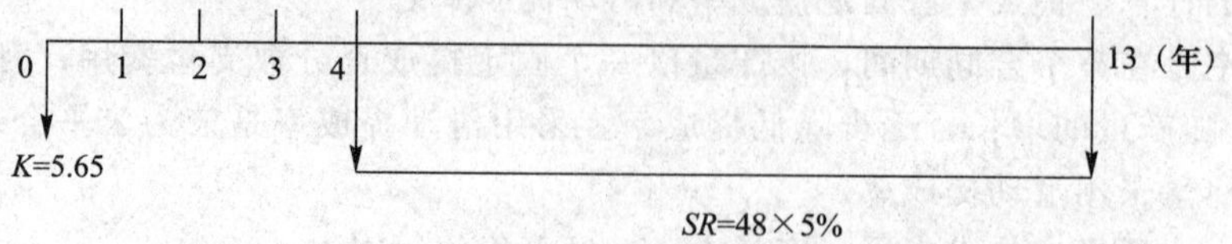

图 8-9 按入门费与提成费支付的现金流量图

按入门费与提成费支付的费用为

$$
\begin{aligned}
P &= K+SR(P/A，10\%，10)(P/F，10\%，3)\\
&=5.65+48\times5\%\times6.1446\times0.7513\\
&=16.7294(\text{万美元})
\end{aligned}
$$

因为一次总算售价为 20 万美元，所以通过上面的计算可知，应选择入门费与提成相结合的方式，采用此方案费用节约 3.270 6×（20－16.729 4）万美元，节约率为 3.270 6/20＝16.35％。

(2)关于投资收益的比较分析。考虑资金的时间价值对投资及收益进行动态分析，对于引进项目的决策有着非常重要的意义。

【例 8-15】 某引进项目，历年投资及建成投产后收益见表 8-10。

表 8-10　项目投资与收益　　百万美元

年份	1	2	3	4	5	6	7	8	9	10	11	12	13	合计
投资	2	5	4											11
收益				1.0	1.5	1.5	1.5	1.5	1.5	1.5	1.5	1.5	1.5	14.5

设上述各年的投资均发生在年初，而收益均发生在各年年末，年利率为 8％，试对此项目的经济效益进行分析。

解：为便于计算和分析，将投资和收益均折算到第 3 年年末。

①计算总投资额：

$$K=2\times(1+8\%)^3+5\times(1+8\%)^2+4\times(1+8\%)=12.67(\text{百万美元})$$

②计算总收益：

$$M=1\times(1+8\%)^{-1}+1.5\times(P/A，8\%，9)(1+8\%)^{-1}=9.6019(\text{百万美元})$$

③比较投资及收益：

$$M-K=9.6019-12.67=-3.0681(\text{百万美元})$$

从静态看，该项目可获利 14.5－11＝3.5(百万美元)，但考虑资金时间因素后，总收益不足以偿还贷款，故不宜引进。

(3)用保本资金利润率指标分析投资效益。保本资金利润率的计算方法如下。

设工程项目在建设周期(n)内，各年投资数额相等，贷款自签约年的年末起算，则各年累计的投资总额 K_f(复利终值)可按下式计算：

$$K_f=K(F/A，i，n)=K\frac{(1+i)^n-1}{i} \tag{8-24}$$

式中　K——各年投资额。

项目投产后，在有效的使用年限(n')内，各年的收益额也相等，则累计各年收益的复利现值 B_p 可按下式计算：

$$B_p=\beta nK(P/A，i，n')=\beta nK\frac{(1+i)^{n'}-1}{i(1+i)^{n'}} \tag{8-25}$$

式中　β——保本资金利润率；

βnK——n 年投资所获得的年收益。

该工程项目保本时有 $K_f=B_p$，则

$$K\frac{(1+i)^n-1}{i}=\beta nK\frac{(1+i)^{n'}-1}{i(1+i)^{n'}}$$

由此推出：

$$\beta=\frac{1}{n}\times\frac{(1+i)^{n}-1}{(1+i)^{n'}-1}\times(1+i)^{n'} \tag{8-26}$$

运用β这一指标，也可分析评价某引进项目在经济上是否有利。

【例 8-16】 某引进项目的建设周期为 4 年，建成后有效使用年限为 15 年，试计算在不同利率 6%、8%、10%下的保本资金利润率。

解：当 $i=6\%$时，保本资金利润率为

$$\beta=\frac{1}{4}\times\frac{(1+6\%)^{4}-1}{(1+6\%)^{15}-1}\times(1+6\%)^{15}=11.26\%$$

同理，$i=8\%$时，$\beta=13.15\%$；$i=10\%$时，$\beta=15.25\%$。

计算结果表示，在 i、n、n'已定的条件下，判断项目经济上合理的标准是投产后实际资金利润率应大于相应的保本资金利润率β。

(4)引进项目成本效益比较。这是常用的经济分析方法之一，通常用年值法、净现值法进行运算并进行方案比较。

【例 8-17】 从三个国家引进相同生产能力的配套装置，设备购置费分别为 1 000 万元、1 200 万元、1 400 万元；年经营费用分别为 500 万元、450 万元、400 万元；使用寿命分别为 8 年、10 年、12 年；残值分别为 100 万元、120 万元、140 万元。如贷款年利率为 10%，试予以选择。

解：计算三个方案的年成本：

$$AC_1=1\,000(A/P,10\%,8)+500-100(A/F,10\%,8)=678.66(\text{万元})$$

$$AC_2=1\,200(A/P,10\%,10)+450-120(A/F,10\%,10)=637.72(\text{万元})$$

$$AC_3=1\,400(A/P,10\%,12)+400-140(A/F,10\%,12)=598.97(\text{万元})$$

计算结果表明，第三方案年成本最小，为最佳优选方案。

(5)关于补偿贸易项目的技术经济分析。通过补偿贸易的方式进行技术引进是一种行之有效的方式。由于是补偿贸易，引进的项目需有一定的偿还能力。所谓偿还能力，是指从事补偿贸易的项目每年能收入多少外汇，扣除生产成本及其他费用后，能有多少用于偿还外债。偿还外债需要的时间，称为偿还期。偿还期的长短，表明偿还能力的强弱。如果某项补偿贸易的偿还期超过所引进技术的服务期限，其就没有经济效益。

计算偿还能力的步骤如下。

①计算应偿还的外资总费用(本金加利息)。根据不同的贷款偿还方式，计算应偿还的外资本利和 F。

a. 在规定期限内，每年只偿还利息，本金在期末一次归还。其计算公式为

$$F=P\times(1+i\times n) \tag{8-27}$$

b. 在规定期限内，本息于期末一次累计偿还。其计算公式为

$$F=P\times(1+i)^{n} \tag{8-28}$$

c. 在规定期限内，本金分年等额偿还，并付清当年全部利息。其计算公式为

$$F=\frac{P+A}{2}\times n\times i+P \tag{8-29}$$

d. 分期偿还，但每期还款额不等，则应将逐年还款金额相加，累计偿还期总额。其计算公式为

$$F=\sum P_i\times(1+i)^{n} \tag{8-30}$$

以上各式中，F 为应偿还外资的本利和金额；P 为贷款外资的本金；i 为年利率；n 为规定的偿还年限；A 为每年等额偿还金额。

②计算外汇收入。外汇收入取决于出口商品的数量和价格。其计算公式为

$$S_f = \sum (Q_i \times S_i) \tag{8-31}$$

式中　S_f——外汇收入；

Q_i——第 i 种商品的年出口量；

S_i——第 i 种商品外销价格。

由于国际市场价格是经常变化的，因此要通过商情预测，确定价格年递增率，然后求出偿还期限内的年平均价格，作为商品外销价格。其计算公式为

$$Siat = Siao \times \frac{(1+a)^{n+1}-(1+a)}{(1+a)-1} \times \frac{1}{n} \tag{8-32}$$

式中　$Siat$，$Siao$——年平均价格和基本价格；

a——偿还期的价格年平均增长率(%)；

n——偿还期限。

③计算年产品成本及其他费用。成本及其他费用包括固定资产折旧，原材料、动力、水费、运输、工资及其他管理费用等。这些费用表现为一定数额的人民币，计算偿还能力时要折旧成外汇进行核算，计算公式为

a. 在国内市场出售有关产品时：

$$C_f = \sum c_i \times \frac{S_{ia}}{S_{ib}} \tag{8-33}$$

式中　C_f——折成的外汇额；

c_i——第 i 种商品年成本及费用的人民币数额；

Si_a——第 i 种商品国际市场不变价；

Si_b——第 i 种商品国内市场不变价。

b. 在国际市场上出售有关产品时：

$$C_f = \sum c_i \times \text{人民币与外汇兑换率} \tag{8-34}$$

④计算偿还期。偿还期计算公式为

$$T = \frac{F}{S_f - C_f} \tag{8-35}$$

【例 8-18】 我国某企业与外国一家公司签订一项补偿贸易合同，由外商提供的设备、技术共值 4 亿美元，设备贷款年利率为 8%，4 年后建成投产，于第 5 年起，每年等额还本 5 000 万美元，要求于第 12 年全部还清；而我国企业该产品年产量为 10 万件，生产成本及费用为 2 600 元/件(人民币)，国内市场价格为 4 500 元/件(人民币)，国际市场价格为 1 400 美元/件，国际市场价格估计每年递增率为 6%。依据上述资料，计算该项目补偿贸易的偿还能力。

解：(1)计算应偿还的外资总费用。基建期为 4 年，该期计息不还本，第 4 年年末的本利和为

$$F_1 = 4 \times (1+8\%)^4 = 5.44(\text{亿美元})$$

$$\text{基建期利息} = 5.44 - 4 = 1.44(\text{亿美元})$$

从第 5 年起到第 12 年，8 年还本期内，需付本利和按分期偿还等额本金并付清当年的全部利息，则 8 年共付本息和金额为

$$F_2 = \frac{P+A}{2} \times n \times i + P = \frac{4+0.5}{2} \times 8 \times 8\% + 4 = 5.44(\text{亿美元})$$

12 年内共付本利和为

$$F = 1.44 + 5.44 = 6.88(\text{亿美元})$$

F 即要偿还的外资总费用。

(2)计算外汇收入。首先要计算产品外销的年平均价格：

$$Siat = Siao \times \frac{(1+a)^{n+1}-(1+a)}{(1+a)-1} \times \frac{1}{n} = 1\,400 \times \frac{(1+6\%)^{8+1}-(1+6\%)}{(1+6\%)-1} \times \frac{1}{8}$$
$$=1\,838(\text{万美元})$$

再计算年外汇收入：

$$S_f = Siat \times Q = 1\,838 \times 10 = 1.838(\text{亿美元})$$

(3)计算年产品生产成本。年产品生产成本为

$$C = 10 \times 2\,600 = 26\,000(\text{万元}) = 2.6(\text{亿元})$$

将人民币折算成美元：

$$C_f = 2.6 \times 1\,400/4\,500 = 0.808\,9(\text{亿美元})$$

(4)计算偿还能力。偿还期为

$$T = \frac{F}{S_f - C_f} = \frac{6.88}{1.838 - 0.808\,9} = 6.7(\text{年})$$

此项补偿贸易可于7年内还清，符合合同要求。

本章小结

1. 设备磨损是设备在使用或闲置过程中，由于物理作用、化学作用或技术进步的影响等，遭受到的损耗。设备磨损分为有形磨损和无形磨损，一般是有形磨损和无形磨损综合作用的结果。

2. 设备的寿命类型有自然寿命、技术寿命和经济寿命三种。设备的经济寿命是指从设备开始使用到其年平均总成本(包括购置成本和运行成本)最低时为止的时间。

3. 设备大修理的经济界限为大修理费用低于设备重置价值，且大修理后的设备运行成本不大于重置设备的运行成本。

4. 设备更新分析应站在客观的立场分析问题，不考虑沉没成本，且应对设备运行成本进行逐年滚动比较。设备现代化改装的经济分析需要考虑改装后设备的劳动生产率的提高对决策的影响。

5. 设备租赁与购买的选择需要注意租赁方案和购买方案的现金流量的区别。技术引进的经济分析需要确定引进技术的价格、提成率的大小等内容。

思考与练习

1. 什么是设备的有形磨损和无形磨损？如何补偿设备的磨损？

2. 设备有哪些寿命类型？

3. 设备大修理的经济界限如何确定？

4. 设备更新有哪几种方式？

5. 设备租赁有哪几种方式？设备租赁的优缺点有哪些？

6. 某设备原始价值为10 000元，目前需要修理，修理费用为3 000元，该设备的再生产价值为7 000元。试计算该设备的有形磨损量、无形磨损量和综合磨损量。

7. 某旧设备，现在价值为2 000元，下一年使用费用为1 000元，基准收益率为10%。

(1)以后每年使用费用递增200元，任何时候都不计残值，试确定静态和动态两种情况下

的经济寿命。

(2)以后每年使用费用不变，任何时候都不计残值，试确定旧设备的经济寿命。

(3)以后每年使用费用递增 200 元，任何时候残值均为 2 000 元，试确定旧设备的经济寿命。

8. 某工厂安装一台新设备，购置费用为 10 000 元，估计可用 10 年，各年的年度使用费用及年末残值见表 8-11，基准收益率为 10%，试在考虑资金时间价值和不考虑资金时间价值两种情况下，计算设备的经济寿命。

表 8-11　年度使用费用及年末估计残值　　元

年末	1	2	3	4	5	6	7	8	9	10
年度使用费用	1 200	1 350	1 500	1 700	1 950	2 250	2 600	3 000	3 500	4 000
估计残值	7 000	5 000	3 500	2 000	1 000	800	600	400	200	100

9. 某医院正在考虑人工肾机器的更新。此机器是在 4 年前花 35 000 元购置的。假如将现有机器保留使用 1 年、2 年、3 年，其年度使用费用分别为 25 000 元、27 000 元、29 000 元。机器的残值为 9 000 元，每保留使用 1 年贬值 2 000 元。当前，新的人工肾机器的购置费为 42 000 元，年度使用费用固定为 19 000 元，以经济寿命为准，第 5 年年末的残值估计为 10 000 元。基准收益率为 12%，问：旧机器是否应该更换？如果应更换，何时更换更经济？

10. 某工厂在 13 年前用 6 300 元购买了一台车床，用来制造管子套头，每副需要 0.047 6 工时。现在出现了一种新的车床，原始费用为 15 000 元，用来制造这种套头每副只需要 0.038 4 工时。假定该工厂每年准备生产套头 4 万副，新旧车床的运行费每小时均为 8.5 元。若现将旧车床出售可得 1 200 元，旧车床还可使用 2 年，第 2 年年末的残值为 250 元。新车床估计可使用 10 年，残值为原始费用的 10%。基准收益率为 12%。试确定是继续使用旧车床，还是更换为新车床。

11. 某设备可继续使用 3 年，其目前价值为 7 000 元，各年使用费用和残值见表 8-12。如果立即将该设备大修理，可使用 7 年，大修理费为 12 000 元；若延期 1 年大修，大修理费将增加 3 000 元；若延期 2 年，大修理费将增加 5 000 元。基准收益率为 15%。试根据下面的条件决定大修理的方案：①设备只需要再使用 2 年；②设备需要再使用 3 年。

表 8-12　年使用费用和年末残值　　元

继续使用年数	继续使用原设备		设备大修理	
	年使用费用	年末残值	年使用费	年末残值
1	3 000	5 000	750	16 000
2	4 000	3 000	1 000	13 000
3	6 000	2 000	1 500	10 000
4			2 500	7 000
5			3 000	5 000
6			4 000	3 000
7			6 000	2 000

12. 某施工企业有一台升降机，已经使用了很多年，目前净值为 4 000 元，要继续使用就必须进行现代化改装，估计改造需要费用 8 000 元，改造后生产效率可以提高 20%，可以继续使用

5年，每年的经营费为2 000元，第5年年末残值为500元。现在有另一方案：重新购置一台功能相同的升降机，购置成本需40 000元，新设备的生产效率可以提高30%，可使用10年，期末残值估计为1 000元，每年的经营费为1 000元。基准收益率为10%，问：该企业是对旧升降机进行改造好还是进行更新好？

13. 某企业增加生产能力，需要添置一台设备。现有两种方案可供选择：一种是用自有资金购置，设备价格为60 000元，经济寿命为10年，10年后无残值，使用该设备每年可获利润50 000元，折旧以外的成本为35 570元/年，所得税税率为33%。另一种是融资租赁，每年末支付租金9 764元。设备价格、使用期、折旧以外成本、利润与所得税税率均相同，基准收益率为14%，用直线法计提折旧。试比较两方案的优劣。

习题答案

第 9 章 建设项目的可行性研究与投资估算

学习重点

可行性研究报告的主要内容；建设项目总投资的构成；生产能力指数法、比例估算法、系数估算法；建安工程费、设备及工器具购置费、预备费、建设期贷款利息的估算；流动资金的分项详细估算法。

学习目标

通过本章的学习，掌握建设项目总投资的构成，投资估算的一般方法，建安工程费、设备及工器具购置费、预备费、建设期贷款利息的估算；熟悉可行性研究报告的主要内容；掌握流动资金估算方法；了解可行性研究的含义及阶段划分。

第 9 章 课件

知识结构图

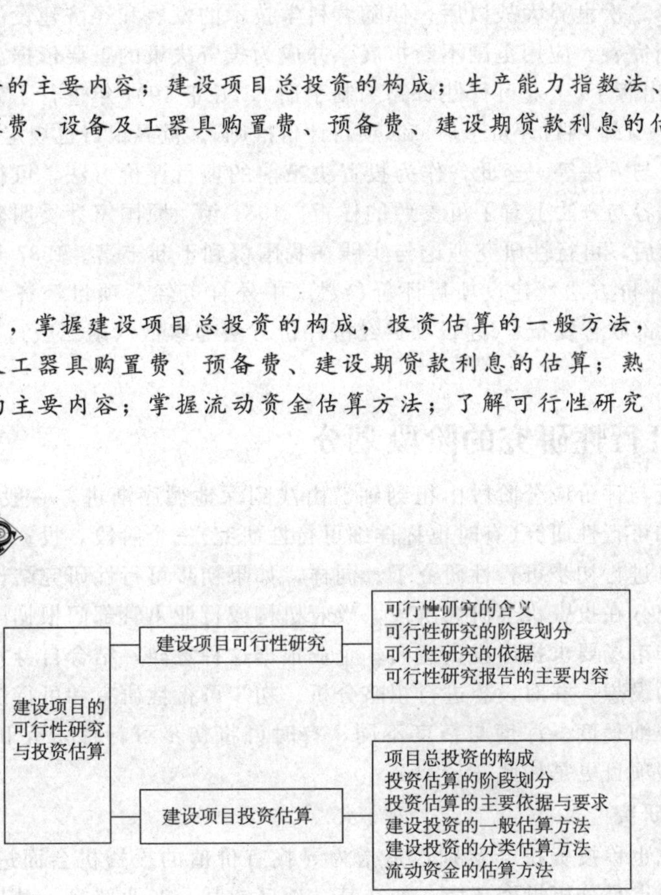

9.1 建设项目可行性研究

投资项目可行性研究

9.1.1 可行性研究的含义

可行性研究(Feasibility Study)是指在投资决策前，对拟建项目进行技术、经济、环境和社会等方面的调查研究、分析比较、效果测算，据此评价一个投资项目在技术上是否先进、实用和可靠，在财务上是否盈利，同时进行环境影响、社会效益和经济效益的分析和评价，作出项目抗风险能力的结论，为投资决策提供科学、可靠的依据。可行性研究是决策科学化的必要步骤和手段，还能为银行贷款、合作者签约、工程设计等提供依据和基础资料。

可行性研究作为一种投资项目的评价方法，是随着科学技术与经济的发展而形成的。在市场经济条件下，由于价值规律的自发作用，投资具有盲目性。盲目投资会导致投资项目失败，经济损失惨重。因此，人们迫切希望在投资决策之前，对市场供求变化趋势和技术发展进行分析，了解投资盈利的可能，从而进行有把握的投资，以取得较好的投资效益。为解决上述问题，产生了包括可行性研究在内的多种项目投资评价方法。

可行性研究始于 20 世纪 30 年代，当时美国为开发田纳西河流域，对投资决策进行了大型综合性的研究。第二次世界大战以后，伴随着科学技术的发展和经济建设的需要，可行性研究的内容与方法不断完善，应用范围不断扩展，并成为投资决策的重要依据。联合国工业发展组织于 1978 年编辑出版了《工业可行性研究编制手册》，并于 1991 年进行了修订、增补，1980 年以后又相继出版了《工业项目评价手册》和《项目评价准则》。世界银行也规定了有关贷款项目评估方面的内容、要求与方法等。至此，作为投资决策前的项目评价方法，可行性研究已在国际上广为应用，并在内容与方法上有了可参照的样板。1981 年，原国家计委明确把可行性研究纳入基本建设程序，随后，可行性研究理论与实践在我国得到不断丰富。1987 年，原国家计委发布了《建设项目经济评价方法》《建设项目评价参数》《中外合资经营项目经济评价方法》。1993 年，原国家计委、建设部联合发布了《建设项目经济评价方法与参数》(第二版)，并于 2006 年颁布了修订后的第三版。

9.1.2 可行性研究的阶段划分

项目决策分析与评价应分阶段由粗到细、由浅到深地循序渐进，一般分为投资机会研究、初步可行性研究和可行性研究(有时也称详细可行性研究)三个阶段。投资机会研究证明效果不佳的项目，就不再进行初步可行性研究了。同样，如果初步可行性研究结论为不可行，则不必再进行可行性研究。在投资机会研究阶段，政府机构或行业主管部门根据国家、地区、部门经济发展战略规划和市场要求提出投资意向，企业根据这种意向，结合自身发展和经营规划，提出具体投资项目的设想，并对设想进行粗略分析。初步可行性研究和可行性研究的基本内容相同，只是研究的详细程度、深度与精度不同，有时可将初步可行性研究和可行性研究合并进行，尤其是中小型项目更是如此。

1. 投资机会研究

投资机会研究也称投资机会鉴别，是指为寻找有价值的投资机会而进行的准备性调查研究。机会研究的重点是分析投资环境，如在某一地区或某一产业部门，对某类项目的背景、市场需求、资源条件、发展趋势以及需要的投入和可能的产出等方面进行准备性的调查、研究和分析，目的是发现有价值的投资机会。投资机会研究可分为一般投资机会研究与具体项目投资机会研究两类。

(1)一般投资机会研究是一种全方位的搜索过程，需要进行广泛的调查，收集大量的数据。一般投资机会研究又可分为三类。

①地区投资机会研究，即调查分析地区的基本特征、人口及人均收入、地区产业结构、经济发展趋势、地区进出口结构等状况，研究、寻找在某一特定地区内的投资机会。

②部门投资机会研究，即调查分析产业部门在国民经济中的地位和作用、产业的规模和结构、各类产品的需求及其增长率等状况，研究、寻找在某一特定产业部门的投资机会。

③资源开发投资机会研究，即调查分析资源的特征、储量、可利用和已利用状况、相关产

品的需求和限制条件等情况，研究、寻找开发某项资源的投资机会。

(2)在一般投资机会研究初步筛选投资方向和投资机会后，需要进行具体项目投资机会研究。具体项目投资机会研究比一般投资机会研究更为深入、具体，需要对项目的背景、市场需求、资源条件、发展趋势，以及需要的投入和可能的产出等进行研究分析，并作出初步判断。

企业进行投资机会研究，还应结合自身的发展战略和经营目标以及企业内外部资源条件进行。企业内外部资源条件主要指企业的财力、物力和人力资源、技术和管理水平，以及外部建设条件。

投资机会研究的成果是机会研究报告。机会研究报告是开展初步可行性研究工作的依据。投资机会研究阶段一般是参照类似项目的数据粗略估算项目的建设投资和生产成本。

机会研究工作较为粗略，一般只做综合的估计，而不进行详细的计算分析，投资费用数据一般根据相类似的工程测算。其投资估算误差范围应控制在±30%以内，研究费用一般占投资的0.2%～1.0%。

2. 初步可行性研究

初步可行性研究也称预可行性研究，是介于投资机会研究和可行性研究之间的一个过渡阶段。初步可行性研究主要是对投资项目的市场需求与供应、项目所在地的社会经济情况、项目地址及其周围环境、项目规划设计方案、项目进度、项目销售收入与投资测算、项目财务分析等进行粗略调研及审查，以便对拟建项目做出初步抉择，以判明这个项目是否有生命力。

初步可行性研究的重点，主要是根据国民经济和社会发展长期规划、行业规划和地区规划以及国家产业政策，从宏观上分析论证项目建设的必要性，并初步分析项目建设的可能性。

初步可行性研究的深度介于投资机会研究和可行性研究之间，这一阶段一般采用指标估算法估算建设投资和生产成本。经初步可行性研究，如果判断项目是有生命力的，并有必要投资建设，即可以进一步进行可行性研究。

需要指出的是，不是所有项目都必须进行初步可行性研究，有些小型项目或简单的技术改造项目，在选定投资机会后，可以直接进行可行性研究。初步可行性研究的成果是初步可行性研究报告或者项目建议书，可根据投资主体及审批机构的要求确定。两者的差别表现在对研究成果的具体阐述上，初步可行性研究报告详尽一些，项目建议书简略一些。

初步可行性研究投资估算误差一般控制在±20%以内，其研究费用一般占投资额的0.25%～1.25%。

3. 可行性研究

可行性研究是投资前期研究与评价的最后阶段，是在初步可行性研究的基础上进行的详细研究。通过主要建设方案和建设条件的分析比选论证，从而得出该项目是否值得投资，建设方案是否合理、可行的研究结论，为项目最终决策提供依据。它必须详细说明与项目有关的关键因素，以及实现这种生产的各种可行方案，通过技术经济论证选取最佳方案，为建设方案的投资决策提供技术、经济和环境上的依据。

可行性研究的投资估算误差范围应控制在±10%以内，研究费用一般占投资额的0.8%～3.0%。

9.1.3　可行性研究的依据

建设项目的可行性研究，必须在国家有关的政策、法规、规划的指导下完成，同时还要有相应的各种技术资料。可行性研究工作的主要依据如下。

(1)国家有关的发展规划、计划文件，包括对该行业政策中的鼓励、特许、限制、禁止等有关规定。

(2)项目主管部门对项目建设要求请示的批复。

(3)项目建议书及其审批文件。

(4)双方签订的可行性研究合同协议。

(5)拟建地区的环境现状资料。

(6)试验、试制报告。在进行可行性研究前，对某些需要进行试验的问题，应由业主委托有关单位进行试验或测试，并将结果作为可行性研究的依据。

(7)业主与有关方面达成的协议，如投资、建设用地等方面的初步协议。

(8)国家或地方颁布的有关法规，如“三废”处理标准、土地法规、劳动保护条例等。

(9)国家有关的经济法规，如中外企业合资、税收、外资管理、贷款等规定。

(10)国家和地方颁布的与项目建设有关的标准、规范、定额等。

(11)市场调查报告。

(12)自然、社会、经济等方面的有关资料。

(13)其他有关资料。

9.1.4 可行性研究报告的主要内容

1. 项目建设的必要性

一是从项目层次分析拟建项目在实现企业自身可持续发展重要目标、重要战略和生存壮大能力的必要性；二是从国民经济和社会发展层次分析拟建项目是否符合合理配置和有效利用资源的要求，是否符合区域规划、行业发展规划、城市规划的要求，是否符合国家产业政策和技术政策的要求，是否符合保护环境、可持续发展的要求等。

2. 市场分析

调查分析和预测拟建项目产品和主要投入产品的国际、国内市场的供需状况和价格；研究确定产品的目标市场；在竞争力分析的基础上，预测可能占有的市场份额；研究产品的营销策略。

投资项目
可行性研究报告
编写大纲及说明

3. 项目建设方案研究

项目建设方案研究主要包括：建设规模和产品方案，工艺技术、主要设备方案，场(厂)址选择，主要原材料、辅助材料和燃料的供应方案，总图运输和土建工程方案，公用、辅助工程方案及节能、节水措施，环境保护治理方案，职业安全卫生健康措施和消防设施方案，项目的组织机构与人力资源配置。

4. 投资估算

在确定项目建设方案的基础上估算项目所需的投资。分别估算建筑工程费、设备购置费、安装工程费、工程建设其他费用、基本预备费、涨价预备费、建设期利息和流动资金。

5. 融资方案

在投资估算确定投资额的基础上，研究分析项目的融资主体，资金来源渠道、方式，资金结构、融资成本和融资风险等。结合融资方案的财务分析，比较、选择融资方案。

6. 财务分析(也称财务评价)

按规定科目详细估算营业收入和成本费用，预测现金流量；编制现金流量表等财务报表，计算相关指标；进行财务盈利能力、偿债能力以及财务生存能力分析，评价项目的财务可行性。

7. 经济分析(也称国民经济评价)

对于财务现金流量不能全面、真实地反映其经济价值的项目，应进行经济分析。从社会经济资源有效配置的角度识别项目产生的直接和间接的经济费用和效益，编制经济费用效益流量表，计算有关评价指标，分析项目建设对经济发展的贡献以及项目所耗费的社会资源，评价项目的经济合理性。

8. 经济影响分析

对于区域及宏观经济影响较大的项目，应从区域经济发展、产业布局及结构调整、区域财政收支、收入分配，以及是否可能导致垄断等角度进行分析。对于涉及国家经济安全的项目，应从产业技术安全、资源供应安全、资本控制安全、产业成长安全、市场环境安全等角度进行分析。

9. 资源利用分析

对于高耗能、耗水、大量消耗自然资源的项目，应分析能源、水资源和自然资源利用效率；一般项目也应进行节能、节水、节地、节材分析；所有项目都要提出降低资源消耗的措施。

10. 土地利用及移民搬迁安置方案分析

对于新增建设用地的项目，应分析项目用地情况，提出节约用地措施。涉及搬迁和移民的项目，还应分析搬迁方案和移民安置方案的合理性。

11. 社会评价

对于涉及社会公共利益的项目(如农村扶贫项目)，要在社会调查的基础上分析拟建项目的社会影响，分析主要利益相关者的需求，对项目的支持和接受程度，分析项目的社会风险，提出防范和解决社会问题的方案。

12. 不确定性分析

进行敏感性分析，计算敏感度系数和临界点，找出敏感因素及其对项目效益的影响程度；进行盈亏平衡分析，计算盈亏平衡点，粗略预测项目适应市场变化的能力。

13. 风险分析

对项目主要风险因素进行识别，采用定性和定量分析方法估计风险程度，研究提出防范和降低风险的对策措施。

14. 结论与建议

在进行以上各项分析研究之后，应作出归纳总结，说明所推荐方案的优点，指出可能存在的主要问题和可能遇到的主要风险，作出项目是否可行的明确结论，并对项目下一步工作和项目实施中需要解决的问题提出建议。

可行性研究及其报告的侧重点，因项目的性质、特点不同而有所差别。

(1)水利水电项目：通常具有防洪、灌溉、治涝、发电、供水等多项功能。需要重点研究：水利水电资源的开发利用条件，水文、气象、工程地质条件，坝型与枢纽布置，库区淹没与移民安置等；项目经济评价以经济分析为主，财务分析为辅；对于社会公益性的水利项目，如防洪、治涝项目，财务分析的目的是测算提出维持项目正常运行需要国家补助的资金数额和需要采取的经济优惠政策。

(2)交通项目：不生产实物产品，而是为社会提供运输服务。需要重点研究：地区综合运输网的交通运输现状和项目在交通运输网中的地位及作用；交通量、运输量的发展水平预测；地理位置、地形地貌、地质、地震、气候、水文等自然特征；建筑材料来源及运输条件；不同建设方案的路线起讫点和主要控制点、建设规模、标准论证，环境影响评价；主要工程数量、征地搬迁数量测算，投资估算，资金筹措方式；勘测设计、施工计划安排；运输成本及有关经济参数确定，经济评价、财务分析，敏感性分析；推荐方案评价；存在问题和有关建议。

(3)农业项目：一般多为综合开发项目，包括农、林、牧、渔和加工业等项目，建设内容比较复杂。需要重点研究：市场分析，建设规模和产品方案，原材料供应等。农业项目受气候等自然条件影响，效益与费用的不确定性较大。项目经济评价一般分项目层和经营层两个层次。项目层次评价以经济分析为主，财务分析为辅，经营层次评价只进行财务分析。

(4)公共卫生项目：包括医院、社区保健站、卫生防疫、疾病控制系统等项目。项目建设的目的在于改善社会医疗环境，提高人民的身体健康水平，保障社会公平，促进社会发展。需要重点研究：根据项目的服务范围，确定项目的建设规模；依据项目的功能定位，比较选择适宜的建筑方案、医疗设备和器械；项目经济评价以经济分析为主，常用的方法有最小成本分析、经济费用效果分析等。

(5)资源开发项目：包括煤、石油、天然气、金属、非金属等矿产资源的开发项目，水利水电资源的开发利用项目、森林资源的采伐项目等。需要重点研究：资源开发利用的条件，包括资源开发的合理性，拟开发资源的可利用量、自然品质、赋存条件和开发价值；分析项目是否符合资源总体开发规划的要求，是否符合资源综合利用、可持续发展的要求，是否符合保护生态环境的有关规定。

9.2 建设项目投资估算

9.2.1 项目总投资的构成

建设项目总投资是指为完成工程项目建设并达到使用要求或生产条件，在建设期内预计或实际投入的总费用，包括工程造价、增值税、资金筹措费和流动资金，如图 9-1 所示。

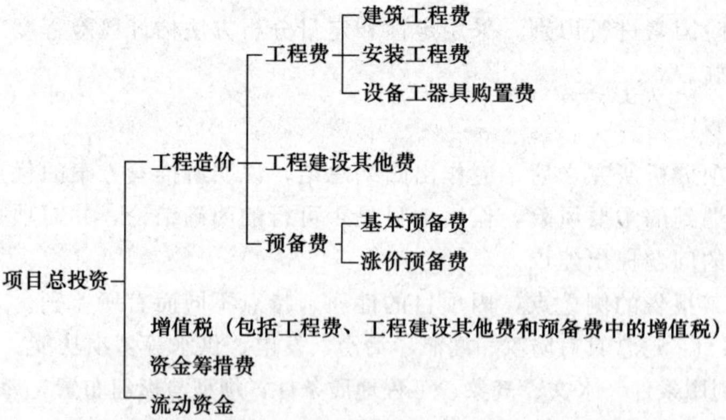

图 9-1 项目总投资构成

1. 工程造价

工程造价是指工程项目在建设期预计或实际支出的建设费用，包括工程费用、工程建设其他费用和预备费。其中，工程费用是指建设期内直接用于工程建造、设备购置及其安装的费用，包括建筑工程费、设备购置费和安装工程费。

建筑工程费是指建(构)筑物及与其配套的线路、管道等的建造、装饰、场地平整、道路、室外管道铺设、大型土石方工程费用。

设备购置费是指购置或自制的达到固定资产标准的设备、工器具及生产家具等所需的费用。设备购置费分为外购设备费和自制设备费。外购设备是指设备生产厂制造，符合规定标准的设备。自制设备是指按订货要求，并根据具体的设计图纸自行制造的设备。

安装工程费是指设备、工艺设施及其附属物的组合、装配、调试等费用。其包括主要生产、辅助生产、公用工程等单项工程中需要安装的机械设备、电器设备、专用设备、仪器仪表等设备的安装及配件工程费，以及工艺、供热、供水等各种管道、配件、闸门和供电外线安装工程费用等。

工程建设其他费用是指建设期发生的与土地使用权取得、整个工程项目建设，以及未来生产经营有关的，除工程费用、预备费、增值税、资金筹措费、流动资金以外的费用。其主要包括土地使用费和其他补偿费、建设管理费、可行性研究费、专项评价费、研究试验费、勘察设计费、场地准备费和临时设施费、引进技术和进口设备材料其他费、工程保险费、联合试运转费、特殊设备安全监督检验费、市政公用配套设施费、专利及专有技术使用费、生产准备费等。

2. 流动资金

流动资金是项目运营期内长期占用并周转使用的营运资金，一般是指生产性建设项目的流动资金。它是流动资产与流动负债的差额。流动资产包括各种必要的现金、各种存款、应收及预付款项及存货，流动负债主要是指应付账款。这里说的流动资产是指为维持一定的规模生产所需的最低周转资金和存货；流动负债只含正常生产情况下平均的应付账款，不包括借款。

9.2.2　投资估算的阶段划分

投资估算是在对项目的建设规模、产品方案、工艺技术及设备方案、工程方案及项目实施进度等进行研究并基本确定的基础上，估算项目所需资金总额(包括建设投资和流动资金)并测算建设期分年资金使用计划。投资估算是拟建项目编制项目建议书、可行性研究报告的重要组成部分，是项目决策的重要依据之一。投资估算要保证必要的准确性，如果估算误差太大，必将导致决策的失误。因此，准确、全面地估算建设项目的投资，是项目投资决策阶段的重要任务。

因为工业项目可行性研究可分为投资机会研究及项目建议书阶段、初步可行性研究阶段、详细可行性研究阶段，所以投资估算工作也相应分为三个阶段。每个阶段所具备的条件和掌握的资料不同，因而投资估算的准确程度也不相同。但是，随着可行性研究的深入，掌握的资料越来越丰富，投资估算会逐步准确，其所起的作用也越来越重要。

1. 投资机会研究及项目建议书阶段的投资估算

投资机会研究主要是选择有利的投资机会，明确投资方向，提出概略的项目投资建议，并编制项目建议书。这一阶段的投资估算一般是通过与已建类似项目的对比得来的。其作用是作为领导部门审批项目建议书、初步选择投资项目的主要依据之一，对初步可行性研究起到指导作用。这一阶段的投资估算精度在±30%左右。

2. 初步可行性研究阶段的投资估算

初步可行性研究是在投资机会研究的基础上，对选定的投资项目进行市场分析，进行初步技术经济评价，确定是否需要进行更深入的研究。这一阶段的投资估算是作为决定是否进行详细可行性研究的依据之一，同时也是确定哪些关键问题需要进行辅助性专题研究的依据之一。这一阶段的投资估算精度在±20%左右。

3. 详细可行性研究阶段的投资估算

详细可行性研究阶段也称为最终可行性研究阶段，主要是进行全面、详细、深入的技术经济分析论证，减少项目的不确定性，对可能出现的风险制订防范措施。该阶段研究内容详尽，要选择拟建项目的最佳投资方案，对项目的可行性提出结论性意见。这一阶段的投资估算是进行详尽经济评价、决定项目可行性、选择最佳投资方案的主要依据，也是编制设计文件，控制初步设计及概算的主要依据。投资估算的误差应控制在±10%以内。

9.2.3 投资估算的主要依据与要求

1. 投资估算的依据

投资估算的基础资料与依据包括以下几个方面。

(1)主要工程项目、辅助工程项目及其他各单项工程的建设内容及工程量。

(2)专门机构发布的建设工程造价及费用构成、估算指标、计算方法，以及其他有关估算工程造价的文件。

(3)专门机构发布的工程建设其他费用计算办法和费用标准，以及政府部门发布的物价指数。

(4)已建同类项目的投资档案资料。

(5)拟建项目所需设备、材料的市场价格。

(6)影响建设工程投资的动态因素，如利率、汇率、税率等。

2. 投资估算的要求

(1)根据主体专业设计的阶段和深度，结合各自行业的特点，所采用生产工艺流程的成熟性，以及国家及地区、行业或部门相关投资估算基础资料和数据的合理、可靠、完整程度，采用合适的方法进行建设项目投资估算。

(2)应做到工程内容和费用构成齐全，计算合理，不重复计算，不提高或者降低估算标准，不漏项，不少算。

(3)应充分考虑拟建项目设计的技术参数和投资估算所采用的估算系数、估算指标在质和量方面所综合的内容，应遵循口径一致的原则。

(4)应将所采用的估算系数和估算指标价格、费用水平调整到项目建设所在地及投资估算编制年的实际水平。对于由建设项目的边界条件(如建设用地费和外部交通、水、电、通信条件或市政基础设施配套条件等)差异所产生的与主要生产内容投资无必然关联的费用，应结合建设项目的实际情况修正。

(5)对影响投资变动的因素进行敏感性分析，注意分析市场的变动因素，充分估计物价上涨因素和市场供求情况对投资的影响。

(6)投资估算精度应能满足控制初步设计概算要求，并尽量减少投资估算的误差。

9.2.4 建设投资的一般估算方法

建设投资常用的估算方法有生产能力指数法、比例估算法、系数估算法和指标估算法等。

1. 生产能力指数法

生产能力指数法是根据已建成的、性质类似的建设项目或装置的投资额和生产能力及拟建

项目或装置的生产能力估算拟建项目的投资额。其计算公式为

$$C_2=C_1\left(\frac{Q_2}{Q_1}\right)^n\cdot C_f \tag{9-1}$$

式中　C_1——已建类似项目或装置的投资额；

C_2——拟建项目或装置的投资额；

Q_1——已建类似项目或装置的生产能力；

Q_2——拟建项目或装置的生产能力；

C_f——为不同时期、不同地点的定额、单价、费用变更等的综合调整系数；

n——生产能力指数($0\leqslant n\leqslant 1$)。

采用这种方法，n 的确定是一个关键因素。其确定原则如下。

(1)若已建项目或装置的规模和拟建项目或装置的规模相差不大，生产规模比值在 0.5～2，则指数 n 的取值近似为 1。

(2)若已建项目或装置与拟建项目或装置的规模相差不大于 50 倍，且拟建项目规模的扩大仅靠增大设备规模来达到，则取值为 0.6～0.7；若是靠增加相同规格设备的数量达到，取值为 0.8～0.9。

采用生产能力指数法，计算简单、速度快。但要求类似项目的资料可靠，条件基本相同，否则误差就会增大。实践中往往应用于分项装置的工程费用估算。

【例 9-1】　已知建设年产 20 万吨的某装置的投资额为 50 000 万元，试估计建设年产 60 万吨的同类装置的投资额(生产能力指数 $n=0.6$，$C_f=1.2$)。

解：拟建项目设备投资额$=50\,000\times\left(\frac{60}{20}\right)^{0.6}\times 1.2=115\,990.92$(万元)

2. 比例估算法

(1)以拟建项目或装置的设备费为基数，根据已建成的同类项目或装置的建筑安装费和其他工程费用等设备价值的百分比，求出相应的建筑安装及其他工程费用等，再加上拟建建设项目的其他有关费用，即为拟建项目或装置的投资。具计算公式如卜：

$$C=E(1+f_1P_1+f_2P_2+f_3P_3+\cdots)+I \tag{9-2}$$

式中　C——拟建项目或装置投资额；

E——根据拟建项目或装置的设备清单按现行价格计算的设备费(包括运杂费)的总和；

P_1，P_2，P_3，…——已建项目中建筑、安装及其他工程费用等占设备费百分比；

f_1，f_2，f_3，…——由于时间因素引起的定额、价格、费用标准等变化的综合调整系数；

I——拟建项目的其他费用。

这种方法适用于设备投资在拟建项目中占有较大比例的项目。

(2)以拟建项目中的最主要的、投资比重较大的工艺设备投资(包括运杂费、安装费)为基数，根据已建同类型项目的统计资料，计算出拟建项目的各专业工程(如总图、土建、暖通、给排水、管道、电气及电信、自控及其他工程费用等)投资占工艺设备投资的比例，求出各专业的投资，然后把各部分投资(包括工艺设备费)相加，再加上工程其他有关费用，即为拟建项目的建设投资。其计算公式为

$$C=E(1+f_1P'_1+f_2P'_2+f_3P'_3+\cdots)+I \tag{9-3}$$

式中　P'_1，P'_2，P'_3——各专业工程费用占工艺设备费用的百分比，其他符号同式(9-2)。

【例 9-2】　某项目的设备投资为 4 000 万元，且已知一个已建成的与该项目同类型项目，其各专业工程投资占设备投资的比例及综合调整系数见表 9-1，拟建项目工程建设其他费为 1 500 万

元。试估算该项目的投资额。

表 9-1 已建同类型项目的各专业工程投资占设备投资的比例及综合调整系数

序号	名称	占设备投资比例/%	综合调整系数	序号	名称	占设备投资比例/%	综合调整系数
1	土建工程	30	1.1	6	电气照明工程	10	1.1
2	设备安装工程	10	1.2	7	自动化仪表	9	1.0
3	工艺管道工程	4	1.05	8	设备购置投资		
4	给排水工程	8	1.1	9	附属工程	10	1.1
5	暖通工程	9	1.1	10	总体工程	10	1.3

解：该项目的投资额＝4 000×(1＋1.1×30%＋1.2×10%＋1.05×4%＋1.1×8%＋1.1×9%＋1.1×10%＋1.0×9%＋1.1×10%＋1.3×10%)＋1 500＝4 000×2.119＋1 500＝9 976(万元)。

3. 系数估算法

(1)朗格系数法。朗格系数法基础，乘以适当系数来推算项目的建设投资。计算公式为

$$C = E(1+\sum K_i)K_c \tag{9-4}$$

式中 C——建设投资；

E——设备购置费；

K_i——管线、仪表、建筑物等项费用的估算数；

K_c——管理费、合同费、应急费等间接费在内的总估算数。

建设投资与设备购置费之比为朗格系数 K_L，即

$$K_L = (1+\sum K_i)K_c \tag{9-5}$$

运用朗格系数法估算投资，方法比较简单，但因为没有考虑项目(或装置)规模大小、设备材质的影响，以及不同地区自然、地理条件差异的影响，所以估算的准确度不高。

(2)设备及厂房系数法。设备及厂房系数法在拟建项目工艺设备投资和厂房土建投资估算的基础上，其他专业工程参照类似项目的统计资料，与设备关系较大的按设备投资系数计算，与厂房土建关系较大的则按厂房土建投资系数计算，两类投资加起来，再加上拟建项目的其他有关费用，即为拟建项目的建设投资。

4. 指标估算法

估算指标是比概算指标更为扩大的单项工程指标或单位工程指标，以单项工程或单位工程为对象，综合项目建设中的各类成本和费用，具有较强的综合性和概括性。单项工程指标一般以单项工程生产能力单位投资表示，如工业窑炉砌筑以元/立方米表示；变配电站以元/千伏安表示；锅炉房以元/蒸汽吨表示。单位工程指标一般以如下方式表示：房屋区别不同结构形式以元/平方米表示；道路区别不同结构层、面层以元/平方米表示；管道区别不同材质、管径以元/米表示。使用估算指标应根据不同地区、不同时期的实际情况进行适当调整，因为地区、时期不同，设备、材料及人工的价格均有差异。

9.2.5 建设投资的分类估算方法

采用分类估算方法时，应根据国家、地方或行业有关规定、定额、指标和取费标准，投资

主管部门或地区颁布的估算指标，结合工程的具体情况估算。它要求具有拟建项目较为详细的资料，估算有一定的深度和精确度。一般分别按建筑安装工程费、设备及工器具购置费、工程建设其他费用、预备费(含基本预备费和涨价预备费)和建设期贷款利息等分类进行估算。

估算步骤是：分别估算项目建设所需的建筑工程费、设备及工器具购置费和安装工程费；汇总建筑工程费、设备购置费和安装工程费，得出分装置的工程费用，然后合计得出项目建设所需的工程费用；在工程费用的基础上估算工程建设其他费用；以工程费用和工程建设其他费用为基础估算基本预备费；在确定工程费用分年投资计划的基础上估算涨价预备费；最后，总计求得建设投资。

1. 建筑工程费估算

(1)建筑工程费的含义。建筑工程费是指建造永久性建筑物和构筑物所需要的费用，主要包括以下内容。

①各类房屋建筑工程和列入房屋建筑工程预算的供水、供暖、卫生、通风、煤气等设备费用及其装饰、油饰工程的费用，列入建筑工程的各种管道、电力、电信和电缆导线敷设工程的费用。

②设备基础、支柱、工作台、烟囱、水塔、水池、灰塔等建筑工程以及各种窑炉的砌筑工程和金属结构工程的费用。

③建设场地的大型土石方工程、施工临时设施和完工后的场地清理、环境绿化的费用。

④矿井开凿、井巷延伸、露天矿剥离，石油、天然气钻井，修建铁路、公路、桥梁、水库、堤坝、灌渠及防洪等工程的费用。

(2)建筑工程费的估算方法。建筑工程费的估算方法包括位建筑工程投资估算法、单位实物工程量投资估算法和概算指标投资估算法。

①单位建筑工程投资估算法。单位建筑工程投资估算法是以单位建筑工程量投资乘以建筑工程总量来估算建筑工程费的方法。一般工业与民用建筑以单位建筑面积(m^2)投资，工业窑炉砌筑以单位容积(m^3)投资，水库以水坝单位长度(m)投资，铁路路基以单位长度(km)投资，矿山掘进以单位长度(米)投资，它们乘以相应的建筑工程总量计算建筑工程费。

②单位实物工程量投资估算法。单位实物工程量投资估算法是以单位实物工程量投资乘以实物工程量总量来估算建筑工程费的方法。土石方工程按每立方米投资，矿井巷道衬砌工程按每延长米投资，路面铺设工程按每平方米投资，它们乘以相应的实物工程量总量计算建筑工程费。

③概算指标投资估算法。在估算建筑工程费时，对于没有前两种估算指标，或者建筑工程费占建设投资比例较大的项目，可采用概算指标投资法。建筑工程概算指标通常是以整个建筑物为对象，以建筑面积、体积等为计量单位来确定劳动、材料和机械台班的消耗量标准和造价指标。建筑工程概算指标分别有一般土建工程概算指标、给排水工程概算指标、采暖工程概算指标、通信工程概算指标、电气照明工程概算指标等。采用概算指标投资估算法，需要占有较为详细的工程资料、建筑材料价格和工程费用指标，工作量较大。具体方法参照专门机构发布的概算编制办法。

2. 设备及工器具购置费估算

设备购置费包括国内设备购置费、进口设备购置费和工器具及生产家具购置费。估算各单项工程的设备和工器具购置费时，需要主要设备的数量、出厂价格和相关运杂费资料。主要设备以外的零星设备费可按占主要设备费的比例估算。

(1)国内设备购置费估算。国内设备购置费是指为建设项目购置或自制的达到固定资产标准的各种国产设备的购置费用。它由设备原价和设备运杂费构成。

①国产标准设备原价。国产标准设备是指按照主管部门颁布的标准图纸和技术要求，由国内设备生产厂批量生产的、符合国家质量检测标准的设备。国产标准设备原价一般指的是设备制造厂的交货价，即出厂价。设备的出厂价分为种情况：是带有备件的出厂价，二是不带备件的出厂价，在计算设备原价时，一般应按带有备件的出厂价计算。如只有不带备件的出厂价，应按有关规定另加备品、备件费用。如设备由设备公司成套供应，还应考虑设备成套费用。国产标准设备原价可通过查询相关价格目录或向设备生产厂家询价得到。

②国产非标准设备原价。国产非标准设备是指国家尚无定型标准，设备生产厂不可能批量生产，只能根据具体的设计图纸按订单制造的设备。非标准设备原价有多种不同的计算方法，无论采用哪种方法，都应使非标准设备计价接近实际出厂价，并且计算方法要简便。

③设备运杂费。设备运杂费通常由运输费、装卸费、运输包装费、供销手续费和仓库保管费等各项费用构成。一般按设备原价乘以设备运杂费费率计算。设备运杂费费率按部门、行业或省、市的规定执行。

(2)进口设备购置费估算。进口设备购置费由到岸价(*CIF*)、进口从属费用及国内运杂费组成。到岸价是指进口货物抵达进口国口岸交货的价格，包括进口货物的离岸价(*FOB*)、国际运费和国际运输保险费。

①货价。一般指装运港船上交货价(*FOB*)。货价分为原币货价和人民币货价，原币货价一律折算为美元表示，人民币货价按原币货价乘以外汇市场美元兑换人民币汇率中间价确定。进口设备货价按有关生产厂商询价、报价、订货合同价计算。货价可依据向有关生产厂商的询价、生产厂商的报价及订货合同价等研究确定。

②国际运费。国际运费即从装运港(站)到达我国抵达港(站)的运费。其计算式为

$$\text{国际运费}=\text{原币货价}\times\text{运费率} \tag{9-6}$$

或

$$\text{国际运费}=\text{运量}\times\text{单位运价} \tag{9-7}$$

③国际运输保险费。国际运输保险费是被保险人根据与保险人(保险公司)订立的保险契约，为获得保险人对货物在运输过程中发生的损失给予经济补偿而支付的费用。其计算公式为

$$\text{国际运输保险费}=\frac{\text{原币货价}(FOB)+\text{国际运费}}{1-\text{运输保险费率}}\times\text{运输保险费率} \tag{9-8}$$

④进口从属费。进口从属费包括进口关税、进口环节消费税、进口环节增值税、外贸手续费和银行财务费。各项费用的计算方法如下：

a. 进口关税。进口关税的计算公式为

$$\text{进口关税}=\text{到岸价}(CIF)\times\text{人民币汇率牌价}\times\text{进口关税税率} \tag{9-9}$$

b. 进口环节消费税。进口适用消费税的设备(如汽车)，应按规定计算进口环节消费税，其计算公式为

$$\text{进口环节消费税}=\frac{\text{到岸价}\times\text{人民币汇率牌价}+\text{进口关税}}{1-\text{消费税率}}\times\text{消费税率} \tag{9-10}$$

c. 进口环节增值税。进口环节增值税的计算公式为

$$\text{进口环节增值税}=\text{组成计税价格}\times\text{增值税税率}$$

其中

$$\text{组成计税价格}=\text{到岸价}(CIF)\times\text{人民币汇率牌价}+\text{进口关税}+\text{进口环节消费税} \tag{9-11}$$

增值税税率按《中华人民共和国增值税暂行条例》规定的税率计算，目前进口设备适用税率为17%。

d. 外贸手续费。按国家有关主管部门制定的进口代理手续费收取办法计算。其计算公式为

$$外贸手续费=到岸价(CIF)\times人民币汇率牌价\times外贸手续费率 \quad (9\text{-}12)$$

e. 银行财务费。按进口设备货价计取，计算公式为

$$银行财务费=离岸价(FOB)\times人民币汇率牌价\times银行财务费率 \quad (9\text{-}13)$$

(3)设备运杂费估算。

①设备运杂费的构成。设备运杂费通常由下列各项构成。

a. 运费和装卸费。国产设备由设备制造厂交货地点起至工地仓库(或施工组织设计指定的需要安装设备的堆放地点)止所发生的运费和装卸费构成。进口设备则由我国到岸港口或边境车站起至工地仓库(或施工组织设计指定的需安装设备的堆放地点)止所发生的运费和装卸费构成。

b. 包装费。在设备原价中没有包含的，为运输而进行的包装支出的各种费用。

c. 设备供销部门的手续费。按有关部门规定的统一费率计算。

d. 采购与仓库保管费。采购与仓库保管费指采购、验收、保管和收发设备所发生的各种费用，包括设备采购人员、保管人员和管理人员的工资、工资附加费、办公费、差旅交通费，设备供应部门办公和仓库所占固定资产使用费、工具用具使用费、劳动保护费、检验试验费等。这些费用可按主管部门规定的采购与保管费费率计算。

②设备运杂费的计算公式。设备运杂费的计算公式为

$$设备运杂费=设备原价\times设备运杂费费率 \quad (9\text{-}14)$$

$$进口设备国内运杂费=离岸价(FOB)\times人民币汇率牌价\times国内运杂费费率 \quad (9\text{-}15)$$

【例 9-3】 某公司拟从国外进口一套机电设备，质量为 1 000 t，离岸价为 400 万美元。其他有关费用参数为：国外运费标准为 300 美元/吨；海上运输保险费费率为 0.3%；银行财务费费率为 0.5%；外贸手续费费率为 1.5%；关税税率为 22%；增值税税率为 17%；消费税税率为 10%；人民币汇率牌价为 1 美元=6.8 元人民币；设备的国内运杂费费率为 2.5%。试对该套设备购置费进行估算。

解： 进口设备 $FOB=400\times6.8=2\,720$(万元)

国际运费 $=300\times1\,000\times6.8=2\,040\,000$(元)$=204$(万元)

海运保险费 $=\dfrac{2\,720+204}{1-0.3\%}\times0.3\%=8.8$(万元)

$CIF=2\,720+204+8.8=2\,932.8$(万元)

银行财务费 $=2\,720\times0.5\%=13.6$(万元)

外贸手续费 $=2\,932.8\times1.5\%=43.99$(万元)

关税 $=2\,932.8\times22\%=645.22$(万元)

消费税 $=\dfrac{2\,932.8+645.22}{1-10\%}\times10\%=397.58$(万元)

增值税 $=(2\,932.8+645.22+397.58)\times17\%=675.85$(万元)

进口从属费 $=13.6+43.99+645.22+397.56+675.85=1\,776.22$(万元)

国内运杂费 $=2\,720\times2.5\%=68$(万元)

设备购置费 $=2\,932.8+1\,776.22+68=4\,777.02$(万元)

3. 安装工程费估算

安装工程费一般包括生产、动力、起重、运输、传动和医疗、试验等各种需要安装的机电设备、专用设备、仪器仪表等设备的安装费；工艺、供热、供电、给水排水、通风空调、净化

及除尘、自控、电信等管道、管线、电缆等的材料费和安装费；设备和管道的保温、绝缘、防腐，设备内部的填充物等的材料费和安装费。

投资估算中，安装工程费通常是根据行业或专门机构发布的安装工程定额、取费标准进行估算。具体计算可按安装费费率、每吨设备安装费指标或每单位安装实物工程量费用指标进行估算。其计算公式为

$$安装工程费=设备原价\times安装费费率 \tag{9-16}$$

或

$$安装工程费=设备吨位\times每吨设备安装费指标 \tag{9-17}$$

或

$$安装工程费=安装工程实物量\times每单位安装实物工程量费用指标 \tag{9-18}$$

4. 工程建设其他费用估算

工程建设其他费用是指建设投资中除建筑工程费、设备购置费、安装工程费以外的，为保证工程建设顺利完成和交付使用后能够正常发挥效用而发生的各项费用。一般有土地使用费、与项目建设有关的其他费用(如建设单位管理费、勘察设计费、研究试验费、建设单位临时设施费、工程监理费、工程保险费、供电贴费、施工机构迁移费、引进技术和进口设备其他费用、工程承包费)、与未来企业生产经营有关的其他费用(如联合试运转费、生产准备费、办公和生活家具购置费)。

工程建设其他费用的具体科目及取费标准应根据各级政府物价部门有关规定并结合项目的具体情况确定。

5. 基本预备费估算

基本预备费又称工程建设不可预见费，是指在项目实施中可能发生、但在项目决策阶段难以预料的支出，需要事先预留的费用。一般由下列三项内容构成。

(1)在批准的设计范围内，技术设计、施工图设计及施工过程中所增加的工程费用；经批准的设计变更、工程变更、材料代用、局部地基处理等增加的费用。

(2)一般自然灾害造成的损失和预防自然灾害所采取的措施费用。

(3)竣工验收时为鉴定工程质量对隐蔽工程进行必要的挖掘和修复所发生的费用。

基本预备费以工程费用和工程建设其他费用之和为基数，按部门或行业主管部门规定的基本预备费费率估算。计算公式为

$$基本预备费=(工程费用+工程建设其他费用)\times基本预备费费率 \tag{9-19}$$

6. 涨价预备费估算

涨价预备费是对建设工期较长的项目，由于在建设期内可能发生材料、设备、人工等价格上涨引起投资增加而需要事先预留的费用，也称价格变动不可预见费。它包括人工、材料、设备、施工机械的价差费，建筑安装工程费及工程建设其他费用调整，利率、汇率调整等增加的费用。其计算公式为：

$$P_f=\sum_{t=1}^{n}I_t[(1+f)^t-1] \tag{9-20}$$

式中 P_f——涨价预备费估算额；

I_t——建设期中第 t 年的建筑安装工程费、设备及工器具购置费和基本预备费之和；

n——建设期年份数；

f——建设期年平均价格预计上涨率。

【例 9-4】 根据例 9-2 的数据，按项目进度计划，项目建设期为 3 年，投资分年使用比例

为第一年 20%，第二年 55%，第三年 25%。基本预备费率为 10%，建设期内平均价格预计上涨率为 6%。试估算该项目建设期的基本预备费、涨价预备费和项目总投资。

解： 工程费＝4 000×2.119＝8 476(万元)

工程建设其他费＝1 500(万元)

基本预备费＝(8 476＋1 500)×10%＝997.60(万元)

静态投资＝8 476＋1 500＋997.60＝10 937.60(万元)

建设期第 1 年静态投资 I_1＝10 937.60×20%＝2 187.52(万元)

建设期第 2 年静态投资 I_2＝10 937.60×55%＝6 015.68(万元)

建设期第 3 年静态投资 I_3＝10 937.60×25%＝2 734.4(万元)

第 1 年涨价预备费 $P_{f1}=2\ 187.52\times[(1+6\%)^1-1]=131.25$(万元)

第 2 年涨价预备费 $P_{f2}=6\ 015.68\times[(1+6\%)^2-1]=743.54$(万元)

第 3 年涨价预备费 $P_{f3}=2\ 734.4\times[(1+6\%)^3-1]=522.31$(万元)

建设期的涨价预备费＝131.25＋743.54＋522.31＝1 397.1(万元)

项目总投资＝4 476＋4 000＋1 500＋997.60＋1 397.1＝12 370.7(万元)

拟建项目投资估算见表 9-2。

表 9-2　拟建项目投资估算表　　万元

序号	名称	建安工程费	设备购置费	其他费用	合计	比例/%
1	工程费	4 476	4 000		8 476	68.52
1.1	土建工程	1 320			1 320	
1.2	设备安装工程	480			480	
1.3	工艺管道工程	168			168	
1.4	给水排水工程	352			352	
1.5	暖通工程	396			396	
1.6	电气照明工程	440			440	
1.7	自动化仪表	360			360	
1.8	附属工程	440			440	
1.9	总体工程	520			520	
1.10	设备购置投资		4 000		4 000	
2	工程建设其他费			1 500	1 500	12.13
3	预备费			2 394.7	2 394.7	19.35
3.1	基本预备费			997.6	997.6	
3.2	涨价预备费			1 397.1	1 397.1	
4	建设投资合计	4 476	4 000	3 894.7	12 370.7	100.00

7. 建设期贷款利息计算

建设期贷款利息包括在建设期间应向国内银行贷款、其他非金融机构贷款、出口信贷、外国政府贷款、国际商业银行贷款、境内外发行债券等偿还的借款利息。

估算建设期利息应按有效利率计息。项目在建设期内如能按期支付利息，应按单利计息。在建设期内如不支付利息，应按复利计息。

项目评价中对借款额在建设期各年年内按月、按季均衡发生的项目，为了简化计算，通常假设借款发生当年均在年中使用，按半年计息，其后年份按全年计息。对借款额在建设期各年初发生的项目，则应按全年计息。

建设期利息的计算要根据借款在建设期各年初发生或者在各年内均衡发生而采用不同的计算公式。

(1)借款额在建设期各年初发生，建设期利息的计算公式为

$$Q=\sum_{t=1}^{n}[(P_{t-1}+A_t)\times i] \tag{9-21}$$

式中 Q——建设期利息；

P_{t-1}——按单利计息，为建设期第 $t-1$ 年末借款累计，按复利计息，为建设期第 $t-1$ 年末借款本息累计；

A_t——建设期第 t 年借款额；

i——借款年利率；

n——年份。

(2)借款额在建设期各年内均衡发生，建设期利息的计算公式为

$$Q=\sum_{t=1}^{n}\left[\left(P_{t-1}+\frac{A_t}{2}\right)\times i\right] \tag{9-22}$$

【例 9-5】 某建设项目的建设期为 3 年，第一年向银行贷款 200 万元，第二年贷款 500 万元，第三年贷款 300 万元。银行贷款的年利率为 5%，计算建设期贷款利息。

解： 建设期各年应计利息计算如下：

第 1 年应计利息$=\frac{1}{2}\times 200\times 5\%=5$(万元)

第 2 年应计利息$=\left(200+5+\frac{1}{2}\times 500\right)\times 5\%=22.75$(万元)

第 3 年应计利息$=\left(200+5+500+22.75+\frac{1}{2}\times 300\right)\times 5\%=43.89$(万元)

建设期贷款利息和$=5+22.75+43.89=71.64$(万元)

9.2.6 流动资金的估算方法

流动资金是指建设项目投产后为维持正常生产经营，用于购买原材料、燃料、支付工资及其他生产经营费等必不可少的周转资金。它是伴随着固定资产而发生的永久性流动资产投资，等于项目投产运营后所需全部流动资金扣除流动负债后的余额。其中，流动资产主要考虑应收账款、现金和存货；流动负债主要考虑应付账款和预收账款。

流动资金的估算一般采用扩大指标估算法和分项详细估算法两种方法。在项目决策研究的早期，流动资金可以根据项目的特点和以往已建成运行的同类项目的数据，按销售收入、经营成本或固定资产投资的比例来估算，也可以按单位产量占用流动资金的比率来确定。如百货零售商店，流动资金可按年销售收入的 10%～15%估算；机械制造项目可按年经营成本的 15%～20%考虑；钢铁联合企业可按固定资产投资的 8%～10%估算等。由于项目的加工深度、原料供应和销售渠道各不相同，这种估算方法误差较大。随着项目投资决策研究的深入，有必要进行分项的详细估算。

1. 扩大指标估算法

扩大指标估算法是参照同类企业流动资金占营业收入的比例(营业收入资金率)或流动资金占经营成本的比例(经营成本资金率)或单位产量占用流动资金的数额来估算流动资金。一般常用的基数有销售收入、经营成本、总成本费用和固定资产投资等。所采用的比率根据经验确定或根据现有同类企业的实际资料确定，或依行业、部门给定的参考值确定。扩大指标估算法简

便易行，但准确度不高，适用于项目建议书阶段的估算。计算公式为

$$流动资金=年营业收入额\times营业收入资金率 \tag{9-23}$$

或

$$流动资金=年经营成本\times经营成本资金率 \tag{9-24}$$

或

$$流动资金=年产量\times单位产量占用流动资金额 \tag{9-25}$$

2. 分项详细估算法

分项详细估算法也称分项定额估算法。它是国际上通行的流动资金估算法。分项详细估算法的思路是：先按照项目各年生产运行的强度，估算出各大类的流动资产的最低需要量，加总以后减去该年估算出的正常情况下的流动负债，这就得到该年需要的流动资金，再减去上年已注入的流动资金，就得到该年流动资金的增加额。项目已达到正常的生产运行水平后，流动资金就可以不再投入。

(1)计算流动资产。流动资产一般包括存货、现金、应收账款和预付账款。其计算公式为

$$流动资产=应收账款+预收账款+现金+存货 \tag{9-26}$$

①应收账款。应收账款是指企业对外赊销商品、提供劳务尚未收回的资金。其计算公式为

$$应收账款=\frac{年经营成本}{应收账款周转次数} \tag{9-27}$$

式中，周转次数是指流动资金的各个构成项目在一年内完成多少个生产过程。周转次数可用 1 年天数(通常按 360 天计算)除以流动资金的最低周转天数计算，则各项流动资金年平均占用额度为流动资金的年周转额度除以流动资金的年周转次数，即

$$周转次数=\frac{360天}{最低需要周转天数} \tag{9-28}$$

②预付账款。预付账款是指企业为购买各类材料、半成品或服务所预先支付的款项。其计算公式为

$$预付账款=\frac{外购商品或服务年费用金额}{预付账款周转次数} \tag{9-29}$$

③现金。现金是指货币资金，即企业生产运营活动中停留于货币形态的那部分资金，包括企业库存现金和银行存款。其计算公式为

$$现金=\frac{年工资及福利费+年其他费用}{现金周转次数} \tag{9-30}$$

④存货。存货是指企业为销售或者生产耗用而储备的各种物资，主要有原材料、辅助材料、燃料、低值易耗品、维修备件、包装物、商品、在产品、自制半成品和产成品等。为简化计算仅考虑外购原材料、燃料、其他材料、在产品和产成品，并分项进行计算。其计算公式为

$$存货=外购原材料燃料+在产品+产成品+其他材料 \tag{9-31}$$

$$外购原材料燃料=\frac{年外购原材料燃料费用}{分项周转次数} \tag{9-32}$$

$$在产品=\frac{年外购原材料、燃料、动力费+年工资及福利费+年维修费+年其他制造费用}{在产品周转次数} \tag{9-33}$$

$$产成品=\frac{年经营成本-年其他营业费用}{产成品周转次数} \tag{9-34}$$

$$其他材料=\frac{年其他材料费}{其他材料周转次数} \tag{9-35}$$

(2)计算流动负债。流动负债是指在一年或者超过一年的一个营业周期内，需要偿还的各

种债务。其包括应付账款、预收账款、短期借款、应付票据、应付工资、应付福利费、应付股利、应交税金、其他暂收应付款、预提费用和一年内到期的长期借款等。在可行性研究中，流动负债的估算可以只考虑应付账款和预收账款两项，其计算公式为

$$\text{流动负债}=\text{应付账款}+\text{预收账款} \tag{9-36}$$

$$\text{应付账款}=\frac{\text{外购原材料、燃料、动力和其他材料年费用}}{\text{应付账款周转次数}} \tag{9-37}$$

$$\text{预收账款}=\frac{\text{预收的营业收入年金额}}{\text{预收账款周转次数}} \tag{9-38}$$

(3)计算流动资金。其计算公式如下：

$$\text{流动资金}=\text{流动资产}-\text{流动负债} \tag{9-39}$$

$$\text{流动资金本年增加额}=\text{本年流动资金}-\text{上年流动资金} \tag{9-40}$$

采用分项详细估算法时，需要分别确定现金、应收账款、存货和应付账款的最低周转天数。在确定周转天数时要根据实际情况，并考虑一定的保险系数。对于存货中的外购原材料、燃料，要根据不同品种和来源，考虑运输方式和运输距离等因素确定。

【例 9-6】 某建设项目达到设计生产能力后，年工资和福利费按 850 万元估算，年其他费用按 900 万元估算(其中：其他制造费用为 600 万元)，年外购原材料、燃料、动力费按 19 500 万元估算，年经营成本为 21 000 万元，年修理费为 1 500 万元。各项流动资金最低周转天数分别为：应收账款为 30 天，现金 40 天，应付账款为 30 天，存货为 40 天。试用分项详细估算法进行流动资金的估算。

解：(1)流动资产的计算：

①应收账款 $=\dfrac{\text{年经营成本}}{\text{周转次数}}=\dfrac{21\ 000}{360/30}=1\ 750$(万元)

②现金 $=\dfrac{\text{年工资、福利费}+\text{年其他费用}}{\text{周转次数}}=\dfrac{850+900}{360/40}=194.44$(万元)

③存货的计算：

a. 外购原材料、燃料 $=\dfrac{\text{年外购原材料、燃料、动力费}}{\text{周转次数}}=\dfrac{19\ 500}{360/40}=2\ 166.67$(万元)

b. 在产品 $=\dfrac{\text{年外购原材料、燃料、动力费}+\text{年工资及福利费}+\text{年维修费}+\text{年其他制造费用}}{\text{周转次数}}$

$=\dfrac{19\ 500+850+1\ 500+600}{360/40}=2\ 494.44$(万元)

c. 产成品 $=\dfrac{\text{年经营成本}}{\text{周转次数}}=\dfrac{21\ 000}{360/40}=2\ 333.33$(万元)

d. 存货＝外购原材料、燃料＋在产品＋产成品＝2 166.67＋2 494.44＋2 333.33＝6 994.44(万元)

④流动资产＝应收账款＋现金＋存货＝1 750＋194.44＋6 994.44＝8 938.88(万元)

(2)流动负债的计算：

应付账款 $=\dfrac{\text{年外购原材料、燃料、动力费}}{\text{周转次数}}=\dfrac{19\ 500}{360/30}=1\ 625$(万元)

(3)流动资金的计算：

流动资金＝流动资产－流动负债＝8 938.88－1 625＝7 313.88(万元)

本章小结

1. 可行性研究是在投资决策前，对拟建项目进行技术、经济、环境和社会等方面的研究

分析，评价项目技术上是否先进、实用和可靠，财务上是否盈利，同时进行环境影响、社会效益和经济效益的分析和评价，作出项目抗风险能力的结论。一般分为投资机会研究、初步可行性研究和详细可行性研究。

2. 投资估算的一般方法有生产能力指数法、比例估算法、系数估算法等。

3. 项目总投资由建设投资、建设期利息和流动资金构成。建设投资分类估算方法的步骤：分别估算项目建设所需的建筑工程费、设备及工器具购置费和安装工程费；汇总建筑工程费、设备购置费和安装工程费，得出分装置的工程费用，然后合计得出项目建设所需的工程费用；在工程费用的基础上估算工程建设其他费用；以工程费用和工程建设其他费用为基础估算基本预备费；在确定分年投资计划的基础上估算涨价预备费；总计求得建设投资。流动资金常用分项详细估算法。

思考与练习

1. 何谓可行性研究？它的研究目的是什么？
2. 可行性研究包括哪些工作步骤？
3. 可行性研究报告包括哪些内容？
4. 简述建设项目总投资的定义。
5. 投资估算的编制依据主要有哪些？
6. 建设投资估算有哪些方法？其适用条件各是什么？
7. 拟建年产 30 万吨铸钢厂，根据可行性研究报告提供的已建年产 25 万吨类似工程的主厂房工艺设备投资约 2 400 万元。已建类似项目资料：与设备投资有关的各专业工程投资系数，见表 9-3；与主厂房投资有关的辅助工程及附属设施投资系数，见表 9-4。

表 9-3　与设备投资有关的各专业工程投资系数

加热炉	汽化冷却	余热锅炉	自动化仪表	起重设备	供电与传动	建安工程
0.12	0.01	0.04	0.02	0.09	0.18	0.40

表 9-4　与主厂房投资有关的辅助工程及附属设施投资系数

动力系统	机修系统	总图运输系统	行政及生活福利设施工程	工程建设其他费用
0.30	0.12	0.20	0.30	0.20

本项目的资金来源为自有资金和贷款，贷款总额为 8 000 万元，贷款利率为 8%(按年计息)。建设期 3 年，第 1 年投入 30%，第 2 年投入 50%，第 3 年投入 20%。预计建设期物价年平均上涨率 3%，基本预备费率 5%。

要求：

(1)已知拟建项目建设期与类似项目建设期的综合价格差异系数为 1.25，试用生产能力指数估算法估算拟建工程的工艺设备投资额；用系数估算法估算该项目主厂房投资和项目建设的工程费与其他费用投资。

(2)估算该项目的基本预备费、涨价预备费、建设期贷款利息。

(3)若单位产量占用流动资金额为 33.67 元/t，试用扩大指标估算法估算该项目的流动资金。确定该项目的建设总投资。

8. 某项目的工程费用为250 000万元，按项目进度计划，项目建设期为5年，分年的工程费用比例为第1年10%，第2年20%，第3年30%，第4年30%，第5年10%，建设期内年平均价格上涨指数为6%，试估算该项目各年的涨价预备费。

9. 某建设项目的工程费与工程建设其他费用的估算额为52 180万元，预备费为5 000万元，建设期为3年。各年的投资比例为第1年20%，第2年55%，第3年25%，第4年投产。

该项目固定资产投资来源为自有资金和贷款。贷款的总额为40 000万元，其中外汇贷款为2 300万美元。外汇牌价为1美元兑换6.6元人民币。贷款的人民币部分从中国建设银行获得，年利率为6%(按季计息)；贷款的外汇部分从中国银行获得，年利率为8%(按年计息)。

建设项目达到设计生产能力后，全厂定员为1 100人，工资和福利费按照每人每年7.20万元估算；每年其他费用为860万元(其中，其他制造费用为660万元)；年外购原材料、燃料、动力费估算为19 200万元；年经营成本为21 000万元，年销售收入为33 000万元，年修理费占年经营成本10%；年预付账款为800万元；年预收账款为1 200万元。各项流动资金最低周转天数分别为：应收账款为30天，现金为40天，应付账款为30天，存货为40天，预付账款为30天，预收账款为30天。

要求：

(1)估算建设期人民币贷款利息和外币贷款利息。

(2)用分项详细估算法估算拟建项目的流动资金。

(3)估算拟建项目的总投资。

10. 拟引进全套工艺设备和技术，在我国某港口城市内建设的项目，建设期为2年，总投资为11 800万元。总投资中引进部分的合同总价为682万美元。辅助生产装置、公用工程等均由国内设计配套。引进合同价款的细项如下：

(1)硬件费为620万美元。

(2)软件费为62万美元，其中计算关税的项目：设计费、非专利技术及技术秘密费用为48万美元。不计算关税的项目：技术服务及资料费为14万美元。人民币兑换美元的外汇牌价均按1美元=7.00元人民币计算。

(3)中国远洋公司的现行海运费率为6%，海运保险费率为3.5%，现行外贸手续费率、中国银行财务手续费率、增值税率和关税税率分别按1.5%、5‰、17%、17%计取。

(4)国内供销手续费率为0.4%，运输、装卸和包装费率为0.1%，采购保管费率为1%。

问题：

(1)引进项目的引进部分硬、软件原价包括哪些费用？应如何计算？

(2)本项目引进部分购置投资的估算价格是多少？

11. 某新建项目，建设期为4年，第1年借款200万元，第2年借款300万元，第3年借款300万元，第4年借款200万元，各年借款均在年内均衡发生，借款年利率为6%，每年计息一次。试计算该项目的建设期利息。

习题答案

第 10 章

建设项目设计和施工方案的技术经济分析

学习重点

设计方案的多指标综合评价法的应用、单指标评价法的比较选择与分析、用价值分析方法优选方案的过程；多指标综合评价法、单指标评价法和价值工程法在施工机械方案选择、施工组织方案选择等方面的应用。

学习目标

通过本章的学习，了解设计方案的技术经济分析意义、原则；熟悉工业建筑、民用建筑设计方案的评价指标体系，限额设计的含义、目标、纵向控制与横向控制，施工工艺方案、施工组织方案、新结构新材料的评价指标体系；掌握各种设计方案和施工方案的经济分析方法。

第 10 章　课件

知识结构图

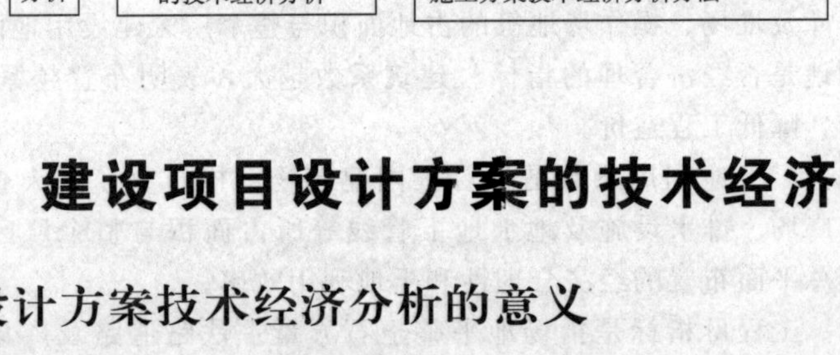

10.1　建设项目设计方案的技术经济分析

10.1.1　设计方案技术经济分析的意义

一个工程项目建设的周期一般需要经过决策、设计、交易、施工、竣工五个阶段。这五个阶段对项目投资的影响程度完全不同。据有关资料分析，决策阶段对整个项目投资的影响度为75%～95%，设计阶段的影响度为35%～75%，施工阶段为5%～35%，竣工阶段为0%～5%。

很显然，当项目投资决策确定以后，设计阶段就是控制项目投资的关键环节。

虽然一般工程的设计费用不到项目总投资的 10%，但工程设计方案的好坏对工程经济性影响最大。它不仅影响工程造价的 35%～75%，而且直接关系到将来工程投入使用后运营阶段使用费用的高低，甚至对工程的预期收益都会产生影响。因此，工程设计方案的技术经济分析工作是一项重要且十分有意义的工作。

10.1.2　设计方案技术经济分析的原则

(1)设计方案必须处理好经济合理性与技术先进性之间的关系。在满足功能要求的前提下，尽可能降低工程造价。如果资金有限制，也可以在资金限制范围内尽可能提高项目的功能水平。

中央预算内直接投资项目概算管理暂行办法

(2)设计方案必须兼顾建设与使用，考虑项目全寿命费用。选择设计方案时不但要考虑工程的建设成本，控制其成本的支出，同时还要考虑使用成本，应以全寿命费用最低为设计目标，即做到成本低、维修少、使用费省。

(3)设计必须兼顾近期与远期的要求。设计者如果按照目前的要求设计工程，在不远的将来，会出现由于项目功能水平无法满足需要而重新建造的情况；如果按照未来的需要设计工程，又会出现由于功能水平过高而资源闲置浪费的现象。所以设计者要兼顾两者的要求，选择项目合理的功能水平；同时也要根据远景发展需要，适当留有发展余地。

(4)设计方案能够节约用地和能源，与国内同类建设项目及国际常规相比回收期短、收益率高。

10.1.3　设计方案分析的内容及评价指标

不同类型的建筑，使用目的及功能要求不同，评价的内容也不相同。

1. 工业建筑设计评价

(1)工业项目总平面设计评价。工业项目总平面设计应满足生产工艺过程的要求，尽量节约建设用地，不占或少占农田，适应厂内外运输需要和建设地点的气候、地形、地质等自然条件，避免大开大挖，力求减少土方工程量，从而降低工程造价，加快建设速度。此外，厂区总平面设计还要考虑与城市规划和工业区规划相协调，目的是确定建筑物、构筑物、交通线路、地上地下技术管线及绿化美化设施的相互配置，创造符合该企业生产特性的统一建筑整体。

工业项目总平面设计中，常用的技术经济评价指标有以下几个：

①建筑系数(建筑密度)。建筑系数(建筑密度)是指厂区内(一般指厂区围墙内)建筑物、构筑物和各种露天仓库及堆场、操作场地等的占地面积与整个厂区建设用地面积的比值。它是反映总平面图设计用地是否经济合理的指标。建筑系数越大，表明布置越紧凑，既可节约用地，又可缩短管线距离，降低工程造价。

②土地利用系数。土地利用系数是指厂区内建筑物、构筑物、露天仓库及堆场、操作场地、铁路、道路、广场、排水设施及地上地下管线等所占面积与整个厂区建设用地面积的比值。它综合反映出总平面布置的经济合理性和土地利用效率。

③工程量指标。工程量指标是指场地平整土石方量、铁路道路及广场铺砌面积、排水工程、围墙长度及绿化面积等。它是反映工厂总图投资的经济指标。

④运营费用指标。运营费用指标是指铁路、道路每吨货物的运输费用、经营费用等。它是反映运输设计是否经济合理的指标。

(2)工艺设计评价。工艺设计以可行性研究中的市场分析为基础，考虑技术发展的最新动态，选择先进适用的技术方案。在工艺设计中首先确定生产工艺流程，然后根据工厂生产规模和工艺过程的要求，选择设备型号和数量，并对一些标准和非标准设备进行设计。设备选型和设计应注意标准化、通用化和系列化；要考虑建设地点的实际情况和动力、运输、资源等具体条件；采用的高效率先进设备要符合技术先进、稳妥可靠、经济合理的要求，设备的选择应立足国内；对于国内不能生产的关键设备，进口时要注意与工艺流程相适应，并与有关设备配套，不要重复引进。

不同的工艺技术方案会产生不同的投资效果，工艺技术方案的评价就是互斥投资项目的比选，因此评价指标有净现值、净年值、差额内部收益率等。

(3)建筑设计评价。在建筑平面布置和立面形式选择上，应该满足生产工艺要求。在建筑设计时必须采用各种切合实际的先进技术，从建筑形式、材料和结构的选择、结构布置及环境保护等方面采取措施，以满足生产工艺对建筑设计的要求。

对建筑设计评价通常需要考虑以下因素：

①合理确定厂房建筑的平面布置。平面布置应满足生产工艺的要求，力求合理地确定厂房的平面和组合形式，各车间和各工段的位置、走道、门窗等。尽量避免设置纵横跨，以便采用统一的结构方案，尽量减少构件类型并简化构造。

②合理确定厂房的经济层数。对于工艺上要求跨度较大和层高较高，拥有重型生产设备和起重设备，生产时常有较大振动和散发大量热气及气体的重工业厂房，采用单层厂房比较经济合理。

对于工艺紧凑，可采用垂直工艺流程和利用重力运输方式，设备与产品质量不大，并要求恒温条件的各种轻型车间，宜采用多层厂房。多层厂房具有占地少，可减少基础工程量，缩短运输线路和厂区围墙长度等特点。多层厂房的层数，应根据地质条件、建筑材料的性能、建筑结构形式、建筑面积、施工方法和自然条件(地震、强风)等因素及工艺要求等具体情况确定。

③合理确定厂房的高度和层高。层高增加，会导致墙与隔墙的建造费用、粉刷费用等增加，水电暖通的空间体积与线路增加，楼梯间与电梯间设备费用增加，起重运输设备及其有关费用提高，顶棚施工费增加。

决定厂房高度的因素是厂房内的运输方式、设备高度和加工尺寸，其中以运输方式选择较灵活。因此，为降低厂房高度，常选用悬挂式吊车、架空运输、输送带、落地龙门吊及地面上的无轨运输方式。

④合理选择柱网。对于单跨厂房，当柱距不变时，跨度越大则单位面积造价越小，这是因为除屋架外，其他结构分摊在单位面积上的平均造价随跨度增大而减少；对于多跨厂房，当跨度不变时，中跨数量越多越经济，这是因为柱子和基础分摊在单位面积上的平均造价减少。

⑤合理确定厂房的体积与面积。在满足工艺要求和生产能力的前提下，尽量减小厂房的体积和面积，以减少工程量和降低工程造价。为此，要求设计者尽可能选用先进生产工艺和高效能设备，合理而紧凑地布置总平面图和设备流程图及运输路线；尽可能把可以露天作业的设备露天布置，如炉窑、反应塔等；尽可能将小跨度、小柱距的分建小厂房合并为大跨度、大柱距的大厂房，从而提高平面利用率，减少工程量，降低工程造价。

2. 民用建筑设计评价

民用建筑一般包括公共建筑和住宅建筑两大类。民用建筑设计要坚持“适用、经济、美观”的原则。设计中应合理布置平面，选择比例适当的长度和宽度，合理确定户型和住户面积，合理确定层数与层高，合理选择结构方案。

(1)公共建筑。公共建筑类型繁多，具有共性的评价指标有占地面积、建筑面积、使用面积、辅助面积、有效面积、平面系数、建筑体积、单位指标(m/人，m^2/床，m^3/座)和建筑密度等。其中：

有效面积＝使用面积＋辅助面积

平面系数 K＝使用面积÷建筑面积

建筑密度＝建筑基底面积÷占地面积

平面系数指标反映了平面布置的紧凑合理性。

(2)住宅建筑。

①住宅建筑的层数。

a. 层数与用地。在多层或高层住宅建筑中，总建筑面积是各层建筑面积的总和，层数越多，单位建筑面积所分摊的房屋占地面积就越小。但随着建筑层数的增加，房屋的总高度也增加，房屋之间的间距必须加大。因此，用地的节约量并不随层数的增加而同比例递增。

b. 层数与造价。建筑层数对单位建筑面积造价有直接影响，但影响程度对各分部结构却是不同的。屋盖部分：无论层数多少，都共用一个屋盖，并不因层数增加而使屋盖的投资增加。因此，屋盖部分的单位建筑面积造价随层数增加而明显下降。基础部分：各层共用基础，随着层数的增加，基础结构的荷载加大，必须加大基础的承载力，虽然基础部分的单位建筑面积造价随层数增加而有所下降，但不如屋盖那样显著。承重结构：如墙、柱、梁等，随层数增加而要增强承载能力和抗震能力，这些分部结构的单位建筑面积造价将有所提高。门窗、装修及楼板等分部结构：造价几乎不受层数的影响，但会因为结构的改变而变化。

c. 住宅层数的综合经济分析。住宅层数在一定范围内增加，除具有降低造价和节约用地的优点外，单位建筑面积的楼内部和外部的物业管理费用、公用设备费用、供水管道、煤气管道、电子照明和交通等投资与日常运行费用随层数增加而减少。但是，高层建筑因为要经受较强的风荷载和抗震能力，需要提高结构强度，改变结构形式。而且，住宅建筑超过七层，要设置电梯设备，需要更大的楼内交通面积(过道、走廊)和补充设备(供水设备、供电设备等)，因此七层以上住宅的工程造价会大幅度增加。

②住宅建筑的层高。住宅建筑的层高直接影响住宅的造价，因为层高增加，墙体面积和柱体积增加，并增加结构的自重，会增加基础和柱的承载力，并使水暖和电气的管线加长。降低层高，可节省材料、节约能源、有利于抗震、节省造价。据理论测算，住宅层高每降低 10 cm，可降低造价 1.2%～1.5%。同时，降低层高可以减小住宅建筑总高度，缩小建筑之间的日照距离，所以降低层高还能取得节约用地、提高建筑密度的效果。以六层住宅为例，层高降低 20 cm，可提高建筑密度 5%。但是，层高还要结合人们的生活习惯和国家卫生标准，符合国家有关规定。目前一般住宅的层高为 2.8 m。

③住宅建筑的墙体。在多层住宅建筑中，墙体所占比重大，是影响造价高低的主要因素之一。衡量墙体比重的大小，常采用墙体面积系数作为指标，其计算公式为

墙体面积系数＝墙体面积/建筑面积

墙体面积系数大小与住宅建筑的平面布置、层高、单元组成等均有密切的关系。

④住宅建筑的平面布置。平面设计合理，可以提高面积利用率，增加使用面积，从而相应地降低造价。

评价住宅平面布置的主要技术经济指标见表 10-1。

表 10-1　住宅建筑平面布置的主要技术经济指标

指标名称	计算公式	说明
平面系数	$K_1=\frac{\text{居住面积}}{\text{建筑面积}}$	居住面积是指住宅建筑中的居室净面积

续表

指标名称	计算公式	说明
辅助面积系数	$K_2=\frac{\text{辅助面积}}{\text{居住面积}}$	辅助面积是指住宅建筑中楼梯、走道、卫生间、厨房、阳台、储藏室等的面积
结构面积系数	$K_3=\frac{\text{结构面积}}{\text{建筑面积}}$	结构面积是住宅建筑各层平面中的墙、柱等结构所占的面积
外墙周长系数	$K_4=\frac{\text{建筑物外墙周长}}{\text{建筑物建筑面积}}$	

根据住宅建筑平面技术经济指标，住宅建筑平面设计参数的经济性有以下几个方面：

a. 建筑面积相同，住宅建筑平面形状不同，住宅的外墙周长系数也不同。显然，平面形状越接近方形或圆形，外墙周长系数越小，外墙砌体、基础、内外表面装修等减少，造价降低。考虑到住宅的使用功能和方便性，通常单体住宅建筑的平面形状多为矩形。

b. 住宅建筑平面的宽度。在满足住宅功能和质量的前提下，加大住宅进深(宽度)，即采用大开间，对降低造价有明显效果，因为进深加大，墙体面积系数相应减小，造价降低。

c. 住宅建筑平面的长度。按设计规范，当房屋长度增加到一定程度时，就要设置带有两层隔墙的温度伸缩缝；当长度超过 90 m 时，就必须有贯通式的过道。这些都要增加造价，所以一般住宅建筑长度以 60～80 m 较为经济，根据户型(每套的户室数及组合)的不同，设置 2～4 个单元。

d. 结构面积系数。结构面积系数是衡量设计方案经济性的一个重要指标。结构面积越小，有效面积就越大。结构面积系数除与房屋结构有关外，还与房屋外形及其长度和宽度有关，同时也与房间平均面积大小和户型组成有关。

3. 居住小区设计评价

我国城市居民点的总体规划一般是按居住区、小区和住宅组团三级布置，由几个住宅组团组成一个小区，由几个小区组成一个居住区。

进行居住小区建设规划时，应根据居住小区基本功能和要求来确定各构成部分的合理层次与关系，合理安排住宅建筑、公共建筑、绿化及管网和道路等，正确确定小区的居住建筑密度、居住建筑面积密度、居住面积密度、居住人口密度等，合理布置公共设施项目的规模及其服务半径，以及水、电、热、燃气的供应等。进行小区规划设计时，必须在节约用地的前提下，既能为居民的生活、工作和生活创造方便、舒适、优美的环境，又能体现独特的城市风貌。居住小区设计方案中的主要技术经济指标见表 10-2。

表 10-2　居住小区的主要技术经济指标

序号	指标名称	计算公式
1	容积率	$\text{容积率}=\frac{\text{居住小区建筑面积}}{\text{居住小区占地面积}}$
2	绿化率	$\text{绿化率}=\frac{\text{居住小区绿化面积}}{\text{居住小区占地面积}}$
3	建筑毛密度	$\text{建筑毛密度}=\frac{\text{居住和公共建筑基底面积}}{\text{居住小区占地面积}}$
4	居住建筑净密度	$\text{居住建筑净密度}=\frac{\text{居住建筑基底面积}}{\text{居住建筑占地面积}}$
5	居住面积密度	$\text{居住面积密度}=\frac{\text{居住面积}}{\text{居住建筑占地面积}}$

表 10-2 中，居住建筑净密度是衡量用地经济性和保证居住区必要卫生条件的主要经济技

术指标。其数值的大小与建筑层数、房屋间距、层高、房屋排列方式等因素有关。适当提高建筑密度，可节省用地，但应保证日照、通风、防火、交通安全的基本需要。

居住面积密度是反映建筑布置、平面设计与用地之间关系的重要指标。影响居住面积密度的主要因素是房屋的层数，增加层数其数值就增大，有利于节约土地和管线费用。

10.1.4 设计方案的经济分析方法

设计方案的经济分析与比较选择就是利用前面章节所介绍的方法，解决工程设计中多个方案的优选问题；也就是采用技术与经济的比较方法，按照工程项目经济效果，针对不同的设计方案，分析其技术经济指标，从中选出经济效果最优的方法。设计方案经济分析常用的方法有如下三种。

设计方案经济分析方法

1. 多指标综合评价法

在设计方案的选择中，采用设计方案竞选和设计招标方式选择设计方案时，通常采用多指标综合评价法。

采用设计方案竞选方式的一般是规划方案和总体设计方案，通常由组织竞选单位组织有关专家组成专家评审组。专家评审组按照技术先进、功能合理、安全适用、满足节能和环境要求、经济实用、美观的原则，并同时考虑设计进度的快慢、设计单位与建筑师的资历信誉等因素综合评定设计方案优劣，择优确定中选方案。评定优劣时通常以一个或两个主要指标为主，再综合考虑其他指标。

设计招标中对设计方案的选择，通常由设计招标单位组织的评标委员会按设计方案优劣、投入产出经济效益好坏、设计进度快慢、设计资历和社会信誉等进行综合评审确定最优标。评标时，可根据主要指标再综合考虑其他指标选优的方法，或者采用打分的方法，确定一个综合评价值来确定最优的方案。

多指标综合评价通常采用加权平均的方法，首先对需要进行分析评价的设计方案设定若干个评价指标，并按其重要程度确定各指标的权重，然后确定评分标准，并就各设计方案对各指标的满足程度打分，最后计算各方案的加权得分，以加权得分最高者为最优设计方案。这种方法是定性分析、定量打分相结合的方法。本方法的关键是评价指标的选取和指标权重的确定。其计算公式为

$$S=\sum_{i=1}^{n}(W_i \cdot W_i) \tag{10-1}$$

式中 S——设计方案总得分；

S_i——某方案在评价指标 i 上的得分；

W_i——评价指标 i 的权重，$\sum W_i=1$；

n——评价指标的数量。

【例 10-1】 某建设方案有三个设计方案，根据该项目的特点拟对设计方案的设计技术应用、工程造价、建设工期、施工技术方案、三材用量等进行比较分析，各指标的权重及三个方案的得分情况见表 10-3。试对三个设计方案进行评价。

表 10-3 各评价指标权重表

指标	设计技术应用	工程造价	建设工期	施工技术方案	三材用量
权重	0.3	0.25	0.1	0.2	0.15

解： 根据各方案的具体情况，组织专家进行评价，结果见表 10-4。

表 10-4　各方案专家评分表

	设计技术应用	工程造价	建设工期	施工技术方案	三材用量
方案 A	9	8	9	9	8
方案 B	8	9	7	8	7
方案 C	9	9	8	9	8

根据式(10-1)，各方案得分计算如下：

方案 A：$S_A = \sum_{i=1}^{5}(W_i \cdot S_i) = 9\times0.3+8\times0.25+9\times0.1+9\times0.2+8\times0.15=8.6$

方案 B：$S_B = \sum_{i=1}^{5}(W_i \cdot S_i) = 8\times0.3+9\times0.25+7\times0.1+8\times0.2+7\times0.15=8.0$

方案 C：$S_C = \sum_{i=1}^{5}(W_i \cdot S_i) = 9\times0.3+9\times0.25+8\times0.1+9\times0.2+8\times0.15=8.75$

显然，方案 C 得分最高，故方案 C 为最优方案。

2. 单指标评价法

单指标可以是效益性指标也可以是费用性指标。效益性指标主要是对于其收益或功能有差异的多方案的比较选择，可采用互斥方案比选的方法选优。对于专业工程设计方案和建筑结构方案的比较选择，更常见的是：尽管设计方案不同，但方案的收益或功能没有太大的差异。这种情况下可采用单一的费用指标，即采用最小费用法选择方案。

采用最小费用法比较设计方案也有两种方法：一种是只考察方案初期的一次费用，即造价或投资；另一种方法是考察设计方案全寿命期的费用。设计方案全寿命期费用包括：工程初期的造价(投资)，工程交付使用后的经常性开支费用(包括经常费用、日常维护修理费用、使用过程中的大修费用和局部更新费用等)，以及工程使用期满后的报废拆除费用等。考虑全寿命期费用是比较全面合理的分析方法，评价设计方案的优劣应考虑工程的全寿命费用。

最小费用法比较设计方案可分为静态计算费用法和动态计算费用法。

(1)静态计算费用法。静态计算费用法的数学表达式为

$$C_{年} = K \cdot E + V \tag{10-2}$$

$$C_{总} = K + V \cdot T \tag{10-3}$$

式中　$C_{年}$——年计算费用；

$C_{总}$——项目总计算费用；

K——总投资额；

E——投资效果系数，是投资回收期的倒数；

V——年生产成本；

T——投资回收期(年)。

(2)动态计算费用法。对于寿命期相同的设计方案，可以采用费用现值法、年费用法、差额内部收益率法等。寿命期不同的设计方案比选，可以采用年费用法。

【例 10-2】 某企业为扩大生产规模，在三个设计方案中进行选择：方案一是改建现有工厂，一次性投资 2 545 万元，年经营成本 760 万元；方案二是建新厂，一次性投资 3 340 万元，年经营成本 670 万元；方案三是扩建现有工厂，一次性投资 4 360 万元，年经营成本 650 万元。三个方案的寿命期相同，所在行业的标准投资效果系数为 10%，基准收益率为 8%，试分别用静态计算费用法和动态计算费用法选择最优方案。

解：(1)静态计算费用法。

由 $C_{年} = K \cdot E + V$ 计算可知：

$C_{年1}=2\ 545\times0.1+760=1\ 014.5$(万元)

$C_{年2}=3\ 340\times0.1+670=1\ 004$(万元)

$C_{年3}=4\ 360\times0.1+650=1\ 086$(万元)

因为$C_{年2}$最小，故方案二最优。

(2)动态计算费用法。

①改建现有工厂方案：

$PC_1=2\ 545+760(P/A,\ 8\%,\ 10)=7\ 644.68$(万元)

②建新厂方案：

$PC_2=3\ 340+670(P/A,\ 8\%,\ 10)=7\ 835.77$(万元)

③扩建现有工厂方案：

$PC_3=4\ 360+650(P/A,\ 8\%,\ 10)=8\ 721.57$(万元)

由于$PC_1<PC_2<PC_3$，所以，方案一最优。

例 10-2 计算结果表明：建设期投资最少，方案不一定最优；当用静态与动态方法时，其结论并不一致。这说明在进行设计方案评价选择时，比较项目建设的一次性投资，以使用动态计算费用法为宜。

3. 价值分析法

价值分析(即价值工程)法是一种相当成熟和行之有效的管理技术与经济分析方法，一切发生费用的地方都可以用其进行经济分析和方案选择。工程建设需要大量的人、财、物，因而价值工程方法在工程建设领域也得到了较广泛的应用，并取得了较好的经济效益。例如，美国在对俄亥俄拦河大坝的设计中，从功能和成本两个角度综合分析，最后提出了改进的设计方案，把溢水道闸门的数量从 17 扇减为 12 扇，同时改进了闸门施工用的沉箱结构，在不影响功能和可靠性的情况下，筑坝费用节约了 1 930 万美元，而聘用咨询单位进行价值分析只花了 1.29 万美元，取得了投入 1 美元收益近 1 500 美元的效益。再如，上海华东电子设计院承担宝钢自备电厂储灰场长江边围堰设计任务，原设计为土石堤坝，造价在 1 500 万元以上，设计者对钢渣进行物理性能和化学成分分析试验，在取得可靠数据以后，经反复计算，证明用钢渣代替抛石在技术上是可行的，并经试验坝试验。最后在工期提前一个月的情形下建成了国内首座钢渣黏土夹心坝，建成的大坝稳定而坚固。该方案比原设计方案节省投资 700 多万元。

利用价值工程来选择设计方案，首先计算各备选方案的价值系数 V，然后比较选择价值系数 V 最大的方案为性价比最高的最优方案。

【例 10-3】 下面是某建筑设计院在建筑设计中用价值工程方法进行的住宅设计方案优选，体现了价值工程在工程设计方案选择中的应用。

解：(1)价值工程对象选择。某建筑设计院承担设计的工程种类繁多，通过对该院近几年各种建筑设计项目类别的统计分析，该院设计项目中住宅所占比重最大，因此将住宅作为价值工程的主要研究对象。

(2)资料收集。资料收集工作有以下几个：①工程回访，收集用户对住宅的意见；②对不同地质情况和基础形式的住宅进行定期沉降观测，获取地基方面的资料；③了解有关住宅施工方面的情况；④收集大量有关住宅建设的新工艺和新材料等数据资料；⑤分地区按不同地质情况、基础形式和类型标准统计分析近年来住宅建筑的各种技术经济指标。

(3)功能分析。由设计、施工及建设单位的有关人员组成价值工程研究小组，共同讨论，对住宅的以下十个功能进行定义、整理和评价分析：①平面布局；②采光通风、保温、隔热、隔声等；③层高、层数；④牢固耐久；⑤三防(防火、防震和防空)设施；⑥建筑造型；⑦室外装饰；⑧室内装饰；⑨环境设计；⑩技术参数。

在功能分析中，用户、设计人员、施工人员以百分形式分别对各功能进行评分，即假设住宅功能合计为 100 分，分别确定各项功能在总体功能中所占比例，然后将所选定的用户、设计人员、施工人员的评分意见进行综合，三者的权重分别为 0.7、0.2、0.1，各功能重要性系数参见表 10-5。

表 10-5　各功能重要性系数

功能	用户评分 f_{i1}	设计人员评分 f_{i2}	施工人员评分 f_{i3}	功能重要性系数 φ_i
平面布局 F_1	41	38	43	0.406
采光通风等 F_2	16	17	15	0.161
层高、层数 F_3	4	5	4	0.042
牢固耐久 F_4	20	21	19	0.201
三防设施 F_5	4	3	3	0.037
建筑造型 F_6	3	5	3	0.034
室外装饰 F_7	2	3	2	0.022
室内装饰 F_8	7	6	5	0.066
环境设计 F_9	2	1	4	0.02
技术参数 F_{10}	1	1	2	0.011
总计	100	100	100	1.000

注：功能重要性系数 $\varphi_i=(0.7f_{i1}+0.2f_{i2}+0.1f_{i3})\div 100$

(4)方案设计与评价。在住宅小区设计中，根据收集的资料及上述功能重要性系数的分析结果，价值工程研究推广小组集思广益，创造设计了五个方案，进行定量评价选优，见表 10-6～表 10-8。

表 10-6　备选方案成木及成木系数

方案	主要特征	单位造价/万元	成本系数 C_k
方案一	7 层混合结构，层高 3 m，240 mm 内外砖墙，预制桩基础，半地下室储存间，外装修一般，内装饰好，室内设备较好	784	0.234 2
方案二	7 层混合结构，层高 2.9 m，120 mm 非承重内砖墙，条形基础，外装修一般，内装饰较好	596	0.178 0
方案三	7 层混合结构，层高 3 m，240 mm 内外砖墙，沉管灌注桩基础，外装修一般，内装饰和室内设备较好	740	0.221 0
方案四	5 层混合结构，层高 3 m，空心砖内外墙，满堂基础，装修和室内设备一般	604	0.180 4
方案五	层高 3 m，其他特征同方案二	624	0.186 4

表 10-7　方案功能评分

功能	功能重要性系数 φ_i	方案一	方案二	方案三	方案四	方案五
F_1	0.406	10	10	9	9	10
F_2	0.161	10	9	10	10	9
F_3	0.042	9	8	9	10	9

续表

功能	功能重要性系数 φ_i	方案一	方案二	方案三	方案四	方案五
F_4	0.201	10	10	10	8	10
F_5	0.037	8	7	8	7	7
F_6	0.034	10	8	9	7	6
F_7	0.022	6	6	6	6	6
F_8	0.066	10	8	8	6	6
F_9	0.020	9	8	9	8	8
F_{10}	0.011	8	10	9	2	10
方案功能得分		9.574	9.316	9.193	8.499	9.158

表 10-8　价值系数计算表

方案	方案功能得分	功能系数	成本系数	价值系数
方案一	9.754	0.212 4	0.234 2	0.906 9
方案二	9.316	0.202 9	0.178 0	1.139 9
方案三	9.193	0.200 2	0.221 0	0.905 9
方案四	8.499	0.185 1	0.180 4	1.026 1
方案五	9.158	0.199 4	0.186 4	1.069 7

注：成本系数 C_K＝方案成本/各方案成本之和；

方案功能得分＝$\sum$(功能重要系数 φ_i×方案功能评分值)；

功能评价系数 F_K＝各方案功能得分/各方案功能得分之和

(5)效果评价。利用价值工程选择方案时，方案的价值系数越大，性价比越高，方案越优。因此由表 10-8 可知，方案二的价值系数(1.139 9)最高，故方案二最优。

10.1.5　限额设计

1. 限额设计的含义

所谓限额设计，就是按照批准的设计任务书及投资估算控制初步设计，按照初步设计总概算控制施工图设计，同时各专业在保证达到使用功能的前提下，按分配的投资限额控制设计，严格控制技术设计和施工图设计的不合理变更，保证总投资限额不被突破。

限额设计控制工程项目投资有纵向控制和横向控制之分。纵向控制是按照方案设计到施工图设计的设计过程从前向后依次进行控制的方法；横向控制是对设计单位内部各专业、科室及设计人员进行考核，实施奖罚，进而保证设计质量的控制方法。

限额设计将前一阶段设计审定的投资额和工程量先行分解到各专业，再分解到各单位工程和分部工程，通过层层分解，实现对投资限额的控制与管理，同时也实现了对设计规模、设计标准、工程数量与概预算指标等各个方面的控制。影响工程设计静态投资(或基础价)的项目都应作为限额设计的控制对象。

在项目建设过程中采用限额设计是我国工程建设领域控制投资支出和有效使用建设资金的有力措施。限额设计按上一阶段批准的投资(或造价)控制下一阶段的设计，而且在设计中以控制工程量为主要内容，抓住了控制工程造价的核心，从而能有效克服和控制投资“三超”现象。限额设计可促使设计单位加强技术与经济的对立统一，克服长期以来重技术、轻经济的思想，树立设计人员的责任感。限额设计可促使设计院内部设计与概预算形成有机的整体，克服相互脱节的现象。

2. 限额设计的目标

限额设计目标是在初步设计开始前，根据批准的可行性研究报告及其投资估算确定的。限额设计目标由项目经理或总设计师提出，经主管院长审批下达，其总额度一般只下达直接工程费的 90%，以便项目经理或总设计师和室主任留有一定的调节指标。专业之间或专业内部节约下来的单项费用，未经批准不能互相调用。

限额设计的目标总额度是建设项目投资估算中可以通过设计进行控制的部分，即建设项目投资估算中的设备及工器具购置费和建安工程费之和。

3. 限额设计的过程

限额设计的过程实际上就是对工程项目投资目标管理的过程，即目标分解与计划、目标实施、目标实施检查、信息反馈的控制循环过程。这个过程可用图 10-1 来表示。

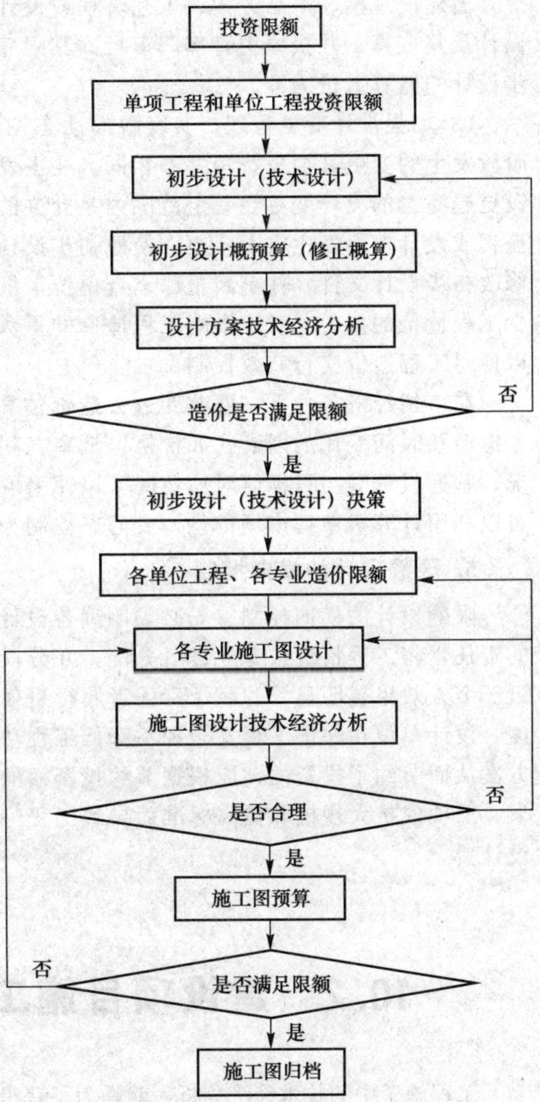

图 10-1　限额设计的过程

4. 限额设计的纵向控制

(1)初步设计阶段的限额设计。初步设计开始时，项目总设计师应将可行性研究报告的设计原则、建设方针和各项控制经济指标向设计人员交底，对关键设备、工艺流程、主要建筑和各种费用指标提出技术方案比较，研究实现可行性研究报告中投资限额的可行性，将设计任务和投资限额分专业下达，促使设计人员进行多方案比选，并以单位工程为考核单元，事先做好专业内部的平衡调整，提出节约投资的措施，力求将工程造价和工程量控制在限额内。初步设计阶段控制概算不超过投资估算，主要是对工程量和设备、材质的控制。为此，初步设计阶段的限额设计工程量应以可行性研究阶段审定的设计工程量和设备、材质标准为依据，对于可行性研究阶段不易确定的某些工程量，可参照通用设计或类似已建工程的实物工程量确定。

(2)施工图设计阶段的限额设计。施工图设计必须严格按照批准的初步设计所确定的原则、范围、内容、项目和投资额进行。施工图设计阶段限额设计的重点应放在工程量控制上，控制的工程量标准是经审定的初步设计工程量，并作为施工图设计工程量的最高限额，不得突破。

施工图设计阶段的限额设计应在专业设计、总图设计阶段下达任务书，并附上审定的概算书、工程量和设备单价表等，供设计人员在限额设计中参考使用。

施工图设计阶段的投资分解和工程量控制的项目划分应在与概算书相一致的前提下，由设计和造价人员协商并经总设计师审定。条件具备时，主要项目也可按施工图分次进行投资分解与工程量控制。施工图设计与初步设计的年份价差影响，在投资分解时不予考虑，均以初步设计时的价格水平为准。

限额设计应贯穿于设计工作全过程。在施工阶段，造价工程师应全过程参与项目实施，并应严格把关。由设计变更产生的新增投资额不得超过基本预备费的1/3。限额设计范围内工程发生的总投资额以不超过限额设计的总投资额为原则。

当建设规模、产品方案、工艺流程或设计方案发生重大变更时，必须重新编制或修改初步设计及其概算，并报原主管部门审批。其限额设计的投资控制额也以新批准的修改或新编的初步设计的概算造价为准。

(3)加强设计变更管理，实行限额动态控制。设计变更是影响工程造价的重要因素。不同阶段发生的变更其损失费用并不相同。变更发生得越早，损失越小；反之就越大。使设计、建设更趋完善的设计变更在一定范围内是允许的。施工图设计变更，建设规模、产品方案、工艺流程或设计方案发生重大变更，使原初步设计失去指导施工图设计的意义时，必须重新编制或修改初步设计文件，并重新报原审查单位审批。对于必定发生的设计变更，应尽量提前，以减少工程造价的损失。对于影响工程造价的重大设计变更，需要采取先预算后变更的办法解决，以便对工程造价实行有效控制。

在市场经济条件下，要改变过去造价估算和概算编制中套定额、乘费率的静态管理做法；考虑涉及时间变化的因素，如价格、汇率、利率、税率等的影响；及时掌握工程进展和投资情况，掌握投资额与目标值对比情况，以便采取相应的措施，将投资控制在目标值以内；同时，可以利用计算机掌握市场信息，变静态控制为动态控制，保证限额设计的有效实施。

5. 限额设计的横向控制

限额设计的横向控制首先必须明确各设计单位及设计单位内部各专业科室对限额设计所负的责任，将工程投资按专业进行分配，并分段考核，下段指标不得突破上段指标，责任落实越近于个人效果越明显，并赋予责任者履行责任的权利；其次，要建立和健全限额设计的奖惩制度。设计单位在保证工程安全和不降低工程功能的前提下，采用新材料、新工艺、新设备、新方案从而节约了投资的，应根据节约投资额的程度对设计单位给予奖励；因设计单位的设计错误、漏项或扩大规模和提高标准而导致工程静态投资超支的，要视其超支比例扣减相应比例的设计费。

10.2 建设项目施工方案的技术经济分析

工程施工中的技术经济分析，就是为了获得最优施工方案，从若干可行的施工工艺方案、施工组织方案中，分析、比较和评价诸方案的经济效益，从中择优选择将要实施的施工方案。工程施工中的技术经济分析在很大程度上决定施工组织的质量和施工任务完成的好坏，是施工任务顺利完成的前提条件。

工程施工阶段进行技术经济评价，主要包括施工工艺方案、施工组织方案的技术经济分析评价、比较与选择，以及工程施工中采用新结构、新材料的经济分析评价等。

10.2.1　施工工艺方案的技术经济评价指标

施工工艺方案是指分部(项)工程的施工方案，如主体结构工程、基础工程、垂直运输、水平运输、构件安装、大体积混凝土浇筑、混凝土输送及模板、脚手架等方案，主要内容包括施工技术方法和相应的施工机械设备的选择等。主要的技术经济评价指标有以下几个。

1. 技术性指标

技术性指标即用于反映方案的技术特征或适用条件的指标，可用各种技术性参数表示。如模板方案的技术性指标有模板型号数、模板的尺寸、模板单件质量等。

2. 消耗性指标

消耗性指标主要反映为完成工程任务所必需的劳动消耗，包括费用消耗指标、实物消耗指标及劳动消耗指标等。

(1)工程施工成本，一般应用直接费成本进行分析评价，形式上可用总成本、单位工程量成本或单位面积成本等。

(2)主要施工机械设备的选用及需要量，包括配备型号、台数、使用时间、总台班数等。

(3)施工中主要资源需要量，包括施工设施所需的工具与材料(如模板、卡具等)资源、不同施工方案引起的结构材料消耗的增加量、不同施工方案能源消耗量(如电、燃料、水等)。

(4)主要工种工人需要量和劳动消耗量，包括总需要量、月或周平均需要量、高峰需要量等。

3. 效果(效益)性指标

效果性指标主要反映采用该施工工艺方案后所能达到的效果。

(1)工程效果指标。

①工程施工工期，具体可用总工期、与工期定额相比的节约工期等指标。

②工程施工效率，可用进度实物工程量表示，如土方工程可用 m^3/月(m^3/周、m^3/台班、m^3/工日或 m^3/h 等)表示。

(2)经济效果指标。

①成本降低额或降低率，即实施该施工工艺方案后可能取得的成本降低的额度或程度。

②材料资源节约额或节约率，即实施该施工工艺方案后所采用的材料资源的可能节约额度或程度。

4. 其他指标

其他指标是指上述三类指标之外的其他指标，如采用该工艺方案后对企业的技术装备、素质、信誉、市场竞争力和专有技术拥有程度等方面的影响。这些指标可以是定量的，也可以是定性的。

10.2.2　施工组织方案的技术经济评价指标

施工组织方案是指单位工程及包括若干个单位工程的建筑群体的施工过程的组织与安排方案，如流水作业方法、平行流水、立体交叉作业方法等，评价施工组织方案的技术经济指标有以下几个。

1. 技术性指标

(1)工程特征指标，如建筑面积、各主要分部分项的工程量等。

(2)组织特征指标，如施工工作面的大小、人员的配备、机械设备的配备、划分的施工段、流水步距与节拍等。

2. 消耗性指标

(1)工程施工成本。

(2)主要施工机械耗用量。

(3)主要材料资源耗用量，主要是指进行施工时必须消耗的主要材料资源(如道轨、枕木、道砟、模板材料、工具式支撑、脚手架材料等)，一般不包括构成工程实体的材料消耗。

(4)劳动消耗量，可用总工日数、分时期的总工日数、最高峰工日数、平均月工日数等指标表示。

3. 效果指标

(1)工程效果指标。

①工程施工工期。

②工程施工效率。

③施工机械效率，可用两个指标评价：一是主要大型机械单位工程量(单位面积、长度或体积等)耗用台班数；二是施工机械利用率，即主要机械在施工现场的工作总台班数与在现场的日历天数的比值。

④劳动效率(劳动生产率)，可用三个指标评价：一是单位工程量(单位面积、长度或体积等)用工数(如总工日数/建筑面积)；二是分工种的每工产量(m/工日，m^2/工日，m^3/工日或t/工日)；三是生产工人的日产值(元/工日)。

⑤施工均衡性，可用下列指标评价(系数越大越不均衡)：

主要工种工程施工不均衡性系数=高峰月工程量/平均月工程量

主要材料资源消耗不均衡性系数=高峰月耗用量/平均月耗用量

劳动量消耗不均衡性系数=高峰月劳动消耗量/平均月劳动消耗量

(2)经济效果指标。

①成本降低额或降低率，可用工程施工成本和临时设施成本的节约额或节约率等指标。

②材料资源节约额或节约率，即实施该施工工艺方案后所采用的材料资源的可能节约额度或程度。

③总工日节约额。

④主要机械台班节约额。

4. 其他指标

其他指标是指上述三项指标之外的其他指标，如投标竞争力、环境保护等。

10.2.3 新结构、新材料的技术经济评价指标

1. 采用新结构、新材料的技术经济效果

(1)改善建筑功能，如改善保温、隔热、隔声等功能，以及扩大房屋的有效使用面积等。

(2)减轻建筑物自重，节约运输能力，降低工程造价。

(3)有利于缩短施工工期，加快施工的机械化、装配化、工厂化，从而加快了施工速度。

(4)有利于废渣、废料的再利用，节约能源。

(5)减轻施工劳动强度，改善施工作业条件，提高机械化程度，实现文明施工。

2. 新结构、新材料的技术经济评价指标

(1)工程造价，这是反映方案经济性的综合指标，一般用预算价格计算。

(2)主要材料消耗量，是指钢材、水泥、木材、黏土砖等的消耗量。

(3)施工工期，是指从开工到竣工的全部日历时间。

(4)劳动消耗量，反映活劳动消耗量，现场用工与预制用工应分别计算。

(5)一次性投资额，是指为了采用某种新结构、新材料而需建立的相应的材料加工厂、制品厂等的基建投资。

3. 新结构、新材料的技术经济评价辅助指标

(1)建筑物自重，是指采用新结构、新材料后，单位建筑面积建筑物的自重。

(2)能源消耗量，是指采用新结构、新材料后，在生产制造、运输、施工、安装、使用过程中的年能源消耗量。

(3)工业废料利用量，是指采用新结构、新材料后，每平方米建筑面积可利用工业废料的数量。

(4)建筑物使用年限。

(5)经常使用费，是指采用新结构、新材料后每年的日常使用费及维护修理费等。

在进行方案评价时，应以主要指标作为基本依据。当主要指标之间发生矛盾时，应着重考虑造价和主要材料消耗量指标。当主要指标相差不大时，则需分析辅助指标，作为方案评价的补充论证。

10.2.4　施工方案技术经济分析方法

具体来说，常见的施工方案有施工机械的选用、水平运输方案、垂直运输方案、构件吊装方案、基坑支护方案、混凝土浇筑与运输方案、模板方案、脚手架方案、现场平面布置方案、劳动力调配方案、现场机械设备调度方案、施工流水作业方案等。这些方案的比较选择，一般常见的问题可由施工管理人员根据经验迅速做出选择；而对于复杂的问题，需要进行分析、评价与比较，才能做出正确的选择。

1. 多指标综合评价法

多指标综合评价法即根据上述的指标体系，对于具体方案选择多个指标进行综合的评价选择。通常以其中的一个或两个指标为主，再综合考虑其他因素来确定最优方案，如基坑支护方案，既要考虑到采用这种方案施工的安全性和方便性，也要考虑到其经济性。多指标综合评价最常用的是多指标加权平均法。

2. 单指标评价法

施工方案的比选中，经常用的是单指标评价法，即根据一个单一的效益性指标或费用性指标比较方案的优劣，其中以最小费用法用得最多。另外，由于施工方案的寿命期通常较短(一般一个合同的工期多在 1 年之内)，所以在对施工方案进行比较时，通常不考虑资金的时间价值，用静态计算费用法进行选择。

【例 10-4】 某施工单位承担某工程施工任务，该工程混凝土总需要量为 4 500 m^3。该施工单位对该工程的混凝土供应提出了两个方案。

方案 A：现场搅拌混凝土。

(1)现场建一个搅拌站，初期一次性建设费用包括地坑基础、骨料仓库、设备的运输及装拆等费用，总共 100 000 元；

(2)搅拌设备的租金与维修费为 22 000 元/月；

(3)每立方米混凝土的制作费用包括水泥、骨料、添加剂、水电及工资等总共为 270 元。

方案 B：购买商品混凝土。由某构件厂供应商品混凝土，送到施工现场的价格为 350 元/m^3。

问：

(1)当工期为 9 个月时，采用哪个方案有利？

(2)当工期为多少个月时，两方案费用相同？

(3)当工期为 9 个月，混凝土总需要量为多少立方米时，购买商品混凝土方案有利？

解：(1)方案 A 的每立方米混凝土成本为

$$C_A=\frac{100\ 000+22\ 000\times 9}{4\ 500}+270=336.2(\text{元}/\text{m}^3)$$

方案 B 的成本 C_B 为 350 元/m³。因此，采用方案 A 有利。

(2)设工期为 x 个月，令 $C_A=C_B$，则

$$\frac{100\ 000+22\ 000\times x}{4\ 500}+270=350$$

求得 $x=11.8$(月)，即当工期为 11.8 个月时，两方案费用相同。

当工期超过 11.8 个月时，采用方案 B 有利。

(3)设混凝土总需要量为 x，令 $C_A>C_B$，则

$$\frac{100\ 000+22\ 000\times 9}{x}+270>350$$

求得 $x<3\ 725(\text{m}^3)$，即当工期为 9 个月，混凝土总需要量小于 3 725 m³ 时，采用商品混凝土方案有利。

【例 10-5】 某机械化施工企业承担了某工程的基坑土方施工，土方量为 20 000 m³，平均运土距离为 8 km，计划工期为 15 d，每天一班制施工。该企业现有 WY50、WY75、WY100 挖掘机各 2 台，以及 5 t、8 t、10 t 自卸汽车各 20 台，其主要参数见表 10-9、表 10-10。

表 10-9 自卸汽车主要参数表

载重能力/t	5	8	10
运距 8 km 台班产量/(m³ · 台班⁻¹)	32	51	81
台班单价/(元 · 台班⁻¹)	413	505	978

表 10-10 挖掘机主要参数表

型号	WY50	WY75	WY100
容量/m³	0.50	0.75	1.00
台班产量/(m³ · 台班⁻¹)	480	558	690
台班单价/(元 · 台班⁻¹)	618	689	915

问：(1)若挖掘机和自卸汽车按表中所示型号各取一种，WY50＋5 t 自卸、WY75＋8 t 自卸、WY100＋10 t 自卸，哪种组合最经济？相应的每立方米土方的挖土、运输直接费为多少？

(2)根据该公司现有的挖掘机和自卸汽车的数量，完成土方挖运任务，每天应安排几台何种型号的挖掘机和几台何种型号的自卸汽车？

(3)根据所安排的挖掘机和自卸汽车数量，该土方工程可在几天内完成？相应的每立方米土方的挖土、运输直接费为多少？

解：(1)步骤一，分析各种机械的单位费用。

挖掘机 WY50：618/480＝1.29(元/m³)

WY75：689/558＝1.23(元/m³)

WY100：915/690＝1.33(元/m³)

自卸汽车 5 t：413/32＝12.91(元/m³)

8 t：505/51＝9.90(元/m^3)

10 t：978/81＝12.07(元/m^3)

步骤二，分别计算三种组合的每立方米挖土、运输直接费。

WY50＋5 t 自卸：1.29＋12.91＝14.20(元/m^3)

WY75＋8 t 自卸：1.23＋9.90＝11.13(元/m^3)

WY100＋10 t 自卸：1.33＋12.07＝13.40(元/m^3)

所以"WY75＋8 t 自卸"是最佳经济组合，每立方米土方的挖土直接费为 1.23 元，运输直接费为 9.90 元。

(2)步骤一，从费用最低的机械选起。

先选挖掘机，若选取 WY75 型，则每天需要的台数为$\frac{20\ 000}{558\times15}$＝2.39(台)。

企业拥有 2 台 WY75，每天完成 558×2×15＝16 740(m^3)。

而要按时完成全部土方量，则每天还剩 217.33×[(20 000－16 740)/15]m^3 土方量，需另选 1 台 WY50 型挖掘机(台班产量 480 m^3/台班)，就可以满足剩余土量的挖掘要求，且日挖土量＝558×2＋480＝1 596(m^3)。

步骤二，选择自卸汽车。

自卸汽车从 8 t 的选起，要满足日运输量 1 596 m^3 的土方，则需

$$1\ 596/51=31.3(台)$$

企业拥有 20 台 8 t 自卸汽车，全部选用，每天不能完工的余土量为

$$1\ 596-20\times51=576(m^3)$$

为每天运完以上土方量，可选择以下几种组合：

若余土由 10 t 自卸汽车运输，则需要 8 台 10 t 自卸汽车，每天运土费用＝8×978＝7 824(元)。

若余土由 7 台 10 t 自卸汽车和 1 台 5 t 自卸汽车组合运输，每天运土费用＝7×978＋1×413＝7 259(元)。

若余土由 6 台 10 t 自卸汽车和 3 台 5 t 自卸汽车组合运输，每天运土费用＝6×978＋3×413＝7 107(元)。

若余土由 5 台 10 t 自卸汽车和 6 台 5 t 自卸汽车组合运输，每天运土费用＝5×978＋6×413＝7 368(元)。

由此可见，运输余土最经济的组合是 6 台 10 t 自卸汽车和 3 台 5 t 自卸汽车的组合。

所以，每天应安排 1 台 WY50、2 台 WY75 挖掘机挖土，安排 3 台 5 t、20 台 8 t、6 台 10 t 自卸汽车运土。

(3)步骤一，计算施工天数。

$$\frac{20\ 000}{1\ 596}=13(天)$$

步骤二，计算每立方米土方的挖运成本。

$$(618+689\times2+413\times3+505\times20+978\times6)\times13/20\ 000=12.48(元/m^3)$$

所以，该土方工程可在 13 天内完成，挖运成本为 12.48 元/m^3。

3. 价值工程法

价值工程法作为一个方便实用的经济分析方法，在施工方案的经济分析中得到了较好的应用。利用价值工程法，可对建筑材料、构配件及周转性工具材料的代换进行价值分析，也可直接用于方案的经济比较。

【例 10-6】 承包商 B 在某高层住宅楼的现浇楼板施工中，拟采用钢木组合模板体系或小钢模体系施工。经有关专家讨论，决定从模板总摊销费用(F_1)、楼板浇筑质量(F_2)、模板人工费(F_3)、模板周转时间(F_4)、模板装拆便利性(F_5)五个技术经济指标对这两个方案进行评价，并采用 0－1 评分法对各技术经济指标的重要程度进行评分，其部分结果见表 10-11，两个方案各技术经济指标的得分见表 10-12。

经估算，钢木组合模板在该工程的总摊销费用为 40 万元，每平方米楼板的模板人工费为 8.5 元；小钢模在该工程的总摊销费用为 50 万元，每平方米楼板的模板人工费为 6.8 元。该住宅楼的楼板工程量为 2.5 万 m^2。

表 10-11 指标重要程度评分表

指标	F_1	F_2	F_3	F_4	F_5
F_1	×	0	1	1	1
F_2		×	1	1	1
F_3			×	0	1
F_4				×	1
F_5					×

表 10-12 指标得分表

指标＼方案	钢木组合模板	小钢模
F_1	10	8
F_2	8	10
F_3	8	10
F_4	10	7
F_5	10	9

要求：

(1)试确定各技术经济指标的权重。

(2)若以楼板工程的每平方米模板费用作为成本比较对象，试用价值指数法选择较经济的模板体系。

解：(1)根据 0－1 评分法的计分办法，各技术经济指标的得分和权重的计算结果见表 10-13。

表 10-13 指标权重计算表

指标	F_1	F_2	F_3	F_4	F_5	得分	修正得分	权重
F_1	×	0	1	1	1	3	4	0.267
F_2	1	×	1	1	1	4	5	0.333
F_3	0	0	×	0	1	1	2	0.133
F_4	0	0	1	×	1	2	3	0.200
F_5	0	0	0	0	×	0	1	0.067
合计						10	15	1.000

(2)步骤一，计算两个方案的功能指数，结果见表 10-14。

表 10-14　功能指数计算表

技术经济指标	权重	钢木组合模板	小钢模
F_1	0.267	10×0.267=2.67	8×0.267=2.14
F_2	0.333	8×0.333=2.66	10×0.333=3.33
F_3	0.133	8×0.133=1.06	10×0.133=1.33
F_4	0.200	10×0.200=2.00	7×0.200=1.40
F_5	0.067	10×0.067=0.67	9×0.067=0.60
合计	1.000	9.06	8.80
功能指数		9.06/(9.06+8.80)=0.51	8.80/(9.06+8.80)=0.49

步骤二，计算两个方案的成本指数。

钢木组合模板的每平方米模板费用=40/2.5+8.5=24.5(元/m^2)

小钢模的每平方米模板费用=50/2.5+6.8=26.8(元/m^2)

则

钢木组合模板的成本指数=24.5/(24.5+26.8)=0.48

小钢模的成本指数=26.8/(24.5+26.8)=0.52

步骤三，计算两个方案的价值指数。

钢木组合模板的价值指数=0.51/0.48=1.06

小钢模的价值指数=0.49/0.52=0.94

因为钢木组合模板的价值指数高于小钢模的价值指数，故应选用钢木组合模板体系。

本章小结

1. 设计阶段对建设项目总投资的影响程度仅次于决策阶段。设计方案的评价指标体系分为工业建筑设计方案的评价指标、民用建筑设计方案的评价指标和居住小区设计方案的评价指标。

2. 设计方案的经济分析方法包括多指标综合评价法(多指标加权平均法)、单指标评价法(静态计算费用法和动态计算费用法)、价值分析法三种。

3. 工程施工阶段进行技术经济评价，主要包括施工工艺方案、施工组织方案的技术经济分析评价、比较与选择，以及工程施工中采用新结构、新材料的经济分析评价等。

4. 施工方案技术经济分析方法包括多指标综合评价法、单指标评价法(施工机械的比较选择等)、价值工程法(施工方案的优选)三种。

思考与练习

1. 设计方案经济分析方法有哪些?

2. 什么是限额设计?限额设计有哪几种?

3. 施工方案的比选方法有哪些?

4. 某开发商开发的别墅区，在设计时考虑选择家用中央空调系统。该别墅群每幢各3层，建筑面积都在230 m^2 左右，每幢别墅需要配备空调的房间有8间，如选择水系统家用中央空调系统，需要配置9台室内风机盘管。现有两种品牌的家用中央空调系统供选择:

A 型：初始购置费(包括安装费用)为 7.6 万元，年平均运行费用为 4 260 元(按现行电价计算)。

B 型：初始购置费(包括安装费用)为 6 万元，年平均运行费用为 5 080 元(按现行电价计算)。

空调平均使用寿命为 20 年，均无残值。基准收益率为 6%。请用单指标评价法选择最优型号。

5. 某项目进行施工方案设计时，为了选择确定能保证钢结构质量的焊接方法，已初选出电渣焊、埋弧焊、CO_2 焊、混合焊四种方案。根据调查资料和实践经验，已定出各评价要素的权重及方案的评分值(表 10-15)。试对焊接方案进行比选。

表 10-15　权重及评分值

序号	评价要素	权重	方案满足程度			
			电渣焊	埋弧焊	CO_2 焊	混合焊
1	焊接质量	0.4	80	70	40	60
2	焊接效率	0.1	80	70	80	70
3	焊接成本	0.3	80	100	100	100
4	操作难易	0.1	50	100	70	90
5	实现条件	0.1	40	100	100	100

6. 某工程需制作一根 9.9 m 长的钢筋混凝土梁，可采用三种设计方案(表 10-16)。经测算，A、B、C 三种强度等级的混凝土的制作费用分别为 220 元/m^2、230 元/m^2、225/元/m^2，梁侧模的摊销费用为 21.4 元/m^2，梁底模的摊销费用为 24.8 元/m^2，钢筋制作、绑扎的费用为 3 390 元/t。请问哪个方案最优？

表 10-16　混凝土梁的三种方案

方案	梁断面尺寸/mm	单位体积混凝土用钢筋量/(kg·m^{-3})	混凝土强度等级
1	300×900	95	A
2	500×600	80	B
3	300×800	105	C

7. 某市为改善越江交通情况，提出以下两个方案：

方案 1：在原桥基础上加固、扩建。该方案预计投资 40 000 万元，建成后可通行 20 年，在此期间每年需维护费 1 000 万元，每 10 年需进行一次大修，每次大修费为 3 000 万元，无残值。

方案 2：拆除原桥，在原址建一座新桥。该方案预计投资 120 000 万元，建成后可通行 60 年，在此期间每年需维护费 1 500 万元，每 20 年需进行一次大修，每次大修费为 5 000 万元，60 年末残值为 5 000 万元。

不考虑两个方案建设期的差异，基准收益率为 6%。主管部门对该桥应具备的功能进行了深入分析，认为应从 F_1、F_2、F_3、F_4、F_5 五个方面对功能进行评价。专家运用 0—4 法对各功能进行打分，打分表见表 10-17。各专家对两个方案的功能评价见表 10-18。

表 10-17　0—4 法打分表

指标	F_1	F_2	F_3	F_4	F_5
F_1	×	2	3	4	4
F_2		×	3	4	4
F_3			×	3	4

续表

指标	F_1	F_2	F_3	F_4	F_5
F_4				×	3
F_5					×

表 10-18　两个方案功能得分

指标	方案 1	方案 2
F_1	6	10
F_2	7	9
F_3	6	7
F_4	9	8
F_5	9	9

要求：

(1)请完成表 10-17，并计算各功能的权重。

(2)列式计算两个方案的年费用。

(3)采用价值工程方法对两个方案进行评价。

8. 某机械化施工企业承担了某工程的土方施工任务，土方量为 9 800 m^3，平均运土距离为 8 km，计划工期为 10 d，每天一班制施工。该企业现有 WY50、WY75、WY100 液压挖掘机各 4 台、2 台、1 台，以及 5 t、8 t、15 t 自卸汽车各 10 台、20 台、10 台，其主要参数见表 10-19、表 10-20。

问：

(1)若挖掘机和自卸汽车按表中型号各取一种，且数量没有限制，哪种组合最经济？相应的每立方米土方的挖土、运输直接费为多少？

(2)根据该公司现有的挖掘机和自卸汽车的数量，完成土方挖运任务每天应安排几台何种型号的挖掘机和几台何种型号的自卸汽车？

(3)根据所安排的挖掘机和自卸汽车数量，该土方工程可在几天内完成？相应的每立方米土方的挖土、运输直接费为多少？

表 10-19　自卸汽车主要参数

载重能力/t	5	8	15
运距 8 km 台班产量/(m^2 · 台班$^{-1}$)	28	45	68
台班单价/(元 · 台班$^{-1}$)	318	458	726

表 10-20　挖掘机主要参数

型号	WY50	WY75	WY100
容量/m^3	0.50	0.75	1.00
台班产量/(m^2 · 台班$^{-1}$)	401	549	692
台班单价/(元 · 台班$^{-1}$)	880	1 060	1 420

习题答案

第 11 章

建设项目施工和竣工阶段的技术经济分析

学习重点

工程价款结算的方法、程序；工器具和材料价款的支付与结算；资金使用计划的编制方法与投资偏差分析；工程竣工结算的编制、计算的方法；竣工决算编制的依据、内容、步骤；新增资产价值的确定方法；工程质量保证(保修)金的预留、使用及管理。

学习目标

通过本章的学习，了解工程价款结算、工程竣工结算、资金使用计划、竣工决算、新增固定资产价值、工程质量保证(保修)金的概念与作用；熟悉工程竣工结算的审查、有关竣工结算的法律规定，编制施工阶段资金使用计划的相关因素，工程质量保修范围和内容；掌握工程价款结算的方法、程序，资金使用计划的编制方法与投资偏差分析，工程竣工结算的编制、计算的方法，竣工决算编制的依据、内容、步骤，新增资产价值的确定方法，工程质量保证(保修)金的预留、使用及管理。

第 11 章　课件

知识结构图

- 建设项目施工和竣工阶段的技术经济分析
  - 工程价款结算
    - 工程价款结算概述
    - 工程价款结算的方法
    - 工程价款结算的程序
    - 资金使用计划的编制与应用
    - 工程竣工结算
  - 竣工决算
    - 竣工决算的概念及作用
    - 竣工决算的编制要求
    - 竣工决算的编制依据
    - 竣工决算的编制内容
    - 竣工决算编制步骤与报表构成
    - 竣工决算审核与审核表构成
    - 资产交付
    - 竣工决算编制实例

11.1　工程价款结算

11.1.1　工程价款结算概述

1. 工程价款结算的定义

工程价款结算也称工程结算，是指依据基本建设工程承包合同等进行工程预付款、进度款、竣工价款结算的活动。

2. 工程价款结算的作用

工程价款结算对发包人和承包人都是一项十分重要的工作，主要表现在以下几个方面：

(1)工程价款结算是反映工程进度的主要指标。在施工过程中，工程价款结算的依据之一就是按照已完成的工程进行结算，根据累计已结算的工程价款占合同总价款的比例，近似反映出工程的进度情况。

(2)工程价款结算是加速资金周转的重要环节。承包人尽快尽早地结算工程款，有利于偿还债务和资金回笼，降低内部运营成本。通过加速资金周转，提高资金的使用效率。

(3)工程价款结算是考核经济效益的重要指标。对于承包人来说，只有工程款如数结清才意味着避免了经营风险并获得相应的利润，进而达到良好的经济效益。

11.1.2　工程价款结算的方法

我国现行建筑安装工程价款的主要结算方法根据工程性质、规模、资金来源、施工工期及承包内容不同，可分为按月结算、分段结算、竣工后一次结算、目标结算等。

1. 按月结算

按月结算即实行旬末或月中预支，月终结算，竣工后清算的方法。跨年度竣工的工程，在年终进行工程盘点，办理年度结算。我国现行建筑安装工程价款结算中，相当一部分是实行这种按月结算。

2. 分段结算

分段结算即当年开工，当年不能竣工的单项工程或单位工程按照工程形象进度，划分不同阶段进行结算。分段结算可以按月预支工程款。分段的划分标准由各部门或省、自治区、直辖市、计划单列市规定。如某地区规定，实行招标包干的工程，建设单位可按工程合同造价分段拨付工程款。

(1)施工合同签订后 7 日内，按合同价 10%支付作备料款；

(2)工程基础完成后，按合同价 10%支付；

(3)工程主体完成后，按合同价 30%支付；

(4)装饰工程完成 50%后，按合同价 20%支付；

(5)工程竣工验收后，按合同价 10%支付；

(6)完成竣工结算后，付至审定价款 97%，留 3%作质量保证金。

3. 竣工后一次结算

建设项目或单项工程全部建筑安装工程建设期在 12 个月以内，或者工程承包合同价值在 100 万元以下的，可以实行工程价款每月月中预支，竣工后一次结算的方式。结算中，应把施工中发生的设计变更、费用签证等使工程价款发生增减变化的内容加以调整。

4. 目标结款

在工程合同中，将承包工程的内容分解成不同的控制界面，以发包人验收控制界面作为支付工程价款的前提条件。也就是说，将合同中的工程内容分解成不同的验收单元，当承包人完成单元工程内容并经发包人(或其委托人)验收后，发包人支付构成单元工程内容的工程价款。

5. 年终结算

年终结算是指单位工程或单项工程不能在本年度竣工，而要转入下年度继续施工。为了正确统计施工企业本年度的经营成果和建设投资完成情况，由承包方、发包方及贷款银行对正在施工的工程进行已完成和未完成工程量盘点，结清本年度的工程价款。

6. 结算双方约定的其他结算方式

承包人与发包人办理的已完成工程价款结算，无论采取何种方式，在财务上都可以确认已完工部分的工程收入实现。

11.1.3　工程价款结算的程序

工程价款结算包括工程预付款、工程进度款、工程质量保证金及工程竣工价款结算等的支付。《基本建设财务规则》(财政部令第81号)规定：项目建设单位应当严格按照合同约定和工程价款结算程序支付工程款。

基本建设财务规则
(财政部令第81号)

1. 工程预付款

工程预付款也称预付备料款，是在开工前，发包人按照合同约定，预先支付给承包人用于购买合同工程施工所需的材料、工程设备及组织施工人员与机械进场等的款项。预付款必须专用于合同工程，其额度和预付办法在专用合同条款中约定。

(1)工程预付款的限额。工程预付款的限额由主要材料(包括外购构件)占工程造价的比重、材料储备期、施工工期等因素决定，在工程实际中常用百分比法确定工程预付款的限额。

百分比法是按年度工作量(或合同价)的一定比例确定预付款额度的一种方法，如建筑工程一般不超过当年建筑工程量(或合同价)的25%；安装工程一般不超过当年安装工程量(或合同价)的10%；小型工程可不预付工程款，直接分阶段拨付工程进度款等。

在承包方向发包方提交工程预付款的银行保函后，发包方支付预付款，在发包方全部扣回预付款之前，该银行保函将一直有效。《建设工程施工合同(示范文本)》(GF—2017—0201)约定：预付款的支付按照专用合同条款约定执行，但至迟应在开工通知载明的开工日期7日前支付。除专用合同条款另有约定外，预付款在进度付款中同比例扣回，尚未扣完的预付款应与合同价款一并结算。

(2)工程预付款的扣回。

工程预付款属于预支性质，应以抵充工程价款的方式陆续扣回。扣款的方式有以下两种。

①合同专用条款中约定扣回。在承包人完成金额累计达到合同总价的一定比例后，由承包人开始向发包方还款，发包人从每次应付给承包人的金额中扣回工程预付款，发包人至少在合同规定的完工期前将工程预付款的总计金额逐次扣回，如约定“工程预付款从承包人获得累计工程款超过合同价的30%以后的下一个月起，五个月内均匀扣除”等。

②可以从未施工工程尚需的主要材料及构件的价值相当于备料款数额时起扣，从每次结算工程价款中按材料比重扣抵工程价款，竣工前全部扣清。其基本表达公式为

$$T=P-\frac{M}{N} \tag{11-1}$$

式中 T——起扣点，即工程预付款开始扣回时的累计完成工程量金额；

M——工程预付款额；

N——主要材料所占比重；

P——承包工程价款总额。

工程预付款

2. 工程进度款

工程进度款是指承包人在施工过程中，按月(或形象进度)完成的工程数量计算各项费用，向发包人办理的支付金额，也称中间结算。

(1)工程进度款支付申请。承包人统计并汇总进度月报表并附形象进度表、工程量计算书、预算书、整改通知单及合同文本，按合同约定提出工程进度款支付申请。

(2)工程进度款复核。监理人对已完成合同的实物工作量进行分项复核，确认完成工程形象进度，审核工程进度款项目组成，复核计量、计价结果，编制月进度款审核书，签署进度款支付证书。

(3)工程进度款支付。发包人审核完毕后，按合同约定支付工程进度款。

3. 工程质量保证金

建设工程质量保证金(以下简称保证金)是指发包人与承包人在建设工程承包合同中约定，从应付的工程款中预留，用以保证承包人在缺陷责任期内对建设工程出现的缺陷进行维修的资金。缺陷是指建设工程质量不符合工程建设强制性标准、设计文件，以及承包合同的约定。

缺陷责任期从工程通过竣工验收之日起计。由于承包人原因导致工程无法按规定期限进行竣工验收的，缺陷责任期从实际通过竣工验收之日起计。由于发包人原因导致工程无法按规定期限进行竣工验收的，在承包人提交竣工验收报告 90 日后，工程自动进入缺陷责任期。

《建设工程质量保证金管理办法》(建质〔2017〕138 号)

(1)保证金的约定。《建设工程质量保证金管理办法》(建质〔2017〕138 号)规定：发包人应当在招标文件中明确保证金预留、返还等内容，并与承包人在合同条款中对涉及保证金进行约定。

(2)保证金的预留。保证金总预留比例不得高于工程价款结算总额的 3%；合同约定由承包人以银行保函替代预留保证金的，保函金额不得高于工程价款结算总额的 3%。

(3)保证金的管理。缺陷责任期内，由承包人原因造成的缺陷，承包人应负责维修，并承担鉴定及维修费用。如承包人不维修也不承担费用，发包人可按合同约定从保证金或银行保函中扣除，费用超出保证金额的，可按合同约定向承包人索赔。承包人维修并承担相应费用后，不免除对工程的损失赔偿责任。由他人原因造成的缺陷，发包人负责组织维修，承包人不承担费用，且不得从保证金中扣除费用。

(4)保证金的返还。缺陷责任期内，承包人认真履行合同约定的责任，到期后，承包人向发包人申请返还保证金。发包人接到返还保证金申请后，应于 14 日内会同承包人按照合同约定的内容进行核实。如无异议，应按约定将保证金返还给承包人。对返还期限没有约定或不明确的，发包人应在核实后 14 日内返还保证金，逾期未返还的，依法承担违约责任。在接到返还保证金申请后 14 日内不予答复，经催告后 14 日内仍不予答复，视同认可承包人的返还保证金申请。

4. 工程竣工价款结算

竣工价款结算一般应当在项目竣工验收后 2 个月内完成，大型项目一般不得超过 3 个月。承包人根据办理的竣工结算文件，向发包人提交竣工结算款支付申请。该申请应包括下列内容：

(1)竣工结算总额；

(2)已支付的合同价款；

(3)应扣留的质量保证金；

(4)应支付的竣工付款金额。

11.1.4 资金使用计划的编制与应用

施工阶段时间长、范围广，投资控制工作量大、内容丰富，建设参与方多，计价与控制跟其前序阶段的众多因素密切相关。施工阶段计价与控制的重要关键因素包括可行性研究报告、设计方案、施工图预算，施工阶段出现的各种风险因素对于资金使用计划实施也有很大影响。在制订资金使用计划时，要考虑计划工期与实际工期、计划投资与实际投资、资金供给与资金调度等多方面的关系。

1. 资金使用计划的作用

施工阶段资金使用计划的编制与控制在整个工程造价管理中处于重要而独特的地位，它对工程造价的作用表现在以下几方面：

(1)通过编制资金使用计划，合理确定工程造价施工阶段目标值，使工程造价的控制有所依据，并为资金的筹集与协调打下基础。

(2)通过资金使用计划的科学编制，可以对未来工程项目的资金使用和进度控制有所预测，消除不必要的资金浪费和进度失控，也能够避免在今后工程项目中由于缺乏依据而进行轻率判断所造成的损失，减少盲目性，增加自觉性，使现有资金充分地发挥作用。

(3)通过资金使用计划的严格执行，可以有效地控制工程造价上升，最大限度地节约投资，提高投资效益。

(4)对于脱离实际的工程造价目标值和资金使用计划，应在科学评估的前提下，允许修订或修改，使工程造价更加趋于合理水平，从而保障建设单位和承包人各自的合法利益。

2. 施工阶段资金使用计划的编制方法

施工阶段资金使用计划的编制方法主要有以下几种。

(1)按投资构成分解来编制资金使用计划。工程项目的投资主要分为建筑安装工程投资、设备工器具购置投资及工程建设其他投资。由于建筑工程和安装工程在性质上存在着较大差异，投资的计算方法和标准也不尽相同，所以在实际操作中可分解为建筑工程投资、安装工程投资。这样，工程项目投资的总目标就可以按建筑工程投资、安装工程投资、工器具购置投资进一步分解。按投资构成分解来编制资金使用计划的方法适用于有大量经验数据的工程项目。

(2)按不同子项目编制资金使用计划。一个建设项目往往由多个单项工程组成，每个单项工程可能由多个单位工程组成，而单位工程又由若干个分部分项工程组成。某学校建设项目，其组成情况如图 11-1 所示

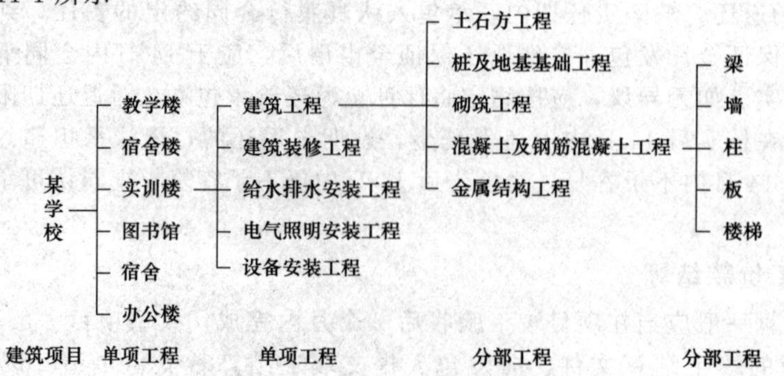

图 11-1 某学校建设项目分解图

按项目划分对资金的使用进行合理分配时，首先必须对工程项目进行合理划分，划分的粗细程度根据具体实际需要而定，一般情况下，将投资目标分解到各单项工程和单位工程比较容易，结果也合理可靠。在投资计划分解到单项工程、单位工程的同时，还应分解到建筑工程费、安装工程费、设备购置费、工程建设其他费，这样有助于检查各项具体投资支出对象的落实情况。

(3)按时间进度编制资金使用计划。建设项目的投资是分阶段、分期支出的，资金使用是否合理与资金时间安排有密切关系。为了编制资金使用计划，并据此筹措资金，尽可能减少资金占用和利息支出，有必要将总目标按使用时间分解，确定分目标值。

按时间进度编制的资金使用计划，通常采用横道图、时标网络图、S形曲线、香蕉图等形式。其对应数据的产生都源于施工计划网络图中时间参数(包括工序最早开工时间及完工时间、工序最迟开工时间及完工时间、关键工序、关键线路、计划总工期等)的计算结果与对应的资金使用要求。

一般而言，所有活动都按最迟时间开始，对节约建设资金贷款利息是有利的，同时也降低了项目按期竣工的风险。因此，合理地确定投资支出时间，既节约投资，又能控制项目工期。

3. 施工阶段投资偏差分析

在施工过程中，由于众多的随机因素与风险因素影响，导致实际投资与计划投资、实际工程进度与计划工程进度的差异，我们将它们称为投资偏差与进度偏差。

(1)实际投资与计划投资。由于时间—投资累计曲线中既包含投资计划，也包含进度计划，所以有关实际投资与计划投资的变量包括拟完工程计划投资、已完工程实际投资和已完工程计划投资。

①拟完工程计划投资。拟完工程计划投资，是指根据进度计划安排在某一确定时间内所应完成的工程内容的计划投资，可以表示为在某一确定时间内，计划完成的工程量与单位工程量计划单价的乘积，即

拟完工程计划投资＝拟完工程量×计划单价　　(11-2)

②已完工程实际投资。已完工程实际投资就是根据实际进度完成状况在某一确定时间内已经完成的工程内容的实际投资，可以表示为在某一确定时间内，实际完成的工程量与单位工程量实际单价的乘积，即

已完工程实际投资＝实际工程量×实际单价　　(11-3)

③已完工程计划投资。从上述计算式可以看出，两者之间既存在投资偏差，又存在进度偏差。已完工程计划投资正是为了更好地辨析这两种偏差而引入的变量，是指根据实际进度完成状况，在某一确定时间内已经完成的实际工程量与单位工程量计划单价的乘积，即

已完工程计划投资＝实际工程量×计划单价　　(11-4)

(2)投资偏差与进度偏差。

①投资偏差。投资偏差是指投资计划值与投资实际值之间存在的差异，当计算投资偏差时，应剔除进度原因对投资额产生的影响，即

投资偏差＝实际工程量×(实际单价－计划单价)　　(11-5)

投资偏差为正值时，表示投资增加；投资偏差为负值时，表示投资节约。

②进度偏差。进度偏差是指进度计划值与进度实际值之间存在的差异，如剔除单价原因产生的影响，其计算公式如下：

进度偏差＝已完工程实际时间－已完工程计划时间　　(11-6)

为了与投资偏差联系起来，进度偏差也可表示为

进度偏差＝拟完工程计划投资－已完工程计划投资

＝(拟完工程量－实际工程量)×计划单价　　(11-7)

进度偏差为正值时，表示工期拖延；结果为负值时，表示工期提前。

③投资偏差的其他概念。投资偏差还可分为局部偏差与累计偏差、绝对偏差与相对偏差等。

a. 局部偏差有两层含义：一是相对于总项目的投资而言，是指各单项工程、单位工程和分部分项工程的偏差；二是相对于项目实施的时间而言，是指每一控制周期所发生的投资偏差。

b. 累计偏差是指在项目已经实施的时间内累计发生的偏差。

c. 绝对偏差是指投资计划值与实际值比较所得的差额。

d. 相对偏差是指投资偏差的相对数或比例数，通常是用绝对偏差与投资计划值的比值来表示。

$$相对偏差=\frac{绝对偏差}{投资计划值}=\frac{投资实际值-投资计划值}{投资计划值} \tag{11-8}$$

(3)常用的偏差分析方法。常用的偏差分析方法有横道图法、时标网络图法、表格法与曲线法。

①横道图法。用横道图进行投资偏差分析，是用不同的横道标志拟完工程计划投资、已完工程实际投资和已完工程计划投资，在实际工作中往往需要根据拟完工程计划投资和已完工程实际投资确定已完工程计划投资后，再确定投资偏差与进度偏差。根据拟完工程计划投资与已完工程实际投资，确定已完工程计划投资的方法如下：

a. 已完工程计划投资与已完工程实际投资的横道位置相同；

b. 已完工程计划投资与拟完工程计划投资的各子项工程的投资总值相同。

横道图法的优点是简单直观，便于了解项目的投资概貌；但这种方法的信息量较少，主要反映累计偏差和局部偏差，因而其应用有一定的局限性。

【例 11-1】 假设某项目共含有两个子项工程——A 子项和 B 子项，各自的拟完工程计划投资、已完工程实际投资和已完工程计划投资如图 11-2 所示，试编制投资数据表。

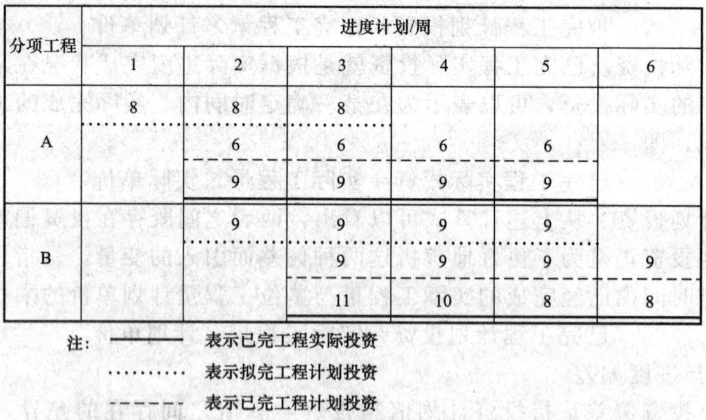

图 11-2 某工程计划与实际进度横道图(单位：万元)

解：根据图 11-2 中数据，按照每周各子项工程拟完工程计划投资、已完工程计划投资、已完工程实际投资的累计值进行统计，可以得到表 11-1 的数据。

表 11-1 投资数据表 万元

项 目	投资数据					
	1	2	3	4	5	6
每周拟完工程计划投资	8	17	17	9	9	
拟完工程计划投资累计	8	25	42	51	60	

续表

项　目	投资数据					
	1	2	3	4	5	6
每周已完工程计划投资		6	15	15	15	9
已完工程计划投资累计		6	21	36	51	60
每周已完工程实际投资		5	16	16	15	8
已完工程实际投资累计		5	21	37	52	60

根据表 11-1 中的数据可以求得相应的投资偏差和进度偏差，例如：

第 5 周末投资偏差＝已完工程实际投资－已完工程计划投资＝52－51＝1(万元)，即投资增加 1 万元。

第 5 周末进度偏差＝拟完工程计划投资－已完工程计划投资＝60－51＝9(万元)，即进度滞后 9 万元。

②曲线法。曲线法是用投资时间曲线(S 形曲线)进行偏差分析的一种方法。用曲线法进行偏差分析时，通常有三条投资曲线，即已完工程实际投资曲线、已完工程计划投资曲线和拟完工程计划投资曲线，如图 11-3 所示。用曲线法进行偏差分析，具有形象直观的优点，但不能直接用于定量分析，如果能与表格法结合起来，则会取得较好的效果。

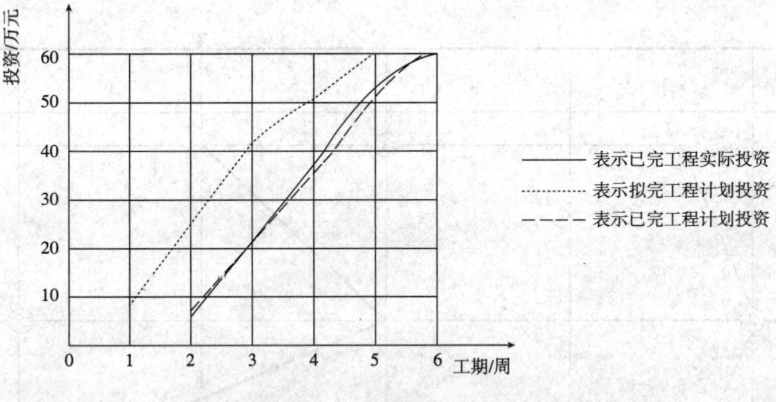

图 11-3　三种投资曲线图

③表格法。表格法是进行偏差分析最常用的一种方法。它可以根据项目的具体情况、数据来源、投资控制工作的要求等条件来设计表格。表格法不仅适用性较强、信息量大，可以反映各种偏差变量和指标，对全面深入地了解项目投资的实际情况非常有益；还便于用计算机辅助管理，提高工作效率，见表 11-2。

表 11-2　投资偏差分析表

项目编码	①	011	012	013
项目名称	②	土方工程	打桩工程	基础工程
单位	③	m^3	m	m^3
计划单价	④	45	150	600
拟完工程量	⑤	1 000	1 200	230
拟完工程计划投资	⑥＝④×⑤	45 000	180 000	138 000
已完工程量	⑦	1 200	1 050	220
已完工程计划投资	⑧＝④×⑦	54 000	157 500	132 000
实际单价	⑨	44	160	600

续表

其他款项	⑩			
已完工程实际投资	⑪=⑦×⑨+⑩	52 800	168 000	13 200
投资绝对偏差	⑫=⑪-⑧	−1 200	10 500	0
投资相对偏差	⑬=⑫÷⑧	−0.022	0.067	0.000
进度绝对偏差	⑭=⑥-⑧	−9 000	22 500	6 000
进度相对偏差	⑮=⑭÷⑥	−0.200	−0.125	0.043

④时标网络图法。时标网络图是在确定施工计划网络图的基础上，将施工的实施进度与日历工期相结合而形成的网络图。根据时标网络图可以得到每一时间段的拟完工程计划投资；已完工程实际投资可以根据实际工作完成情况测得；在时标网络图上，考虑实际进度前锋线并经过计算，就可以得到每一时间段的已完工程计划投资。实际进度前锋线表示整个项目目前实际完成的工作面情况，将某一确定时点下时标网络图中各个工序的实际进度点相连就可以得到实际进度前锋线。

时标网络图法具有简单、直观的特点，主要用来反映累计偏差和局部偏差，但实际进度前锋线的绘制有时会遇到一定的困难。

【例 11-2】 某工程的部分时标网络图如图 11-4 所示，试分析 5 月末的投资偏差和进度偏差。

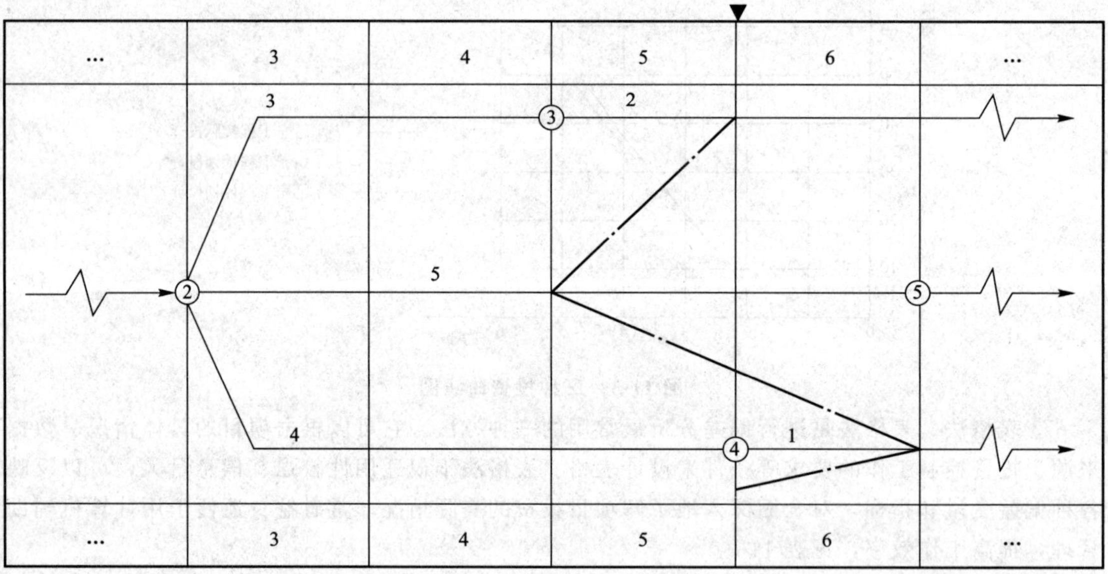

月份	…	3	4	5	6	…
(1)	…	25	37	48	56	…
(2)	…	24	39	45	54	…

图 11-4 某工程时标网络图(单位：万元)

注：1. 图中每根箭头线上方数值为该工作每月计划投资。

2. 图下方表内：(1)栏为该工程拟完工程计划投资累计值；

(2)栏为该工程已完工程实际投资累计值。

解：图中第 5 月末用▼标示的虚节线即实际进度前锋线，其与各工序的交点即为各工序的实际完成进度。因此：

5 月末的已完工程计划投资累计值＝48－5＋1＝44(万元)，则可以计算出投资偏差和进度偏差。

5 月末的投资偏差＝已完工程实际投资－已完工程计划投资＝45－44＝1(万元)，即投资增加 1 万元。

5 月末的进度偏差＝拟完工程计划投资－已完工程计划投资＝48－44＝4(万元)，即进度拖延 4 万元。

4. 偏差形成的原因、分类及纠正方法

(1)偏差形成的原因。

①客观原因：客观原因包括人工费涨价、材料费涨价、自然条件变化、地基因素、交通条件变化、国家政策法规变化等。

②发包人原因：投资规划不当，组织计划不落实、建设手续不健全；因发包人原因变更工程、发包人未及时付款、协调不佳等。

③设计原因：设计原因包括设计错误或缺陷、设计变更、设计标准变更、图纸提供不及时等。

④施工原因：施工原因包括施工组织设计不合理、质量事故、进度安排不当等。

(2)偏差的类型。

①投资增加且工期拖延。这种类型是纠正偏差的主要对象，必须引起高度重视。

②投资增加但工期提前。如果增加的资金值超过增加的效益，还要采取纠偏措施；若这种收益与增加的资金值大致相当甚至高于投资增加额，可不采取纠偏措施。

③工期拖延但投资节约。这种情况下是否采取纠偏措施要根据实际需要。

④工期提前且投资节约。这种情况是最理想的，不需要采取任何纠偏措施。

(3)纠偏的措施。

①组织措施。通过落实投资控制的组织机构，明确各级投资控制人员的任务、分工、权利和责任，改善投资控制工作流程等。组织措施是其他措施的前提保障。

②经济措施。检查投资目标分解的合理性、资金使用计划的保障性、施工进度计划的协调性。另外，进行偏差分析和未完工程预测发现潜在的问题，取得投资控制主动权。

③技术措施。不同的技术措施往往会有不同的经济效果。运用技术措施纠偏，对不同的技术方案进行技术经济分析后加以选择。

④合同措施。合同措施在纠偏方面主要指索赔管理。发生索赔事件后要认真审查索赔依据是否符合合同规定、索赔计算是否合理等。

11.1.5　工程竣工结算

工程竣工结算(又称竣工结算)是指承包人按照合同规定的内容全部完成所承包的工程，经验收质量合格并符合合同要求之后，承包人与发包人之间办理的最终工程结算。工程竣工结算分为单位工程竣工结算、单项工程竣工结算和建设项目竣工总结算。其中，单位工程竣工结算和单项工程竣工结算也可看作分阶段结算。

1. 工程竣工结算的作用

(1)企业所承包工程的最终造价被确定，建设单位与施工单位的经济合同关系完结。

(2)企业所承包工程的收入被确定，企业以此为根据可考核工程成本，进行经济核算。

(3)企业所承包的建筑安装工作量和工程实物量被核准承认，所提供的结算资料可作为建设单位编报竣工决算的基础资料依据。

(4)可作为进行同类经济分析、编制概算定额和概算指标的基础资料。

2. 工程竣工结算的依据

(1)国家有关法律法规、规章制度和相关的司法解释。

(2)建设工程工程量清单计价规范。

(3)施工承发包合同、专业分包合同及补充合同，有关材料、设备采购合同。

(4)招标投标文件，包括招标答疑文件、投标承诺、中标报价书及其组成内容。

(5)工程竣工图或施工图、施工图会审记录，经批准的施工组织设计，以及设计变更工程洽商和相关会议纪要。

(6)经批准的开、竣工报告或停、复工报告。

(7)双方确认的工程量。

(8)双方确认追加(减)的工程价款。

(9)双方确认的索赔、现场签证事项及价款。

(10)其他依据。

3. 工程竣工结算的审查

《基本建设财务规则》(财政部令第 81 号)规定：竣工价款结算一般应当在项目竣工验收后 2 个月内完成，大型项目一般不得超过 3 个月。

$$\text{竣工结算价款}=\text{合同价}+\text{施工中合同价调整}-\text{预付及已结算工程价款}-\text{质量保证金} \tag{11-9}$$

竣工结算的审核一般从以下几个方面入手：

(1)核对合同条款。只有按合同要求完成全部工程并验收合格才能列入竣工结算。

(2)检查隐蔽验收记录。所有隐蔽工程均需进行验收，实行工程监理的项目应经监理工程师签证确认。

(3)落实设计变更签证。设计修改应由原设计单位出具设计变更通知单和修改图纸，设计、校审人员签字并加盖公章，经建设单位和监理工程师审查同意、签证；重大设计变更应经原审批部门审批，否则不应列入结算。

(4)按图核实工程数量。竣工结算的工程量应依据竣工图、设计变更单和现场签证等进行核算，并按国家统一规定的计算规则计算工程量。

(5)认真核实单价。结算单价应按现行的计价原则和计价方法确定，不得违背。

(6)注意各项费用计取。建筑安装工程的取费标准应按合同要求或项目建设期间与计价定额配套使用的建筑安装工程费用定额及有关规定执行。

(7)防止各种计算误差。工程竣工结算子目多、篇幅大，往往有计算误差应认真核算，防止因计算误差多计算或少计算。

4. 最终结清

所谓最终结清，是指合同约定的缺陷责任期终止后，承包人已按合同规定完成全部剩余工作且质量合格的，发包人与承包人结清全部剩余款项的活动。承包人应按照合同约定的期限向发包人提交最终结清支付申请。

(1)最终结清申请单。缺陷责任期终止后，承包人已按合同规定完成全部剩余工作且质量合格的，发包人签发缺陷责任期终止证书，承包人可按合同约定的份数和期限向发包人提交最终结清申请单，并提供相关证明材料，详细说明承包人根据合同规定已经完成的全部工程价款金额及承包人认为根据合同规定应进一步支付的其他款项。发包人对最终结清申请单内容有异议的，有权要求承包人进行修正和提供补充资料，由承包人向发包人提交修正后的最终结清申请单。

(2)最终支付证书。发包人收到承包人提交的最终结清申请单后的 14 日内予以核实，向承包人签发最终支付证书。发包人未在约定时间内核实，又未提出具体意见的，视为承包人提交的最终结清申请单已被发包人认可。发包人应在收到最终结清支付申请后的 14 日内予以核实，向承包人签发最终结清支付证书。若发包人未在约定的时间内核实，又未提出具体意见的，视为承包人提交的最终结清支付申请已被发包人认可。

(3)最终结清款。发包人应在签发最终结清支付证书后的 14 日内，按照最终结清支付证书列明的金额向承包人支付最终结清款。最终结清付款后，承包人在合同内享有的索赔权利也自行终止。发包人未按期支付的，承包人可催告发包人在合理的期限内支付，并有权获得延迟支付的利息。

11.2　竣工决算

11.2.1　竣工决算的概念及作用

1. 竣工决算的概念

竣工决算(也称竣工财务决算)是指在建设项目或单项工程完工后，由建设单位财务及有关部门，以竣工结算等资料为基础，编制的反映整个建设项目从筹建到项目竣工交付使用为止的全部建设费用、建设成果和财务情况的总结性文件，包括建筑工程费用、安装工程费用、设备工器具购置费用和工程建设其他费用及预备费与投资方向调节税支出费用等，是竣工验收报告的重要组成部分。

2. 竣工结算和竣工决算的区别

(1)编制人员不同。竣工结算是在工程竣工验收之后，由承包人编制，发包人确认。竣工决算由发包人编制，《基本建设财务规则》(财政部令第 81 号)第三十三条规定：项目建设单位在项目竣工后，应当及时编制项目竣工财务决算，并按照规定报送项目主管部门。

(2)内容不同。竣工结算是对建筑安装工程费用实际金额的发承包双方的确认活动，其结算成果是竣工决算的依据之一。竣工决算的内容包括从筹建开始到项目竣工交付使用为止全过程的全部实际费用，即包括建筑工程费、安装工程费、设备及工器具购置费、工程建设其他费用、建设期利息等。

(3)性质不同。竣工结算是确定建筑安装工程发承包的实际造价，确定的是承包人完成合同工程的工程收入，发包人对合同工程的工程支出。竣工决算是建设单位确定建设项目从筹建到竣工投产全过程的全部实际费用，是建设工程经济效益的全面反映，是核定各类新增资产价值、办理其交付使用的依据。

3. 竣工决算的作用

及时、正确编报竣工决算，对于总结分析建设过程的经验教训，提高工程造价管理水平及积累技术经济资料等，都具有重要意义，主要表现在以下几个方面：

(1)竣工决算是综合、全面地反映竣工项目建设成果及财务情况的总结性文件。它采用货币指标、实物数量、建设工期和各种技术经济指标综合、全面地反映建设项目自开始建设到竣工为止的全部建设成果和财务状况。

(2)竣工决算是对工程建设实行设计概算、施工图预算和竣工决算的“三算对比”的基本依据，考核实际投资效果。

(3)竣工决算是办理交付使用资产的依据，也是竣工验收报告的重要组成部分。建设单位与使用单位在办理交付资产的验收交接手续时，通过竣工决算反映了交付使用资产的全部价值，包括固定资产、流动资产、无形资产的价值。同时，它还详细提供了交付使用资产的名称、规格、数量、型号和价值等明细资料，是使用单位确定各项新增固定资产价值的依据。

(4)竣工决算是分析和检查设计概算的执行情况，以及考核投资效果的依据。

11.2.2 竣工决算的编制要求

为进一步加强基本建设项目竣工财务决算管理，《基本建设项目竣工财务决算管理暂行办法》(财建〔2016〕503号)对竣工决算的编制作了明确要求。

《基本建设项目竣工财务决算管理暂行办法》(财建〔2016〕503号)

(1)基本建设项目完工可投入使用或者试运行合格后，应当在3个月内编报竣工财务决算；特殊情况确需延长的，中小型项目不得超过2个月，大型项目不得超过6个月。

(2)项目竣工财务决算未经审核前，项目建设单位一般不得撤销，项目负责人及财务主管人员、重大项目的相关工程技术主管人员、概(预)算主管人员一般不得调离。

项目建设单位确需撤销的，项目有关财务资料应当转入其他机构承接、保管。项目负责人、财务人员及相关工程技术主管人员确需调离的，应当继续承担或协助做好竣工财务决算相关工作。

(3)实行代理记账、会计集中核算和项目代建制的，代理记账单位、会计集中核算单位和代建单位应当配合项目建设单位做好项目竣工财务决算工作。

(4)编制项目竣工财务决算前，项目建设单位应当完成各项账务处理及财产物资的盘点核实，做到账账、账证、账实、账表相符。项目建设单位应当逐项盘点核实、填列各种材料、设备、工具、器具等清单并妥善保管，应变价处理的库存设备、材料及应处理的自用固定资产要公开变价处理，不得侵占、挪用。

11.2.3 竣工决算的编制依据

项目竣工财务决算的编制依据主要包括：国家有关法律法规；经批准的可行性研究报告、初步设计、概算及概算调整文件；招标文件及招标投标书，施工、代建、勘察设计、监理及设备采购等合同，政府采购审批文件、采购合同；历年下达的项目年度财政资金投资计划、预算；工程结算资料；有关的会计及财务管理资料；其他有关资料。

11.2.4 竣工决算的编制内容

项目竣工财务决算的内容主要包括：项目竣工财务决算报表、竣工财务决算说明书、竣工财务决(结)算审核情况及相关资料。

1. 竣工财务决算说明书

竣工财务决算说明书主要包括以下内容：

(1)项目概况。

(2)会计账务处理、财产物资清理及债权债务的清偿情况。

(3)项目建设资金计划及到位情况，财政资金支出预算、投资计划及到位情况。

(4)项目建设资金使用、项目结余资金分配情况。

(5)项目概(预)算执行情况及分析，竣工实际完成投资与概算差异及原因分析。

(6)尾工工程情况。

(7)历次审计、检查、审核、稽查意见及整改落实情况。

(8)主要技术经济指标的分析、计算情况。

(9)项目管理经验、主要问题和建议。

(10)预备费动用情况。

(11)项目建设管理制度执行情况、政府采购情况、合同履行情况。

(12)征地拆迁补偿情况、移民安置情况。

(13)需说明的其他事项。

2. 竣工财务决(结)算审核情况

项目竣工决(结)算经有关部门或单位进行项目竣工决(结)算审核的，需附完整的审核报告及审核表，审核报告内容应当翔实，主要包括审核说明、审核依据、审核结果、意见、建议。

3. 相关资料

(1)项目立项、可行性研究报告、初步设计报告及概算、概算调整批复文件的复印件。

(2)项目历年投资计划及财政资金预算下达文件的复印件。

(3)审计、检查意见或文件的复印件。

(4)其他与项目决算相关资料。

11.2.5 竣工决算编制步骤与报表构成

1. 竣工决算编制步骤

建设工程竣工决算的文件，由发包人负责组织人员编写，在竣工建设项目办理验收使用后规定的时间内完成。竣工决算编制步骤如下：

①收集、整理和分析有关依据资料。

②清理各项财务、债务和结余物资。

③对照、核实工程变动情况，重新核实各单位工程。

④编制建设工程竣工决算说明。

⑤认真填报竣工财务决算报表。

⑥做好工程造价对比分析。

⑦上报主管部门审查。

2. 竣工决算报表

将上述编写的文字说明和填写的表格经核对无误，装订成册，即为建设工程竣工决算文件。基本建设项目竣工财务决算报表由封面、项目概况表、项目竣工财务决算表、资金情况明细表、交付使用资产总表、交付使用资产明细表、待摊投资明细表、待核销基建支出明细表、转出投资明细表构成。

基本建设项目竣工财务决算报表

11.2.6 竣工决算审核与审核表构成

1. 竣工决算审核

财政部门和项目主管部门对项目竣工财务决算实行先审核、后批复的办法，可以委托预算评审机构或有专业能力的社会中介机构进行审核。对于符合条件的，应当在6个月内批复。项目竣工决(结)算经有关部门或单位进行项目竣工决(结)算审核的，需附完整的审核报告及审核表，审核报告内容应当翔实，主要包括审核说明、审核依据、审核结果、意见、建议。

2. 基本建设项目竣工财务决算审核表

基本建设项目竣工财务决算审核表包括封面、项目竣工财务决算审核汇总表、资金情况审核明细表、待摊投资审核明细表、交付使用资产审核明细表、转出投资审核明细表、待销核基建支出审核明细表。

基本建设项目竣工财务决算审核表

11.2.7 资产交付

资产交付是指项目竣工验收合格后，将形成的资产交付或转交生产使用单位的行为。交付使用的资产包括固定资产、流动资产、无形资产和其他资产。项目竣工验收合格后应当及时办理资产交付使用手续，并依据批复的项目竣工财务决算进行账务调整。

1. 资产的分类

建设项目竣工验收合格使用后，工程建设的总投资形成相应的资产。按照财务制度和企业会计准则，新增资产按资产性质可分为固定资产、流动资产、无形资产和其他资产四大类。

(1)固定资产。固定资产是指使用期限超过1年，单位价值在规定标准以上，并且在使用过程中保持原有物质形态的资产，包括房屋及建筑物、机电设备、运输设备、工具器具等。不同时具备以上两个条件的资产为低值易耗品，应列入流动资产范围，如企业自身使用的工具、器具、家具等。

(2)流动资产。流动资产是指可以在1年内或超过1年的一个营业周期内变现或耗用的资产，包括现金及各种存货、银行存款、短期投资、应收及预付款项等。

(3)无形资产。无形资产是指特定主体所控制的，但没有实物形态的资产，对生产经营长期发挥作用且能带来经济利益的资源。无形资产主要包括专利权、著作权、非专利技术、商誉等。

(4)其他资产。其他资产是指具有专门用途，但不参加生产经营的经国家批准的特种物资、银行冻结存款和冻结物资、涉及诉讼的财产等。

2. 新增资产价值的确定

(1)新增固定资产价值的确定。新增固定资产价值的计算是以独立发挥生产能力的单项工程为对象的。单项工程竣工验收合格，正式移交生产或使用，即应计算新增固定资产价值。一次交付生产或使用的工程，应一次计算新增固定资产价值；分期分批交付生产或使用的工程，应分期分批计算新增固定资产价值。在计算时应注意以下几种情况：

①对于为了提高产品质量、改善劳动条件、节约材料消耗、保护环境而建设的附属辅助工程，只要全部建成，正式验收交付使用后就要计入新增固定资产价值。

②对于单项工程中不构成生产系统，但能独立发挥效益的非生产性项目，如住宅、食堂、医务所、托儿所、生活服务网点等，在建成交付使用后，也要计算新增固定资产价值。

③凡购置达到固定资产标准不需安装的设备、工器具，应在交付使用后计入新增固定资产价值。

④属于新增固定资产价值的其他投资，应随同受益工程交付使用的同时一并计入。

⑤交付使用财产的成本，应按下列内容计算：

a. 房屋、建筑物、管道、线路等固定资产的成本包括建筑工程成果和应分摊的待摊投资。

b. 动力设备和生产设备等固定资产的成本包括需要安装设备的采购成本、安装工程成本、设备基础支柱等建筑工程成本或砌筑锅炉及各种特殊的建筑工程成本、应分摊的待摊投资。

c. 运输设备及其他不需要安装的设备、工具、器具、家具等固定资产一般仅计算采购成本，不计分摊的“待摊投资”。

⑥共同费用的分摊方法。新增固定资产的其他费用，如果是属于整个建设项目或两个以上单项工程的，在计算新增固定资产价值时，应在各单项工程中按比例分摊，一般按工程费用(包括建安工程造价、设备购置费)作比例分摊，但建设用地费可按建筑工程费用比例分摊，生产工艺设计费、引进技术与未计入设备购置费的相关费用可按设备购置费比例分摊。

【例 11-3】 某工业建设项目及各单项工程的建筑工程费、安装工程费、设备购置费及应摊入费用见表 11-3，试计算车工车间新增固定资产价值。

表 11-3　分摊费用计算表　　万元

项目名称	建筑工程	安装工程	设备购置	建设用地费	建设管理费	前期咨询费	勘察及设计费	生产工艺设计	建设监理费	工程建设其他费	引进技术等
建设项目竣工决算	7 254	1 225	976	1 150	111	45	253	85	168	492	121
锻工车间竣工决算	1 154	156	132								
车工车间竣工决算	1 354	182	282								
磨削车间竣工决算	1 254	163	249								
总装车间竣工决算	1 493	198	313								
办公大楼竣工决算	1 625	228									
附属工程竣工决算	374	298									

解：相关费用计算如下：

$$车工车间应分摊的土地使用费=\frac{1\ 354}{7\ 254}\times 1\ 150=214.65(万元)$$

$$车工车间应分摊的建设管理费=\frac{1\ 354+182+282}{7\ 254+1\ 225+976}\times 111=21.34(万元)$$

$$车工车间应分摊的前期咨询费=\frac{1\ 354+182+282}{7\ 254+1\ 225+976}\times 45=8.65(万元)$$

$$车工车间应分摊的勘察及设计费=\frac{1\ 354+182+282}{7\ 254+1\ 225+976}\times 253=48.65(万元)$$

$$车工车间应分摊的生产工艺设计费=\frac{282}{976}\times 85=24.56(万元)$$

$$车工车间应分摊的建设监理费=\frac{1\ 354+182+282}{7\ 254+1\ 225+976}\times 168=32.30(万元)$$

$$车工车间应分摊的工程建设其他费=\frac{1\ 354+182+282}{7\ 254+1\ 225+976}\times 492=94.60(万元)$$

$$车工车间应分摊的引进技术等费用=\frac{282}{976}\times 121=34.96(万元)$$

$$\begin{aligned}车工车间新增固定资产价值&=1\ 354+182+282+214.65+21.34+8.65+48.65+24.56+\\&\quad 32.30+94.60+34.96\\&=2\ 297.71(万元)\end{aligned}$$

(2)新增流动资产价值的确定。

①货币性资金。货币性资金是指现金、各种银行存款及其他货币资金。

②应收及预付账款。应收账款是指企业因销售商品、提供劳务等应向购货单位或受益单位收取的款项；预付账款是指企业按照购货合同预付给供货单位的购货定金或部分货款。一般情况下，应收及预账款项按企业销售商品、产品或提供劳务时的实际成交金额入账核算。

③短期投资。短期投资包括股票、债券、基金。股票和债券根据是否可以上市流通分别采用市场法和收益法确定其价值。

④存货。存货是指企业的库存材料、在产品、产成品等。各种存货应当按照取得时的实际成本计价。外购的存货，按照买价加运输费、装卸费、保险费、途中合理损耗、入库前加工、整理及挑选费用以及缴纳的税金等计价；自制的存货，按照制造过程中的各项实际支出计价。

(3)新增无形资产价值的确定。

①专利权的计价。专利权可分为自创和外购两类。自创专利权包括研制成本和交易成本，研制成本又分为直接成本和间接成本。直接成本是指研制过程中直接投入发生的费用，如材料、工资、专用设备、资料、咨询鉴定、协作、培训和差旅等费用；间接成本是指与研制开发有关的费用，如管理费、非专用设备折旧费、应分摊的公共费用及能源费用。交易成本是指在交易过程中的费用支出，如技术服务费、交易过程中的差旅费及管理费、手续费、税金。专利权转让价格不按成本估价，而是按照其所能带来的超额收益计价。

②非专利技术的计价。如果非专利技术是自创的，一般不作为无形资产入账，自创过程中发生的费用，按当期费用处理。对于外购非专利技术，应由法定评估机构确认后再进行估价，其方法往往通过能产生的收益采用收益法进行估价。

③商标权的计价。如果商标仅是自创的，一般计入无形资产，将相关自创产生的费用计入当期损益。通过购入或转让的商标可计入无形资产，一般根据被许可方新增的收益确定。

④土地使用权的计价。根据《企业会计制度——会计科目和会计报表》规定：企业购入的土地使用权，或以支付土地出让金方式取得的土地使用权，按照实际支付的价款作为实际成本，并作为无形资产核算；待该宗土地开发时再将其账面价值转入相关在建工程。

(4)其他资产计价。其他资产是指不能全部计入当年损益，但在以后年度分期摊销的各种费用，包括开办费、租入固定资产改良工程支出等。

11.2.8 竣工决算编制实例

【例 11-4】 某建设项目从 2020 年年初开始实施，到 2022 年年底的财务核算资料如下：

(1)已经完成单项工程，经验收合格后并交付使用的资产包括：

①固定资产 75 473 万元。

②为生产准备的使用期限在一年以内的备品备件、工具、器具等流动资产 28 800 万元；使用期限在一年以上，单件价值 2 000 元以上的工具 121 万元。

③建造期内购置的专利权与非专利技术 1 600 万元，摊销期为 5 年。

(2)基本建设支出的未完成项目包括：

①建筑工程与安装工程支出 16 000 万元。

②设备工器具投资 43 600 万元。

③建设单位管理费、勘察设计费等待摊投资 2 390 万元。

④通过出让方式购置的土地使用权形成的其他投资 110 万元。

(3)非经营项目发生的待核销基本建设支出 40 万元。

(4)应收生产单位投资借款 1 500 万元。

(5)购置需要安装的器材预付款 50 万元。

(6)现金 400 万元。

(7)预付工程款 55 万元。

(8)建设单位自用的固定资产原价 60 356 万元，累计折旧 8 200 万元。

(9)反映在“资金平衡表”上的各类资金来源的期末余额为：

①中央财政一般公共预算拨款 50 000 万元。

②自筹资金 60 705 万元。

③项目法人资本金 400 万元。

④建设单位向银行借入的资金 10 900 万元。

⑤建设单位当年完成的交付生产单位使用的资产价值中，有 160 万元属于利用投资借款形成的待冲基本建设支出。

⑥应付器材销售商 40 万元的货款和应付工程款 1 960 万元尚未支付。

⑦未缴税金 30 万元。

根据上述数据资料，试编制建设项目竣工财务决算表。

解： 根据上述数据和《基本建设项目竣工财务决算管理暂行办法》(财建〔2016〕503 号)的项目竣工财务决算报表，该项目竣工财务决算见表 11-4。其中，交付使用资产中的固定资产＝75 473＋121＝75 594(万元)。

表 11-4　大、中型建设项目竣工财务决算表

建设项目名：××建设项目　　　　万元

资金来源	金额	资金占用	金额
一、基建拨款	50 000	一、基本建设支出	168 134
1. 中央财政资金		(一)交付使用资产	105 994
其中：一般公共预算资金	50 000	1. 固定资产	75 594
中央基建投资		2. 流动资产	28 800
财政专项资金		3. 无形资产	1 600
政府性基金		(二)在建工程	62 100
国有资本经营预算安排的基建项目资金		1. 建筑安装工程投资	16 000
2. 地方财政资金		2. 设备投资	43 600
其中：一般公共预算资金		3. 待摊投资	2 390
地方基建投资		4. 其他投资	110
财政专项资金		(三)待核销基建支出	40
政府性基金		(四)转出投资	
国有资本经营预算安排的基建项目资金		二、货币资金合计	400
二、部门自筹资金(非负债性资金)	60 705	其中：银行存款	
三、项目资本	400	财政应返还额度	

续表

资金来源	金额	资金占用	金额
1. 国家资本		其中：直接支付	
2. 法人资本	400	授权支付	
3. 个人资本		现金	400
4. 外商资本		有价证券	
四、项目资本公积		三、预付及应收款合计	1 605
五、基建借款	109 000	1. 预付备料款	
其中：企业债券资金		2. 预付工程款	55
六、待冲基建支出	160	3. 预付设备款	50
七、应付款合计	2 000	4. 应收票据	
1. 应付工程款	1 960	5. 其他应收款	1 500
2. 应付设备款	40	四、固定资产合计	52 156
3. 应付票据		固定资产原价	60 356
4. 应付工资及福利费		减：累计折旧	8 200
5. 其他应付款		固定资产净值	52 156
八、未交款合计	30	固定资产清理	
1. 未交税金	30	待处理固定资产损失	
2. 未交结余财政资金			
3. 未交基建收入			
4. 其他未缴款			
合计	222 295	合计	222 295

本章小结

1. 工程价款结算是承包人(施工企业)向发包人(建设单位)收取工程价款的一项经济活动；结算方法有按月结算、分段结算、年终结算、竣工后一次结算和目标结算等；结算程序是工程预付款、工程进度款、工程质量保证金、工程竣工结算。

2. 资金使用计划是确定工程造价施工阶段目标值的依据，可以对未来工程项目的资金使用和进度控制进行预测；可以按投资构成分解、不同子项目、时间进度等方法编制资金使用计划；实际投资与计划投资是投资偏差与进度偏差分析的依据。

3. 工程竣工结算是承包人与建设单位之间办理的最终工程结算。

4. 竣工决算是建设单位以竣工结算等资料为基础编制的技术经济文件，包括竣工财务决算说明书、竣工财务决算报表、工程竣工造价对比分析等内容。

5. 新增资产按资产性质可分为固定资产、流动资产、无形资产和其他资产四大类。

思考与练习

1. 什么是工程价款结算？作用是什么？

2. 工程价款结算的方法有哪些？

3. 工程预付款的方法有哪些？

4. 简述工程进度款支付程序。

5. 资金使用计划的作用是什么？编制方法有哪些？

6. 施工阶段投资偏差有几种？常用的偏差分析方法有几种？

7. 什么是工程竣工结算？作用是什么？

8. 简述工程竣工结算的编制依据。

9. 竣工结算的审核一般从哪几个方面入手？

10. 何谓最终结清？

11. 什么是竣工决算？作用是什么？

12. 竣工决算编制的依据、内容、步骤分别是什么？

13. 新增资产可分为哪几类？

14. 什么是工程质量保证(保修)金？工程质量保证(保修)金怎样预留及管理？

15. 某综合楼工程承包合同规定，工程预付款按当年建筑安装工程产值的 26% 支付，该工程当年预计产值 325 万元。试确定该工程预付款。

16. 某建筑工程的合同承包价为 489 万元，工期为 8 个月，工程预付款占合同承包价的 20%，主要材料及预制构件价值占工程总价的 65%，保留金占工程总费用的 5%。该工程每月实际完成产值及合同价款调整增加额见表 11-5。

表 11-5　某工程实际完成产值及合同价款调整增加额

月份	1	2	3	4	5	6	7	8	合同价调整增加额/万元
完成产值/万元	25	36	89	110	85	76	40	28	67

问题：

(1)该工程应支付多少工程预付款？

(2)该工程预付款起扣点为多少？

(3)该工程每月应结算的工程进度款及累计拨款分别为多少？

(4)该工程应付竣工结算价款为多少？

(5)该工程保留金为多少？

(6)该工程 8 月份实付竣工结算价款为多少？

17. 某框架结构工程在年内已竣工，合同承包价为 820 万元。其中，分部分项工程量清单费 690 万元，措施项目清单费 80 万元，其他项目清单费 10 万元，规费 12 万元，税金 28 万元。该地区工程造价管理部门发布的该类工程本年度以分部分项工程量清单费为基础的竣工调价系数为 1.015。

问题：

(1)规费占分部分项工程量清单费、措施项目清单费和其他项目清单费的百分比是多少？

(2)税金占上述四项费用的百分比是多少？

(3)调价后的竣工工程价款是多少？

18. 某工程业主与承包人签订了施工合同，合同中含有两个子项工程，估算工程量 A 项为2 500 m^3，B 项为 3 500 m^3，经协商合同价 A 项为 200 元/m^3，B 项为 170 元/m^3。合同还规定：开工前业主应向承包人支付合同价 20% 的预付款；业主自第一个月起从承包商的工程款中按 5% 的比例扣留保留金；当子项工程实际工程量超过估算工程量 10% 时，可进行调价，调整系数为 0.9；根据市场情况规定价格调整系数平均按照 1.2 计算；工程师签发月度付款最低金额为30万元；预付款在最后两个月扣除，每月扣50%。承包商每月实际完成并经工程师签证确认的工程量见表11-6。

表11-6　某工程每月实际完成并经工程师签证确认的工程量　　m^3

月份	1月	2月	3月	4月
A项	550	850	850	650
B项	800	950	900	650

问题：

(1)预付款是多少？

(2)从第一个月起每月工程量价款、工程师应签证的工程款、实际签发的付款凭证金额各是多少？

19. 某施工单位承包某工程项目，甲乙双方签订的关于工程价款的合同内容有：

(1)建筑安装工程造价660万元，建筑材料及设备费占施工产值的比重为60%。

(2)工程预付款为建筑安装工程造价的20%。工程实施后，工程预付款从未施工工程尚需的主要材料及构件的价值相当于工程预付款时起扣，从每次结算工程价款中按材料和设备占施工产值的比重扣抵工程预付款，竣工前全部扣清。

(3)工程进度款逐月计算。

(4)工程保修金为建筑安装工程造价的3%，竣工结算月一次扣留。

(5)材料和设备价差调整按规定进行(按有关规定，上半年材料和设备价差上调10%，在6月份一次调增)。

工程各月实际完成产值见表11-7。

表11-7　工程各月实际完成产值　　万元

月份	2	3	4	5	6
完成产值	55	110	165	220	110

问题：

(1)通常工程竣工结算的前提条件是什么？

(2)工程价款结算的方式有哪几种？

(3)该工程的工程预付款起扣点各为多少？

(4)该工程2～5月每月拨付工程款为多少？累计工程款为多少？

(5)6月份办理工程竣工结算，该工程结算造价为多少？甲方应付工程结算款为多少？

(6)该工程在保修期间发生屋面漏水，甲方多次催促乙方修理，乙方一再拖延。最后甲方请施工单位修理，修理费1.5万元，该项费用如何处理？

20. 某业主与承包人签订了某建筑安装工程项目总包施工合同。承包范围包括土建工程和水、电、通风建筑设备安装工程，合同总价为4 800万元。工期为2年，第1年已完成2 600万元，第2年应完成2 200万元。承包合同规定：

(1)业主应向承包人支付当年合同价25%的工程预付款。

(2)工程预付款应从未施工工程尚需的主要材料及构配件价值相当于工程预付款时起扣，每月以抵充工程款的方式陆续收回。主要材料及设备费比重按62.5%考虑。

(3)工程质量保修金为承包合同总价的3%，经双方协商，业主从每月承包人的工程款中按3%的比例扣留，在保修期满后，保修金及保修金利息扣除已支出费用后的剩余部分退还给承包人。

(4)当承包人每月实际完成的建安工程量少于计划完成建安工程量的 10%以上(含 10%)时，业主可按 5%的比例工程款，在工程竣工结算时将扣留工程款退还给承包人。

(5)除设计变更和其他不可抗力因素外，合同总价不进行调整。

(6)由业主直接提供的材料和设备应在发生当月的工程款中扣回其费用。

经业主的工程师代表签认的承包人在第 2 年各月计划和实际完成的建安工程量以及业主直接提供的材料、设备价值见表 11-8。

表 11-8　工程结算数据表　　万元

月份	1～6	7	8	9	10	11	12
计划建安工程量	110	200	200	200	190	190	120
实际完成工程量	1 110	180	210	205	195	180	120
业主直供材料设备的价值	90.56	35.5	24.4	10.5	21	10.5	5.5

问题：

(1)工程预付款是多少？

(2)工程预付款从几月份开始起扣？

(3)1～6 月以及其他各月工程师代表应签证的工程款是多少？应签发的付款凭证金额是多少？

(4)竣工结算时，工程师代表应签发的付款凭证金额是多少？

习题答案

第 12 章

建设项目后评价

学习重点

建设项目后评价的含义、建设项目后评价的内容、建设项目后评价的方法，以及建设项目后评价的程序。

第 12 章　课件

学习目标

通过本章的学习，了解建设项目后评价和前评价的区别；熟悉建设项目后评价的作用、程序和内容；掌握后评价指标体系和项目后评价方法。

知识结构图

- 建设项目后评价
  - 建设项目后评价概述
    - 建设项目后评价的含义
    - 建设项目后评价与前评价的区别
    - 建设项目后评价的作用
    - 建设项目后评价的程序
  - 建设项目后评价的内容
    - 项目目标后评价
    - 项目前期工作后评价
    - 项目实施后评价
    - 项目运营后评价
    - 项目影响后评价
    - 项目持续性评价
    - 项目后评价的指标体系
  - 建设项目后评价的方法
    - 前后对比法和有无对比法
    - 逻辑框架法
    - 成功度法
  - 建设项目后评价的应用
    - 建设项目后评价报告的标准格式
    - 建设项目后评价模式简述

12.1　建设项目后评价概述

一项建设工程，它的寿命期包括可行性论证、立项审批、勘察设计、招投标、施工、竣工验收、投入运行等各个阶段。建设项目后评价主要是相对于建设项目前期论证评价而言的，是指建设项目竣工后对项目投资经济效果的再评价。它以项目建成运行后的实际数据资料为基础，重新计算项目的各项技术经济数据，得到相关的投资效果指标，再将它们同项目立项时预测的有关的经济效果值(如净现值、内部收益率、投资回收期等)进行纵向对比，评价和分析其偏差情况及其原因，吸收经验教训，从而为提高项目的实际投资效果和制订有关的投资计划服务，为项目的决策者进行以后相关项目的决策提供借鉴和反馈信息。

12.1.1　建设项目后评价的含义

建设项目后评价是指项目投资完成以后，对项目的立项目的、实施的过程、取得的效益、产生的作用、造成的影响进行系统的、客观的分析，从而判断建设项目预期目标实现程度的一种评价方法。

从项目生命周期全过程的角度来看，项目后评价是对已建成并投入生产使用的建设项目，为了更好地进行项目管理和决策，采用合适的评价尺度，应用科学的评价理论和方法，对审批决策、建设实施和生产使用全过程进行总结评价，从而判断项目预期目标的实现程度所进行的评价活动。它不仅对项目有论证和评价作用，还具有监督、控制、总结经验、反馈信息、提高未来项目投资管理水平等作用。

12.1.2　建设项目后评价与前评价的区别

(1)在项目建设中所处的阶段不同。项目可行性研究和项目前评价属于项目前期工作，它决定项目是否可以上马。项目后评价是项目竣工投产并达到设计生产能力后对项目进行的再评价，是项目管理的延伸。

(2)比较的标准不同。项目可行性研究和项目前评价依据定额标准、国家参数来衡量建设项目的必要性、合理性和可行性。项目后评价主要是直接与项目前评价的预测情况或其他同类项目进行对比，检测项目的实际情况与预测情况的差距，并分析其原因，提出改进措施。

(3)在投资决策中的作用不同。项目可行性研究和项目前评价直接作用于项目决策，项目前评价的结论是项目取舍的依据。项目后评价则间接作用于项目投资决策，是投资决策的信息反馈。项目后评价可反映项目建设过程和投产阶段出现的一系列问题，并将各类信息反馈到投资决策部门，从而提高未来项目决策科学化的水平。

(4)评价的内容不同。项目可行性研究和项目前评价分析研究的内容是项目建设条件、设计方案、实施计划及经济社会效果。项目后评价的主要内容是除了对项目前评价的内容进行再评价外，还包括对项目决策、项目实施效率等进行评价以及对项目实际运营状况进行较深入的分析。

(5)组织实施上不同。项目可行性研究和项目前评价主要由投资主体或投资计划部门组织实施。项目后评价则由投资运行的监督管理机关或单独设立的后评价机构进行，以确保项目后评价的公正性和客观性。

12.1.3　建设项目后评价的作用

(1)为国家投资计划、政策的制定提供依据。项目后评价能够发现宏观投资管理中的不足，国家可以及时地修正某些不适合经济发展的技术经济政策，修订某些已经过时的指标参数。同时还可根据反馈的信息，合理确定投资规模和投资流向，协调各产业、各部门之间及其内部的各种比例关系。此外，国家还可以充分运用法律的、经济的、行政的手段，建立必要的法令、法规、各项制度和机构，促进投资管理的良性循环。

(2)可以对企业经营管理进行“诊断”，促使项目运营状态的正常化。项目后评价是在项目运营阶段进行的，因而可以分析和研究项目投产初期和达产时期的实际情况，比较实际情况与预测情况的偏离程度，探索产生偏差的原因，提出切实可行的措施，从而促使项目运营状态正常化，提高项目的经济效益和社会效益。

(3)总结项目管理的经验教训，提高项目管理的水平。由于建设项目管理是一项极其复杂的活动，它涉及银行、计划、主管部门、企业、物资供应、施工等许多部门，因此项目能否顺利完成关键在于这些部门之间的配合与协调工作做得如何。通过项目后评价，对已经建成项目的实际情况进行分析研究，有利于指导未来项目的管理活动，从而提高项目管理的水平。

(4)提高项目决策科学化的水平。项目前评价是项目投资决策的依据，但前评价中所作的预测是否准确，需要后评价来检验。通过建立完善的项目后评价制度和科学的方法体系，一方面可以增强前评价人员的责任感，提高项目预测的准确性；另一方面可以通过项目后评价的反馈信息，及时纠正项目决策中存在的问题，从而提高未来项目决策的科学化水平。

(5)为银行部门及时调整信贷政策提供依据。通过开展项目后评价，能及时发现项目建设资金使用中存在的问题，分析研究贷款项目成功或失败的原因，从而为银行部门调整信贷政策提供依据，并确保资金的按期回收。

12.1.4 建设项目后评价的程序

1. 成立项目后评价机构

项目后评价组织机构问题实际上是指由谁来组织项目后评价工作，这是具体实施项目后评价首先要解决的问题。

这种专门的评价小组一般由项目组之外的人员组成，他们可以来自项目所属的业务部门、上级管理部门、独立的评价咨询机构或是外聘专家。

国家发展改革委重大项目后评价管理办法

2. 选择项目后评价的对象

原则上，对所有投资项目都要进行后评价，项目后评价应纳入管理程序之中。但实际上，往往由于条件的限制，只能有选择地确定评价对象。我国在选择项目后评价的对象时优先考虑以下类型项目：

(1)投产后本身经济效益明显不好的项目。

(2)国家亟须发展的短线产业部门的投资项目。

(3)国家限制发展的长线产业部门的投资项目。

(4)一些投资额巨大，对国计民生有重大影响的项目。

(5)一些特殊项目。

3. 收集资料和选取数据

项目后评价是以大量的资料、数据为依据的，这些资料的来源要可靠。一般由项目后评价人员亲自调查整理，需要收集的资料和数据如下：

(1)档案资料，如规划方案、项目建议书和批文、可行性研究报告、评估报告、设计任务书、初步设计材料和批文、施工图设计和批文、竣工验收报告、工程大事记、各种协议书和合同及有关厂址选择、工艺方案选择、设备方案选择的论证材料等。

(2)项目生产经营资料，主要是生产、销售、供应、技术、财务等部门的统计年度报告。

(3)分析预测用的基础资料，主要是建设项目开工以来的有关利率、税种、税率、物价指数变化的有关资料。

(4)与项目有关的其他资料，如国家及地方的产业结构调整政策和长远规划；国家和地方颁布的规定和法律文件等。

4. 分析和加工收集的资料

对所收集的资料进行汇总、整理和分析，对需要调整的资料要调整。此时，往往需要进一步补充与测算有关的资料，以满足验证的需要。

要对所评价的建设项目深入调查，收集资料。这些资料包括：

(1)项目前期文件，如项目建议书(或项目申请报告)、环境影响评价报告、项目可行性研究报告、项目评价报告及其相关的批复文件。

(2)项目实施文件，如初步设计文件、开工报告、招投标文件、主要合同、工程概算调整报告、监理报告、竣工验收报告及其相关的批复文件与资料。

5. 评价及编制后评价报告

编制各种评价报表及计算评价指标，并与前评价进行对比分析，找出差异及其原因。由评价组编制后评价报告。

项目自我总结评价报告是进行后评价的重要资料。下面给出了一个项目自我总结评价报告的提纲。

《项目自我总结评价报告》编写提纲

一、项目概况

(一)项目情况简述

(二)项目决策的目标和目的

(三)项目主要建设内容

(四)项目实施进度

(五)项目总投资

(六)项目资金来源及到位情况

(七)项目运行及效益现状

二、项目实施过程总结

(一)项目前期决策总结

(二)项目实施准备工作

(三)项目建设实施总结

(四)项目运营情况

三、项目效果和效益评价

(一)项目技术水平评价

(二)项目财务经济效益评价

(三)项目经营管理评价

四、项目环境和社会效益评价

(一)项目环境效益评价

(二)项目社会效益评价

五、项目目标和可持续性评价

(一)项目目标评价

(二)项目持续能力评价

(三)项目存在的主要问题

六、项目主要经验教训、结论和相关建议

12.2　建设项目后评价的内容

12.2.1　项目目标后评价

项目目标后评价的目的是评定项目立项时原定目的和目标的实现程度。要对照原定目标的主要指标，检查项目的实际情况和发生的变化，分析改变初衷的原因，判断目标的实现程度。判别项目目标的指标应在项目立项时就确定，一般包括宏观目标，即对地区、行业或国家经济、社会发展的总体影响和作用，以及项目的直接目的等量化指标。

项目目标后评价的另一项任务是要对原定项目目标的正确性、合理性和实践性进行分析评价。有些项目原定的目标不明确或不符合实际情况，项目实施过程中可能会发生重大变化，如政策性变化或市场变化等，这时项目后评价要给予重新分析和评价。

12.2.2　项目前期工作后评价

项目前期工作包括从编制项目建议书到项目正式开工过程中的各项工作内容。对其进行后评价的任务主要是评价项目前期工作的成绩，分析和总结项目前期工作的经验教训。其意义在于分析和研究项目投资实际效益与预测效益的偏差在多大程度上是由于前期工作失误所致，其原因何在，为以后加强工作管理积累经验。

12.2.3　项目实施后评价

1. 项目实施后评价的任务与意义

正式开工后，就意味着项目建设工作从前期工作转入实施阶段，包括从项目开工起到竣工验收、交付使用为止的全过程。项目实施后评价的任务主要是评价项目实施过程中各主要环节的工作实绩，分析和总结项目实施管理中的经验和教训。项目实施后评价的意义在于分析和研究项目实际投资效益与预测效益的偏差在多大程度上是在项目实施过程中造成的，原因何在，为以后进一步改进项目管理工作积累经验。

2. 项目实施后评价的内容

项目实施后评价的内容主要包括以下几个方面：

(1)项目开工的评价。

①项目开工条件是否具备，手续是否齐全。

②项目实际开工时间与计划开工时间是否相符，提前或延迟的原因是什么，对整个项目建设乃至投资效益的影响如何。

(2)项目变更情况的评价。

①项目范围变更与否，变更的原因是什么。

②项目设计变更与否，变更的原因是什么。

③项目范围变更、设计变更对项目建设工期、造价、质量的实际影响如何。

(3)项目施工组织与管理的评价。

①施工组织方式是否科学合理。

②是否推行了工程项目管理，效果如何。

③施工项目进度控制方法是否科学，成效如何。

④施工项目成本控制方法是否科学合理，成效如何。

⑤施工技术与方案制订的依据是什么，有何独到之处，对项目实施有何影响，有何主要经验。

(4)项目建设资金供应与使用情况的评价。

①建设资金供应是否适时适度，是否发生过施工单位停工待料或整个项目因资金不足而停建缓建的情况，其原因何在。

②建设资金运用是否符合国家财政信贷制度的规定，使用是否合理，能否充分挖掘建设单位内部潜力、精打细算地使用资金，以保证建设任务按期完成或提前完成。

③资金占用情况是否合理。

④考核和分析全部资金的实际作用效率。

(5)项目建设工期的评价。

①核实各单位工程实际开工、竣工日期，查明实际开工推迟的原因并计算实际建设工期。

②计算实际建设工期变化率，主要是竣工项目定额工期率指标，并分析实际建设工期与计划工期产生偏差的原因。

③计算建筑安装单位工程的施工工期，以分析建设工期的变化。在进行项目建设工期后评价时，还应分析和研究投产前生产准备工作情况及其对建设工期的影响。

(6)项目建设成本的评价。

①主要实物工程量的实际数量是否超出预计数量，超出多少，原因何在。

②设备、工器具购置费用及工程建设其他费用是否与实际情况相符，设备的选型是否按设计中所列的规格、型号、质量标准采购，如果不一致，其原因何在，它对建设成本的增减有何影响。

③主要材料的实际消耗量是否与计划的情况相符，材料实际购进价格是否超出了概预算中的预算价格，是否出现过因采购供应的材料、规格、质量达不到设计要求而造成浪费的现象，如果出现上述几种情况，原因是什么，对建设成本的增减有何影响。

④各项管理费用的取费标准是否符合国家有关规定，是否与工程预算中的取费标准相一致，不一致的原因何在。

(7)项目工程质量和安全情况的评价。

①计算实际工程质量合格品率、实际工程质量优良品率。

②将实际工程质量指标与合同文件规定的或设计规定的工程质量状况进行比较，找出偏差，进行分析。

③设备质量情况怎样，设备及安装工程质量是否保证投产后正常生产的需要。

④有无重大质量事故，产生事故的原因是什么。

⑤计算和分析工程质量事故的经济损失，其包括计算返工损失率、因质量事故拖延建设工期所造成的实际损失，以及分析无法补救的工程质量事故对项目投产后投资效益的影响程度。

⑥工程安全情况，有无重大安全事故发生，其原因是什么，所带来的实际影响如何。

(8)项目竣工验收的评价。

①项目竣工验收组织工作及其效率，竣工验收委员会的成员组成是否符合国家有关规定。

②项目竣工验收的程序是否符合国家有关规定。

③项目竣工验收是否遵守有关部门规定的验收标准，未遵循标准的原因何在，对项目投资效益的发挥有何影响。

④项目竣工验收各项技术资料是否齐全，是否按有关规定对各项技术资料进行系统整理。

⑤项目投资包干、招标投标等有关合同执行情况如何，合同不能履行的原因何在；项目投资包干、招标投标的具体形式有何特色；对今后改进项目管理有何经验教训。

⑥收尾工程和遗留问题的处理情况，处理方案实际执行情况如何；是否对投资效益有重大影响。

(9)同步建设的评价。

①相关项目在时间安排上是否同步，不同步的原因何在，对项目投资效益的发挥有何影响。

②建设项目所采用的技术与前、后续项目的技术水平是否同步，不同步的原因何在，对项目投资效益的发挥有何影响。

③相关项目之间的实际生产能力是否协调、配套，不配套的原因何在，对项目投资效益的发挥有何影响。

④建设项目内部各单项工程之间建设速度是否满足要求，能力是否相配套，其原因何在。

⑤项目同步建设方面有何经验教训并提出改进意见。

(10)项目生产能力和单位生产能力投资的评价。

①项目实际生产能力有多大，与设计生产能力的偏差情况如何，产生原因是什么，对项目实际投资效益的发挥有何影响。

②项目实际生产能力与产品实际成本的高低有何关系，项目所形成的生产规模是否处在最优的经济规模区间。

③项目实际生产能力与产品实际市场需求量的关系如何。

④项目实际生产能力与实际原材料来源和燃料、动力供应及交通运输条件是否相适应，应如何调整，对项目投资效益的影响程度如何。

12.2.4 项目运营后评价

1. 项目运营后评价的目的

项目运营后评价的目的是通过项目投产后的有关实际数据资料或重新预测的数据，衡量项目的实际经营情况和实际投资效益，分析和衡量项目实际经营状况和投资效益与预测情况或其他同类项目的经营状况和投资效益的偏离程度及其原因，系统地总结项目投资的经验教训，并为进一步提高项目投资效益提出切实可行的建议。

2. 项目运营后评价的内容

项目运营阶段包括从项目投产到项目生命期末的全过程。由于项目后评价的时机一般选择在项目达到设计生产能力1～2年内，项目的实际投资效益还未充分体现出来。所以，项目运营后评价除了对项目实际运营状况进行分析和评价外，还需要根据投产后的实际数据来推测未来发展状况，需要对项目未来发展趋势进行科学的预测。

(1)企业经营管理状况的评价。

①企业投产以来经营管理机构的设置与调整情况，设置的机构是否科学合理，调整的依据是什么，调整前后运行效率的比较，是否适应企业生存和发展的需要等。

②企业管理领导班子情况。

③企业管理人员配备情况。

④经营管理的主要策略是什么。

⑤企业现行管理规章制度情况。

⑥企业承包责任制情况。

⑦从企业经营管理中可以吸取哪些经验教训，并提出改善企业经营管理进一步发挥项目投资效益的切实可行的建议。

(2)项目产品方案的评价。

①项目投产后到项目后评价时为止的产品规格和品种的变化情况。

②产品方案调整对发挥项目投资效益有何影响，产品方案调整的成本有多大。

③现行的产品方案是否适应消费对象的消费需求，现行产品方案与前评价或可行性研究时设计的产品方案相比，有多大程度的变化，产品方案的变化在多大程度上影响到项目投资效益。

④产品销售方式的选择。

(3)项目达产年限的评价。项目达产年限是指投产的建设项目从投产之日起到其生产产量达到设计生产能力时所经历的全部时间，一般以年来表示。项目达产年限有设计达产年限与实际达产年限之分。设计达产年限是指在设计文件或可行性研究报告中所规定的项目达产年限；实际达产年限是指从项目投产起到实际产量达到设计生产能力时所经历的时间。

建设项目的设计达产年限与实际达产年限由于受各种因素的影响难免出现不一致的情况，所以在项目后评价时，有必要对项目达产年限进行单独评价。

项目达产年限评价的内容和步骤如下：

①计算项目实际达产年限。

②计算实际达产年限的变化情况。主要与设计的或者前评价预测的达产年限进行比较，可以以实际达产年限变化率或实际达产年限与设计或预测的达产年限的差值来表示。

③实际达产年限与设计达产年限相比发生变化的原因是什么。

④计算项目达产年限变化所带来的实际效益或损失。

⑤项目达产年限评价的结论是什么，其经验教训是什么，为促使项目早日达产，有何可行的对策措施。

(4)项目产品生产成本的评价。产品生产成本是反映产品生产过程中物资资料和劳动力消耗的一个主要指标，是企业在一定时期内为研制、生产和销售一定数量的产品所支出的全部费用。项目产品生产成本的高低对项目投资效益的发挥会产生显著作用，生产成本高，则项目销售利润减少，项目投资效益降低；生产成本低，则项目销售利润增多，项目投资效益增多。项目后评价时，进行项目产品生产成本评价的目的在于考核项目的实际生产成本，衡量项目实际生产成本与预测生产成本的偏离程度，分析产生这种偏离的原因，为今后项目投资进行成本预测提供经验，同时为提高项目实际投资效益提出切实可行的建议。

项目产品生产成本评价的内容和步骤如下：

①计算项目实际产品生产成本，包括生产总成本和单位生产成本。在项目后评价时，产品生产成本也可以不重新计算，而从企业有关财务报表中查得。

②分析总成本的构成及其变化情况。

③分析实际单位生产成本的构成及其变化情况。

④与项目前评价或可行性研究中的预测成本相比较，计算实际生产成本变化率并分析实际生产成本与预测成本的偏差及其产生的原因。

⑤项目实际生产成本发生变化对项目投资效益的影响程度有多大，降低项目实际生产成本的有效措施是什么。

(5)项目产品销售利润的评价。销售利润是综合反映项目投资效益的指标。对其进行评价的目的在于考核项目的实际产品销售利润和投产后各年产品销售利润额的变化情况，比较和分析实际产品销售利润与项目前评价或可行性研究中的预测销售利润的偏离程度及其原因，提出进一步提高项目产品销售利润的有效措施，从而提高项目投资效益。

项目产品销售利润评价的内容和步骤如下：

①分析投产后历年实际产品销售利润起变化的原因。

②计算实际产品销售利润变化率。

③分析项目实际产品销售利润偏离预测产品销售利润的原因，计算各种因素对实际产品销售利润的影响程度。

④提出实际产品销售利润的对策和建议。

(6)项目经济效益的评价。项目经济效益的评价是项目后评价的核心内容之一。项目经济效益的评价的目的是一方面衡量项目投资的实际经济效果，比较和分析项目实际投资效益与预测投资效益的偏离程度及其原因；另一方面通过信息反馈，为今后提高项目决策科学化水平服务。项目经济效益的评价分为项目财务后评价、国民经济后评价和综合评价等内容。

(7)对项目可行性研究水平进行综合评价。尽管在项目前期工作后评价和实施后评价中都已从某种角度对项目可行性研究水平作出评价，但是只有在项目运营后评价时，才有可能对项目可行性研究水平进行综合评价。

12.2.5 项目影响后评价

项目影响后评价是指对项目在国民经济、社会关系、自然生态环境等方面产生的影响的评价。在倡导保护自然生态环境、可持续发展、节约型社会的今天，如何处理好生产与生活、自然环境的关系，是一个迫切需要解决的问题，项目影响后评价的结果对于指导新建项目有着重要意义。

12.2.6 项目持续性评价

项目持续性评价包括持续能力的内部因素和外部因素。持续能力的内部因素包括该项目的财务状况、技术水平、污染控制、企业管理体制与激励机制等，核心是产品竞争能力。持续能力的外部因素包括资源、环境、生态、物流条件、政策环境、市场变化及其趋势等。

建设项目环境影响后评价管理办法(试行)

12.2.7 项目后评价的指标体系

项目后评价的指标体系是用以反映建设项目可持续性状况的相互联系、相互制约的指标集合，由社会经济可持续性、环境资源可持续性、建设项目运营可持续性、管理体制与政策可持续性及协调性五个方面的指标或指标体系构成。根据可持续性后评价指标体系构建原则，结合建设项目可持续性的影响因素和可持续性评价的内容，经过查阅文献、专家咨询和研究，设计了建设项目可持续性后评价指标体系，见表12-1。

表 12-1 建设项目可持续性后评价指标体系

综合评价指标	大类评价指标	中类评价指标	单项评价指标
建设项目可持续性综合评价指标	社会经济可持续性评价指标	促进社会发展程度评价指标	区域内就业状况改善程度
			项目对收入公平分配和扶贫政策影响程度
			促进地区文化、教育、科技等发展程度
			生活环境的改善程度
		促进经济发展程度评价指标	促进上、下游及相关产业的发展程度
			区域内经济繁荣程度
			对 GDP 的贡献程度
			项目对生产力布局与产业结构的影响程度
			相关区域财政收入增加程度
		促进政治发展程度评价指标	加强国防能力，促进政治稳定程度
			增加自然灾害抵抗能力程度
			促进开放和吸引外资，扩大国际经济合作程度
			弘扬民族精神，提高国家声誉程度
			应急保障及防灾、救灾措施的提高程度
		提高行业部门素质发展程度评价指标	项目对促进规划及科研水平提高程度
			对相关领域科技进步的推动程度
			对同类项目的示范作用程度
			项目对促进施工及管理水平提高程度
			项目对人才、人员业务素质及人文素质提高程度
	环境资源可持续性评价指标	区域的环境质量	大气环境影响
			固体废物影响
			环境噪声影响
		污染控制评价指标	项目建设产生环境污染总量超标程度
			项目环保设施的经济和环保效益程度
			项目的环保设施正常运转程度
			项目的环保管理、监测及措施的有效程度
		自然资源的利用保护评价指标	区域内资源开发程度
			节约水资源程度
			土地有效利用程度
			资源的综合利用程度
			自然景观和古迹的保护程度
			节约能源程度
		对生态平衡的影响评价指标	对动植物种群的影响程度
			水土流失的影响程度
			水文、地质、河床演变程度
			对湿地的影响程度
			生态的完整性影响程度
			重大地质构造与考古发现程度
			引起的或加剧的自然灾害和危害程度

续表

建设项目可持续性综合评价指标	建设项目运营可持续性评价指标	环境管理检测评价指标	环境监测管理、法令和条例的执行程度
			污染控制设备、监测设备完好投运程度
			环境保护措施的实施程度
			环保资金、设施的管理程度
			环保制度和机构、政策及规定的管理程度
			环保的技术管理及人员培训程度
		项目建设效果评价指标	基建程序执行水平
			资金到位与利用情况
			工程质量与安全情况
			建设工期
			项目的科技进步情况
		项目利用效果评价指标	工程使用率
			工程完好率
		项目经济效益	财务现金净流量
			国民经济效益费用净流量
		项目的可改造性及可维护性评价指标	可改造的经济可能性
			可改造的技术可能性
			维护的难易程度
			维护费用的高低
			项目技术的先进性
			技术创新程度
	管理体制与政策可持续性评价指标	组织机构评价指标	项目机构构成状况
			组织机构的能力状况
			项目机构资源获得能力状况
			项目组织机构的协调能力状况
			现行管理体制及规章制度制定与实施情况
		经营管理机制评价指标	项目运营的管理机制和激励机制状况
			项目机构的经常性维护机制状况
			项目组织机构的协调机制状况
			项目组织机构的分工合作机制状况
			项目管理单位体制转变情况
		适应性评价指标	不同利益群体的态度
			当地各组织的态度
			当地技术文化条件
	协调性评价指标	协调度评价指标	与其他同类项目的协调程度
			经济与环境协调度
			经济与社会协调度
			社会与环境协调度

12.3 建设项目后评价的方法

12.3.1 前后对比法和有无对比法

在项目后评价中，前后对比法是指将项目前期的可行性研究和评估的预测结论与项目的实际运行结果相比较，以发现变化和分析原因。

有无对比法是指将项目实际发生的情况与若无项目可能发生的情况进行对比，以度量项目的真实效益、影响和作用。对比的重点是要分清项目作用的影响与项目以外作用的影响。这种对比用于项目的效益评价和影响评价，是项目后评价的一个重要方法论原则。这里说的“有”与“无”指的是评价的对象，即计划、规划或项目。评价是通过对比实施项目所付出的资源代价与项目实施后产生的效果，从而得出项目的好坏。方法论的关键是要求投入的代价与产出的效果口径一致。也就是说，所度量的效果要真正归因于项目。但是，很多项目，特别是大型社会经济项目，实施后的效果不仅是项目的效果和作用，还有项目以外多种因素的影响，因此，简单的前后对比不能得出项目真正的效果。

12. 3. 2 逻辑框架法

逻辑框架法(以下简称 LFA)是美国国际开发署(USAID)在 1970 年开发并使用的一种设计、计划和评价工具，目前已有 2/3 的国际组织把 LFA 作为援助项目的计划管理和后评价的主要方法。

1. 逻辑框架法的含义

LFA 是一种概念化论述项目的方法，即用一张简单的框图来清晰地分析一个复杂项目的内涵和关系，使之更易理解。LFA 是将几个内容相关且必须同步考虑的动态因素组合起来，通过分析其相互之间的关系，从设计策划到目的目标等方面来评价一项活动或工作。LFA 为项目计划者和评价者提供了一种分析框架，用以确定工作的范围和任务，并对项目目标和达到目标所需要的手段进行逻辑关系的分析。

2. 逻辑框架法的模式

LFA 的模式是一个 4×4 的矩阵，横行代表项目目标的层次(垂直逻辑)，竖行代表如何验证这些目标是否达到(水平逻辑)。垂直逻辑用于分析项目计划做什么，弄清项目手段与结果之间的关系，确定项目本身和项目所在地的社会、物质、政治环境中的不确定因素。水平逻辑的目的是要衡量项目的资源和结果，确立客观的验证指标及其指标的验证方法来进行分析。水平逻辑要求对垂直逻辑 4 个层次上的结果作出详细说明。其基本模式见表 12-2。

表 12-2 逻辑框架法的模式

层次描述	客观验证指标	验证方法	重要外部条件
目标	目标指标	监测和监督手段及方法	实现目标的主要条件
目的	目的指标	监测和监督手段及方法	实现目的的主要条件
产出	产出物定量指标	监测和监督手段及方法	实现产出的主要条件
投入	投入物定量指标	监测和监督手段及方法	实现投入的主要条件

3. 逻辑框架法的应用

项目后评价通过应用 LFA 来分析项目原定的预期目标、各种目标的层次、目标实现的程度和原因，用以评价其效果、作用和影响。

12.3.3 成功度法

成功度法是一种常用的综合评价方法，依靠评价专家或专家组的经验，综合评价各项指标，对项目的成功度作出定性的结论。根据项目各方面的执行情况并通过系统准则或目标判断表来判断项目总体的成功程度。进行项目的成功度分析时，应首先确立项目绩效衡量指标，然后根据如下的评价体系，由专家对每个绩效衡量指标进行打分：

(1)非常成功(A^+)：项目的各项目标完全实现或超过；和成本相比较，总体效益非常重大。

(2)成功(A)：项目的目标大部分实现；和成本相比较，总体效益很大。

(3)部分成功(B)：某些目标已实现；和成本相比较，取得了某些效益。

(4)不成功(C)：项目实现的目标有限；和成本相比较，项目几乎没有产生什么真正的效益和影响。

(5)失败(D)：未实现项目的目标；和成本相比较，没有取得任何重大效益，项目放弃。

首先确定众多评价指标的重要性，按照"重要""次重要"和"不重要"三类划分，然后对重要和次重要的指标采取打分制，即按照上述评定标准第(2)至第(5)项的四级分别用A、B、C、D表示，最后通过重要性分析和单项成功度结论的综合，即可得到整个项目的成功度。

12.4 建设项目后评价的应用

12.4.1 建设项目后评价报告的标准格式

下面给出某投资项目后评价报告的标准格式。

× × × × × × × × × ×项目后评价报告

× × × × × × (编制单位)

× × × ×年× ×月

目 录

编制单位资质证书

项目后评价实施单位

参加项目后评价人员名单和专家组人员名单

附图：项目地理位置示意图

报告摘要

一、项目概况

(一)项目情况简述

项目建设地点、项目业主、项目性质、特点，以及项目开工和竣工时间。

(二)项目决策要点

项目建设的理由、决策目标和目的。

(三)项目主要建设内容

项目建设的主要内容，决策批准生产能力，实际建成生产能力。

(四)项目实施进度

项目周期各个阶段的起止时间、时间进度表、建设工期。

(五)项目总投资

项目立项决策批复投资、初步设计批复概算及调整概算、竣工决算投资和实际完成投资情况。

(六)项目资金来源及到位情况

资金来源计划和实际情况。

(七)项目运行及效益现状

项目运行现状、生产能力实现状况、项目财务经济效益情况等。

二、项目实施过程的总结与评价

(一)项目前期决策总结与评价

项目立项的依据，项目决策过程和程序。项目评估和可行性研究报告批复的主要意见。项目勘察、设计、开工准备、采购招标、征地拆迁和资金筹措等情况和程序。

(二)项目实施准备工作与评价

项目勘察、设计、开工准备、采购招标、征地拆迁和资金筹措等情况和程序。

(三)项目建设实施总结与评价

项目合同执行与管理情况、工程建设与进度情况、项目设计变更情况、项目投资控制情况、工程质量控制情况、工程监理和竣工验收情况。

(四)项目运营情况与评价

项目运营情况、项目设计能力实现情况、项目运营成本和财务状况，以及产品结构与市场情况。

三、项目效果和效益评价

(一)项目技术水平评价

项目技术水平(设备、工艺及辅助配套水平，国产化水平，技术经济性)。

(二)项目财务经济效益评价

项目资产及债务状况、项目财务效益情况、项目财务效益指标分析和项目经济效益变化的主要原因。

(三)项目经营管理评价

项目管理机构设置情况、项目领导班子情况、项目管理体制及规章制度情况、项目经营管理策略情况、项目技术人员培训情况。

四、项目环境和社会效益评价

(一)项目环境效益评价

项目环保达标情况、项目环保设施及制度的建设和执行情况、环境影响和生态保护。

(二)项目社会效益评价

项目主要利益群体，项目的建设实施对当地(宏观经济、区域经济、行业经济)发展的影响，对当地就业和人民生活水平提高的影响，对当地政府财政收入的影响。

五、项目目标和可持续性评价

(一)项目目标评价

项目的工程目标、技术目标、效益目标(财务经济)、影响目标(社会环境和宏观目标)。

(二)项目持续性评价

根据项目现状，结合国家的政策、资源条件和市场环境对项目的可持续性进行分析，预测产品的市场竞争力，从项目内部因素和外部因素等方面评价整个项目的持续发展能力。

六、项目后评价结论和主要经验教训

(一)项目成功度评价

(二)评价结论和存在的问题

(三)主要经验教训

七、对策建议

(一)对项目和项目执行机构的建议

(二)对中央企业的对策建议

(三)宏观对策建议

12.4.2 建设项目后评价模式简述

根据项目后评价任务的特点，其管理机构必须保证后评价的独立性和具有反馈功能，因此，项目后评价的机构设置是至关重要的。从全世界范围来看，项目后评价的管理和实施均带着各自国家社会、经济发展程度及社会运行机制的烙印，其中亚洲开发银行和联合国开发署等国际多边组织在全球大量的援助贷款项目的后评价实践起步较早，经验丰富，其后评价管理方式和实施程序已为多数发展中国家所接受，形成了项目后评价的国际模式，现以其为例进行介绍。

世界银行(以下简称世行)的后评价机构成立于1970年，1975年世行又设立了负责后评价的总督察(Director-General)，并正式成立了业务评价局(Operations Evaluation Department, OED)，从此，后评价纳入了世行重要的正规管理和实施的轨道。世行开展后评价的主要目的是对世行所执行的政策、规划、项目和程序进行客观的评价；通过总结经验教训来改进和完善这些政策、规划和项目。

1. 后评价的机构设置及其工作任务

领导世行业务评价工作的官员为总督察，总督察由世行执行董事会任命。总督察的职责是对执行董事会专门负责业务评价的联合审核委员会(Joint Audit Committee)负责；代表行长管理业务评价的工作；领导世行的业务评价局和国际金融公司的业务评价办公室两个后评价机构。总督察的主要任务包括：评估世行业务评价系统的作用和功能，并向银行和成员国报告；对业务评价计划和工作提出独立的指导意见，提高评价机构对业务评价目的的认识；提出工作变化对策，使之更富有成效，同时满足各成员国在业务评价方面的需要；鼓励和支持各成员国发展各自的后评价体系。

联合审核委员会是世行执行董事会的一个常设机构，负责业务评价指导工作，由8名执行董事组成，两年一届。该委员会的职责包括监督世行和国际金融公司业务评价的规范、程序和工作；检查并确定世行集团业务评价的充分性和有效性；每年向全体执行董事会成员报告一次业务评价的执行情况、成果和建议；审核业务评价机构的年度报告和预算。

世行业务评价系统强调它的独立性、实用性、可靠性和透明性。具体的业务评价工作由下属的两个机构执行。根据业务评价的发展，1993年以来，世行执行董事会给予评价局更多的权力和任务，进一步加强了评价力量。世行业务评价局的主要任务包括衡量取得所预期结果的程度、效应及效率；总结、传播经验教训，反馈并应用于政策业务及程序之中；帮助世行及其成员国提高业务评价能力，发挥世行内部监督的作用。世行业务评价局的主要工作内容包括：

(1)审查项目完成报告。审查所有世行投资项目编写的项目完成报告或自我评价报告，编制项目信息单和评价备忘录，上报银行当局并输入数据库。

(2)实施项目后评价。独立进行项目后评价，在评价过程中不断地与项目主管局和所在国交换意见，及时反馈信息，使评价更加客观、公正，结论更利于反馈和被采纳。

(3)实施影响评价。项目完成五年以后，根据世行投资政策的变化或重点在项目后评价报告的基础上，选定社会环境影响较大、情况较复杂、行业或地区成捆项目开展影响评价。

(4)开展评价专题研究。评价专题研究是在上述三种报告的基础上开展的，形式多样，一般可分为行业总结、地区研究、程序评价等。

(5)评价成果年度总结。业务评价局每年要编写一份评价成果年度总结，全面总结一年来上述几类评价的成果，但重点是在统计资料的基础上对风险的分析和趋势的预测，以供银行决策者参考。

2. 后评价的实施步骤

(1)在项目完工的前一个银行财政年度末，由地区规划局提出下一年度拟派出的项目完工代表团计划，并通知后评价局准备进行项目完工报告的项目清单。

(2)在项目完工代表团派出前 6 个月，银行项目人员向借款国、项目执行单位和联合融资者说明项目完工报告的步骤和需要的数据资料。

(3)在项目完工代表团派出前 3 个月，借款国准备或调整项目执行计划，提出监测项目运营和影响的实施指标，并向银行提出完工报告计划。

(4)在项目完工代表团派出前 1～2 个月，项目负责人提出项目完工报告的计划任务书。

(5)在项目账户关闭前 1 个月，派出项目完工代表团，现场调查，提交一份备忘录，内容包括记录项目各方对项目执行的观点，确认是否为借款国的项目完工报告提供了建议和帮助，并将实施计划附在备忘录后面。

(6)在代表团回到银行总部后 2 周内，项目主管处长向借款国发出备忘录确认函。

(7)在代表团调查结束工作后 2～3 个月内，项目负责人完成并向借款国和联合融资者寄出项目完工报告草稿，征求意见。

(8)在代表团结束工作后 3 个月内，借款国完成自我评价报告，并向银行寄出报告摘要，报告摘要不得超过 10 页纸并附在银行的项目完工报告后。

(9)在代表团结束工作 3～4 个月内，项目负责人完成项目自我后评价报告并根据反馈意见修改报告。

(10)在项目账户关闭 6 个月之内，项目负责人完成最终报告，按规定格式打印，并送发借款国、项目执行单位和联合融资者。

本章小结

1. 项目后评价是指项目投资完成以后，对项目的立项的目的、实施的过程、取得的效益、产生的作用、造成的影响进行系统的、客观的分析，从而判断建设项目预期目标实现程度的一种评价方法。

2. 建设项目后评价与前评价在项目所处阶段、标准、投资决策中的作用、内容和实施上存在着差异。

3. 建设项目后评价为国家投资计划、政策的制定提供依据；对企业经营管理进行“诊断”，促使项目运营状态的正常化；总结项目管理的经验教训，提高项目管理的水平；提高项目决策科学化的水平；为银行部门及时调整信贷政策提供依据。

4. 建设项目后评价的程序和内容。

5. 建设项目后评价指标体系由社会经济可持续性、环境资源可持续性、建设项目运营可持续性、管理体制与政策可持续性及协调性五个方面的指标或指标体系构成。

6. 建设项目后评价的方法有前后对比法、有无对比法、逻辑框架法和成功度法。

思考与练习

1. 简述建设项目后评价的概念。
2. 建设项目后评价与前评价有什么区别？
3. 建设项目后评价的作用是什么？
4. 建设项目后评价的实施程序是什么？
5. 建设项目后评价包括哪些基本内容？
6. 建设项目后评价有哪些主要评价指标？
7. 简述建设项目后评价的主要方法。

习题答案

第 13 章 计算机技术在工程经济中的应用

学习重点

工程经济学常用软件的计算原理，Excel 在财务评价中的操作，通过 Excel 进行财务指标的计算，运用 Excel 进行销售预测和债券投资决策。

学习目标

通过本章的学习，了解工程经济学计算中常用的一些软件；掌握软件中的原理，并能够熟练运用 Excel 进行财务评价指标计算、销售预测和债券投资决策。

第 13 章　课件

知识结构图

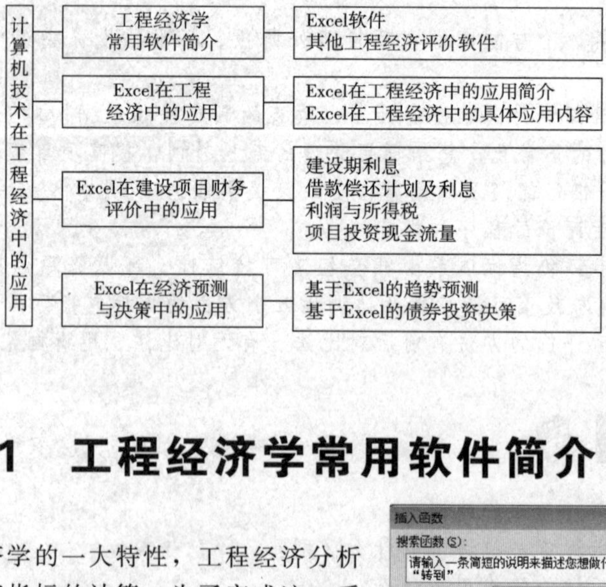

13.1　工程经济学常用软件简介

定量分析是工程经济学的一大特性，工程经济分析涉及大量函数模型及经济指标的计算，为了完成这一系列的计算，计算机的应用具有十分重要的意义。在工程经济学的计算中，最常用的办公软件就是 Excel。Excel 软件具有直观简明的表格功能及丰富强大的函数与数据处理能力。Excel 中，在插入函数的子菜单窗口中，只要选择财务函数，即可完成某个或者某些简单的关于财

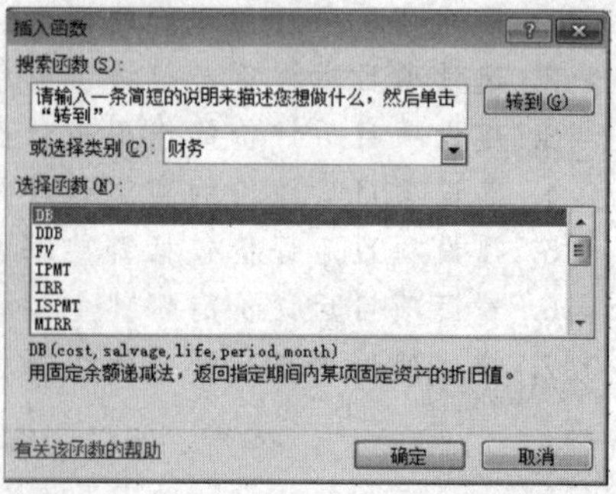

图 13-1　Excel"插入函数"操作界面

务的计算。具体的操作界面如图 13-1 所示。

虽然 Excel 的功能强大，能够实现大部分财务评价的功能，但是其仅对单一的财务评价起作用。如果对整个项目的多个财务进行评价，则用 Excel 的话，操作会比较烦琐。为了解决一些特定项目的财务评价，一些小公司根据自身的需要，再结合经济评价的计算公式，设计出适合的软件。对于这些软件，在编程中就已经完成计算步骤，使用时只需输入一些数据，再根据自身需要选择某些功能，软件便能计算出用户所要的结果。这类软件的界面一般只显示所要的结果，或者是通过其他的文件格式将结果导出，如后缀名为 .doc 或 .xls 的文件。图 13-2 所示为某水利工程经济评价软件的操作界面。

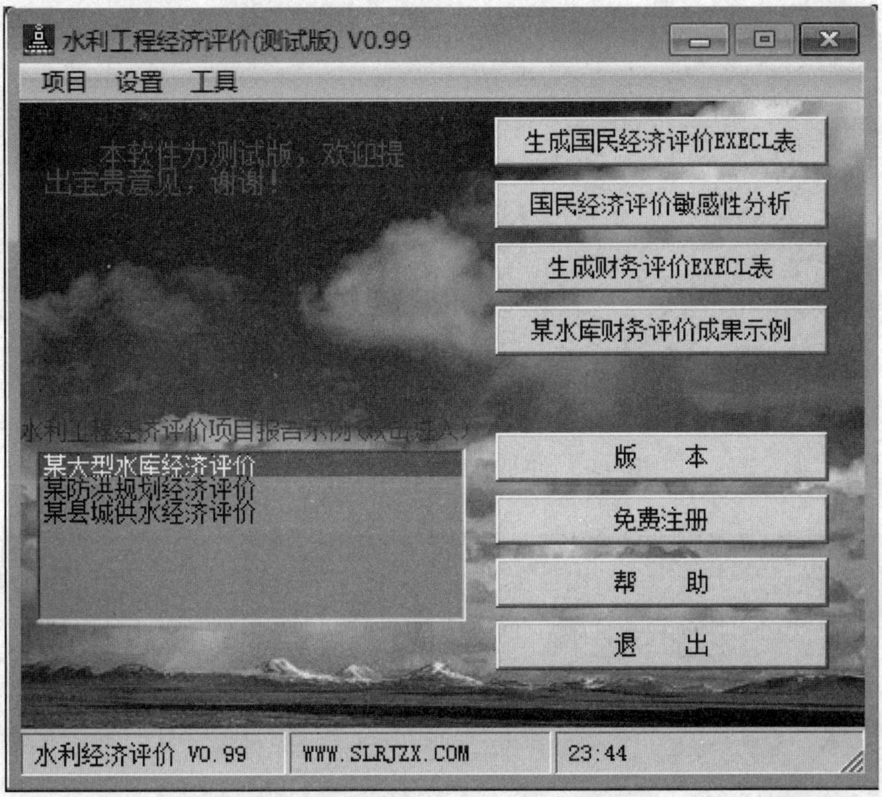

图 13-2　某水利工程经济评价软件的操作界面

相对于那些免费或者是自身开发的软件，有些专门由软件公司开发的软件就要付费使用了。这些软件既然作为产品来出售，功能相对来说也会更加强大，智能化程度也会比较高。为了方便，下面就从广西南方建设项目经济评价系列软件中选择“中小项目财务评价软件普及版”进行说明。其操作界面如图 13-3 所示。

这个界面与一般的 Windows 程序的操作界面类似，标题栏下面就是菜单栏。其智能化体现最明显的就是在“成果输出”这一操作界面，单击之后就会弹出另一个操作界面，如图 13-4 所示。

在该界面中，用户可以根据自身需要来选择输出成果表的种类，如“财务评价类”“国民经济评价类”和“其他”。在“财务评价类”中，用户可以选择输出“建设期利息估算表”“总成本费用估算表”等。使用该软件时，用户只需输入项目的原始数据，就能得出一系列的评价表，这样在减少劳动力的同时还能节约一定时间，确实能给用户带来很多便利。

图 13-3　中小项目财务评价软件普及版

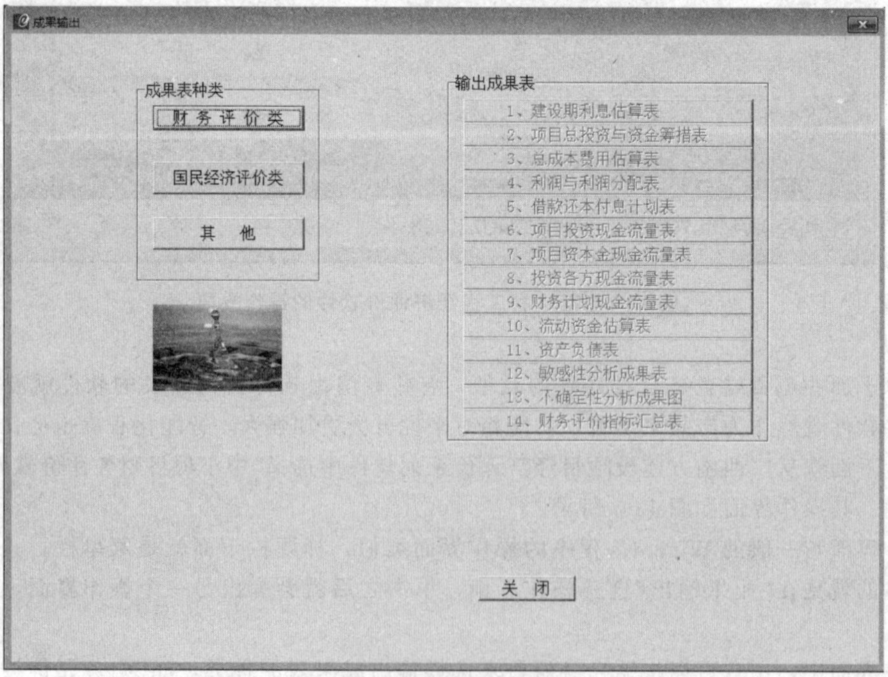

图 13-4　中小项目财务评价软件中的“成果输出”操作界面

13.2　Excel 在工程经济中的应用

13.2.1　Excel 在工程经济中的应用简介

在工程经济学的计算中，Excel 是最常用的软件。首先，应用 Excel 软件可以加深学生对理论教学内容的理解。例如，在资金的等值换算、经济评价、工程改造与设备更新、财务分析、不确定性分析和风险分析、工程方案的综合评价与分析、价值工程、预测和方案的优化问题等内容上，都可以利用 Excel 强大的计算统计功能。其次，在工程经济学案例教学中，应用 Excel 软件进行案例分析，可以进行图表的绘制和数据的分析，解决了工程经济学案例数据多、计算量大、需要时间长等问题，为提高学生分析问题和解决问题的能力起到了重要作用。

13.2.2　Excel 在工程经济中的具体应用内容

折旧费的计算

1. 折旧的计算

(1)年数总和法。年数总和法是以固定资产原值扣除预计残值后的余额作为计提折旧的基础，按照逐年递减的折旧率计提折旧的一种方法。在 Excel 中应用了 SYD 函数来计算。

【例 13-1】 某人购买了一辆价值 300 000 元的轿车，预计使用年限为 10 年，残值率为 10%，即残值为 30 000 元。现在采用年数总和法计算该轿车各年的折旧值，具体操作步骤如下。

解： (1)按 Ctrl＋N 组合键新建一个空白工作簿；

(2)在工作表中输入相应的数据，如原价、残值、折旧年限等；

(3)选择 C4 单元格；

(4)输入公式"＝SYD(＄A＄2，＄B＄2，＄C＄2，A4)"(＄为锁定符号，如＄A＄2 在接下来拖曳时不会变成 A3)；

(5)按 Enter 键即可看到计算的结果；

(6)拖曳填充柄计算其他各年的折旧值，如图 13-5 所示。

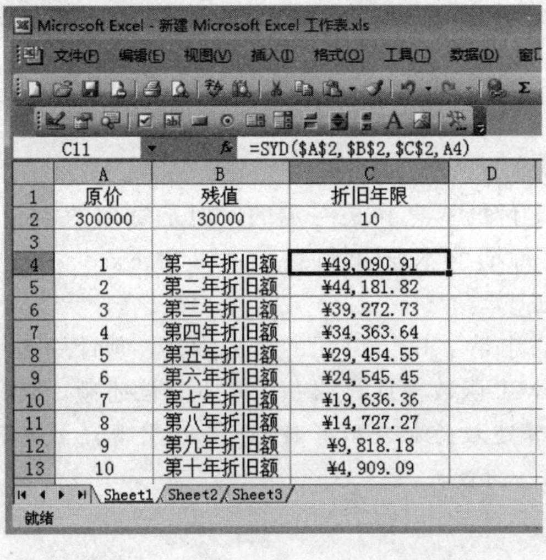

	A	B	C	D
1	原价	残值	折旧年限	
2	300000	30000	10	
3				
4	1	第一年折旧额	¥49,090.91	
5	2	第二年折旧额	¥44,181.82	
6	3	第三年折旧额	¥39,272.73	
7	4	第四年折旧额	¥34,363.64	
8	5	第五年折旧额	¥29,454.55	
9	6	第六年折旧额	¥24,545.45	
10	7	第七年折旧额	¥19,636.36	
11	8	第八年折旧额	¥14,727.27	
12	9	第九年折旧额	¥9,818.18	
13	10	第十年折旧额	¥4,909.09	

图 13-5　年数总和法计算折旧表

(2)双倍余额递减法。双倍余额递减法是以平均年限法确定的折旧率的双倍乘以固定资产在每一会计期间的期初账面净值，从而确定各期应提折旧的方法。但是此法规定折旧期限的最后两年改用直线折旧法计提折旧。

【例 13-2】 某人购买了一辆价值 300 000 元的轿车，预计使用年限为 10 年，残值率为 10%，即残值为 30 000 元。现在采用双倍余额递减法计算该轿车各年的折旧值，具体操作步骤如下。

解：(1)按 Ctrl＋N 组合键新建一个空白工作簿；

(2)在工作表中输入相应的数据，如原价、残值、折旧年限等；

(3)选择 C4 单元格；

(4)输入公式“＝DDB(A2，B2，C2，A4)”(注：最后的 2 表示双倍余额递减法，如果不输入的话，系统默认为 2)；

(5)按 Enter 键即可看到计算的结果；

(6)拖曳填充柄计算前 8 年的折旧值；

(7)在 C12 单元格中输入“＝(A2－B2－SUM(C4：C11))/2”；

(8)拖曳填充柄计算第十年的折旧值，如图 13-6 所示。

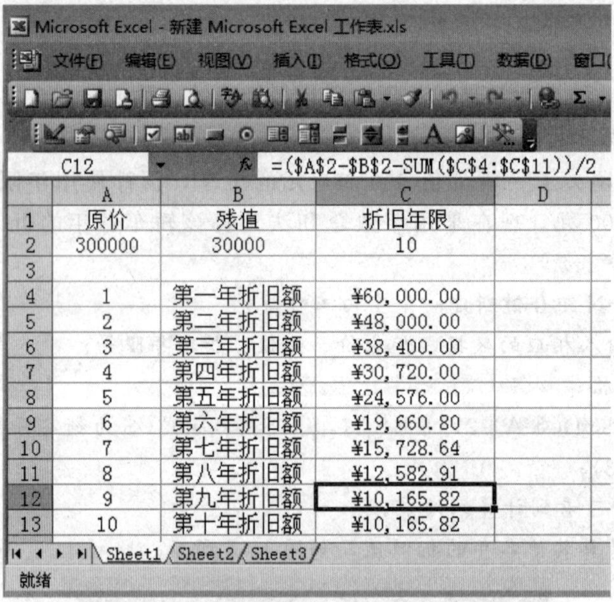

	A	B	C	D
1	原价	残值	折旧年限	
2	300000	30000	10	
3				
4	1	第一年折旧额	¥60,000.00	
5	2	第二年折旧额	¥48,000.00	
6	3	第三年折旧额	¥38,400.00	
7	4	第四年折旧额	¥30,720.00	
8	5	第五年折旧额	¥24,576.00	
9	6	第六年折旧额	¥19,660.80	
10	7	第七年折旧额	¥15,728.64	
11	8	第八年折旧额	¥12,582.91	
12	9	第九年折旧额	¥10,165.82	
13	10	第十年折旧额	¥10,165.82	

图 13-6 双倍余额递减法计算折旧表

2. 本金与利息的计算

在等额还款中，每期支付的本息和是一定的，但是每期的本金与利息却各不相同。为了计算出每期的本金和利息，可以在 Excel 中分别运用 PPMT 和 IPMT 函数来完成。

本金与利息等的计算

【例 13-3】 某人到银行申请了 60 000 元的按揭贷款，预计用 5 年还清，年利率为 7%，按月计息。现用 PPMT 和 IPMT 函数来计算第一个月本金偿还额，其具体操作步骤如下。

解：用 PPMT 函数计算还款的本金和用 IPMT 函数计算还款的利息：

(1)在工作表中输入相应的数据；

(2)选择 B5 单元格；

(3)输入公式"＝PPMT(B1/12，1，B2＊12，－B3)"；

(4)按 Enter 键即可看到计算的结果；

(5)选择 B6 单元格，输入公式"＝IPMT(B1/12，1，B2＊12，－B3)"；

(6)按 Enter 键即可看到计算的结果，如图 13-7 所示。

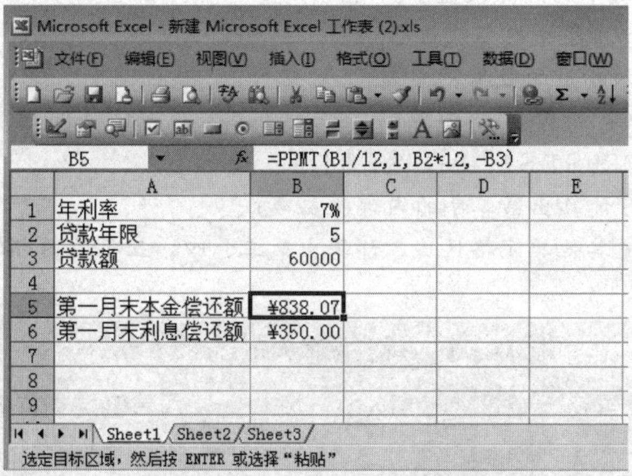

图 13-7　用 PPMT 和 IPMT 函数计算还款本金与利息表

3. 净现值的计算

【例 13-4】 某客户在第一年年末投资 100 000 元，未来三年中各年末的收益分别为 40 000 元、60 000 元、130 000 元，年贴现率为 10%，计算该客户的净现值。

解： 用 NPV 函数求净现值：

(1)按 Ctrl＋N 组合键新建一个空白工作簿；

(2)在工作表中输入相应的数据；

(3)在 B8 单元格中输入公式"＝NPV(B1，B3：B5)－B6"；

(4)按 Enter 键即可看到计算的结果，如图 13-8 所示。

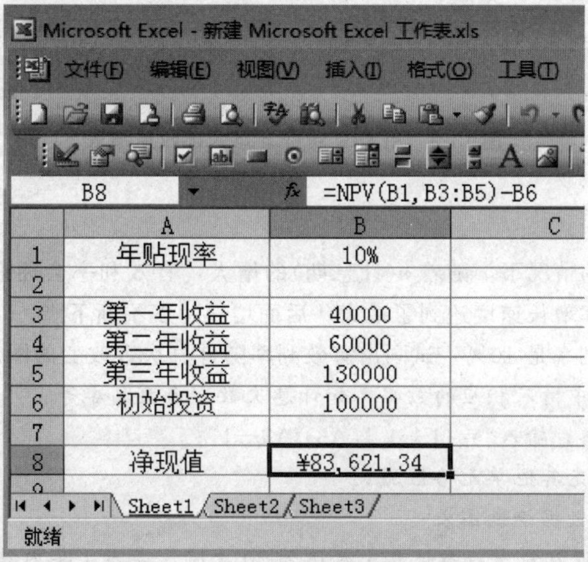

图 13-8　用 NPV 函数计算净现值表

4. 内部收益率的计算

【例 13-5】 某项目初期投资 90 000 元。预计第一年的净收入为 20 000 元，第二年的净收入为 60 000 元，第三年的净收入为 100 000 元，第四年的净收入为 120 000 元，第五年的净收入为150 000 元，计算每年的内部收益率。

解：用 IRR 函数计算各年内部收益率：

(1)在工作表中输入相应的数据；

(2)选择 C5 单元格；

(3)输入公式“=IRR(B3：B5，B1)”；

(4)按 Enter 键即可计算出第二年的内部收益率；

(5)拖曳填充柄填充其他单元格区域，计算出第三、四、五年的内部收益率，结果如图 13-9 所示。

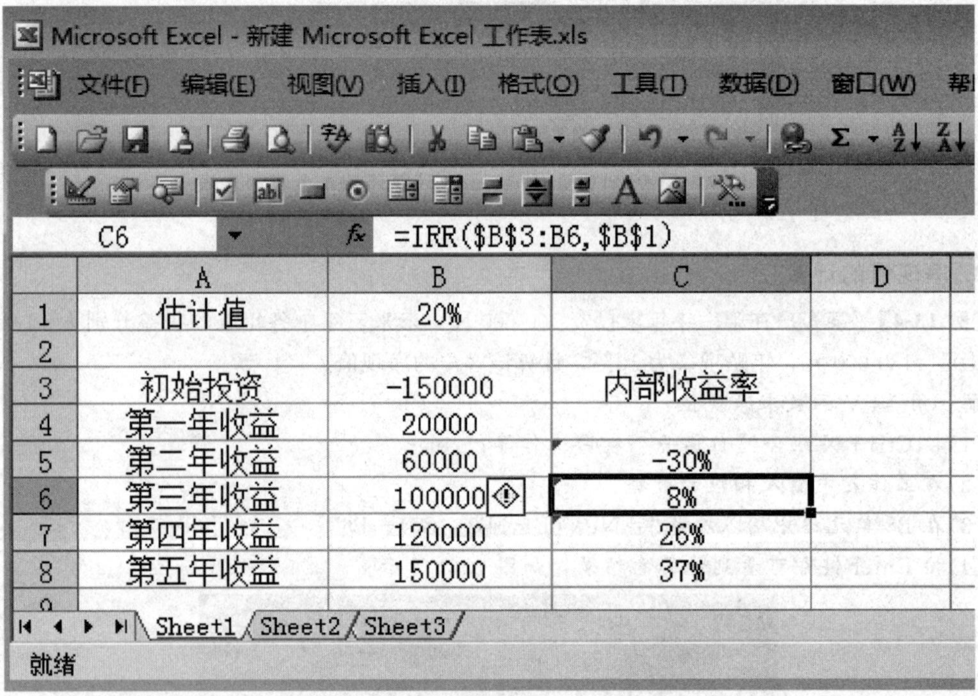

	A	B	C	D
1	估计值	20%		
2				
3	初始投资	-150000	内部收益率	
4	第一年收益	20000		
5	第二年收益	60000	-30%	
6	第三年收益	100000	8%	
7	第四年收益	120000	26%	
8	第五年收益	150000	37%	

图 13-9 用 IRR 函数计算内部收益率表

5. 有效利率仿真

在名义利率一定的情况下，随着 n(计息期)的增大，有效利率会逐渐增大；但是当 n 达到一定数量后，有效利率增长速度达到了最大，后面增长速度不断下降。

【例 13-6】 名义利率是 10%，试画出有效利率随计息次数改变的图形。

解：(1)在工作表中输入相应的数据，如计息次数、名义利率等；

(2)选择 B3 单元格，输入“=(1+0.1/A3)^A3-1”；

(3)拖曳填充柄填充其他单元格区域；

(4)根据计算出的数据绘制图表；

(5)从图 13-10 中可以看出，当计息次数达到 30 次时，表示 1 年内若计息 30 次，有效利率增长速度达到了最大，后面增长速度不断下降，结果如图 13-10 所示。

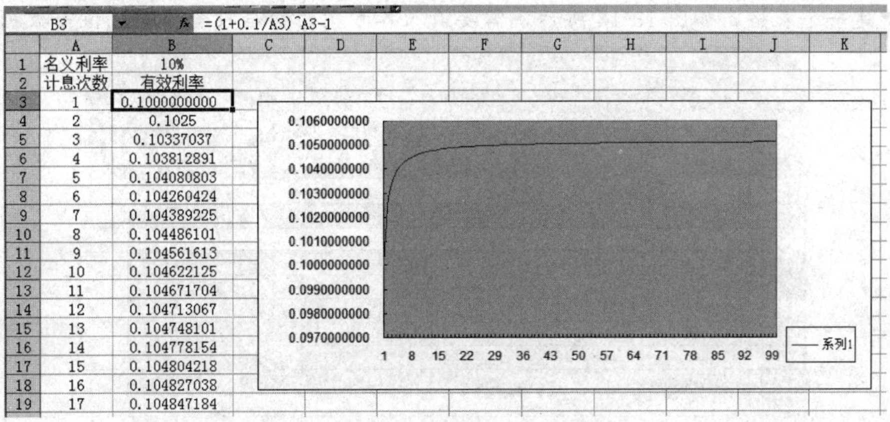

B3　=(1+0.1/A3)^A3-1

	A	B
1	名义利率	10%
2	计息次数	有效利率
3	1	0.1000000000
4	2	0.1025
5	3	0.10337037
6	4	0.103812891
7	5	0.104080803
8	6	0.104260424
9	7	0.104389225
10	8	0.104486101
11	9	0.104561613
12	10	0.104622125
13	11	0.104671704
14	12	0.104713067
15	13	0.104748101
16	14	0.104778154
17	15	0.104804218
18	16	0.104827038
19	17	0.104847184

图 13-10　有效利率仿真表

6. 独立方案的选择

对于组合—互斥型的方案，在选择独立方案和选优的过程中，最常见的约束就是资金的约束。对于这类问题，可以当作 0－1 规划的问题来解决。对于每个方案，可以设定一个参数，这个参数的选择范围只能是 0 和 1。如果该方案被选中，则参数为 1，反之则为 0。根据要求的约束条件，列出参数的方程，再按照线性规划中整数规划的方法来求解即可。

【例 13-7】 有 4 个独立方案，其数据见表 13-1，若预算资金为 35 万元，各方案寿命均为 7 年，基准收益率为 10%，应选择哪些方案？

表 13-1　4 个方案的数据　　　　万元

方案	A	B	C	D
初始投资	16	15	14	18
年净收益	6	4	5	7

解：(1)运用 NPV 函数，算出各方案的净现值，结果如图 13-11 所示；

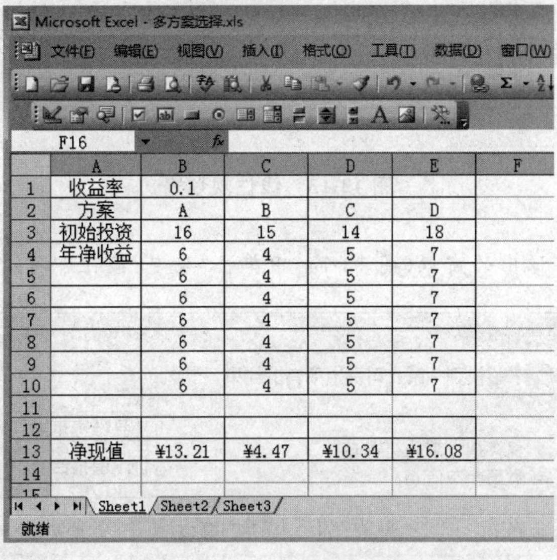

	A	B	C	D	E	F
1	收益率	0.1				
2	方案	A	B	C	D	
3	初始投资	16	15	14	18	
4	年净收益	6	4	5	7	
5		6	4	5	7	
6		6	4	5	7	
7		6	4	5	7	
8		6	4	5	7	
9		6	4	5	7	
10		6	4	5	7	
11						
12						
13	净现值	¥13.21	¥4.47	¥10.34	¥16.08	
14						

图 13-11　各方案净现值表

(2)新建一个表格，如图 13-12 所示，需要输入各方案的初始投资、净现值等数据；

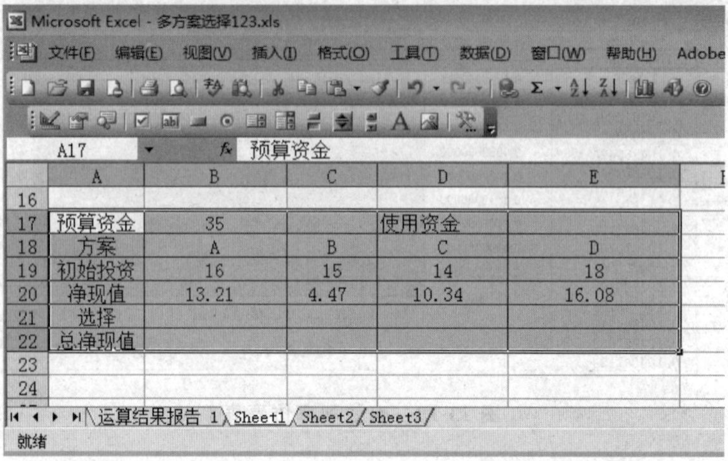

图 13-12　方案组合约束表

(3)选中 E17，输入“=SUMPRODUCT(B19：E19，B21：E21)”；

(4)选中 E22，输入“=SUMPRODUCT(B20：E20，B21：E21)”；

(5)单击菜单栏上的“工具”按钮，在下拉菜单中选择“加载宏”选项；

(6)单击菜单栏上的“工具”按钮，在下拉菜单中选择“规划求解”选项，在弹出的窗口中，根据实际情况来选择各个单元格，如图 13-13 所示；

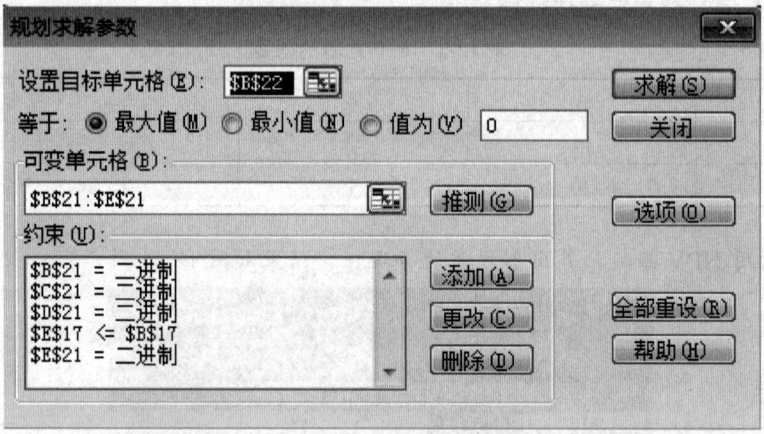

图 13-13　线性规划表

(7)单击“求解”，在弹出的窗口(图 13-14)中单击“确定”按钮即可；

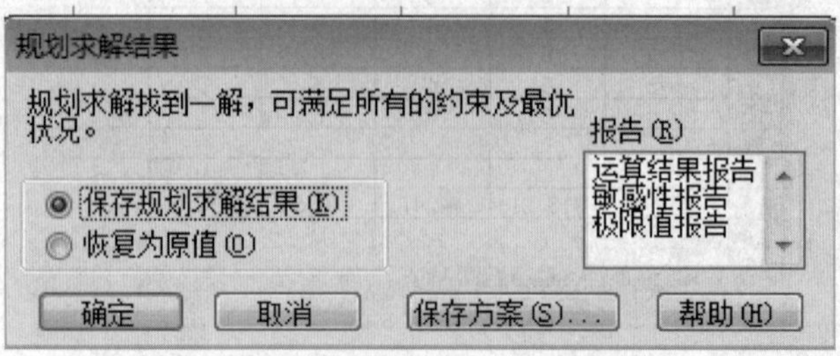

图 13-14　规划求解结果提示表

(8)计算结果如图 13-15 所示，表明选择方案 A 和方案 D 时，才能获得最大的净现值，故应选择方案 A 和方案 D。

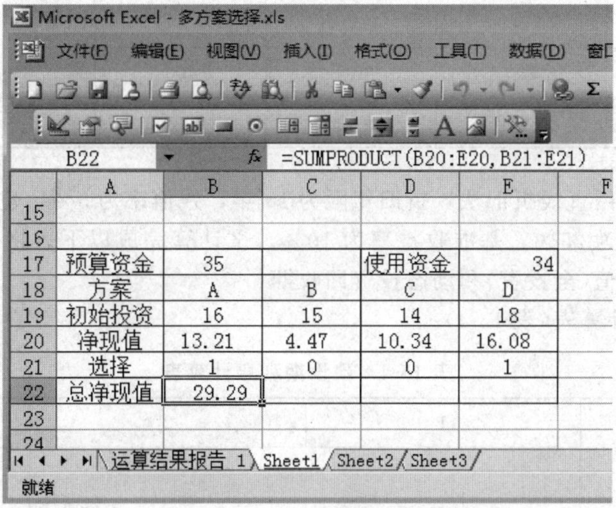

图 13-15　规划求解表

13.3　Excel 在建设项目财务评价中的应用

基本建设项目所涉及的年限长、数据多，若采用常规手段进行醒目的财务评价非常容易出错，但是如果采用 Excel 表格进行运算操作，数据清晰明了，过程简便，这个问题就比较容易解决。

通过 Excel 表上作业，既可以计算项目的建设期利息、借款偿还计划及利息、利润与所得税、项目投资现金流量等财务项目评价指标，也可以计算项目所得税后的投资财务净现值(全投资)和动态投资回收期。

【例 13-8】 某一工程项目计算期 13 年，建设期为 3 年，第 4 年投产，第 5 年开始达到生产能力。项目建设投资(未包含建设期借款利息)为 6 000 万元，其中自有资金为 3 500 万元，不足部分向银行借款，银行借款利率为 8%，假定每年借款在年中。建设期只计息不还款，第 4 年年初投产后开始还贷，每年付清利息并分 6 年等额偿还建设期利息资本化后的全部借款本金，利息照付的方式进行。所有现金流量的发生时点假定在年末。分年投资情况见表 13-2。

表 13-2　分年投资情况

年份	1	2	3	合计
建设投资/万元	2 000	2 000	2 000	6 000
其中：自有资金投资/万元	1 500	1 500	500	3 500

第 4 年年初投入所需的全部流动资金 2 000 万元，全部向银行借款，年利率为 6.5%。项目税金及附加和经营成本的预测值见表 13-3。

表 13-3　预测值

年份	4	5	6	…	13
营业收入/万元	5 500	7 200	7 200	…	7 200
税金及附加/万元	300	400	400	…	400
经营成本/万元	3 000	4 000	4 000	…	4 000

固定资产折旧采用直线折旧法，折旧年限为10年，残值率为5%，建设期利息计入固定资产原值，所得税税率为25%，基准收益率为10%。试计算完成以下表格，并计算项目所得税税后的投资财务净现值(全投资)和动态投资回收期。

(1)建设期利息计算表(表13-4)。

表 13-4　建设期利息计算表　　万元

年份	1	2	3
年初欠款			
当年借款			
借款利率	0.080	0.080	0.080
当年利息			
年末欠款累计			

(2)借款偿还计划及利息计算表(表13-5)。

表 13-5　借款偿还计划及利息计算表　　万元

年份	4	5	6	7	8	9
年初欠款						
贷款利率	0.080	0.080	0.080	0.080	0.080	0.080
当年利息支付						
当年还本						
年末欠款						
还款总额						

(3)利润与所得税表(表13-6)。

表 13-6　利润与所得税表　　万元

年份	4	5	6	7	8	9	10	11	12	13
营业收入	5 500	7 200	7 200	7 200	7 200	7 200	7 200	7 200	7 200	7 200
税金及附加	300	400	400	400	400	400	400	400	400	400
经营成本	3 000	4 000	4 000	4 000	4 000	4 000	4 000	4 000	4 000	4 000
折旧										
利息支出										
利润总额										

续表

年份	4	5	6	7	8	9	10	11	12	13
所得税										
净利润										

(4)项目投资现金流量表(表 13-7)。

表 13-7　项目投资现金流量表　　万元

年份	0	1	2	3	4	5	6	7	8	9	10	11	12	13
1 现金流入														
1.1 营业收入	0.000	0.000	0.000	5 500.000	7 200.000	7 200.000	7 200.000	7 200.000	7 200.000	7 200.000	7 200.000	7 200.000	7 200.000	7 200.000
1.2 回收固定资产残值	0.000	0.000	0.000	0.000	0.000	0.000	0.000	0.000	0.000	0.000	0.000	0.000	0.000	311.406
1.3 回收流动资金	0.000	0.000	0.000	0.000	0.000	0.000	0.000	0.000	0.000	0.000	0.000	0.000	0.000	2 000.000
2 现金流出														
2.1 建设投资	2 000.000	2 000.000	2 000.000	0.000	0.000	0.000	0.000	0.000	0.000	0.000	0.000	0.000	0.000	0.000
2.2 流动资金	0.000	0.000	0.000	2 000.000	0.000	0.000	0.000	0.000	0.000	0.000	0.000	0.000	0.000	0.000
2.3 经营成本	0.000	0.000	0.000	0.000	3 000.000	4 000.000	4 000.000	4 000.000	4 000.000	4 000.000	4 000.000	4 000.000	4 000.000	4 000.000
2.4 税金及附加	0.000	0.000	0.000	0.000	300.000	400.000	400.000	400.000	400.000	400.000	400.000	400.000	400.000	400.000
2.5 所得税														
2.6 利息支出														
3 净现金流量														
4 累计净现金流量														
5 折现系数														
6 净现金流量折现值														
7 累计净现值														

解：(1)具体计算过程如下：

①将相关信息填入 Excel 表格中，如图 13-16 所示；

	A	B	C	D
1	建设期利息计算表(单位：万元)			
2	**年份**	1	2	3
3	**年初欠款**	0.000	520.000	1081.600
4	**当年借款**	500.000	500.000	1500.000
5	**借款利率**	0.080	0.080	0.080
6	**当年利息**	20.000	61.600	146.528
7	**年末欠款累计**	520.000	1081.600	2728.128

图 13-16　建设期利息计算表

②年初欠款计算：年初欠款＝前一年年末欠款累计，如 C3＝B7；

③当年借款计算：当年借款＝当年建设投资－自有资金投资，如 B2＝2 000－1 500；

④当年利息计算：当年利息＝年初欠款×贷款利率＋当年借款×借款利率/2，如 C6＝C3×0.080＋C4×0.080/2；

⑤年末欠款累计计算：年末欠款累计＝年初欠款＋当年借款＋当年利息，如 C7＝C3＋C4＋C6；

⑥其他计算：其他未列举单元格的计算参考步骤②～⑤。

(2)具体计算过程如下：

①将相关信息填入 Excel 表格中，如图 13-17 所示；

	A	B	C	D	E	F	G
9	借款偿还计划及利息计算表(单位：万元)						
10	**年份**	**4**	**5**	**6**	**7**	**8**	**9**
11	**年初欠款**	2728.128	2273.440	1818.752	1364.064	909.376	454.688
12	**贷款利率**	0.080	0.080	0.080	0.080	0.080	0.080
13	**当年利息支付**	218.250	181.875	145.500	109.125	72.750	36.375
14	**当年还本**	454.688	454.688	454.688	454.688	454.688	454.688
15	**年末欠款**	2273.440	1818.752	1364.064	909.376	454.688	0.000
16	**还款总额**	672.938	636.563	600.188	563.813	527.438	491.063

图 13-17　借款偿还计划及利息计算表

②年初欠款计算：该处计算同(1)中第②步的计算；

③当年利息支付计算：当年利息支付＝年初欠款×贷款利率，如 B13＝B11×0.080；

④当年还本计算：当年还本＝第四年年初欠款/6，即 B14＝C14＝…＝G14＝B11/6；

⑤年末欠款计算：年末欠款＝年初欠款－当年还本，如 B15＝B11－B14；

⑥还款总额计算：还款总额＝当年利息支付＋当年还本，如 B16＝B13＋B14；

⑦其他计算：其他未列举单元格的计算参考步骤②～⑥。

(3)具体计算过程如下：

①将相关信息填入 Excel 表格中，如图 13-18 所示；

	A	B	C	D	E	F	G	H	I	J	K
18	利润与所得税表（单位：万元）										
19	年份	4	5	6	7	8	9	10	11	12	13
20	营业收入	5500.000	7200.000	7200.000	7200.000	7200.000	7200.000	7200.000	7200.000	7200.000	7200.000
21	税金及附加	300.000	400.000	400.000	400.000	400.000	400.000	400.000	400.000	400.000	400.000
22	经营成本	3000.000	4000.000	4000.000	4000.000	4000.000	4000.000	4000.000	4000.000	4000.000	4000.000
23	折旧	591.672	591.672	591.672	591.672	591.672	591.672	591.672	591.672	591.672	591.672
24	利息支出	348.250	311.875	275.500	239.125	202.750	166.375	130.000	130.000	130.000	130.000
25	利润总额	1260.078	1696.453	1932.826	1969.203	2005.578	2041.953	2078.328	2078.328	2078.328	2078.328
26	所得税	315.019	474.113	483.207	492.301	501.394	510.488	519.582	519.582	519.582	519.582
27	净利润	945.058	1422.339	1449.621	1476.902	1504.183	1531.465	1558.746	1558.746	1558.746	1558.746

图 13-18　利润与所得税表

②折旧计算：折旧＝(建设投资＋建设期贷款利息)×(1－残值率)/折旧年限，如 B23＝C23＝…＝K23＝(6 000＋20＋61.6＋146.528)×(1－5％)/10＝591.672；

③利息支出计算：利息支出＝当年利息支付＋第四年流动资金贷款×贷款年利率，如 B24＝B13＋2 000×0.065＝348.250；

④利润总额计算：利润总额＝营业收入－税金及附加－经营成本－折旧－利息支出，如 B25＝B20－B21－B22－B23－B24＝5 500－300－3 000－591.672－348.25＝1 260.078；

⑤所得税计算：所得税＝利润总额×所得税税率，如 B26＝B25×0.25＝315.019；

⑥净利润计算：净利润＝利润总额－所得税，如 B27＝B25－B26＝945.058；

⑦其他计算：其他未列举单元格的计算参考步骤②～⑥。

(4)具体计算过程如下：

①将相关信息填入 Excel 表格中，如图 13-19 所示；

②现金流入计算：现金流入＝营业收入＋回收固定资产残值＋回收流动资金，如 B34＝B35＋B36＋B37；

③所得税计算：所得税计算与(3)中的第⑤步相同；

④利息支出计算：利息支出计算与(3)中的第③步相同；

⑤现金流出计算：现金流出＝建设投资＋流动资金＋经营成本＋营业税金及附加＋所得税＋利息支出，如 F38＝F39＋F40＋F41＋F42＋F43＋F44；

⑥净现金流量计算：净现金流量＝现金流入－现金流出，如 F45＝F34－F38；

⑦累计净现金流量计算：累计净现金流量＝净现金流量的累计之和，如 F45＝B45＋C45＋D45＋E45；

⑧折现系数计算：折现系数＝$(1+\text{基准收益率})^{-n}$，如 F47＝$(1+0.1)^{-3}$；

⑨净现金流量折现值计算：净现金流量折现值＝净现金流量×折现系数，如 F48＝F45×F47；

⑩累计净现值计算：累计净现值＝累计净现金流量×折现系数，如 F49＝F46×F47；

⑪其他计算：其他未列举单元格的计算参考步骤②～⑩。

如图 13-19 所示，项目的财务净现值＝O49＝4 284.912 万元。动态投资回收期＝8－1＋(｜－174.161｜)/977.732＝7.178(年)。

	A	B	C	D	E	F	G	H	I	J	K	L	M	N	O
32	项目投资现金流量表														
33	年 份	0	1	2	3	4	5	6	7	8	9	10	11	12	13
34	1现金流入	0.000	0.000	0.000	0.000	5500.000	7200.000	7200.000	7200.000	7200.000	7200.000	7200.000	7200.000	7200.000	9511.406
35	1.1营业收入	0.000	0.000	0.000	0.000	5500.000	7200.000	7200.000	7200.000	7200.000	7200.000	7200.000	7200.000	7200.000	7200.000
36	1.2回收固定资产残值	0.000	0.000	0.000	0.000	0.000	0.000	0.000	0.000	0.000	0.000	0.000	0.000	0.000	311.406
37	1.3回收流动资金	0.000	0.000	0.000	0.000	0.000	0.000	0.000	0.000	0.000	0.000	0.000	0.000	0.000	2000.000
38	2现金流出	2000.000	2000.000	2000.000	2000.000	3963.269	5185.988	5158.707	5131.426	5104.144	5076.863	5049.582	5049.582	5049.582	5049.582
39	2.1建设投资	2000.000	2000.000	2000.000	0.000	0.000	0.000	0.000	0.000	0.000	0.000	0.000	0.000	0.000	0.000
40	2.2流动资金	0.000	0.000	0.000	2000.000	0.000	0.000	0.000	0.000	0.000	0.000	0.000	0.000	0.000	0.000
41	2.3经营成本	0.000	0.000	0.000	0.000	3000.000	4000.000	4000.000	4000.000	4000.000	4000.000	4000.000	4000.000	4000.000	4000.000
42	2.4税金及附加	0.000	0.000	0.000	0.000	300.000	400.000	400.000	400.000	400.000	400.000	400.000	400.000	400.000	400.000
43	2.5所得税	0.000	0.000	0.000	0.000	315.019	474.113	483.207	492.301	501.394	510.488	519.582	519.582	519.582	519.582
44	2.6利息支出	0.000	0.000	0.000	0.000	348.250	311.875	275.500	239.125	202.750	166.375	130.000	130.000	130.000	130.000
45	3净现金流量	-2000.000	-2000.000	-2000.000	-2000.000	1536.731	2014.012	2041.293	2068.574	2095.856	2123.137	2150.418	2150.418	2150.418	4461.824
46	4累计净现金流量	-2000.000	-4000.000	-6000.000	-8000.000	-6463.269	-4449.257	-2407.964	-339.390	1756.466	3879.603	6030.021	8180.439	10330.857	14792.681
47	5折现系数	1.000	0.909	0.826	0.751	0.683	0.621	0.564	0.513	0.467	0.424	0.386	0.350	0.319	0.290
48	6净现金流量折现值	-2000.000	-1818.182	-1652.893	-1502.630	1049.608	1250.543	1152.257	1061.506	977.732	900.417	829.079	753.708	685.189	1292.432
49	7累计净现值	-2000.000	-3636.364	-4958.678	-6010.518	-4414.500	-2762.639	-1359.234	-174.161	819.404	1645.330	2324.834	2867.193	3291.729	4284.912

图 13-19　项目投资现金流量表

13.4　Excel 在经济预测与决策中的应用

Excel 具有强大的经济数据采集、经济统计图表制作、经济统计数据处理功能，在工程经济中，可以利用 Excel 进行预测、投资决策。不像 SAS、SPSS 等专业的统计软件，Excel 并不需要进行二次编程，使复杂和烦琐的统计计算变得更加迅速和准确，可提供详细的数据结果、形象直观的图表，为经济预测和决策提供一种定量化的决策依据。

13.4.1　基于 Excel 的趋势预测

趋势预测是经济管理的一个重要环节，它是根据经济现象的历史数据的发展规律预测其将来的发展趋势，或者根据某微观主体(某项业务)的利润总额(或净利润)而预测未来一定时期内该主体的利润总额(或净利润)。趋势预测包括定性预测与定量预测两种方法，下面着重分析如何利用 Excel 中的 LINEST 和 INDEX 预测函数进行定量预测。

其中利用 LINEST 和 INDEX 函数可以实现两种预测方法，即直线趋势法和多元线性分析法。

1. 直线趋势法

当预测变量随时间的变化近似呈一条直线时，可采用最小二乘法建立直线回归方程而预测其将来的发展趋势。直线回归方程为

$$y=mx+b \tag{13-1}$$

式中，y 表示某企业在某时刻的利润总额(或净利润)；x 表示时间；m、b 表示待求参数。

根据企业在过去一段时间内的历史数据，建立上述回归方程，求解参数 m、b，并采用此方程对未来的发展趋势进行预测。

求解该问题的主要思想是先用 INDEX 函数求参数 m、b 值，然后利用 LINEST 函数来求直线回归方程。

INDEX 函数格式为 INDEX(Array，Row _ num，Column _ num)：Array 为单元格区域或数据常数；Row _ num 表示数组中某行的行序号，函数从该行返回数值；Column _ num 为数组中某列的列序号，函数从该列返回数值。

LINEST 函数的格式是 LINEST(Known _ ys，Known _ xs，Const，Stats)：Known _ ys 是关系表达式(13-1)中已知的 y 值集合；Known _ xs 是式(13-1)中的 x 值集合；Const 为一逻辑值，用于指定是否将常量 b 强制设为 0，若 Const 为 TRUE 或省略，b 将按正常计算，若 Const 为 FALSE，则 b 将被设为 0，并同时调整 m 值，使 $y=mx$；Stats 为一逻辑值，指定是否返回附加回归统计值，若 Stats 为 TRUE，则 LINEST 函数返回附加回归统计值，若 Stats 为 FALSE 或省略，LINEST 函数只返回系数 m 和常量 b。

【例 13-9】 某房地产公司 2017—2022 年每年的利润总额如图 13-20 所示，试运用 LINEST 和 INDEX 函数预测该房地产公司 2023 年的利润总额。

	A	B	C	D	E	F	G
1	利润总额						
2	年度	2017	2018	2019	2020	2021	2022
3	时间序列	1	2	3	4	5	6
4	利润（万元）	9500	15000	21000	28000	36500	44000
5	y=m*x+b						
6	m　b　y(2023)						

图 13-20　2017—2022 年每年利润总额表

解：(1)基础数据的输入。在 B2：G2 单元格中分别输入年份 2017 至 2022，在 B3：G3 单元格中分别输入 1 至 6，在 B4：G4 单元格中分别输入 2017 至 2022 年每年的利润总额，如图 13-20 所示。

(2)m、b 的计算。在单元格 C7 中输入"＝INDEX(LINEST(B4：G4，B3：G3)，1)"并按 Enter 键；在单元格 D7 中输入公式"＝INDEX(LINEST(B4：G4，B3：G3)，2)"并按 Enter 键；分别得出参数 m、b 的值，如图 13-21 所示。

	A	B	C	D	E	F	G
1	利润总额						
2	年度	2017	2018	2019	2020	2021	2022
3	时间序列	1	2	3	4	5	6
4	利润（万元）	9500	15000	21000	28000	36500	44000
5	y=m*x+b						
6			m	b	y(2023)		
7			6971.43	1266.67			.

图 13-21　计算参数 *m*、*b* 的值

(3)2023 年利润总额的预测。在单元格 E7 中输入"＝C7＊7＋D7"并按 Enter 键，得到该房地产公司 2023 年的利润总额为 50 066.67 万元，如图 13-22 所示。

	A	B	C	D	E	F	G
1	利润总额						
2	年度	2017	2018	2019	2020	2021	2022
3	时间序列	1	2	3	4	5	6
4	利润（万元）	9500	15000	21000	28000	36500	44000
5	y=m*x+b						
6			m	b	y(2023)		
7			6971.43	1266.67	50066.7		

图 13-22　计算 *y*(2023)的利润总额

2. 多元线性分析法

在实际情况中，企业利润总额的变化并不只是与时间有关，还有许多因素会共同影响企业的利润总额。在这种情况下，可以用多元线性分析法，找出与利润总额有关的主要因素，并明确它们之间的函数关系。多元线性分析法方程为

$$y=m_1x_1+m_2x_2+b \tag{13-2}$$

根据多元回归方程和一组历史利润资料，确定参数 m_1、m_2、b，得到利润预测直线方程，然后利用此方程进行趋势预测。

【例 13-10】　某公司 2019—2022 年的利润资料如图 13-23 所示，当该公司产品销售单价为 95 元，在岗销售人数为 6 500 人时，预测该公司 2023 年的利润总额。

解：(1)基础数据的输入。在 B2：F2 单元格中输入年份 2019 至 2023，在 B3：F3 单元格中分别输入产品单价，在 B4：F4 单元格中分别输入销售人员数，在 B5：E5 单元格中分别输入该公司每年的利润总额，如图 13-23 所示。

	A	B	C	D	E	F
1	公司利润资料					
2	年份	2019	2020	2021	2022	2023
3	产品单价（X1/元）	40	50	65	75	95
4	销售人员（X2/人）	2000	2500	3500	5000	6500
5	利润总额（y/万元）	3000	3500	4700	6000	
6	y=m1*x1+m2*x2+b					
7		m1	m2	b		

图 13-23　利润资料表

(2)计算 m_1、m_2、b 的值。在单元格 B8 中输入"＝INDEX(LINEST(B5：E5，B3：E4)，2)"并按Enter 键；在单元格 C8 中输入"＝INDEX(LINEST(B5：E5，B3：E4)，1)"并按 Enter 键；在单元格 D8 中输入"＝INDEX(LINEST(B5：E5，B3：E4)，3)"并按 Enter 键；得出参数 m_1、m_2、b 的值，如图 13-24 所示。

	A	B	C	D	E	F
1	公司利润资料					
2	年份	2019	2020	2021	2022	2023
3	产品单价（X1/元）	40	50	65	75	95
4	销售人员（X2/人）	2000	2500	3500	5000	6500
5	利润总额（y/万元）	3000	3500	4700	6000	
6	y=m1*x1+m2*x2+b					
7		m1	m2	b		
8		23.64	0.74	537.88		

图 13-24　计算参数的值

(3)预测 2023 年的利润总额。在单元格 F5 中输入"＝B8 * F3＋C8 * F4＋D8"并按 Enter 键，得到该公司 2023 年的利润总额为 7 593.68 元，如图 13-25 所示。

	A	B	C	D	E	F
1	公司利润资料					
2	年份	2019	2020	2021	2022	2023
3	产品单价（X1/元）	40	50	65	75	95
4	销售人员（X2/人）	2000	2500	3500	5000	6500
5	利润总额（y/万元）	3000	3500	4700	6000	7593.68
6	y=m1*x1+m2*x2+b					
7		m1	m2	b		
8		23.64	0.74	537.88		

图 13-25　计算 y(2023)的预测值

13.4.2　基于 Excel 的债券投资决策

债券是政府、金融机构、工商企业等直接向社会借债筹措资金时，向投资者发行，承诺按一定利率支付利息并按约定条件偿还本金的债权债务凭证。债券投资是指投资者利用自身的闲置资金购买债券的投资。由于债券价值利息的支付方式不同，债券价值的计算也不同，目前主要有三种基本计算方式。下面着重分析如何利用 Excel 中的 PRICE 和 NPV 等函数进行债券投资决策分析。

1. 定期付息债券

债券发行者每年定期向债券购买者(投资者)支付票面利息，并在到期时按面值偿还本金的债券称为定期付息债券。其计算公式为

$$p = \sum_{i=1}^{mn} \frac{\frac{mi}{m}}{\left(1+\frac{i}{m}\right)^{i}} + \frac{F}{\left(1+\frac{i}{m}\right)^{mn}} \tag{13-3}$$

式中　m——债券发行者每年支付利息的次数；

n——债券到期时间(年数)；

i——债券的票面年利率；

F——债券的面值或到期日支付额。

(1)票面利率 i 不变。当票面利率不变时，计算定期付息债券的价值可用 Excel 中的 PRICE 函数。PRICE 函数主要用于计算返回定期付息的面值 100 元的有价证券的价格。

PRICE函数格式是PRICE(Settlement，Maturity，Rate，Yld，Redemption，Frequency，Basis)，其中，Settlement为证券的结算日，即证券卖给购买者的日期；Maturity为证券的到期日，即证券有效期截止时的日期；Rate为证券的年息票利率；Yld为证券的年收益率；Redemption为证券的清偿价值；Frequency为付息次数，如果按年支付，Frequency＝1，按半年期支付，Frequency＝2，按季支付，Frequency＝4；Basis为要使用的日计数基准类型(可选)。

【例13-11】 票面价值为100元的A债券于2017年8月10日在市场上开始销售，票面年利润为8%，到期日是2022年10月10日，每半年付息一次，日计数基准为实际天数/365。若投资者B要求的年收益率为10%，试计算该债券对于投资者B是否具有投资价值。

解：(1)基础数据输入。在Excel中新建一张工作表，将案例已知条件输入表中，如图13-26所示。

(2)债券价值计算。在单元格B10中输入公式“＝PRICE(B7，B9，B3，B4，B2，1，3)”，得到债券的价值，如图13-27所示。

计算结果表明：在投资者要求的年收益率为10%的情况下，债券的价值为92.16元，高于债券的市场价值90元，所以该债券对于投资者B具有投资价值。

	A	B
1	债券投资价值	
2	面值	100
3	票面年利率	8%
4	最低年收益率	10%
5	付息方式	每半年付息一次
6	日计数基准	实际天数/365
7	成交日	2017-8-10
8	债券的市场价格	90
9	到期日	2022-10-10
10	债券的价值	

图13-26　已知条件的输入

	A	B
1	债券投资价值	
2	面值	100
3	票面年利率	8%
4	最低年收益率	10%
5	付息方式	每半年付息一次
6	日计数基准	实际天数/365
7	成交日	2017-8-10
8	债券的市场价格	90
9	到期日	2022-10-10
10	债券的价值	92.16

图13-27　债券价值计算结果

(2)票面利率i变化。当债券的票面利率变化时，每期支付的利息现金流就不相等，计算债券的价值时选择PV函数就不适合了，应采用NPV函数计算。NPV函数的优点在于能够把收益率做成表函数，实现批量输入。

【例13-12】 已知面值为100元的A债券在市场的价格为90元，期限为5年，每年付息一次，债券的票面利率第一年为7%，以后每年以0.3个百分点递增。若投资者要求的最低年收益率为10%，那么该债券是否具有投资价值？

解：(1)基础数据输入。在Excel中新建一张工作表，将案例已知条件输入表中，如图13-28所示。

	A	B	C	D
1	债券投资价值		年份	票面年利率
2	面值	100	1	7.00%
3	期限	5	2	7.30%
4	最低年收益率	10%	3	7.60%
5	付息方式	每年付息一次	4	7.90%
6	债券的市场价格	90	5	8.20%
7	债券的价值			

图13-28　已知条件输入

(2)债券价值计算。在单元格B7中输入公式“＝NPV(B4，D2：D5)＋B2/(1＋B4)^B3”，得到债券的价值，如图13-29所示。

	A	B	C	D
1	债券投资价值		年份	票面年利率
2	面值	100	1	7.00%
3	期限	5	2	7.30%
4	最低年收益率	10%	3	7.60%
5	付息方式	每年付息一次	4	7.90%
6	债券的市场价格	90	5	8.20%
7	债券的价值	￥62.38		

图 13-29　债券价值计算结果

从图 13-29 可知，债券的价值为 62.38 元，低于债券的市场价值 90 元，所以在投资者要求的年收益率为 10%的情况下，该债券没有投资价值。

2. 期末一次还本付息且不计复利的债券

期末一次还本付息且不计复利的债券是指债券到期时债券发行者一次偿还债券购买者(投资者)本金和利息，其中债券利息按票面息率以单利计算。我国目前发行的债券大多属于一次还本付息且不计复利的债券。其计算公式为

$$p=\frac{F+F\cdot n\cdot i}{(1+k)^n} \tag{13-4}$$

式中，n 表示债券到期时间(年数)；i 表示债券的票面年利率；F 表示债券的面值或到期日支付额；k 表示市场利率。

在使用Excel计算这类型债券的价值时，可以直接输入式(13-4)进行计算。

【例 13-13】　某建筑企业流动资金盈余，打算购买一种利随本清的企业债券，该债券面值为1 000 元，期限为 8 年，票面利率 9%，不计复利，当前市场利率为 10%，该债券发行价格为多少时，A 企业才能购买？

解： 任选一个单元格，输入公式“=(1 000+1 000 * 8 * 9%)/(1+10%)^8”并按 Enter 键，即可得到债券的价值为 802.39 元，即当该债券的发行价格低于 802.39 元时才能购买。

3. 零息债券

零息债券是指债券发行者承诺在未来某一确定日期作某一单笔支付的债券，债券在到期日前购买人(投资者)不能得到任何现金支付。没有表明利息计算规则的零息债券，通常采用按年计息的复利计算规则。其计算公式为

$$p=\frac{F}{(1+k)^n} \tag{13-5}$$

式中，F 表示债券的面值或到期日支付额，k 表示市场利率，n 表示债券到期时间(年数)。

在使用 Excel 计算这类型债券的价值时，可以直接输入式(13-5)进行计算，也可以利用 PV 函数计算。

【例 13-14】　A 债券面值为 100 元，期限为 10 年，以贴现方式发行，期内不计利息，到期按面值偿还，市场利率为 8%，试计算当 A 债券的市场价格为多少时，企业才能购买。

解： 任选一个单元格，输入公式“=100/(1+8%)^10”，或者输入公式“=PV(8%，10，-100)”，即可得到债券的价值为 46.32 元。即当该债券的价格低于 46.32 元时企业才能购买。

本章小结

1. 本章介绍了工程经济学中各软件的原理以及操作过程。

2. 本章介绍了Excel在工程经济学计算中的作用，以及对Excel中的NPV、IRR等函数用法的演练。

3. 本章通过实例详细讲解了如何运用Excel求解财务评价指标。

4. 本章通过例题讲解了如何运用Excel进行趋势预测和债券投资决策。

思考与练习

1. 工程经济中常用的软件有哪些？软件的运用原理是什么？

2. Excel中常用的财务函数有哪些？如何运用？

3. 如何运用Excel进行财务评价指标的计算？应该注意哪些问题？

4. 如何运用Excel进行趋势预测和债券投资决策？

5. 某一化纤项目计算期13年，建设期为3年，第4年投产，第5年开始达到生产能力。项目建设投资(未包含建设期借款利息)为6 000万元，其中自有资金为3 000万元，不足部分向银行借款，银行借款利率为7.83%，假定每年借款在年中。建设期只计息不还款，第4年年初投产后开始还贷，每年付清利息并分6年等额偿还建设期利息资本化后的全部借款本金。现金流量的发生时点遵循年末习惯法。分年投资情况见表13-8。

表13-8　投资情况

年份	1	2	3	合计
建设投资/万元	2 000	2 000	2 000	6 000
其中：自有资金投资/万元	1 000	1 000	1 000	3 000

第4年年初投入所需的全部流动资金2 000万元，全部向银行借款，年利率为7.49%。项目营业税金及附加和经营成本的预测值见表13-9。

表13-9　预测值　　万元

年份	4	5	6	…	13
营业收入	5 400	7 000	7 000	…	7 000
税金及附加	298	380	380	…	380
经营成本	3 000	4 000	4 000	…	4 000

固定资产折旧采用直线折旧法，折旧年限为10年，残值率为5%，建设期利息计入固定资产原值，所得税税率为25%，基准收益率为10%。试计算完成以下表格，并计算项目所得税税后的投资财务净现值和动态投资回收期。

(1)建设期利息计算表(表13-10)。

表13-10　建设期利息计算表　　万元

年份	1	2	3	4
年初欠款	0			
当年借款	1 000	1 000	1 000	0

续表

年份	1	2	3	4
借款利率	7.83%	7.83%	7.83%	7.83%
当年利息				
年末欠款累计				

(2)借款偿还计划及利息计算表(表 13-11)。

表 13-11　借款偿还计划及利息计算表　　万元

年份	4	5	6	7	8	9
年初欠款						
当年利息支付						
当年还本						
年末欠款						0

(3)利润与所得税表(表 13-12)。

表 13-12　利润与所得税表　　万元

年份	4	5	6	7	8	9	10	11	12	13
营业收入	5 400	7 000	7 000	7 000	7 000	7 000	7 000	7 000	7 000	7 000
税金及附加										
经营成本	3 000	4 000	4 000	4 000	4 000	4 000	4 000	4 000	4 000	4 000
折旧										
利息支出										
利润总额										
所得税										
净利润										

(4)项目投资现金流量表(表 13-13)。

表 13-13　项目投资现金流量表　　万元

年份	1	2	3	4	5	6	7	8	9	10	11	12	13
1　现金流入													
1.1　营业收入													
1.2　回收固定资产残值													
1.3　回收流动资金													
2　现金流出													

续表

年份	1	2	3	4	5	6	7	8	9	10	11	12	13
2.1 建设投资													
2.2 流动资金													
2.3 经营成本													
2.4 税金及附加													
2.5 调整所得税													
2.6 利息支出													
3 净现金流量													
4 累计净现金流量													
5 折现系数													
6 净现金流量折现值													
7 累计净现值													

习题答案

附　录

附表 1　复利系数表(i=1%)

n	(F/P, i, n)	(P/F, i, n)	(F/A, i, n)	(A/F, i, n)	(A/P, i, n)	(P/A, i, n)	(F/G, i, n)	(A/G, i, n)
1	1.010 0	0.990 1	1.000 0	1.000 0	1.010 0	0.990 1	0.000 0	0.000 0
2	1.020 1	0.980 3	2.010 0	0.497 5	0.507 5	1.970 4	1.000 0	0.497 5
3	1.030 3	0.970 6	3.030 1	0.330 0	0.340 0	2.941 0	3.010 0	0.993 4
4	1.040 6	0.961 0	4.060 4	0.246 3	0.256 3	3.902 0	6.040 1	1.487 6
5	1.051 0	0.951 5	5.101 0	0.196 0	0.206 0	4.853 4	10.100 5	1.980 1
6	1.061 5	0.942 0	6.152 0	0.162 5	0.172 5	5.795 5	15.201 5	2.471 0
7	1.071 2	0.932 7	7.213 5	0.138 6	0.148 6	6.728 2	21.353 5	2.960 2
8	1.082 9	0.923 5	8.285 7	0.120 7	0.130 7	7.651 7	28.567 1	3.447 8
9	1.093 7	0.914 3	9.368 5	0.106 7	0.116 7	8.566 0	36.852 7	3.933 7
10	1.104 6	0.905 3	10.462 2	0.095 6	0.105 6	9.471 3	46.221 3	4.417 9
11	1.115 7	0.896 3	11.566 8	0.086 5	0.096 5	10.367 6	56.683 5	4.900 5
12	1.126 8	0.887 4	12.682 5	0.078 8	0.088 8	11.255 1	65.250 3	5.381 5
13	1.138 1	0.878 7	13.809 3	0.072 4	0.082 4	12.133 7	80.932 8	5.860 7
14	1.149 5	0.870 0	14.947 4	0.066 9	0.076 9	13.003 7	94.742 1	6.338 4
15	1.161 0	0.861 3	16.096 9	0.062 1	0.072 1	13.865 1	109.989 6	6.814 3
16	1.172 6	0.852 8	17.257 9	0.057 9	0.067 9	14.717 9	125.786 4	7.288 6
17	1.184 3	0.844 4	18.430 4	0.054 3	0.064 3	15.562 3	143.044 3	7.761 3
18	1.196 1	0.836 0	19.614 7	0.051 0	0.061 0	16.398 3	161.474 8	8.232 3
19	1.208 1	0.827 7	20.810 9	0.048 1	0.058 1	17.226 0	17.226 0	8.701 7
20	1.220 2	0.819 5	22.019 0	0.045 4	0.055 4	18.045 6	201.900 4	9.169 4
21	1.232 4	0.811 4	23.239 2	0.043 0	0.053 0	18.857 0	223.919 4	9.635 4
22	1.244 7	0.803 4	24.471 6	0.040 9	0.050 9	19.660 4	247.158 6	10.099 8
23	1.257 2	0.795 4	25.716 3	0.038 9	0.048 9	20.455 8	271.630 2	10.562 6
24	1.269 7	0.787 6	26.973 5	0.037 1	0.047 1	21.243 4	297.346 5	11.023 7
25	1.282 4	0.779 8	28.243 2	0.035 4	0.045 4	22.023 2	324.320 0	11.483 1
26	1.295 3	0.772 0	29.525 6	0.033 9	0.043 9	22.795 2	352.563 1	11.940 9
27	1.308 2	0.764 4	30.820 9	0.032 4	0.042 4	23.559 6	382.088 8	12.397 1
28	1.321 3	0.756 8	32.129 1	0.031 1	0.041 1	24.316 4	412.909 7	12.851 6
29	1.334 5	0.749 3	33.450 4	0.029 9	0.039 9	25.065 8	445.038 8	13.304 4
30	1.347 8	0.741 9	34.784 9	0.028 7	0.038 7	25.807 7	478.489 2	13.755 7
31	1.361 3	0.734 6	36.132 7	0.027 7	0.037 7	26.542 3	513.274 0	14.205 2
32	1.374 9	0.727 3	37.494 1	0.026 7	0.036 7	27.269 6	549.406 8	14.653 2
33	1.388 7	0.720 1	38.869 0	0.025 7	0.035 7	27.989 7	586.900 9	15.099 5
34	1.402 6	0.713 0	40.257 7	0.024 8	0.034 8	28.702 7	625.769 9	15.544 1
35	1.416 6	0.705 9	41.660 3	0.024 0	0.034 0	29.408 6	666.027 6	15.987 1
36	1.430 8	0.698 9	43.076 9	0.023 2	0.033 2	30.107 5	707.687 8	16.428 5
37	1.445 1	0.692 0	44.507 6	0.022 5	0.032 5	30.799 5	750.764 7	16.868 2
38	1.459 5	0.685 2	45.952 7	0.021 8	0.031 8	31.484 7	795.272 4	17.306 3
39	1.474 1	0.678 4	47.412 3	0.021 1	0.031 1	32.163 0	841.225 1	17.742 8
40	1.488 9	0.671 7	48.886 4	0.020 5	0.030 5	32.834 7	888.637 3	18.177 6
41	1.503 8	0.665 0	50.375 2	0.019 9	0.029 9	33.499 7	937.523 7	18.610 8
42	1.518 8	0.658 4	51.879 0	0.019 3	0.029 3	34.158 1	987.898 9	19.042 4

续表

n	(F/P, i, n)	(P/F, i, n)	(F/A, i, n)	(A/F, i, n)	(A/P, i, n)	(P/A, i, n)	(F/G, i, n)	(A/G, i, n)
43	1.534 0	0.651 9	53.397 8	0.018 7	0.028 7	34.810 0	1 039.777 9	19.472 3
44	1.549 3	0.645 4	54.931 8	0.018 2	0.028 2	35.455 5	1 093.175 7	19.900 6
45	1.564 8	0.639 1	56.481 1	0.017 7	0.027 7	36.094 5	1 148.107 5	20.327 3
46	1.580 5	0.632 7	58.045 9	0.017 2	0.027 2	36.727 2	1 204.588 5	20.752 4
47	1.596 3	0.626 5	59.626 3	0.016 8	0.026 8	37.353 7	1 262.634 4	21.175 8
48	1.612 2	0.620 3	61.222 6	0.016 3	0.026 3	37.974 0	1 322.260 8	21.597 6
49	1.628 3	0.614 1	62.834 8	0.015 9	0.025 9	38.588 1	1 383.483 4	22.017 8
50	1.644 6	0.608 0	64.463 2	0.015 5	0.025 5	39.196 1	1 446.318 2	22.436 3

附表 2 复利系数表($i=2\%$)

n	(F/P, i, n)	(P/F, i, n)	(F/A, i, n)	(A/F, i, n)	(A/P, i, n)	(P/A, i, n)	(F/G, i, n)	(A/G, i, n)
1	1.020 0	0.980 4	1.000 0	1.000 0	1.020 0	0.980 4	0.000 0	0.000 0
2	1.040 4	0.961 2	2.020 0	0.495 0	0.515 0	1.941 6	1.000 0	0.495 0
3	1.061 2	0.942 3	3.060 4	0.326 8	0.346 8	2.883 9	3.020 0	0.986 8
4	1.082 4	0.923 8	4.121 6	0.242 6	0.262 6	3.807 7	6.080 4	1.475 2
5	1.104 1	0.905 7	5.204 0	0.192 2	0.212 2	4.713 5	10.020	1.960 4
6	1.126 2	0.888 0	6.308 1	0.158 5	0.178 5	5.601 4	15.406 0	2.442 3
7	1.148 7	0.870 6	7.434 3	0.134 5	0.154 5	6.472 0	21.714 2	2.920 8
8	1.171 7	0.853 5	8.583 0	0.116 5	0.136 5	7.325 5	29.148 5	3.396 1
9	1.195 1	0.836 8	9.754 6	0.102 5	0.122 5	8.162 2	37.731 4	3.868 1
10	1.219 0	0.820 3	10.949 7	0.091 3	0.111 3	8.982 6	47.486 0	4.336 7
11	1.243 4	0.804 3	12.168 7	0.082 2	0.102 2	9.786 8	58.435 8	4.802 1
12	1.268 2	0.788 5	13.412 1	0.074 6	0.094 6	10.575 3	70.604 5	4.264 2
13	1.293 6	0.773 0	14.680 3	0.068 1	0.088 1	11.348 4	84.016 6	5.723 1
14	1.319 5	0.757 9	15.973 9	0.062 6	0.082 6	12.106 2	98.696 9	6.178 6
15	1.345 9	0.743 0	17.293 4	0.058 7	0.077 8	12.849 3	114.670 8	6.630 9
16	1.372 8	0.728 4	18.639 3	0.053 7	0.073 7	13.577 7	131.964 3	7.079 9
17	1.400 2	0.714 2	20.012 1	0.050 0	0.070 0	14.291 9	150.603 5	7.525 6
18	1.428 2	0.700 2	21.412 3	0.046 7	0.066 7	14.992 0	170.615 6	7.968 1
19	1.456 8	0.686 4	22.840 6	0.043 8	0.063 8	15.678 5	192.027 9	8.407 3
20	1.485 9	0.673 0	24.297 4	0.041 2	0.061 2	16.351 4	214.868 5	8.843 3
21	1.515 7	0.659 8	25.783 3	0.038 8	0.058 8	17.011 2	239.165 9	9.276 0
22	1.546 0	0.646 8	27.299 0	0.036 6	0.056 6	17.658 0	264.949 2	9.705 5
23	1.576 9	0.634 2	28.845 0	0.034 7	0.054 7	18.292 2	292.248 2	10.131 7
24	1.608 4	0.621 7	30.421 9	0.032 9	0.052 9	18.913 9	321.093 1	10.554 7
25	1.640 6	0.609 5	32.030 3	0.031 2	0.051 2	19.523 5	351.515 0	10.974 5
26	1.673 4	0.597 6	33.670 9	0.029 7	0.049 7	20.121 0	383.545 3	11.391 0
27	1.706 9	0.585 9	35.344 3	0.028 3	0.048 3	20.706 9	417.216 2	11.804 3
28	1.741 0	0.574 4	37.051 2	0.027 0	0.047 0	21.281 3	452.560 5	12.214 5
29	1.775 8	0.563 1	38.792 2	0.025 8	0.045 8	21.844 4	489.611 7	12.621 4
30	1.811 4	0.552 1	40.568 1	0.024 6	0.044 6	22.396 5	528.404 0	13.025 1
31	1.847 6	0.541 2	42.379 4	0.023 6	0.043 6	22.937 7	568.972 0	13.425 7
32	1.884 5	0.530 6	44.227 0	0.022 6	0.042 6	23.468 3	611.351 5	13.823 0
33	1.922 2	0.520 2	46.111 6	0.021 7	0.041 7	23.988 6	655.578 5	14.217 2
34	1.960 7	0.510 0	48.033 6	0.020 8	0.040 8	14.498 6	701.690 1	14.608 3
35	1.999 9	0.500 0	49.994 5	0.020 0	0.040 0	24.998 6	749.723 9	14.996 1
36	2.039 9	0.490 2	54.994 4	0.019 2	0.039 2	25.488 8	799.718 4	15.380 9
37	2.080 7	0.480 6	54.034 3	0.018 5	0.038 5	25.969 5	851.712 7	15.762 5
38	2.122 3	0.471 2	56.114 9	0.017 8	0.037 8	26.440 6	905.747 0	16.140 9
39	2.164 7	0.461 9	58.237 2	0.017 2	0.037 2	26.902 6	961.861 9	16.516 3
40	2.208 0	0.452 9	60.402 0	0.016 6	0.036 6	27.355 5	1 020.099 2	16.888 5

续表

n	$(F/P, i, n)$	$(P/F, i, n)$	$(F/A, i, n)$	$(A/F, i, n)$	$(A/P, i, n)$	$(P/A, i, n)$	$(F/G, i, n)$	$(A/G, i, n)$
41	2.252 2	0.444 0	62.610 0	0.016 0	0.036 0	27.799 5	1 080.501 1	17.257 6
42	2.297 2	0.435 3	64.862 2	0.015 4	0.035 4	28.234 8	1 143.111 2	17.623 7
43	2.343 2	0.426 8	67.159 5	0.014 9	0.034 9	28.661 6	1 207.973 4	17.986 6
44	2.390 1	0.418 4	69.502 7	0.014 4	0.034 4	29.080 0	1 275.132 9	18.346 5
45	2.437 9	0.410 2	71.892 7	0.013 9	0.033 9	29.490 2	1 344.635 5	18.703 4
46	2.486 6	0.402 2	74.330 6	0.013 5	0.033 5	29.892 3	1 416.528 2	19.057 1
47	2.536 3	0.394 3	76.817 2	0.013 0	0.033 0	30.286 6	1 490.858 8	19.407 9
48	2.587 1	0.386 5	79.353 5	0.012 6	0.032 6	30.673 1	1 567.676 0	19.755 6
49	2.638 8	0.379 0	81.940 6	0.012 2	0.032 2	31.052 1	1 647.029 5	20.100 3
50	2.691 6	0.371 5	84.579 4	0.011 8	0.031 8	31.423 6	1 728.970 1	20.442 0

附表3 复利系数表(i=3%)

n	$(F/P, i, n)$	$(P/F, i, n)$	$(F/A, i, n)$	$(A/F, i, n)$	$(A/P, i, n)$	$(P/A, i, n)$	$(F/G, i, n)$	$(A/G, i, n)$
1	1.030 0	0.970 9	1.000 0	1.000 0	1.030 0	0.970 9	0.000 0	0.000 0
2	1.060 9	0.942 6	2.030 0	0.492 6	0.522 6	1.913 5	1.000 0	0.492 6
3	1.092 7	0.915 1	3.090 9	0.323 5	0.353 5	2.828 6	3.030 0	0.980 3
4	1.125 5	0.888 5	4.183 6	0.239 0	0.269 0	3.717 1	6.120 9	1.463 1
5	1.159 3	0.862 6	5.309 1	0.188 4	0.218 4	4.579 7	10.304 5	1.940 9
6	1.194 1	0.837 5	6.468 4	0.154 6	0.184 6	5.417 2	15.613 7	2.413 8
7	1.229 9	0.813 1	7.662 5	0.130 5	0.160 5	6.230 3	22.082 1	2.881 9
8	1.266 8	0.789 4	8.892 3	0.112 5	0.142 5	7.019 7	29.744 5	3.345 0
9	1.304 8	0.766 4	10.159 1	0.098 4	0.128 4	7.786 1	38.636 9	3.803 2
10	1.343 9	0.744 1	11.463 9	0.087 2	0.117 2	8.530 2	48.796 0	4.256 5
11	1.384 2	0.722 4	12.807 8	0.078 1	0.108 1	9.252 6	60.259 9	4.704 9
12	1.425 8	0.701 4	14.192 0	0.070 5	0.100 5	9.954 0	73.067 7	5.148 5
13	1.468 5	0.681 0	15.617 8	0.064 0	0.094 0	10.635 0	87.259 7	5.587 2
14	1.512 6	0.661 1	17.086 3	0.058 5	0.088 5	11.296 1	102.877 5	6.021 0
15	1.558 0	0.641 9	18.598 9	0.053 8	0.083 8	11.937 9	119.963 8	6.450 0
16	1.604 7	0.623 2	20.156 9	0.049 6	0.079 6	12.561 1	138.562 7	6.874 2
17	1.652 8	0.605 0	21.761 6	0.046 0	0.076 0	13.166 1	158.719 6	7.293 6
18	1.702 4	0.587 4	23.414 4	0.042 7	0.072 7	13.753 5	180.481 2	7.708 1
19	1.753 5	0.570 3	25.116 9	0.039 8	0.069 8	14.323 8	203.895 6	8.117 9
20	1.806 1	0.553 7	26.870 4	0.037 2	0.067 2	14.877 5	229.012 5	8.522 9
21	1.860 3	0.537 5	28.676 5	0.034 9	0.064 9	15.415 0	255.882 9	8.923 1
22	1.916 1	0.521 9	30.536 8	0.032 7	0.062 7	15.936 9	284.559 3	9.318 6
23	1.973 6	0.506 7	32.452 9	0.030 8	0.060 8	16.443 6	315.096 1	9.709 3
24	2.032 8	0.491 9	34.426 5	0.029 0	0.059 0	16.935 5	347.549 0	10.095 4
25	2.093 8	0.477 6	36.459 3	0.027 4	0.057 4	17.413 1	381.975 5	10.476 8
26	2.156 6	0.463 7	38.553 0	0.025 9	0.055 9	17.876 8	418.434 7	10.853 5
27	2.221 3	0.450 2	40.709 6	0.024 6	0.054 6	18.327 0	456.987 8	11.225 5
28	2.287 9	0.437 1	42.930 9	0.023 3	0.053 3	18.764 1	497.697 4	11.593 0
29	2.356 6	0.424 3	45.218 9	0.022 1	0.052 1	19.188 5	540.628 3	11.955 8
30	2.427 3	0.412 0	47.575 4	0.021 0	0.051 0	19.600 4	585.847 2	12.314 1
31	2.500 1	0.400 0	50.002 7	0.020 0	0.050 0	20.000 4	633.422 6	12.667 8
32	2.575 1	0.388 3	52.502 8	0.019 0	0.049 0	20.388 8	683.425 3	13.016 9
33	2.652 3	0.377 0	55.077 8	0.018 2	0.048 2	20.765 8	735.928 0	13.361 6
34	2.731 9	0.366 0	57.730 2	0.017 3	0.047 3	21.131 8	791.005 9	13.701 8
35	2.813 9	0.355 4	60.462 1	0.016 5	0.046 5	21.487 2	848.736 1	14.037 5
36	2.898 3	0.345 0	63.275 9	0.015 8	0.045 8	21.832 3	909.198 1	14.368 8
37	2.985 2	0.335 0	66.174 2	0.015 1	0.045 1	22.167 2	972.474 1	14.695 7
38	3.074 8	0.325 2	69.159 4	0.014 5	0.044 5	22.492 5	1 038.648 3	15.018 2

续表

n	(F/P, i, n)	(P/F, i, n)	(F/A, i, n)	(A/F, i, n)	(A/P, i, n)	(P/A, i, n)	(F/G, i, n)	(A/G, i, n)
39	3.167 0	0.315 8	72.234 2	0.013 8	0.043 8	22.808 2	1 107.807	15.336 3
40	3.262 0	0.306 6	75.401 3	0.013 3	0.043 3	23.114 8	1 180.042 0	15.650 2
41	3.359 9	0.297 6	78.663 3	0.012 7	0.042 7	23.412 4	1 250.443 3	15.959 7
42	3.460 7	0.289 0	82.023 2	0.012 2	0.042 2	23.701 4	1 334.106 5	16.265 0
43	3.564 5	0.280 5	85.483 9	0.011 7	0.041 7	23.981 9	1 416.129 7	16.566 0
44	3.671 5	0.272 4	89.048 4	0.011 2	0.041 2	24.254 3	1 501.613 6	16.862 9
45	3.781 6	0.264 4	92.719 9	0.010 8	0.040 8	24.518 7	1 590.662 0	17.155 6
46	3.895 0	0.256 7	96.501 5	0.010 4	0.040 4	24.775 4	1 683.381 9	17.444 1
47	4.011 9	0.249 3	100.396 5	0.010 0	0.040 0	25.024 7	1 779.883 4	17.728 5
48	4.132 3	0.242 0	104.408 4	0.009 6	0.039 6	25.266 7	1 880.279 9	18.008 9
49	4.256 2	0.235 0	108.540 6	0.009 2	0.039 2	25.501 7	1 984.688 3	18.285 2
50	4.383 9	0.228 1	112.796 9	0.008 9	0.038 9	25.729 8	2 093.228 9	18.557 5

附表 4 复利系数表(i=4%)

n	(F/P, i, n)	(P/F, i, n)	(F/A, i, n)	(A/F, i, n)	(A/P, i, n)	(P/A, i, n)	(F/G, i, n)	(A/G, i, n)
1	1.040 0	0.961 5	1.000 0	1.000 0	1.040 0	0.961 5	0.000 0	0.000 0
2	1.081 6	0.924 6	2.040 0	0.490 2	0.530 2	1.886 1	1.000 0	0.490 2
3	1.124 9	0.889 0	3.121 6	0.320 3	0.360 3	2.775 1	3.040 0	0.973 9
4	1.169 9	0.854 8	4.246 5	0.235 5	0.275 5	3.629 9	6.161 6	1.451 0
5	1.216 7	0.821 9	5.416 3	0.184 6	0.224 6	4.451 8	10.408 1	1.921 6
6	1.265 3	0.790 3	6.633 0	0.150 8	0.190 8	5.242 1	15.824 4	2.385 7
7	1.315 9	0.759 9	7.898 3	0.126 6	0.166 6	6.002 1	22.457 4	2.843 3
8	1.368 6	0.730 7	9.214 2	0.108 5	0.148 5	6.732 7	30.355 7	3.294 4
9	1.423 3	0.702 6	10.582 8	0.094 5	0.134 5	7.435 3	39.569 9	3.739 1
10	1.480 2	0.675 6	12.006 1	0.083 3	0.123 3	8.110 9	50.152 7	4.177 3
11	1.539 5	0.649 6	13.486 4	0.074 1	0.114 1	8.760 5	62.158 8	4.609 0
12	1.601 0	0.624 6	15.025 8	0.066 6	0.106 6	9.385 1	75.645 1	5.034 3
13	1.665 1	0.600 6	16.626 8	0.060 1	0.100 1	9.985 6	90.670 9	5.453 3
14	1.731 7	0.577 5	18.291 9	0.054 7	0.094 7	10.563 1	107.297 8	5.865 9
15	1.800 9	0.555 3	20.023 6	0.049 9	0.089 9	11.118 4	125.589 7	6.272 1
16	1.873 0	0.533 9	21.824 5	0.045 8	0.085 8	11.652 3	145.613 3	6.672 0
17	1.947 9	0.513 4	23.697 5	0.042 2	0.082 2	12.165 7	167.437 8	7.065 6
18	2.025 8	0.493 6	25.645 4	0.039 0	0.079 0	12.659 3	191.135 3	7.453 0
19	2.106 8	0.474 6	27.671 2	0.036 1	0.076 1	13.133 9	216.780 7	7.834 2
20	2.191 1	0.456 4	29.778 1	0.033 6	0.073 6	13.590 3	244.452 0	8.209 1
21	2.278 8	0.438 8	31.969 2	0.031 3	0.071 3	14.029 2	274.230 0	8.577 9
22	2.369 9	0.422 0	34.248 0	0.029 2	0.069 2	14.451 1	306.199 2	8.940 7
23	2.464 7	0.405 7	36.617 9	0.027 3	0.067 3	14.856 8	340.447 2	9.297 3
24	2.563 3	0.390 1	39.082 6	0.025 6	0.065 6	15.247 0	377.065 1	9.647 9
25	2.665 8	0.375 1	41.645 9	0.024 0	0.064 0	15.622 1	416.147 7	9.992 5
26	2.772 5	0.360 7	44.311 7	0.022 6	0.062 6	15.982 8	457.793 6	10.331 2
27	2.883 4	0.346 8	47.084 2	0.021 2	0.061 2	16.329 6	502.105 4	10.664 0
28	2.998 7	0.333 5	49.967 6	0.020 0	0.060 0	16.663 1	549.189 6	10.990 9
29	3.118 7	0.320 7	52.966 3	0.018 9	0.058 9	16.983 7	599.157 2	11.312 0
30	3.243 4	0.308 3	56.084 9	0.017 8	0.057 8	17.292 0	652.123 4	11.627 4
31	3.373 1	0.296 5	59.328 3	0.016 9	0.056 9	17.588 5	708.208 4	11.937 1
32	3.508 1	0.285 1	62.701 5	0.015 9	0.055 9	17.873 6	767.536 7	12.241 1
33	3.648 4	0.274 1	66.209 5	0.015 1	0.055 1	18.147 6	830.238 2	12.539 6
34	3.794 3	0.263 6	69.857 9	0.014 3	0.054 3	18.411 2	896.447 7	12.832 4
35	3.946 1	0.253 4	73.652 2	0.013 6	0.053 6	18.664 6	966.305 6	13.119 8
36	4.103 9	0.243 7	77.598 3	0.012 9	0.052 9	18.908 3	1 039.957 8	13.401 8

续表

n	(F/P, i, n)	(P/F, i, n)	(F/A, i, n)	(A/F, i, n)	(A/P, i, n)	(P/A, i, n)	(F/G, i, n)	(A/G, i, n)
37	4.268 1	0.234 3	81.702 2	0.012 2	0.052 2	19.142 6	1 117.556 2	13.678 4
38	4.438 8	0.225 3	85.970 3	0.011 6	0.051 6	19.367 9	1 199.258 4	13.949 7
39	4.616 4	0.216 6	90.409 1	0.011 1	0.051 1	19.584 5	1 285.228 7	14.215 7
40	4.801 0	0.208 3	95.025 5	0.010 5	0.050 5	19.792 8	1 375.637 9	14.476 5
41	4.993 1	0.200 3	99.826 5	0.010 0	0.050 0	19.993 1	1 470.663 4	14.732 2
42	5.192 8	0.192 6	104.819 6	0.009 5	0.049 5	20.185 6	1 570.489 9	14.982 8
43	5.400 5	0.185 2	110.012 4	0.009 1	0.049 1	20.370 8	1 675.309 5	15.228 4
44	5.616 5	0.178 0	115.412 9	0.008 7	0.048 7	20.548 8	1 785.321 9	15.469 0
45	5.841 2	0.171 2	121.029 4	0.008 3	0.048 3	20.720 0	1 900.734 8	15.704 7
46	6.074 8	0.164 6	126.870 6	0.007 9	0.047 9	20.884 7	2 021.764 2	15.935 6
47	6.317 8	0.158 3	132.945 4	0.007 5	0.047 5	21.042 9	2 148.634 8	16.161 8
48	6.570 5	0.152 2	139.263 2	0.007 2	0.047 2	21.195 1	2 281.580 2	16.383 2
49	6.833 3	0.146 3	145.833 7	0.006 9	0.046 9	21.341 5	2 420.843 4	16.600 0
50	7.106 7	0.140 7	152.667 1	0.006 6	0.046 6	21.482 2	2 566.677 1	16.812 2

附表 5 复利系数表($i=5\%$)

n	(F/P, i, n)	(P/F, i, n)	(F/A, i, n)	(A/F, i, n)	(A/P, i, n)	(P/A, i, n)	(F/G, i, n)	(A/G, i, n)
1	1.050 0	0.952 4	1.000 0	1.000 0	1.050 0	0.952 4	0.000 0	0.000 0
2	1.102 5	0.907 0	2.050 0	0.487 8	0.537 8	1.859 4	1.000 0	0.487 8
3	1.157 6	0.863 8	3.152 5	0.317 2	0.367 2	2.723 2	3.050 0	0.967 5
4	1.215 5	0.822 7	4.310 1	0.232 0	0.282 0	3.546 0	6.202 5	1.439 1
5	1.276 3	0.783 5	5.525 6	0.181 0	0.231 0	4.329 5	10.512 6	1.902 5
6	1.340 1	0.746 2	6.801 9	0.147 0	0.197 0	5.075 7	16.038 3	2.357 9
7	1.407 1	0.710 7	8.142 0	0.122 8	0.172 8	5.786 4	22.840 2	2.805 2
8	1.477 5	0.676 8	9.549 1	0.104 7	0.154 7	6.463 2	30.982 2	3.244 5
9	1.551 3	0.644 6	11.026 6	0.090 7	0.140 7	7.107 8	40.531 3	3.675 8
10	1.628 9	0.613 9	12.577 9	0.079 5	0.129 5	7.721 7	51.557 9	4.099 1
11	1.710 3	0.584 7	14.206 8	0.070 4	0.120 4	8.306 4	64.135 7	4.514 4
12	1.795 9	0.556 8	15.917 1	0.062 8	0.112 8	8.863 3	78.342 5	4.921 9
13	1.885 6	0.530 3	17.713 0	0.056 5	0.106 5	9.393 6	94.259 7	5.321 5
14	1.979 9	0.505 1	19.598 6	0.051 0	0.101 0	9.898 6	111.972 6	5.713 3
15	2.078 9	0.481 0	21.578 6	0.046 3	0.096 3	10.379 7	131.571 3	6.097 3
16	2.182 9	0.458 1	23.657 5	0.042 3	0.092 3	10.837 8	153.149 8	6.473 6
17	2.292 0	0.436 3	25.840 4	0.038 7	0.088 7	11.274 1	176.807 3	6.842 3
18	2.406 6	0.415 5	28.132 4	0.035 5	0.085 5	11.689 6	202.647 7	7.203 4
19	2.527 0	0.395 7	30.539 0	0.032 7	0.082 7	12.085 3	230.780 1	7.556 9
20	2.653 3	0.376 9	33.066 0	0.030 2	0.080 2	12.462 2	261.319 1	7.903 0
21	2.786 0	0.358 9	35.719 3	0.028 0	0.078 0	12.821 2	294.385 0	8.241 6
22	2.925 3	0.341 8	38.505 2	0.026 0	0.076 0	13.163 0	330.104 3	8.573 0
23	3.071 5	0.325 6	41.430 5	0.024 1	0.074 1	13.488 6	368.609 5	8.897 1
24	3.225 1	0.310 1	44.502 0	0.022 5	0.072 5	13.798 6	410.040 0	9.214 0
25	3.386 4	0.295 3	47.727 1	0.021 0	0.071 0	14.093 9	454.542 0	9.523 8
26	3.555 7	0.281 2	51.113 5	0.019 6	0.069 6	14.375 2	502.269 1	9.826 6
27	3.733 5	0.267 8	54.669 1	0.018 3	0.068 3	14.643 0	553.382 5	10.122 4
28	3.920 1	0.255 1	58.402 6	0.017 1	0.067 1	14.898 1	608.051 7	10.411 4
29	4.116 1	0.242 9	62.322 7	0.016 0	0.066 0	15.141 1	666.454 2	10.693 6
30	4.321 9	0.231 4	66.438 8	0.015 1	0.065 1	15.372 5	728.777 0	10.969 1
31	4.538 0	0.220 4	70.760 8	0.014 1	0.064 1	15.592 8	795.215 8	11.238 1
32	4.764 9	0.209 9	75.298 8	0.013 3	0.063 3	15.802 7	865.976 6	11.500 5
33	5.003 2	0.199 9	80.063 8	0.012 5	0.062 5	16.002 5	941.275 4	11.756 6
34	5.253 3	0.190 4	85.067 0	0.011 8	0.061 8	16.192 9	1 021.339 2	12.006 3

续表

n	(F/P, i, n)	(P/F, i, n)	(F/A, i, n)	(A/F, i, n)	(A/P, i, n)	(P/A, i, n)	(F/G, i, n)	(A/G, i, n)
35	5.516 0	0.181 3	90.320 3	0.011 1	0.061 1	16.374 2	1 106.406 1	12.249 8
36	5.791 8	0.172 7	95.836 3	0.010 4	0.060 4	16.546 9	1 196.726 5	12.487 2
37	6.081 4	0.164 4	101.628 1	0.009 8	0.059 8	16.711 3	1 292.562 8	12.718 6
38	6.385 5	0.156 6	107.709 5	0.009 3	0.059 3	16.867 9	1 394.190 9	12.944 0
39	6.704 8	0.149 1	114.095 0	0.008 8	0.058 8	17.017 0	1 501.900 5	13.163 6
40	7.040 0	0.142 0	120.799 8	0.008 3	0.058 3	17.159 1	1 615.995 5	13.377 5
41	7.392 0	0.135 3	127.839 8	0.007 8	0.057 8	17.294 4	1 736.795 3	13.585 7
42	7.761 6	0.128 8	135.231 8	0.007 4	0.057 4	17.423 2	1 864.635 0	13.788 4
43	8.149 7	0.122 7	142.993 3	0.007 0	0.057 0	17.545 9	1 999.866 8	13.985 7
44	8.557 2	0.116 9	151.143 0	0.006 6	0.056 6	17.662 8	2 142.860 1	14.177 7
45	8.985 0	0.111 3	159.700 2	0.006 3	0.056 3	17.774 1	2 294.003 1	14.364 4
46	9.434 3	0.106 0	168.685 2	0.005 9	0.055 9	17.880 1	2 453.703 3	14.546 1
47	9.906 0	0.100 9	178.119 4	0.005 6	0.055 6	17.981 0	2 622.388 4	14.722 6
48	10.401 3	0.096 1	188.025 4	0.005 3	0.055 3	18.077 2	2 800.507 9	14.894 3
49	10.921 3	0.091 6	198.426 7	0.005 0	0.055 0	18.168 7	2 988.533 3	15.061 1
50	11.467 4	0.087 2	209.348 0	0.004 8	0.054 8	18.255 9	3 186.959 9	15.223 3

附表 6　复利系数表($i=6\%$)

n	(F/P, i, n)	(P/F, i, n)	(F/A, i, n)	(A/F, i, n)	(A/P, i, n)	(P/A, i, n)	(F/G, i, n)	(A/G, i, n)
1	1.060 0	0.943 4	1.000 0	1.000 0	1.060 0	0.943 4	0.000 0	0.000 0
2	1.123 6	0.890 0	2.060 0	0.485 4	0.545 4	1.833 4	1.000 0	0.485 4
3	1.191 0	0.839 6	3.183 6	0.314 1	0.374 1	2.673 0	3.060 0	0.961 2
4	1.262 5	0.792 1	4.374 6	0.228 6	0.288 6	3.465 1	6.243 6	1.427 2
5	1.338 2	0.747 3	5.637 1	0.177 4	0.237 4	4.212 4	10.618 2	1.883 6
6	1.418 5	0.705 0	6.975 3	0.143 4	0.203 4	4.917 3	16.255 3	2.330 4
7	1.503 6	0.665 1	8.393 8	0.119 1	0.179 1	5.582 4	23.230 6	2.767 6
8	1.593 8	0.627 4	9.897 5	0.101 0	0.161 0	6.209 8	31.624 5	3.195 2
9	1.689 5	0.591 9	11.491 3	0.087 0	0.147 0	6.801 7	41.521 9	3.613 3
10	1.790 8	0.558 4	13.180 8	0.075 9	0.135 9	7.360 1	53.013 2	4.022 0
11	1.898 3	0.526 8	14.971 6	0.066 8	0.126 8	7.886 9	66.194 0	4.421 3
12	2.012 2	0.497 0	16.869 9	0.059 3	0.119 3	8.383 8	81.165 7	4.811 3
13	2.132 9	0.468 8	18.882 1	0.053 0	0.113 0	8.852 7	98.035 6	5.192 0
14	2.260 9	0.442 3	21.015 1	0.047 6	0.107 6	9.295 0	116.917 8	5.563 5
15	2.396 6	0.417 3	23.276 0	0.043 0	0.103 0	9.712 2	137.932 8	5.926 0
16	2.540 4	0.393 6	25.672 5	0.039 0	0.099 0	10.105 9	161.208 8	6.279 4
17	2.692 8	0.371 4	28.212 9	0.035 4	0.095 4	10.477 3	186.881 3	6.624 0
18	2.854 3	0.350 3	30.905 7	0.032 4	0.092 4	10.827 6	215.094 2	6.959 7
19	3.025 6	0.330 5	33.760 0	0.029 6	0.089 6	11.158 1	245.999 9	7.286 7
20	3.207 1	0.311 8	36.785 6	0.027 2	0.087 2	11.469 9	279.759 9	7.605 1
21	3.399 6	0.294 2	39.992 7	0.025 0	0.085 0	11.764 1	316.545 4	7.915 1
22	3.603 5	0.277 5	43.392 3	0.023 0	0.083 0	12.041 6	356.538 2	8.216 6
23	3.819 7	0.261 8	46.995 8	0.021 3	0.081 3	12.303 4	399.930 5	8.509 9
24	4.048 9	0.247 0	50.815 6	0.019 7	0.079 7	12.550 4	446.926 3	8.795 1
25	4.291 9	0.233 0	54.864 5	0.018 2	0.078 2	12.783 4	497.741 9	9.072 2
26	4.549 4	0.219 8	59.156 4	0.016 9	0.076 9	13.003 2	552.606 4	9.341 4
27	4.822 3	0.207 4	63.705 8	0.015 7	0.075 7	13.210 5	611.762 8	9.602 9
28	5.111 7	0.195 6	68.528 1	0.014 6	0.074 6	13.406 2	675.468 5	9.856 8
29	5.418 4	0.184 6	73.639 8	0.013 6	0.073 6	13.590 7	743.996 6	10.103 2
30	5.743 5	0.174 1	79.058 2	0.012 6	0.072 6	13.764 8	817.636 4	10.342 2
31	6.088 1	0.164 3	84.801 7	0.011 8	0.071 8	13.929 1	896.694 6	10.574 0
32	6.453 4	0.155 0	90.889 8	0.011 0	0.071 0	14.084 0	981.496 3	10.798 8

续表

n	(F/P, i, n)	(P/F, i, n)	(F/A, i, n)	(A/F, i, n)	(A/P, i, n)	(P/A, i, n)	(F/G, i, n)	(A/G, i, n)
33	6.840 6	0.146 2	97.343 2	0.010 3	0.070 3	14.230 2	1 072.386 1	11.016 6
34	7.251 0	0.137 9	104.183 8	0.009 6	0.069 6	14.368 1	1 169.729 2	11.227 6
35	7.686 1	0.130 1	111.434 8	0.009 0	0.069 0	14.498 2	1 273.913 0	11.431 9
36	8.147 3	0.122 7	119.120 9	0.008 4	0.068 4	14.621 0	1 385.347 8	11.629 8
37	8.636 1	0.115 8	127.268 1	0.007 9	0.067 9	14.736 8	1 504.468 6	11.821 3
38	9.154 3	0.109 2	135.904 2	0.007 4	0.067 4	14.846 0	1 631.736 8	12.006 5
39	9.703 5	0.103 1	145.058 5	0.006 9	0.066 9	14.949 1	1 767.641 0	12.185 7
40	10.285 7	0.097 2	154.762 0	0.006 5	0.066 5	15.046 3	1 917.699 4	12.359 0
41	10.902 9	0.091 7	165.047 7	0.006 1	0.066 1	15.138 0	2 067.461 4	12.526 4
42	11.557 0	0.086 5	175.950 5	0.005 7	0.065 7	15.224 5	2 232.509 1	12.688 3
43	12.250 2	0.081 6	187.507 6	0.005 3	0.065 3	15.306 2	2 408.459 6	12.844 6
44	12.985 5	0.077 0	199.758 0	0.005 0	0.065 0	15.383 2	2 595.967 2	12.995 6
45	13.764 6	0.072 7	212.743 5	0.004 7	0.064 7	15.455 8	2 795.725 2	13.141 3
46	14.590 5	0.068 5	226.508 1	0.004 4	0.064 4	15.524 4	3 008.468 7	13.281 9
47	15.465 9	0.064 7	241.098 6	0.004 1	0.064 1	15.589 0	3 234.976 9	13.417 7
48	16.393 9	0.061 0	256.564 5	0.003 9	0.063 9	15.650 0	3 476.075 5	13.548 5
49	17.377 5	0.057 5	272.958 4	0.003 7	0.063 7	15.707 6	3 732.640 0	13.674 8
50	18.420 2	0.054 3	290.335 9	0.003 4	0.063 4	15.761 9	4 005.598 4	13.796 4

附表 7　复利系数表($i=7\%$)

n	(F/P, i, n)	(P/F, i, n)	(F/A, i, n)	(A/F, i, n)	(A/P, i, n)	(P/A, i, n)	(F/G, i, n)	(A/G, i, n)
1	1.070 0	0.934 6	1.000 0	1.000 0	1.070 0	0.934 6	0.000 0	0.000 0
2	1.144 9	0.873 4	2.070 0	0.483 1	0.553 1	1.808 0	1.000 0	0.483 1
3	1.225 0	0.816 3	3.214 9	0.311 1	0.381 1	2.624 3	3.070 0	0.954 9
4	1.310 8	0.762 9	4.439 9	0.225 2	0.295 2	3.387 2	6.284 9	1.415 5
5	1.402 6	0.713 0	5.750 7	0.173 9	0.243 9	4.100 2	10.724 8	1.865 0
6	1.500 7	0.666 3	7.153 3	0.139 8	0.209 8	4.766 5	16.475 6	2.303 2
7	1.605 8	0.622 7	8.654 0	0.115 6	0.185 6	5.389 3	23.628 9	2.730 4
8	1.718 2	0.582 0	10.259 8	0.097 5	0.167 5	5.971 3	32.282 9	3.146 5
9	1.838 5	0.543 9	11.978 0	0.083 5	0.153 5	6.515 2	42.542 7	3.551 7
10	1.967 2	0.508 3	13.816 4	0.072 4	0.142 4	7.023 6	54.520 7	3.946 1
11	2.104 9	0.475 1	15.783 6	0.063 4	0.133 4	7.498 7	68.337 1	4.329 6
12	2.252 2	0.444 0	17.888 5	0.055 9	0.125 9	7.942 7	84.120 7	4.702 5
13	2.409 8	0.415 0	20.140 6	0.049 7	0.119 7	8.357 7	102.009 2	5.064 8
14	2.578 5	0.387 8	22.550 5	0.044 3	0.114 3	8.745 5	122.149 8	5.416 7
15	2.759 0	0.362 4	25.129 0	0.039 8	0.109 8	9.107 9	144.700 3	5.758 3
16	2.952 2	0.338 7	27.888 1	0.035 9	0.105 9	9.446 6	169.829 3	6.089 7
17	3.158 8	0.316 6	30.840 2	0.032 4	0.102 4	9.763 2	197.717 4	6.411 0
18	3.379 9	0.295 9	33.999 0	0.029 4	0.099 4	10.059 1	228.557 6	6.722 5
19	3.616 5	0.276 5	37.379 0	0.026 8	0.096 8	10.335 6	262.556 6	7.024 2
20	3.869 7	0.258 4	40.995 5	0.024 4	0.094 4	10.594 0	299.935 6	7.316 3
21	4.140 6	0.241 5	44.865 2	0.022 3	0.092 3	10.835 5	340.931 1	7.599 0
22	4.430 4	0.225 7	49.005 7	0.020 4	0.090 4	11.061 2	385.796 3	7.872 5
23	4.740 5	0.210 9	53.436 1	0.018 7	0.088 7	11.272 2	434.802 0	8.136 9
24	5.072 4	0.197 1	58.176 7	0.017 2	0.087 2	11.469 3	488.238 2	8.392 3
25	5.427 4	0.184 2	63.249 0	0.015 8	0.085 8	11.653 6	546.414 8	8.639 1
26	5.807 4	0.172 2	68.676 5	0.014 6	0.084 6	11.825 8	609.663 9	8.877 3
27	6.213 9	0.160 9	74.483 8	0.013 4	0.083 4	11.986 7	678.340 3	9.107 2
28	6.648 8	0.150 4	80.697 7	0.012 4	0.082 4	12.137 1	752.824 2	9.328 9
29	7.114 3	0.140 6	87.346 5	0.011 4	0.081 4	12.277 7	833.521 8	9.542 7
30	7.612 3	0.131 4	94.460 8	0.010 6	0.080 6	12.409 0	920.868 4	9.748 7

续表

n	(F/P, i, n)	(P/F, i, n)	(F/A, i, n)	(A/F, i, n)	(A/P, i, n)	(P/A, i, n)	(F/G, i, n)	(A/G, i, n)
31	8.145 1	0.122 8	102.073 0	0.009 8	0.079 8	12.531 8	1 015.329 2	9.947 1
32	8.715 3	0.144 7	110.218 2	0.009 1	0.079 1	12.646 6	1 117.402 2	10.138 1
33	9.325 3	0.107 2	118.933 4	0.008 4	0.078 4	12.753 8	1 227.620 4	10.321 9
34	9.978 1	0.100 2	128.258 8	0.007 8	0.077 8	12.854 0	1 346.553 8	10.498 7
35	10.676 6	0.093 7	138.236 9	0.007 2	0.007 2	12.947 7	1 474.812 5	10.668 7
36	11.423 9	0.087 5	148.913 5	0.006 7	0.076 7	13.035 2	1 613.049 4	10.832 1
37	12.223 6	0.081 8	160.337 4	0.006 2	0.076 2	13.117 0	1 761.961 9	10.989 1
38	13.079 3	0.076 5	172.561 0	0.005 8	0.075 8	13.193 5	1 922.300 3	11.139 8
39	13.994 8	0.071 5	185.640 3	0.005 4	0.075 4	13.264 9	2 094.861 3	11.284 5
40	14.974 5	0.066 8	199.635 1	0.005 0	0.075 0	13.331 7	2 280.501 6	11.423 3
41	16.022 7	0.062 4	214.309 6	0.004 7	0.074 7	13.394 1	2 480.136 7	11.556 5
42	17.144 3	0.058 3	230.632 2	0.004 3	0.074 3	13.452 4	2 694.746 3	11.684 2
43	18.344 4	0.054 5	247.776 5	0.004 0	0.074 0	13.507 0	2 925.378 5	11.806 5
44	19.628 5	0.050 9	266.120 9	0.003 8	0.073 8	13.557 9	3 173.155 0	11.923 7
45	21.002 5	0.047 6	285.749 3	0.003 5	0.073 5	13.605 5	3 439.375 9	12.036 0
46	22.473 6	0.044 5	306.751 8	0.003 3	0.073 3	13.650 0	3 725.025 2	12.143 5
47	24.045 7	0.041 6	329.224 4	0.003 0	0.073 0	13.691 6	4 031.776 9	12.246 3
48	25.728 9	0.038 9	353.270 1	0.002 8	0.072 8	13.730 5	4 361.001 3	12.344 7
49	27.529 9	0.036 3	378.999 0	0.002 6	0.072 6	13.766 8	4 714.271 4	12.438 7
50	29.457 0	0.033 9	406.528 9	0.002 5	0.072 5	13.800 7	5 093.270 4	12.528 7

附表 8　复利系数表($i=8\%$)

n	(F/P, i, n)	(P/F, i, n)	(F/A, i, n)	(A/F, i, n)	(A/P, i, n)	(P/A, i, n)	(F/G, i, n)	(A/G, i, n)
1	1.080 0	0.925 9	1.000 0	1.000 0	1.080 0	0.925 9	0.000 0	0.000 0
2	1.166 4	0.857 3	2.080 0	0.480 8	0.560 8	1.783 3	1.000 0	0.480 8
3	1.259 7	0.793 8	3.246 4	0.308 0	0.388 0	2.577 1	3.080 0	0.948 7
4	1.360 5	0.735 0	4.506 1	0.221 9	0.301 9	3.312 1	6.326 4	1.404 0
5	1.469 3	0.680 6	5.866 6	0.170 5	0.250 5	3.992 7	10.832 5	1.846 5
6	1.586 9	0.630 2	7.335 9	0.136 3	0.216 3	4.622 9	16.699 1	2.276 3
7	1.713 8	0.583 5	8.922 8	0.112 1	0.192 1	5.206 4	24.035 0	2.693 7
8	1.850 9	0.540 3	10.636 6	0.094 0	0.174 0	5.746 6	32.957 8	3.098 5
9	1.999 0	0.500 2	12.487 6	0.080 1	0.160 1	6.246 9	43.594 5	3.491 0
10	2.158 9	0.463 2	14.486 6	0.069 0	0.149 0	6.710 1	56.082 0	3.871 3
11	2.331 6	0.428 9	16.645 5	0.060 1	0.140 1	7.139 0	70.568 6	4.239 5
12	2.518 2	0.397 1	18.977 1	0.052 7	0.132 7	7.536 1	87.214 1	4.595 7
13	2.719 6	0.367 7	21.495 3	0.046 5	0.126 5	7.903 8	106.191 2	4.940 2
14	2.937 2	0.340 5	24.214 9	0.041 3	0.121 3	8.244 2	127.686 5	5.273 1
15	3.172 2	0.315 2	27.152 1	0.036 8	0.116 8	8.559 5	151.901 4	5.594 5
16	3.425 9	0.291 9	30.324 3	0.033 0	0.113 0	8.851 4	179.053 5	5.904 6
17	3.700 0	0.270 3	33.750 2	0.029 6	0.109 6	9.121 6	209.377 8	6.203 7
18	3.996 0	0.250 2	37.450 2	0.026 7	0.106 7	9.371 9	243.128 0	6.492 0
19	4.315 7	0.231 7	41.446 3	0.024 1	0.104 1	9.603 6	280.578 3	6.769 7
20	4.661 0	0.214 5	45.762 0	0.021 9	0.101 9	9.818 1	322.024 6	7.036 9
21	5.033 8	0.198 7	50.422 9	0.019 8	0.099 8	10.016 8	367.786 5	7.294 0
22	5.436 5	0.183 9	55.456 8	0.018 0	0.098 0	10.200 7	418.209 4	7.541 2
23	5.871 5	0.170 3	60.893 3	0.016 4	0.096 4	10.371 1	473.666 2	7.778 6
24	6.341 2	0.157 7	66.764 8	0.015 0	0.095 0	10.528 8	534.559 5	8.006 6
25	6.848 5	0.146 0	73.105 9	0.013 7	0.093 7	10.674 8	601.324 2	8.225 4
26	7.396 4	0.135 2	79.954 4	0.012 5	0.092 5	10.810 0	674.430 2	8.435 2
27	7.988 1	0.125 2	87.350 8	0.011 4	0.091 4	10.935 2	754.384 6	8.636 3
28	8.627 1	0.115 9	95.338 8	0.010 5	0.090 5	11.051 1	841.735 4	8.828 9

续表

n	(F/P, i, n)	(P/F, i, n)	(F/A, i, n)	(A/F, i, n)	(A/P, i, n)	(P/A, i, n)	(F/G, i, n)	(A/G, i, n)
29	9.317 3	0.107 3	103.965 9	0.009 6	0.089 6	11.158 4	937.074 2	9.013 3
30	10.062 7	0.099 4	113.283 2	0.008 8	0.088 8	11.257 8	1 041.040 1	9.189 7
31	10.867 7	0.092 0	123.345 9	0.008 1	0.088 1	11.349 8	1 154.323 4	9.358 4
32	11.737 1	0.085 2	134.213 5	0.007 5	0.087 5	11.435 0	1 277.669 2	9.519 7
33	12.676 0	0.078 9	145.950 6	0.006 9	0.086 9	11.513 9	1 411.882 8	9.673 7
34	13.690 1	0.073 0	158.626 7	0.006 3	0.086 3	11.586 9	1 557.833 4	9.820 8
35	14.785 3	0.067 6	172.316 8	0.005 8	0.085 8	11.654 6	1 716.460 0	9.961 1
36	15.968 2	0.062 6	187.102 1	0.005 3	0.085 3	11.717 2	1 888.776 8	10.094 9
37	17.245 6	0.058 0	203.070 3	0.004 9	0.084 9	11.775 2	2 075.879 0	10.222 5
38	18.625 3	0.053 7	220.315 9	0.004 5	0.084 5	11.828 9	2 278.949 3	10.344 0
39	20.115 3	0.049 7	238.941 2	0.004 2	0.084 2	11.878 6	2 499.265 3	10.459 7
40	21.724 5	0.046 0	259.056 5	0.003 9	0.083 9	11.924 6	2 738.206 5	10.569 9
41	23.462 5	0.042 6	280.781 0	0.003 6	0.083 6	11.967 2	2 997.363 0	10.674 7
42	25.339 5	0.039 5	304.243 5	0.003 3	0.083 3	12.006 7	3 278.044 0	10.774 4
43	27.366 6	0.036 5	329.583 0	0.003 0	0.083 0	12.043 2	3 582.287 6	10.869 2
44	29.556 0	0.033 8	356.949 6	0.002 8	0.082 8	12.077 1	3 911.870 6	10.959 2
45	31.920 4	0.031 3	386.505 6	0.002 6	0.082 6	12.108 4	4 268.820 2	11.044 7
46	34.474 1	0.029 0	418.426 1	0.002 4	0.082 4	12.137 4	4 655.325 8	11.125 8
47	37.232 0	0.026 9	452.900 2	0.002 2	0.082 2	12.164 3	5 073.751 9	11.202 8
48	40.210 6	0.024 9	490.132 2	0.002 0	0.082 0	12.189 1	5 526.652 1	11.275 8
49	43.427 0	0.023 0	530.342 7	0.001 9	0.081 9	12.212 2	6 016.784 2	11.345 1
50	46.901 6	0.021 3	573.770 2	0.001 7	0.081 7	12.233 5	6 547.127 0	11.410 7

附表9 复利系数表(i=9%)

n	(F/P, i, n)	(P/F, i, n)	(F/A, i, n)	(A/F, i, n)	(A/P, i, n)	(P/A, i, n)	(F/G, i, n)	(A/G, i, n)
1	1.090 0	0.917 4	1.000 0	1.000 0	1.090 0	0.917 4	0.000 0	0.000 0
2	1.188 1	0.841 7	2.090 0	0.478 5	0.568 5	1.759 1	1.000 0	0.478 5
3	1.295 0	0.772 2	3.278 1	0.305 1	0.395 1	2.531 3	3.090 0	0.942 6
4	1.411 6	0.708 4	4.573 1	0.218 7	0.308 7	3.239 7	6.368 1	1.392 5
5	1.538 6	0.649 9	5.984 7	0.167 1	0.257 1	3.889 7	10.941 2	1.828 2
6	1.677 1	0.596 3	7.523 3	0.132 9	0.222 9	4.485 9	16.925 9	2.249 8
7	1.828 0	0.547 0	9.200 4	0.108 7	0.198 7	5.033 0	24.449 3	2.657 4
8	1.992 6	0.501 9	11.028 5	0.090 7	0.180 7	5.534 8	33.649 8	3.051 2
9	2.171 9	0.460 4	13.021 0	0.076 8	0.166 8	5.995 2	44.678 2	3.431 2
10	2.367 4	0.422 4	15.192 9	0.065 8	0.155 8	6.417 7	57.699 2	3.797 8
11	2.580 4	0.387 5	17.560 3	0.056 9	0.146 9	6.805 2	72.892 1	4.151 0
12	2.812 7	0.355 5	20.140 7	0.049 7	0.139 7	7.160 7	90.452 4	4.491 0
13	3.065 8	0.326 2	22.953 4	0.043 6	0.133 6	7.486 9	110.593 2	4.818 2
14	3.341 7	0.299 2	26.019 2	0.038 4	0.128 4	7.786 2	133.546 5	5.132 6
15	3.642 5	0.274 5	29.360 9	0.034 1	0.124 1	8.060 7	159.565 7	5.434 6
16	3.970 3	0.251 9	33.003 4	0.030 3	0.120 3	8.312 6	188.926 7	5.724 5
17	4.327 6	0.231 1	36.973 7	0.027 0	0.117 0	8.543 6	221.930 1	6.002 4
18	4.717 1	0.212 0	41.301 3	0.024 2	0.114 2	8.755 6	258.903 8	6.268 7
19	5.141 7	0.194 5	46.018 5	0.021 7	0.111 7	8.950 1	300.205 1	6.523 6
20	5.604 4	0.178 4	51.161 0	0.019 5	0.109 5	9.128 5	346.223 6	6.767 4
21	6.108 8	0.163 7	56.764 5	0.017 6	0.107 6	9.292 2	397.382 7	7.000 6
22	6.658 6	0.150 2	62.873 3	0.015 9	0.105 9	9.442 4	454.148 2	7.223 2
23	7.257 9	0.137 8	69.531 9	0.014 4	0.104 4	9.580 2	517.021 5	7.435 7
24	7.911 1	0.126 4	76.789 8	0.013 0	0.103 0	9.706 6	586.553 5	7.638 4
25	8.623 1	0.116 0	84.700 9	0.011 8	0.101 8	9.822 6	663.343 3	7.831 6
26	9.399 2	0.106 4	93.324 0	0.010 7	0.100 7	9.929 0	748.044 2	8.015 6

续表

n	(F/P, i, n)	(P/F, i, n)	(F/A, i, n)	(A/F, i, n)	(A/P, i, n)	(P/A, i, n)	(F/G, i, n)	(A/G, i, n)
27	10.245 1	0.097 6	102.723 1	0.009 7	0.099 7	10.026 6	841.368 2	8.190 6
28	11.167 1	0.089 5	112.968 2	0.008 9	0.098 9	10.116 1	944.091 3	8.357 1
29	12.172 2	0.082 2	124.135 4	0.008 1	0.098 1	10.198 3	1 057.059 5	8.515 4
30	13.267 7	0.075 4	136.307 5	0.007 3	0.097 3	10.273 7	1 181.194 9	8.665 7
31	14.461 8	0.069 1	149.575 2	0.006 7	0.096 7	10.342 8	1 317.502 4	8.808 3
32	15.763 3	0.063 4	164.037 0	0.006 1	0.096 1	10.406 2	1 467.077 6	8.943 6
33	17.182 0	0.058 2	179.800 3	0.005 6	0.095 6	10.464 4	1 631.114 6	9.071 8
34	18.728 4	0.053 4	196.982 3	0.005 1	0.095 1	10.517 8	1 810.914 9	9.193 3
35	20.414 0	0.049 0	215.710 8	0.004 6	0.094 6	10.566 8	2 007.897 3	9.308 3
36	22.251 2	0.044 9	236.124 7	0.004 2	0.094 2	10.611 8	2 223.608 0	9.417 1
37	24.253 8	0.041 2	258.375 9	0.003 9	0.093 9	10.653 0	2 459.732 8	9.520 0
38	26.436 7	0.037 8	282.629 8	0.003 5	0.093 5	10.690 8	2 718.108 7	9.617 2
39	28.816 0	0.034 7	309.066 5	0.003 2	0.093 2	10.725 5	3 000.738 5	9.709 0
40	31.409 4	0.031 8	337.882 4	0.003 0	0.093 0	10.757 4	3 309.804 9	9.795 7
41	34.236 3	0.029 2	369.291 9	0.002 7	0.092 7	10.786 6	3 647.687 4	9.877 5
42	37.317 5	0.026 8	403.528 1	0.002 5	0.092 5	10.813 4	4 016.979 3	9.954 6
43	40.676 1	0.024 6	440.845 7	0.002 3	0.092 3	10.838 0	4 420.507 4	10.027 3
44	44.337 0	0.022 6	481.521 8	0.002 1	0.092 1	10.860 5	4 861.353 1	10.095 8
45	48.327 3	0.020 7	525.858 7	0.001 9	0.091 9	10.881 2	5 342.874 8	10.160 3
46	52.676 7	0.019 0	574.186 0	0.001 7	0.091 7	10.900 2	5 868.733 6	10.221 0
47	57.417 6	0.017 4	626.862 8	0.001 6	0.091 6	10.917 6	6 442.919 6	10.278 0
48	62.585 2	0.016 0	684.280 4	0.001 5	0.091 5	10.933 6	7 069.782 3	10.331 7
49	68.217 9	0.014 7	746.865 6	0.001 3	0.091 3	10.948 2	7 754.062 8	10.382 1
50	74.357 5	0.013 4	815.083 6	0.001 2	0.091 2	10.961 7	8 500.928 4	10.429 5

附表 10 复利系数表($i=10\%$)

n	(F/P, i, n)	(P/F, i, n)	(F/A, i, n)	(A/F, i, n)	(A/P, i, n)	(P/A, i, n)	(F/G, i, n)	(A/G, i, n)
1	1.100 0	0.909 1	1.000 0	1.000 0	1.100 0	0.909 1	0.000 0	0.000 0
2	1.210 0	0.826 4	2.100 0	0.476 2	0.576 2	1.735 5	1.000 0	0.476 2
3	1.331 0	0.751 3	3.310 0	0.302 1	0.402 1	2.486 9	3.100 0	0.936 6
4	1.464 1	0.683 0	4.641 0	0.215 5	0.315 5	3.169 9	6.410 0	1.381 2
5	1.610 5	0.620 9	6.105 1	0.163 8	0.263 8	3.790 8	11.051 0	1.810 1
6	1.771 6	0.564 5	7.715 6	0.129 6	0.229 6	4.355 3	17.156 1	2.223 6
7	1.948 7	0.513 2	9.487 2	0.105 4	0.205 4	4.868 4	24.871 7	2.621 6
8	2.143 6	0.466 5	11.435 9	0.087 4	0.187 4	5.334 9	34.358 9	3.004 5
9	2.357 9	0.424 1	13.579 5	0.073 6	0.173 6	5.759 0	45.794 8	3.372 4
10	2.593 7	0.385 5	15.937 4	0.062 7	0.162 7	6.144 6	59.374 2	3.725 5
11	2.853 1	0.350 5	18.531 2	0.054 0	0.154 0	6.495 1	75.311 7	4.064 1
12	3.138 4	0.318 6	21.384 3	0.046 8	0.146 8	6.813 7	93.842 8	4.388 4
13	3.452 3	0.289 7	24.522 7	0.040 8	0.140 8	7.103 4	115.227 1	4.698 8
14	3.797 5	0.263 3	27.975 0	0.035 7	0.135 7	7.366 7	139.749 8	4.995 5
15	4.177 2	0.239 4	31.772 5	0.031 5	0.131 5	7.606 1	167.724 8	5.278 9
16	4.595 0	0.217 6	35.949 7	0.027 8	0.127 8	7.823 7	199.497 3	5.549 3
17	5.054 5	0.197 8	40.544 7	0.024 7	0.124 7	8.021 6	235.447 0	5.807 1
18	5.559 9	0.179 9	45.599 2	0.021 9	0.121 9	8.201 4	275.991 7	6.052 6
19	6.115 9	0.163 5	51.159 1	0.019 5	0.119 5	8.364 9	321.590 9	6.286 1
20	6.727 5	0.148 6	57.275 0	0.017 5	0.117 5	8.513 6	372.750 0	6.508 1
21	7.400 2	0.135 1	64.002 5	0.015 6	0.115 6	8.648 7	430.025 0	6.718 9
22	8.140 3	0.122 8	71.402 7	0.014 0	0.114 0	8.771 5	494.027 5	6.918 9
23	8.954 3	0.111 7	79.543 0	0.012 6	0.112 6	8.883 2	565.430 2	7.108 5
24	9.849 7	0.101 5	88.497 3	0.011 3	0.111 3	8.984 7	644.973 3	7.288 1

续表

n	(F/P, i, n)	(P/F, i, n)	(F/A, i, n)	(A/F, i, n)	(A/P, i, n)	(P/A, i, n)	(F/G, i, n)	(A/G, i, n)
25	10.834 7	0.092 3	98.347 1	0.010 2	0.110 2	9.077 0	733.470 6	7.458 0
26	11.918 2	0.083 9	109.181 8	0.009 2	0.109 2	9.160 9	831.817 7	7.618 6
27	13.110 0	0.076 3	121.099 9	0.008 3	0.108 3	9.237 2	940.999 4	7.770 4
28	14.421 0	0.069 3	134.209 9	0.007 5	0.107 5	9.306 6	1 062.099 4	7.913 7
29	15.863 1	0.063 0	148.630 9	0.006 7	0.106 7	9.369 6	1 196.309 3	8.048 9
30	17.449 4	0.057 3	164.494 0	0.006 1	0.106 1	9.426 9	1 344.940 2	8.176 2
31	19.194 3	0.052 1	181.943 4	0.005 5	0.105 5	9.479 0	1 509.434 2	8.296 2
32	21.113 8	0.047 4	201.137 8	0.005 0	0.105 0	9.526 4	1 691.377 7	8.409 1
33	23.225 2	0.043 1	222.251 5	0.004 5	0.104 5	9.569 4	1 892.515 4	8.515 2
34	25.547 7	0.039 1	245.476 7	0.004 1	0.104 1	9.608 6	2 114.767 0	8.614 9
35	28.102 4	0.035 6	271.024 4	0.003 7	0.103 7	9.644 2	2 360.243 7	8.708 6
36	30.912 7	0.032 3	299.126 8	0.003 3	0.103 3	9.676 5	2 631.268 1	8.796 5
37	34.003 9	0.029 4	330.039 5	0.003 0	0.103 0	9.705 9	2 930.349 4	8.878 9
38	37.404 3	0.026 7	364.043 4	0.002 7	0.102 7	9.732 7	3 260.434 3	8.956 2
39	41.144 8	0.024 3	401.447 8	0.002 5	0.102 5	9.757 0	3 624.477 8	9.028 5
40	45.259 3	0.022 1	442.592 6	0.002 3	0.102 3	9.779 1	4 025.925 6	9.096 2
41	49.785 2	0.020 1	487.851 8	0.002 0	0.102 0	9.799 1	4 468.518 1	9.159 6
42	54.763 7	0.018 3	537.637 0	0.001 9	0.101 9	9.817 4	4 956.369 9	9.218 8
43	60.240 1	0.016 6	592.400 7	0.001 7	0.101 7	9.834 0	5 494.006 9	9.274 1
44	66.264 1	0.015 1	652.640 8	0.001 5	0.101 5	9.849 1	6 086.407 6	9.325 8
45	72.890 5	0.013 7	718.904 8	0.001 4	0.101 4	9.862 8	6 739.048 4	9.374 0
46	80.179 5	0.012 5	791.795 3	0.001 3	0.101 3	9.875 3	7 457.953 2	9.419 0
47	88.197 5	0.011 3	871.974 9	0.001 1	0.101 1	9.886 6	8 249.748 5	9.461 0
48	97.017 2	0.010 3	960.172 3	0.001 0	0.101 0	9.896 9	9 121.723 4	9.500 1
49	106.719 0	0.009 4	1 057.189 6	0.000 9	0.100 9	9.906 3	10 081.895 7	9.536 5
50	117.390 9	0.008 5	1 163.908 5	0.000 9	0.100 9	9.914 8	11 139.085 3	9.570 4

附表 11　复利系数表($i=12\%$)

n	(F/P, i, n)	(P/F, i, n)	(F/A, i, n)	(A/F, i, n)	(A/P, i, n)	(P/A, i, n)	(F/G, i, n)	(A/G, i, n)
1	1.120 0	0.892 9	1.000 0	1.000 0	1.120 0	0.892 9	0.000 0	0.000 0
2	1.254 4	0.797 2	2.120 0	0.471 7	0.591 7	1.690 1	1.000 0	0.471 7
3	1.404 9	0.711 8	3.374 4	0.296 3	0.416 3	2.401 8	3.120 0	0.924 6
4	1.573 5	0.635 5	4.779 3	0.209 2	0.329 2	3.037 3	6.494 4	1.358 9
5	1.762 3	0.567 4	6.352 8	0.157 4	0.277 4	3.604 8	11.273 7	1.774 6
6	1.973 8	0.506 6	8.115 2	0.123 2	0.243 2	4.111 4	17.626 6	2.172 0
7	2.210 7	0.452 3	10.089 0	0.099 1	0.219 1	4.563 8	25.741 8	2.551 5
8	2.476 0	0.403 9	12.299 7	0.081 3	0.201 3	4.967 6	35.830 8	2.913 1
9	2.773 1	0.360 6	14.775 7	0.067 7	0.187 7	5.328 2	48.130 5	3.257 4
10	3.105 8	0.322 0	17.548 7	0.057 0	0.177 0	5.650 2	62.906 1	3.584 7
11	3.478 5	0.287 5	20.654 6	0.048 4	0.168 4	5.937 7	80.454 9	3.895 3
12	3.896 0	0.256 7	24.133 1	0.041 4	0.161 4	6.194 4	101.109 4	4.189 7
13	4.363 5	0.229 2	28.029 1	0.035 7	0.155 7	6.423 5	125.242 6	4.468 3
14	4.887 1	0.204 6	32.392 6	0.030 9	0.150 9	6.628 2	153.271 7	4.731 7
15	5.473 6	0.182 7	37.279 7	0.026 8	0.146 8	6.810 9	185.664 3	4.980 3
16	6.130 4	0.163 1	42.753 3	0.023 4	0.143 4	6.974 0	222.944 0	5.214 7
17	6.866 0	0.145 6	48.883 7	0.020 5	0.140 5	7.119 6	265.697 3	5.435 3
18	7.690 0	0.130 0	55.749 7	0.017 9	0.137 9	7.249 7	314.581 0	5.642 7
19	8.612 8	0.116 1	63.439 7	0.015 8	0.135 8	7.365 8	370.330 7	5.837 5
20	9.646 3	0.103 7	72.052 4	0.013 9	0.133 9	7.469 4	433.770 4	6.020 2
21	10.803 8	0.092 6	81.698 7	0.012 2	0.132 2	7.562 0	505.822 8	6.191 3
22	12.100 3	0.082 6	92.502 6	0.010 8	0.130 8	7.644 6	587.521 5	6.351 4

续表

n	(F/P, i, n)	(P/F, i, n)	(F/A, i, n)	(A/F, i, n)	(A/P, i, n)	(P/A, i, n)	(F/G, i, n)	(A/G, i, n)
23	13.552 3	0.073 8	104.602 9	0.009 6	0.129 6	7.718 4	680.024 1	6.501 0
24	15.178 6	0.065 9	118.155 2	0.008 5	0.128 5	7.784 3	784.627 0	6.640 6
25	17.000 1	0.058 8	133.333 9	0.007 5	0.127 5	7.843 1	902.782 3	6.770 8
26	19.040 1	0.052 5	150.333 9	0.006 7	0.126 7	7.895 7	1 036.116 1	6.892 1
27	21.324 9	0.046 9	169.374 0	0.005 9	0.125 9	7.942 6	1 186.450 1	7.004 9
28	23.883 9	0.041 9	190.698 9	0.005 2	0.125 2	7.984 4	1 355.824 1	7.109 8
29	26.749 9	0.037 4	214.582 8	0.004 7	0.124 7	8.021 8	1 546.522 9	7.207 1
30	29.959 9	0.033 4	241.332 7	0.004 1	0.124 1	8.055 2	1 761.105 7	7.297 4
31	33.555 1	0.029 8	271.292 6	0.003 7	0.123 7	8.085 0	2 002.438 4	7.381 1
32	37.581 7	0.026 6	304.847 7	0.003 3	0.123 3	8.111 6	2 273.731 1	7.458 6
33	42.091 5	0.023 8	342.429 4	0.002 9	0.122 9	8.135 4	2 578.578 7	7.530 2
34	47.142 5	0.021 2	384.521 0	0.002 6	0.122 6	8.156 6	2 921.008 2	7.596 5
35	52.799 6	0.018 9	431.663 5	0.002 3	0.122 3	8.175 5	3 305.529 1	7.657 7
36	59.135 6	0.016 9	484.463 1	0.002 1	0.122 1	8.192 4	3 737.192 6	7.714 1
37	66.231 8	0.015 1	534.598 7	0.001 8	0.121 8	8.207 5	4 221.655 8	7.766 1
38	74.179 7	0.013 5	609.830 5	0.001 6	0.121 6	8.221 0	4 765.254 4	7.814 1
39	83.081 2	0.012 0	684.010 2	0.001 5	0.121 5	8.233 0	5 375.085 0	7.858 2
40	93.051 0	0.010 7	767.091 4	0.001 3	0.121 3	8.243 8	6 059.095 2	7.898 8
41	104.217 1	0.009 6	860.142 4	0.001 2	0.121 2	8.253 4	6 826.186 6	7.936 1
42	116.723 1	0.008 6	964.359 5	0.001 0	0.121 0	8.261 9	7 686.329 0	7.970 4
43	130.729 9	0.007 6	1 081.082 6	0.000 9	0.120 9	8.269 6	8 650.688 5	8.001 9
44	146.417 5	0.006 8	1 211.812 5	0.000 8	0.120 8	8.276 4	9 731.771 1	8.030 8
45	163.987 6	0.006 1	1 358.230 0	0.000 7	0.120 7	8.282 5	10 943.583 6	8.057 2
46	183.666 1	0.005 4	1 522.217 6	0.000 7	0.120 7	8.288 0	12 301.813 6	8.081 5
47	205.706 1	0.004 9	1 705.883 8	0.000 6	0.120 6	8.292 8	13 824.031 3	8.103 7
48	230.390 8	0.004 3	1 911.589 8	0.000 5	0.120 5	8.297 2	15 529.915 0	8.124 1
49	258.037 7	0.003 9	2 141.980 6	0.000 5	0.120 5	8.301 0	17 441.504 8	8.142 7
50	289.002 2	0.003 5	2 400.018 2	0.000 4	0.120 4	8.304 5	19 583.485 4	8.159 7

附表 12　复利系数表($i=15\%$)

n	(F/P, i, n)	(P/F, i, n)	(F/A, i, n)	(A/F, i, n)	(A/P, i, n)	(P/A, i, n)	(F/G, i, n)	(A/G, i, n)
1	1.150 0	0.869 6	1.000 0	1.000 0	1.150 0	0.869 6	0.000 0	0.000 0
2	1.322 5	0.756 1	2.150 0	0.465 1	0.615 1	1.625 7	1.000 0	0.465 1
3	1.520 9	0.657 5	3.472 5	0.288 0	0.438 0	2.283 2	3.150 0	0.907 1
4	1.749 0	0.571 8	4.993 4	0.200 3	0.350 3	2.855 0	6.622 5	1.326 3
5	2.011 4	0.497 2	6.742 4	0.148 3	0.298 3	3.352 2	11.615 9	1.722 8
6	2.313 1	0.432 3	8.753 7	0.114 2	0.264 2	3.784 5	18.358 3	2.097 2
7	2.660 0	0.375 9	11.066 8	0.090 4	0.240 4	4.160 4	27.112 0	2.449 8
8	3.059 0	0.326 9	13.726 8	0.072 9	0.222 9	4.487 3	38.178 8	2.781 3
9	3.517 9	0.284 3	16.785 8	0.059 6	0.209 6	4.771 6	51.905 6	3.092 2
10	4.045 6	0.247 2	20.303 7	0.049 3	0.199 3	5.018 8	68.691 5	3.383 2
11	4.652 4	0.214 9	24.349 3	0.041 1	0.191 1	5.233 7	88.995 2	3.654 9
12	5.350 3	0.186 9	29.001 7	0.034 5	0.184 5	5.420 6	113.344 4	3.908 2
13	6.152 8	0.162 5	34.351 9	0.029 1	0.179 1	5.583 1	142.346 1	4.143 8
14	7.075 7	0.141 3	40.504 7	0.024 7	0.174 7	5.724 5	176.698 0	4.362 4
15	8.137 1	0.122 9	47.580 4	0.021 0	0.171 0	5.847 4	217.202 7	4.565 0
16	9.357 6	0.106 9	55.717 5	0.017 9	0.167 9	5.954 2	264.783 1	4.752 2
17	10.761 3	0.092 9	65.075 1	0.015 4	0.165 4	6.047 2	320.500 6	4.925 1
18	12.375 5	0.080 8	75.836 4	0.013 2	0.163 2	6.128 0	385.575 7	5.084 3
19	14.231 8	0.070 3	88.211 8	0.011 3	0.161 3	6.198 2	461.412 1	5.230 7
20	16.366 5	0.061 1	102.443 6	0.009 8	0.159 8	6.259 3	549.623 9	5.365 1

续表

n	(F/P, i, n)	(P/F, i, n)	(F/A, i, n)	(A/F, i, n)	(A/P, i, n)	(P/A, i, n)	(F/G, i, n)	(A/G, i, n)
21	18.821 5	0.053 1	118.810 1	0.008 4	0.158 4	6.312 5	652.067 5	5.488 3
22	21.644 7	0.046 2	137.631 6	0.007 3	0.157 3	6.358 7	770.877 6	5.601 0
23	24.891 5	0.040 2	159.276 4	0.006 3	0.156 3	6.398 8	908.509 2	5.704 0
24	28.625 2	0.034 9	184.167 8	0.005 4	0.155 4	6.433 8	1 067.785 6	5.797 9
25	32.919 0	0.030 4	212.793 0	0.004 7	0.154 7	6.464 1	1 251.953 4	5.883 4
26	37.856 8	0.026 4	245.712 0	0.004 1	0.154 1	6.490 6	1 464.746 5	5.961 2
27	43.535 3	0.023 0	283.568 8	0.003 5	0.153 5	6.513 5	1 710.458 4	6.031 9
28	50.065 6	0.020 0	327.104 1	0.003 1	0.153 1	6.533 5	1 994.027 2	6.096 0
29	57.575 5	0.017 4	377.169 7	0.002 7	0.152 7	6.550 9	2 321.131 3	6.154 1
30	66.211 8	0.015 1	434.745 1	0.002 3	0.152 3	6.566 0	2 698.301 0	6.206 6
31	76.143 5	0.013 1	500.956 9	0.002 0	0.152 0	6.579 1	3 133.046 1	6.254 1
32	87.565 1	0.011 4	577.100 5	0.001 7	0.151 7	6.590 5	3 634.003 0	6.297 0
33	100.699 8	0.009 9	664.665 5	0.001 5	0.151 5	6.600 5	4 211.103 5	6.335 7
34	115.804 8	0.008 6	765.365 4	0.001 3	0.151 3	6.609 1	4 875.769 0	6.370 5
35	133.175 5	0.007 5	881.170 2	0.001 1	0.151 1	6.616 6	5 641.134 4	6.401 9
36	153.151 9	0.006 5	1 014.345 7	0.001 0	0.151 0	6.623 1	6 522.304 5	6.430 1
37	176.124 6	0.005 7	1 167.497 5	0.000 9	0.150 9	6.628 8	7 536.650 2	6.455 4
38	202.543 3	0.004 9	1 343.622 2	0.000 7	0.150 7	6.633 8	8 704.147 7	6.478 1
39	232.924 8	0.004 3	1 546.165 5	0.000 6	0.150 6	6.633 0	10 047.769 9	6.498 5
40	267.863 5	0.003 7	1 779.090 3	0.000 6	0.150 6	6.641 8	11 593.935 4	6.516 8
41	308.043 1	0.003 2	2 046.953 9	0.000 5	0.150 5	6.645 0	13 373.025 7	6.533 1
42	354.249 5	0.002 8	2 354.996 9	0.000 4	0.150 4	6.647 8	15 419.979 6	6.547 8
43	407.387 0	0.002 5	2 709.246 5	0.000 4	0.150 4	6.650 3	17 774.976 5	6.560 9
44	468.495 0	0.002 1	3 116.633 4	0.000 3	0.150 3	6.652 4	20 484.223 0	6.572 5
45	538.769 3	0.001 9	3 585.128 5	0.000 3	0.150 3	6.654 3	23 600.856 4	6.583 0
46	619.584 7	0.001 6	4 123.897 7	0.000 2	0.150 2	6.655 9	27 185.984 9	6.592 3
47	712.522 4	0.001 4	4 743.482 4	0.000 2	0.150 2	6.657 3	31 309.882 6	6.600 6
48	819.400 7	0.001 2	5 456.004 7	0.000 2	0.150 2	6.658 5	36 053.365 0	6.608 0
49	942.310 8	0.001 1	6 275.405 5	0.000 2	0.150 2	6.659 6	41 509.369 7	6.614 6
50	1 083.657	0.000 9	7 217.716 3	0.000 1	0.150 1	6.660 5	47 784.775 2	6.620 5

附表 13　复利系数表(i=20%)

n	(F/P, i, n)	(P/F, i, n)	(F/A, i, n)	(A/F, i, n)	(A/P, i, n)	(P/A, i, n)	(F/G, i, n)	(A/G, i, n)
1	1.200 0	0.833 3	1.000 0	1.000 0	1.200 0	0.833 3	0.000 0	0.000 0
2	1.440 0	0.694 4	2.200 0	0.454 5	0.654 5	1.527 8	1.000 0	0.454 5
3	1.728 0	0.578 7	3.640 0	0.274 7	0.474 7	2.106 5	3.200 0	0.879 1
4	2.073 6	0.482 3	5.368 0	0.186 3	0.386 3	2.588 7	6.840 0	1.274 2
5	2.488 3	0.401 9	7.441 6	0.134 4	0.334 4	2.990 6	12.208 0	1.640 5
6	2.986 0	0.334 9	9.929 9	0.100 7	0.300 7	3.325 5	19.649 6	1.978 8
7	3.583 2	0.279 1	12.915 9	0.077 4	0.277 4	3.604 6	29.579 5	2.290 2
8	4.299 8	0.232 6	16.499 1	0.060 6	0.260 6	3.837 2	42.495 4	2.575 6
9	5.159 8	0.193 8	20.798 9	0.048 1	0.248 1	4.031 0	58.994 5	2.836 4
10	6.191 7	0.161 5	25.958 7	0.038 5	0.238 5	4.192 5	79.793 4	3.073 9
11	7.430 1	0.134 6	32.150 4	0.031 1	0.231 1	4.327 1	105.752 1	3.289 3
12	8.916 1	0.112 2	39.580 5	0.025 3	0.225 3	4.439 2	137.902 5	3.484 1
13	10.699 3	0.093 5	48.496 6	0.020 6	0.220 6	4.532 7	177.483 0	3.659 7
14	12.839 2	0.077 9	59.195 9	0.016 9	0.216 9	4.610 6	225.979 6	3.817 5
15	15.407 0	0.064 9	72.035 1	0.013 9	0.213 9	4.675 5	285.175 5	3.958 8
16	18.488 4	0.054 1	87.442 1	0.011 4	0.211 4	4.729 6	357.210 6	4.085 1
17	22.186 1	0.045 1	105.930 6	0.009 4	0.209 4	4.774 6	444.652 8	4.197 6
18	26.623 3	0.037 6	128.116 7	0.007 8	0.207 8	4.812 2	550.583 3	4.297 5

续表

n	(F/P, i, n)	(P/F, i, n)	(F/A, i, n)	(A/F, i, n)	(A/P, i, n)	(P/A, i, n)	(F/G, i, n)	(A/G, i, n)
19	31.948 0	0.031 3	154.740 0	0.006 5	0.206 5	4.843 5	678.700 0	4.386 1
20	38.337 6	0.026 1	186.688 0	0.005 4	0.205 4	4.869 6	833.440 0	4.464 3
21	46.005 1	0.021 7	225.025 6	0.004 4	0.204 4	4.891 3	1 020.128 0	4.533 4
22	55.206 1	0.018 1	271.030 7	0.003 7	0.203 7	4.909 4	1 245.153 6	4.594 1
23	66.247 4	0.015 1	326.236 9	0.003 1	0.203 1	4.924 5	1 516.184 3	4.647 5
24	79.496 8	0.012 6	392.484 2	0.002 5	0.202 5	4.937 1	1 842.421 2	4.694 3
25	95.396 2	0.010 5	471.981 1	0.002 1	0.202 1	4.947 6	2 234.905 4	4.735 2
26	114.475 5	0.008 7	567.377 3	0.001 8	0.201 8	4.956 3	2 706.886 5	4.770 9
27	137.370 6	0.007 3	681.852 8	0.001 5	0.201 5	4.963 6	3 274.263 8	4.802 0
28	164.844 7	0.006 1	819.223 3	0.001 2	0.201 2	4.969 7	3 956.116 6	4.829 1
29	197.813 6	0.005 1	984.068 0	0.001 0	0.201 0	4.974 7	4 775.339 9	4.852 7
30	237.376 3	0.004 2	1 181.881 6	0.000 8	0.200 8	4.978 9	5 759.407 8	4.873 1
31	284.851 6	0.003 5	1 419.257 9	0.000 7	0.200 7	4.982 4	6 941.289 4	4.890 8
32	341.821 9	0.002 9	1 704.109 5	0.000 6	0.200 6	4.985 4	8 360.547 3	4.906 1
33	410.186 3	0.002 4	2 045.931 4	0.000 5	0.200 5	4.987 8	10 064.656 8	4.919 4
34	492.223 5	0.002 0	2 456.117 6	0.000 4	0.200 4	4.989 8	12 110.588 1	4.930 8
35	590.668 2	0.001 7	2 948.341 1	0.000 3	0.200 3	4.991 5	14 566.705 7	4.940 6
36	708.801 9	0.001 4	3 539.009 4	0.000 3	0.200 3	4.992 9	17 515.046 9	4.949 1
37	850.562 2	0.001 2	4 247.811 2	0.000 2	0.200 2	4.994 1	21 054.056 2	4.956 4
38	1 020.674	0.001 0	5 098.373 5	0.000 2	0.200 2	4.995 1	25 301.867 5	4.962 7
39	1 224.809	0.000 8	6 119.048 2	0.000 2	0.200 2	4.995 9	30 400.241 0	4.968 1
40	1 469.771	0.000 7	7 343.857 8	0.000 1	0.200 1	4.996 6	36 519.289 2	4.972 8
41	1 763.725	0.000 6	8 813.629 4	0.000 1	0.200 1	4.997 2	43 863.147 0	4.976 7
42	2 116.471	0.000 5	10 577.355 3	0.000 1	0.200 1	4.997 6	52 676.776 4	4.980 1
43	2 539.765	0.000 4	12 693.826 3	0.000 1	0.200 1	4.998 0	63 254.131 7	4.983 1
44	3 047.718	0.000 3	15 233.591 6	0.000 1	0.200 1	4.998 1	75 947.958 1	4.985 6
45	3 657.262	0.000 3	18 281.309 9	0.000 1	0.200 1	4.998 6	91 181.549 7	4.987 7
46	4 388.714	0.000 2	21 938.571 9	0.000 0	0.200 0	4.998 9	109 462.859 6	4.989 5
47	5 266.457	0.000 2	26 327.286 3	0.000 0	0.200 0	4.999 1	131 401.431 6	4.991 1
48	6 319.748	0.000 2	31 593.743 6	0.000 0	0.200 0	4.999 2	157 728.717 9	4.992 4
49	7 583.698	0.000 1	37 913.492 3	0.000 0	0.200 0	4.999 3	189 322.461 5	4.993 5
50	9 100.438	0.000 1	45 497.190 8	0.000 0	0.200 0	4.999 5	227 235.953 8	4.994 5

附表 14 复利系数表($i=25\%$)

n	(F/P, i, n)	(P/F, i, n)	(F/A, i, n)	(A/F, i, n)	(A/P, i, n)	(P/A, i, n)	(F/G, i, n)	(A/G, i, n)
1	1.250 0	0.800 0	1.000 0	1.000 0	1.250 0	0.800 0	0.000 0	0.000 0
2	1.562 5	0.640 0	2.250 0	0.444 4	0.694 4	1.440 0	1.000 0	0.444 4
3	1.953 1	0.512 0	3.812 5	0.262 3	0.512 3	1.952 0	3.250 0	0.852 5
4	2.441 4	0.409 6	5.765 6	0.173 4	0.423 4	2.361 6	7.062 5	1.224 9
5	3.051 8	0.327 7	8.207 0	0.121 8	0.371 8	2.689 3	12.828 1	1.563 1
6	3.814 7	0.262 1	11.258 8	0.088 8	0.338 8	2.951 4	21.035 2	1.868 3
7	4.768 4	0.209 7	15.073 5	0.066 3	0.316 3	3.161 1	32.293 9	2.142 4
8	5.960 5	0.167 8	19.841 9	0.050 4	0.300 4	3.328 9	47.367 4	2.387 2
9	7.450 6	0.134 2	25.802 3	0.038 8	0.288 8	3.463 1	67.209 3	2.604 8
10	9.313 2	0.107 4	33.252 9	0.030 1	0.280 1	3.570 5	93.011 6	2.797 1
11	11.641 5	0.085 9	42.566 1	0.023 5	0.273 5	3.656 4	126.264 5	2.966 3
12	14.551 9	0.068 7	54.207 7	0.018 4	0.268 4	3.725 1	168.830 6	3.114 5
13	18.189 9	0.055 0	68.759 6	0.014 5	0.264 5	3.780 1	223.038 3	3.243 7
14	22.737 4	0.044 0	86.949 5	0.011 5	0.261 5	3.824 1	291.797 9	3.355 9
15	28.421 7	0.035 2	109.686 8	0.009 1	0.259 1	3.859 3	378.747 4	3.453 0
16	35.527 1	0.028 1	138.108 5	0.007 2	0.257 2	3.887 4	488.434 2	3.536 6

续表

n	(F/P, i, n)	(P/F, i, n)	(F/A, i, n)	(A/F, i, n)	(A/P, i, n)	(P/A, i, n)	(F/G, i, n)	(A/G, i, n)
17	44.408 9	0.022 5	173.635 7	0.005 8	0.255 8	3.909 9	626.542 7	3.608 4
18	55.511 2	0.018 0	218.044 6	0.004 6	0.254 6	3.927 9	800.178 4	3.669 8
19	69.388 9	0.014 4	273.555 8	0.003 7	0.253 7	3.942 4	1 018.223 0	3.722 2
20	86.736 2	0.011 5	342.944 7	0.002 9	0.252 9	3.953 9	1 291.778 8	3.766 7
21	108.420 2	0.009 2	429.680 9	0.002 3	0.252 3	3.963 1	1 634.723 5	3.804 5
22	135.525 3	0.007 4	538.101 1	0.001 9	0.251 9	3.970 5	2 064.404 3	3.836 5
23	169.406 6	0.005 9	673.626 4	0.001 5	0.251 5	3.976 4	2 602.505 4	3.863 4
24	211.758 2	0.004 7	843.032 9	0.001 2	0.251 2	3.981 1	3 276.131 8	3.886 1
25	264.697 8	0.003 8	1 054.791 2	0.000 9	0.250 9	3.984 9	4 119.164 7	3.905 2
26	330.872 2	0.003 0	1 319.489 0	0.000 8	0.250 8	3.987 9	5 173.955 9	3.921 2
27	413.590 3	0.002 4	1 650.361 2	0.000 6	0.250 6	3.990 3	6 493.444 9	3.934 6
28	516.987 9	0.001 9	2 063.951 5	0.000 5	0.250 5	3.992 3	8 143.806 1	3.945 7
29	646.234 9	0.001 5	2 580.939 4	0.000 4	0.250 4	3.993 8	10 207.757 7	3.955 1
30	807.793 6	0.001 2	3 227.174 3	0.000 3	0.250 3	3.995 0	12 788.697 1	3.962 8
31	1 009.742	0.001 0	4 034.967 8	0.000 2	0.250 2	3.996 0	16 015.871 3	3.969 3
32	1 262.177	0.000 8	5 044.709 8	0.000 2	0.250 2	3.996 8	20 050.839 2	3.974 6
33	1 577.721	0.000 6	6 306.887 2	0.000 2	0.250 2	3.997 5	25 095.549 0	3.979 1
34	1 972.152	0.000 5	7 884.609 1	0.000 1	0.250 1	3.998 0	31 402.436 2	3.982 8
35	2 465.190	0.000 4	9 856.761 3	0.000 1	0.250 1	3.998 4	39 287.045 3	3.985 8
36	3 081.487	0.000 3	12 321.951 6	0.000 1	0.250 1	3.998 7	49 143.806 6	3.988 3
37	3 851.859	0.000 3	15 403.439 6	0.000 1	0.250 1	3.999 0	61 465.758 2	3.990 4
38	4 814.824	0.000 2	19 255.299 4	0.000 1	0.250 1	3.999 0	76 869.197 8	3.992 1
39	6 018.531	0.000 2	24 070.124 3	0.000 0	0.250 0	3.999 3	96 124.497 2	3.993 5
40	7 523.163	0.000 1	30 088.655 4	0.000 0	0.250 0	3.999 5	120 194.621 5	3.994 7
41	9 403.954	0.000 1	37 611.819 2	0.000 0	0.250 0	3.999 6	150 283.176 9	3.995 6
42	11 754.94	0.000 1	47 015.774 0	0.000 0	0.250 0	3.999 7	187 895.096 1	3.996 4
43	14 693.67	0.000 1	58 770.717 5	0.000 0	0.250 0	3.999 7	234 910.870 2	3.997 1
44	18 367.09	0.000 1	73 464.396 9	0.000 0	0.250 0	3.999 8	293 681.587 7	3.997 6
45	22 958.87	0.000 0	91 831.496 2	0.000 0	0.250 0	3.999 8	367 145.984 6	3.998 0
46	28 698.59	0.000 0	114 790.370 2	0.000 0	0.250 0	3.999 9	458 977.480 8	3.998 4
47	35 873.24	0.000 0	143 488.962 7	0.000 0	0.250 0	3.999 9	573 767.851 0	3.998 7
48	44 841.55	0.000 0	179 362.203 4	0.000 0	0.250 0	3.999 9	717 256.813 7	3.998 9
49	56 051.93	0.000 0	224 203.754 3	0.000 0	0.250 0	3.999 9	89 619.017 2	3.999 1
50	70 064.92	0.000 0	280 255.692 9	0.000 0	0.250 0	3.999 9	1 120 822.771 5	3.999 3

附表 15 复利系数表(i=30%)

n	(F/P, i, n)	(P/F, i, n)	(F/A, i, n)	(A/F, i, n)	(A/P, i, n)	(P/A, i, n)	(F/G, i, n)	(A/G, i, n)
1	1.300 0	0.769 2	1.000 0	1.000 0	1.300 0	0.769 2	0.000 0	0.000 0
2	1.690 0	0.591 7	2.300 0	0.434 8	0.734 8	1.360 9	1.000 0	0.434 8
3	2.197 0	0.455 2	3.990 0	0.250 6	0.550 6	1.816 1	3.300 0	0.827 1
4	2.856 1	0.350 1	6.187 0	0.161 6	0.461 6	2.166 2	7.290 0	1.178 3
5	3.712 9	0.269 3	9.043 1	0.110 6	0.410 6	2.435 6	13.477 0	1.490 3
6	4.826 8	0.207 2	12.756 0	0.078 4	0.378 4	2.642 7	22.520 1	1.765 4
7	6.274 9	0.159 4	17.582 8	0.056 9	0.356 9	2.802 1	35.276 1	2.006 3
8	8.157 3	0.122 6	23.857 7	0.041 9	0.341 9	2.924 7	52.859 0	2.215 6
9	10.604 5	0.094 3	32.015 0	0.031 2	0.331 2	3.019 0	76.716 7	2.396 3
10	13.785 8	0.072 5	42.619 5	0.023 5	0.323 5	3.091 5	108.731 7	2.551 2
11	17.921 6	0.055 8	56.405 3	0.017 7	0.317 7	3.147 3	151.351 2	2.683 3
12	23.298 1	0.042 9	74.327 0	0.013 5	0.313 5	3.190 3	207.756 5	2.795 2
13	30.287 5	0.033 0	97.625 0	0.010 2	0.310 2	3.223 3	282.083 5	2.889 5
14	39.373 8	0.025 4	127.912 5	0.007 8	0.307 8	3.248 7	379.708 5	2.968 5

续表

n	(F/P, i, n)	(P/F, i, n)	(F/A, i, n)	(A/F, i, n)	(A/P, i, n)	(P/A, i, n)	(F/G, i, n)	(A/G, i, n)
15	51.185 9	0.019 5	167.286 3	0.006 0	0.306 0	3.268 2	507.621 0	3.034 4
16	66.541 7	0.015 0	218.472 2	0.004 6	0.304 6	3.283 2	674.907 3	3.089 2
17	86.504 2	0.011 6	285.013 9	0.003 5	0.303 5	3.294 8	893.379 5	3.134 5
18	112.455 4	0.008 9	371.518 0	0.002 7	0.302 7	3.303 7	1 178.393 4	3.171 8
19	146.192 0	0.006 8	483.973 4	0.002 1	0.302 1	3.310 5	1 549.911 4	3.202 5
20	190.049 6	0.005 3	630.165 5	0.001 6	0.301 6	3.315 8	2 033.884 9	3.227 5
21	247.064 5	0.004 0	820.215 1	0.001 2	0.301 2	3.319 8	2 664.050 3	3.248 0
22	321.183 9	0.003 1	1 067.279 6	0.000 9	0.300 9	3.323 0	3 484.265 4	3.264 6
23	417.539 1	0.002 4	1 388.463 5	0.000 7	0.300 7	3.325 4	4 551.545 0	3.278 1
24	542.800 8	0.001 8	1 806.002 6	0.000 6	0.300 6	3.327 2	5 940.008 6	3.289 0
25	705.641 0	0.001 4	2 348.803 3	0.000 4	0.300 4	3.328 6	7 746.011 1	3.297 9
26	917.333 3	0.001 1	3 054.444 3	0.000 3	0.300 3	3.329 7	10 094.814 5	3.305 0
27	1 192.533	0.000 8	3 971.777 6	0.000 3	0.300 3	3.330 5	13 149.258 8	3.310 7
28	1 550.293	0.000 6	5 164.310 9	0.000 2	0.300 2	3.331 2	17 121.036 4	3.315 3
29	2 015.381	0.000 5	6 714.604 2	0.000 1	0.300 1	3.331 7	22 285.347 4	3.318 9
30	2 619.995	0.000 4	8 729.985 5	0.000 1	0.300 1	3.332 1	28 999.951 6	3.321 9
31	3 405.994	0.000 3	11 349.981 1	0.000 1	0.300 1	3.332 4	37 729.937 1	3.324 2
32	4 427.792	0.000 2	14 755.975 5	0.000 1	0.300 1	3.332 6	49 079.918 2	3.326 1
33	5 756.130	0.000 2	19 183.768 1	0.000 1	0.300 1	3.332 8	63 825.893 7	3.327 6
34	7 482.969	0.000 1	24 939.898 5	0.000 0	0.300 0	3.332 9	83 019.661 8	3.328 8
35	9 727.860	0.000 1	32 422.868 1	0.000 0	0.300 0	3.333 0	107 959.560 3	3.329 7
36	12 646.21	0.000 1	42 150.728 5	0.000 0	0.300 0	3.333 1	140 382.428 4	3.330 5
37	16 440.08	0.000 1	54 796.947 1	0.000 0	0.300 0	3.333 1	182 533.156 9	3.331 1
38	21 372.10	0.000 0	71 237.031 2	0.000 0	0.300 0	3.333 2	237 330.103 9	3.331 6
39	27 783.74	0.000 0	92 609.140 5	0.000 0	0.300 0	3.333 2	308 567.135 1	3.331 9
40	36 118.86	0.000 0	120 392.882 7	0.000 0	0.300 0	3.333 2	401 176.275 6	3.332 2

附表 16　复利系数表(i=35%)

n	(F/P, i, n)	(P/F, i, n)	(F/A, i, n)	(A/F, i, n)	(A/P, i, n)	(P/A, i, n)	(F/G, i, n)	(A/G, i, n)
1	1.350 0	0.740 7	1.000 0	1.000 0	1.350 0	0.740 7	0.000 0	0.000 0
2	1.822 5	0.548 7	2.350 0	0.425 5	0.775 5	1.289 4	1.000 0	0.425 5
3	2.460 4	0.406 4	4.172 5	0.239 7	0.589 7	1.695 9	3.350 0	0.802 9
4	3.321 5	0.301 1	6.632 9	0.150 8	0.500 8	1.996 9	7.522 5	1.134 1
5	4.484 0	0.223 0	9.954 4	0.100 5	0.450 5	2.220 0	14.155 4	1.422 0
6	6.053 4	0.165 2	14.438 4	0.069 3	0.419 3	2.385 2	24.109 8	1.669 8
7	8.172 2	0.122 4	20.491 9	0.048 8	0.398 8	2.507 5	38.548 2	1.881 1
8	11.032 4	0.090 6	28.664 0	0.034 9	0.384 9	2.598 2	59.040 0	2.059 7
9	14.893 7	0.067 1	39.696 4	0.025 2	0.375 2	2.665 3	87.704 0	2.209 4
10	20.106 6	0.049 7	54.590 2	0.018 3	0.368 3	2.715 0	127.400 5	2.333 8
11	27.143 9	0.036 8	74.696 7	0.013 4	0.363 4	2.751 9	181.990 6	2.436 4
12	36.644 2	0.027 3	101.840 6	0.009 8	0.359 8	2.779 2	256.687 3	2.520 5
13	49.469 7	0.020 2	138.484 8	0.007 2	0.357 2	2.799 4	358.527 9	2.588 9
14	66.784 1	0.015 0	187.954 4	0.005 3	0.355 3	2.814 4	497.012 7	2.644 3
15	90.158 5	0.011 1	254.738 5	0.003 9	0.353 9	2.825 5	684.967 1	2.688 9
16	121.713 9	0.008 2	344.897 0	0.002 9	0.352 9	2.833 7	939.705 6	2.724 6
17	164.313 8	0.006 1	466.610 9	0.002 1	0.352 1	2.839 8	1 284.602 5	2.753 0
18	221.823 6	0.004 5	630.924 7	0.001 6	0.351 6	2.844 3	1 751.213 4	2.775 6
19	299.461 9	0.003 3	852.748 3	0.001 2	0.351 2	2.847 6	2 382.138 1	2.793 5
20	404.273 6	0.002 5	1 152.210 3	0.000 9	0.350 9	2.850 1	3 234.886 4	2.807 5

附表 17　复利系数表(i=40%)

n	$(F/P, i, n)$	$(P/F, i, n)$	$(F/A, i, n)$	$(A/F, i, n)$	$(A/P, i, n)$	$(P/A, i, n)$	$(F/G, i, n)$	$(A/G, i, n)$
1	1.400 0	0.714 3	1.000 0	1.000 0	1.400 0	0.714 3	0.000 0	0.000 0
2	1.960 0	0.510 2	2.400 0	0.416 7	0.816 7	1.224 5	1.000 0	0.416 7
3	2.744 0	0.364 4	4.360 0	0.229 4	0.629 4	1.588 9	3.400 0	0.779 8
4	3.841 6	0.260 3	7.104 0	0.140 8	0.540 8	1.849 2	7.760 0	1.092 3
5	5.378 2	0.185 9	10.945 6	0.091 4	0.491 4	2.035 2	14.864 0	1.358 0
6	7.529 5	0.132 8	16.323 8	0.061 3	0.461 3	2.168 0	25.809 6	1.581 1
7	10.541 4	0.094 9	23.853 4	0.041 9	0.441 9	2.262 8	42.133 4	1.766 4
8	14.757 9	0.067 8	34.394 7	0.029 1	0.429 1	2.330 6	65.986 8	1.918 5
9	20.661 0	0.048 4	49.152 6	0.020 3	0.420 3	2.379 0	100.381 5	2.042 2
10	28.925 5	0.034 6	69.813 7	0.014 3	0.414 3	2.413 6	149.534 2	2.141 9
11	40.495 7	0.024 7	98.739 1	0.010 1	0.410 1	2.438 3	219.347 8	2.221 5
12	56.693 9	0.017 6	139.234 8	0.007 2	0.407 2	2.455 9	318.087 0	2.284 5
13	79.371 5	0.012 6	195.928 7	0.005 1	0.405 1	2.468 5	457.321 7	2.334 1
14	111.120 1	0.009 0	275.300 2	0.003 6	0.403 6	2.477 5	653.250 4	2.372 9
15	155.568 1	0.006 4	386.420 2	0.002 6	0.402 6	2.483 9	928.550 6	2.403 0
16	217.795 3	0.004 6	541.988 3	0.001 8	0.401 8	2.488 5	1 314.970 8	2.426 2
17	304.913 5	0.003 3	759.783 7	0.001 3	0.401 3	2.491 8	1 856.959 2	2.444 1
18	426.878 9	0.002 3	1 064.697 1	0.000 9	0.400 9	2.494 1	2 616.742 8	2.457 7
19	597.630 4	0.001 7	1 491.576 0	0.000 7	0.400 7	2.495 8	3 681.440 0	2.468 2
20	836.682 6	0.001 2	2 089.206 4	0.000 5	0.400 5	2.497 0	5 173.016 0	2.476 1

附表 18　F 分布临界值表

$$P\{F>Fa(f_1, f_2)\}=\alpha$$

$$\alpha=0.05$$

Fa (f_1 / f_2)	1	2	3	4	5	6	7	8	12	24	∞
1	161.4	199.5	215.7	224.6	230.2	234.0	236.8	238.0	243.9	249.1	254.3
2	18.5	19.0	19.2	19.2	19.3	19.3	19.4	19.4	19.4	19.5	19.5
3	10.1	9.55	9.28	9.12	9.01	8.94	8.89	8.85	8.74	8.64	8.53
4	7.71	6.94	6.59	6.39	6.26	6.16	6.09	6.04	5.91	5.77	5.63
5	6.61	5.79	5.41	5.19	5.05	4.95	4.88	4.82	4.68	4.53	4.36
6	5.99	5.14	4.76	4.53	4.39	4.28	4.21	4.15	4.00	3.84	3.67
7	5.59	4.74	4.35	4.12	3.97	3.87	3.79	3.73	3.57	3.41	3.23
8	5.32	4.46	4.07	3.84	3.69	3.58	3.50	3.44	3.28	3.12	2.93
9	5.12	4.26	3.86	3.63	3.48	3.37	3.29	3.23	3.07	2.90	2.71
10	4.96	4.10	3.71	3.48	3.33	3.22	3.14	3.07	2.91	2.74	3.54
11	4.84	3.98	3.59	3.36	3.20	3.09	3.01	2.95	2.79	2.61	2.40
12	4.75	3.89	3.49	3.26	3.11	3.00	2.91	2.85	2.69	2.51	2.30
13	4.67	3.81	3.41	3.18	3.03	2.92	2.83	2.77	2.60	2.42	2.21
14	4.60	3.74	3.34	3.11	2.96	2.85	2.76	2.70	2.53	2.35	2.13
15	4.54	3.68	3.29	3.06	2.90	2.79	2.71	2.64	2.48	2.29	2.07
16	4.49	3.63	3.24	3.01	2.85	2.74	2.66	2.59	2.42	2.24	2.01
17	4.45	3.59	3.20	2.96	2.81	2.70	2.61	2.55	2.38	2.19	1.96
18	4.41	3.55	3.16	2.93	2.77	2.66	2.58	2.51	2.34	2.15	1.92
19	4.38	3.52	3.13	2.90	2.74	2.63	2.54	2.48	2.31	2.11	1.88
20	4.35	3.49	3.10	2.87	2.71	2.60	2.51	2.45	2.28	2.08	1.84
21	4.32	3.47	3.07	2.84	2.68	2.57	2.49	2.42	2.25	2.05	1.81
22	4.30	3.44	3.05	2.82	2.66	2.55	2.46	2.40	2.23	2.03	1.78
23	4.28	3.42	3.03	2.80	2.64	2.53	2.44	2.37	2.20	2.01	1.76
24	4.26	3.40	3.01	2.78	2.62	2.51	2.42	2.36	2.18	1.98	1.73

续表

f_2 \ Fa \ f_1	1	2	3	4	5	6	7	8	12	24	∞
25	4.24	3.39	2.99	2.76	2.60	2.49	2.40	2.34	2.16	1.96	1.71
26	4.23	3.37	2.98	2.74	2.59	2.47	2.39	2.32	2.15	1.95	1.69
27	4.21	3.35	2.96	2.73	2.57	2.46	2.37	2.31	2.13	1.93	1.67
28	4.20	3.34	2.95	2.71	2.56	2.45	2.36	2.29	2.12	1.91	1.65
29	4.18	3.33	2.93	2.70	2.55	2.43	2.35	2.28	2.10	1.90	1.64
30	4.17	3.32	2.92	2.69	2.53	2.42	2.33	2.27	2.09	1.89	1.62
40	4.08	3.23	2.84	2.61	2.45	2.34	2.25	2.13	2.00	1.79	1.51
60	4.00	3.15	2.76	2.53	2.37	2.25	2.17	2.10	1.92	1.70	1.39
120	3.92	3.07	2.68	2.45	2.29	2.17	2.09	2.02	1.83	1.61	1.25
∞	3.84	3.00	2.60	2.37	2.21	2.10	2.01	1.94	1.75	1.52	1.00

附表 19　*t* 分布临界值表

$$P\{|T|>t_a\}=\alpha$$

f \ t \ α	0.20	0.10	0.05	0.02	0.01	0.001
1	3.078	6.314	12.706	31.821	63.657	636.619
2	1.886	2.920	4.303	6.965	9.925	31.599
3	1.638	2.353	3.182	4.541	5.841	12.924
4	1.533	2.132	2.776	3.747	4.604	8.610
5	1.467	2.015	2.571	3.365	4.032	6.869
6	1.440	1.943	2.447	3.143	3.707	5.959
7	1.415	1.895	2.365	2.998	3.499	5.408
8	1.397	1.860	2.306	2.896	3.355	5.041
9	1.383	1.833	2.262	2.821	3.250	4.781
10	1.372	1.812	2.228	2.764	3.169	4.587
11	1.363	1.796	2.201	2.718	3.106	4.437
12	1.356	1.782	2.179	2.681	3.055	4.318
13	1.350	1.771	2.160	2.650	3.012	4.221
14	1.345	1.761	2.145	2.624	2.977	4.140
15	1.341	1.753	2.131	2.602	2.947	4.073
16	1.337	1.746	2.120	2.583	2.921	4.015
17	1.333	1.740	2.110	2.567	2.898	3.965
18	1.330	1.734	2.101	2.552	2.878	3.922
19	1.330	1.729	2.093	2.539	2.861	3.883
20	1.325	1.725	2.086	2.528	2.845	3.850
21	1.323	1.721	2.080	2.518	2.831	3.819
22	1.321	1.717	2.074	2.508	2.819	3.792
23	1.319	14.714	2.069	2.500	2.807	3.768
24	1.318	1.711	2.064	2.492	2.797	3.745
25	1.316	1.708	2.060	2.485	2.787	3.725
26	1.315	1.706	2.056	2.479	2.779	3.707
27	1.314	1.703	2.052	2.473	2.771	3.690
28	1.313	1.701	2.048	2.467	2.763	3.674
29	1.311	1.699	2.045	2.462	2.756	3.659
30	1.310	1.697	2.042	2.457	2.750	3.646
40	1.303	1.684	2.021	2.423	2.704	3.551
60	1.296	1.671	2.000	2.390	2.660	3.460
120	1.289	1.658	1.980	2.358	2.617	3.373
∞	1.282	1.645	1.960	2.326	2.576	3.291

参考文献

[1] 蒋景楠，余金凤，陆雷．工程经济理论与实务[M]．上海：华东理工大学出版社，2008.
[2] 武育秦，赵彬．建筑工程经济与管理[M]．武汉：武汉理工大学出版社，2009.
[3] 肖跃军，周东明，赵利．工程经济学[M]．北京：高等教育出版社，2004.
[4] 李雪淋，刘辉．工程经济学[M]．北京：人民交通出版社，2007.
[5] 关柯，李小东，肖厚忠．建筑业经济新论[M]．重庆：重庆大学出版社，2007.
[6] 黄有亮，徐向阳，谈飞，等．工程经济学[M]．2 版．南京：东南大学出版社，2006.
[7] 谭大璐．土木工程经济[M]．2 版．成都：四川大学出版社，2003.
[8] 庞水师．建筑工程经济与管理[M]．广州：广州科技出版社，2003.
[9] 刘亚臣，胡家兴．工程经济[M]．沈阳：东北大学出版社，2002.
[10] 毛义华．建筑工程经济[M]．2 版．杭州：浙江大学出版社，2012.
[11] 刘新梅．工程经济学[M]．北京：北京大学出版社，2009.
[12] 于立君，郝利光．工程经济学[M]．北京：机械工业出版社，2011.
[13] 全国造价工程师执业资格考试培训教材编审委员会．工程造价案例分析[M]．北京：中国城市出版社，2006.
[14] 黄渝祥，邢爱芳．工程经济学[M]．上海：同济大学出版社，2004.
[15] 刘长滨．建筑工程技术经济学[M]．北京：中国建筑工业出版社，2007.
[16] 刘玉明．工程经济学[M]．北京：北京交通大学出版社，2006.
[17] 丁红岩．工程经济与管理[M]．天津：天津大学出版社，2003.
[18] 李南．工程经济学学习指导与习题[M]．北京：科学出版社，2016.
[19] 国家发展改革委，建设部．建设项目经济评价方法与参数[M]．3 版．北京：中国计划出版社，2006.
[20] 杜春艳．工程经济学[M]．武汉：华中科技大学出版社，2007.
[21] 全国一级建造师执业资格考试用书编写委员会．建设工程经济[M]．3 版．北京：中国建筑工业出版社，2011.
[22] 伏小勇，完颜华，万里．工程技术经济[M]．北京：中国环境科学出版社，2008.
[23] 杨双全．工程经济学[M]．武汉：武汉理工大学出版社，2009.
[24] 杜葵．工程经济学[M]．重庆：重庆大学出版社，2011.
[25] 刘晓君．工程经济学[M]．2 版．北京：中国建筑工业出版社，2008.
[26] 叶义成，柯丽华，黄德育．系统综合评价技术及其应用[M]．北京：冶金工业出版社，2006.
[27] 中国对外承包工程商会．2021 年度 ENR 全球最大 250 家国际承包商榜单发布[J]．建筑，2021(17)：28-30.
[28] 沈纯，李奕萱，郝英智，等．2023 年度 ENR 国际设计商 225 强解析[J]．项目管理技术，2023(11)：34-41.
[29] 王苏扬，李奕萱，刘珺瑶，等．2023 年度 ENR 国际承包商解析[J]．项目管理技术，2023(12)：48-56.

[30] 康飞，刘琪，周霞．中国国际工程承包商业务生态位测度研究[J]．建筑经济，2023(05)：13-20.
[31] 中华人民共和国国家质量监督检验检疫总局，中国国家标准化管理委员会．国民经济行业分类：GB/T 4754—2017[S]．北京：中国标准出版社，2017.
[32] 邓铁军．工程项目经济与管理[M]．长沙：湖南大学出版社，2015.
[33] 王贵春．工程经济学[M]．重庆：重庆大学出版社，2016.